中国年鉴精品工程
High Quality Project of China's Yearbook

温州龍灣年鑒

WENZHOU LONGWAN YEARBOOK

2023（总第18卷）

温州市龙湾区地方志研究室 编

方志出版社
Publishing House of Local Records

图书在版编目（CIP）数据

温州龙湾年鉴. 2023 / 温州市龙湾区地方志研究室编.
北京：方志出版社, 2023.12
ISBN 978-7-5144-6097-1

Ⅰ. ①龙… Ⅱ. ①温… Ⅲ. ①龙湾区—2023—年鉴
Ⅳ. ①Z525.54

中国国家版本馆CIP数据核字（2023）第252838号

责任编辑：顾　洁
责任校对：张玉霞
责任印制：梅中英
出 版 者：方志出版社
地　　址：北京市朝阳区潘家园东里 9 号（国家方志馆 4 层）
邮　　编：100021
网　　址：http://www.zgfzcb.cn
发　　行：方志出版社图书营销中心（010-67110500）
印　　刷：温州市北大方印务有限公司
开　　本：889 毫米 ×1194 毫米　1/16
印　　张：30.5
字　　数：1331 千字
版　　次：2023 年 12 月第 1 版
印　　次：2023 年 12 月第 1 次印刷
定　　价：280.00 元

温州市龙湾区史志编纂委员会

主　　任　陈汉存
副 主 任　蔡军令　彭　锋
成　　员　区委办公室、区人大办公室、区府办公室、区政协办公室、区人武部、区委组织部、区委宣传部、区委统战部、区委政法委、区委直属机关工委、区委党史研究室、区档案馆、区发改局、区经信局、区教育局、区科技局、区公安分局、区民政局、区司法局、新区财政局（区财政局）、区人力社保局、区住建局、区交通局、区农业农村局、区文广旅体局、区卫健局、区应急管理局、区审计局、区市场监管局、区统计局、区综合行政执法局、区税务局、市资规局温州新区分局、市资规局龙湾分局、区生态环境分局、区总工会、团区委、区妇联、永中街道党工委、蒲州街道党工委、海滨街道党工委、永兴街道党工委、状元街道党工委、瑶溪街道党工委、海城街道党工委、沙城街道党工委、天河街道党工委、星海街道党工委等单位主要负责人

办公室主任　张纯恩
办公室副主任　郑雁鸿

《温州龙湾年鉴》编辑部

序

国务院办公厅2015年8月印发的《全国地方志事业发展规划纲要（2015—2020年）》（以下简称《规划纲要》）要求，到2020年要做到地方综合年鉴一年一鉴，公开出版，实现省、市、县三级综合年鉴全覆盖。《规划纲要》还要求，坚持存真求实，正确处理质量与进度的关系，将精品意识贯穿于年鉴编纂出版工作全过程。2015年12月，中国地方志指导小组办公室启动中国年鉴精品工程，将其与先期实施的中国志书精品工程视为姊妹工程，一道作为加强地方志质量建设的重要抓手。

实施中国年鉴精品工程有助于推动中华优秀传统文化传承发展。近年来，在党中央、国务院的高度重视和关心支持下，全国地方志事业发展迎来最好的发展时期。年鉴编纂发端于欧洲，鸦片战争后被引入我国，在我国走过了100多年的发展历史。在长期的编纂中，年鉴在内容和形式上不断发展，逐渐演变成为适合反映中国国情、具有鲜明中国特色的一种文化载体，并在改革开放后出现了快速发展的局面。2006年5月，国务院《地方志工作条例》颁布施行，明确将地方综合年鉴纳入地方志工作范畴，年鉴工作走上了有法可依的轨道。《规划纲要》出台，为从依法编鉴转变到依法治鉴指明了方向。2016年12月，中国地方志指导小组印发《全国年鉴事业发展规划（2016—2020年）》，更进一步明确了到2020年全国年鉴事业的任务书、时间表、路线图。经过多年的发展，年鉴工作已经成为地方志工作的重要组成部分，成为中华民族优秀文化传统的有机组成部分，其存史、育人、资政作用日益彰显。实施中国年鉴精品工程，是年鉴工作者紧扣时代脉搏、坚持创新发展的一项重要举措，对于坚定文化自信，传承弘扬好中华优秀传统文化意义重大。

实施中国年鉴精品工程有助于为全面建成小康社会提供更多智力支持和历史借鉴。党的十八大作出全面建成小康社会的战略部署。党的十八届五中全会提出到2020年如期实现全面建成小康社会的目标要求。完成《规划纲要》确定的目标任务是年鉴工作者的神圣使命，更是年鉴工作者以自身力量为全面建成小康社会献上的厚礼。一方面，可以更好地利用年鉴这种年度资料性文献，及时记录各地区在全面建成小康社会伟大征程中每年取得的新成绩和新经验、出现的新情况和新问题、涌现的优秀人物和典型事迹等；另一方面，可以更好地积累地情、国情资料，为推动经济社会发展和深化改革提供智力支持，为推进国家治理体系和治理能力现代化提供历史借鉴。

实施中国年鉴精品工程有助于全面推进地方志事业转型升级。地方志不是单纯修志编鉴工作，而是全体方志人“修志问道，以启未来”的一项事业，这项事业包含着巨大的时代担当与使命追求。地方志工作要在“五大建设”总体布局和“四个全面”战略布局中发挥与其自身价值、功能相匹配的作用，就要因时而谋、乘势而上、顺势而为，全面推进地方志事业转型升级。转型升级，当下最重要的目标就是完成“两全”目标，包括“年鉴全覆盖”目标；长远的目标就是基本形成地方志编修体系、理论研究和学科建设体系、质量保障体系、资源开发利用体系、工作保障体系“五位一体”的地方志事业发展综合体系，包括“五位一体”的年鉴事业发展综合体系。中国年鉴精品工程是一项探索工程，也是一项创新工程，是推进地方志事业转型升级的重要内容。通过实施中国年鉴精品工程，不仅有助于确保年鉴质量，不断编纂出版具有鲜明时代特征、年度特点和地域特色的精品年鉴，也有助于推动年鉴工作适应经济社会发展形势和时代需要，不断改革创新，与时俱进。

多年来，在中国地方志指导小组办公室的指导和全国各级地方志工作机构的共同努力下，年鉴种类数量快速增长，年鉴成果粲然可观，为实施中国年鉴精品工程奠定了坚实的基础。实施中国年鉴精品工程，就是要在全国地方志系统起到示范作用，进一步培育精品意识，打造精品年鉴，以点带面，在提高年鉴质量方面探索出一条切实可行之路，使这项探索工程和创新工程能够积累经验，发挥引领作用。

“万山磅礴，必有主峰；龙衮九章，但挈一领。”实施中国年鉴精品工程，是筑牢地方志事业特别是年鉴事业发展根基之举，其意义与价值不言而喻。但编修出年鉴精品佳作，绝非朝夕之功，需要付出长期艰辛的努力。希望通过实施中国年鉴精品工程，能够进一步推进年鉴质量建设，使年鉴真正成为传承中华民族优秀传统文化的重要载体，成为展示中国国情、地情的重要窗口，成为“为当代提供资政辅治之参考、为后世留下堪存堪鉴之记述”的资源宝库，在全面建成小康社会过程中作出更大贡献。

是为序。

中国社会科学院原副院长
原中国地方志指导小组常务副组长

编辑说明

一、《温州龙湾年鉴（2023）》以马克思列宁主义、毛泽东思想、邓小平理论、“三个代表”重要思想、科学发展观、习近平新时代中国特色社会主义思想为指导，坚持辩证唯物主义和历史唯物主义立场、观点和方法，坚持存真求实，全面、客观、系统地记述龙湾区2022年度经济建设、政治建设、文化建设、社会建设、生态文明建设等方面的基本情况，为领导决策提供依据，为中外人士了解和研究龙湾提供基础资料，也为地方留下年度性资料文献。

二、本年鉴是根据《地方志工作条例》第八条关于“以县级以上行政区域名称冠名的地方志书、地方综合年鉴，分别由本级人民政府负责地方志工作的机构按照规划组织编纂，其他组织和个人不得编纂”的规定，由温州市龙湾区人民政府组织，温州市龙湾区史志编纂委员会依法承编的地方性年鉴。本年鉴为第18卷。

三、本年鉴采用类目、分目、条目3个层级为框架结构。为便于检索，中文目录、英文要目集于书首，书后设索引。本年鉴收录的“龙湾区行政区划图”的出版时间为2020年，已涵盖10个街道，审图号为最新版本。

四、本年鉴设有特载、专记、大事记、区情概览、中国共产党温州市龙湾区委员会、温州市龙湾区人民代表大会、温州市龙湾区人民政府、中国人民政治协商会议温州市龙湾区委员会、中共温州市龙湾区纪律检查委员会 # 温州市龙湾区监察委员会、民主党派·工商联、群众团体、法治、军事、经济管理、农业、工业·信息业、功能区建设、商贸服务业、旅游业、城市建设、乡村振兴、生态环境保护、温州东部交通枢纽建设、邮政·通信、金融业、科学技术、中国眼谷建设、教育、文化、卫生健康、体育、社会生活、应急管理、街道、人物荣誉、统计资料、附录、索引。除特载、专记、大事记、区情概览、人物荣誉、附录、索引外，其余均为条目体。

五、本年鉴相较上一年年鉴在编纂体例、框架结构上作了一些调整，新增“旅游业”“乡村振兴”“中国眼谷建设”“统计资料”类目，调整“民主党派与群众团体”类目，分设“民主党派与工商联”“群众团体”类目，调整“民主党派与工商联”类目为“民主党派·工商联”，将“城市建设·生态环境”类目分设为“城市建设”和“生态环境保护”类目。调整“交通·邮政·通信”类目，分设“温州东部交通枢纽建设”“邮政·通信”类目，使其更加科学合理，更加符合龙湾区实际。

六、龙湾区辖永中、蒲州、海滨、永兴、状元、瑶溪、沙城、天河、海城、星海10个街道，其中2022年6月之前沙城、天河、海城、星海4个街道委托温州经济技术开发区管委会管理。本年鉴所载内容凡未特别说明的事项或数据，一般不包含温州经济技术开发区，以“龙湾区”或者“龙湾区区本级”予以表述；若包括温州经济技术开发区相关内容、数据，则以“含温州经济技术开发区”或“含温州经济技术开发区、温州高新区”注明。基本地情、人文风情反映的为龙湾区行政区域全貌（含温州经济技术开发区）内容。文中单独涉及温州高新技术产业开发区内容，则以龙湾区（温州高新区）予以记载。2022年1月，浙江省政府批复同意设立温州湾新区。新区整合了温州高新区（原与龙湾区政区合一）、温州经济技术开发区，撤消浙南产业集聚区设置。

七、本年鉴记述时限为2022年，“附录”报告内容时间为2023年。文中图片凡是没有时间说明的，均为2022年拍摄。

八、本年鉴采用的稿件由龙湾区各街道、各单位提供，并经供稿单位审核。文中所列数据以龙湾区统计局正式公布的为准。凡龙湾区统计局未予统计和提供的，则以主管部门统计为准；有些数据因统计口径不同而有所差异时，以权威部门的数据为准。数字用法、标点符号用法、计量单位分别参照国家标准《出版物上数字用法》《标点符号用法》《量和单位》。其中，电力工业涉及的计量单位统一用“瓦”“兆瓦”“千伏”等；记述农业事项时，仍使用亩作为计量单位，1亩等于666.67平方米，随文不再括注说明。

九、本年鉴部分机构使用简称，“简称和全称对照目录”列于附录中。“名词解释一览表”列于附录中。文中“温州市龙湾区”统一写“龙湾区”，“省”“市”分别指“浙江省”“温州市”，其他省、市则冠以地名。文中“年初”“年内”“年末”指2022年年初、年内、年末，“上年”指2021年。

总　目

特　载

专　记

大事记

区情概览

中国共产党温州市龙湾区委员会

温州市龙湾区人民代表大会

温州市龙湾区人民政府

中国人民政治协商会议温州市龙湾区委员会

中共温州市龙湾区纪律检查委员会
温州市龙湾区监察委员会

民主党派・工商联

群众团体

法　治

军　事

经济管理

农　业

工业・信息业

功能区建设

商贸服务业

旅游业

城市建设

乡村振兴

生态环境保护

温州东部交通枢纽建设

邮政・通信

金融业

科学技术

中国眼谷建设

教　育

文　化

卫生健康

体　育

社会生活

应急管理

街　道

人物荣誉

统计资料

附　录

索　引

数读龙湾

陆域土地面积 316.46 平方千米

常住人口 73.89 万人

户籍人口 34.49 万人

人口自然增长率 2.34‰

城镇登记失业率 5% 以内

地区生产总值 868.58 亿元

国民经济三次产业比例调整 0.4 ： 58.7 ： 40.9

人均生产总值 11.80 万元
（按年平均常住人口计算）

规模以上工业企业数 1158 家

规模以上工业增加值 268.53 亿元

规模以上高新技术产业增加值 198.07 亿元

财政总收入 86.28 亿元

一般公共预算收入 49.18 亿元

一般公共预算支出 73.71 亿元

全社会消费品零售总额 433.47 亿元

贸物进出口总额 689.85 亿元

金融机构存款余额 1504.46 亿元

金融机构贷款余额 1377.24 亿元

供电总量 74.44 亿千瓦时

工业用电 48.21 亿千瓦时

城镇常住居民人均可支配收入 72953 元

城镇常住居民人均消费支出 47686 元

农村常住居民人均可支配收入 47610 元

农村常住居民人均消费支出 31532 元

2022年6月26日，龙湾区政府、华为公司、中国眼谷深化合作项目签约仪式在温州市人民大会堂举行 （中国眼谷供图）

2022年中国科学院大学温州研究院共获得国家级各类科研项目60项，发表论文305篇，孵化科技企业11家，图为中国科学院大学温州研究院全貌 （区融媒体中心供图，摄于2022年8月）

活力龙湾

2022年，龙湾区坚持创新首位。科创平台提质增效、科创主体多元引育、科创环境更加优越。规模以上工业研发费用增长10%以上，全社会研发投入占地区生产总值比重达3.86%。科技创新指数稳定在浙江省前八、实现温州市“五连冠”。2022年7月11日，龙湾区获浙江省科技工作“科技创新鼎”。

2022年11月11日，中国眼谷博览中心“365天永不落幕”眼健康药械展入驻企业签约仪式举行

（区发展和改革局供图）

浙南·创谷是浙江省唯一一家连续六年在国家级科技企业孵化器年度绩效评价中获得A类（优秀）的园区。图为2022年9月浙南·创谷国家科技企业孵化器地标

（区融媒体中心供图）

2022年7月14日，温州国际云软件谷开园，次日正式发布温州国际云软件谷核心区产业规划，聚焦数字经济云软件产业

（区融媒体中心供图）

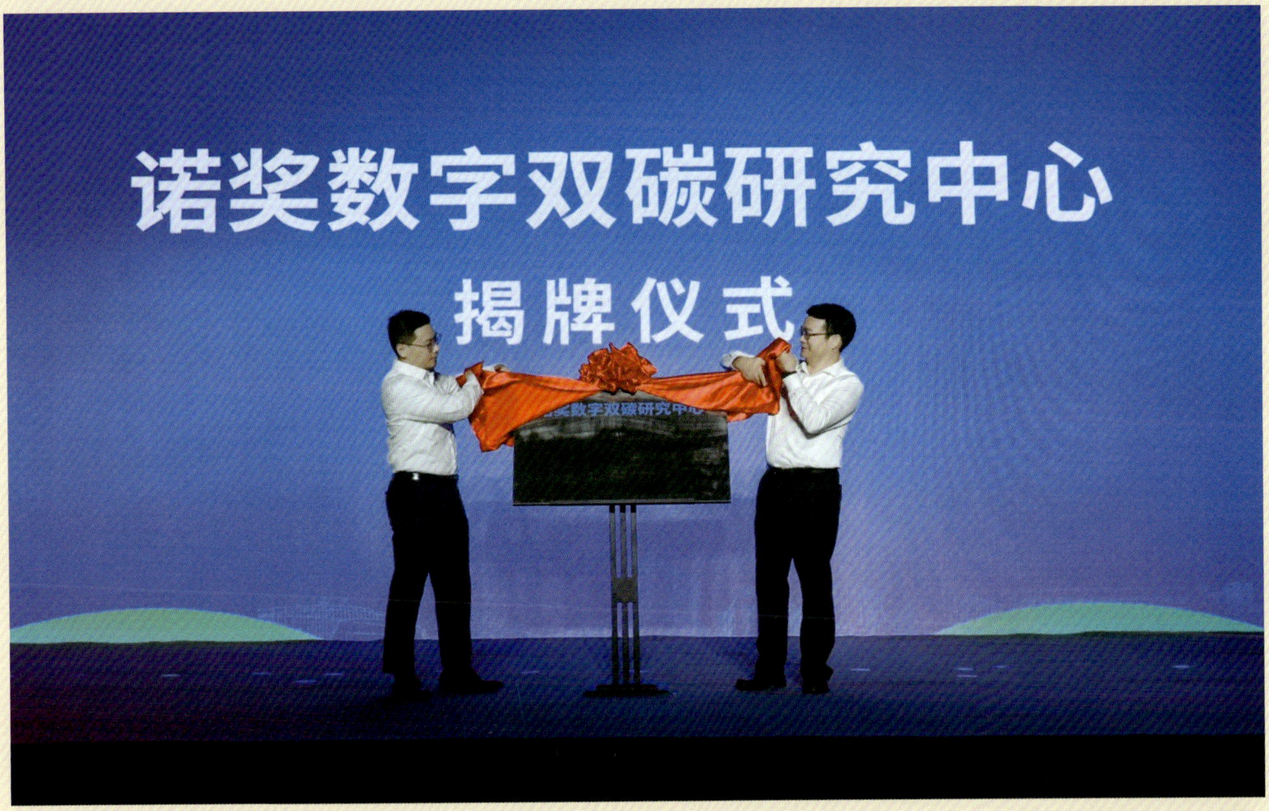

2022 年 7 月 13 日，诺奖数字双碳研究中心揭牌仪式在温州国际云软件谷举行 （区投促中心供图）

国科温州研究院科研院人员在实验室工作 （区融媒体中心供图，摄于 2022 年 10 月）

2022 年 11 月 1 日，2022 年龙湾区暨温州高新区（经开区）举行全球精英创新创业大赛决赛，图为颁奖典礼现场
（区科技局供图）

“浙南 · 云谷”一期规划用地面积 81.7 亩，建筑面积 8.1 万平方米，是温州市最具特色的主题性众创空间集群和创新孵化平台。图为 2022 年 11 月“浙南 · 云谷”一期东面建筑
（项绍雄摄于 2022 年 11 月）

2022年11月7日，由浙江大学、温州市政府、青山控股集团主办的首届“青山论坛”在青山学苑举行。图为中欧商学院前任院长、“中华人民共和国友谊奖”获得者佩德罗·雷诺进行视频致辞（方亚特/摄）

2022年11月7日，温州青山学苑启用仪式举行，该学苑由青山控股集团与浙江大学联合旨在打造一流企业管理人才培养基地（方亚特/摄）

产业新城

位于龙湾区通用航空产业园与瓯飞起步区一期的瑞浦新能源产业基地项目鸟瞰图　（江国荣摄于2022年9月）

瑞浦新能源锂离子新材料项目的生产车间　（区融媒体中心供图，摄于2022年10月）

位于空港新区的麦田能源有限公司，专注于储能逆变器及锂电池 PACK 的研发、生产及销售

（区融媒体中心供图，摄于 2022 年 7 月）

我国球阀行业重点企业——方正阀门的生产车间。阀门行业是龙湾区的传统支柱产业之一

（区融媒体中心供图，摄于 2022 年 7 月）

浙江裕泰汽车配件有限公司轴承配件生产车间。该公司是国家高新技术企业、汽车紧固件行业知名企业。紧固件行业是龙湾区的传统支柱产业之一 （区融媒体中心供图，摄于 2022 年 12 月）

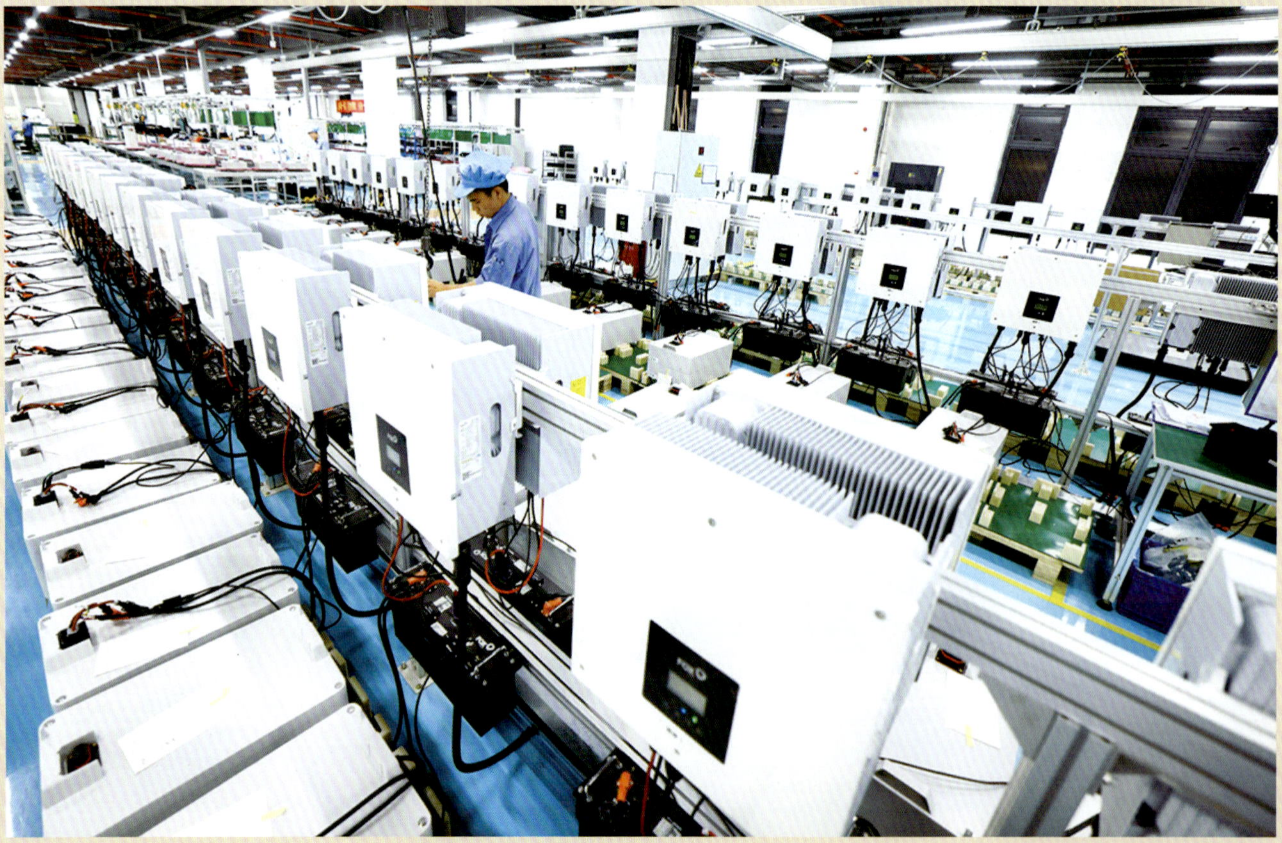

2022 年 7 月 12 日，麦田能源有限公司车间内工人操作智能设备赶制订单 （苏巧将　许哲晰 / 摄）

开放新城

位于龙湾区滨海四道的温州市水产批发交易市场，交易市场面积达 1.80 万平方米，日均交易量约 90 吨，年交易额达 15 亿元
（管新民摄于 2022 年 6 月）

温州力天汽车梦工场，集汽车博览、运动、销售、主题生活于一体的时尚汽车主题城，是“温商回归”工程重要项目
（朱蓉慧摄于 2022 年 8 月）

温州（龙湾）新型数字贸易港是温州跨境电商综试区的重要载体。2022 年，龙湾区跨境电商综试区出口额 15.20 亿元（区商务局供图，摄于 2022 年 4 月）

位于蒲州街道的城市商业综合体——吾悦广场夜景（区融媒体中心供图，摄于 2022 年 4 月）

永兴南园小微企业园占地386.7亩，建筑面积38.63万平方米，园区年产值超10亿元　（江国荣摄于2022年8月）

温州高新区（温州经济技术开发区）百威（温州）啤酒有限公司车间流水线　（区融媒体中心供图，摄于2022年12月）

幸福龙湾

2022年，龙湾区常住人口城镇化率超99%，城乡居民收入相比居浙江省第六位、温州市第一位。2022年新增城镇就业11700人。成功入选省共同富裕示范区第二批试点，所有村（社）年均经营性收入超50万元，在全省率先建立特困人员“收入豁免”机制，全力打造共同富裕示范区县域样板。大力推进民生工程，建成温医大附二医龙湾院区、温州奥体中心主体育场等民生项目。

2022年2月9日，龙湾区（高新区）高质量发展建设共同富裕示范区龙湾样板暨建设“一区五城”推进大会召开。年内，龙湾区收入倍差缩小至1.53，排浙江省第六位、温州市第一位　（区融媒体中心供图）

温州奥体中心主体育场是第十九届杭州亚运会女足项目比赛场馆之一，总建筑面积 7.05 万平方米，观众席位数约 5 万个，图为温州奥体中心场馆群全景图
（区融媒体中心供图，摄于 2022 年 1 月 27 日）

温州国际网球中心是温州首个大型的标准网球中心，占地面积 2500 平方米，2022 年，实施提升改造工程（一期）。图为温州国际网球中心地标造型
（叶晓东摄于 2022 年 3 月）

2022 年 7 月，龙湾区蒲江路幼儿园建成投用，位于蒲州街道蒲江南路（澜悦府小区旁），占地面积 6010 平方米
（区融媒体中心供图）

2022 年 10 月，龙湾区汤西幼儿园建成投用，位于蒲州街道括苍西路（汤品园小区旁），占地面积 4365 平方米
（区融媒体中心供图）

幸福新城

市域铁路S1线科技城站，位于浙南科技城区域内，为高架三层侧式车站 （区融媒体中心供图，摄于2022年1月）

2022年8月，温州医科大学附属口腔医院龙湾院区 （沁湄/摄）

2022年9月24日，天河街道中心幼儿园举行户外活动　　（区融媒体中心供图）

2022年3月7日，“龙韵绽芳华　共富话担当”龙湾区（高新区）纪念“三八”国际妇女节第112周年活动举行（区妇联供图）

2022 年 1 月 6 日，龙湾区举办迎春节送温暖进企业专场公益活动首秀现场　　（叶晓东 / 摄）

2022 年 11 月 28 日，2022 年全国空手道青少年锦标赛在温州奥体中心体育馆举行　　（区体育发展中心供图）

交通枢纽新城

2022 年 5 月 25 日，温州市东西方向主干道瓯海大道沿线绿化　　（项光涨 / 摄）

2022 年 7 月，甬台温高速温州东出口　　（状元街道供图）

2022 年 8 月 31 日，市域铁路 S2 线主线工程全线贯通（区交通运输局供图）

2022 年 10 月，新建成的温州大道东延工程风貌（区融媒体中心供图）

2022 年 10 月 27 日，温州龙湾国际机场开通东方航空温州—罗马国际客运航线　（温州龙湾国际机场供图）

龙湾万吨码头以煤炭、铁矿粉、钢材装卸堆存业务为主，年吞吐量达 1000 万吨以上，图为龙湾万吨码头港区作业场景
（江国荣摄于 2022 年 9 月）

美丽龙湾

2022年，龙湾区坚持“绿水青山就是金山银山”理念，打造生态空间山清水秀的空间格局，建设生态宜居现代化新龙湾。开展蓝天保卫战、碧水澄清战、净土开拓战、清废规范战等攻坚行动，城市环境有效改善、污染治理成效明显、环境质量逐年提升。

2022年7月，龙湾区城市中心区住家小区夜景　（项绍雄/摄）

2022 年 8 月，龙湾区瑶溪街道区域夜景　（叶延龄 / 摄）

2022 年 7 月，龙湾区瑶溪钟秀园一角　（张志霄 / 摄）

2022 年 9 月，龙康路新景 （张志宵 / 摄）

2022 年 4 月，温州高新区（经济技术开发区）管委会办公大楼——浙南经济总部大厦全景
（温州经济技术开发区组织人事部供图）

美丽城区

2022 年 4 月，位于浙南科技城范围内的永中街道新联村、联谊村、上湾村、下湾村、王宅村安置房——博汇园全貌
（区城建中心供图）

2022 年 6 月，状元街道横街安置房项目二期工程主体实现结顶。项目毗邻瓯江，建筑面积约 94.24 万平方米，总套数 5103 套
（江国荣 / 摄）

2022 年 10 月，龙湾区市民广场、龙翔湖公园周边新面貌 （江国荣 / 摄）

2022 年 5 月，温州湾新区俯瞰图 （江国荣 / 摄）

美好生态

2022 年 12 月 15 日，位于瑶溪街道皇岙村国安寺千佛塔新貌　　（区融媒体中心供图）

2022 年 10 月，金海湖公园夜景　　（星海街道供图）

2022 年 6 月 30 日，位于理想城小区旁的空地从昔日垃圾场变为鲜花满园 （区融媒体中心供图）

2022 年 5 月 12 日，龙湾区实施“祛疤栽花”专项整治行动，此为改造后的龙江路亚运公园一角 （夏思斯 / 摄）

2022年1月，黄石山·中国姿态雕塑公园全景 （项绍雄／摄）

2022年8月13日，城市中心区内的龙翔湖公园鸟瞰图 （严艳影／摄）

2022 年 7 月，大罗山天河水库，水库周边有着众多的天然奇异花岗石景观　（区融媒体中心供图）

2022 年 7 月 29 日，龙湾区永兴农田示范园农民机械收割稻谷的场景　（项绍雄 / 摄）

文明龙湾

2022年，龙湾区在全市率先建立文明实践实体机构，制定《龙湾区志愿者礼遇办法》，建成龙湾区新时代文明实践志愿服务综合数字平台。植入“龙湾文明码”连接龙湾区新时代文明实践志愿服务综合数字平台，实现“从指尖到身边”的文明实践路径。形成薪火相传红飘带、见贤思齐崇德带、家风家训风尚带、文化遗产传承带、体育健康活力带5条文明实践带。

龙湾区新时代文明实践中心是温州市第一批新时代文明实践示范基地。图为2022年5月的雷锋广场　（区文明中心供图）

2022 年 4 月 15 日，龙湾区全国文明城市建设工作推进会召开，对全国文明城市建设整改提升行动进行再部署、再推动（区融媒体中心供图）

2022 年 5 月 19 日，龙湾区启动“千企联动 百企示范 共建文明”文明城市建设攻坚誓师大会（温州经济技术开发区供图）

2022年5月31日，区总工会组织开展组织8个街道、系统工会下辖企业组成42支职工志愿服务队、1支劳模工匠志愿服务队，深入上庄村、蒲江小区、富海路等重点区域开展文明创建活动

（区总工会供图）

2022年5月4日，状元街道罗西社区组织青年志愿者开展"五四精神·传承有我"主题环保志愿服务活动

（区文明中心供图）

2022 年 6 月 1 日，海滨街道“文明家园 · 你我共建”集体倡议暨教新家园幸福邻里节活动在锦海社区教新红色家园小区举办

（海滨街道供图）

2022 年 12 月 5 日，“浙江有礼 幸福同行”龙湾区开展 2022 年“12 · 5 国际志愿者日”文明实践主题活动

（区文明中心供图）

2022 年 5 月 24 日，“蓝骑士”们悉心听取了组织者提出的文明出行倡议，行驶过程佩戴头盔、穿着工衣、规范骑行，争当文明交通骑行的参与者 （团区委供图）

2022 年 10 月 12 日，市交管局三大队实施“护学岗”行动。图为 2022 年 10 月 12 日交警护送学生们过马路 （市交管局三大队供图）

目 录

特 载

区委常委会工作报告……3
政府工作报告……12

专 记

龙湾区落实温州湾新区体制改革工作综述……21

大事记

1 月……25
2 月……25
3 月……25
4 月……25
5 月……26
6 月……26
7 月……26
8 月……27
9 月……27
10 月……27
11 月……28
12 月……28

区情概览

建置区划

位置面积……31
建置沿革……31
行政区划……31
表 1 2022 年龙湾区行政区划一览表……31

自然地理

地质地貌……32
山脉山峰……32
河流湖泊……32
气候物候……32
表 2 龙湾区物候历（公历）一览表……33
土壤植被……34

自然灾害

旱灾……34
台风灾害……34

自然资源

植物资源……35
动物资源……35
矿物资源……35
水资源……35

人口民族宗教

人口……35
民族……35
宗教……35
各街道宗教情况……35

历史人文

文物古迹……35
非物质文化遗产……36
地域方言……37
历代名人……38

名优特产

概况……38
柑橘……38
杨梅……38
黄叶早……38
馄饨……38
胶冻……38
麦芽糖……39
永强“八盘八”……39

2022 年经济社会发展

经济建设……39
政治建设……39
文化建设……40
社会建设……40
生态文明建设……40

中国共产党温州市龙湾区委员会

综　述

概况……43
政治生态建设……43
创新发展推动……43
推动社会治理……43

重要会议

区委九届二次全体（扩大）会议……43
区委九届三次全体（扩大）会议……43
龙湾区委常委会、高新区党工委会议……44

重大决策

推进龙湾文化高质量跨越式发展意见实施……48
推进街道模块化运行改革工作方案实施……48
“以先投后股方式支持科技成果转化”试点方案实施……48
学习贯彻落实党的二十大精神……48
高水平建设全域老年友好城市暨“未来康养智城”意见实施……48
推进乡村振兴工作部署……49
建设高质量森林龙湾打造林业现代化先行区意见实施……49

巡察工作

巡察工作主体责任落实……49
巡察工作会议……49
巡察问题整改督导……49
巡察“回头看”……49

区委综合事务

概况……49
法规工作……49
保密工作……50
考绩督查……50

全面深化改革

概况……50
数字化改革……50
重点领域改革……50
改革宣传……50

政策研究

开展理论研究……50
政策文件起草……51
政策课题调研……51

组织工作

概况……51
表3　2022 年龙湾区党员基本情况一览表……51
社区党建……51
共同富裕组织保障……52
党员发展教育管理……52
“两新”党建……52
干部管理……52
干部激励机制……52
公务员管理……52
干部监督……53
招才引智……53
人才政策优化……53
关心下一代工作……53
老干部工作……53

宣传工作

概况……53
党的二十大精神学习宣传……53
区委理论中心组学习……53
理论研究……53
理论宣讲……54
对外宣传……54
最美人物选树……54
出版管理……54
扫黄打非……54
文化惠民……54
意识形态领域管理……54
宣传干部队伍建设……54

统一战线工作

概况……54
政治思想建设……54
“两个健康”先行区创建……54
新乡贤工作……54
党外知识分子和新的社会阶层人士统战工作……55
宗教领域统战……55

网络安全与信息化

概况……55
网络综合治理……55
网络安全管理……55
网络普法宣传……55
温州市“云谷论剑”网络安全论坛在龙湾举行……56
网络信息化发展……56
网上主题宣传……56

机构编制工作

概况……56
机构编制管理……56
事业单位登记……56
机构编制数字化建设……57
机构编制法治化建设……57
基层管理体制变革……57
“大综合一体化”行政执法改革……57
推进事业单位公益指数试点工作……57
编外用工管理……57

区直机关党建

概况……57
思想政治建设……57
组织建设……57
党风廉政建设……57
效能和作风建设……58
“红心汇”服务品牌建设……58

信访工作

概况……58
信访专项行动……58
信访积案化解……58
领导接访下访……58
信访办理质效提升……58

党史工作

概况……58
党史资料征编……58
区委区政府文件资料整理……58
“龙湾史志”编纂……58

温州市龙湾区人民代表大会

综 述

概况……61
代表构成……61
组织建设……61

重要会议

区第九届人民代表大会第一次会议……61
区九届人大常委会会议……61

人大监督工作

法制监督……63
财政经济监督……63
教科文卫民侨监督……63
城建与环保监督……63
农村与资源保护监督……64
社会建设监督……64
民生实事监督……64

重大决定和依法人事任免

概况……64
重大决定……64
依法人事任免……64

人大议案建议

概况……66
推动“双减”落实落地建议案……66
创建绿色低碳能源建设示范区的建议……66
加快村社融合健全基层治理的建议……66
表4 2022年龙湾区人大代表重点建议一览表……67

代表工作

概况……67
人大代表培训……67
人大代表履职……67

视察调研

概况……68
科技创新工作专题视察……68
会前视察活动……68
调研区生态环境保护工作……68
省、市人大代表开展专题视察……68

执法检查

概况……68
重点法律法规执法检查……68

人大专门委员会工作

人大监察和法制司法委员会……68

财政经济委员会……68
社会建设委员会……68

温州市龙湾区人民政府

综　述

街道管辖调整……71
经济发展情况……71
创新指数排名……71
数字化改革……71
国家知识产权强国建设示范区建设……71

重要会议

概况……71
区政府全体（扩大）会议……71
区政府常务会议……71
区政府办公会议……73

民生实事项目

概况……74
安置提速工程……74
老有所养工程……74
学在龙湾工程……74
医保纾困工程……74
交通畅行工程……74
健康就医工程……74
就业共富工程……74
智慧安防工程……74
文化惠民工程……74
全民眼健康工程……74
表5　2022年度龙湾区政府民生实事项目完成情况一览表……75

区政府综合事务

概况……76
建议提案办理……76
电子政务建设……76
政务督查……76
特色示范点项目创建……76

政务公开

概况……77
政务信息公开……77
依申请公开……77

政务服务

概况……77
政务服务2.0应用……77
全程无偿代办服务……77
企业投资高效审批模式……77
“最多评一次”改革……77

大数据管理

概况……78
公共数据平台建设……78
电子政务网络系统……78
“浙里办”省级试点……78
数字赋能疫情防控……78
龙湾幸福码开发……78
基层APP整治……78

招商引资

概况……78
招大引强工作……78
外资招引……79
招商引资机制建设……79

人力资源管理

概况……79
人才工作……79
社保普惠共享……79
和谐劳动关系构建……79
人社公共便民服务……80
人事管理……80

区直机关事务管理

概况……80
机关事务管理标准化试点……80
后勤保障综合服务……80
办公用房管理……80
公共机构节能……81

外事工作

概况……81
境外企业备案……81
领事保护……81

台湾事务

概况……81
服务台胞台属……81
海峡两岸交流活动……82

侨务工作

概况……82
助侨服务……82
新乡贤品牌建设……82

中国人民政治协商会议温州市龙湾区委员会

综 述

概况……85
“综合体”建设……85
委员工作……85
团结联谊……85
政协党的建设……85

重要会议

政协第六届温州市龙湾区委员会第一次会议……85
区政协六届常委会会议……86

协商议政

政治协商……86
基层协商……86
“助企纾困”专题协商……86
“完善道路网建设”专题协商……87
加强和规范住宅小区物业管理专题协商……87
环大罗山现代农业园区建设专题协商……87

民主监督

概况……87
“宗教活动场所优化整合一件事”民主监督……87
“居家养老工作”专项民主监督……87

政协提案

概况……87
反映社情民意信息……87
表 6 2022 年龙湾区政协委员重点提案一览表……88
卫生健康数字化改革提案督办……88
新生代企业家培育提案督办……88
中小微企业发展提案督办……88

视察调研

概况……88
青科城建设专题视察……88
未来社区建设专题调研……89
对外贸易工作专题调研……89
律师队伍建设专题调研……89

政协专门委员会工作

概况……89
提案委员会……89
委员工作委员会……89
经济科技委员会……89
农业和农村工作委员会……89
城乡建设和资源环境委员会……90
政协文教卫体文史和学习委员会……90
港澳台侨和外事委员会……90
社会和法制委员会……90
民族和宗教委员会……90

中共温州市龙湾区纪律检查委员会 温州市龙湾区监察委员会

综 述

概况……93
清廉龙湾建设……93
“龙湾亲清码·幸福直通车”赋码仪式举行……93

重要会议

区纪委九届二次全会……93
区纪委常委会会议暨区监委委务会……93

党风廉政建设

政治监督……94
正风肃纪……94
表 7 2018—2022 年龙湾区违纪党员纪律处分情况一览表……94
表 8 2022 年龙湾区查处违反中央八项规定精神问题基本情况一览表……94
清廉单元建设……94
廉政宣教……95
第二届特约监察员聘请会……95
表 9 龙湾区监察委员会聘任第二届特约监察员一览表……95

案件查处

执纪监察……96
群众问题治理……96

民主党派·工商联

中国国民党革命委员会龙湾区基层委员会

概况……99
参政议政……99

社会服务……99

中国民主同盟温州市龙湾区委员会

概况……99
参政议政……99
社会服务……99

中国民主建国会温州市委员会龙湾区基层委员会

概况……99
参政议政……99
社会服务……99

中国民主促进会龙湾区基层委员会

概况……100
参政议政……100
社会服务……100

中国农工民主党龙湾区基层委员会

概况……100
参政议政……100
社会服务……100
“肤生工程”特色公益项目……100

中国致公党温州市龙湾区基层委员会

概况……101
参政议政……101
社会服务……101

九三学社温州市龙湾区基层委员会

概况……101
参政议政……101
社会服务……102

温州市龙湾区工商业联合会

概况……102
非公经济会员企业党建……102
非公经济人士培训……102
非公经济营商环境优化……102
非公经济法律服务……102
非公经济人士社会服务……102

群众团体

温州市龙湾区总工会

概况……105
职能思想政治引领……105
职工权益维护……105
职工文化与体育……105
劳动技能竞赛……105
产业工人队伍建设……105
劳模工匠关爱培育……105
和谐劳动关系创建……105
工会普惠服务……105
基层工会组织建设……106

中国共产主义青年团温州市龙湾区委员会

概况……106
青少年思想道德教育……106
青年宣讲团……106
青年志愿者服务……106
青少年关爱帮扶……106
青年就业创业行动……107
新社会组织团建……107
智慧团建……107
青年人才服务……107
“青年之家”建设……107
少先队工作……107
共青团系统深化山海协作……107
第七届“十大杰出青年”寻访活动……107

温州市龙湾区妇女联合会

概况……107
妇女创业扶持……108
儿童友好试点单元创建……108
妇女权益维护……108
妇幼关爱救助……108
文明家庭创建……108
家庭宣教活动……109
基层妇女组织建设……109

温州市龙湾区科学技术协会

概况……109
基层科协组织建设……109
科普宣传……109
科普活动……109
科普服务……109
推进2021年青科会龙湾项目落地……109
世界青年科学家峰会龙湾分会场活动……109

温州市龙湾区归国华侨联合会

概况……110

助侨服务……110
侨界联谊交流……110
侨胞之家建设……110

温州市龙湾区文学艺术界联合会

概况……110
文艺交流活动……110
文艺作品创作……110
文艺志愿服务……110
表 10 2022年龙湾区部分文艺作品获奖情况一览表……111

温州市龙湾区残疾人联合会

概况……112
无障碍改造……112
“残疾人之家”建设……112
残疾儿童康复服务……113
残疾人就业服务……113
社会助残……113
残疾人文体活动……113

温州市龙湾区红十字会

概况……113
“三献”工作……114
红十字救助救援……114
红十字应急救护……114

温州市龙湾区计划生育协会

概况……114
困难家庭帮扶……114
家庭奖励资助……114
生育公益服务……114

法 治

政法委与综治

概况……117
平安龙湾建设……117
社会安保工作……117
基层社会治理……117
数字法治……118
扫黑除恶……118
法治平台与机制建设……118
市域社会治理……118
社会治理中心改造提升……118
“法护家安”集成应用上线……118

法治政府建设

概况……118
合法性审查……118
行政争议化解……118
行政复议应诉……119
行政争议调解案件……119
行政执法监督……119
基层依法治理……119
法治营商环境优化……119
特邀行政执法监督员聘任……119

公 安

概况……120
表 11 2018—2022 年龙湾区刑事、治安案件情况一览表……120
重点安全保卫任务……120
电信网络反诈劝阻……120
刑事案件侦破……120
经济犯罪案件侦破……120
户政管理……120
出入境管理……120
网络安全治理……120
重点单位安保……120
防暴及突发事件处置……121
社会治安维护……121
亚运会安保筹备……121
公安“智慧大脑”建设……121
基层公安建设……121
警务督察……121
机场边检……121
主动警务中心启动……121
假药案件查处……122
社会治安打击整治……122

检 察

概况……122
表 12 2021—2022 年龙湾区主要检察业务数据一览表……122
表 13 2018—2022 年龙湾区人民检察院审查批捕、起诉案件情况一览表……122
刑事诉讼检察……122
刑事诉讼监督……122
民事检察监督……122
行政诉讼检察监督……122
公益诉讼检察监督……122
全省检务督察工作示范院培育试点……123

特殊群体司法保护……123
数字检察建设……123
检务监督……123
买卖合同纠纷生效判决监督案……123
检察建议公开宣告送达……123

法　院

概况……123
刑事审判……123
民商事审判……123
行政审判……123
执行工作……123
表 14　2018—2022 年龙湾区人民法院受理、审结刑事案件情况表……124
表 15　2018—2022 年龙湾区人民法院民受理、审结民事案件情况表……124
司法保障经济发展……124
扶弱诉讼服务……124
矛盾纠纷化解……124
“全域数字法院”改革……124
首份家庭教育指导令……124
扔香蕉皮致老人滑倒受伤案……124

司法行政

概况……125
人民调解……125
表 16　2018—2022 年龙湾区民间纠纷调解情况一览表……125
普法宣传……125
律师工作……125
“在线赋强公证”……125
法律援助……126
社区矫正和安置帮教……126
表 17　2022 年龙湾区民间纠纷调解一览表……126

军　事

人民武装

概况……129
战备训练……129
兵役工作……129
国防教育宣传……129
双拥工作……130
应急行动……130

人民防空

概况……130
改革试点……130
工程建设……131
警报建设……131
防空地下室数据录入……131
实战化演练……131
人防宣教……131

退役军人事务

概况……131
双拥工作……131
优抚优待……131
退役军人接收安置……131
退役军人教育培训……131
退役军人创业就业……131
退役军人待遇保障……131
退役军人服务站……132
“退役军人云服务站”……132
建档立卡试点工作……132

经济管理

宏观经济调控

概况……135
共同富裕试点区建设……135
特色小镇建设……135
债务风险防范化解……135
数字社会建设……135
社会信用体系建设……135
对口协作……135
省“152”项目落地……136
省、市重点工程建设……136
区重点工程建设……136
表 18　2022 年重点工程各组织实施单位完成情况一览表……136
表 19　2022 年重点工程各行业完成情况一览表……136

自然资源管理

概况……136
自然资源确权……136
测绘与地理信息管理……136
土地储备与出让……137
土地开发与供应……137
土地要素市场化配置改革试点……137
耕地垦造……137
地矿生态修复……137

征地与涉土信访……137
土地执法监管……137
海洋综合管理……137

国有资产管理

概况……138
国有资产疫情减租……138
国有企业监督管理……138
国有资产出租专项整治……138
亭台楼馆专项整治……138
国有存量资产盘活……138
资产云管理系统平台建设……138
国有资产产权划转……138

财 政

概况……138
财政收支……138
表 20 2018—2022 年龙湾区财政收支情况一览表……139
纾困惠企……139
民生支出……139
保障重点项目……139
基金投入……139
财政监管……139
政府债务管控……139
会计管理……139
政府采购管理……139

税 务

概况……140
表 21 2018—2022 年龙湾区税务收入情况一览表……140
减税降费……140
纳税服务……140
税收执法……140
税收征管改革……140

金融监管

金融组织监管……140
金融风险排查与处置……140
企业风险化解……141
防范金融风险宣传……141

公共资源交易

概况……141
政务服务新模式……141
公共资源交易全流程电子化……141
“公优廉”招投标环境……141
招投标服务“咨询宝”平台……141

审 计

概况……141
预算执行审计……142
经济责任审计……142
审计监管……142
审计信息网络管理……142
审计问题整改……142

统 计

概况……142
数字化改革……142
统计监督……142
统计调查……142
统计业务培训……142
统计普法……143

工商行政管理

概况……143
表22 2022 年龙湾区成交额亿元以上市场主体一览表……143
数字化市场监管体系建设……143
商事制度改革……143
市场秩序维护……144
广告监管……144
合同监管……144

质量技术监管

概况……144
产品质量监管……144
特种设备安全检查……144
标准计量监管……145
工程质量监管……145
空气质量监管……145

食品药品监管

概况……145
食品安全责任制落实……145
食品药品专项检查……145
食品生产安全监管……145
食品流通安全监管……145
餐饮服务安全监管……146
特殊场所食品监管……146
药品医疗器械化妆品监管……146

价格监管

概况……146

表23　2018—2022 年龙湾区价格违法案件查处情况一览表……146
收费管理……146
专项调查……146
监测预警……146
表 24　2022 年龙湾区主要消费品价格情况一览表……147

知识产权管理

概况……150
知识产权保护……150
商业秘密保护……150
国家知识产权强国建设示范园区创建……150

农　业

综　述

产业发展……153
省级现代农业园区建设……153
农产品安全监管……153
表 25　2018—2022 年龙湾区粮食种植面积和亩产量一览表……153
表 26　2022 年龙湾区主要农作物生产一览表……153

种植业

概况……153
表 27　2018—2022 年龙湾区果园种植面积和总产量一览表……153
高标准农田建设……153
“非粮化”整治……153
耕肥工作……153
植保检疫……153
粮食生产……154
水果生产……154

林　业

概况……154
表 28　2018—2022 年龙湾区林木育苗造林及四旁绿化面积一览表……154
公益林管护……154
森林病虫害防控……154
林木种苗检疫……154
林业品牌推广……154
森林防火……154

畜牧业

概况……154
表 29　2022 年龙湾区主要畜牧产品一览表……154
生猪生产……155
禽蛋生产……155
动物疫病防控……155
畜牧“两化”建设……155
畜产品质量安全监管……155

渔　业

概况……155
渔业资源增殖保护……155
渔业安全生产监管……155

农田水利

概况……155
耕地功能性恢复工程……155
重大水利工程建设……156
瓯江引水工程政策处理……156

农业机械化

概况……156
农机购置补贴……156
农机装备……156
农机作业……156
农机服务……156
农机推广与管理……156

农业产业化经营

概况……156
农业龙头企业……156
重点农业项目……156
农产品品牌建设……156
设施农业……156

工业·信息业

综　述

工业经济运行……159
表 30　2018—2022 年龙湾区五大主导行业规模以上企业情况一览表……159
表 31　2018—2022 年龙湾区规模以上工业产值和工业性投资情况一览表……159
供电保障……159
产业转型升级……159
制造项目投资……159
企业用地效能提升……160
“专精特新”企业培育提升……160

"绿色工厂"评价……160
助企服务……160

阀门工业

概况……160
智能阀门装备产业……160
阀门工业企业培育……160
良工阀门集团有限公司……160

不锈钢工业

概况……160
高端特殊钢产业……161
不锈钢行业污染整治……161
华迪钢业集团有限公司……161

制笔行业

概况……161
高端制笔产业……161
温州爱好笔业有限公司……161

制鞋行业

概况……161
时尚鞋业产业……161
浙江卓诗尼鞋业有限公司……161

服装工业

概况……162
第二届中国（温州）绅装文化节在龙湾举办……162

龙湾供电分局

概况……162
表 32　2022 年龙湾区各街道用电量情况一览表……162
电网建设……162
表 33　2022 与 2021 年龙湾区全社会用电量构成对比一览表……163
电力设施整治……163
电力服务……163

永强供电公司

概况……163
电网建设……163
电力服务……163
电网绿色转型……164

数字产业发展

概况……164
数字经济核心产业……164
数字企业发展……164

数字化应用

概况……164
温州国际云软件谷核心区……164
中国软件业创新发展大会召开……164

功能区建设

温州高新区（温州经济技术开发区）

概况……167
知识产权示范区建设……167
浙江（温州）RCEP 高水平开放合作示范区……167
科技创新投入……167
经济运行稳中有进……167
"招大引强"工作……167
城市项目建设……167
营商环境优化……167
姜立纲学院挂牌……167

龙湾城市中心区

概况……168
未来社区建设……168
要素保障……168
安置房建设……168
市政设施建设……168
国有资产管理……168
万顺风貌样板区建设……168

商贸服务业

综　述

概况……171
省现代服务业创新发展区建设……171
内循环指标……171
外循环指标……171
服务业发展……171
首届青山论坛在龙湾举办……171

商贸业管理

概况……171
商圈能级提升……171
商贸企业流通政策兑现……171

商贸领域安全生产……171
消费促进……171
商贸服务……172
广告服务业……172
会展业……172

批发零售业

概况……172
万达广场……172
温州吾悦广场……172
TOD印象汇……172

物流业

概况……173
空港新区现代物流园……173

电子商务

概况……173
外贸新业态培育……173

供销合作

概况……173
支农惠农服务……173
基层社规范化建设……173

贸易促进

概况……174
表 34　2018—2022年龙湾区机电及高新产品出口情况一览表……174
表 35　2018—2022年龙湾区自营进出口情况一览表……174
表 36　2018—2022年龙湾区各贸易伙伴出口情况一览表……174
助企服务……174
内外贸一体化拓展……174
浙江（温州）RCEP 高水平开放合作示范区……174
RCEP 国家港口优势提升……174

旅游业

综　述

概况……177
旅游业管理……177
旅游项目建设……177
“微改造、精提升”项目建设……177

旅游营销

概况……177
培育新型文旅场景……177
2022 年龙湾区运动休闲旅游踩线活动举行……177
第四届状元王鱼杨梅节系列主题活动……177
2022 龙湾・苍南文旅联合走进丽水宣推……178

文旅公共服务

概况……178
城市标识优化……178
《龙湾旅游手绘地图》上线……178
2022 温州文博会龙湾分会场暨南洋市集活动……178
工业旅游示范基地……179

旅游资源

永昌堡景区……179
瑶溪风景名胜区……179
天柱寺风景区……179
龙湾东篱下休闲农庄……180

城市建设

综　述

概况……183
住建领域数字化改革……183
住建审批改革……183

城市规划

概况……183
城市设计……183
控制性规划编制……183

城市化建设

概况……183
危旧房治理……183
征迁工作……183
安置房建设……184
土地“清零”提速……184
老旧小区改造和美丽城镇建设……184

重点工程

概况……184
区重点工程建设……184
中心区重点工程项目……184

行业工程项目建设……184
表 37 2022 年龙湾区重点工程建设情况一览表……185

建筑业

概况……187
行业培育与管理……187
在建工程……187
建筑工程监管……187

综合行政执法

概况……187
市政基础设施维护……187
生活垃圾分类管理……187
城市园林建设……187
市容市貌整治……187
表 38 2018—2022 年龙湾区行政处罚案件数量情况一览表·188
表 39 2018—2022 年龙湾区数字城管接投诉举报数量情况一览表……188
数字城管建设……188
“大综合一体化”改革……188
执法便民服务……188

不动产登记

概况……188
数字化改革……189
不动产登记“一件事”改革……189
工业厂房“一证通办”模式……189
不动产难题化解……189

住房公积金管理

概况……189
住房公积金扩面建缴……189
住房公积金贷款……189
住房公积金归集管理……190

温州文昌创客小镇建设

概况……190
招商引才……190
助企惠民政策落实……190
人才公寓建设……190
温州赛泷科创湾地块出让……190
文昌数智谷产业园项目立项……190
“诺奖数字双碳研究中心”揭牌……190
温州国际云软件谷开园……190

乡村振兴

综 述

概况……193
城乡融合……193
乡村振兴项目投资……193
乡村产业振兴……193
农业行政审批……193
农村指导员工作……193

农村综合改革

概况……193
“三位一体”综合合作改革……194
闲置宅基地激活试点工作……194
农房激活试点工作……194

未来乡村建设

概况……194
瑶溪村“未来乡村”试点……194
“金色埭头”提升……194
“罗山双岙”未来乡村项目……194

美丽乡村建设

概况……194
“千村示范、万村整治”工作……194
美丽乡村创建……194
美丽田园建设……194
郑宅村创成省级美丽乡村特色精品村……195
五溪村创成省级美丽乡村特色精品村……195
文兰书院……195

农村扶贫帮扶

概况……195
农村困难群众帮扶……195
干部结对帮扶……196

村集体经济发展

概况……196
村集体经济开竣工项目……196
龙湾强村实业发展有限公司挂牌运营……196

农村“三资”管理

概况……196
村社财务轮审工作……196

生态环境保护

综　述

生态环境总体情况……199
迎亚运环境整治……199
首创企业环保自律巡逻机制……199
“无废城市”创建……199
土壤“修复工厂”试点……199
推进林长制工作……199
环境保护宣传……199

环境质量

概况……199
空气环境质量……199
水环境质量……199
声环境质量……199
土壤环境质量……199

污染防治

概况……199
水污染防治……200
大气污染防治……200
铸造废气治理……200
土壤污染防治……200
固体废弃物污染防治……200
辐射污染防治……200

温瑞塘河治理

概况……200
河道生态治理项目……200
水域生态治理项目……200

环境监管

概况……201
表 40　2022 年龙湾区生态环境行政处罚实施情况一览表……201
表 41　2022 年龙湾区生态环境行政许可实施情况一览表……201
表 42　2022 年龙湾区生态环境行政强制实施情况一览表……201
表 43　2022 年龙湾区生态环境其他行政执法行为实施情况一览表……201
环境监测……201
环境执法检查……201
环保督察整改……201
环保审批……201

节能减排

概况……202
污染物减排……202
减污降碳协同试点……202
节能管理……202
节能降耗……202
公共机构节能……202

生态文明示范创建

概况……202
人居环境提升……202
美丽河湖创建……202
湿地资源保护……202

温州东部交通枢纽建设

综　述

概况……205
交通重点工程项目……205
完善公共交通网络……205

枢纽建设

概况……205
基础设施建设……205
征迁工作……205

交通路网建设

概况……205
交通工程设计……206
交通工程建设……206

公　路

概况……206
“四好农村路”建设……206
公路管养……206
客货运输……206
交通拥堵治理……207
交通行业管理……207

高速公路管理

概况……207
交通安保……207
风险溯源……207

智慧高速建设……207
交通出行服务保障……207

道路安全管理

概况……207
表 44 2018—2022 年龙湾区交通事故情况一览表……208
道路交通安全……208
交通违法查处……208
交通安全隐患整治……208
文明交通创建……208

水 路

概况……208
温州港集团有限公司龙湾港务分公司……208
安全监管……208

民 航

概况……209
安全监管……209
枢纽项目建设……209
数字化改革……209
客运航线恢复……209
新增国内外航线……210
运营航点布局……210

邮政·通信

综 述

基础设施建设……213
业务发展……213
邮政快递服务体系建设……213

邮政·快递

概况……213
邮政金融业务……213
邮政集邮业务……213
邮政管理……213
邮政安全生产督查……214
邮政便捷服务……214

通 信

概况……214
中国电信龙湾分公司……214
中国移动龙湾分公司……214
中国联通龙湾分公司……214

金融业

综 述

概况……217
非银行金融机构……217
金融服务实体经济……217
数字人民币试点……217
上市企业优化服务……217

银行业

中国银行温州龙湾支行
概况……217
重大项目建设扶持……217
金融业务拓展……217
中国农业银行温州龙湾支行
概况……217
服务经济发展……217
推广普惠金融……217
中国工商银行温州龙湾支行
概况……218
金融产品助企纾困……218
服务重点项目建设……218
中国建设银行温州龙湾支行
概况……218
服务经济发展……218
金融业务拓展……218
邮政储蓄银行温州龙湾支行
概况……218
服务小微企业……219
服务乡村振兴……219
交通银行温州龙湾支行
概况……219
金融服务经济发展……219
温州银行龙湾支行
概况……219
防范非法集资宣传……219
龙湾农商银行
概况……219
金融助企纾困……220
金融惠民服务……220
中信银行温州龙湾支行
概况……220
金融业务拓展……220
金融风险防范……220
浦发银行温州龙湾支行
概况……220

金融服务……220
广发银行温州龙湾支行
概况……220
金融服务……220
平安银行温州龙湾支行
概况……220
整治拒收人民币现金宣传……220
招商银行温州龙湾支行
概况……220
金融服务……220
兴业银行温州龙湾支行
概况……221
金融服务……221
民生银行温州龙湾支行
概况……221
金融产品创新……221
浙商银行温州龙湾支行
概况……221
助企纾困……221
光大银行温州龙湾支行
概况……221
创新金融服务……221
服务退役军人……221

保险业

人保财险温州龙湾支公司
概况……221
政保合作……221
人寿财险温州龙湾支公司
概况……221
服务经济发展……221

证券业

概况……221
上海证券有限责任公司温州永中西路证券营业部……222
财通证券温州奥体城营业部……222
中国银河证券股份有限公司……222

科学技术

综 述

概况……225
国家自主创新示范区建设……225
温州高新区进等升位……225

科技创新

概况……225
科技企业培育……225
企业科技研发……225
企业科技孵化……225
企业创新积分试点工作……225
高能级科创平台培育……225

科技交流

概况……225
创新创业大赛……225
高层次科技人才引育……226
首届温州医工交叉创新发展论坛举办……226

科技成果及其转化

概况……226
科技成果转化试点工作……226
全球精英创新创业大赛决赛举办……226
表 45　2022 龙湾区暨温州高新区（温州经济技术开发区）全球精英创新创业大赛获奖情况一览表……227
表 46　“来州创未来”2022 年全球精英创新创业大赛的龙湾区获奖情况一览表……227

瓯江实验室

概况……227
“科研阵地”建设……228
人才培养……228
高端论坛举办……228
瓯江实验室模式动物中心需求论证会召开……228

中国眼谷建设

综 述

概况……231
眼健康产业政策扶持……231
科创融资规模……231
规划建设……231
中国眼谷 A 区块建设……231
人才招引……231
“全民眼健康”项目……231

科技孵化

概况……231
角膜接触镜技术创新研究院成立……231
科创体系建设……232
依未视计算研究院启动……232

平台建设

概况 ……232
眼谷眼科超级医院 ……232
公共技术服务平台 ……232
中国眼谷博览中心启用 ……233

眼健康产业

概况 ……233
产业峰会活动 ……234
表 47 2022 年眼谷创新创业挑战赛获奖情况一览表 ……234
“眼谷新十条”发布 ……234
华为—中国眼谷健康光显创新中心项目落地 ……234
明辉视光进驻 ……234

教 育

综 述

概况 ……237
全国义务教育优质均衡发展区省级复评 ……237
义务教育基础设施建设 ……237
“双减”工作 ……237
教育人才引进 ……237

教育管理

校园德育教育 ……237
校园劳动教育 ……238
校园安全教育 ……238
校园法治教育 ……238
学生资助 ……238
教育科研 ……238
学校体育艺术 ……238

学前教育

概况 ……239
幼儿园扩建升级 ……239
学前课程改革 ……239
幼儿园暑托服务 ……239

义务教育

概况 ……239
规范化办学 ……239
课后服务 ……239
集团化办学 ……239
新居民子女教育 ……239
特殊教育 ……240
教育结对帮扶 ……240

中等职业教育

概况 ……240
中高职一体化 ……240
产教融合 ……240
龙湾区职业技术学校教育集团 ……240

成人教育

概况 ……241
社区教育 ……241
全民终身教育 ……241

民办教育

概况 ……241
民办学校监管 ……241
民办初中 ……241

招生考试

概况 ……241
职业高中单独考试录取 ……241
高中录取 ……241

师资队伍建设

概况 ……241
师德师风建设 ……241
名优教师培育 ……242
班主任培育 ……242

教育信息化

概况 ……242
智慧校园 ……242
智慧教育典型培育 ……242

学校选介

概况 ……242
龙湾区雍锦幼儿园 ……242
龙湾区天河中心幼儿园 ……243
龙湾区第二外国语小学 ……243
龙湾区瑶溪第一小学 ……243
龙湾区状元第三小学 ……243
龙湾区沙城第二小学 ……243
温州市第二十中学 ……243
温州市第二十五中学 ……243
温州育英学校 ……243
龙湾天河中学 ……243

表48　2022 年龙湾区幼儿园情况一览表 ……244
表49　2022 年龙湾区小学情况一览表 ……248
表50　2022 年龙湾区初中情况一览表……250
表51　2022 年龙湾区职业高中情况一览表 ……250

文　化

综　述

概况 ……253
公共文化服务体系示范区巩固……253
文化市场管理 ……253

公共文化

概况 ……253
图书馆读者服务 ……253
公共图书馆服务体系建设……253
城市书房星级评比 ……253
全民阅读推广活动 ……253
古籍与地方文献征集 ……254
文化礼堂建用 ……254
企业文化中心建设 ……254
张璁纪念馆开馆 ……254
和合文化园建成 ……254
艺术类公益培训 ……254
文化走亲活动 ……254

群众文化

概况 ……254
“助企稳岗・文心抗疫”全家福拍摄活动 ……254
迎新春视觉艺术展活动……254
“迎新春・送春联”进温州龙湾国际机场活动 ……255
龙湾区美术书法作品展在龙湾机场展出 ……255
龙湾区 2022 年全民表演类才艺大赛……255
叶萌春艺术馆开馆 ……255
姜立纲书法艺术馆开馆……255
志通艺术馆试开馆 ……255

文艺创作与活动

概况 ……255
浙江省诗词之乡创建……255
文艺精品创作 ……255
文学活动开展 ……256
文化驿站活动 ……256
龙湾区艺术培育教育协会成立……256

文物保护和文化遗产传承

概况 ……256
文物保护与管理……256
非物质文化遗产保护……256
民办博物馆建设……256
数字文博展览……256
表 52　2022 年龙湾区内各级文物保护单位一览表……257

新闻出版

概况 ……258
主题宣传报道……258
表 53　2022 年主要外地媒体报道龙湾选录一览表……258
融媒体建设……286
出版管理 ……286

文化产业

概况 ……286
数字文化改革……286
文化企业扶持……286
申报浙江省文化产业发展专项扶持资金 ……286
永昌堡古镇建设……286
温州文博会举办……286
寺前街历史文化商业街区保护开发……286

档案工作

概况 ……286
档案公共服务 ……287
档案征集编研工作……287
数字档案建设 ……287
档案管理 ……287
档案依法履职 ……287

地方志工作

概况 ……287
方志书籍编纂 ……287
永昌堡志出版……287
年鉴编纂 ……287
史志宣教 ……287

社科研究

概况 ……288
地域文化研究 ……288
社科基地建设 ……288
社科普及宣传活动……288
社科论文征集 ……288

卫生健康

综 述

概况 ……291
表 54 2018—2022 年龙湾区卫生健康事业经费一览表 …291
表 55 2022 年龙湾区卫生机构情况一览表 ……291
卫生基础设施建设 ……291
卫生健康数字化改革 ……291
中医药服务 ……292

疾病预防控制

概况 ……292
传染病防控 ……292
慢性病防治 ……292
疫苗接种 ……292
表 56 2018—2022 年龙湾区“四苗”接种率情况统计表 ……292

妇幼保健

概况 ……292
妇幼保健管理 ……292
妇幼健康特色服务 ……292

公共卫生服务

概况 ……293
医疗民生实事 ……293
家庭医生签约服务 ……293

健康促进

概况 ……293
居民健康素养水平 ……293
省级健康细胞工程创建 ……293

卫生监督

概况 ……294
医疗机构巡查 ……294
医疗卫生“双随机”抽查 ……294
监督执法数字化改革 ……294

医政管理

概况 ……294
城市医联体建设 ……295
行政审批 ……295
人才队伍建设 ……295
卫生应急 ……295

医院选介

龙湾区第一人民医院 ……295
龙湾区中西医结合医院 ……296

体 育

全民健身

概况 ……299
便民体育设施改善 ……299
第 14 个“全民健身日”健步走活动在温州国际网球中心举行 ……299

竞技体育

概况 ……299
亚运会龙湾赛区筹办工作 ……299
体教融合工作 ……300
参加浙江省第十七届省运会 ……300
参加温州市青少年（儿童）冰球锦标赛 ……300

青少年体育

概况 ……300
少年运动员培养 ……300
龙湾区青少年乒乓球比赛 ……300
龙湾区中小学生足球比赛 ……300
龙湾区青少年棋类比赛 ……301
龙湾区中小学生排球比赛 ……301
龙湾区青少年速度轮滑比赛 ……301

体育产业

概况 ……301
发展“双球”运动 ……302
浙江省运动休闲旅游示范基地 ……302
发展赛事经济 ……302
表 57 2022 年龙湾籍运动员参加省级以上赛事成绩一览表 ……302

社会生活

人口家庭

人口监测 ……309
表 58 2018—2022年龙湾区户籍出生人口情况一览表（全员人口报表） ……309

婚姻与收养登记……309
表 59　2018—2022年龙湾区结婚、离婚登记情况一览表309
家庭发展……309
三孩政策落实……309
婴幼儿照护服务……309
殡葬管理……310

收入消费

概况……310
居民收入……310
居民消费支出……310
市场物价……310

劳动就业

概况……311
创业孵化平台建设……311
高校毕业生就业……311
困难群众就业……311
职业技能培训……311
劳动保障监察……311

社会保险

概况……311
养老保险……312
工伤保险……312
失业保险……312
社保服务……312
社保基金监管……312

医疗保障

概况……312
医疗保险……312
生育保险……312
大病保险……312
长期护理保险……312
医保重点领域改革……312
医保行业监管……313
医保服务优化……313
幸福基金·医保纾困基金签约仪式举行……313

住房保障

概况……313
人才住房保障……313
保障性租赁住房建设……313
住房补贴发放……313

社会救助

概况……313
救助体系建设……313
“真爱到家”救助服务……313
最低生活保障……313
人道救助……313
临时救助……314
特困人员供养……314
流浪乞讨人员救助……314
孤困儿童……314
残疾人两项补贴……314
医疗救助……314

基层治理

概况……314
城乡社区建设……314
村社组织建设……314
社工队伍建设……314
社会组织管理……314
地名管理……314

老龄服务

概况……315
老年友好城市创建……315
居家养老服务体系建设……315
老龄服务补贴发放……315
老龄健康服务……315
数字化养老项目建设……315

移民事务

概况……315
移民村扶持……316
移民融合工作……316

新居民服务

概况……316
新居民积分制管理……316
新居民关爱服务……316
新居民普法宣教……316

慈善事业

概况……316
开展慈善“一日捐”……316
表 60　2018—2022 年龙湾区慈善捐赠情况一览表……317
公益慈善募捐渠道拓展……317

慈善救助……317
表 61　2018—2022 年龙湾区慈善救助人数和金额情况一览表……317
慈善爱心慰问……317
慈善义工活动……317
慈善宣传……318

民族宗教事务

概况……318
民族团结进步促进……318
宗教场所布局优化……318
宗教事务依法管理……319
政策法规宣教……319

精神文明建设

概况……319
新时代文明实践中心建设……319
群众性精神文明创建……319
未成年人思想道德教育……319
志愿服务活动……320
文明行为养成主题实践活动……320
好人评选活动……320

应急管理

综　述

概况……323
监察执法……323
宣传教育培训……323
安全责任落实……323

安全生产监督管理

概况……323
监督管理平台建设……323
行政审批……323
安全隐患整改……323
水利安全生产监管……324

危险化学品安全监管

概况……324
危险化学品安全“记销分”制管理……324
危险化学品行政审批……324
危险化学品生产监管……324
危险化学品运输监管……325
危险化学品储存监管……325

防灾减灾救灾

概况……325
防台风防汛抗旱……325
灾害救助物资保障……325
应急避难场所和避灾点建设管理……325
自然灾害隐患排查……325
森林防灭火……326

应急救援

概况……326
应急指挥……326
应急值守……326
应急保供……326
应急救援救护……326
应急救护知识宣教……326
应急队伍建设……327

消防救援

概况……327
消防安全主体责任落实……327
表 62　2018—2022 年龙湾区消防救援大队监督执法数据情况一览表……327
表 63　2018—2022 年龙湾区消防部门接警出动数据情况一览表……327
消防安全整治……328
消防基础设施建设……328
消防监督执法……328
救援能力建设……328
消防安全宣传……328

街　道

综　述

防汛防台风……331
比看活动……331
推进“千村示范、万村整治”工作……331

永中街道

概况……331
区域经济发展……331
城区品质提升……331
民生保障……332
社会综合治理……332
基层党建统领……332
龙湾区首个“乡贤馆”开馆……332

"留龙过年·把爱'递'回家"启动仪式……332
万顺（万康、万民）社区入选省级第二批未来社区名单……333
郑宅村入选浙江省美丽乡村特色精品村……333

蒲州街道

概况……333
区域经济发展……333
城区品质提升……333
社会综合治理……334
民生事项提升……334
平安街区建设……334
基层党建……334
汤家桥村（汤西）完成安置房摸文认购……334
上江村完成安置摸文认购……334
汤家桥村（双车头）完成安置房摸文认购……334
温州市"共享社·幸福里"现场会……334
开发区西单元C-05a-1地块出让……335
温州首个紧固件智能仓储基地……335

海滨街道

概况……335
区域经济发展……335
城区品质提升……335
乡村振兴……335
民生保障……335
基层社会治理……336
基层党建……336
打造龙湾区首个政协综合体……336

永兴街道

概况……336
区域经济发展……337
农业园区建设……337
民生保障……337
社会综合治理……337
基层党建统领……337
永兴派出所获评浙江省第二批"枫桥式公安派出所"……337
入选浙江省第二批乡村博物馆……337
永兴街道新乡贤联谊会成立……338
龙湾区省级现代农业园区核心区……338

海城街道

概况……338
区域经济发展……338
城区品质提升……339
"两低"整治……339
民生保障……339
平安建设……339
基层党建……339
人民武装工作……339
埭头村获评首届浙江省数字乡村"金翼奖"……339
轮船河生态廊道公园开园……340
省级卫生村创建……340

状元街道

概况……340
区域经济发展……340
城区品质提升……340
社会综合治理……340
民生保障……341
基层党建统领……341
第四届状元王鱼杨梅节……341
环山北路全线通车……341
状元街道第三次妇女代表大会召开……341
状元街道三郎桥综合办公楼开工……341
状元街道罗西社区卫生服务站正式投用……341
状元街道完成横街片4321套安置房摸文……341

瑶溪街道

概况……342
区域经济发展……342
推进政策处理……342
文旅融合发展……342
防汛防台风……342
民生保障……342
社会综合治理……342
基层党建统领……343
获省"五水共治"工作考核优秀乡镇……343
国安寺塔圆河线提升工程完成……343
温州首个TOD商业综合体"印象汇"开业……343

沙城街道

概况……343
区域经济发展……343
城区品质提升……344
民生保障……344
社会综合治理……344
基层党建引领……344
消防救援圈覆盖沙城全域……344
沙城街道综合文化站（沙城图书馆）正式开馆……344

沧宁安置房—铂悦佳园正式交付……345

天河街道

概况……345
区域经济发展……345
城区品质提升……345
民生保障……346
社会综合治理……346
基层党建统领……346
天河街道庄泉电器创业园落成……346

星海街道

概况……346
区域经济发展……346
城区品质提升……347
社会综合治理……347
民生保障……347
基层党建统领……347
望海社区入选首批省级公民法治素养观测点……347
星海小学投入使用……348
重大隐患整治暨消防安全夜间大巡防活动启动……348
情系校园护航青少年健康成长行活动……348

人物荣誉

“浙江工匠”培养项目人员

郑红生……351
杨海涛……351

温州市十大劳动者匠心领军人物

赵志标……351

最美人物

孙克福……351

“龙湾好人”

季志昌……351
王光林……351
潘镇孩……351
蔡光年……352
石学仁……352
王国胜……352
张夏燕……352
孙克福……352
王学聪……352
马贵平……352
张崇年……352
陈　林……352
王建海……353

优秀退役军人

陈　佐……353
周兆锋……353

先进个人

表 64　2022 年龙湾区获国家条线表彰的先进个人一览表（部分）……353
表 65　2022 年龙湾区省级和省条线表彰的先进个人一览表（部分）……354
表 66　2022 年龙湾区获温州市级表彰的先进个人一览表（部分）……356

先进集体

表 67　2022 年龙湾区获国家条线表彰的先进集体一览表（部分）……358
表 68　2022 年龙湾区省级和省条线表彰的先进集体一览表（部分）……359
表 69　2022 年龙湾区获温州市级表彰的先进集体一览表（部分）……361

统计资料

2022 年龙湾区国民经济和社会发展统计公报

表 70　区本级规模以上工业增加值统计表……365
表 71　规模以上工业重点产业增加值 统计表……366

重点指标统计表格

表 72　龙湾区历年主要经济指标统计表……368
表 73　龙湾区历年生产总值统计表……370
表 74　历年龙湾区户籍人口情况统计表……371
表 75　龙湾区历年户籍人口自然变动情况表……372
表 76　龙湾区历年财政收支情况统计表……373
表 77　2018—2022 年龙湾区旅游业、对外经济情况统计表……374

附　录

组织机构及其负责人名录

区级领导机构及负责人……377

区纪委监委工作机构及负责人……377
区人武部、法院、检察院及负责人……378
区委工作部门、直属单位及负责人……379
区人大专门委员会及负责人……380
区政府工作部门、直属单位及负责人……381
区政协机关及负责人……385
人民团体、群众团体及负责人……385
民主党派及负责人……386
金融系统与垂直管理单位及负责人……386
街道机构及负责人……387

重要文献

温州市龙湾区人大常委会工作报告……389
政协温州市龙湾区委员会工作报告……394
关于推进龙湾文化高质量跨越式发展的实施意见……397
关于深入推进乡村振兴　加快推动共同富裕的实施意见……400
关于印发龙湾区（高新区）制造业高质量发展和数字经济发展“十四五”规划的通知……403
关于全面加快科技创新推动工业经济高质量发展的若干政策意见……419
关于进一步加快现代服务业高质量发展的若干政策意见……422
关于进一步扩大内外开放经济发展的若干政策意见……425

重要文件目录

表 78　2022 年龙湾区委主要文件目录……428
表 79　2022 年龙湾区人大常委会主要文件目录……430
表 80　2022 年龙湾区人民政府主要文件目录……431
表 81　2022 年政协龙湾区委员会主要文件目录……433

简称和全称对照目录

表 82　龙湾区部分机构简称和全称对照一览表……434
表 83　名词解释一览表……436

索　引

数字索引……439
主题索引……439

Contents

Features

Report on the Work of Standing Committee of Longwan District Committee of the CPC······3

Report on the Work of People's Government of Longwan District······12

Special Article

Summary of the Implementation of Structural Reform in Wenzhou Bay New Area of Longwan District······21

Chronicle of Events

January······25

February······25

March······25

April······25

May······26

June······26

July······26

August······27

September······27

October······27

November······28

December······28

General Situation of Longwan

Administrative Divisions······31

Geography······32

Natural Disasters······34

Natural Resources······35

Population • Ethnic Minorities • Religion······35

History and Humanities······35

Famous and Excellent Local Products······38

Economic and Social Development in 2022······39

Longwan District Committee of the CPC

Overview······43

Major Conferences······43

Major Decisions······48

Patrol Inspection Work······49

Comprehensive Affairs······49

Comprehensively Deepening Reforms······50

Policy Research······50

Organization Work······51

Publicity Work······53

United Front Work······54

Cyber Security and Informatization······55

Organization Establishment Work······56

Party Building Work in Longwan District Official Organizations······57

Letters and Visits······58

Research on the History of the CPC······58

Longwan District People's Congress

Overview······61

Major Conferences……61
Supervision Work……63
Major Decisions • Personnel Appointment and Removal……64
Proposals and Suggestions……66
Work of Deputies of the People's Congress……67
Inspection and Investigation……68
Law Enforcement Inspection……68
Special Committees……68

Longwan District People's Government

Overview……71
Major Conferences……71
Livelihood Projects……74
Comprehensive Affairs……76
Government Information Publicity……77
Government Affairs Service……77
Big Data Management……78
Investment Promotion……78
Human Resource Management……79
Government Office Affairs Management……80
Foreign Affairs……81
Taiwan Affairs……81
Overseas Chinese Affairs……82

Longwan District Committee of the CPPCC

Overview……85
Major Conferences……85
Political Consultation……86
Democratic Supervision……87
Proposals and Suggestions……87
Inspection and Investigation……88
Special Committees……89

Longwan District Commission for Discipline Inspection of the CPC

Longwan District Supervisory Commission

Overview……93
Major Conferences……93
Construction of the Party Members' Conduct and a Clean Government……94
Cases for Investigation and Prosecution……96

Other Political Parties & Federation of Industry and Commerce

Wenzhou Longwan District Committee of Revolutionary Committee of the Chinese Kuomintang……99
Wenzhou Longwan District Committee of China Democratic League……99
Wenzhou Longwan District Committee of China National Democratic Construction Association……99
Wenzhou Longwan District Committee of China Association for Promoting Democracy……100
Wenzhou Longwan District Committee of Chinese Peasants and Workers Democratic Party……100
Wenzhou Longwan District Committee of China Zhi Gong Party……101
Wenzhou Longwan District Committee of Jiusan Society……101
Wenzhou Longwan District Federation of Industry and Commerce……102

Mass Organizations

Longwan District Federation of Trade Unions……105
Longwan District Committee of the Communist Youth League of China……106
Longwan District Women's Federation……107
Longwan District Association for Science and Technology……109
Longwan District Federation of Returned Overseas Chinese……110
Longwan District Federation of Literature and Art Circles……110
Longwan District Disabled Persons' Federation……112
Longwan District Red Cross Society……113
Longwan District Family Planning Association……114

Rule of Law

Political and Legal Commission • Comprehensive

Management of Social Affairs……117
Construction of Government Based on Rule of Law……118
Public Security……120
Procuratorate……122
Court……123
Judicial Administration……125

Military

People's Armed Forces……129
Civil Air Defense……130
Veterans' Affairs……131

Economic Management

Macroeconomic Regulation and Control……135
Natural Resources Management……136
State-owned Assets Management……138
Fiscal……138
Taxation……140
Financial Regulation……140
Public Resources Transaction……141
Audit……141
Statistics……142
Industrial and Commercial Administration……143
Quality and Technical Supervision……144
Food and Drug Administration……145
Price Regulation……146
Intellectual Property Management……150

Agriculture

Overview……153
Crop Farming……153
Forestry……154
Animal Husbandry……154
Fishery……155
Irrigation and Water Conservancy……155
Agricultural Mechanization……156
Agricultural Industrialization……156

Industry & Information Industry

Overview……159
Valve Industry……160
Stainless Steel Industry……160
Pen-making Industry……161
Shoemaking Industry……161
Costume Industry……162
Longwan Power Supply Branch……162
Yongqiang Power Supply Company……163
Digital Industry……164
Digital Application……164

Functional Zones

Wenzhou High-tech Industrial Development Zone(Wenzhou Economic and Technological Development Zone)……167
The Urban Central Area of Longwan……168

Commerce and Trade Service Industry

Overview……171
Business and Trade Management……171
Wholesale and Retail Trade……172
Logistics……173
E-Commerce……173
Supply and Marketing Cooperation……173
Trade Promotion……174

Tourism

Overview……177
Tourism Marketing……177
Public Services of Cultural Tourism……178
Tourism Resources……179

Urban Construction

Overview……183

Urban Planning……183
Urbanization……183
Major Projects……184
Construction Industry……187
Comprehensive Administrative Law Enforcement……187
Real Estate Registration……188
Housing Provident Fund Management……189
Wenzhou Wenchang Maker Town……190

Rural Revitalization

Overview……193
Rural Comprehensive Reform……193
Future Village Construction……194
Beautiful Countryside Construction……194
Rural Poverty Alleviation Assistance……195
Rural Collective Economy……196
Rural "Sanzi" Management……196

Ecological and Environmental Protection

Overview……199
Environmental Quality……199
Pollution Control……199
Wenzhou-Ruian Inland River Management……200
Environmental Supervision……201
Energy Conservation and Emission Reduction……202
Demonstration of Ecological Progress……202

Wenzhou Eastern Hub Construction

Overview……205
Transportation Hub Construction……205
Traffic Network Construction……205
Road Transport……206
Highway Management……207
Road Traffic Safety Management……207
Waterway Transport……208
Civil Aviation……209

Postal Service & Telecommunication

Overview……213
Postal Service • Express Delivery……213
Telecommunication……214

Finance

Overview……217
Banking……217
Insurance……221
Securities……221

Science and Technology

Overview……225
Scientific and Technological Innovation……225
Scientific and Technological Exchanges……225
Commercialization of Scientific and Technological Achievements……226
Oujiang Laboratory……227

China Eye Valley

Overview……231
Technology Incubation Programs……231
Platform Construction……232
Eye Health Industry……233

Education

Overview……237
Educational Management……237
Preschool Education……239
Compulsory Education……239
Secondary Vocational Education……240
Adult Education……241
Private Education……241
Entrance Exams……241
Construction of Teaching Staff……241
Educational Informatization……242
School Introductions……242

Culture

Overview······253
Public Culture······253
Mass Culture······254
Literary and Artistic Creation Activities······255
Cultural Relics Protection and
  Cultural Heritage Inheritance······256
Press and Publication······258
Culture Industry······286
Archives Work······286
Local Chronicles······287
Social Science Research······288

Public Health

Overview······291
Disease Prevention and Control······292
Maternal and Child Health Care······292
Public Health Services······293
Health Promotion······293
Health Supervision······294
Medical Administration······294
Hospital Introductions······295

Sports

National Fitness······299
Competitive Sports······299
Youth Sports······300
Sports Industry······301

Social Affairs

Population and Family······309
Income and Consumption······310
Labor and Employment······311
Social Insurance······311
Medical Security······312
Housing Security······313
Social Assistance······313
Grassroots Governance······314
Services for the Old······315
Internal Immigration Affairs······315
New Residents Management Services······316
Charity Work······316
Ethnic and Religious Affairs······318
Spiritual Civilization······319

Emergency Management

Overview······323
Work Safety Supervision and
  Administration······323
Hazardous Chemical Production Supervision······324
Disaster Prevention and
  Mitigation • Disaster Relief······325
Emergency Rescue······326
Fire Rescue······327

Sub-Districts

Overview······331
Yongzhong Sub-District······331
Puzhou Sub-District······333
Haibin Sub-District······335
Yongxing Sub-District······336
Haicheng Sub-District······338
Zhuangyuan Sub-District······340
Yaoxi Sub-District······342
Shacheng Sub-District······343
Tianhe Sub-District······345
Xinghai Sub-District······346

People and Honors

Selected Members of the "Zhejiang Artisan" Project······351
The Leading Figure of Wenzhou Top 10
  Workers of Ingenuity······351
The Most Touching Person······351
Longwan Moral Models······351

Exemplary Veterans……353
Advanced Individuals……353
Advanced Collectives……358

Statistics

Statistical Bulletin of National Economic and Social Development of Longwan District in 2022……365
Statistical Tables of Key Indicators……368

Appendices

Organizations and Corresponding Leaders……377
Important Documents……389
File Directories……428
Organization Abbreviations and Full Names……434

Indexes

Digital Indexes……439
Subject Indexes……439

特　载

黄石山公园周边住宅小区及其配套学校　　（区融媒体中心供图，摄于2022年4月）

特　载

区委常委会工作报告

政府工作报告

钟秀园　　（谢建鹏摄于2022年7月）

区委常委会工作报告

全面学习贯彻落实党的二十大精神　坚定捍卫“两个确立”坚决做到“两个维护”以“两个先行”窗口意识践行“续写创新史”殷殷嘱托　奋力谱写中国式现代化龙湾新篇章

——在中国共产党温州市龙湾区第九届第三次全体（扩大）会议上的报告

（2023年1月3日）

中共温州市龙湾区委书记　周一富

这次区委全会的主要任务是，坚持以习近平新时代中国特色社会主义思想为指导，全面学习贯彻落实党的二十大、省委十五届二次全会暨省委经济工作会议、市委十三届三次全会精神，认真总结2022年以来区委工作，部署2023年任务，审议通过《中共温州市龙湾区委关于全面学习贯彻落实党的二十大精神坚定捍卫“两个确立”坚决做到“两个维护”以“两个先行”窗口意识践行“续写创新史”殷殷嘱托奋力谱写中国式现代化龙湾新篇章的决定》，推动全区上下更加深刻领悟“两个确立”的决定性意义，坚定不移沿着习近平总书记指引的道路奋勇前进，高水平建设温州湾新区，加快打造“一区五城”，推进中国式现代化在龙湾的生动实践。

下面，我代表区委常委会向全会报告工作。

一、全面回顾总结2022年工作，坚定稳进前行的信心决心

刚刚过去的2022年，是龙湾发展历史上极不平凡的一年。一年来，在“三重压力”叠加“两大变量”的复杂形势下，区委常委会团结带领全区上下深学笃行习近平新时代中国特色社会主义思想，以坚决拥护“两个确立”、坚决做到“两个维护”的高度自觉，全面落实“疫情要防住、经济要稳住、发展要安全”的要求，高效统筹疫情防控和经济社会发展，推动区第九次党代会各项决策部署落地落实，朝着高水平建设温州湾新区，加快打造“一区五城”，建设活力、美丽、幸福新龙湾的目标奋勇前进，各项工作取得新的进展。前三季度，地区生产总值增长5.0%，城乡居民人均可支配收入分别增长4.8%和8.7%。1—11月，规上工业增加值增长13.6%，社会消费品零售总额增长3.0%，进出口总额增长31.2%。

（一）疫情防控稳妥高效、两战双赢。面对流量极大、风险极大、责任极大的重点防疫任务，我们认真履行属地责任，党员干部冲锋在前、夜以继日、顽强抗疫，筑起疫情防控的铜墙铁壁，坚决守牢“温州东大门”。有力维护了人民群众生命健康和生产生活正常秩序。（注：此段已作删减）

（二）稳进提质克难攻坚、负重前行。深化经济稳进提质八大攻坚行动，深入实施纾困解难“30条举措”等政策，直达快兑惠企资金17.45亿元，落实留抵退税34.88亿元，工业稳增长等3项工作获省政府督查激励，高质量发展指标评价综合指数蝉联全市第一。深化谋大招强，招引亿元以上产业项目21个、总部项目10个，总投资超300亿元的瑞浦新能源制造基地加快推进，总投资191亿元的温州锂电池新材料产业基地顺利开工，签约港华能源零碳园区、温州绿色循环经济产业园等一批重大项目。实施产业链链长制“十个一”机制，开展智能化、节能化改造项目274个，增资扩产项目开竣工85个，新增省级未来工厂1家，新增工业供地（用海）1956亩，工业经济总量跃居全市第二。狠抓企业培育，新增上市报会企业8家，排名全市第一，省级专精特新、隐形冠军企业和国家级专精特新“小巨人”企业数居全市前列。

（三）创新发展乘势而上、出色出彩。全力实施科技创新“八大抓手”，协力承办2022世界青年科学家峰会，青科会成果转化44个，全社会研发投入占地区生产总值比重3.66%，创新指数排名全市第一、全省第八，连续四年进入全省前十，首次夺得省“科技创新鼎”，获评首批国家知识产权强国建设示范园区。中国眼谷博览中心顺利开园，落地国家药监局眼科医疗器械重点实验室、“科创中国”浙江示范基地等平台，累计引进注册企业175家、研究院32家、金融投资机构63家，中国眼谷小镇入选第一批浙江省未来产业先导区培育创建名单和第一批特色小镇现代产业组最佳实践案例。打造“头部企业+大学（研究院）”创新联合体，瓯江实验室建设取得新突破，落地诺奖数字双碳研究中心、伟明盛青新材料研究院等科研平台，完成产学研合作项目73个。国际云软件谷正式开园。光子集成产业园、北大科技园等大孵化集群提质增效，全区新增入孵项目124个、孵化面积27.31万平方米，温州高新区创业服务中心连续7年被科技部火炬中心评为科技企业孵化器考核优秀。1—11月，战略性新兴产业增加值增长31.3%，新产品产值增长42.4%。浙南海创城揭牌，迭代人才新政3.0版，实现全职院士和“鲲鹏人才”零的突破。入选国家级引才计划14人，新增大学生1.56万人，均创历年新高，获全省人才考核优秀单位称号。

（四）未来城区加速创建、形神兼修。“精建精美”

项目开工32个、建成28个，三年以上五年以下未安置户数存量下降78%，累计成功申报未来社区创建项目16个、省级风貌区项目5个，创成万顺（万康、万民）省级未来社区及万顺城市新区风貌区，省级未来社区试点数量居全市前列。建成美丽乡村26个、精品村15个、特色精品村2个。高标准规划东部枢纽新城，完成全区“三区三线”划定，提速推进金丽温高速公路东延、通海大道西段、永昌路改建、机场大道东延、环山南路等重点项目建设，打通“断头路”4条，新增优化公交线路16条，新增停车位9567个。率全省之先开展用地污染风险管控和修复“一件事”改革试点，顺利通过全国文明城市复评，创成全省首批无废城市、省级生态文明示范区，城区环境明显改善。深入实施“八大文化行动”，系统推进“宋韵瓯风明龙湾”传扬工程、永嘉场文化研究工程等十大工程，张璁纪念馆、姜立纲书法艺术馆、叶萌春艺术馆等顺利开馆，举办“南洋市集”系列活动，文旅消费新业态新场景不断丰富。永昌古镇项目有序推进，寺前街历史文化街区进场施工，文化产业获省级产业专项扶持。

（五）改革开放一体推进、塑造变革。温州湾新区成功获批，平台、体制、机构、干部、机制等整合工作稳妥创新完成，温州湾新区发展规划完成结题，社会事务管理稳步划转，东部融合发展迈出新步伐。全面深化改革、数字化改革、共同富裕示范区重大改革体系等一体融合、整体推进，经开区国家级相对集中行政许可权试点进展有序，“未来康养智城”“人口全域治理集成应用”等特色应用被省市推广。“县乡一体、条抓块统”改革、“未来城区”集成改革、要素市场化配置、低收入家庭综合帮扶、“大综合一体化”行政执法等20项“牵一发动全身”重大改革整体有序推进。浙江（温州）RCEP高水平开放合作示范区成功获批，前三季度出口增长率居全省44个工业大县首位，对外开放力度持续加大。纵深推进“两个健康”先行区创建，率全省之先出台优化营商环境行政执法“十条禁令”，营商环境不断改善。全方位做好仪陇县对口协作工作，打造龙湾—苍南山海协作升级版。

（六）除险保安精准发力、全面巩固。推进“141”基层治理体系迭代升级，实现城市运行中心、社会治理中心“两个中心”一体融合建设运行。深化全国市域社会治理现代化试点创建，开展平安龙湾“大起底大整治大提升”行动和基层矛盾纠纷排查化解“六防六促”工作，全量风险隐患数据库和风险隐患“蓄水池”整改率均超98%，以历史最好成绩夺得平安金鼎。加强信访问题溯源治本、系统治理，开展“信访秩序铁腕治理行动”，实现信访积案动态清零，信访生态优化好转。率省市之先开发“法纪督巡”“龙湾掌上复议”等平台程序，创新开展“听证＋调解”模式，创成全市行政复议典型案例。严厉打击养老诈骗、侵害未成年人等违法犯罪，刑事治安警情、电诈发案大幅下降。加强宗教事务依法管理。紧盯重大风险隐患闭环管控，承接“一地创新、全省应用”工作试点，危化品安全监管“记销分”制获全省推广。抓牢抓实防汛抗旱防火等工作，全力以赴打赢森林防火、台风防御等系列攻坚战，实现“不死人、少伤人、少损失”目标。强化应急体系建设，减灾救灾基础设施加快完善，减灾救灾能力全面提升。

（七）共同富裕步稳蹄急、可感有感。纵深推进“扩中提低”八大行动，率全省之先出台社会救助家庭就业收入认定和就业成本扣减办法，完善分层分类救助体系，稳步扩大兜底保障覆盖面。集成落地村集体项目21个，实体化运营区级强村公司，带动农民稳步增收。实施农业“双强”行动，率全市之先完成粮食功能区“非粮化”整治，超额完成粮食生产任务。中考成绩实现“十五连冠”，高考成绩取得历史性突破，“双减”课后服务平台入选教育部试点，“双减”经验获全省推广，顺利通过全国义务教育优质均衡发展区省级评估。联动推进全龄友好城区创建，成立全省首个“未来康养”基金，建成区未成年人保护救助中心，健康龙湾建设实现全省考核“三连优”。国家卫生城市顺利通过省级综合评估，创成全市首批省级“除四害”样板村。亚运赛事筹办有序推进，成功入选省体育现代化区创建行列。

（八）党的建设从严从实、纵深推进。坚持加强党的全面领导和全面加强党的建设，支持人大、政府、政协和监委、法院、检察院以及群团组织依法依章程履行职能，严格履行党管武装责任。落实全面从严治党主体责任和意识形态工作责任制，深化拓展“七张问题清单”机制，党建统领整体智治水平全面提升。深入开展“六学六进六争先”和“大学习、大调研、大谋划、大落实”活动，组织实施“续写创新史走好共富路”理论研究工程，全面掀起学习宣传贯彻党的二十大精神的热潮。巩固扩大爱国统一战线，创新打造宗教场所优化整合龙湾样板、楼宇统战联盟，成立区欧美同学会，扎实推进港澳台海外统战工作和侨务工作。选优配强干部队伍，系统重塑干部链式培养体系，落地“以事找人、人事贯通”机制，以实践实战历练干部过硬能力。深入实施“凝聚力工程”，稳步推进“共享社•幸福里”建设，开展“问题村居”整治，率全市之先建立党建统领网格智治“1+6”制度体系，两新组织“有效覆盖”不断提升。深化“清廉龙湾”建设，加强对“一把手”和领导班子监督，深入实施“青廉工程”，持续纠“四风”、树新风，开展漠视侵害群众利益问题和损害营商环境问题专项治理，坚持“三不腐”一体推进，查处了一批违纪违法案件。构建“9+3”清廉单元建设体系，高质量完成九届区委第一轮、第二轮巡察工作，全力推进“三全”专项行动，营造风清气正的政治生态。这些成绩的取得，根本在于习近平总书记的领航掌舵、举旗定向，在于省委、市委的正确领导、全力支持，在于全区党员干部群众的拼搏奋进、团结协作。

在此，我谨代表区委常委会，向全区广大党员干部，向各民主党派、工商联、无党派人士，向驻龙部队、公安干警、消防救援人员、防疫工作者，向老领导、老同志和社会各界人士表示衷心感谢，并致以崇高敬意！

同时，我们也清醒认识到工作中还存在一些薄弱环节和短板弱项，特别是创新和人才对高质量发展的支撑还不够有力，产业链供应链韧性和竞争力有待提升；优质公共服务供给不足，缩小“三大差距”仍需持续发力；信访维稳、安全生产、生态环境等领域隐患风险仍然不少，防范化解能力有待提高；党员干部适应现代化、引领数字化、运用法治化的能力水平有待提升，干部作风不严不实及腐败问题时有发生，全面从严治党仍需持续加强。对这些问题，必须高度重视，采取有力措施，切实加以解决。

二、深刻领悟党的二十大精神的核心要义，坚决把思想和行动统一到党中央决策部署上来

党的二十大是在全党全国各族人民迈上全面建设社会主义现代化国家新征程、向第二个百年奋斗目标进军的关键时刻召开的一次十分重要的大会，取得了丰硕的政治成果、实践成果、理论成果、战略成果、制度成果，对凝聚和激励全党全军全国各族人民高举中国特色社会主义伟大旗帜、全面建设社会主义现代化国家、全面推进中华民族伟大复兴具有重大现实意义和深远历史意义。我们必须坚持把学习宣传贯彻党的二十大精神作为当前和今后一个时期的首要政治任务，在全面学习、全面把握、全面落实上下足功夫，切实把思想和行动高度统一到党中央决策部署上来。

（一）以更强政治自觉深刻领悟“两个确立”的决定性意义，坚决同以习近平同志为核心的党中央保持高度一致。二十大取得的所有成果中最重要最根本的是再次宣示了“两个确立”的决定性意义，明确了最大的政治、最大的大局、最大的原则。学习贯彻党的二十大精神，最重要的是要从政治上学、从政治上看、从政治上悟，淬炼政治忠诚、筑牢政治信仰、强化政治担当。我们要以对习近平总书记更加深厚的爱戴之情、忠诚之心、捍卫之志，传承发扬共产党人绝对忠诚的政治品格和基因血脉，更加坚定自觉地把“两个确立”“两个维护”铭刻在内心中、融入到血脉里、落实到行动上，健全贯彻落实习近平总书记重要指示批示精神和党中央重大决策部署的量化闭环，坚决做到“总书记有号令、党中央有部署，省市有要求，龙湾见行动走在前”。

（二）以更强理论自觉深刻领悟开辟马克思主义中国化时代化新境界，更好掌握引领伟大复兴的强大思想武器。二十大赋予了当代中国共产党人不断谱写马克思主义中国化时代化新篇章的庄严历史责任，推动习近平新时代中国特色社会主义思想实现新的发展跨越。我们要深刻认识“三个为什么”的内在逻辑、“两个结合”的根本要求、“六个必须坚持”的立场观点方法，切实坚定中国特色社会主义道路自信、理论自信、制度自信、文化自信，实现新的思想解放、精神主动。我们要全面把握好习近平新时代中国特色社会主义思想的世界观和方法论，自觉用以武装头脑、指导实践、推动工作，自觉从习近平总书记对浙江对温州对龙湾的重要指示批示中找方向、找思路、找办法，持续放大龙湾面向未来、面向现代化的制胜新优势。

（三）以更强使命自觉深刻领悟新时代新征程中国共产党的使命任务，加快推进中国式现代化的龙湾实践。二十大报告把以中国式现代化全面推进中华民族伟大复兴，作为新时代新征程党的使命任务，明确提出了中国式现代化的中国特色、本质要求、重大原则、战略布局和战略举措，把我们党对中国式现代化的认识提升到一个新的高度、把中国式现代化的战略地位提升到一个新的高度。我们要深刻领悟中国式现代化的“5个中国特色”“9条本质要求”“5项重大原则”，深刻理解中国式现代化理论和全面建设社会主义现代化国家战略布局的关系，坚持以高质量发展为主题，把新发展理念作为行动先导，把融入新发展格局作为重要牵引，深入研究龙湾作为东部沿海城区、国家级开发区推进中国式现代化的目标、路径等基本问题，更好服务和融入全国全省全市大局，推动中国式现代化在龙湾的生动实践。

（四）以更强战略自觉深刻领悟全面建设社会主义现代化国家战略布局，朝着打造“一区五城”的目标奋勇前进。二十大坚持从战略上、全局上科学把握我国发展面临的新的战略机遇、新的战略任务、新的战略阶段、新的战略要求、新的战略环境，充实完善了全面建设社会主义现代化国家战略布局，明确了中华民族从站起来、富起来到强起来的清晰思路和战略抓手。我们要深刻认识全面建成社会主义现代化强国的战略目标、部署安排、战略考量，全面对标中央和省委、市委制定的时间表、路线图、任务书，保持战略定力和历史耐心，坚持系统观念、问题导向，谋划实施一系列牵一发动全身的战略性举措，着力补短板、强弱项、固底板、扬优势，推动各项工作取得突破性进展、实现整体性跃升。

（五）以更强锻造自觉深刻领悟以自我革命引领社会革命，加快建设党的建设高地和清廉龙湾高地。二十大报告对新时代全面从严治党伟大实践做了深刻总结，对党所处历史方位、党情发展变化进行了深刻分析，并明确了坚定不移全面从严治党，深入推进新时代党的建设新的伟大工程的形势任务，提出了坚持党的全面领导和全面从严治党7个方面的主要任务，系统推进政治建设、思想建设、制度建设、队伍建设、组织建设、作风建设、纪律建设和反腐败斗争。这是推进新时代党的建设新的伟大工程的动员令、施工图，是党的建设制度机制更加成熟更加定型的重要标志，也是推进新时代党的建设新的伟大工程的必然要求。我们必须要保持全面从严治党、勇于自我革命的坚定执着，以清廉龙湾建设为抓手，坚持以政治建设为统领，始终保持严的基调，一体推进不敢腐、不能腐、不想腐，持续深化政治清明、政府清廉、干部清正、社会清朗、文化清新建设，推动全面从严治党不断向更高水平、更深层次迈进，不断增强自我净化、自我完善、自我革新、自我提高能力，加快打造新时代党建高地和清廉建设高地，不断深化以自我革命引领社会革命的区域新实践，为谱写中国式现代化龙湾新篇章提供坚强保障。

（六）以更强担当自觉深刻领悟发扬斗争精神、增强斗争本领、坚持团结奋斗，切实凝聚奋勇争先、更加出彩的磅礴力量。二十大注重激发实现中华民族伟大复兴的精神力量，强调弘扬以伟大建党精神为源头的中国共产党人精神谱系，发扬斗争精神、增强斗争本领、坚持团结奋斗，是从新时代伟大斗争实践中总结出来的重要经验。新时代新征程，必然会遇到各种可以预见的和难以预见的风险挑战甚至惊涛骇浪，只有始终保持斗争的精神、团结的状态、奋进的姿态，才能打赢各种遭遇战、攻坚战。我们要牢记“三个务必”，始终坚持“五个必由之路”，巩固和加强党的团结统一，在党的旗帜下团结成“一块坚硬的钢铁”，步调一致向前进；增强防风险、迎挑战、抗打压能力，主动识变应变求变，主动防范化解风险；广泛凝聚奋进共识，依靠团结奋斗不断开辟干在实处、走在前列、勇立潮头的新篇章。

三、以党的二十大精神为指引，奋力谱写中国式现代化龙湾新篇章

党的二十大立足新时代新征程的历史方位，深刻分析我国发展面临的形势和挑战，系统阐述新时代坚持和发展中国特色社会主义的重大理论和实践问题，全面部署未来5年乃至更长时期党和国家事业发展的目标任务和大政方针，是全面建设社会主义现代化国家、全面推进中华民族伟大复兴的纲领性文件和行动指南。为此，区委对标对表党的二十大精神及省委、市委部署要求，作出了《关于全面学习贯彻落实党的二十大精神坚定捍卫“两个确立”坚决做到“两个维护”以“两个先行”窗口意识践行“续写创新史”殷殷嘱托奋力谱写中国式现代化龙湾新篇章的决定》，并提交全会审议。当前和今后一个时期，我们要坚持以党的二十大精神为指引，把全区各项工作放到以中国式现代化全面推进中华民族伟大复兴的宏大场景中谋划推进，以忠实践行“八八战略”、努力打造“重要窗口”为主题主线，以推进“两个先行”为目标任务，以推动创新发展、转型升级和改革攻坚、开放提升为基本路径，以干在实处、走在前列、勇立潮头为精神动力，以全面从严治党和高素质干部队伍建设为根本保障，推动全区工作在融入中国式现代化的宏大场景中敢闯新路、敢为人先，全面推进都市振兴、乡村振兴、产业振兴、文化振兴，打造高质量发展建设共同富裕示范区龙湾样板，争创社会主义现代化先行区，高水平建设温州湾新区，加快打造“一区五城”，建设活力、美丽、幸福新龙湾，奋力谱写中国式现代化龙湾新篇章。

（一）突出科创兴区，以创新驱动现代化。党的二十大报告指出，教育、科技、人才是全面建设社会主义现代化国家的基础性、战略性支撑。省委指出，对标促进物的全面丰富和人的全面发展新部署新要求，打造促进全体人民全面发展高地。市委指出，以创新驱动引领现代化。我们要坚持科技是第一生产力、人才是第一资源、创新是第一动力，主动融入全省三大科创高地升级版建设，深度服务全市“一区一廊一会一室一集群”创新格局，以温州国家高新区进等升位为主目标，全力构建全域创新体系，加快建设高质量教育、人才体系，打造浙江东南沿海科技创新高地，全力巩固“浙南科创新城”引领地位，到2027年全社会研发投入占地区生产总值比重达4.2%左右、人才资源总量突破24万人，加快形成以创新为主要引领和支撑的经济体系和发展模式。

（二）突出产业振兴，以实体支撑现代化。党的二十大报告指出，高质量发展是全面建设社会主义现代化国家的首要任务。省委指出，对标推动高质量发展新部署新要求，加快打造高质量发展高地。市委指出，以实体经济支撑现代化。我们要深入推进质量强区，实施产业基础再造和产业链提升工程，围绕现代产业体系，加快传统产业转型升级，大力发展重点战略性新兴产业，建设区域性现代服务业中心，争创国家级现代农业园区，打造长三角先进制造集聚高地，力争2027年实现新能源、新材料、智能装备三大千亿级战新产业集群，全面做实“温州产业新城”。

（三）突出都市振兴，以城市构建现代化。党的二十大报告指出，推进以人为核心的新型城镇化；打造宜居、韧性、智慧城市。省委指出，大力建设现代化城市。市委指出，加快构建“一轴一带一区”城市发展新格局。我们要全面落实区域协调发展战略，以“未来城区”建设为主路径，高标准实施省级全域类未来社区试点，统筹推进未来乡村、未来园区、未来街区等现代化基本单元，推动城乡发展一体化水平、基本公共服务均等化水平显著提升。加快打造产城融合示范区，让龙湾成为最佳居住地、工作地、旅游地，到2027年实现百万级常住人口，全面打响“新中心·大未来”城区品牌。

（四）突出改革开放，以变革撬动现代化。党的二十大报告指出，深入推进改革创新，推进高水平对外开放。省委指出，对标深化改革开放新部署新要求，加快打造数字变革高地。市委指出，以改革开放撬动现代化。我们要始终坚持“两个毫不动摇”，以数字化改革引领各领域各方面变革，积极探索高水平社会主义市场经济体制的龙湾路径，打造全国民营经济高质量发展示范区。全面构建外快内畅、互联互通、立体多元、绿色智能的现代综合交通加快培育重大多跨场景应用，提高党政机关整体智治能力，促进服务实体经济和百姓民生水平持续提升。发挥重大改革“牵引效应”。深化“未来城区”集成改革，统筹推进营商环境优化、公共服务供给、低收入家庭帮扶、“县乡一体、条抓块统”、要素市场化配置、“大综合一体化”行政执法等各领域重点改革任务，谋划推进残疾人帮扶集成改革、全链条知识产权保护体系建设、土壤修复工厂试点等重点改革项目20个以上，创新一批具有龙湾辨识度和影响力、具备牵引力和撬动性的“重大改革＋重大应用”实践成果，形成一批“理论＋制度”的重大成果。提升对外开放“窗口效应”。主动融入“一带一路”、长三角一体化、粤闽浙沿海城市群等发展战略，积极参与和服务国内国际双循环，深化龙湾—苍南山海协作、四川仪陇对口协作，推动实现区域优势互补、资源共享、联合发展。深入推进 RCEP 高水平开放合作示范区核心区与境外经贸合作区建设，支持落地北加里曼丹境外工业园项目，让更多龙湾制造、龙湾产品走向全球市场。

（五）全力打好共同富裕攻坚战。以打造高质量发展建设共同富裕示范区龙湾样板为目标，不断提升人民群众的幸福感、获得感和安全感。深化实施扩中提低。完善高质量就业创业体系，实施中低收入群体“双倍增”计划，用好“浙南•创谷”“金海匠谷”等平台，挖掘高校毕业生、新就业形态劳动者等群体增收潜能。推动数字化社会大救助与低收入家庭综合帮扶集成改革相衔接，努力实现兜底型救助向发展型帮扶转变、分散型救助向集成式帮扶转变、物质型救助向内生型帮扶转变。持续推进强村富民。深入实施村级集体经济提质增效扩容增收行动，力争年经营性收入 55 万元以上行政村达到 100%，低收入农户人均可支配收入增长 15% 以上。深入实施农业“双强”行动，加快建成环大罗山省级农业园区。高度重视粮食安全，坚决遏制耕地“非农化”、农地“非粮化”。全面增进民生福祉。加快教育普惠均衡发展，开工建设区职业技术学校，补短扩容学前教育，实现公办义务教育学校集团化办学高水平全覆盖，创成全国义务教育优质均衡区。深入开展健康龙湾建设，迭代“1+10+N”医联体建设体系，推动区域医疗服务能力整体提升，加快推进天河、永兴、海城卫生服务中心建设，新建经开中心医院，确保通过全国健康促进区国家复评和国家卫生城市综合评估。扎实推进省级“基本康养公共服务直达”试点，迭代升级“未来康养智城”，创成老年友好街道 3 个以上、友好村社 13 个以上。联动推进儿童友好城区、青年发展型城区建设，打造 15 分钟托育服务圈，力争建成区级托育综合服务中心。精心筹办亚运赛事，举办国字号品牌赛事，筹备首届自主 IP 的中国温州网球公开赛，创成省级赛事集聚区。全力推进食品安全示范国省联创，提升食品安全治理现代化水平。抓好医保拓面、社会福利、救灾救济等工作，促进慈善、红十字、残疾人等事业高质量发展。

（六）全力打好文化振兴攻坚战。大力实施“文化＋”工程，推进文化与科技深度融合行动，促进文化繁荣、精神共富。提高意识形态凝聚力。全面落实意识形态工作责任制，深入开展社会主义核心价值观宣传教育，建强基层意识形态阵地，完善思想政治工作体系。完善网络舆情处置机制，健全网络生态综合治理体系。建立大宣传动员一体化工作格局，构建多渠道、多载体传播体系，加快媒体融合扩容提质。焕发区域文化新内涵。挖掘和发扬优秀传统文化，实施“永嘉场”文化研究工程和“宋韵瓯风明龙湾”传扬工程，抓好国安寺塔等重点文物保护工作，提升龙湾文化的影响力。加快永昌古镇、奥林匹克体育小镇、瑶溪风情旅游小镇等项目建设，推动寺前街历史文化街区精彩亮相。举办张璁文化主题论坛、姜立纲书法文化艺术周、夏承焘诗词节等活动，创新发展名人文化、民俗文化、古堡文化、书法文化、和合文化、百工文化，力争创成“中华诗词之乡”。增强文化惠民获得感。全力开展“迎亚运•讲文明•提品质”大会战，落实精神文明建设常态长效机制，深化拓展新时代实践中心建设，大力培育社会文明新风，打造“浙江有礼德暖龙湾”品牌。深入实施“惠享文化•共富龙湾”文化惠民工程，加快城乡文化设施建设，新建“15 分钟品质文化生活圈”15 个以上，切实提升公共文化服务水平。

（七）全力打好低碳发展攻坚战。深入推进美丽龙湾建设，协同推进“降碳、减污、扩绿、增长”。全面推进绿色生态转型。坚持先立后破、通盘谋划，开展传统产业“两高一低”整治提升，创建绿色智慧园区，打造绿色产业链、供应链。深入实施能源绿色低碳发展和保供稳价工程，实施全民节约行动，加速生产生活方式绿色化、低碳化。深入打好污染防治攻坚战。坚决打赢治水治气治土治废治塑等标志性战役，严管严治金海园区等重点区域生态环境问题，坚决完成央督、省督反馈问题年度整改任务。实施生态环保基础设施提升三年行动，开展“蓝天保卫”“碧水守护”“清废净土”等系列专项行动，全面推进断面水质“达Ⅲ消Ⅴ”，完成全省首个土壤“修复工厂”改革试点，空气优良率（AQI）保持在 95% 以上，实现全域“无废城市”提标升星。稳步实施碳达峰碳中和行动。深化碳达峰碳中和集成改革，加快 HPE 国际双碳与云软件生态平台总部、港华能源零碳园区等项目建设，完成特殊钢小微园减污降碳省级试点，巩固提升生态系统碳汇能力。

（八）全力打好民主法治攻坚战。发展全过程人民民主，健全人民当家作主制度体系，加快建设法治示范先行区。加强和改进新时代人大工作。支持和保证人大及其常委会依法行使职权，丰富“代表进网格”“周三代表有约”等载体，迭代升级人大代表联络站，打造“线上＋线下”的全过程人民民主基层单元，加强基层立法联系点建设，完善“龙e督”人大智治体系，充分发挥人大在发展全过程人民民主中的主要渠道作用。全面推进政协协商民主。完善重点协商议题会商和委员联系界别群众制度机制，持续建好用好“请你来协商”“政协综合体”等平台，推动“民生议事堂”、委员工作室、社情民意联系点“三位一体”建设提质提效，擦亮“政先锋·协同行”品牌，打造协商民主龙湾样板。巩固发展大统战格局。推进统一战线“铸魂”工作，聚力实施“五大工程”，打造“新型统战智库”，加强港澳台海外统战和侨务工作，做好党外知识分子和新的社会阶层人士工作，支持各民主党派、工商联、无党派人士积极发挥作用，力争承办2023年度全国欧美同学会年会，不断提升统战工作辨识度、美誉度，全面打响“龙e同心”统战品牌。大力推进依法治区。加强府院检联动，深化司法体制综合配套改革，加快推进变革型现代化法院建设，加强检察机关法律监督工作。全面落实“八五”普法规划，建强法律工作者队伍，全面推进街道法治化综合改革，实现市级以上民主法治村（社区）占比达80%以上。完善柔性执法机制，推进重点行政争议实质性化解、源头治理，确保行政诉讼收案数、败诉率持续“双下降”。

（九）全力打好社会治理攻坚战。迭代完善除险保安常态化工作机制，努力实现平安龙湾“十三连创”。持续优化疫情防控措施。坚持科学精准防控，落实落细新型冠状病毒感染“乙类乙管”工作要求，全面加强分级诊疗能力建设，全面提升重症救治能力，打造“1+2+10”救治体系，做好重点人群健康调查和分级分类健康服务，提高老年疫苗接种率，全力以赴“保健康、防重症、遏病亡”，努力做到“减速、削峰、平稳”，最大程度保护人民生命安全和身体健康，最大限度减少疫情对经济社会发展的影响。闭环整治公共安全隐患。全面落实区级安全生产35条重要措施，迭代完善隐患闭环管控机制，防范政治、金融、房地产、政府债务等领域风险，加强消防、危化品等“8+4”重点领域专项治理，全力“遏较大、降一般、减总量”。加强防汛防台抗旱和森林防火工作，提升城市安全韧性水平。全面提升辖区治安水平。高标准完成“公安大脑”项目建设，做实做细亚运安保70项任务清单，常态化推进扫黑除恶，严厉打击电信网络诈骗、养老诈骗、非法集资、非法传销等违法犯罪，严防“民转刑”等恶性案件发生，不断增强人民群众安全感。持续提高社会治理能力。创新发展新时代“枫桥经验”，完善矛盾纠纷多元预防调处化解综合机制，强化警源、访源、诉源“三源”治理，加快建设信访工作现代化试点区。全面实施党建统领网格智治“1+6”制度，强化社会治理中心实体化运作，配齐配强“1+3+N”网格力量，实现“龙湾幸福码”一码统管，推动基层“一网智治”，加快形成共建共治共享社会治理新格局。深化国防动员体制改革，加强国防动员和后备力量建设，打造龙湾特色国防教育品牌，持续推进省级双拥模范城创建。

（十）全力打好党建统领攻坚战。坚持全面加强党的领导和全面从严治党，切实提高党建统领力。永葆绝对忠诚的政治本色。始终把政治建设摆在首位，学深悟透习近平总书记重要指示批示和重要讲话精神，坚决反对“七个有之”，始终恪守“五个必须”，确保在政治立场、政治方向、政治原则、政治道路上同以习近平同志为核心的党中央保持高度一致。认真贯彻民主集中制，严格规范党内政治生活，刚性落实重大事项请示报告等制度。开展“八八战略”实施20周年系列活动，深化“七张问题清单”整改，推动应用向街道延伸贯通。夯实理想信念的坚实根基。围绕党的二十大精神主题主线，实施“党的二十大精神”走心工程与“中国式现代化在龙湾的生动实践”理论研究工程，持续开展“六学六进六争先”学习实践活动，精心组织党内主题教育，推进“奋进新征程·建功新时代”群众性主题宣传教育活动，推动学习常态化长效化。认真做好老干部工作，高质量推进新时代党的群团工作。锻造全面过硬的干部队伍。坚持新时代好干部标准，树立选人用人正确导向，强化“以事找人”“三新赋能”“菁英接力”等机制，深入实施“一把手战略储备工程”“年轻干部选育管用‘五航’行动”，加大公务员和选调生源头考录和培养力度，统筹用好女干部、少数民族干部、民主党派与党外干部。完善干部考核评价体系，健全落实容错纠错、关心关爱、正反激励等机制，形成能者上、优者奖、庸者下、劣者汰的良好局面，锻造奋发有为的龙湾铁军。构筑严密有序的组织体系。深化党建联建机制，探索运行“幸福基金”，创新孵化“红色创投”“红色社群”，推动融合型大社区大单元攻坚破难，激活基层治理内生动力。扎实做好119个村社班子“届中体检”，实行“村才街培区管”，推动村社干部增能提效。建成86个“共享社·幸福里”单元，深化邻里（老年）食堂等“5+X”清单建设，滚动推进“问题村居”整治，提升城乡社区建设水平。实施“两新”党建“组织变革重塑”行动，推进“共富工坊”“共富驿站”等建设，推广“党建引领企业社区”模式，有效发挥两新党建实质作用。持续提升机关、国企、学校、医院等党建质量，推动基层党建全面过硬。做好温州湾新区体制调整“后半篇文章”，加快理顺工作协同机制，推动形成温州东部大开发、大建设、大发展的强大合力。营造海晏河清的政治气象。坚持以严的基调强化正风肃纪，推动主体责任和监督责任同向发力，紧盯中央八项规定及其实施细则精神执行情况，驰而不息纠治“四风”。全面加强对“一把手”和领导班子监督，深化“青廉工程”建设，持续完善村社干部管理监督机制。扎实推进“两个健康”先行区建设，健全政商亲清“正循环”机制，严格落实领导干部廉洁从政从业行为规范和接到请托事项记录报备制度。紧盯重点领域和关键环节，一体推进“三不腐”，扎实做好以案促治、以案治本工作，坚决打赢反腐败斗争攻坚战持久战。深化各领域清廉单元建设，全面提升清廉文化影响力。加强“四项监督”统筹衔接，着力完善巡察战略格局，实现有形监督、有力整改、有效治理的闭环。

同志们，建功新时代、奋进新征程，让我们更加紧密地团结在以习近平同志为核心的党中央周围，深入学习宣传贯彻党的二十大精神，坚定信心、同心同德，埋头苦干、奋勇争先，以“一区五城”实干实效谱写中国式现代化的龙湾新篇章。区委九届三次全体（扩大）会议，深入学习贯彻党的二十大、省委十五届二次全会暨省委经济工作会议精神，认真贯彻落实市委十三届三次全会部署要求，在与会同志的共同努力下，圆满完成预定的各项议程，取得了重要成果，开得很成功。通过这次区委全会，把龙湾的发展放到以中国式现代化全面推进中华民族伟大复兴的宏大场景中谋划推进，既明确了中远期目标、又部署了2023年任务，既指明了方向，也确定了路径。在加快建设“一区五城”的新征程上，恰逢温州湾新区重磅落地，这是时代给我们出的新的课题。正所谓，路虽远，行则将至；事虽难，做则必成。只要有愚公移山的志气、滴水穿石的毅力，脚踏实地，埋头苦干，积跬步以至千里，就一定能够把宏伟目标变为美好现实。下步，我们要深入贯彻落实中央和省委、市委决策部署，锚定目标、争先创优，克难攻坚、善作善成，努力在中国式现代化的跑道上跑出“加速度”、创造新业绩。全区各级党组织和广大党员，要把学习贯彻落实这次全会精神作为当前和今后一个时期的重大政治任务，要以强烈的家国情怀抓落实，大力弘扬伟大建党精神，以龙湾为家、以龙湾的事业为自己的事业，确立“想就想明白、做就做极致、干就干出彩”的奋进起点，把“为人民谋幸福、为民族谋复兴”的初心使命，体现在不折不扣贯彻落实区委决策部署上，体现在全面推进龙湾各项事业高质量发展上，体现在让全区人民更有获得感上。要以昂扬的奋斗精神抓落实，增强“错失一个机遇就落后一个时代”的紧迫感，强化“分秒等不起、时刻坐不住、处处慢不得”的效率意识，做到勇往直前挑重担、高歌猛进快突破、精益求精创一流、与时俱进立潮头，推动全区各项工作走在全省、全市前列，创出更多的龙湾速度、龙湾样板、龙湾经验。要以自觉的责任担当抓落实，以“功成不必在我”的精神境界和“功成必定有我”的历史担当，保持“事事马上办、人人钉钉子、个个敢担当”的尽责精神，敢于喊出“跟我上”，冲锋在前、吃苦在前、奋斗在前，真抓实干、埋头苦干、创新巧干，高质量书写“全年红”的精彩答卷！要以广泛的团结奋斗抓落实，唯有团结能成事。各级党员干部，尤其是两区的干部，要团结一心，集思广益用好机遇、众志成城应对挑战、立行立改破解难题、奋发有为强化创新，团结成“一块坚硬的钢铁”，心往一处想、劲往一处使，推动形成东部大开发、大建设、大发展的磅礴力量！

同志们，新时代赋予新使命，新征程要有新作为。让我们更加紧密地团结在以习近平同志为核心的党中央周围，在省委、市委的坚强领导下，以奔跑的状态、奋斗的姿态勇毅前行，以“一区五城”实干实效谱写中国式现代化的龙湾新篇章。

政府工作报告

——在温州市龙湾区第九届人民代表大会第二次会议上的报告

（2023年2月14日）

温州市龙湾区人民政府区长　夏禹桨

各位代表：

现在，我代表区人民政府向大会作政府工作报告，请予审议，并请区政协各位委员和其他列席人员提出意见。

一、2022年工作回顾

刚刚过去的一年，是龙湾发展史上具有里程碑意义的一年，委托温州经开区管理的四个街道阔别十年后实现回归，获批设立浙江第七个省级新区——温州湾新区，龙湾发展站上新起点、翻开新篇章。一年来，面对大变局、大事件、大考验，区政府坚持以习近平新时代中国特色社会主义思想为指导，深入学习贯彻党的二十大精神，在省委省政府、市委市政府和区委的坚强领导下，立非常之志、尽非常之责，按照区委第九次党代会的决策部署和区九届人大一次会议确定的目标任务，有效落实了“疫情要防住、经济要稳住、发展要安全”的明确要求，推动“一区五城”建设迈上新台阶，实现了本届政府的良好开局。

经过一年的扎实工作，全区实现地区生产总值868.58亿元、增长4.5%，分别高于全市0.8个和全省1.4个百分点。全区经济社会发展实现了：质量更好，高质量发展指标评价综合指数以唯一超越90分的高分蝉联全市第一；实力更强，规上工业产值突破1300亿元大关，首次跃居全市第二；动力更足，创新指数排名全省第八、全市第一，成功夺得省“科技创新鼎”；基础更牢，连续十二年创成“平安区”，顺利夺得“平安金鼎”；感受更真切，高质量完成省市区三级民生实事项目133个，城乡居民人均可支配收入分别增长4.2%、7.2%，收入倍差缩小至1.53，排名全省第六、全市第一。此外，我们还获评首批国家知识产权强国建设示范园区，工业稳增长、联合双随机监管、就业创业等3项工作获省政府督查激励，获省级及以上荣誉34项。一年来，主要做了七方面工作。

（一）*众志成城筑牢疫情防线*。面对坚守“温州东大门”的重责重压，坚持科学防治、系统应对，充分用好“七大机制”“五快循环”战术打法，坚决打赢疫情转段攻坚战，推进医疗物资应备尽备。党员干部、医务人员、基层同志、志愿者们闻令而动、冲锋在前，以全区72万人民的勠力同心赢得了抗击疫情的决定性胜利。（*注：此段已作删减*）

（二）*乘势而上激扬创新动能*。深入实施创新首位战略，温州国家高新区排名再进十位、进入全国前44%。科创平台提质增效。瓯江实验室、国科温州研究院等高能级平台完成产学研合作项目105个，省级激光智能装备技术产业创新中心、伟明盛青新材料研究院、诺奖数字双碳研究中心成功落地，华为—中国眼谷健康光显创新中心挂牌成立。青科城一期开工建设，成功举办世界青年科学家峰会分会场活动3场，成果项目圆满落地25个、新签约44个。大孵化器集群新增孵化面积27.31万平方米。科创主体多元引育。深化科技企业“双倍增”计划，新增省科技“小巨人”企业2家、市创新型领军企业6家、高新技术企业117家、省科技型中小企业351家。培育省级重点企业研究院1家、省级企业研究院4家、省级研发中心16家。加快企业“智改数转”，新增省级未来工厂、重点工业互联网平台、生产制造方式转型示范项目各1家（个），培育省级智能工厂3家，入选省级首台（套）产品工程化攻关项目7个，实施智能化技改项目245个。科创环境更加优越。新引进全职A类院士数实现破零，入选国家级和省级“引才计划”34人，省鲲鹏人才再增1名，新增大学生1.59万人、博士47人，培育高技能人才5342人、“浙江工匠”5人，获全省人才工作考核优秀单位。成功打造浙南海创城、温州人才公园，新建人才房937套，留才环境更进一步。建成投用浙南“数智造”公共实训基地，挂牌成立浙江大学青山商学高等研究院，首届青山论坛深度探讨企业高质量发展之路，“来温州·创未来”2022全球精英创新创业大赛获奖数全市第一。发挥科技金融撬动作用，再增2支政府引导科创基金，实现基金投资6.48亿元，带动社会投资超50亿元。全社会研发投入占地区生产总值比重达3.66%，跃升至全省第11位、持续领跑全市。

（三）*蹄疾步稳加速产业升级*。全面落实经济稳进提质攻坚行动，全力推动纾困解难“30条举措”落到实处，以高质量发展组合拳推动产业新城地位日益凸显。经济大盘强本固基。规上工业增加值保持两位数增长，战略性新兴产业增加值增长30.7%，新增规上工业企业190家、总数达1291家，工业排头兵地位不断强化。成功入选省现代服务业创新发展区，限上批发业销售额全市第一，限上消费品零售额突破200亿元，有序发放消费券8432万元、撬动消费21.5亿元，城市消费活力加速回暖。粮食播种面积和产量创五年新高，生猪、家禽出栏稳步增长，基本建成省级现代农业园区。谋大招强成效显著。投资超300亿元的瑞浦兰钧新能源制造基地一期实现摘地，投资222亿元的伟明盛青锂电池新材料产业基地一期“拿地即开工”，签约落地超10亿元项目8个、亿元以上产业项目19个、总部项目17个。建立区领导包干推进重大项目机制，实行专班干、月跟踪、季调度，完成固定资产投资434.1亿元。持续向上抢抓政策红利，成功为20GWh动力与储能锂离子电池项目争取到重大项目能耗指标单列，发行专项债资金39.61亿元。市场主体稳步壮大。新增上市企业2家、报会企业6家，上市报会数全市第一，2家企业评为浙江民营跨国公司“领航企业”。新增国家、省专精特新“小巨人”企业11家、83家，新增数均创历史新高。培育“小升规”企业279家。加速提升企业质量水平，创成浙江制造“品字标”企业20家，参与制修订国家标准、行业标准、地方标准37个，长江汽车电子获市长质量奖、圣邦集团获市质量管理创新奖。全区市场主体总量增长17.08%、突破10.7万家。新兴产业亮点突出。中国眼谷招引入驻京东方、珍视明等领军企业，累计注册落地企业（项目）175家，365天永不落幕的中国眼谷博览中心满场开园，成功入选首批国家“科创中国”创新基地和省级双创示范基地。中国眼谷小镇入选省第一批未来产业先导区培育创建名单和第一批特色小镇现代产业组最佳实践案例。2022中国软件业创新发展大会圆满举办，国际云软件谷开园，HPE（慧与）、MF（微福思）等一批重量级企业签约落地，带动全区规上互联网、软件和信息技术服务业营业收入增长70.8%。

（四）动真碰硬深化改革开放。有序推进温州湾新区体制机制调整，社会事务管理稳步划转，新区机构正式运行，东部融合发展迈向新征程。各项改革统筹推进。构建“1612”数字化改革体系，推进143个省级重大应用在龙湾贯通落地，“汽摩配行业能源数字化管理”获评工信部工业互联网创新领航应用案例，“中小学生近视防控”获评全省最佳应用。“未来城区”集成改革进一步深化，“县乡一体、条抓块统”改革、“大综合一体化”行政执法改革、要素市场化配置、低收入家庭综合帮扶等“牵一发动全身”重大改革提质提效，“全域未来社区建设”等9个项目获省、市改革突破奖。对外开放不断深化。进出口总额增长32.6%，出口增速全省第六。积极打造“一带一路”枢纽节点，新增企业境外投资项目10个、投资额5.43亿美元，对外承包工程营业额占全市总份额95%以上、连续两年全市第一。以龙湾为核心的浙江（温州）RCEP高水平开放合作示范区成功获批，设立海外仓、跨境电商独立站各3个，新增省级外综服务示范企业2家、跨境电商产业园1个。龙湾—仪陇东西部协作实现消费帮扶超1亿元，龙湾—苍南山海协作产业飞地开发实质性开展。营商环境明显改善。全面落实中央和省市稳经济一揽子政策，确保应兑尽兑、应享尽享，落实留抵退税34.8亿元，快兑直达惠企资金16.92亿元，帮助市场主体渡过难关、恢复元气。率全省之先出台优化营商环境行政执法“十条禁令”，深化企业投资项目促产“一件事”改革，推出“竣工即投产”“验收即领证”等系列举措，“两万”行动和“帮企云”解决企业反映难题1038个，相关做法在省专题推进会上作典型发言。

（五）精雕细琢改善城区面貌。深化全域未来建设，新增省级未来社区试点7个、未来乡村试点2个，合力绘就新时代美丽城乡新图景。城区建设加速提质。实施“大建大美”项目98个、投资115.8亿元。以“未来城区”集成改革打造共同富裕现代化基本单元入选省级试点，万顺（万民、万康）社区顺利创成省级未来社区，万顺城市新区成功入选省第一批“新时代富春山居图城市样板区”，金海湖城市新区、龙湾双创产业新区等风貌区通过市级验收。瓯飞一期北片围垦工程在温州水利领域首次获鲁班奖，温瑞平原东片排涝工程加快建设，海塘安澜工程（蒲州水闸—龙江路）顺利开工。完成土地“清零”3286.72亩，新增工业供地（用海）1952.5亩，实现经营性用地出让1002.74亩。有力推进“三改一拆”工作，全年拆除违建2040处、58.44万平方米。拆迁安置提速提质，开工安置房4569套、建成5008套、交钥匙7376套。交通互联加快构建。市域铁路S2线主线全面贯通，温福高铁、机场三期、航空物流园、金丽温洞头支线等项目前期步步跟进，金丽温高速东延龙湾段、机场大道东延、通海大道西段、永昌路改建、环山南路等重点项目提速建设，沿江快速路一期东段、环山北路二期、永宁东路（龙海路—罗东街）等重要道路实现开工。大力治理城市拥堵，打通金石路等“断头路”4条，新增优化公交线路16条，新增停车位1.16万个。农村公路改造提升5.5公里、大中修12.4公里，初步形成农村路网微循环。人居环境持续优化。“行走龙湾·文明有礼”主题活动初见成效，无物业小区、乱拉电线、违建违停等一批顽瘴痼疾得到有力整治，顺利通过全国文明城市复评。全力推进中央生态环保督察、省环保督察反馈问题整改，实施永强塘河流域水生态系统综合治理、滨海湿地生态修复等工程，市控以上断面优良率达83.3%，中横河、环城河—东门浦获评省级美丽河湖，$PM_{2.5}$平均浓度达近十年最好水平，创成国家节水型社会建设达标区、省级生态文明示范区。全省首批开展用地污染风险管控和修复“一件事”改革试点，高标准创成全省首批全域“无废城市”。乡村振兴走向纵深。建成美丽乡村26个、精品村15个、特色精品村2个，瑶溪村建成省级未来乡村、入选省首批金3A级景区村庄培育名单。补足农村基建资金短板，到位乡村振兴共同富裕专项债资金9.57亿元。完成农业和水利领域省级“一件事”改革试点2个，创成省级肥药两制改革综合试点区，连续两年获评全国县域农业农村信息化发展先进县。发展壮大村集体经济，实体化运营区强村公司，实现村集体经济总收入11.53亿元。

（六）全心全意增进民生福祉。成功入选省共同富裕示范区第二批试点，大胆探索有利于共创共建共同富裕的体制机制，让幸福更加可得可感。社会事业更趋均衡。深入实施“未来教育”三年行动，投用中小学、幼儿园7所，创成省级现代化学校10所、省一、二级幼儿园19所，“双减”课后服务平台入选教育部试点，中考成绩实现“十五连冠”，高考成绩取得历史性突破。坚持教育公益属性，完成规范民办义务教育发展专项攻坚，最大力度保障新居民子女就学需求。“健康龙湾”省级考核实现“三连优”，扩面建设智慧健康站，改扩建社区卫生服务站7家，投用蒲州社区卫生服务中心。匠心打造“三带一馆群一街一古堡”文化工程，和合文化园和张璁纪念馆、姜立纲书法艺术馆、叶萌春艺术馆等馆群串珠成链，永昌古镇、寺前街历史文化街区加快建设，全省首部专门堡志《永昌堡志》编纂出版，创成省诗词之乡，成功争取省文化产业发展专项资金3000万元。惠民开放奥体中心，改造提升国际网球中心，因地制宜建成一批“家门口”的体育设施，成功入选省体育现代化区创建名单。公共服务更有温度。奋力建设全龄友好型城区，新增婴幼儿托位566个、养老机构床位356张，建成区未成年人保护救助中心，创新成立全省首个“未来康养”基金，全市唯一入选省基本康养公共服务直达试点。坚持就业优先战略，全省首推弱势群体就业成本扣减政策，连续七年举办大学生创业大赛，新增城镇就业11700人。深化“全生命周期”救助服务品牌建设，建成投用区慈善家园，实现困难群众医保参保全覆盖。率全市之先完成退役军人建档立卡省级试点。工会、共青团、妇女儿童、残疾人、慈善、红十字、社科联、文联、工商联等事业加快发展，外事、侨务、民宗、国防动员、统计、供销等事务全面进步。平安建设更加高效。圆满完成党的二十大、北京冬奥会等重大活动维稳安保工作，排查梳理矛盾纠纷29823件，整改销号重大风险隐患535个，信访积案实现动态“清零”。众志成城、接连扑灭十年难遇的三场森林火灾，安全生产、消防等领域事故数稳步下降。成功处置群体欠薪事件45起，为农民工兄弟追回工资1亿多元。始终保持严打高压态势，以雷霆之势铁腕打击黑恶势力、电信网络诈骗、食药环等领域违法犯罪，“公安大脑”高标准完成市级试点创建。

（七）持之以恒提升政府效能。坚持把政治建设摆在首位，积极开展“大学习、大调研、大谋划、大落实”活动，推动党的二十大精神入脑入心、见行见效。纵深推进政府系统全面从严治党，严格落实中央八项规定精神，驰而不息纠“四风”树新风。深入推进法治政府建设，行政复议案件调撤率达52%，矛盾纠纷调解成功率达86%，永兴司法所创成省级“枫桥式”司法所。持续规范基层小微权力运行，全市首个入选省级清廉村居示范区。加快打造服务型政府，“浙里办”龙湾城市频道正式上线，政务服务“一网通办”率达97.7%，布局群众身边的政务服务驿站51个，百姓办事更加便捷高效。自觉接受人大依法监督、政协民主监督，办理人大建议、政协提案431件。落实“过紧日子”负面刚性清单，追加超10%的部门预算主动接受人大代表公开质询票决，厉行节约做法获全省坚持党政机关过“紧日子”优秀案例。

各位代表，过去的一年我们坚定信心、攻坚克难，在打造高质量发展建设共同富裕示范区龙湾样板的进程中迈出坚实步伐。这些成绩的取得，是市委市政府和区委统筹谋划、正确领导的结果，是区人大、区政协有效监督和鼎力支持的结果，也是全区上下团结拼搏、共同奋斗的结果。在此，我代表区人民政府，向在各行各业辛勤劳动的全区人民和外来建设者，致以崇高的敬意！向给予政府工作大力支持的人大代表、政协委员、各民主党派、工商联、无党派人士、各人民团体、离退休老同志、驻龙部队、武警官兵、消防救援队伍指战员、在外商会，向所有关心支持龙湾发展的海内外各界人士，表示衷心的感谢！

与此同时，我们也清醒地认识到，当前我区经济社会发展中还存在不少问题和不足。主要体现在：经济稳增长的基础还不牢固，市场主体经营存在不少困难；龙湾区和温州湾新区工作机制尚待进一步理顺，产城融合发展面临新形势新挑战；创新和人才对高质量发展的支撑还不够有力，产业链供应链韧性和竞争力有待提升；持续缩小“三大差距”还需努力，城市基建配套和公共服务供给仍然不平衡不充分，与老百姓的多元化需求还有差距；城区治理存在短板弱项，精细化管理、智慧化运用、法治化水平尚需提高；平安建设任重道远，一些领域风险隐患不容忽视；个别干部面对新征程存在本领恐慌，政治判断力、政治领悟力和政治执行力仍需提高。对此，我们一定高度重视，在今后的工作中采取更加扎实有效的举措予以解决。

二、2023年主要目标和重点工作

2023年，是全面贯彻落实党的二十大精神的开局之年，是“八八战略”实施20周年，是“十四五”规划承上启下的关键之年，更是温州湾新区扬帆起航的奠基之年。做好新一年工作意义重大，影响深远。目前，我们的规上工业产值、高新技术产业增加值、进出口总额已占全市五分之一，限上批发业销售额占全市三分之一强，龙湾在全市的体量、地位已经发生重大变化。我们要坚持把制造业这份家当做强做大，在新的高度上挺起温州现代化建设的产业脊梁。我们要坚持把科技创新这条道路走深走实，以动能转换的步步推进赢得龙湾现代化建设的节节胜利。我们要坚持把服务业这块短板补齐拉长，以城市经济的蓬勃发展点燃未来城区的时尚活力。我们要坚持把立体交通这张网络织密织好，在温州东部大崛起的全新格局中放大枢纽经济的独特优势。我们要坚持把民生福祉这件要事放在心头，在共同富裕新征程上擦亮高质量发展的幸福底色。新的一年，我们要坚定走在前、开新局的信心决心，保持挑大梁、勇担当的斗志毅力，以奋进者姿态干好每件事、拼搏每一天，奏响龙湾现代化建设新乐章。

根据区委九届三次全会精神，今年政府工作的总体要求是：坚持以党的二十大精神为指引，把全区各项工作放到以中国式现代化全面推进中华民族伟大复兴的宏大场景中谋划推进，以忠实践行“八八战略”、努力打造“重要窗口”为主题主线，以推进“两个先行”为目标任务，以推动创新发展、转型升级和改革攻坚、开放提升为基本路径，以干在实处、走在前列、勇立潮头为精神动力，以全面从严治党和高素质干部队伍建设为根本保障，推动全区工作在融入中国式现代化的宏大场景中敢闯新路、敢为人先，全面推进都市振兴、乡村振兴、产业振兴、文化振兴，打造高质量发展建设共同富裕示范区龙湾样板，争创社会主义现代化先行区，高水平建设温州湾新区，加快打造“一区五城”，大力实施“五个年”行动，建设活力、美丽、幸福新龙湾，奋力谱写中国式现代化龙湾新篇章。

今年经济社会发展的主要预期目标是：全区地区生产总值增长 6.5%，一般公共预算收入增长与经济增长基本同步，规上工业增加值增长 9.5%，固定资产投资增长 10.0%，科技创新指数力争稳定在全省前八、实现全市“五连冠”，单位生产总值能耗和污染排放量确保完成上级下达的目标任务。基于以上发展目标和要求，今年着力做好七个方面工作。

（一）有力有为稳进提质，夯实筑牢经济大盘

发挥好政策对稳增长的调节作用。精准承接中央五大政策和省市“8+4”经济政策体系，迭代更新龙湾稳增长政策措施，力争全年兑现惠企资金 20 亿元，为市场主体减负 30 亿元以上，全力以赴提振市场信心、稳定发展预期。抢抓利好政策释放窗口期，争取省市财政专项资金 13 亿元以上、专项债额度 15 亿元。引导金融机构扩大信贷规模，力争新增小微企业贷款 75 亿元以上，政府性融资担保支农支小余额达 18 亿元，促进中小企业综合融资成本稳中有降。发挥政府产业基金作用，设立新能源、软件、生命健康等重点领域专项子基金，力争基金投资超 10 亿元，助力新兴产业高质量发展。扎实开展第五次全国经济普查，全面摸清经济家底。

发挥好投资对稳增长的基础作用。认真落实温州扩大有效投资“百项千亿”工程，充分发挥重大项目推进专班作用，全周期跟进解决审批核准、要素保障、投资融资等问题，推动更多重大项目纳入国家用地用海保障范围和能耗单列清单，以超常规力度实现项目早开工、早竣工、早投产。着力推进重大建设项目 340 个以上，实现固定资产投资 478 亿元，打好有效投资翻身仗。坚持谋大招强，围绕主导产业、链主企业开展精准招商，建立全员招商工作机制，力争落地亿元以上产业项目 35 个、总部项目 36 个，引进“500 强”、国际行业领先企业项目 6 个以上。

发挥好消费对稳增长的关键作用。加快打造都市东部消费中心，投用温州首个 TOD 商业综合体，以迎亚运为契机提升“奥体—万达”商圈功能，常态化举办“南洋集市”，推动寺前街历史文化街区顺利开街，组织宋制婚礼、汉服节等活动，打响“中国喜街”品牌。支持老字号企业创新发展，培育精品国潮国货消费。推动实体商业数字化智能化转型，谋划建设新电商产业基地，培育电商直播式“共富工坊”5 个以上。大力实施“幸福龙湾年”、消费促进月、金秋购物节等兴消费旺市场活动，招引品牌首店 10 家，开展首发活动 2 场，发放消费券超 3600 万元、撬动消费 6 亿元以上，力争全年社会消费品零售总额增长 6%。

发挥好出口对稳增长的促进作用。深入落实“地瓜经济”提能升级“一号开放工程”，主动融入国家内外双循环发展战略。加快 RCEP 高水平开放合作示范区核心区建设，组织 100 家以上企业“走出去”抢订单，引导 30 家以上企业参与跨境电商综试区出口，做大做强市场采购、服务贸易、数字贸易，实现进出口额突破 730 亿元、出口额跨越 500 亿元大关。持续扩大出口信保联保覆盖面，为中小微外贸企业“出海”保驾护航。助力北加里曼丹工业园区加快建设，支持印尼纬达贝工业园创建国家级境外经贸合作区。用好空港口岸优势，打造航空物流服务中心，谋划建设航空物流园，支持温州机场新增货运航线、货邮吞吐量突破 10 万吨，为启动国家级临空经济示范区创建打好基础。

发挥好营商环境对稳增长的支撑作用。大力实施营商环境优化提升“一号改革工程”，纵深推进“两个健康”示范区创建，加快实现电子营业执照、电子证照互通共享和市场监管、税务、经信、商务等企业年报“多报合一”，全面实施“办问协同”“一码监督”“三书同达”等龙湾特色营商服务改革，做到企业办事无忧、政府无事不扰。实施小微企业和个体工商户成长计划，依法保护、更好支持各类市场主体蓬勃发展，新增市场主体 13000 家以上。畅通政企互动沟通渠道，深化“两万”助企行动，高效运用“企业码”、政企恳谈会等平台，尽心竭力帮助企业排忧解难，进一步营造亲商、安商、富商的浓厚氛围。

（二）聚焦聚力改革创新，积蓄厚植发展动能

做优科创平台引领的龙湾实践。坚持创新首位战略，强化落实科技创新“八大抓手”，力争再夺省“科技创新鼎”。锚定建设浙南科创新城，发挥 15 个高能级科创平台辐射带动作用，高水平育强“塔尖重器”，支持瓯江实验室建设国家实验室基地，国科温州研究院力争入选国家引才引智示范基地、获批省重点实验室，杭电温州研究院力争获评省级新型研发机构，浙南工业互联网公共服务平台新增覆盖企业用户超 1000 家，推动温州诺奖数字双碳研究中心快出成果。深入实施大孵化器集群发展战略，打造示范孵化基地 2 个，新增孵化面积 40 万平方米以上，推动“科研—转化—产业”全链条培育。

走实成果转化的龙湾路径。深化国家级知识产权强国建设示范园区创建，完善技术市场服务体系，推动高能级平台科技成果就地转移转化 230 个以上。灵活运用科创指数贷等科技金融政策工具，引导企业加大研发投入，力争规上工业研发费用增长 10% 以上，全社会研发投入占地区生产总值比重达 3.86%。扩大“以先投后股方式支持科技成果转化”项目试点范围，新增试点企业 2 家、转股企业 1 家。高水平举办 2023 世界青年科学家峰会系列活动，争取新一届峰会签约成果项目 60 个以上。

释放凤栖梧桐的龙湾魅力。深入实施“罗峰领雁”“瓯越英才”计划，力争新增全职院士、省鲲鹏人才 2 人以上，入选国家级和省级“引才计划”20 人以上，新引育 E 类以上高层次人才 100 人、高水平创新团队 3 支、技能人才 7400 人以上，新增大学生 1.5 万人以上。深入实施新一轮科技企业“双倍增”“双迈进”计划，新增高新技术企业 120 家、

省科技型中小企业300家以上，着力扩大产业人才承载空间。精准建立企业人才需求清单，积极探索“企业评人才”改革，制定人才引进“后评价”机制，实现引进人才与企业需求、产业发展高度匹配。倾力办好人才关心的实事要事，新增租售型人才房520套、蓝领公寓2800套以上，在收入分配、子女就学等方面落实更多创新举措，高标准建设青年发展型城市，让城市对青年更友好、让青年在城市更有为。

增强改革破题的龙湾潜能。大力开展“改革创新跨越年”活动，持续深化未来城区集成改革，围绕“扩中提低”、要素市场化配置等重点领域，谋划推进区级重点改革项目15个、“微改革”项目20个以上。聚焦聚力省市改革攻坚行动重大项目，统筹推进“大综合一体化”行政执法、低收入家庭帮扶等重点改革任务，确保上级改革要求在龙湾落到实处。贯通落地全省重大改革应用143项，用好基本康养公共服务直达、文明家庭综合评价等龙湾特色项目，拓展“浙里盘”“安评在线”等应用，推动数字化改革实战实效再获突破。

（三）稳扎稳打强链补链，培优育强产业集群

加速积蓄产业平台势能。全力支持温州湾新区“两区两高地”建设，推进经开区与高新区“双区联创”，推动国家级经开区排名进入东部前50、温州高新区排名继续前移、省级新区排名进入前四。提速温州湾新区道路、电、气、网络等基础设施配套布局，开工建设综合管廊一期工程，加快推进新能源科技产业园、智能制造产业基地等项目，力争温州湾新区固定资产投资增长15%以上、规上工业增加值增长12%以上，加快形成“双百双千”发展新格局。理顺中国眼谷建设管理体制机制，高标准完成核心区环境打造，推动科创园A区加快项目进驻、B区启动建设，争创国家技术创新中心，继续招引领军型企业，争取中国眼谷小镇考核再创优秀，以“任凭社会评”的信心高水平打造眼健康产业示范先行区。围绕产业功能、交通组织、生活设施、商业配套，加快推动国际云软件谷核心区规划落地成型，组建完善强有力的运营团队，构建软件产业政策体系、服务体系和招商考评体系，落地高品质项目10个以上，培育数字经济企业250家以上。

加速拓宽战新产业赛道。匠心实施“产业振兴提速年”行动，推动新能源、数字经济、智能装备等主导产业延链补链强链，实现战略性新兴产业增加值占规上工业增加值比重达35%以上。加快新能源产业集聚发展，竣工投产伟明盛青锂电池新材料产业基地一期，高效推进瑞浦兰钧新能源制造基地一期、麦田新能源二期、人本高效精密轴承等产业项目建设。大力实施数字经济创新提质“一号发展工程”，开工建设中交数字科创中心、国兴5G制造中心二期等项目，加快打造丝路工业互联网研究院、丝路工业互联网产业园等平台，确保数字经济核心制造业增加值增速达50%，力争中国（温州）数字丝路小镇纳入省级创建名单。依托省级激光智能装备技术创新中心，打造中国一流新光谷，加快建设国家级激光与光电创新型产业集群。

加速提升传统产业质效。充分挖掘传统制造业潜力，为全区工业转型供地1000亩以上，提升低效工业用地1800亩以上，实施增资扩产项目20个以上，以激活的“土地存量”换取高质的“产业增量”。深入开展“绿色数字技改”行动，新增智能工厂、数字化车间和绿色低碳工厂10家，实施工业技改项目和千企节能改造项目200个以上。新培育省级小微企业园1个，加快投用空港新区智造园、现代农业科技产业园，集聚60家小微企业入园发展。全面实施质量强区、品牌强区战略，新增“品字标”企业20家、浙江制造标准发布4项以上，争创省政府质量奖。实施企业梯队培育“榕树计划”“凤凰行动”，新增报会上市企业5家、工业“小升规”企业120家以上，培育国家专精特新“小巨人”企业4家、省专精特新中小企业60家以上。

加速重燃都市经济活力。大力实施生产性服务业“强翼行动”，加快壮大供应链物流、科创服务、人力资源等生产性服务业，新增省级服务型制造企业2家，培育规上服务业企业5家、“限下转限上”企业45家以上。做大做强“会展+”经济，举办第二届国际泵阀展、第三届绅装文化节等展会活动。聚焦夜食、夜游、夜购、夜赏等主题场景，加速推进东外滩、印象汇等重点项目8个，打造一批高品质夜间经济消费热点区域。推进永昌古镇项目运营，匠心打造“环金海湖”“环汽车小镇”工业旅游片区，建成美人瀑高端民宿，持续优化“吃住行游购娱”产品供给，推动文旅经济复苏回暖。

（四）精建精美未来城区，优化提升人居环境

以超强力度提升南部片区。高标准谋划南部片区公共配套设施提升五年行动。投用市域铁路S2线海城、沙城、天河站，提速建设滨海十七路（滨海三道—滨海五道）、滨海二十一路、海川路、新川大道等道路项目，改造提升沙城街、锦瑞街、金梅路，加快228国道永兴至海城段高架、天瑞大道等项目前期，持续畅通南部片区交通路网。高标准规划大龙湾教育“一张图”，实施南片学校与区优质教育集团“互融提质”行动计划，加速推进星海实验中学、海城实验小学等基础教育设施。聚焦温州湾新区产业发展需求，深化产教融合，启动区职业技术学校迁建工程，推进东方职业技术学院、温州职业中等专业学校建设。加快优质医疗资源扩容，推动天河卫生服务中心建成龙湾医疗“副中心”，提速建设海城卫生服务中心，规范提升沙城、星海基层卫生机构功能。推进南部街道便民服务中心标准化建设，增设村（社）便民服务站6个，有力满足企业和百姓就近办事需求。

以更高标准打造未来城区。大力开展“城乡品质突破年”行动，做深做细瓯江新城（龙湾沿江片）、状蒲片、东部高铁新城等重点片区城市设计，深入实施瑶溪西片品质提升规划，确保“改一片、成一片、美一片”。实施“精建精美”项目96个，建成富春、文广省级未来社区，提速打造南洋、云创等一批未来社区生活场景，启动建设未来汽车城，让城市人气更聚集、商气更旺盛。稳步推进“三改一拆”，实施老旧小区改造5个，持续巩固省级“基本无违建区”创建成果。坚持不懈抓好安置提速，竣工安置房

5000套以上，交钥匙5000套以上，保持五年以上已征迁未安置项目动态“清零”。促进房地产市场平稳健康发展，进一步扩大住房公积金覆盖面，支持刚性和改善型住房需求。

以最美面貌迎接亚运盛会。持续巩固文明城市创建成果，结合迎亚运、科创走廊等环境综合整治任务，聚焦奥体中心、中国眼谷、金海湖等重点区域，围绕市域铁路S2线、瓯海大道、通海大道等重点道路，建立乱点疤点清单，实施全域环境整治项目25个。推进数管平台改造提升，拓宽“预警”执法覆盖范围，完善车辆违停“警城联动”、建筑垃圾“审管一体”等应用场景，不断提升城市智治水平。进一步完善垃圾分类运输体系，建成投用装修垃圾处置中心，提升改造垃圾中转站10座、垃圾分类设施80处，创成垃圾分类高标准省级示范片区1个、示范小区8个。实施城区环卫保洁一体化运作，以环境卫生“小切口”推动市容面貌“大变化”。

以最大决心优化生态环境。持之以恒开展蓝天、碧水、净土、清废专项行动，确保空气优良率保持在95%以上，全面推进断面水质“达Ⅲ消Ⅴ”，完成全省首个“修复工厂”改革试点，实现全域“无废城市”提标升星。海塘安澜工程建成南口大桥—海滨围垦段、开工龙江路—南口大桥段，提速推进温瑞平原东片排涝工程，启动建设滨海净水厂、龙湾二期东堤生态修复等一批重点环保工程。加快建设亚运公园碳中和林，加速推进明珠路等迎宾大道绿化提升，新（改）建口袋公园8个，让绿色成为城市最美丽、最动人的底色。

（五）大干快干交通枢纽，构筑互联畅通路网

提升通达天下的枢纽功能。坚持“大干交通、干大交通”，持续推动“空、铁、轨、路”一体化发展，奋力打造温州东部枢纽新城。开工建设机场三期改扩建项目，助力温州龙湾国际机场升级为双跑道、多航站楼、空轨联程的大型国际机场。全力配合做好温福高铁、甬台温高铁、高铁东站等项目前期，加速融入“5321”高铁时空圈。建成市域铁路S2线龙湾段，龙湾再添一条南北强劲“大动脉”。提速推进甬台温高速扩建、211省道等项目前期，贯通金丽温高速东延龙湾段，推动区域高速东西连接，群众对外出行更加便捷。

畅通纵横八方的道路网络。开工建设永宁西路（首辅路—龙永路）、建中街拓宽等工程，提速推进机场大道东延、通海大道西段、沿江快速路一期东段、空港大道、永昌路等骨干道路，建成永昌路与金丽温高速东延线共线段，贯通环山北路龙湾段（二期）、罗山六路等市政道路，加快构建四通八达城市路网。持续缓解城市拥堵，打通永宁东路（龙海路—罗东街）、滨海六路等“断头路”3条，集中整治蓝田路、普西路（永宁东路—永中西路）、上璜路（永安路—永定路）等路段，畅通区间微循环。积极应用“绿波带”等信息技术，让出行更加智慧高效。加速公交场站建设和线路发展，新增优化公交线路4条。推广轨道交通站点接驳、通勤班车、定制公交等模式，进一步提升公交出行分担率，有效缓解高峰期道路拥堵。

（六）用心用情改善民生，共建共享发展成果

打造全龄友好幸福之城。紧扣“共同富裕增进年”目标要求，加快儿童友好型、老年友好型城市建设，营造适老适幼宜居环境。推进新一批19个市级儿童友好试点单元建设，新增托位560个、普惠托位350个，力争建成区级托育综合服务中心。加快建设区康养福利中心，创建老年友好街道3个、友好村（社）13个以上，力争状元罗西社区创成全国示范性老年友好型社区，新改建老年食堂15个，建成示范性居家养老服务照料中心5个。坚持就业优先战略，用好“浙南•创谷”“金海匠谷”等平台，挖掘高校毕业生、新就业形态劳动者、就业困难人员等群体增收潜能，集中开展就业援助“暖心活动”，城镇调查失业率控制在5%以内。关心关爱困难群体，深入实施“慈善倍增”等五大行动，切实发挥区级“助联体”作用，实现分层分类精准救助。扩大惠民型商业补充医疗保险参保覆盖面，参保率达50%以上。提升退役军人全生命周期服务保障水平，奋力开创双拥工作新局面。全力支持工青妇组织开展工作，有效发挥文联、残联、工商联、红十字会等群团作用，继续做好国防动员、移民、民宗、海防打私、外事侨务和对台工作。

绘就乡村振兴美好画卷。深化农村人居环境整治，新建新时代和美乡村6个，力争永中双岙、海城埭头创成省级未来乡村。持续发力科技强农、机械强农，推动粮油生猪稳产保供，投用粮食应急加工厂，支持齐呈、快鹿、振丰等预制菜项目打响品牌，建成环大罗山省级农业园区，确保龙湾省级现代农业园区通过验收。进一步规范“三资”运营管理，持续推进村集体经济扩容增收三年行动，力争所有行政村年经营性收入达到55万元以上。做强农业经营主体，新增市级农业龙头企业1家、示范性家庭农场2家、示范性农民合作社1家。实施农村公路大中修10公里，进一步完善“四好农村路”。深化龙湾—苍南山海协作、四川仪陇东西部协作，推动区域优势互补、资源共享、联合发展。

增强卫生教育普惠力度。坚决落实新冠病毒感染“乙类乙管”要求，突出保健康、防重症，加快提升分级诊疗能力、医疗物资保障能力、重点人群和重点场所防护能力，最大限度保障人民群众生命安全和身体健康。持续巩固爱国卫生运动成果，确保顺利通过全国健康促进区国家复评。扩容提质“1+10+N”医联体，建成区公共卫生医疗中心（龙一医新院），加速海滨卫生服务中心选址，加快永兴卫生服务中心建设，投用智慧健康站32家。开展“全民眼健康”工程，免费为700名老人清除白内障，用五年时间实现白内障“清零”。深化“双减”集成改革，完善教育评价体系，持续推进全国学前教育普及普惠区创建，创成全国义务教育优质均衡区。优化提升校网布局，投用桃花岛新一中、国科一中、国科一小，开工建设外国语小学龙华校区、双车头小学，创建“温馨教室”400个。用好教育人才引进培育政策，实施“罗峰青年教育人才先锋营”等计划，打造高素质教师队伍。

做优文化体育特色品牌。精心承办亚运赛事，做到办好一场会、提升一座城，以龙湾精彩为亚运添彩。率先发展赛事经济，积极承办全国摔跤、全国柔道等国字号品牌赛事5项以

上，建设国际网球中心二期，举办中国温州网球公开赛，打造自主“温网”品牌。举办2023龙湾半程马拉松，启动万人互动在线体育比赛，组织全民“草根”赛事60项以上，创成省级体育赛事集聚区，让全区人民“动起来，更精彩”。丰富群众体育供给，完成区级全民健身中心等项目建设，确保人均体育面积达3.0平方米以上。深化永嘉场文化研究工程，举办和合学、张璁文化等主题论坛，繁荣哲学社会科学事业，争创中华诗词之乡。培育“宋韵瓯风明龙湾”文化品牌，谋划建设宋塔博物馆和宋塔文化公园，组织宋韵文化艺术节、姜立纲书法文化艺术周等活动，让文化浸润群众心田。投用高新文化广场，打造龙湾时尚演艺地标。建成城市书房2家，打造“15分钟品质文化生活圈”15个以上，推动“惠享文化·共富龙湾”。

各位代表，秉持“群众提、大家定、政府办”理念，区政府在广泛征求、充分吸收群众意见的基础上，遴选了老年友好、儿童友好、青年发展、全民眼健康、善医济民、品质安居、除险保安、交通畅行、低碳生活、就业筑梦、暖心关爱、文化惠民等12方面民生实事项目，提请本次大会票决。对票决出来的十大民生实事，我们将建立闭环落实机制，保质保量、限时限期完成。

（七）抓深抓实社会治理，竭力守牢平安底线

驰而不息提升治理效能。开展“基层治理深化年活动”，统筹推进社会治理中心（城市运营中心）实体化运作，迭代开发区级基层智治系统，实现一屏掌控指挥调度，构建全域“上下贯通、县乡一体”的整体智治格局。精心打造“共享社·幸福里”创建单元86个，配齐配强“1+3+N”网格力量，扩大“龙湾幸福码”应用范围，逐步实现基层排查一网智治、一码统管。坚持和发展新时代“枫桥经验”，全面排查处置矛盾纠纷，确保全年矛盾纠纷调处率达95%以上。加强改进信访工作，落实领导干部接访下访制度，及时解决群众合理诉求。扎实做好重要时段安保维稳工作，常态化推进扫黑除恶斗争，严厉打击电信网络诈骗、非法集资、跨境赌博等违法犯罪。有力延续十二年创成平安区良好态势，力夺“一星平安金鼎”。

久久为功筑牢安全防线。严格落实问题隐患“3030”排查机制，加快理顺大龙湾平安建设一体化管理体系，常态化开展“8+4”领域专项整治，重点提升南部街道除险保安水平，全力“遏较大、降一般、减总量”。完善防汛防台抗旱应急响应机制，夯实消防工作基础，加强森林防火林带、蓄水池、取水口等基础设施建设，加快补齐基层应急短板。持续推进城乡危旧房大排查大整治，完善动态巡查监控机制，严防新增、回迁、返租，全面筑牢危旧房治理成效。开展食品安全示范区国省联创，完善食药安全风险监测预警机制，建成“阳光厨房”120个、放心农贸市场5个，守护群众舌尖上的安全。

三、全面加强政府自身建设

各位代表，新征程新使命对政府工作提出新要求，我们要以更加昂扬的姿态、更加饱满的精神，拼搏奋斗、勇毅前行，努力建设人民满意政府。

（一）坚决做到政治忠诚、立场坚定。旗帜鲜明讲政治，坚持用习近平新时代中国特色社会主义思想凝心铸魂，进一步增强坚持“两个确立”、做到“两个维护”的思想自觉、政治自觉、行动自觉。大力开展“六学六进六争先”学习实践活动，不折不扣抓好习近平总书记重要指示批示精神和上级决策部署贯彻落实，推动党的二十大精神在龙湾落地生根、开花结果。

（二）坚决做到能力过硬、担当尽责。树立“逢一必争、逢旗必扛”的争先创优意识，做到敢与最优者对标、与最快者竞赛、与最强者比拼，打造“能上能下、敢为善为”的干部队伍。完善抓落实的指标体系、工作体系、政策体系和评价体系，在项目推进、招商引资、产业发展等重点工作上攻坚克难，不断提高政府执行力。常态化开展“理旧账”行动，精准分类施策，创新化解路径，限时解决历史遗留问题。坚持正向激励和负面约束“两手抓”，用好“亮绩比拼”“三赛·六比”等赛马机制，营造“干就干得最好、做就做到极致”的干事创业氛围。

（三）坚决做到主动服务、依法行政。加快“最多跑一次”改革向政府工作各领域延伸扩面，推动政务服务流程优化再造，实现“一窗通办”“一网通办”融合发展。把政府工作全面纳入法治轨道，严格落实重大行政决策法定程序，进一步推进政务公开，实现市级以上民主法治村（社）占比达到80%以上。完善府院检联动机制，加强行政争议预防化解，推动行政诉讼案件数、败诉率持续下降，争创全省法治政府建设示范区。自觉接受人大依法监督、政协民主监督，主动接受监察、司法、社会和舆论监督，扎实做好审计常态化“经济体检”。

（四）坚决做到廉洁自律、风清气正。全面落实从严治党要求，持续抓好七张清单和巡视巡察问题整改，推动政府系统党风廉政建设向纵深发展。锲而不舍落实中央八项规定精神，持续深化纠治“四风”，以铁的纪律维护良好政治生态。牢记政府前面“人民”二字，严肃查纠漠视侵害群众利益的突出问题。牢固树立过“紧日子”思想，从严控制一般性支出，非重点、非刚性支出预算压减15%以上，持续加强政府债务风险防控，竭力将有限的财政资金用在“刀刃上”。

各位代表，今天的龙湾正加速成为浙南地区生机勃勃、活力迸发、势不可挡的高质量发展高地。让我们更加紧密地团结在以习近平同志为核心的党中央周围，全面落实党的二十大精神，在上级党委政府和区委的坚强领导下，团结依靠全区人民，把握机遇、奋勇争先、真抓实干，为加快建设“一区五城”、谱写中国式现代化龙湾新篇章而不懈奋斗！

专　记

行驶中的市域铁路 S1 轻轨　　（区融媒体中心供图，摄于 2022 年 10 月）

专　记

龙湾区落实温州湾新区体制改革工作综述

河泥荡文化公园一景　　（严艳影摄于2022年8月）

龙湾区落实温州湾新区体制改革工作综述

2022 年 1 月，浙江省政府批复同意设立温州湾新区。根据批复内容，温州湾新区规划控制总面积约 158.48 平方千米，新区整合温州高新区、温州经济技术开发区（简称温州经开区）2 个国家级平台和 7 个省级平台，是浙江省第七个省级新区。温州湾新区东至瓯飞一期东堤，南至温州市龙湾区与瑞安市交界处、滨海二十五路、瓯飞一期（北片）南堤，西至茅竹岭、瓯海大道、滨海大道，北至瓯江南堤。温州湾新区定位为全国民营经济高质量发展示范区、长三角先进制造集聚高地、浙江东南沿海科技创新高地、温州都市区产城融合新城区。

温州湾新区处在我国东南沿海大通道和浙江省第二条开放大通道交叉的重要节点，是浙南闽东赣东“海陆空铁”立体交通枢纽节点，是温州市“一轴一带一区”城市布局的战略要地。在科技人才和产业方面，温州湾新区拥有瓯江实验室、国科温州研究院、中国眼谷等 12 个高能级创新平台和长三角 5G 创新中心、北斗产业基地等产业地标项目，集聚工业企业近 8000 家、规模以上企业超 900 家、上市企业 6 家，其中包括高新技术企业 530 家、省科技型中小企业 2548 家。

政策规划。6 月 22 日，中共温州市委办公室、温州市人民政府办公室下发《关于明确温州湾新区管理体制若干问题的意见》，成立温州湾新区体制调整工作领导小组，省委常委、市委书记刘小涛担任组长，市委副书记、市长张振丰担任副组长。按照“主责突出、权责清晰”原则，明确温州高新区管委会主要负责温州湾新区（温州高新区、温州经济技术开发区）范围内的经济管理事务，主要承担财政、发展改革、统计、经信、住建、商务、科技、投资促进、人力资源、人才、国资、金融等经济管理职能。通过充分授权，以行政审批局名义集中承接市、区两级行政部门的行政许可事权。温州湾新区（温州高新区、温州经济技术开发区）范围内的社会管理事务由龙湾区兜底承接。温州湾新区（温州高新区、温州经济技术开发区）涉及的人大、政协工作由龙湾区负责。

筹建组织。5 月 31 日，为高效承接新区筹备工作组和市里 6 个小组的工作安排，龙湾区、温州高新区、温州经济技术开发区联合成立新区筹备工作承接协调专班组，协助制定下发《温州湾新区筹备工作承接协调专班组架构》。成立综合协调、社会事务承接、新冠疫情防控统筹、机构人事、财务资产、街道整合、维稳信访、宣传引导、纪律督查 9 个专班组，采取“一周一例会、每周一简报”、专题会议等形式，实时跟踪工作进展，统筹推进各专班组任务落实。6 月 6 日，龙湾区委书记、温州高新区党工委书记、温州湾新区管委会筹备组常务副组长周一富受市委常委、常务副市长、温州湾新区管委会筹备组组长杨胜杰委托，主持召开温州湾新区管委会筹备组第一次会议。配合市委编办研究编制新区三定方案，设置 8 个行政机构、1 个机关党委、6 个事业机构的管理机制，厘清温州湾新区和龙湾区的财政体制。

人员划转。严格按照《温州湾新区体制调整人员划转口径》拟定人员分流方案，按照“稳妥有序、选强配优”原则，实现民生事务类等干部应转尽转，共计划转相关人员 2017 人。通过适当调整设置机构、核增中层领导干部职数等方式，确保 187 名科局级以下划转人员职务职级职称等待遇不变。8 月 19 日，龙湾区召开人员划转工作调研部署会议。8 月 19—23 日，龙湾区、温州高新区、温州经济技术开发区开展分流意向调查，稳妥有序推进

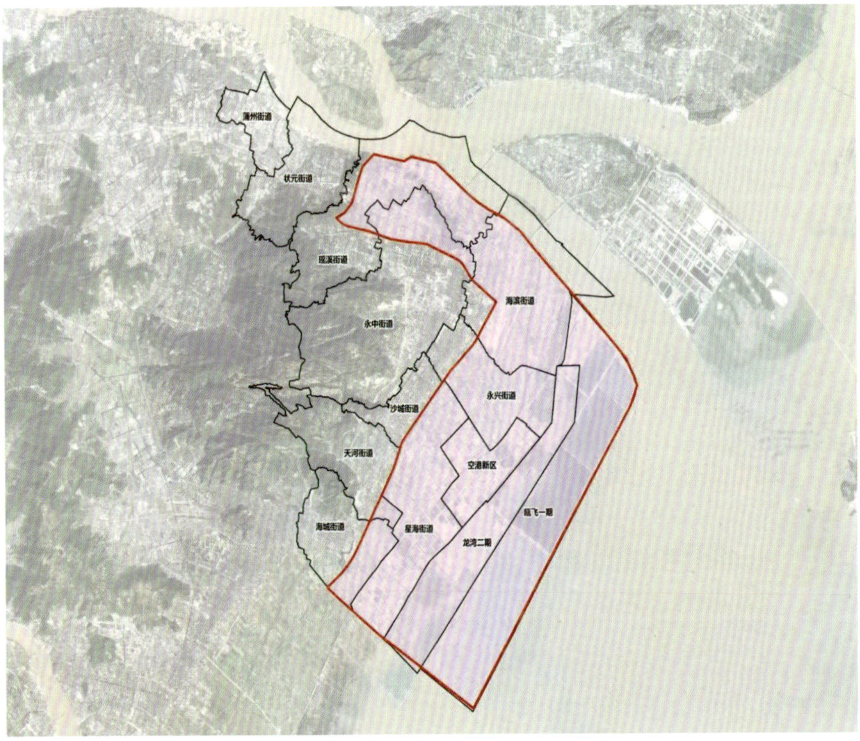

温州湾新区区位示意图　　（温州发布）

人员分流等各项工作。9月，制定《温州湾新区体制改革科级干部配置和分流方案》《温州湾体制改革一般人员配置和分流方案》、温州经济技术开发区转隶至龙湾区的一般干部分流方案；举行干部转隶大会，传达学习改革精神，形成共识、凝聚合力。10月，完成人员划转工作。温州经济技术开发区教育事业机构划转至龙湾区教育局管理的事业单位共21家，事业编制1129名，在编人员1063名。温州经济技术开发区卫生事业机构划转至龙湾区卫生健康局管理的事业单位共5家，编制356名，在编人员318名（含招录实施中68名）。解除龙湾区委托温州经济技术开发区管理的龙湾区综合行政执法局沙城中队、天河中队、海城中队、星海中队等4个中队的委托体制，成建制划回龙湾区综合行政执法局管理，共计事业编制40名，在编人员35名。龙湾区星海街道、海城街道、沙城街道、天河街道等4个街道及其所属24家事业单位，解除委托体制成建制划回龙湾区管理，共计行政编制94名，在编人员86名（含工勤2名）；事业编制142名，在编人员138名。

事务移交。6月，龙湾区全区性重要会议活动均已将星海、海城、沙城、天河等4个街道纳入参会对象，确保各项决策部署得到贯彻执行。7月16日，召开温州经济技术开发区涉及街道事务移交事项协调会，围绕“能移交尽量移交”原则，逐项讨论需移交的事务。7月8日下午，召开温州经济技术开发区相关公共事务事业机构和托管街道机构编制移交会议，海城、沙城、天河、星海4个街道以及相关机构正式划转至龙湾区。7月8日举行温州经济技术开发区相关公共事务事业机构和托管街道机构编制移交仪式。解除龙湾区委托温州经济技术开发区管理的海城、沙城、天河、星海4个街道和教育、卫生健康、综合行政执法等事业单位管理体制。同时，将温州经济技术开发区辖区内的教育机构和卫生医疗机构成建制划转龙湾区管理。龙湾公共卫生应急指挥调度平台贯通温州经济技术开发区本级和海城、沙城、天河、星海等4个街道。

（区委党史研究室供稿）

大事记

龙翔湖公园里晨练掠影　　　　（严艳影摄于 2022 年 8 月）

大事记

1 月
2 月
3 月
4 月
5 月
6 月
7 月
8 月
9 月
10 月
11 月
12 月

河泥荡文化公园一角 （严艳影摄于 2022 年 8 月）

1月

5日　浙江省扩大有效投资重大项目集中开工活动举行。龙湾区集中开工5个项目，总投资112亿元，项目数居全市第二位，总投资居温州市第三位。

7日　龙湾区人民法院启动未成年犯判后心理辅导机制，发出该院首份责令其监护人接受家庭教育指导令。

10日　中国眼谷与天九生物签署战略合作备忘录，共同推动眼科基因治疗的创新发展。

12日　龙湾区人民政府与江西珍视明药业有限公司签订战略协议，推进眼健康领域研发创新和产业布局，共同打造一流眼健康产业高地。

14日　温州市人民政府与中国东方航空股份有限公司、浙江省机场集团战略合作协议签约仪式，中联航浙江分公司挂牌仪式，温州龙湾国际机场三期扩建项目机坪工程开工仪式在温州机场举行。

19日　世界最大硬性角膜接触镜制造商目立康全资子公司欣视界在中国眼谷投产。

是日　龙湾区举办高层次人才新春沙龙活动，国家级“引才计划”专家等40余位高层次人才出席活动。现场还举行年度人才工作颁奖仪式，为叶方富、王斌、李峰平、钱鹏程、周海慧、王邦林、温超群、智荣国等8位人才颁发伯乐奖、给力奖、闪光奖和拼搏奖等。

22日　龙湾区召开全区党史学习教育总结会议。

2月

8日　龙湾区为鼓励企业春节期间留住员工、优待员工，促进生产，出台十条举措，对于工业、资质等级的建筑业企业留龙过年员工人数50人以上、100人以上的，分别给予企业5万元、10万元留岗补助等。

9日　龙湾区（高新区）高质量发展建设共同富裕示范区龙湾样板暨建设“一区五城”推进大会召开。

11日　龙湾区纪委九届二次全会在区行政管理中心召开。

13日　浙江省委常委、温州市委书记刘小涛一行到龙湾调研亚运会场馆建设情况。

15日　“庆元宵　迎亚运　促安全　助共富”——2022温州市“我们的节日·元宵”主题活动在龙湾区新时代文明实践中心举行。

17—19日　政协第六届温州市龙湾区委员会第一次会议在区文化中心召开。五届区政协主席张纯芳代表政协第五届温州市龙湾区委员会常务委员会作工作报告。吴昌亮当选为政协第六届温州市龙湾区委员会主席；林海珊、戴文虎、庄小将、沈应琴、张崇林当选为政协第六届温州市龙湾区委员会副主席；包双二当选为政协第六届温州市龙湾区委员会秘书长；王成福等36人当选为政协第六届温州市龙湾区委员会常务委员。

18—20日　温州市龙湾区第九届人民代表大会第一次会议在区文化中心召开。区长夏禹桨代表区人民政府向大会作工作报告，区人大常委会主任周赞向大会作常委会工作报告，区人民法院代院长章禾舟作法院工作报告，区人民检察院代检察长陈学志作检察院工作报告。选举张纯芳为温州市龙湾区第九届人民代表大会常务委员会主任，选举陈林彬、叶庆权、姜法宏、王旭辉、潘乐仲、孙士岳为温州市龙湾区第九届人民代表大会常务委员会副主任，选举木林森等25人为温州市龙湾区第九届人民代表大会常务委员会委员。选举夏禹桨为温州市龙湾区人民政府区长，选举李丹、缪克排、赵均宙、彭锋、董建树、陈志楠、陈丕侠为温州市龙湾区人民政府副区长。选举蔡爱东为温州市龙湾区监察委员会主任；选举章禾舟为温州市龙湾区人民法院院长；选举陈学志为温州市龙湾区人民检察院检察长。选举龙湾区出席温州市第十四届人民代表大会代表32人。

21日　仪陇县委副书记、县长赵云强率队到龙湾区（高新区）考察。调研组一行到富春社区、浙江新创兴科技有限公司等地考察调研。

26日　龙湾区政府九届一次全体（扩大）会议暨廉政工作会议召开。

2月　科技部火炬中心发布2021年度国家高新区评价结果，温州高新区在全国157个国家高新区中位列第六十九，比2021年提升11个位次，连续五年实现排名提升。

3月

3日　国家药监局眼科疾病医疗器械和药物临床研究与评价重点实验室在中国眼谷正式揭牌，这是国家药监局公布的第二批重点实验室中浙江省唯一入围的重点实验室。

17日　龙湾区疫情防控特别机动队成立誓师大会在奥体中心主体育场北广场举行。

28日　第九届中共温州市龙湾区委全面深化改革委员会第一次会议召开。会议审议“县乡一体、条抓块统”改革总体方案及配套方案，《龙湾区“大综合一体化”行政执法改革方案（送审稿）》等文件。

是日　沿江快速路一期东段工程开工。该工程位于温州市学院东路至温州东及沿文昌路至环山北路段，总投资79.97亿元，全长10.80千米。

3月　春运期间，温州龙湾国际机场运输旅客108万人次，完成货物吞吐量7341吨。

4月

11日　温瑞平原东片排涝一期工程施工2标段城东水闸通水阶段通过验收。该水闸设计排涝流量387.60立

方米 / 秒。

是日　龙湾区空手道运动员项佳豪获“韵味杭州”2022 年全国空手道锦标系列赛（第一站）男子 60 千米以下级别冠军。

15 日　九届区委第一轮巡察工作全面启动。区委巡察组集中进驻区经信局、区民政局（区移民服务中心）、区司法局、区商务局（区服务业发展中心）、区应急局、区市监局、区综合行政执法局、区政务服务中心党委（党组）等 8 个单位开展巡察工作，为期 2 个月。

22 日　温州市龙湾区（高新区）“知识产权宣传周”启动仪式——知识产权促企发展论坛暨中国眼谷科创沙龙活动在中国眼谷开幕。

25 日　龙湾区人民政府与固生堂中医控股集团签订合作协议，固生堂中国眼谷研发中心入驻中国眼谷。

28 日　龙湾区首个警示教育基地开馆。展厅面积约 700 平方米，分为“全面从严治党”“警钟长鸣”“清廉龙湾”“不忘初心”四大篇章。

是日　“温州锂电池新材料产业基地项目”在龙湾区签约落地。温州锂电池新材料产业基地项目总用地面积 100 万平方米，总投资 190 亿元。

5 月

11 日　龙湾区“全民眼健康”民生实事项目在中国眼谷启动，为 2000 名就读龙湾的学龄儿童提供近视矫治补助。

15 日　“传承良好家风　共创儿童友好　建设幸福龙湾”龙湾区儿童友好生活季暨第七届家庭文化节在龙湾区新时代文明实践中心正式启动。活动包含“阅读点亮未来　强国复兴有我”亲子阅读季活动、“智慧父母成长营”公益课程进基层活动、“家庭教育促进法”知识竞赛活动等。

16 日　龙湾区（高新区）召开学习贯彻庆祝中国共产主义青年团成立 100 周年大会精神座谈会暨第七届“十大杰出青年”及提名奖表彰大会。

19 日　“千年商港传奇之旅”——2022 温州市工业旅游嘉年华暨文旅消费季启动仪式在龙湾区举行。活动发布温州工业旅游十大精品线路、“5·19”温州文旅惠民信息和《工业旅游，温州再启航》工业旅游形象宣传片，揭晓温州工业旅游经典十景与新锐十景。

25 日　龙湾区公安分局科技信息化大队副大队长陈晓辉在全国公安系统英雄模范立功集体表彰大会上获评“全国优秀人民警察”。

6 月

1 日　浙南海创城揭牌仪式在龙湾区创新创业新天地举行，浙南海创城将是温州市首个以“海外高 4 层次人才”为主题创业创新平台，规划面积 28 平方千米。核心项目孵化基地为浙南海创园，总建筑面积 16.26 万平方米。

是日　龙湾区“幸福基金·未来康养基金”成立仪式在龙湾农商银行举行。“幸福基金·未来康养基金”系龙湾区慈善总会幸福基金的子基金，创始资金 200 万元，基金来源为地方银行、社会企业等捐赠，主要用于 60 周岁及以上老年人养老服务。

6 日　温州湾新区管委会筹备组第一次会议召开，推动温州湾新区筹办工作落地。

23 日　龙湾区“以‘未来城区’集成改革打造共同富裕现代化基本单元”项目入选浙江省高质量发展建设共同富裕示范区第二批“改革探索类”试点名单。

24—25 日　龙湾区委副书记、区长、温州高新区党工委副书记、高新区（浙南科技城）管委会主任夏禹桨率龙湾区（高新区）党政代表团一行赴四川省仪陇县考察对接东西部协作工作。

26 日　龙湾区人民政府、华为公司、中国眼谷深化合作项目签约仪式在温州市人民大会堂举行，华为—中国眼谷健康光显创新中心揭牌成立。项目主要开展健康光显产品研发、临床研究、标准制定和产业认证，设立技术验证和浙南区域产品销售中心。

27 日　龙湾区获评浙江省首批全域“无废城市”，夺得“清源杯”。

29 日　龙湾召开区委农村工作会议暨粮食安全保障、未来乡村建设推进会。

7 月

1 日　龙湾区开展“最美退役军人、最美拥军人物、最美退役军人事务工作者、最美军嫂”选树宣传活动，该活动从即日起至 12 月底。评选出最美退役军人 10 名，最美拥军人物 5 名，最美退役军人事务工作者 8 名，最美军嫂 3 名。

是日　环山北路生态园段市政道路工程通车。该路段全长约 1.20 千米，宽度 50 米，与瓯海大道形成“一主一辅”的东南片路网，改善龙湾区通往瓯海区茶山、附一医、丽岙—仙岩片区沿线交通出行压力。

11 日　龙湾区在浙江省科技创新大会上被授予“科技创新鼎”，获得 2021 年度市县党政领导科技进步目标责任制考核优秀单位。

14 日　杭州电子科技大学温州研究院共建签约暨温州市物联网开放实验室投用仪式在温州浙南云谷路演大厅举行。温州高新区于 2021 年立项建设温州市物联网开放实验室。项目完成一期建设，包括传感器微纳加工测试实验室、物联网信号测试实验室、可靠性 & 可制造性实验室，形成覆盖感知层、传输层、应用层的加工和测试体系。

14—15 日　2022 中国软件业创新发展大会在龙湾召开。省委常委、市委书记刘小涛出席大会，并宣布温州国际云软件谷开园。39 名专家学者和业界大咖受聘为温州国际云软件谷顾问团，发布“温州·文昌宣言”。其间，

“诺奖数字双碳研究中心”、浙南数字经济产业学院、中软协产教融合示范基地、华为开发者创新中心等同时宣布入驻龙湾区。

15日　苍南县党政代表团到龙湾区，开展山海协作高层互访活动。

16日　龙湾区人民政府印发《龙湾区助力个体工商户纾困发展32条政策措施》。

22—30日，2022全国国际式摔跤锦标赛在温州奥体中心综合体育馆举行，来自全国各地代表队及特邀单位共132支队伍1500多名运动员报名参赛，此次比赛分男子自由式摔跤、女子自由式摔跤和男子古典式摔跤三个竞赛项目，每个跤种按体重各设10个级别。

23日　“中国眼谷 & moody 角膜接触技术创新研究院”发布中国首个彩色接触镜行业指南——《彩色角膜接触镜规范验配白皮书》。

23—24日　温州第18季BE·ACGN动漫游戏互娱展在温州奥体中心举行。本届动漫节除了电竞、cosplay、动漫大赛等传统项目外，还增设国风专场活动、后备箱集市、水枪大作战等项目。

8月

1日　龙湾区（高新区）支持眼健康产业发展的“眼谷新十条”发布。涉及支持企业创新药品研发、创新医疗器械研发、器械产品海外推广、共性研发平台建设、企业提档升级、做大做强、招大引强、加强市场开拓、产业绿色发展、优化产业科技金融服务环境等。政策适用对象为企业注册地和财政收入在“龙湾中国眼谷小镇”范围内的企业法人。对创新企业最高给予6000万元补助。

是日　中国眼谷入选首批国家“科创中国”创新基地。

3日　“智汇龙湾　创享未来”温州市龙湾区（高新区）第七届大学生创业大赛在浙南云谷路演大厅启动。进入总决赛获奖并落地的项目，根据A、B、C三个评定等次，给予5万—20万元的落地扶持奖励以及最高6万元的场地租金补贴。

5—7日　第二十九届中国（温州）国际工业博览会在温州奥体中心开幕。展会为期三天，展览面积约3万平方米。有近550家知名展商参会，内容覆盖机床、塑胶、激光设备、数控刀具、五金工量具、工业机器人、模具类、包装印刷设备、工业自动化设备、仓储物流等。

8日　龙湾区委九届二次全体（扩大）会议召开。区委常委会主持会议。中共温州市龙湾区委书记周一富代表区委常委会向全会作工作报告。

10日　“原子钟项目专题论坛与路演”活动在龙湾区举行，来自国内原子钟领域的专家学者，共议原子钟技术最新进展和成果。

22日　温州眼视光国际创新中心（中国眼谷）入选浙江省双创示范基地——“区域示范基地”。温州眼视光国际创新中心（中国眼谷）是全国唯一的眼视光产业创新综合体。

28日　温州市龙湾区首家退役军人就业创业园——红连退役军人就业创业园揭牌。

29日　温州首个淘钉钉紧固件智能仓储基地试营业，全面推动龙湾区紧固件数字产业转型升级。

31日　龙湾区委网络安全和信息化委员会第四次全体会议暨依法治网工作推进会召开。

9月

7日　尼鑫国际总部项目落地龙湾实现签约。该项目占地面积2713.33平方米，总投资1亿元以上，其中外资1500万美元。

8日　龙湾区（高新区）召开庆祝第三十八个教师节大会暨“学在龙湾”教育赋能共富推进会。会上，与会人员观看教育专题片，通报表彰各类先进典型，颁发学校考核奖与中学综合发展奖，举行教育捐赠仪式。

9日　环山东路沿线环境整治工程（永定路—沙城中心街）完工投入使用。

15日　温州市举行“温州这十年·龙湾”主题新闻发布会。龙湾区地区生产总值较十年前翻一番，城乡常住居民人均可支配收入是十年前的2倍多，入选中国创新百强区、高质量发展百强区。

20日　龙湾区第一人民医院（区公共卫生医疗中心）迁建项目工程完成主体结构封顶。龙湾区第一人民医院为二级甲等综合性医院，新建院区总建筑面积67202.55平方米，项目总投资11.55亿元。

21日　龙湾区人民政府与财通证券在杭州举行战略合作签约仪式，助力龙湾区企业加快对接资本市场。

28日　龙湾区寺前街历史文化街区提升改造工程开工。该项目投资1亿元，预计2023年年底前建成开街，是龙湾区推动“三带一馆群一街一古堡”文化建设项目之一。

30日　九届区委第二轮巡察工作全面启动。九届区委第二轮巡察安排4个巡察组，对区委区政府信访局、区科学技术局、区人力资源和社会保障局、区金融工作服务中心、区交通工程建设中心、区总工会、共青团龙湾区委、区妇女联合会、市自然资源和规划局龙湾分局及永中街道下辖22个村社开展常规巡察，为期3个月。

10月

3日　张璁纪念馆开馆。纪念馆占地1万平方米，建筑面积4000平方米。张璁是历史文化名人，明朝政治家、改革家，明中期改革的开启者。

10日　位于龙湾区（高新区）国科温州研究院获批设立国家级博士后科研工作站。作为温州市博士后引育先进典范，国科温州研究院连续两年被授予“省级优秀博士后科研工作站”。

16日　中国共产党第二十次全国代表大会开幕。龙湾区四套班子领导、各部门（街道）集中收看收听开幕会盛况，聆听习近平总书记所作的报告。

17日　“创业中华　海燕集结”2022全球留学青年创业抢位赛第四站——北美分站赛分别在北美温哥华和龙湾同步开赛。赛事给已归国留学青年和即将回国的留学青年搭建创业融资的平台。

24日　龙湾区高水平建设全域老年友好城市暨“未来康养智城”推进会召开。

是日　龙湾区通过全国义务教育优质均衡发展区省级复评。

11月

1日　2022龙湾区暨温州高新区（温州经济技术开发区）全球精英创新创业大赛决赛在浙南云谷举办。决赛项目覆盖智能制造、数字经济、新能源等多个新兴领域。

5日　2022第二届中国（温州）绅装文化节在温州吾悦广场举行仪式。该次活动倡导把西装穿进日常，以市集街区的形式诠释绅装文化节的娱乐主题。

是日　浙江省重大项目港华能源“零碳”园区项目完成签约。项目以龙湾区属地为零碳示范区中心，重点开展储能、充换电站、多能联供、分布式光伏等项目投资，计划总投资14.70亿元。

7日　2022首届“青山论坛：中国企业全球化与高质量发展”在龙湾区青山学苑举办。来自政产学界近400位嘉宾参加。

11—12日　2022世界青年科学家峰会系列活动之一的2022国际眼健康科技创新与产业发展高峰论坛暨中国眼谷眼视光创新创业全球挑战赛在中国眼谷举办。此次大赛共有153个项目报名，20个项目团队入围决赛。

12日　2022世界青年科学家峰会主体活动之一的“菠萝科学奖”在国科温州附属高级中学（永强中学）举行。本届菠萝科学奖设置数学奖、物理学奖、心理学奖、化学奖、医学奖、生态奖、发明奖、生物学奖、希望奖和科学艺术奖，其中希望奖和科学艺术奖为首次设立。

14日　龙湾区召开党的二十大精神宣讲大会，中共温州市龙湾区委书记、温州高新区党工委书记周一富向全区领导干部作党的二十大精神宣讲报告。

18日　手工艺50人论坛在龙湾区启动，论坛由中国工艺美术学会、温州市人民政府主办，此次论坛主题为“艺术当随时代·手艺当领时尚”。

22日　首届温州医工交叉创新发展论坛在龙湾区落幕。活动以“温州医工交叉创新发展”为主题，来自政府、高校、知名企业、投资机构、孵化合作机构、优秀创业企业代表展开圆桌对话。

23日　京东方艺云健康显示生态基地项目签约仪式在温州市人民大会堂举行，“京东方艺云——中国眼谷健康显示创新中心”揭牌成立，共建健康显示产业平台。

28日　2022年全国空手道青少年锦标赛在温州奥体中心体育馆开赛。赛期3天，由全国空手道青年锦标赛和全国空手道少年锦标赛两项赛事组成。全国空手道青年锦标赛有19支代表队，共设15个团体和个人比赛项目，参赛选手年龄为16周岁至17周岁；全国空手道少年锦标赛有33支代表队，共设14个团体和个人比赛项目，参赛选手年龄为14周岁至15周岁。共有300多名空手道选手参赛。

是日　沿江快速路一期东段工程二标项目开工。沿江快速路一期东段工程二标项目，是温州市快速路网的重要组成部分，项目北起沿会展路北起蒲州河，南至环山北路，全长4.80千米，项目总投资49亿元。

11月　浙江省外贸工作领导小组办公室批复设立以龙湾区为承载主体的浙江（温州）RCEP高水平开放合作示范区。

11月　温州锂电池新材料产业基地动工。项目总用地面积1万平方米，总投资190亿元。

12月

1日　“学习宣传贯彻党的二十大精神，推动全面贯彻实施宪法”纪念现行宪法公布施行四十周年暨温州市2022年“12·4”国家宪法日启动仪式在龙湾区黄石山公园举行。

5日　龙湾区青年发展型城市建设动员部署会召开。

6日　龙湾区各界干部群众怀着极其沉痛的心情，收听收看江泽民同志追悼大会。

7日　温州赛泷科创湾项目开工建设，项目聚焦5G数字科技产业链，总投资10亿元。

12日　瑶南二路市政道路工程（罗山二路—龙水路）建成通车。

14日　龙湾区人民政府与苏商集团有限公司举行战略合作协议签约仪式。

16日　龙湾区、温州高新区（温州经济技术开发区）党政代表团赴苍南开展山海协作高层互访暨联席会议活动。

17日　温州市龙湾区海塘安澜工程（蒲州水闸至炮台山段海塘）开工。工程西起蒲州水闸，东至炮台山，海堤总长6.95千米，总投资约16.19亿元。

26日　龙湾区单个项目规模最大的安置房——状元街道横街村安置房完成2274户4242套认购定位。

12月　龙湾区获评“2022全国县域农业农村信息化发展先进县”。这是龙湾区第三次入选全国县域农业农村信息化发展先进县。

区情概览

龙湾城市中心区秋色　　（管新民摄于2022年11月）

区情概览

建置区划
自然地理
自然灾害
自然资源
人口民族宗教
历史人文
名优特产
2022 年经济社会发展

龙翔湖公园一角　　（张志霄摄于 2022 年 11 月）

建置区划

【位置面积】 温州市龙湾区位于瓯江入海口南岸，位于北纬27° 48′ —28° 01′、东经120° 43′ —120° 55′。东濒东海，与洞头区隔海相望，通过瓯江南口大桥、灵昆大桥与洞头区相连；西靠瓯海、鹿城2个区；南接瑞安市；北临瓯江，与乐清市、永嘉县隔江相望。龙湾区是温州市区的东大门，机场大道、温州大道、瓯海大道、市域铁路S1线横穿全区。龙湾区又是浙南闽北的海陆空立体交通枢纽：区内有温州龙湾国际机场、温州港万吨级码头、金温铁路货运终点站等，甬台温高速公路和已部分通车的甬台温高速复线纵贯其中。龙湾区人民政府驻永中街道，至2022年末，区域陆地面积316.46平方千米。

【建置沿革】 春秋战国时期，龙湾为越国辖地。秦统一中国后，龙湾为秦闽中郡属地。西汉汉惠帝三年（前192）在瓯江中下游地区建立“东瓯国”，封驺摇为东海王，世称东瓯王。东瓯国消亡后，龙湾属会稽郡的回浦县。后又属章安县、永宁县，归临海郡。东晋太宁元年（323），东瓯一带从临海郡分出，建立永嘉郡，龙湾归属永嘉郡（郡治今鹿城区）。唐上元二年（675），析括州之永嘉、安固（今瑞安市）两县置温州，这是“温州”得名之始。龙湾（除海城街道）作为温州城的东部城郊，一直稳定不变。清朝，龙湾现辖区分属永嘉县（温州）的华盖乡、膺符乡和德政乡。民国时期，龙湾属永嘉县永强区和梧田区的5个乡。中华人民共和国成立后，龙湾隶属变革频繁，基本属温州市郊的一部分。1984年12月6日，经浙江省人民政府核准，析温州市郊区的状元镇、龙湾乡和瓯海县永中镇的黄石、黄山2个村，始建龙湾区，隶属温州市。1984年12月27日，县级建制的龙湾区正式挂牌成立。

【行政区划】 龙湾区是温州市四大城区之一，1984年设区。2001年8月21日，经国务院批准，温州市区行政区划调整。析瓯海区的永中、天河、沙城、灵昆4镇和瑞安市塘下镇的梅头办事处（上涂、西一、中星、东门、埭头、石坦、屿门、邱宅、东溪、东成10村及2个居委会），划归龙湾区管辖；析龙湾区蒲州镇的蒲州、上蒲州2村，划归鹿城区管辖。2002年2月，区内区划调整，辖5个街道办事处和5个镇。2011年4月，区内行政区划调整，增设星海街道；5个镇建制变更为街道建制。2012年4月1日，沙城、天河、海城、星海街道委托温州经济技术开发区管委会管理，灵昆街道委托瓯江口新区开发建设管委会管理，龙湾区与温州高新技术产业开发区实行“政区合一”管理体制。2015年7月，灵昆街道划归洞头区管辖。2022年6月，龙湾区改革行政管理体制星海街道、沙城街道、天河街道、海城街道解除由温州经济技术开发区托管。至2022年年末，区域陆地面积316.46平方千米，户籍人口344939人，龙湾区辖永中、蒲州、海滨、永兴、海城、状元、瑶溪、沙城、天河、星海10个街道办事处；全区有25个社区、94个村民委员会。

（吴道边）

2022年龙湾区行政区划一览表

表1

名称	政府驻地	土地面积（平方千米）	户数（户）	户籍人口（人）	村民委员会（个）	社区（个）	居民委员会、未改制居委会、村民委员会
全区合计		316.46	88556	344939	94	25	
永中街道	龙海路6号	44.30	20702	77497	14	7	镇中社区、罗东锦苑社区、万顺社区、永昌社区、龙水社区、龙北社区、万新社区、永上居委会（未改制），沧河村、镇南村、桥北村、石浦村、郑宅村、刘宅村、度山村、前街村、殿前村、城南村、新城村、城北村、青山村、龙华村
蒲州街道	蒲江北路67号	7.86	8284	25540	4	4	雁湖社区、蒲江社区、创客小镇社区、天鹅湖社区，上江村、上庄村、屿田村、汤家桥村
海滨街道	沙村路29号	48.22	8580	32410	10	1	锦海社区，沙中村、蟾钟村、沙南村、建新村、北新村、城东村、宁村村、江一村、蓝田村、小陡村
永兴街道	环镇路99号	60.38	8668	40224	14	5	金海社区、南园社区、北园社区、民乐社区、永康社区，乐二村、沙园村、南桥北村、萼芳村、榕树下村、祠南村、乐一村、永乐村、永民村、大塘村、小塘村、下兴村、五溪村、水潭村
海城街道	镇前街2号	14.86	7409	34773	10		上涂村、东溪村、埭头村、屿门村、石坦村、邱宅村、东门村、中星村、西一村、东成村

续表 1

名称	政府驻地	土地面积（平方千米）	户数（户）	户籍人口（人）	村民委员会（个）	社区（个）	居民委员会、未改制居委会、村民委员会
状元街道	龙飞路 2 号	18.00	8843	29335	6	3	龙跃社区、龙腾社区、罗西社区，状元桥村、横街村、御史桥村、山西岙村、西台村、石坦村
瑶溪街道	河头龙西路 2 号	34.10	9508	34510	4	3	南洋社区、瑶溪社区、滨江社区，苏川村、雄心村、永胜村、瑶溪村
沙城街道	沧宁东路 1 号	6.60	9128	40742	15		七四村、七三村、永福村、八甲村、七五村、大郎桥村、七二村、烟台村、七一村、永寿村、永恩村、沧宁村、永阜村、庄桥村、顺江村
天河街道	环镇路 1 号	16.08	6727	28208	17		天津村、新川村、庄泉村、二甲村、司南村、金益村、中和村、新河村、高轩村、郑岙村、蒲门村、西前村、筑成村、建丰村、天凤村、三星村、泰河村
星海街道	滨海园区明珠路 850 号	66.07	707	1700		2	望海社区、旭日社区

自然地理

【地质地貌】 龙湾境内出露地层为中生界侏罗世、白垩世火山沉积岩和第四纪沉积层。大罗山丘陵区属侏罗系西山头组，主要由酸性火山碎屑岩组成，间夹沉积岩，局部地段夹少量中性熔岩。燕山晚期钾长花岗岩侵入体分布广泛。状蒲平原和永强滨海平原，属第四系海积—冲积沉积层，由灰、青色淤泥质亚黏土、黏土夹粉细砂等组成，局部产贝壳、泥炭，厚度 50 米以上。龙湾区东部是地势低平、河网密布的滨海平原，西部是以岩体裸露为特征的大罗山，大罗山以西为温瑞平原。

滨海平原　东到海岸，西起大罗山，南至瑞安市的莘塍平原，北靠瓯江，面积约有 150 平方千米，地形平坦，地面高程一般为 2.60 米—3.80 米。平原南北长、东西窄，永强塘河于平原西部纵贯南北。平原地区气候宜人、物产富饶，有“鱼米之乡”的美誉。

【山脉山峰】 龙湾区境西高东低，西南部以岩体裸露为特征的大罗山丘陵地带，丘陵区系雁荡山脉大罗山支脉，山势连绵，冈峦起伏，溪谷错综。山势以南北横亘，东西支脉分延。海拔 20 米—700 米，龙湾区界内约占 70 平方千米。

大罗山　大罗山位于温州市区东南，东近东海，西接瓯海区，南连瑞安市，北达瓯江口，山体面积 114 平方千米。大罗山，因其峰峦状似罗伞，故名大罗山。大罗山顶海拔 704 米，位于龙湾、瓯海交界。大罗山岩石结构大多为花岗岩，山体由于风化、侵蚀作用，岩体大多裸露，山势婉约柔和。大罗山历史文化积淀深厚、山水风光隽秀。山中有仙岩、茶山、瑶溪和天柱寺四大景区，其中瑶溪和天柱寺景区在龙湾区境内。

【河流湖泊】 龙湾区河流纵横交错，河网密布。瓯江流经龙湾区总长度 27.77 千米，水域面积 19.60 平方千米。全区有主要河道 267 条，总长度 416 千米，总面积 837 万平方米。其中，属温瑞塘河水系 42 条河道，总长度 69 千米，面积 173 万平方米；永强塘河水系有 225 条河道，长度 347 千米，面积 664 万平方米。轮船河、上横河、下横河、瑶溪河等为主要河流（道）。

岛屿　北策岛，旧称北插山，南面与南策岛、东策岛相邻，北面与洞头半屏岛相望，地理位置为北纬 27° 46′ 27″、东经 121° 07′ 55″。北策岛（0.74 平方千米）与东侧虎洞岛（0.18 平方千米，别名月土尔山）相连，通称“北策山”。两岛之间有一滩坝，大潮时坝身被淹没，平潮时坝身凸显，为两岛互通之要道。整个北策岛面积约 0.92 平方千米，最高处海拔 158.20 米，因处福州与上海航道干线，又称“北策门航道”。1963 年，海军某部在山上建造“北策岛灯桩”；1983 年 3 月，移交温州航标处管理。北策岛为区境永兴街道水潭村王氏先祖山地，该村渔民世世代代在北策山捕鱼、种山。由于渔业萎缩，渔民投身商海大潮，在岛上养羊、张网作业的仅王茂文等人。为开发北策山资源，2003 年、2008 年，龙湾区人民政府及区农林局先后拨款修建码头、架设电柱，为北策山开发奠定基础。

【气候物候】 一般气候特点　龙湾区属中亚热带海洋季风气候区。气候温暖，夏季较长，冬季稍短，春秋均匀。气温 8 月最高，1 月最低，年温差不大。凌晨 5—6 时最低，午后 13—14 时最高。无土壤冻结期，积温充足。雨量充沛，但降水量分布不均匀，冬季多锋面雨，春夏之间梅雨，夏秋多雷雨和台风雨。冬季盛行北到东风，夏季盛行偏南至西南风。风向多与山河海陆走向一致。光照丰富。相对湿度最高值在梅雨期的 6 月，11 月至翌年 1 月相对湿度最低。

气温　2022 年，平均气温在 20℃，较历年平均值偏高 1.10℃。从月季变化上看，最低月平均气温出现在 12 月。3—7 月月平均气温保持稳定较快地升高，7—8 月月平均气温相对稳定，9—

龙湾区物候历（公历）一览表

表 2

物候季	月份	物候现象	平均日期（日/月）	最早日期（日/月）	最晚日期（日/月）	多年变幅（天）	主要农事
初春	2月	桧柏发芽	17/2	9/2	26/2	17	
		侧柏盛花	24/2	10/2	5/3	17	
		山桃始花	25/2	10/2	11/3	29	
		终霜	25/2	19/2	3/3	11	
		垂柳发芽	28/2	14/2	14/3	28	
	3月	梅盛花	1/3	20/2	9/3	26	平整秧田
		玉兰盛花	2/3	21/2	11/3	18	
		白蚁出飞	4/3	17/2	20/3	31	
		樱桃始花	4/3	18/2	15/3	25	
		枫杨发芽	5/3	28/2	13/3	18	
		雷电始动	5/3	14/2	29/3	43	
		粉蝶始见	13/3	1/3	25/3	25	
		水蜜桃始花	14/3	5/3	23/3	18	
		垂柳始花	15/3	3/3	27/3	24	
仲春	4月	樟叶落	7/3	11/3	1/4	21	早稻浸种催芽
		朴树始花	21/3	18/3	25/3	7	
		梨始花	25/3	21/3	29/3	8	早稻播种
		榆发芽	25/3	11/3	10/4	30	
		碧桃始花	27/3	14/3	1/4	18	
		法国梧桐展叶	3/4	27/3	10/4	14	
		荠菜始花	4/4	30/3	8/4	9	
		枫杨始花	8/4	1/4	15/4	14	
		蛙始鸣	12/4	6/4	23/4	17	
		紫燕始见	13/4	5/4	20/4	15	油菜终花
季春	4月	樟叶盛	16/4	1/4	1/5	30	冬小麦扬花
		柳絮飞	16/4	4/4	28/4	24	
		鸢尾始花	19/4	12/4	26/4	14	
		蔷薇盛花	20/4	17/4	22/4	5	
		梧桐放叶	21/4	16/4	26/4	10	
		荷叶生	24/4	17/4	4/5	17	
	5月	柑橘盛花	26/4	22/4	30/4	8	
		海桐盛花	27/4	18/4	7/5	19	
		黄檀发芽	2/5	22/4	12/5	20	早稻插秧
		苦楝始花	2/5	25/4	12/5	17	播种黄麻割油
		石榴始花	4/5	27/4	10/5	13	割油菜籽
		枇杷果黄	9/5	1/5	18/5	17	
季春	5月	苦楝花残	10/5	7/5	13/5	6	
		黄瓜上市	10/5	1/5	19/5	18	
		百合始花	11/5	2/5	20/5	18	
		夹竹桃始花	19/5	11/5	26/5	15	早稻插秧后期
		杏实熟	20/5	17/5	22/5	5	甘薯作垄压藤
		大山朴盛花	24/5	16/5	1/6	10	
		山桃果熟	31/5	23/5	8/6	15	
初夏	6月	女贞始花	7/6	29/5	15/6	17	
		紫李实熟	7/6	5/6	11/6	8	
		杨梅成熟	8/6	30/5	17/6	18	早稻分蘖盛期
		玉瓯始花	8/6	1/6	14/6	13	二季茶采收
		蜀葵花到顶	15/6	10/6	19/6	9	
仲夏	6月	蝉初鸣	17/6	10/6	23/6	13	
		梧桐始花	20/6	15/6	25/6	10	早稻扬花
		黄檀始花	25/6	17/6	2/7	15	
		梧桐盛花	16/6	23/6	28/6	5	
	7月	葡萄成熟	6/7	1/7	12/7	12	早稻开始收割
		甜瓜成熟	12/7	7/7	15/7	8	荸荠下种
		莲始花	20/7	29/6	5/8	36	收获席草
		茭白拔节	22/7	15/7	29/7	14	
	8月	紫薇始花	11/8	28/7	28/8	28	种植黄豆 菱角上市
		枫杨落果	15/8	8/8	21/8	13	
		梧桐实熟	18/8	8/8	21/8	13	晚稻分蘖盛期
		鸡冠出顶	18/8	5/8	1/9	25	薯块膨大
		木槿始花	20/8	2/8	1/9	35	
季夏	9月	木槿盛花	7/9	24/8	1/9	7	种白菜
		鸣蝉绝响	15/9	5/9	24/9	19	甘薯始收
		木芙蓉始花	30/9	20/9	10/10	20	收芋艿
初秋	10月	丹桂始花	7/10	4/10	9/10	5	播种冬菜
		黄檀叶落	7/10	2/10	12/10	10	
		榔榆始花	9/10	3/10	14/10	11	
		黄檀实熟	15/10	10/10	20/10	10	播种冬菜
		橘实黄	17/10	10/10	23/10	13	菱角盛收
		燕南飞	17/10	14/10	20/10	6	
		梧桐叶落	30/10	6/10	23/11	48	摘蜜柑

续表 2

物候季	月份	物候现象	平均日期（日/月）	最早日期（日/月）	最晚日期（日/月）	多年变幅（天）	主要农事
仲秋	11月	菊始花	4/11	22/10	17/11	26	
		水杉叶全变色	5/11	11/10	1/12	50	
			8/11	24/10	22/11	29	晚稻收割
			18/11	1/11	4/12	32	
			19/11	2/11	1/12	22	种冬麦
季秋	12月		7/12	30/11	14/12	14	种大麦
			7/12	7/11	2/1	16	
冬季	12月		9/12	6/12	12/12	6	
			12/12	4/12	20/12	16	
			12/12	28/11	24/12	27	
冬季	12月		15/12	6/12	22/12	17	
			18/12	9/12	26/12	17	
			20/12	13/12	26/12	13	
	1月		1/12	24/12	12/1	19	
			2/1	9/12	26/1	48	
			7/1	29/12	16/1	18	
			9/1	18/12	30/1	43	
			10/1	2/1	17/1	15	
			13/1	2/1	25/2	24	
	2月		14/2	4/2	24/2	20	
			20/1	10/2	1/3	20	

11月保持稳定较快地降低，12月陡降。夏季高温（≥35℃）日数为33天，其中出现37℃以上高温天气为4天。

降水　2022年，降水量2179.90毫米，平均值明显偏少。从各月份的距平上看，各月降水量与历年同期平均值相比除5月、7月、8月、10月、11月明显偏多外，其余月份均偏少。降水日数（降水量≥0.10毫米的日数）为174天。年内最大降水量为116毫米，出现在8月16日。

日照　2022年，总日照时数1163.20小时，较常年平均值明显偏少。全年中1、2、9月较历年平均值偏多，其他月份均偏少。3月份月日照时数全年最低。

低温、高温及灾害性天气　2022年1月上旬出现小雪天气，日平均气温明显下降，气温-5℃—-2℃，有冰冻或严重冰冻。6月受西南暖湿气和低层切变线影响，出现暴雨，并伴随较强电、雷雨大风等强对流天气，导致多处积水，出现内涝。9月受强对流云团影响，龙湾出现雷阵雨及暴雨天气。10月上旬至中旬，先后受两次台风外围及冷空气相互影响，出现间歇性大暴雨天气，龙湾雨量251.50毫米，暴雨过程使地区发生积水、内涝、塌方等次生灾害。11月受寒潮影响，发生剧烈降温、大风和降水天气，寒潮没有导致冻害发生，有一次较明显降水过程，对冬种农产品生长有一定裨益。全年有“烟花”“卢碧”台风影响龙湾区，带来罕见大风和强降水，对农业种植、工矿企业、基础设施造成损失。

龙湾主要农时为农历四月下旬，割油菜籽，早稻插秧。5月上旬，早稻插秧后期。5月下旬至6月上旬，早稻分蘖盛期。5月底至6月中旬，二季茶采收。6月上旬红薯作垄压藤；6月中旬，早稻扬花。7月上旬至中旬，早稻开始收割、荸荠下种。7月中旬，收获席草。7月底至8月下旬，黄豆、菱角上市。8月上旬至下旬，晚稻分蘖盛期、薯块膨大。8月底至9月初，种白菜。9月上旬至下旬，红薯始收。9月上旬至10月上旬，收芋艿。10月上旬，播种冬菜，中下旬播种油菜，菱角丰收。10月上旬至11月下旬，采摘瓯柑。10月下旬至11月下旬，晚稻收割。11月初至12月，种冬麦。11月中旬至12月底，种大麦。

【土壤植被】　龙湾区地处东南沿海，属中亚热带南部亚地带，具有复杂多变的地形和多种多样的小微域气候环境。大部分是黄壤地带，呈酸性。区域内有乔灌木树种1016种，药用植物400多种。龙湾区为山地丘陵区，以经济林为主，材林为辅。

（吴道边）

自然灾害

【旱灾】　龙湾区建区后发生的旱灾主要有三次。1986年6月至9月，伏旱连秋旱88天，龙湾区0.60万亩农田受灾。1989年6月至8月，连旱39天。旱期雨量51.90毫米，是常年同期249毫米的24.8%。最高气温38.60℃。境域受旱农田近万亩，粮食减产50万公斤。同年10月至12月，秋冬连旱，期间降雨62.20毫米，是常年同期三成，冬种作物不出苗，出苗长势差。

【台风灾害】　龙湾区受台风灾害影响较大。1987年7月27日，7号台风在永强登陆，房塌1200余间，农田受淹7万多亩，毁船419艘，冲没盐田2163亩，死亡5人。1990年6月23日，3号台风在永强登陆，围垦工程冲平，死25人。1994年8月21日，17号台风在梅头登陆，最大风速55米/秒，雨量集中，平均降雨量228.50毫米。值农历七月十五、十六天文大潮，瓯江潮位 7.35 米，是 190 年来最高潮位。区域 22 千米海堤全线崩溃，海水倒灌，沿海沿江村庄全被淹，积水 1.50 米至 3 米，天河、永兴部分村庄潮水围困一周。永强机场航站楼进水 2 米以上，跑道淤泥 1 米，机场关闭半个月。6 个镇 90 个自然村受淹，死 176 人。2022 年，龙湾区经历 1 次强降雨和 2 次台风（11 号台风“轩岚诺”、12 号台风“梅花”），全区未发生人员伤亡，未产生自然灾害灾情。

（吴道边）

自然资源

【植物资源】 龙湾区处于中亚热带常绿阔叶林北部亚地带和南部亚地带的过渡带，亚热带南北植物汇集区，植物种类繁多，区系复杂。据调查全区有乔灌木树种 1061 种，隶属 112 科，378 属。

【动物资源】 大罗山丘陵区有森林野生动物 52 目 225 科 1401 种。其中兽类 8 目 20 科 58 种，鸟类 19 目 51 科 271 种，两栖类 1 目 4 科 138 种，爬行类 3 目 8 科 23 种。另有节肢类 21 目 142 科 1036 种。

【矿物资源】 龙湾区境内大罗山、黄石山，因长期侵蚀风化，岩体多裸露。矿业界誉称温州“三大瑰宝”之一的花岗岩，大罗山脉蕴藏量约 60 亿立方米。境内马鞍岭特色矿藏高岭土矿有数十年开采史。

【水资源】 龙湾区境内有主要河道 267 条，总长度 416 千米，总面积 837 万平方米。其中，属温瑞塘河水系 42 条河道，总长度 69 千米，面积 173 万平方米；永强塘河水系有 225 条河道，长度 347 千米，面积 664 万平方米。瓯江流经龙湾区总长度 27.77 千米，水域总面积 19.60 平方千米，水域总容积 42367.89 万立方米。山塘水库 17 座，水域面积 1.15 平方千米，水域容积 873.77 万立方米。

（吴道边）

人口民族宗教

【人口】 龙湾区建区时户籍总人口 75482 人，总户数 16063 户。2001 年 8 月区划调整后，年末户籍总人口 303452 人，总户数 84440 户。2022 年末，龙湾区户籍总人口 344939 人，总户数 88556 户。其中，男女性别比为 106.4%，当年出生人口 2534 人，死亡人口 1729 人。人口出生率为 7.36‰，人口死亡率为 5.02‰，人口自然增长率为 2.34‰。

【民族】 龙湾区是温州市民族宗教工作重点地区。1990 年，全区有少数民族 9 个，人数 35 人。2000 年，全区少数民族总人口 5216 人，主要有土家族、苗族、侗族、畲族、布依族等。2010 年，全区少数民族 40 个，总人口 39592 人，主要有土家族、苗族、布依族、侗族、彝族、回族、畲族、仡佬族等。2022 年末，全区有少数民族常住人口约 5.39 万人，主要有苗族、土家族、布依族、侗族、彝族、仡佬族及壮族等 45 个少数民族。

【宗教】 龙湾佛教、道教、天主教和基督教等宗教传播历史悠久，宗教文化源远流长，信教群体庞大，社会影响广泛。2008 年全区依法登记在册的宗教活动场所有 239 处，其中佛教 90 处、道教 89 处、天主教 12 处、基督教 48 处。2016 年，全区依法登记在册的宗教活动场所有 183 处，其中佛教 66 处、道教 59 处、天主教 9 处、基督教 49 处。2022 年末，全区性宗教团体 4 个，依法登记备案的教职人员 226 人，信教群众 10 万余人。已依法登记开放宗教活动场所 223 处，其中佛教 82 处、道教 84 处、天主教 11 处、基督教 46 处。另有已取得民间信仰活动场所登记证和在册的民间信仰场所 164 处。

【各街道宗教情况】 永中街道依法登记备案的教职人员 38 人，信众 2.75 万余人，已依法登记宗教活动场所 51 处，其中佛教 17 处，道教 20 处，天主教 5 处，基督教 9 处。蒲州街道依法登记备案的教职人员 17 人，信众 0.75 万余人，已依法登记宗教活动场所 19 处，其中佛教 4 处，道教 9 处，基督教 6 处。海滨街道依法登记备案的教职人员 12 人，信众 0.86 万余人，已依法登记宗教活动场所 23 处，其中佛教 11 处，道教 5 处，天主教 1 处，基督教 6 处。永兴街道依法登记备案的教职人员 25 人，信众 0.70 万余人，已依法登记宗教活动场所 20 处，其中佛教 8 处，道教 5 处，天主教 2 处，基督教 5 处。海城街道依法登记备案的教职人员 25 人，信众 1.25 万余人，已依法登记宗教活动场所 29 处，其中佛教 11 处，道教 16 处，基督教 2 处。状元街道依法登记备案的教职人员 39 人，信众 0.82 万余人，已依法登记宗教活动场所 29 处，其中佛教 11 处，道教 11 处，天主教 1 处，基督教 6 处。瑶溪街道依法登记备案的教职人员 40 人，信众 1.35 万余人，已依法登记宗教活动场所 26 处，其中佛教 11 处，道教 9 处，基督教 6 处。沙城街道依法登记备案的教职人员 20 人，信众 0.72 万余人，已依法登记宗教活动场所 10 处，其中佛教 3 处，道教 3 处，天主教 1 处，基督教 3 处。天河街道依法登记备案的教职人员 18 人，信众 1.49 万余人，已依法登记宗教活动场所 14 处，其中佛教 5 处，道教 5 处，天主教 1 处，基督教 3 处。星海街道依法登记备案的教职人员 0 人，信众 0.03 万余人，已依法登记宗教活动场所（道教）1 处。

（陈　雅）

历史人文

【文物古迹】 约在 4000 年前，龙湾域区已有先民生息繁衍，历代遗存文物古迹较为丰富。中华人民共和国成立后，域内多处文化遗址、碑志题刻、古墓葬、寺观宗祠、古桥、古牌坊和古建筑等文物古迹被列为国家级、省级、市（区）级文物保护单位。至2021年，全区有全国重点文物保护单位2处、省级文物保护单位3处、市（区）级文物保护单位29处。

永昌堡　位于龙湾区永中街道新城村，是浙江省现存唯一一座由民间自发兴建的私家抗倭城堡。明初，温州沿海频遭倭患。嘉靖三十七年（1558）十一月，为保家卫国，王叔果、王叔杲兄弟筹集白银7000两，于次年冬筑成永昌堡。堡于清顺治十八年（1661）迁界时毁坏，乾隆年间修复。2001年8月，列入第五批全国重点文物保护单位。现存遗址主要有古城墙、谯楼、王氏宗祠、士大夫祠、都堂第等古建筑30处。永昌堡城堡呈长方形，南北长757米、东西宽449米，周长2412米，城墙高5.80米、基宽4米。城堡开有水陆各4门，东“环海”、南“迎川”、西“镇山”、北“通市”，建有谯楼。环海门上建有环海楼，因“环海为池，适揽朝宗之会”而名，占地700平方米；附建瓮城、二重城门，内有暗道、炮孔，北东南方安置火炮，为永昌堡规模最大的城楼。通市门上建有通市楼，因直通集镇都市而名。

国安寺塔　在瑶溪镇皇岙村国安寺前。宋元祐五年至九年间（1090—1094）建。楼阁式青石仿木结构，平面呈六边形，九层实心，高18.60米。台基用长方形条石铺就，周边雕刻“九山八海”纹，须弥座上下枭刻仰覆莲，束腰各面浮雕形态各异的狮兽，底层偏高，置木构副阶。塔身每层面为青石板，上浮雕佛像1062尊，分二排驾坐于壶门内莲花座或须弥座上，并雕有身光和垂幔。斗拱粗壮，拱瓣清晰。塔刹早年被毁。1987年，落架大修时恢复。1989年，被列为浙江省第三批文物保护单位；2013年，被列为第七批全国重点文物保护单位。

张璁文化遗址　是明嘉靖内阁首辅张璁在瑶溪一带留下的治学活动遗址。主要有罗峰书院、贞义书院、万竹亭等。原有大批园林主要分布在钟秀园内，历经沧桑遗存不多，但部分诗碑、刻字及石桥仍存。其中，“兄弟岩诗碑”和“观荷亭记碑文”保存在瑶溪张氏宗祠内。2021年2月21日，历时两年建设，贞义书院在龙湾区瑶溪钟秀园内举行开院仪式。贞义书院选址在由大拆大整中保留下来的三幢清代古民居和新联村粮库清代门台组建而成一个高大气派的传统院落中，室内建筑面积约791平方米。

玄真观　原为“李主事祠”，为两进砖瓦土木结构，面积1300平方米。前进上书隶书“玄真观”，后进为玄真观主祠，上面悬挂“佛师帝主”匾，内有木雕佛像。观前有两对从李阶墓前移来的石马、石羊。石兽精雕细琢，神态自然，栩栩如生。玄真观背依青山、面临瑶湖，环境清幽宜人。李主事祠建于明正德年间（1506—1521）。1939年重建时，易名玄真观。1990年再次重建。相传张璁少年时曾在瑶溪李阶门下就读，李阶为明正德六年（1511）进士，任礼部员外郎，后归隐。

石胜观　是一座具有悠久历史的道教场所，建于唐代，占地1360平方米。1921年，在大殿后修建三间斗姥阁，被誉称浙东第一支笔的王梅庵题山门匾额“石胜道观”四个大字。殿阔楹高、雄伟庄严，加以溪水潺潺、松涛阵阵，为双岙风景区的核心景点。

龙岗山新石器文化遗址　位于龙岗山坪，属大罗山支脉，面积1500平方米，遗物丰富。石器有柳叶形石炭、穿孔石矛、通“精磨”，印纹硬陶器皿有釜、瓿、壶、罐、齿轮等。柏印纹饰有篮纹、直条纹、编织纹、方雷纹及刻画的曲线纹。经考证，该遗址为距今四五千年的新石器文化遗址。根据出土器物特征，上限在新石器时代晚期，下限至战国年间，可印证早在原始社会的新石器时代与奴隶社会的前期，就有人类在瑶溪一带居住活动。

龙湾炮台山　属大罗山分支余脉，位于瓯江口南岸。面积7000平方米，距市区12千米。东北面突兀于滔滔江面，龙湾炮台与乐清磐石山的“镇瓯炮台”隔江相望，相距约1千米，西面为江湾；南面山麓有陡门，与龙湾村落毗邻；因山中存有清光绪年间建造的抗倭炮台遗址，故称炮台山。炮台山扼守着东瓯大门，是浙南人民抗击外来侵略的要隘。

王氏家庙　又称王瓒家庙，建于明嘉靖初年。家庙一进五开间，正厅通面宽11.50米、进深12.85米。屋前有较为精致的石牌坊，主体建筑现存两进院落。王氏家庙为保存较为完好的明代建筑，系王瓒旧居。王瓒为殿前村人，明弘治八年（1495）中举人，次年得榜眼授翰林院编修，后任左侍郎。明嘉靖三年（1524），率钦命遗赠礼部尚书，赐谥文定。王瓒为官30年，刚正不阿，两袖清风。后人为纪念其丰功伟绩在家庙外建榜眼桥，至今保存完好。

【非物质文化遗产】　龙湾非物质文化遗产具有明显屏山襟水的地域特色及钟灵毓秀与底蕴丰富的历史特征，有国家级“非遗”项目1项，浙江省“非遗”项目6项。

汤和信俗　明初，朱元璋派汤和赴东南沿海部署防倭。汤和在这一带修建59座城堡，宁村所即所城之一。明嘉靖四十年（1561）前后倭寇平定后，宁村人民为感激汤和，为其立庙，并定于每年农历七月十五日举行“汤和出巡”“教场祭鬼”等仪式，形成永强全民公祭抗倭英烈与遇难同胞活动，后逐渐演绎为“东瓯王汤和节”，至今已有400余年历史。每次活动参与人员上万人，所需费用全部由参与者自愿筹集。2008年被列入第二批国家级非物质文化遗产名录。

张阁老传说　张璁（1475—1539）龙湾区永强三都（普门村）人，明嘉靖时官至内阁首辅，故温州民间称他为“张阁老”。张阁老在民间的逸闻、掌故，经老百姓口耳相传，形成民间口头文学“张阁老传说”。据不完全统计，传说故事量108则。传说最大特点是凸现乡情、人情、亲情。表现形式除口耳相传外，还有温州鼓词等。20 世纪 40 年代以来，陆续有文人整理成书出版，是张璁文化的重要组成部分。2007 年被列入第二批浙江省非物质文化遗产名录。

拼字龙灯舞　起源并流行在龙湾区永强一带。据传，明朝时当地张姓望族为给告老还乡的张阁老送寿礼，创作此拼字龙灯舞，至今已有 480 余年的历史。此龙道具特点是：以竹木为骨架，用软柔的绸缎涂上颜料、画上龙鳞。全身共 11 节，龙头、龙尾、龙身各自分离，龙身九节相连。为拼字需要，龙身节与节之间，距离为 3.50 米，中间第四、五节较长，为 4.50 米；龙尾龙珠各自分离，不和龙身连在一起。表演时一人舞龙头，一人舞龙尾，九人舞龙身。表演动作分拼字和过渡两部分。整个舞龙步法以小跑为主，上肢动作变化较大，整体观念强，龙舞的变化和拼字浑然一体。在龙舞中表达人们对太平生活的追求和期盼。2007 年被列入第二批浙江省非物质文化遗产名录。

温州南拳　龙湾武术源远流长，龙湾南拳有着数百年的传承历史。曾在每一个村庄，凡有炊烟飘绕处，总有南拳练习者身影。龙湾南拳开创不少的“唯一”：2004 年年初成立全省唯一的女子南拳队；2004 年 4 月成立全省唯一的南拳培训基地；2005 年 10 月获评全省唯一的“浙江南拳之乡”；2007 年，南拳进入中小学校。2011 年 10 月，龙湾区南拳协会成立。2012 年，温州南拳（龙湾）被列入第四批浙江省非物质文化遗产名录。

玻璃银光刻　俗称“镜画”，是在镜背面，用银色线条刻画作画的民间美术。20 世纪 50 年代由上海传入温州，70 年代传入龙湾区。传承人项有礼运用“月份牌”年画技法进行创作，表现题材以传统人物、吉祥、喜庆、图案为主。2007 年被列入第二批浙江省非物质文化遗产名录。

永嘉场撞歌　撞歌即斗歌。龙湾流传“撞歌撞、撞歌撞，撞歌撞着个放牛郎”的谚语。撞歌主要是牧童斗唱歌谣。明朝姜准撰《岐海琐谈》有“儿童结伙踏歌，一唱百应，遇别伙歌者，与之较胜”的记载。20 世纪上半叶，永嘉场流行牧童放牛自找乐子的斗歌，有田间农夫随缘酬唱，青年男女“打情骂俏”，宴宾助兴“出口成章”的斗歌，是丰富农耕生活情趣的润滑剂。2009 年被列入第三批浙江省非物质文化遗产名录。

龙湾区永兴一小学生在学校操场练习温州南拳
（区融媒体中心供图，摄于 2022 年 10 月）

郑家园麦麦酒酿造技艺　郑家园麦麦酒起源于元末。白水郑氏始祖郑祥于元末由福建搬迁至大罗山百家尖，见永嘉场当地独特的习俗（产妇生孩子后，娘家要送麦麦酒），于是采用大罗山特有的水及原材料，融合闽南一带的酿酒技艺，首创郑氏家酿麦麦酒。嘉庆初年，十四世郑绍瑞在永嘉场老城开办“郑家园酒坊”，采撷世代相传制酒技艺，建立有别于他家的“郑家园”制酒作坊，正式创下“郑家园”品牌，已有 200 余年。经世代传承和创新，口感独特，味道醇厚，深受消费者青睐，从而形成郑家园“月子”套餐系列，使之成为温州世代传承、男女皆爱的味觉记忆。2014 年，郑家园麦麦酒在永昌堡建立温州麦麦酒文化展示基地。2015 年，“郑家园”获浙江老字号称号。2016 年 11 月，郑家园麦麦酒酿造技艺被列入第五批浙江省非物质文化遗产名录。2018 年 11 月，郑家园麦麦酒获中华老字号博览会金奖、浙江农业博览会金奖。2022 年，入选浙江省首批乡村博物馆。

【地域方言】　龙湾区紧邻温州城区，语言与温州话一样同属于吴语系统。但以“永嘉场腔”为代表的永强方言（状蒲片、海城片分别近似城区与瑞安，灵昆片接近乐清），由于山海阻隔、生存环境的间隔与千百年自给自足经济的局限，在发音腔调上自成一格，与温州话中的“城底话”有着明显的区别，如城底话念“水”为“死”，永强话念“许”；城底话念“路”似“乱”，永强方言念 lu 与“护”同韵。永强话与温州话的词汇虽大同小异，但在口头用语上也有差异，如城底话中对小孩的称呼常为“碎个儿”，而永强则称“蟹饭卒”；城底话称佐饭的菜肴为“肴配”，永强常单用个“配”字。至于俚语、谚语、歇后语等俗语及歌谣，是龙湾区历代祖先的生存感悟与智慧的结晶，也是地域文化最直观表现形式。永强话中的俗语以其设喻之妙、托意之巧在温州话的俗语之林中独树一帜。龙湾区各街道之间可以互相通话，但又有自己特色。永强片6个街道为永强话，海城街道带有明显瑞安腔，状元蒲州片则等同于城区和下河乡腔调。辖区内语言腔调不同，大部分是指韵母的不同差异。永强话往往介于瑞安话同温州城区腔之间。

【历史名人】 龙湾，钟灵毓秀，人杰地灵；人才荟萃，俊采星驰。邑人项乔《瓯东私录》谓：“场蕞尔一区耳，本朝以来，山海之秀，钟于人文，陈启、胡奥、李观之后，为宰相一人，为大司成者二人，为郎署、为藩、为臬、为府州县二十多人，为乡贡、岁贡、例贡三四十人，为校官弟子员者二百多人。”在茫茫历史长河中，曾出南宋丞相陈宜中、状元赵建大；明代嘉靖内阁首辅大学士张璁；王瓒在明弘治年间殿试得一甲二名（榜眼），主修弘治《温州府志》；王名世为明朝武举第二位“武三元”；明代有抗倭名将王德、王沛；乡绅王叔果、王叔杲募捐兴建永昌堡。在文化艺术方面，南宋诗人卢祖皋，明代“一代书宗”姜立纲，民国词宗夏承焘，戏曲大家王季思。在社会主义现代化建设中，龙湾区涌现出一批科学家，张肇骞、金振民、孙大业、张淑仪4位院士为其中的杰出代表。

（陈贤宝　吴道边）

名优特产

【概况】 2022年，温州市龙湾区深入挖掘龙湾本地特色美食及其美食内涵，打造龙湾美食文化品牌，东方大酒店、王鱼粉干、岩衣胶冻分别入选“儿时味道”瓯味榜名店、名菜、名小吃称号。举办第四届状元王鱼杨梅节，结合“王鱼”和“杨梅”这两张特色美食名片，引导和促进龙湾美食文化、地域文化的再升级。

【柑橘】 龙湾境域柑橘栽培已有2400余年历史。公元1178年，温州知州韩彦直完成世界第一部柑橘学专著《永嘉橘录》，记述境域8个柑品种和14个橘品种，比欧洲最早柑橘专著早469年。明代，日本高僧智慧把温州柑橘带到日本，培育成著名“温州蜜柑”。美国著名“卡拉橘”即由“温州蜜柑”嫁接而成。瓯柑皮色鲜艳，清甜多汁，具有袪热生津、化痰止咳、清凉解毒等特殊医药功能，民间素有“端午瓯柑似羚羊”之说。柑橘产地主要分布在状元、蒲州、瑶溪，尤以状元街道、蒲州街道交界地段所产瓯柑为佳。

【杨梅】 杨梅是龙湾区重要的特色农产品之一，栽培历史已有百年，是中国杨梅优良品种产地之一。杨梅品种主要为丁岙梅。果实圆球形，单果11.30克，果柄长2厘米，果蒂红黄色，含酸量0.8%，可食率96.0%，6月中下旬成熟。株产约75千克。2003年5月，中国优质农产品开发协会授予龙湾区“中国杨梅之乡”称号。以大岙溪和响动岩基地为主的杨梅产业带，成为浙江省标准化杨梅精品产区、浙江省森林食品基地和浙江省无公害农产品基地。“龙森”牌杨梅获“横河杯”全国十大精品杨梅称号；“瑶溪”牌杨梅通过国家有机产品认证，获“有机产品”称号。

【黄叶早】 20世纪60年代，龙湾境域度山、郑岙、南山、瑶溪开始种植“温红”“温绿”传统茶叶。1984年，龙湾区实行名茶开发项目。状元街道响动岩村以“黄叶早”良种为基础，提高单产，改进品质，声名鹊起，获浙江省茶叶品味评品会二等奖称号。“黄叶早”早茶，2月下旬发芽，3月上旬采摘，3月中下旬可上市，比其他早茶提早15天采摘。“黄叶早”发芽整齐、轮次分明、老嫩均匀，持嫩性强，抗旱防病能力强，制成干茶条索细紧，色泽翠绿带黄，汤色嫩绿微黄、鲜艳明亮，茶味鲜嫩爽口、香馥如兰。

【馄饨】 馄饨虽然现在很普遍，可寺前街学林馄饨可不一样，百年传统风味一直不变，名扬温州各地，妇孺皆知。学林馄饨的特色，每碗8只，其中4只大些，放在上面。馄饨皮是用特级白面粉加蛋清精制而成，薄如蝉翼，透明如玻璃。馅心是当天宰杀的鲜猪后腿精肉。煮一碗馄饨，换一次汤。因此每碗馄饨总是汤清、皮薄、肉鲜、味美，又加上绿色的葱花，黄色的蛋丝、黑紫色的紫菜、虾米、榨菜、红色肉松等做浇头，色泽艳目，香气扑鼻，味道可口。

【胶冻】 人们喜欢的小凉饮，四季皆宜。品种有鱼胶冻、岩衣冻、青草糊、水糊糊等。20世纪80年代前，一、二角钱可买一小碗胶冻；80年代后，胶冻五角一小碗，鱼胶冻一元一小碗。鱼胶冻一般用1两黄鱼胶和1.50千克水煮，冬季每两可用2千克水煮，放凉即可。岩衣冻是以漂洗过的海洋藻类干岩衣，0.08千克加5千克水煮，放凉即可。一扁木盆胶冻，可切成小块或小长条食用。青草糊由干青草制成，0.3千克干青草加5千克水可煮成一扁木盆青草糊，含青草气和粽香，十分可口。水糊糊由薜荔果制取的“白凉粉”（广西灵山县产为优），每小盒0.1千克，先兑0.2千克水搅成糊状，再加开水2千克烧沸，冷却后即成。水糊糊不坚韧，须用汤匙捞取。胶冻或青草糊煮透之后，要经细纱布袋过滤，以确保清洁，提高产品质量。胶冻担只要备带10多个小碗、白糖、薄荷水、小汤匙及洗碗具的洁水就可以“营业”。有的胶冻担为提高经营效益，常带售甘蔗、瓜子、花生、糖果等。胶冻担沿街、村落、晒场叫卖外，常至庙会、演戏场所、物资交流等人群集中的地方销售。繁忙季节，两村每天有一百多担在营业，占农户的三分之一。殿前村王碎弟号称“花生大王”，胶冻担销售花生果，均由他家批发，而永强大部分糖果店的花生也都向他家采购。

【麦芽糖】 俗称“糖儿”，是利用粮食（主要为小麦）制取的。具体制作过程：麦芽拌大米饭发酵24小时，酿成饴糖，经炒炼、捶、捣、拉，制成白色坚韧的米糖，圈为圆饼（一般为2.5千克），撒上芝麻、红绿瓜子等，色、香、味俱全。一爿糖儿置于糖担上，用毛巾或竹匾遮盖，防尘染。兑糖时，用糖刀与小铁锤将糖儿剖下，与用户调换废铜旧铁、牙膏壳、猪骨、头发等物。20世纪末期，一爿米糖成本10多元，兑换的废旧物品可值上百元。蒲州屿田、上庄兑糖历史有100多年，民国初期，糖贩盛行。温州糖贩来自龙湾，龙湾糖贩源于蒲州。屿田、上庄为兑糖“专业”村，辐射状元、石坦、三郎桥等20多个地方，糖贩多时2000多人。村民农忙时田间劳作，农闲时挑担走巷，足迹遍及洞头、玉环、坎门、青田、丽水、缙云、景宁、龙泉、庆元、义乌、舟山、宁波，甚至延伸至福建省。至今仍有少数人延续兑糖行当，不见挑担，而改骑三轮车上门兑糖。

【永强“八盘八”】 传统“八盘八”是永嘉场人待客的最高礼遇，现列入龙湾区非物质文化遗产名录。“八盘八”意为“八个冷盘加八个热菜”，一张八仙桌坐八客、吃八菜。根据菜品的数量和规格，八盘八分为八盘一、八盘五、八盘八。其中以“八盘八”最为丰盛，即八盘冷菜（分内、外四盘）、八碗热菜，一般只有新婚嫁娶，才能享受到这宴席的美味。“八盘八”，是极讲究“摆盘”的，先摆上八盘冷菜（分内、外四盘）。内四盘有：猪肉两盘、熏鹅、饵饼（音：鱼饼，龙湾方言，由米粉、山粉、豆腐、肥肉、花生米混合经油水煎制而成），均为农家自产食材；外四盘有：鳗鲞、乌贼片（鲜、干均可）、鱼冻（鲻鱼冻或者跳鱼冻等），蛏子或花蛤，均为渔家海鲜。宴席开始时，主食先上桌，后上热菜，先吃主食再喝酒。八个热菜分别是扣肉（东坡肉）、肉丸子汤、蒸全鸡、烹全鱼（黄鱼或鮸鱼、鲻鱼）、蒸全鸭、肉皮泡（胶）山珍羹、小炒（白菜炒猪肚或猪肝）、时令水果（瓜果）甜汤或红枣、莲子甜汤。

（吴道边）

2022年9月，永强八盘八样式图 （区融媒体中心供图，摄于2022年9月）

2022年经济社会发展

【经济建设】 2022年，温州市龙湾区全年经济运行稳中有进，经济社会主要指标保持平稳回升态势。实现地区生产总值868.58亿元，按不变价格计算，比2021年同期增长4.5%。其中，第一产业实现增加值3.26亿元，比2021年增长4.4%；第二产业增加值510.01亿元，增长6.8%；第三产业增加值355.31亿元，增长1.5%。国民经济三次产业比例调整为0.4 ∶ 58.7 ∶ 40.9。人均生产总值（按年平均常住人口计算）为11.80万元，增长3.7%。实现财政总收入86.28亿元，比2021年下降24.0%，其中一般公共预算收入49.18亿元，下降23.4%。一般公共预算支出73.71亿元，增长7.7%。全区城镇常住居民人均可支配收入72953元，比2021年增长4.2%，城镇居民人均消费支出4.77万元，增长5.8%；农村常住居民人均可支配收入4.76万元，增长7.2%，农村居民人均消费支出3.15万元，增长9.5%。实现农林牧渔业总产值4.89亿元，按可比价格计算，比2021年增长3.4%。全区限额以上固定资产投资比2021年下降5.5%。交通投资下降12.4%，高新技术产业投资下降10.1%，生态环保投资增长17.2%。民间投资（包含房地产）下降4.6%，占限额以上投资比重57.9%，其中民间项目投资下降16%。全年投资项目（包含房地产）721个，其中新增项目163个。实现规模以上工业增加值268.53亿元，比2021年增长12.8%。其中，规模以上高新技术产业增加值198.07亿元，增长14.8%，占规模以上工业增加值的比重为73.8%。建筑业实现增加值51.83亿元，下降5.6%；具有建筑业资质的总承包和专业承包企业141家，实现建筑业总产值238.13亿元，增长2.6%。全区限额以上批发零售、住宿餐饮业销售（营业）额3613.75亿元，比2021年下降0.4%。全社会消费品零售总额433.47亿元，增长1.7%。货物进出口总额689.85亿元，比2021年增长32.6%。

【政治建设】 2022年，龙湾区坚持把政治建设摆在首位，开展“大学习、大调研、大谋划、大落实”活动，推动党的二十大精神入脑入心、见行见效。纵深推进政府系统全面从严治党，严格落实中央八项规定精神，驰而不息纠“四风”树新风。深入推进法治政府建设，行政复议案件调撤率52.0%。持续规范基层小微权力运行，全市首个入选省级清廉村居示范区。完成九届区委第一轮、第二轮巡察工作，发现问题549个，移交高质量问题线索23条，督促指导完善制度23个。自觉接受人大依法监督、政协民主监督，办理人大建议、政协提案431件。落实“过紧日子”负面刚性清单，追加超10%的部门预算主动接受人大代表公开质询票决，厉行节约做法获全省坚持党政机关“过紧日子”优秀案例。区人大常委会听取和审议“一府一委两院”专项工作报告46项，提出审议意见15件。实现人大对“一府一委两院”工作监督全覆盖。政协龙湾区委员会全年紧扣全区中心工作大局开展协商34场、民主监督10项、专题视察调研18项。深入推进法治政府建设，行政复议案件调撤率52.0%，矛盾纠纷调解成功率86.0%。强化府检府院联动，近三年首次实现“裁执分离”案件执行清零。创成全国首批知识产权强国建设示范园区、全省首批“青少年零犯罪零受害社区”，永兴派出所、司法所分别获评省级“枫桥式公安派出所”“枫桥式司法所”，推动龙湾法治建设提档升级。

【文化建设】 2022年，温州市龙湾区坚持以文化强区建设为目标，以新时代文化龙湾工程为主抓手，匠心打造“三带一馆群一街一古堡”文化工程，和合文化园和张璁纪念馆、姜立纲书法艺术馆、叶萌春艺术馆等馆群串珠成链，永昌古镇、寺前街历史文化街区加快建设，全省首部专门堡志《永昌堡志》编纂出版，创成省诗词之乡，成功争取省文化产业发展专项资金3000万元。年末全区共有文化站10个，文化馆1个，公共图书馆2个，城市书房18家，百姓书屋5家，文化驿站17家。公共图书馆藏书97.02万册，比2021年增加11.03万册。开展文化走亲8场，送戏下乡100场、送展览讲座237场、受惠人数30万人次。年末拥有国家级非物质文化遗产1个，省级非物质文化遗产7个，市级非物质文化遗产62个，区级非物质文化遗产116个；国家级非遗代表性传承人1人，省级非遗代表性传承人8人，市级非遗代表性传承人36人，区级传承人46人。建成市级非物质文化遗产传承基地12个，市级非遗体验基地4个，省级非遗旅游景区（民俗文化村）1个。拥有省级优秀非遗旅游商品2个，市级非遗“瓯越百工坊”3个，开展非遗体验活动200多场。2022年全区新增高新技术企业117家，累计629家，新增省级科技型中小企业351家，累计2506家；新增科技小巨人企业2家；新增省重点企业研究院1家，累计4家；省级企业研究院4家，累计47家。2022年全区新投用学校1所。年末拥有普通中学学校23所，在校生1.81万人，中等职业教育学校1所，在校生2262人，普通小学学校43所，在校生4.72万人。

【社会建设】 2022年，温州市龙湾区坚持以平安建设为抓手，维护政治安全、社会治安、经济安全、公共安全，全力维护社会大局平安稳定。年内，龙湾区获浙江省平安建设“平安金鼎”。推进全民参保计划扩面专项行动，全区户籍法定人员基本养老保险参保率95.8%，基本医疗保险参保率99.6%。全区参加职工基本养老保险40.86万人（含退休人员），参加城乡居民基本养老保险4.34万人，参加城镇职工基本医疗保险21.45万人，城乡居民基本医疗保险23.34万人，参加失业保险人数21.11万人，参加工伤保险人数50.77万人（含建筑工人），参加生育保险人数19.67万人。全区养老服务机构登记单位数5个，养老机构床位数1139张，建成街镇级养老服务中心11个。在册低保对象1948人，其中城镇177人，农村1771人，低保资金支出1821.40万元。

【生态文明建设】 2022年，温州市龙湾区环境空气质量稳步改善，改善幅度居全市前列。空气质量优良率（AQI）为95.7%。环境空气$PM_{2.5}$年均浓度为21微克/立方米。水环境质量稳中向好，水环境功能区水质达标率为80.0%。连续2年夺得省“五水共治”大禹鼎。声环境质量总体稳定。全域环境噪声平均值小于55分贝，交通干线噪声平均值小于70分贝。土壤环境质量稳定可控。近几年未发生土壤污染事故，未因土壤污染引发食用农产品超标事件，污染地块安全利用率100%。环境风险控制良好。近五年未发生较大以上突发环境事件。2020年开始建设全域“无废城市”。加快建设亚运公园碳中和林，加速推进明珠路等迎宾大道绿化提升，新（改）建口袋公园8个。加快城市特色园林绿化建设，完成公园绿地改造项目17个，对中心区中央绿轴沿线景观绿地进行提质改造，总改造面积约34.50公顷。大悦观邸、温州城市大学被推荐省优项目。开展祛疤栽花专项整治，完成整治点位26处，总整治面积14.30万平方米。龙湾区大悦观邸获评2022年浙江省园林式居住区、温州城市大学获评2022年浙江省园林式单位。

（吴道边）

中国共产党温州市龙湾区委员会

2022年8月8日，龙湾区委九届二次全体（扩大）会议在区文化中心召开 （周凌慧／摄）

中国共产党温州市龙湾区委员会

综　述
重要会议
重大决策
巡察工作
区委综合事务
全面深化改革
政策研究
组织工作
宣传工作
统一战线工作
网络安全与信息化
机构编制工作
区直机关党建
信访工作
党史工作

钟秀园美景　　（谢建鹏摄于2022年4月）

综　述

【概况】　2022年，区委落实党中央和省委、市委决策部署，以“两个先行”窗口意识践行“续写创新史”殷殷嘱托，建设温州湾新区，打造“一区五城”。深化经济稳进提质八大攻坚行动，实施纾困解难“30条举措”等政策，工业稳增长等3项工作获省政府督查激励，发展指标评价综合指数蝉联全市第一。加速创建未来城区，累计成功申报未来社区创建项目16个、省级风貌区项目5个，创成万顺（万康、万民）省级未来社区及万顺城市新区风貌区，省级未来社区试点数量居全市前列。实施“八大文化行动”，系统推进“宋韵瓯风明龙湾”传扬工程、永嘉场文化研究工程等十大工程，文化产业获省级产业专项扶持。深化改革、数字化改革、共同富裕示范区重大改革体系等一体融合、整体推进，温州经济技术开发区国家级相对集中行政许可权试点进展有序，“未来康养智城”“人口全域治理集成应用”等特色应用被省市推广。推进“扩中提低”八大行动，在全省率先出台社会救助家庭就业收入认定和就业成本扣减办法，完善分层分类救助体系，稳步扩大兜底保障覆盖面。连续十二年创成“平安区”，获评“平安金鼎”。

【政治生态建设】　2022年，龙湾区落实从严治党主体责任和意识形态工作责任制，拓展“七张问题清单”机制，党建统领整体智治水平提升。开展“六学六进六争先”和“大学习、大调研、大谋划、大落实”活动，掀起学习宣传贯彻党的二十大精神的热潮。选优配强干部队伍，系统重塑干部链式培养体系，落地“以事找人、人事贯通”机制，以实践实战历练干部过硬能力。深入实施“凝聚力工程”，稳步推进“共享社·幸福里”建设，开展“问题村居”整治，在全市率先建立党建统领网格智治“1+6”制度体系。深化“清廉龙湾”建设，加强对“一把手”和领导班子监督，实施“青廉工程”，持续纠“四风”、树新风，开展漠视侵害群众利益问题和损害营商环境问题专项治理，坚持“三不腐”一体推进，查处一批违纪违法案件。构建“9+3”清廉单元建设体系，完成九届区委第一轮、第二轮巡察工作，推进“三全”专项行动，营造风清气正的政治生态。

【创新发展推动】　2022年，龙湾区实施创新首位战略，增强创新发展动能，推进科创平台提质增效。落地国家药监局眼科医疗器械重点实验室、“科创中国”浙江示范基地、诺奖数字双碳研究中心、伟明盛青新材料研究院等平台，中国眼谷小镇入选第一批浙江省未来产业先导区培育创建名单和第一批特色小镇现代产业组最佳实践案例。建成投用浙南“数智造”公共实训基地，挂牌成立浙江大学青山商学高等研究院，首届青山论坛深度探讨企业高质量发展之路，“来温州·创未来”2022全球精英创新创业大赛获奖数全市第一。光子集成产业园、北大科技园等大孵化集群提质增效，全区新增入孵项目124个、孵化面积27.31万平方米，温州高新区创业服务中心连续7年被科技部火炬中心评为科技企业孵化器考核优秀。

【推动社会治理】　2022年，龙湾区坚持科学防治、系统应对，充分用好“七大机制”“五快循环”战术打法，筑牢疫情防线，打赢疫情攻坚战。推进“141”基层治理体系迭代升级，实现城市运行中心、社会治理中心“两个中心”一体融合建设运行。深化全国市域社会治理现代化试点创建，开展平安龙湾“大起底大整治大提升”行动和基层矛盾纠纷排查化解“六防六促”工作，以历史最好成绩夺得平安金鼎。开展“信访秩序铁腕治理行动”，实现信访积案动态清零，信访生态优化好转。在省、市率先开发“法纪督巡”“龙湾掌上复议”等平台程序，创新开展“听证＋调解”模式，创成全市行政复议典型案例。严厉打击养老诈骗、侵害未成年人等违法犯罪，刑事治安警情、电诈发案大幅下降。紧盯重大风险隐患闭环管控，强化应急体系建设，减灾救灾基础设施加快完善，减灾救灾能力提升。

（李　强）

重要会议

【区委九届二次全体（扩大）会议】　2022年8月8日，区委九届二次全体（扩大）会议在区文化中心大会堂召开。会议学习贯彻省第十五次党代会、市委十三届二次全会精神，总结上半年工作，部署下阶段任务，审议通过《区委九届二次全会工作报告》《中共温州市龙湾区委关于学习贯彻省第十五次党代会精神　争当温州做强做大“全省第三极”排头兵　奋力谱写“两个先行”龙湾篇章的决议》《中国共产党温州市龙湾区委员会工作规则》，进一步动员全区上下牢记嘱托、勇担使命，坚决拥护“两个确立”，坚决做到“两个维护”，坚定不移沿着“八八战略”指引的路子奋勇前进，以优异成绩向党的二十大献礼。

【区委九届三次全体（扩大）会议】　2023年1月3日，区委九届三次全体（扩大）会议在区文化中心大会堂召开。会议坚持以习近平新时代中国特色社会主义思想为指导，学习贯彻落实党的二十大、省委十五届二次全会暨省委经济工作会议、市委十三届三次全会精神，总结2022年以来区委工作，部署2023年任务，审议通过《区委九届三次全会工作报告》《中共温州市龙湾区委关于全面学习贯彻落实党的二十大精神　坚定捍卫“两个确立”　坚决做到“两个维护”　以“两个先行”窗口意识　践行“续写创新史”殷殷嘱托　奋力谱写中国式现代化龙湾新篇章的决定》。

【龙湾区委常委会、高新区党工委会议】 2022年，召开龙湾区委常委会、高新区党工委会议42次。

第一次龙湾区委常委会（高新区党工委）扩大会议 1月5日召开，会议传达学习市委原领导在龙湾调研时的讲话精神及龙湾区贯彻意见。

第二次龙湾区委常委会、高新区党工委会议 1月12日召开，会议深化学习贯彻党的十九届六中全会精神，并开展专题学习交流。会议审议通过《龙湾区信访秩序铁腕治理专项行动实施方案（送审稿）》《龙湾区信访积案化解清零行动实施方案（送审稿）》《龙湾区加强新时代网上信访工作实施方案（送审稿）》。会议听取区两会、国有企业组建、调整、机构更名等有关事宜的汇报。会议书面审议《龙湾区2021年进口冷链食品“物防”工作汇报》。

第三次龙湾区委常委会（高新区党工委）扩大会议 1月12日召开，会议传达学习市委十二届十四次全会精神及龙湾区贯彻意见。

第四次龙湾区委常委会、高新区党工委会议 1月22日召开，会议原则通过《区人大常委会、政府、政协领导班子成员及监察委主任、法检两长候选人建议名单》《区九届人大常委会委员初步人选建议名单》《区六届政协委员建议名单》《区六届政协常委初步人选建议名单》《区九届人大一次会议各类建议名单和选举办法（草案）》《区政协六届一次会议各类建议名单和选举办法（草案）》《区纪委九届二次全会工作报告（送审稿）》《及时奖励拟表彰对象建议名单》。

第五次龙湾区委常委会、高新区党工委会议 1月27日召开，会议听取区人大常委会、区政府、区政协、区人民法院、区人民检察院党组工作及2021年度全面从严治党和意识形态工作主体责任落实情况的汇报（区纪委区监委、区委组织部、区委宣传部、区委统战部、区委政法委、区公安分局书面汇报2021年度全面从严治党和意识形态工作主体责任落实情况）。会议听取2022年一季度“开门红”工作汇报。会议原则通过《2021年度“蜗牛奖”项目建议名单（送审稿）》。会议书面审议《关于建立治“四风”树新风“1+X”协同监督工作制度的通知（送审稿）》。

第六次龙湾区委常委会、高新区党工委会议 2月8日召开，会议通报当前龙湾区疫情防控形势及传达市疫情防控最新要求。会议听取2021年度街道部门考绩结果的汇报。

第七次龙湾区委常委会、高新区党工委会议 3月11日召开，会议传达学习习近平总书记关于加强党内法规制度建设的重要指示和王沪宁在全国党内法规工作会议上的讲话精神、全省高质量发展建设共同富裕示范区推进大会精神及龙湾区贯彻落实意见。会议审议通过《2022年政府工作报告（送审稿）》《关于温州市龙湾区2021年国民经济和社会发展计划执行情况与2022年国民经济和社会发展计划草案的报告（送审稿）》《关于温州市龙湾区2021年区本级预算执行情况与2022年区本级预算草案的报告（送审稿）》《2022年度龙湾区民生实事建议项目（送审稿）》、区九届人大一次会议《区人大常委会工作报告（送审稿）》、区政协六届一次会议《区政协常委会工作报告（送审稿）》《2021年度“担当奖”建议名单（送审稿）》《2021年度“龙湾区担当作为好干部”建议名单（送审稿）》《龙湾区第九届人大常委会委员候选人预备人选建议名单》《区九届人大监察和法制司法委员会组成人员建议名单》《区九届人大财政经济委员会组成人员建议名单》《区九届人大社会建设委员会组成人员建议名单》《温州市龙湾区第九届人民代表大会第一次会议关于温州市龙湾区人大代表大会专门委员会组成人员人选通过办法（草案）》《温州市第十四届人民代表大会代表候选人初步人选建议名单》《温州市第十四届人民代表大会代表候选人预备人选建议名单》《区九届人代会第一次会议列席人员建议名单》《区六届政协第一次会议列席人员建议名单》。

第八次龙湾区委常委会（高新区党工委）扩大会议 2月19日召开，会议传达上级巡视工作有关精神及龙湾区贯彻落实意见。会议通报龙湾区信访积案化解清零行动工作进展情况，并部署龙湾区下阶段工作。

第九次龙湾区委常委会、高新区党工委会议 2月19日召开，会议研究干部人事工作。

第十次龙湾区委常委会、高新区党工委会议 2月28日召开，会议传达学习习近平总书记批示精神、省委袁家军书记讲话精神及龙湾区贯彻落实意见。会议书面传达学习习近平总书记在省部级主要领导干部学习贯彻党的十九届六中全会精神专题研讨班开班仪式上的讲话精神及龙湾区贯彻意见，十九届中央纪委六次全会、省纪委十四届七次全会和市纪委十二届七次全会精神及龙湾区贯彻意见。

第十一次龙湾区委常委会、高新区党工委会议 3月30日召开，会议听取区委履行全面从严治党主体责任落实情况和党政班子成员2021年度履行“一岗双责”和个人廉洁自律规定执行情况的汇报。会议传达学习《关于从周江勇案件中汲取教训做好以案促治工作的意见》文件精神，省纪委常委、省委巡视办主任周峰关于《坚决扛起政治监督职能责任　更好发挥巡视巡察在自我革命中的战略作用》的讲话精神及龙湾区贯彻落实意见。会议通报时任永嘉县分管城建工作副县长、县违建别墅问题清查整治专项行动领导小组副组长王高博，对专项整治期间发生桅峰山庄顶风违建问题，负主要领导责任，及市纪委处理意见。会议审议通过《2022年度落实全面从严治党主体责任工作要点（送审稿）》《中共温州市龙湾九届区委巡察工作规划（2022—2026年）（送审稿）》。会议听取清廉龙湾建设、龙湾区拆迁拆违领域腐败问题专项治理等相关工作；

听取街道、部门党委（党组）履行全面从严治党主体责任情况、主要负责人履行“第一责任人”职责和个人遵守廉洁自律规定执行情况，并进行现场评议。

第十二次龙湾区委常委会、高新区党工委会议　3月30日，会议传达学习“三防”工作经验教训及龙湾区贯彻意见。

第十三次龙湾区委常委、高新区党工委会议　4月7日召开，会议传达学习习近平总书记在2022年春季学期中央党校（国家行政学院）中青年干部培训班开班式上发表的重要讲话精神、全市“问题村居”专项整治工作推进会精神及龙湾区贯彻落实意见。会议传达学习全国安全生产电视电话会议精神、市委刘小涛书记关于安全生产工作批示精神，并研究龙湾区安全生产工作情况。会议听取关于贯彻落实市委刘小涛书记对全市地质灾害防治、冬修水利、涉海涉渔安全工作批示精神的进展情况及龙湾区地质灾害防治、冬修水利、涉海涉渔安全工作情况的汇报。会议审议通过《全区“问题村居”专项整治工作方案（送审稿）》。会议研究干部人事工作。会议书面审议《中共温州市龙湾区委常委会（中共温州高新区工作委员会）2022年工作要点（送审稿）》《4月份全区工作要点（送审稿）》。

第十四次龙湾区委常委会、高新区党工委会议　4月13日召开，会议传达省委常委、组织部部长王成在龙湾调研时的讲话精神，并研究部署龙湾区贯彻落实意见。

第十五次龙湾区委常委扩大会议暨区疫情防控领导小组会议　4月17日召开，会议审议通过《龙湾区经营主体疫情防控主体责任落实十条规定（送审稿）》《龙湾区疫情防控指挥调度工作方案》L1、L2、L3版、《龙湾区党建统领基层最小单元疫情防控应急工作方案》。

第十六次龙湾区委常委会、高新区党工委会议　4月24日召开，会议听取温州锂电池新材料产业基地项目招商情况的汇报。

第十七次龙湾区委常委会、高新区党工委会议　5月12日召开，会议传达学习《关于加强和改进新时代市县政协工作的实施意见》《关于巩固政法队伍教育整顿成果推进全面从严管党治警的意见》等文件精神、全省党委（党组）书记抓基层党建和人才工作述职评议会、全省组织部长会议、全市组织部长会议、全国宣传部长会议、全省宣传思想工作会议、全市宣传思想文化工作会精神、全省、全市统战部长会议、省委第二巡视组巡视温州市龙湾区情况反馈会议等会议精神及龙湾区贯彻落实意见。会议审议通过《省委第二巡视组反馈意见问题整改责任分解表（送审稿）》《龙湾区实施“凝聚力工程”推动基层党建高质量发展的工作方案（送审稿）》《关于开展党建引领“共享社•幸福里”建设暨全区住宅小区党建工作的实施方案（送审稿）》《关于深入实施“红色根脉强基工程”打造新时代党建高地区域样板的意见（送审稿）》《龙湾区全国文明城市复评工作“十个一律”追责办法（送审稿）》《龙湾区“亚运兴区•共富龙湾”全域美丽暨2022年度文明城市建设“红黑榜”督查考核办法（送审稿）》。会议听取龙湾区当前财政风险情况分析的汇报、龙湾区“三防”工作的汇报。会议研究干部人事工作。会议书面审议《龙湾区“十大指挥部、十大专班”工作架构（送审稿）》《龙湾区2021年度法治政府建设工作情况的报告（送审稿）》《关于推进基层治理体系和区域治理现代化建设更高水平平安龙湾的实施方案（送审稿）》《平安龙湾“大起底大整治大提升”工作总机制（试行版）（送审稿）》《平安龙湾“大起底大整治大提升”行动方案（送审稿）》《关于开展督查压实平安龙湾“大起底大整治大提升”行动工作责任的通知（送审稿）》《5月份全区工作要点（送审稿）》。

第十八次龙湾区委常委会、高新区党工委会议　6月2日召开，会议传达学习习近平总书记在中央政治局第三十七次集体学习（中国人权发展道路）时的重要讲话精神、省经济稳进提质攻坚行动工作推进会精神、市委常委会会议关于温州湾新区管理体制有关精神、温州湾新区筹备工作会议精神、全市规范民办义务教育发展专项工作部署会精神及龙湾区贯彻落实意见。会议传达学习市委刘小涛书记在《2022年高质量发展建设共同富裕示范区重点指标情况通报》上的批示精神、市委常委会会议关于全国文明城市创建工作有关精神，并听取龙湾区相关工作汇报。会议书面审议《2022年度全区性督查检查计划（送审稿）》《6月份全区工作要点（送审稿）》。

第十九次龙湾区委常委会、高新区党工委会议　6月16日召开，会议传达省委袁家军书记在温调研指示精神、市委常委会会议贯彻落实精神、习近平总书记在海南、四川考察时的重要讲话精神、习近平总书记在庆祝中国共产主义青年团成立100周年大会上的重要讲话精神及龙湾区贯彻落实意见。会议审议通过《龙湾区新冠肺炎疫情应对处置实施方案（送审稿）》《“七张问题清单”常态化抓落实工作机制（送审稿）》《关于开展作风建设“巩固深化年”活动的实施方案（送审稿）》《市廉责办对龙湾区委2021年度全面从严治党主体责任检查考核情况的反馈意见整改任务与责任分解表（送审稿）》《龙湾区巡视巡察整改工作责任追究办法（试行）（送审稿）》《龙湾区规范民办义务教育发展专项工作实施方案（送审稿）》及其配套政策。会议听取区国有企业组建、领导职数、群团组织等有关事宜。会议研究干部人事工作。会议书面学习浙委发〔2021〕51号、浙委办发〔2021〕42号文件精神，全省“两新”工委书记会议暨新业态、新就业群体党建工作推进会和全市“两新”党建工作会议暨新业态、新就业群体党建工作推进会精神及龙湾区贯彻意见。书面审议《2022年党风廉政建设和反腐败工作组织领导与责任分工（送审稿）》《迎亚运城市重点道路整治提升清单推进机制（送审稿）》、群团组织2021年工作情况和2022年工作思路。

第二十次龙湾区委常委会、高新区党工委会议　6月30日召开，会议听取省委巡视"回头看"反馈问题整改落实情况的汇报。会议审议通过关于认真学习宣传贯彻省第十五次党代会精神的通知（送审稿）》《关于全面学习贯彻省第十五次党代会精神开展"践行'八八战略'投身'两个先行'"学习宣讲活动的通知（讨论稿）》。会议研究干部人事工作。

第二十一次龙湾区委常委会、高新区党工委会议　7月6日召开，会议传达学习市委刘小涛书记在《关于印发温州市地质灾害复盘总结报告的通知》上的批示精神，听取区地质灾害防治工作情况的汇报。会议传达学习市委刘小涛书记在《省对市6月数字化改革综合评价情况报告》上的批示精神，听取省对区数字化改革综合评价情况的汇报。会议书面审议《7月份全区工作要点（送审稿）》。

第二十二次龙湾区委常委会（高新区党工委）扩大会议　7月18日召开，会议传达学习市委十三届二次全会精神及龙湾区贯彻意见。

第二十三次龙湾区委常委会（温州高新区党工委）会议暨温州湾新区管委会筹备组扩大会议　7月23日召开，会议深入学习贯彻《市委常委会会议关于传达省纪委省监委对林晓峰涉嫌严重违纪违法进行纪律审查和监察调查决定的通报》精神，并研究部署贯彻落实意见，与会的龙湾区四套班子主要领导、龙湾区委常委、温州高新区党工委委员、温州经济技术开发区党工委委员、龙湾区副区长逐一表态发言。

第二十四次龙湾区委常委会、高新区党工委会议　8月8日召开，会议研究分析全区上半年经济社会形势，听取龙湾区经济运行情况、浙南科技城经济运行情况、平安龙湾建设形势的汇报。会议审议通过《区委九届二次全会日程和分组讨论安排（送审稿）》《区委九届二次全会工作报告（送审稿）》《关于深入学习贯彻省第十五次党代会精神　争当温州做强做大"全省第三极"排头兵　奋力谱写"两个先行"龙湾篇章的决议（送审稿）》。会议听取机构设置、领导职数调整有关事宜的汇报。会议研究干部人事工作。会议书面审议《8月份全区工作要点（送审稿）》。

第二十五次龙湾区委常委会、高新区党工委会议　8月15日召开，会议宣布干部到位。会议传达学习市委副书记张加波赴龙湾区调研讲话精神及龙湾区贯彻落实意见。

第二十六次龙湾区委常委会、高新区党工委会议　8月25日召开，会议传达学习《领导干部接到请托事项记录报备制度（试行）》《关于加强巡视整改和成果运用的意见》等文件精神及龙湾区贯彻落实意见。会议审议通过《关于汲取周江勇案件教训开展以案为鉴、以案促治工作的实施方案（送审稿）》《2022年度龙湾区（高新区）千人评机关中层科室和基层站所活动实施方案（送审稿）》。会议听取省委巡视"回头看"及重大巡视问题清单整改推进情况、2022年度审查调查工作半年度分析报告和2022年全区纪检监察信访举报工作半年度分析报告。会议书面审议"清廉安居""清廉执法"建设情况及2022年半年度区委政治生态建设自查自评报告。

第二十七次龙湾区委常委会、高新区党工委会议　8月25日召开，会议开展《习近平谈治国理政》第四卷专题学习，并进行学习交流。会议传达学习省委袁家军书记在洞头区接待群众来访时的讲话精神，6月1日全省信访和维护社会稳定工作会议、7月18日全省依法维护信访秩序现场推进会精神及龙湾区贯彻意见。会议传达学习王浩省长、市委刘小涛书记在《关于梅雨防御工作复盘评估的报告》《关于广东阳江海域浮吊船"福景001"轮走锚遇险事件的警示分析报告》上的批示精神、市委刘小涛书记在《市防汛防台抗旱指挥部关于印发温州市历年来各类台风影响分析报告的通知》上批示精神和省纪委省监委有关通报文件精神及龙湾区贯彻意见。会议书面传达学习习近平总书记在中央统战工作会议上的讲话精神、省委袁家军书记在省人民检察院有关文件上的批示精神、《浙江省人民代表大会常务委员会关于进一步加强新时代检察机关法律监督工作的决定》文件精神，市委刘小涛书记在省委宣传部有关文件上的批示精神，全省打击整治养老诈骗专项行动第二次推进会精神，全市社会组织党建助力"共享社·幸福里"建设工作推进会精神及龙湾区贯彻意见。

第二十八次龙湾区委常委会会议　8月25日召开，会议传达学习省委常委会关于习近平总书记安全生产重要论述和全国安全生产电视电话会议精神，听取龙湾区安全生产工作情况的汇报。会议传达学习习近平总书记关于统计监督工作重要讲话精神和《关于更加有效发挥统计监督职能作用的意见》文件精神，听取龙湾区统计有关工作情况的汇报。会议传达学习《地方党委和政府领导班子及其成员粮食安全责任制规定》文件精神，审议通过《龙湾区粮食安全责任制工作方案（送审稿）》。会议审议通过《龙湾文化高质量跨越式发展三年行动计划清单（2022—2024）（送审稿）》《关于促进慈善事业高质量发展的实施意见（送审稿）》。会议听取瑞浦新能源制造基地项目招商工作、温州市龙湾区社会治理中心机构设置、干部职级晋升等有关事宜的汇报。

第二十九次龙湾区委常委会会议　9月9日召开，会议听取温州湾新区体制调整人员分流、编制分配方案的汇报。会议研究干部人事工作。

第三十次龙湾区委常委会会议　9月19日召开，会议听取龙湾区工业企业增资扩产"百日攻坚"行动情况、2022年法治建设部分指标龙湾区相关情况、温州湾新区体制调整人员分流和编制分配方案的汇报。

第三十一次龙湾区委常委会会议　9月27日召开，会议传达贯彻中央办公厅《关于浙江省嘉兴市违规改扩建南湖宾馆问题查处情况的通报》精神，并部署龙湾区贯彻落实意见。

第三十二次龙湾区委常委会会议 10月8日召开，会议传达学习习近平总书记在中央政治局第三十九次集体学习、第四十次集体学习时的重要讲话精神；《中共浙江省委关于加强省委班子政治建设忠实践行“八八战略”坚决做到“两个维护”奋力推进“两个先行”的决定》(浙委发〔2022〕32号)文件精神、全省各级人大常委会主任学习会精神；省、市政协主席暑期读书会暨加强和改进新时代人民政协工作专题研修班精神；省纪委省监委《关于义乌市有关领导干部在疫情防控工作中失职失责问题的通报》精神及龙湾区贯彻落实意见。会议审议通过《进一步强化安全生产责任落实坚决遏制较大以上事故35条措施（送审稿）》《关于深入推进乡村振兴加快推动共同富裕的实施意见（送审稿）》《龙湾区教育人才引进和培育实施办法（送审稿）》《2022年度全面从严治党主体责任考核办法（送审稿）》《龙湾区平安建设监督履职“十个一律”责任追究办法（试行）（送审稿）》《温州市龙湾区法治人才培育行动计划（送审稿）》。会议书面学习《关于迅速贯彻落实习近平总书记重要指示精神全力做好自然灾害防范应对工作的通知》《关于当前我省意识形态领域形势的通报》（浙委办发〔2022〕43号）精神；全省宣传文化系统专题研修班、全市城乡社区工作会议暨“共享社·幸福里”建设推进会、全市信访工作推进会精神；市委刘小涛书记在《县（市、区）、市直单位关键指标“警示单”（1—8月）》上的批示、市人大常委会主任葛益平到龙调研精神及龙湾区贯彻落实意见。会议书面审议《关于推动党史学习教育常态化长效化的实施办法（送审稿）》《10月份全区工作要点（送审稿）》。

第三十三次龙湾区委常委会会议 10月14日召开，会议传达学习《关于党的十九大以来整治形式主义为基层减负工作情况的报告》《十九届中央政治局贯彻执行中央八项规定情况报告》等文件精神及龙湾区贯彻落实意见。会议审议通过《2022年度龙湾区党委（党组）落实意识形态工作责任制考核办法（送审稿）》《龙湾区城中村（经合社）综合整治三年行动方案（送审稿）》《温州市龙湾区关于高水平建设全域老年友好城市暨“未来康养智城”的实施意见（送审稿）》《温州市龙湾区事业单位管理岗位职员等级晋升制度实施方案（送审稿）》《温州市龙湾区事业单位管理岗位职员等级晋升实施细则（送审稿）》《关于调整区纪委区监委派驻机构设置和监督范围的方案（送审稿）》。会议听取亚运筹办工作专项巡察反馈整改情况及龙湾区贯彻落实意见的汇报。会议听取街道领导职数设置、群团组织等有关事宜的汇报。会议书面审议机关党建重点工作落实情况专项督查情况汇报、扫黄打非工作汇报、哲学社会科学工作汇报。

第三十四次龙湾区委常委会会议 10月24日召开，会议开展加强历史文化保护传承和文物保护专题学习，并进行学习交流。会议传达学习市委常委、市纪委书记、市监委代主任金焕民在龙湾区调研纪检监察工作时的讲话精神及龙湾区贯彻意见。会议审议通过《2022年度龙湾区街道、部门考绩办法（送审稿）》《深入学习贯彻落实党的二十大精神 全面开展“大学习、大调研、大谋划、大落实”专项活动实施方案（送审稿）》《关于组织开展2023年工作思路调研的通知（送审稿）》《龙湾区非正常死亡事件专项治理实施方案（送审稿）》。会议听取龙湾区打造高质量发展建设共同富裕示范区龙湾样板工作进展情况、党建统领网格智治工作、群团组织等有关事宜的汇报。

第三十五次龙湾区委常委会、温州高新区党工委会议 10月25日召开，会议传达贯彻党的二十大精神，审议通过龙湾区、温州高新区（温州经济技术开发区）《关于全面学习宣传贯彻党的二十大精神广泛开展“六学六进六争先”学习实践活动建议方案》。会议书面传达学习习近平总书记在二十届中央政治局常委同中外记者见面时的讲话精神及龙湾区贯彻意见。

第三十六次龙湾区委常委会会议 11月7日召开，会议研究干部人事工作。

第三十七次龙湾区委常委会、高新区党工委会议 11月14日召开，会议全面总结分析龙湾区三季度经济社会发展形势，并研究部署下步工作。会议传达学习《中共中央办公厅国务院办公厅印发〈关于建立健全领导干部自然资源资产离任审计评价指标体系的意见〉的通知》(厅字〔2022〕26号)文件精神及龙湾区贯彻意见。

第三十八次龙湾区委常委会会议 11月18日召开，会议传达学习习近平总书记在二十届中央政治局第一次集体学习时的重要讲话精神、《中共中央纪委办公厅印发〈关于贯彻党的二十大部署要求锲而不舍落实中央八项规定精神深化纠治“四风”工作的意见〉的通知》文件精神及龙湾区贯彻落实意见。会议传达《中共温州市委办公室关于当前我市意识形态领域形势的通报》精神，审议通过《关于当前我区意识形态领域形势的通报》《关于建立健全全国文明城市建设工作常态长效机制的实施意见（送审稿）》。会议听取乱设乱用财政专户乱存乱放资金问题自查自纠情况的汇报。会议研究干部人事工作。会议书面研究《11月份全区工作要点（送审稿）》。

第三十九次龙湾区委常委会会议 12月13日召开，会议专题学习党的二十大关于坚定不移全面从严治党的新部署新要求及《习近平关于依规治党论述摘编》，并进行交流讨论。会议传达学习习近平总书记关于疫情防控重要指示批示精神及中央和省、市疫情防控有关要求、习近平总书记关于“三农”重要论述和重要指示批示精神、习近平总

书记关于知识产权保护工作重要论述精神、中国质量（杭州）大会精神、《知识产权强国建设纲要》《国家标准化发展纲要》文件精神、习近平总书记致2022年世界互联网大会乌镇峰会重要贺信精神、习近平总书记在第五届中国国际进口博览会开幕式上的重要致辞精神及龙湾区贯彻落实意见。会议审议通过《龙湾区青年发展型城市建设实施方案（送审稿）》《龙湾区全面深化以集体经济为核心的强村富民乡村集成改革工作方案（送审稿）》《龙湾区深化国防动员体制改革实施方案（送审稿）》《关于促进社会组织高质量发展助力共同富裕示范区龙湾样板建设的实施意见（送审稿）》《温州市龙湾区规范事业单位（机关工勤）工作人员绩效奖金实施方案（试行）（送审稿）》。会议听取关于贯彻落实习近平总书记对机关事务工作的重要指示精神及龙湾区相关工作情况的汇报。会议研究干部人事工作。会议书面审议《关于深入推进新时代思想政治工作的实施方案（送审稿）》。

第四十次龙湾区委常委会会议　12月24日召开，会议听取2022年食品药品安全工作情况、2022年度“千人双评议”评议结果、给予阿力木江•巴吐尔记三等功的决定等有关事宜的汇报。会议研究干部人事工作。

第四十一次龙湾区委常委会会议　12月22日召开，会议传达学习习近平总书记关于党管武装和国防动员重要讲话及省军区党代会精神及龙湾区贯彻落实意见。会议听取年度武装工作完成情况及需要协调解决有关事项的汇报，审议通过《2022年区委常委议军会研究解决的事项任务分解表》。

第四十二次龙湾区委常委会会议　12月30日召开，会议听取关于省委易炼红书记在龙调研时的讲话精神及市委常委会会议贯彻落实意见精神的汇报，并部署龙湾区贯彻落实意见。会议审议通过《区委九届三次全会日程和分组讨论安排（送审稿）》《区委九届三次全会工作报告（送审稿）》《关于全面贯彻党的二十大精神　坚定捍卫“两个确立”　坚决做到“两个维护”　以“两个先行”窗口意识　践行“续写创新史”殷殷嘱托　奋力谱写中国式现代化龙湾新篇章的决定（送审稿）》。

（李　强）

重大决策

【推进龙湾文化高质量跨越式发展意见实施】　2022年1月26日，区委印发《关于推进龙湾文化高质量跨越式发展的实施意见》，明确到2025年，文化软实力显著提升，社会文明新风尚更加鲜明，人文凝聚力显著增强，努力成为新时代社会主义文化强省战略的县域样板。到2035年，物质富裕和精神富有达到新高度，软硬实力“双核”驱动，文化发展的主要指标走在全市前列。明确大力推进“三带一馆群”建设和深入实施“八大行动”。至2022年12月，龙湾区以构建“三带一馆群、一街一古镇”文旅格局为抓手，做好国安寺塔等重点文物保护，推进永昌古镇、奥林匹克体育小镇，建成投用高新文化广场、寺前街历史文化街区，创成“中华诗词之乡”。温州张璁纪念馆、叶萌春艺术馆、姜立纲书法艺术馆顺利开馆。

【推进街道模块化运行改革工作方案实施】　2022年4月5日，区委印发《龙湾区推进街道模块化运行改革工作实施方案》。完善融合“基层治理四平台”运行机制，各街道设置党建服务模块、综合治理模块、经济建设模块、综合执法模块、公共服务模块等五大功能模块，形成以党建服务模块为协调中枢，综合治理、经济建设、综合执法和公共服务模块围绕运转，攻坚专班兜底的工作构架，推动条块协同治理。年内，区执法力量下沉街道率64.3%，街道一线执法人员占比74.0%。

【“以先投后股方式支持科技成果转化”试点方案实施】　2022年8月22日，区委印发《龙湾区“以先投后股方式支持科技成果转化”试点实施方案》，明确先期以支持科研项目的方式，支持实验室科技成果“二次开发”，约定地方政府投入资金后期转换为股份的数量，待试点项目企业进入发展阶段后，将投入的财政资金形成的股份按照“适当收益”原则逐步退出的工作机制。通过试点加快建立完善多元化、多层次、多渠道的科技投入体系，强化科技创新链、产业链、资金链高效融合。通过试点提升政府支持科技创新功能，发挥政府资金引导功能，加强对科研成果产业化的前端支持，激励企业和社会力量支持科技成果产业化。通过试点优化财政资金支持结构，提高财政资金使用效益，推动若干试点项目企业实现市场化融资，推进科技成果转化成效。2022年，龙湾区试点各项工作取得初步成效。合作机构方面，创新性引入专属科技项目保险，引入银行资金，共确定3家银行、1家保险机构为合作机构。项目储备方面，面向区内高能级平台，共征集到项目申请书9个，项目方向涵盖生命健康、激光光电、数字经济等。智力支持方面，组建涵盖行业专家、金融机构、投资机构等的专家库，征集到专家146人。

【学习贯彻落实党的二十大精神】　2022年10月27日，区委印发《深入学习贯彻落实党的二十大精神　全面开展“大调研、大谋划、大落实”专项活动实施方案》。11月3日，龙湾区委常委会、温州高新区党工委会议和龙湾区、温州高新区（温州经济技术开发区）领导干部会议召开，传达学习党的二十大精神，对全区学习宣传贯彻工作作出部署。2022年，龙湾区掀起学习宣传贯彻党的二十大精神的热潮。全区各个部门多方位多形式学习贯彻党的二十大精神，把学习成果转化为谋划工作的具体思路、破解难题的办法举措、推动发展的实际成效。

【高水平建设全域老年友好城市暨“未来康养智城”意见实施】　2022年11月8日，区委印发《关于龙湾区高水平建设全域老年友好城市暨“未来康养智城”的实施意见》，明确到2025年，全区建成10个老年友好街道和50个老年友好村（社区），为打造“浙里康养”金名片提供龙湾范例。提出打造五大体系等主要举措。年内，龙湾区狠抓共同富裕，推进全龄友好社会建设，迭代升级“未来康养智城”，建成龙一医新院、区全民健身中心。

【推进乡村振兴工作部署】 2022年11月8日，区委、区政府印发《关于深入推进乡村振兴 加快推动共同富裕的实施意见》。文件指出，2022年，全区农林牧渔业增加值增长2.0%以上，农村居民人均可支配收入增长8.5%以上，低收入农户人均可支配收入增长15.0%以上，城乡居民收入比缩小至1.57。主要任务是全力抓好粮食和重要农产品供给；实施“五年倍增”行动，建设新型帮扶共同体；推进“两带两园”行动，全力促进农业产业转型升级；开展“乡村整治”行动，构建乡村治理体系；深化“集成改革”行动，提升农业农村智治能力等。

【建设高质量森林龙湾打造林业现代化先行区意见实施】 2022年12月26日，区委印发《关于建设高质量森林龙湾打造林业现代化先行区的实施意见》，明确到2035年基本实现生态林业完备、富民林业发达、人文林业繁荣的目标，高水平实现林业治理体系和治理能力现代化。提出厚植生态底色、拓展绿化空间、培植绿色产业、弘扬生态文化、深化改革创新五大方面的任务。

（李　强）

巡察工作

【巡察工作主体责任落实】 2022年，区委巡察机构制定出台《中共龙湾区委巡察工作规划（2022—2026年）》《龙湾区委落实巡察工作主体责任清单》《中共温州市龙湾区委巡察整改质效评估办法（试行）》，编印《龙湾区委巡察机构制度汇编》，推动形成统一领导、分级负责、系统集成、协同高效的巡察工作格局，压紧压实被巡察党组织整改主体责任。

【巡察工作会议】 2022年4月15日，全区巡察工作会议暨九届区委第一轮巡察动员部署会召开。会议传达十九届中央第九轮巡视动员部署会精神，部署市县巡察发现问题“全面对照、全线整改、全域治理”专项行动，宣布九届区委第一轮巡察计划。区委第一轮巡察对区经信局、区民政局（区移民服务中心）、区司法局、区商务局（区服务业发展中心）、区应急局、区市监局、区综合行政执法局、区政务服务中心党委（党组）8个单位党组织开展常规巡察，为期2个月。2022年9月21日，龙湾区召开全区巡察工作会议暨九届区委第二轮巡察工作动员部署会。根据区委统一部署，区委第二轮巡察安排4个巡察组，对区委、区政府信访局、区科学技术局、区人力资源和社会保障局、区金融工作服务中心、区交通工程建设中心、市自然资源和规划局龙湾分局、区总工会、团区委、区妇女联合会9个部门单位党组织开展常规巡察，对永中街道下辖22个村社开展村社巡察。

【巡察问题整改督导】 2022年，区委巡察机构顺利完成九届区委第一轮、第二轮巡察工作，发现问题549个，移交高质量问题线索23条，督促指导完善制度23个。配合市委第三巡察组对永中街道开展提级巡察工作，同步巡察22个村社。开展信访积案专项巡察，发现问题14个，问责7人，化解42件信访积案。印发《关于开展市县巡察发现问题“全面对照、全线整改、全域治理”专项行动的通知》，组织全区各部门、街道、村社对照巡察发现问题，整改问题333个，问责111人，党纪政务处分13人，挽回损失551.60万余元，健全制度139项。

【巡察“回头看”】 2022年，区委巡察机构开展“三全”专项行动，加强对省委巡视“回头看”反馈问题和省、市、区“七张问题清单”整改落实情况全程监督，督促省委巡视“回头看”反馈问题完成整改25个，整改率96.2%，其中“推进科技创新力不够”问题整改入选全省问题整改典型示范案例，“虚增行政诉讼案件”问题整改获市委主要领导批示肯定。督促八届区委部门巡察“回头看”8家单位完成问题整改269个，追责问责人员156人次，挽回经济损失874万余元，建立健全制度机制45个。

（高　强）

区委综合事务

【概况】 2022年，中共温州市龙湾区委办公室落实基层减负各项规定，推进“精文减会”工作。执行发文立项、配额管理和前置审核等规定，实现公文从“入口”到“出口”全程精细管理。全年，龙湾区重点精简的文件发文数量为212件，占2022年可发文数比例为41.3%。实行协同办公流转，共办理中央、省、市文件2304件，区内兄弟单位各类文件、会议、通报等共4912件。依托数字赋能，构建“智控”模式，运用县市区会议填报系统，审核监管把关全区各单位上报各类会议，变传统事后监管为事前、事中监管，取得明显管理成效，2022年，全区统计上报纳入减负范围区级会议118个，其中党委和党委部门工作会议62个，政府和政府部门工作会议56个，会议总量比2021年下降13.9%。

【法规工作】 2022年，龙湾区推动党内法规工作转化为区域治理效能，履行法规主体责任。强化党内法规学习，将党内法规工作纳入领导干部培训班、党史学习教育、“三会一课”学习内容、领导干部和公务员普法考试、新提任领导干部法律考试等。提升备案审查力度，坚持“有件必备、有备必审、有错必纠”原则，严谨细致、精益求精，抓好规范性文件审核和备案审查工作，全年区委向市委报备党内规范性文件36件，全部通过审查，未出现漏报、迟报、瞒报现象，未收到纠正、撤销等情况，合法合规率100%。全区各街道党工委和区属单位党委（党组）向区委报备党的规范性文件35个，高质量完成合法性审查。

【保密工作】 2022年，区保密局坚持“党管保密”不变原则，完善党对保密工作统一领导的体制机制。抓好“两识”教育，持续推进保密宣传教育。把失泄密案件作为反面教材，利用全民国家安全教育日、保密法治宣传教育月、保密小学堂等多种形式，巩固拓展保密教育宣传阵地。组织全区干部参加省市各类保密业务培训463人次，发放各类保密宣传资料800余份；利用LED显示屏、钉钉、微信、QQ等媒体平台，开展保密法律法规宣传、保密工作知识推送、案例警示教育等活动。加大检查查处力度，压实保密管理主体责任。重点围绕涉密人员、涉密设备、涉密文件、要害部位四方面全生命周期管理对全区保密工作进行部署，在各街道、区属各单位开展自查自评活动。从区委政法委、区网信办、区大数据中心及区公安分局等单位抽调技术人员组成保密检查协作组，整合相关部门保密工作资源，加强保密检查技术力量。

【考绩督查】 2022年，区考绩委办研究制定《2022年度龙湾区街道、部门考绩办法》，助推区委、区政府一系列重大决策部署落到实处。搭建比拼平台，组织开展“龙湾擂台·三赛六比”系列比看现场会，通过“街道特色赛场”“部门督政赛场”等活动，督促和激励全区上下“比特色、比项目、比位次、比实干、比担当、比环境”。优化联动机制，出台《关于建立龙湾区和温州湾新区考绩工作联席会议制度的通知》等工作方案。建立“督考联动”“浙政钉”工作群，整合龙湾区、温州湾新区督考力量。深化督查工作制度，尤其是对市委主要领导交办事项、被浙江卫视《今日聚焦》栏目曝光及温州电视台《新政聚焦》曝光事项等进行跟踪督办，全年完成省、市级交办件55件。开展对数字化改革、“七张问题清单”、“两个健康”先行区创建、地方政府专项债券资金使用、经营性用地做地等20多项重要事项跟踪督办，并实行动态通报。全年共办理区委主要领导批示件2152件，跟踪督办交办件69件，挂牌督办重要工作事项16项。

（李　强）

全面深化改革

【概况】 2022年，中共温州市龙湾区委改革办（以下简称区委改革办）加大改革创新力度，统筹推进深化改革、数字化改革和共同富裕示范区建设重大改革，深化“未来城区”集成改革行动，推动改革赋能高质量发展。全年召开改革委会议2次、数字化改革推进会3次，开展督察通报30多次，推动解决跨领域难题30多个。工业稳增长、就业创业、事中事后监管等机制改革获省政府督察激励，10多项改革成果被省、市改革内刊刊发推广，“全域未来社区建设”等9个项目获省、市全面深化改革突破奖。12月12日，举办龙湾区第二届“未来城区”集成改革创新实践案例评选活动。

【数字化改革】 2022年，区委改革办以数字化改革为牵引，“6+1+1”系统平台发力，143个省级重大应用贯通，20多项特色应用持续深化，63个组件入选省级大脑。未来康养智城、文化旅游公权力大数据监督等被纳入省重大改革“一本账”。殡葬管理等3个“一件事”纳入全省基层治理“一件事”一本账S0。瑞浦兰钧入选全省“未来工厂”。累计形成制度成果326项，理论成果255篇。“古宅新生”和“实有人口集成管理”作为核心子场景在全省数字化改革推进会上演示汇报。协同参与的“古系列保护”“青少年近视防控”等2个应用获全省“最佳应用”。文化旅游公权力大数据监督应用获评全省公权力大数据监督应用2022年度“最佳场景”。

【重点领域改革】 2022年，区委改革办深化“未来城区”集成改革，推进“大综合一体化”行政执法改革，推动145项高频执法事项赋权街道，在全市率先全域化推进“一街一队集中办公”新模式，创新推进涉企行政处罚“三书同达”制度。深化义务教育“双减”集成改革，推进校外培训机构治理入选教育部试点，获省义务教育阶段作业改革温州市实验区试点称号。推进“双碳”集成改革，深化低碳村、低碳街道试点创建，推动2674户大型用电企业参与电力市场化交易。深化要素市场化配置改革，制定出台要素市场化配置10大改革项目任务清单，成功中榜3个市级揭榜挂帅试点。

【改革宣传】 2022年，区委改革办抓好改革经验总结推广梳理改革成果，营造改革宣传氛围。《集成改革点亮“未来城区”》《乘“数”而上，智赢未来》在《浙江日报》上刊发；温八高“智融校园”应用、瑞浦兰均未来工厂、“亚运精品风景带”“未来康养智城”“药品安全基层监管”等10多项改革特色经验做法在省、市改革内刊刊发。其中，“探索残疾人就业帮扶新机制”改革信息获省委常委、市委书记刘小涛批示肯定。成功举办第二届“未来城区”集成改革创新实践案例路演活动，对外发布11项改革创新成果，吸引全区5万余市民参与网络投票。

（周　宏）

政策研究

【开展理论研究】 2022年，中共温州市龙湾区委政研室聚焦“续写创新史”20周年主题，牵头完成“续写创新史、走好共富路”龙湾篇系列组稿

2022 年 4 月 15 日，温州市龙湾区九届区委第一轮巡察动员部署会召开
（区纪委区监委供图）

工作。撰写完成龙湾区“八八战略”实施综合评价报告，系统评估 2021 年度“八八战略”实施落实情况，展示工作成效，查找问题短板，提出工作思路，推进“八八战略”在龙湾落地生根。完成抓好党代会精神贯彻落实理论文章，推动党代会精神见实见效。

【政策文件起草】 2022 年，龙湾区出台涉及龙湾区与温州高新区（温州经济技术开发区）协作运行机制、街道“属地管理”事项责任清单、街道模块化运行改革工作、网格智治工作、事业单位建立管理岗位职员等级晋升制度、推进“大综合一体化”行政执法改革、企业上市工作实施方案、“最美龙湾人”礼遇和帮扶实施办法等多个政策文件。

【政策课题调研】 2022 年，区委政研室紧扣区委、区政府中心工作，开展社会热点调研。牵头做好国务院发展研究中心在蒲州和状元等街道开展民生关切点入户调查相关工作。坚持专家申报课题与领导点题相结合，开展前瞻性战略问题研究，对当前温州湾新区、龙湾区经济社会发展的现状、目标、任务、路径、举措进行分析梳理，形成《当前温州湾新区、龙湾区经济社会发展思路研究》理论成果。参与温州市 2022 年度优秀调研课题评选和申报工作，一批优秀课题成果逐步转化。

（李 强）

组织工作

【概况】 2022 年，温州市龙湾区基层党组织 2008 个，其中党委 59 个，党总支 97 个，党支部 1852 个，党员 23186 人。街道党工委 10 个，社区党委 25 个、社区党总支 3 个，建制村党组织 246 个，其中党委 1 个、总支部 56 个，支部 189 个；“四上一农”非公企业 1103 家，新社会组织 283 个，非公企业党组织 673 个、社会组织党组织 80 个。完成温州湾新区体制人事调整。全区组织工作经验做法获中组信息、省组信息、浙江信息等市级以上信息刊物录用 10 篇（条），被《中国组织人事报》《光明日报》客户端、《浙江日报》等省级以上主流媒体报道 110 次。《龙湾区、高新区圆满完成温州湾新区体制调整机构人事工作》等 3 项工作受到省委领导批示肯定。

【社区党建】 2022 年，中共温州市龙湾区委组织部（以下简称区委组织部）推进党建统领现代社区建设和网格智治，夯实基层组织建设。开展“共享社 • 幸福里”创建，探索“信托制物业”“共享助调”等模式机制，其中“信用积分制”被省发改委列入“信用＋社会治理”省级试点。落地“业标街管”“业财代理”等制度。创新开展红色社群孵化，全年完成“共享社 • 幸福里”62 个建设目标，万顺社区、景秀湾花园等 6 个创建单元获全市“共享社 • 幸福里”引领型（五星）样板。全区 225 个小区组建实体型

2022 年龙湾区党员基本情况一览表

表 3

项 目	数 量（人）
党员总数	23186
预备党员	276
女性党员	8177
少数民族党员	76
35 岁以下	6388
60 岁及以上	3862
大专及以上学历	13483
初中及以下学历	4634
农村党员	7173
非公有制经济单位党员	5943

党支部或拓展型党支部。推进“网格智治”系统迭代，出台党建统领网格智治“1+6”政策体系，完成263名专职社区工作者招录。深化村社组织“村播街赛·三比三看”活动，1个街道14个村社完成“百千万”创评任务。

【共同富裕组织保障】 2022年，区委组织部紧紧围绕打造共同富裕示范区“龙湾样板”总体目标，深化扩中提低改革。聚焦村集体经济，持续推进项目落地、组建区级强村公司、加强财政政策奖补，确保集体经济总收入增速15.0%，消除年经营性收入50万元以下村，全年新开工项目21个，投资6.71亿元，增收2700万元。围绕“三资”管理，规范村集体分红分配制度，优化“三资”管理队伍建设，厘清历年租金收缴情况。深化党建联建，采取以强带弱、优势互补等方式，实现基层党组织结对互促。深化“共富工坊”建设，引导企业积极对接村社，在农村党群服务阵地、闲置房屋土地等创办工坊，推动农民增收、企业增效、集体增富，谋划建成“麦麦酒”“东篱下”共富工坊等“70+”服务矩阵，带动周边村民及低收入群体月均增收约2000元，埭头、互联网之家、天时电器等13家获评星级共富工坊。

【党员发展教育管理】 2022年，区委组织部做好党员发展教育管理工作，制定《党员模块化教育工作实施方案》，推进“瓯江红·E路党教五库”建设，征集课程49节、教材7部、案例6个。全年举办各类党员培训班55期，培训党员6294人次。深入开展党员大教育、流动党员大排查行动，全年排查核查流动党员6919人次，完成2753名流动党员纳管和组织关系清理规范。发动170多名发展对象到社区参与“防疫”“创文”，充实基层网格力量。

【“两新”党建】 2022年，区委组织部实施“三年创优、整体跃升”工程，助推社会经济稳进提质。开展“两新”组织有效覆盖行动，实现20个政企党建联建规范运行、81家重点企业（站、网点）绿色发展、“四上一农”企业覆盖率超80.0%。组织开展党组织“六星争创”与“双强红领”年审工作，落实“双强红领”金十条保障待遇，评选星级党组织361个。推进麦田能源、夏梦·意杰、泰昌集团、伊利康等头部企业党建示范点创建提升工作，入选市级品牌3个、区级5个。推进新业态、新就业群体党建工作，探索出台“驿家亲”积分兑换管理办法，激励360名快递小哥加入“龙城骑士”志愿服务团，互联网企业党建示范点获省委领导肯定。

【干部管理】 2022年，区委组织部以温州湾体制改革为契机，推进干部队伍干部工作系统性重塑，优化全区干部队伍结构。做好温州经济技术开发区托管划归的海城、沙城、天河、星海等四个街道的科级领导干部人事调整工作，共涉及67人。稳妥有序完成温州湾体制调整干部分流工作，分级分类通盘统筹做好人事调整。出台《龙湾区年轻干部选育管用“五航”行动方案》。选优配强“一把手”，注重优化结构、人岗相宜、梯次配备，有针对性配备具有专业背景的复合型干部，提升全日制大学以上学历的干部比例，全年实行人事调整7批次涉及224人，选配“一把手”26人。创新定向选、定点用、定心育的“三定”工作法，开展全区中层跨部门跨条块交流，成功交流干部38人。

【干部激励机制】 2022年，区委组织部建立“及时奖励”制度，开展第二、四季度及时奖励以及文明创建、信访积案化解、科技创新夺鼎等专项奖励，评选出2022年度“担当奖”项目12个，“担当作为好干部”22人。健全“实战历练”计划，组织新入职的15名选调生到村任职一线历练，选派270多名副科级干部、40多名中青班学员参与“疫情防控”“亚运筹备”等专项工作，选派9名专业干部和人才到四川仪陇短期挂职锻炼。实施“培训赋能”计划，选调80多名干部参加主体班次学习。300多名干部参加“稳增长”“数字化改革”专题培训，干部思想素质提升有力有效。打造“亮绩比绩”平台，综合集成领导班子和干部多维信息，形成个人“干事档案”，完成全区72家领导班子和500多名领导干部近4年32项数据信息收集，2022年共有377项任务责任落实到人。

【公务员管理】 2022年，区委组织部深化源头“优选计划”，推动公务员工作提质增效。执行公务员考录工作三年行动计划，通过公开招考、“双一流”选调全年考录公务员44名，比2021年增长83.0%。制定《龙湾区助力新考录公务员成长成才七条举措》，力促精准

2022年1月19日，2022“迎新春·赢未来”龙湾区高层次人才新春沙龙活动举办
（区委组织部供图）

识别优秀年轻公务员。推行公务员平时考核机制，在全区开展公务员考核工作满意度测评，68家单位2852人参与测评，收到343条有效意见建议，通过制定计划、工作小结、定期评鉴、结果汇总、公示备案等程序，实现考核模块化运行、规范化操作。印发《龙湾区公务员基础绩效奖操作口径》，完成津贴补贴规范。

【干部监督】 2022年，区委组织部以选人用人专项检查为抓手，强化日常干部监督，形成干部大监督工作格局。开展选人用人专项检查，制定出台《龙湾区选人用人专项检查和整改工作实施办法》等文件，组建首批选人用人人才库，开展两轮专项检查，全年共对16家区属单位开展选人用人专项检查，发现问题96条，处理25人。建立干部监督联席会议制度，形成每月定期沟通、紧急信息即时沟通的机制，全年共收集干部监督信息71条，召开容错纠错联席会议3次。加强干部日常监督管理，从严查核信访举报，全年受理各类问题线索、信访件8件，移送纪委2人、函询1人、诫勉1人、提醒谈话1人。围绕因私出国境、经商办企业、社团兼职审批等开展系列整治行动，整改因私出国境问题12起、经商办企业8人、更新干部兼职信息94条。

【招才引智】 2022年，龙湾区坚持“人才强区”首位战略，探索专班化攻坚、阶段化推进、项目化落实的人才工作新机制，推动人才集聚力、创新策源力、生态涵养力“三大提升”，在全市人才工作述职评议中获全市第一位。紧抓人才扩容，成功引进全职A类院士1名，申报入选省“鲲鹏行动”计划专家1名。大力实施“海外引才”“瓯越英才”等计划，申报入选国家级、省级海外引才计划34人。通过“以赛练才”“揭榜挂帅”等方式，获评市“瓯越英才计划”30人，新增市级领军型创业项目8个、市级高水平创新团队2支，获奖总量全市第一。持续攻坚“510+计划”“万名工匠培育工程”等行动，推动DXC、瑞浦等重点企业与在温高校共建产学研技联盟，打造产教融合型企业19家、站点50个，常态化定向实训学生2514人。全年引进大学生1.10万人，其中博士36人。培育高技能人才8705人。示范打造全市首家全景式人才主题公园，新建人才咖啡3家，组织开展青年精英人才研修班、高层次人才新春沙龙等人才活动18场。

【人才政策优化】 2022年，龙湾区升级区人才新政3.0版，出台国际云软件谷政策、人才留龙“十条”等专项政策，创新推出龙湾英才奖、首席科技馆等举措。“人才政策‘智算器’”项目申报省组织系统数字化改革“四个好”系列评选，新开发完成市级试点项目——瓯越人才人事管理系统，并在两家科研院所试运行。实施人才房常态化配售，形成422套人才房源池，促成两期40人成功选房，新启用菁英大厦等人才公寓共100套。

【关心下一代工作】 2022年，区关工委办发挥基层关工委组织和“五老”作用，持续开展关心下一代工作。紧抓“五老”报告团、老兵宣讲团载体，开展“红船领航成长强国复兴有我”主题教育、“孝老敬贤颂党恩”主题教育等100场宣讲活动。搭建关心关爱平台，开展结对帮扶活动，共慰问困境青少年334人，资助金额82.60万元。联合区检察院出台《关于建立家庭教育指导协作机制的意见》，组建12名“五老”关爱帮教团，对12起涉案未成年人及家长进行家庭教育指导。创新推动企业关心下一代工作向商会延伸，依托永兴商会成立关心下一代工作委员会。

【老干部工作】 2022年，区委组织部统筹做好老干部党建引领、作用发挥。推出“一季一通报”，每个季度邀请一位部门主要负责人围绕一个主题开展通报活动，全年围绕交通工程、工业发展、高新区建设、民政事业四个季度主题开展实地参观调研和部门主要负责人通报活动，让老干部对地方中心工作有更深入、更直观的认识。落实困难退休干部和离休干部遗孀帮扶等工作，为22位重疾、困难老干部提供7.07万元补助。

（何建鑫）

宣传工作

【概况】 2022年，中共温州市龙湾区委印发《中共温州市龙湾区委关于推进龙湾文化高质量跨越式发展的实施意见》，并制定《三年行动计划清单（2022—2024）》。“三带一馆群一街一古堡”建设和“八大文化行动”取得阶段性成效。获评全国版权示范单位。成功创建浙江省诗词之乡。获省级文化产业发展专项资金3000万元。

【党的二十大精神学习宣传】 2022年，中共温州市龙湾区委宣传部（以下简称区委宣传部）制定《党的二十大精神宣讲活动方案》，开展“六学六进六争先”学习实践活动，印发《理论参阅——党的二十大精神专题学习》3期。组织领导干部“学习贯彻党的二十大精神”专题轮训班，各级党委（党组）开展“党的二十大精神”理论中心组学习90多场，区领导赴基层联系点开展宣讲25场。组建“领导干部+支部书记+专家骨干+联村驻企干部+基层宣讲员”“大宣讲团”，开展基层宣讲500多场。区级媒体开设“喜迎二十大　逐梦向未来”“二十大精神在身边”等专题，刊发学习宣讲报道2000余篇。

【区委理论中心组学习】 2022年，中共温州市龙湾区委以学习贯彻习近平新时代中国特色社会主义思想，开展理论中心组学习18场，其中专题研讨12场，中心组成员在《求真》等市级以上理论刊物刊发理论文章32篇。6月，建立区委理论学习中心组学习交流材料预审机制，全年共审核7次、101篇文章。

【理论研究】 2022年，区委宣传部实施“续写创新史　走好共富路”理论研究工程。实施“校地合作”模式，与中国社科院合作开展理论调研，征集以“续写创新史　走好共富路”为主题的论文110篇，编印《共同富裕理论研究论文集》。《以共同体优势推进共同富裕》《关爱弱势群体是共同富裕题中之义》《厚植精神文化力量　推进共同富裕》3篇论文在《中国社会科学报》发表。

【理论宣讲】　2022年，区委宣传部加强理论宣讲工作，印发《关于加强新时代理论宣讲工作的实施办法》，优化新时代青年理论宣讲团，举办龙湾区青年理论宣讲大赛暨精品微党课选拔赛。承办温州市“瓯越思享+”理论宣讲龙湾专场活动、温州市党校系统“党的二十大精神”微党课比赛，获评温州市“党的二十大精神”艺术党课比赛优秀组织奖。培育“宣讲直通车”进基层、“一村一剧”文艺宣讲、“廊亭微宣讲”等载体品牌，全年累计开展各类理论宣讲活动1500多场。

【对外宣传】　2022年，龙湾区在市级以上主流媒体发稿5401篇次，比2021年增长34.0%。《浙江日报》头版刊发11篇，《温州日报》头版刊发449篇，居全市第一位。100万人次阅读量以上爆款稿件305篇次，总阅读量9亿余人次。开展“党的二十大精神”“外籍高精尖人才看龙湾”等国际传播系列活动10多场，通过新华网、《中国日报》等媒体矩阵全球传播推送，海内外阅读量300多万人次。全年举办新闻发布会5场。

【最美人物选树】　2022年，区委宣传部深化好人选树和关怀帮扶机制，截至10月底共入选浙江好人2人、温州好人10人、最美诚信温州人2人、感动温州十大人物1人，落实好人帮扶机制31人次20万元。

【出版管理】　2022年，区委宣传部加强出版管理工作。完成全区72家印刷企业和66家出版物发行单位的年检，开展企业安全生产集中督查行动8次、专项督查行动4次，完成版权登记854件。温州澳珀家俱有限公司获“全国版权示范单位”称号。

【扫黄打非】　2022年，区委宣传部推进“扫黄打非”工作。侦破涉黄涉非大案要案3起，其中1起在全国“扫黄打非”办挂牌督办。永兴街道南园社区获评省级“扫黄打非”进基层示范点，永中街道、状元街道获评市级“扫黄打非”进基层示范点。开展“绿书签行动”系列宣传教育活动，发放绿书签2.40万张。

【文化惠民】　2022年，龙湾区实施“惠享文化·共富龙湾”文化惠民行动，举办“一村一剧”第六届文化礼堂“民星秀”大赛，参与群众598人。开设“一周一课”线上线下公益课堂400多个，线下学员4200人次、线上点击率272.72万次。放映农村数字电影1452场，观影人数13万余人次。

【意识形态领域管理】　2022年，区委宣传部加强意识形态领域管理，正式运行龙湾区意识形态闭环管控智治平台，对九届区委第一轮、第二轮巡察的17家单位开展意识形态专项检查，对全区76个街道、部门开展全覆盖式意识形态年度检查。

【宣传干部队伍建设】　2022年，区委宣传部深化干部培训，8月1日至5日，龙湾区意识形态工作责任制暨新闻发言人培训班在浙江大学举办，全区各街道、各单位共60多人参加培训。开展全区宣传系统“擂台四比”集中述政活动，提升干部业务能力。

（林郁郁）

统一战线工作

【概况】　2022年，中共温州市龙湾区委统战部聚焦区第九次党代会提出的“三大新图景”和“一区五城”建设，围绕“守底线、求创新、强活力”工作主线，创新打造“新乡贤综合体”“楼宇统战联盟”“欧美同学会”等10多个统战工作平台和阵地。大力推进“党外宣讲团”“乡贤共富讲坛”“亲清直通车·政企恳谈会”“局长沙龙”等特色品牌活动120多场。温州市宗教活动场所优化整合工作现场会在龙湾召开。

【政治思想建设】　2022年，区委统战部深刻学习领会习近平总书记关于加强和改进统一战线工作重要思想，以学习贯彻党的二十大精神为主线，组织民主党派、民营经济、宗教界、侨界等多领域开展“永远跟党走·奋进新征程”“坚定信心、共谋发展”“助力共同富裕”等系列主题活动，通过全区统一战线读书会、多党合作图片展、红色寻根、党外宣讲团等形式，引导统战成员与区委同频共振、同心同向，筑牢坚决拥护“两个确立”共同思想基础。

【“两个健康”先行区创建】　2022年，区委统战部推进“亲清直通车·政企恳谈会”“清廉民营工程”“进访助”行动等精准助企品牌活动。围绕龙湾特色的“5+4”产业，召开政府工作征集建议、税务交流、商务等主题的亲清直通车·政企恳谈会，梳理化解意见建议20条。统筹人才驿站、在外商会等组织资源，赴广州、深圳、杭州等地授牌成立龙湾区在外“乡贤驿站”，搭好区委、区政府和各地龙湾籍知名人士的沟通联系桥梁。赴企业开展“助企开门红”新春大大走访、“暖心助企留岗”活动，共送出生活日用品爱心礼包600多份。联合区纪委、检察院、司法局等打造清廉宣教团，入企开展党章党纪、法律法规宣传以及违纪违法典型案例剖析等30多场。举办“红色接力”“民营经济人士理论研修班”等系列培训活动，深化“龙湾企业家训练营”“法企讲坛”“局长沙龙”等特色品牌。

【新乡贤工作】　2022年，区委统战部按照“共享融合、功能延伸、集成

2022 年 8 月 31 日，龙湾楼宇统战联盟启动仪式举行　　（区委统战部供图）

便捷、精准服务”的理念，在永中街道试点打造全市首个“新乡贤综合体”，常态化开展“共富讲堂”“红色双休日”“乡贤·乡情”等特色活动百多场，受众人数近万人。成功创建状元亭、瑞延医养等 2 个市级“乡贤助乡兴”实践基地，指导永兴、海滨等街道做好新乡贤联谊会成立大会筹备工作，并增设新乡贤带富基金 3 个，共认筹资金 800 万元，用于区扶贫帮困等慈善事业。在广州、深圳、杭州等地授牌成立“乡贤驿站”，全年组织开展海外高层次人才看龙湾、海外侨领看家乡等活动 6 场。

【党外知识分子和新的社会阶层人士统战工作】 2022 年，区委统战部持续推进港澳台海外统战工作和侨务工作，谋划“海外侨领故乡行”“青年乡贤看龙湾”等活动，成立全市首个县级欧美同学会，吸纳 154 名优秀留学归国人员入会，引导好、发挥好归国留学人员独特优势，发展壮大海外友我力量，画好新时代爱国统一战线同心圆。以“商务楼宇”为切口，聚焦科技、文化、金融等领域，集成化打造“楼宇统战联盟”工作品牌，推出“1355+N”工作模式，依托光电大厦、红连文创园、顺富大厦三大基地，集成化打造楼宇统战联盟。联盟下设三个子基地，五个同心活动平台，每月由三个子基地轮流组织 1—2 次主题沙龙、宣传演讲、志愿者服务等交流互动活动，累计开展主题教育、专题学习等活动 25 次，组织或参与创业论坛、民生议事、公益帮扶等社会服务活动 12 场次，服务群众上万人。成功吸引入驻企业 349 家、各民主党派 45 人、新的社会阶层人士 3370 人。

【宗教领域统战】 2022 年，区委统战部强化宗教领域风险防控，全年召开宗教专题工作会议 9 次，综合打好宗教事务管理“一五八”组合拳，推进“1+6”专项行动，联合查办 5 起行政违法案件，制止非法宗教活动 5 起，取缔非法活动点 3 处。创新推出集中安置、合并安置、货币安置、功能置换等多种模式，以数字化赋能推动宗教活动场所安置提速、减量提质。年内，龙湾区宗教活动场所优化整合一件事在政务云上线、“浙政钉”、浙江掌上宗教同步上线并推广。持续开展宗教场所消防安全标准化管理建设，组织宗教团体及信众开展消防演练等活动，受众 1500 多人。

（谢对对）

网络安全与信息化

【概况】 2022 年，温州市龙湾区网信战线学习贯彻习近平总书记关于网络强国重要思想，网络综治能力提升，网络安全工作亮点频出，网络正面宣传推陈出新，为加快建设“一区五城”，奋力打造高质量发展建设共同富裕示范区龙湾样板提供信息化支撑和网络安全保障。8 月 31 日，龙湾区委网络安全和信息化委员会第四次全体会议暨依法治网工作推进会召开。

【网络综合治理】 2022 年，龙湾区开展“之江净网·瓯越清朗”网络生态治理行动，开展“打击网络谣言”“电信反诈”等 30 多项专项行动，累计查删各类违法违规信息 50 多条，指导整改网站 1 家，关闭和注销涉黄涉赌网站 14 家，排查属地 APP 应用程序 89 个，下架 30 个。持续深化网络法治普法工作，培育全省首个企业线上普法基地——“微法务”普法平台，开展《关于新业态骑手安全和网络安全》等线上普法直播活动 3 场，推出系列网络法治普法漫画及微动漫，惠及群众 10 万多人次。

【网络安全管理】 2022 年，龙湾区迭代升级龙湾网络安全平台，全年成功防御各类网络攻击 63 万余次。开展网络安全攻防演练，对发现的 339 个安全漏洞和隐患进行督促整改。开展网络安全检查和网上巡查 1130 多次，实地走访检查 11 家重点单位，发送网络安全预警 17 次，发放漏洞整改通知书 41 份，切实提升网络防范能力。开展网络安全知识普及，举办“行走的网安馆”网络安全展览，提升网络安全意识。

【网络普法宣传】 2022 年，龙湾区强化阵地建设，在网易新闻打造“e 法先锋”网络法治普法专栏网站，在区新时代文明实践中心打造“龙湾区网络文明素养实践教育基地”，打造龙

2022 年 9 月 6 日，2022 年龙湾区网络安全、网络法治宣传周开幕式暨温州市“云谷论剑”网络安全论坛在浙南·云谷举行　　　　（区委宣传部供图）

湾“娜警官”网络普法工作室，打造龙湾区“半小时依法治网普法圈”。全年开展“网约未来”未成年人网络道德建设百场活动。“半小时依法治网普法圈”分别选址龙湾区新时代文明实践中心、龙湾区法治文化公园、龙湾区万顺社区、龙湾区万顺社区智慧卫生服务站，打造法治宣传教育生活圈。“娜警官”52 个系列 300 多幅作品，在各新媒体平台上累计点击阅读量 100 万人次。

【温州市“云谷论剑”网络安全论坛在龙湾举行】　2022 年月 6 日，2022 年温州市“云谷论剑”网络安全论坛暨龙湾区网络安全、网络法治宣传周活动在龙湾举行。2022 年是龙湾连续第五年承办温州市网络安全周“云谷论剑”网络安全论坛。龙湾区将“云谷论剑”逐步打造成为浙南地区最具影响力、最权威的网络安全论坛品牌，吸引更多的互联网企业和人才进驻龙湾，为打造共同富裕龙湾样板提供强大动力。此次论坛上来自浙江大学、安恒信息数据岛、华为技术有限公司等单位的专家学者聚焦数据安全、隐私计算、数字政府等网络安全领域问题进行专题研讨。

【网络信息化发展】　2022 年，龙湾区推进政府网站信息发布机制落地，强化网站及信息安全主体责任。完善龙湾区政务外网架构体系，继续迭代升级电子政务外网，增加防火墙、堡垒机、日志审计等设备，提升网络安全态势感知、上网行为审计、协同准入管理等能力。在全区范围内实施政务外网实名制准入认证制度，使网络安全防护工作精细化、流程化，政务外网实名制认证率达到 97.2%，重点区域受控无线网覆盖率 100%。

【网上主题宣传】　2022 年，龙湾区承接中央网信办“大国之重·共同富裕”主题宣传活动，受到 162 家媒体平台关注转载，阅读量超过 500 万人次，全网正能量稿件推送 500 多篇，其中省级以上全网推送 54 篇次。创作《元宵节说灯》等爆款作品，获“讲好中国故事”创意传播大赛全国三等奖。开展外籍高精尖人才看龙湾等国际传播活动 10 多场，联合《中国日报》开设龙湾英文专题，面向海外发稿 596 篇，累计阅读量超 300 万人次，全力传播龙湾好声音。全年累计发动 6 万余人次完成转评赞任务 13 万余条。组织参加温州市时政评论挑战赛，报送各类时评文章和视频漫画评论作品 803 件，凝聚网络文明正能量。

（郭和强）

机构编制工作

【概况】　2022 年，中共温州市龙湾区委编办（以下简称区委编办）做好温州湾新区体制改革等相关工作，完成温州湾新区机构编制调整、人员落编、干部消化等一整套方案。推进“大综合一体化”行政执法改革。做好教育领域机构编制保障工作。推动街道组织形态变革。组织开展全区事业单位人员超编和混岗情况的自查自纠。对区经信局、区交建中心的机构编制进行审计。全区 56 家部门（单位）、6 家街道均完成年度机构编制报告。

【机构编制管理】　2022 年，区委编办协助推进重点领域改革工作，强化机构编制管理。完成社会建设管理委员会三定工作，设立区社会建设服务中心，优化新时代文明实践活动中心机构设置，新设区新时代文明实践活动中心，加挂区青少年活动中心、区妇女儿童活动中心牌子。“区旅游和体育事业发展中心”更名为“区体育事业发展中心”，并对中心相应职能做调整。理顺区府办与大数据管理中心人员编制混用问题，理顺其工作职能、人员编制，保障中心顺畅运行。开展理顺归口领导（管理）机关与被归口领导（管理）单位运行体制机制的调研工作。

【事业单位登记】　2022 年，区委编办规范事业单位法人登记工作。完成事业单位法人设立登记 17 家、变更登记 106 家、注销登记 4 家、补换领证件 17 家，办理统一赋码变更 24 家。推进事业单位章程更新工作，完成各类事业单位章程的审核工作，共计 69 家。完成事业单位年度报告公示 178 家，年度报告率和公示率 100%。

【机构编制数字化建设】 2022年，区委编办依托数字化监管平台，探索建立“梳理汇总、分析研判、跟踪处置、落实整改”工作机制，对全区预警的586条问题逐条分析研判。向29家单位下达书面通知书，督促完成120条问题的整改，强化部门机构编制自主管理意识。

【机构编制法治化建设】 2022年，区委编办组织《中国共产党机构编制工作条例》《机构编制违规违纪违法行为处理和问责规则（试行）》《关于规范和创新事业单位登记管理的意见》等机构编制政策法规宣传，抓好机构编制法规制度执行。深化机构编制报告制度，全区58家部门（单位）、10家街道均完成2022年度机构编制报告，完成率100%。加强机构编制法规制度执行情况和执行效果跟踪分析，探索建立机构编制运行质效评估体系，初步拟定《龙湾区机构编制执行情况和使用效益评估办法》和三级指标体系。

【基层管理体制变革】 2022年，区委编办印发《龙湾区推进街道模块化运行改革工作实施方案》等系列文件，围绕“162”体系和“141”体系贯通，搭建“综合信息指挥室+四大模块”标准化运行架构。以清单形式深化区街职责精细化管理。全年调整和完善权力清单2000多条，2416条监管事项实现全覆盖。健全区街指挥体系，整合组建物理集中、功能集成的区级社会治理中心。街道综合信息指挥室对上承接区社会治理中心工作，对下负责村（社区）网格管理考核工作。

【“大综合一体化”行政执法改革】 2022年，龙湾区按照省市《加快推进“大综合一体化”行政执法改革试点工作方案》《“大综合一体化”行政执法改革2022年重点任务清单》等文件精神，统一整合形成“1+8”执法队伍框架。落实省市关于推动执法力量下沉工作部署，全区超过60.0%执法力量下沉街道一线，其中区综合行政执法局超过65.0%人员力量下沉一线。撤销浙南科技城执法中队、空港中心区执法中队、中心区执法中队等3支功能区中队，职责由对应的属地执法中队承接。新增核定星海执法中队、沙城执法中队等4支执法中队，编制数比改革前增加35.0%。

【推进事业单位公益指数试点工作】 2022年，龙湾区承接省、市两级事业单位公益指数试点工作，选取卫生、文化、教育三大领域开展试点工作，通过公益指数采集分析掌握教育、卫生、文化领域机构编制运行情况，为下步机构编制调整提供参考依据。省级试点完成第一轮采集工作，市级试点完成全部试点任务，首次实现数据采集全数字化流程。

【编外用工管理】 2022年，区委编办分类施策推进编外用工管理。按照“严控总量、有减有增、动态平衡”原则，保障编外用工需求。针对相关区经信、人力社保、民政局、团区委等部门编外用工申请情况，走访梳理相关部门情况并建立台账，通过内部挖潜、资源整合、有保有压、腾挪盘活方式强化统筹调配，制定方案并提交编委会研究通过。同时，完成温州湾部门划转编外人员精简工作。

（张依虹）

区直机关党建

【概况】 2022年，中共温州市龙湾区委直属机关工委（简称区直机关工委）是区委派出机构，主管区直属机关系统党的建设和思想政治工作，领导区直属机关纪律检查工作委员会。年内，区直机关工委所辖172个基层党组织，其中11个机关党委、8个直属党总支、153个党支部，在职党员2219人，离退休党员278人。区直机关系统新发展党员12人，转正31人，20个党组织完成换届。指导新成立党组织2个，变更党组织名称3个，转隶党组织5个，撤销党组织1个。年内，在浙江红船干部学院举行龙湾区直机关党组织书记培训班，举行区直机关学习贯彻党的二十大精神报告会暨宣讲骨干培训（备课）会。

【思想政治建设】 2022年，区直机关工委以学习二十大精神立纲铸魂，传达学习党的二十大精神和省、市、区委的贯彻精神，研究部署工委贯彻落实意见，推出“学习作表率　工作争先锋”十个一系列活动（举行一场辅导报告、组织一场展示活动、举行一次智享沙龙等）。开发机关党建“数字责任链”平台，以数字赋能机关党建责任落实。以用好媒体资源形成声势，加大学习宣传力度，全年在“学习强国”、央视网、新华网报道3条，省市各类媒体刊发11条，省市机关党建网站发稿91条，区级融媒体刊发新闻55条。

【组织建设】 2022年，区直机关工委聚焦筑基固本，夯实基层基础。8月11日，开展新任机关党组织书记集中谈话暨适岗履职第一课。在全省率先落实15名党务干部“专兼职党务工作经历纳入干部履历”。全年打造机关事务管理中心等5个“红匠工作室”。建成全省首个法治主题的“瓯江红·区司法局党群服务中心”，特色做法被“学习强国”等媒体报道。7月7日，龙湾区举行区直机关“红七月·服务月”启动暨“瓯江红”区司法局党群服务中心授牌仪式。

【党风廉政建设】 2022年，区直机关工委聚焦政治铸魂，实施“学习作表率、工作争先锋”十大系列活动，完善“清廉机关模范机关”建设测评指标体系。年初推出“双建双争·共进共富”“一把手”谈访，区委宣传部等13个单位“一把手”积极参与。12月9日，举办“双建争先”观摩展示交流活动。年内培育区纪委区监委等10个“双建”示范点，建成区检察院市级引领型“清廉机关”1个，在全市率先全域开展基层站所清廉指数考评挂牌。

【效能和作风建设】 2022年，区委机关工委承接全市“双报到双服务”在瑶溪南洋社区试点，全区面向全年2350多名机关党员“双向”报到，破解企业村居问题822个。年内，区委机关工委提炼区投促中心“党建引领、精字招商”等49个“书记办实事”项目，推动瑞浦新能源千亿产业园等重大项目落地。

【“红心汇”服务品牌建设】 2022年，区委机关工委实施“红心汇•助残共富”专项行动，开展“红心汇•创业致富”“红心汇•润心助富”“红心汇•文化促富”三大系列行动，筹集服务资金22.50万元，服务覆盖到全区2500名残疾人群，“红心汇”服务品牌获全省机关党建工作创新成果奖。

（金军华）

信访工作

【概况】 2022年，温州市龙湾区推进省域信访工作现代化先行，全年全区共受理群众信访总量9.08万件（人次），比2021年上升137.9%，其中包括网上信访35770件次，上升247.0%；来信1521次，上升227.8%；来访674批次932人次，分别上升48.8%、下降11.6%。受理12345热线共5.26万件次，上升99.6%。

【信访专项行动】 2022年，区委、区政府坚持尽早部署、全盘考虑、细致落实，成功护航冬奥会及冬残奥会、全国“两会”、省党代会、党的二十大等重大活动。累计召开区委常委会7次、区委专题会议10余次、区信访联席会议2次以研究信访工作。部署开展信访积案化解“清零”行动、信访秩序铁腕治理专项行动、信访领域除险保安百日攻坚行动、平安龙湾信访领域“大起底大整治大提升”行动，督促按时、高质、高效落实信访工作措施，提升办理质效。

【信访积案化解】 2022年，区信访局建立信访积案及再访件定期研判会商工作机制，由区委、区政府主要领导领衔推动、带头攻坚，对疑难案件逐件研究、逐个研判、逐案过审。区委成立信访联合督导组，对部门、街道常态化开展驻点督导，实行“每日一战报、每周一通报、半月一排名、一月一督导”等机制，推动信访积案化解。年内共开展两轮信访积案化解攻坚行动，共化解343件信访积案。实体化解重点信访疑难问题。针对省、市级交办龙湾区“七张问题清单”重大信访问题，推动按期销号，实现全区21个重大信访问题100%销号。10月27日，已销号的市级重大信访问题《龙湾区海滨街道蟾钟土地征收三产返回地问题整改案例》，成功被评选为“七张问题清单”市级示范案例。

【领导接访下访】 2022年，龙湾区落实领导接访下访制，实行“简单信访马上办，一般信访快速办，疑难信访监督办”的初次来访“首接责任制”。落实区领导信访工作“一岗双责”，压实领导包案包干、约访下访接访、阅批群众来信等工作机制。全年区领导接待来访群众602批次722人次，初访化解率95.3%。区领导接访占区级登记走访93.0%。区委、区政府主要领导、区级部门主要领导阅批群众来信（网信）占诉求类来信（网信）总量分别为6.9%和9.6%。

【信访办理质效提升】 2022年，区信访局制定落实《龙湾区加强新时代网上信访工作实施方案》《关于开展龙湾区重复网上信访问题整治的实施方案》《龙湾区群众涉疫困难和问题化解服务工作机制》《龙湾区（高新区）信访办理质效“十个一律”责任追究办法（试行）》等系列工作方案，双向规范信访办理秩序、填补治理薄弱环节，适应工作需要。通过实地督办、发函督办、风险提醒函等形式，共发出督办函26封、现场协调6次，推动信访责任层层压实。全年，网上信访参评率98.1%，满意率99.1%。

（潘思思）

党史工作

【概况】 2022年，中共温州市龙湾区委党史研究室（以下简称区委党史研究室）推进党史研究、党史宣教、党史资料征编各项工作。全年完成党史三卷阶段编纂任务，完成《一张蓝图绘到底—忠实践行“八八战略”全纪录》龙湾篇撰写，完成《坚持创新驱动　加快打造浙南科创新城》课题。

【党史资料征编】 2022年，区委党史研究室加快编纂《龙湾党史（1978—2012）》工作，收集各部门相关党史资料和党史口述资料，完成《龙湾党史（1978—2012）》三卷第三编、第五编初稿和搜集齐全第四编资料。编辑出版《龙湾区组织史（第七卷）》，全书共19万字。编写2022年《龙湾区年度大事纪要》。

【区委区政府文件资料整理】 2022年，区委党史研究室自我加压，开展区政府工作报告资料汇编工作。经多方收集，共收录从1984年建区以来至2022年历届政府的政府工作报告39份，编辑出版《龙湾区政府工作报告汇编（1984—2022）》。启动《龙湾区委文件选编（2003—2012）》目录、文件初筛。

【“龙湾史志”编纂】 2022年，区委党史研究室不断提升《龙湾史志》期刊整体质量。全年出版《龙湾史志》4期，收录反映龙湾经济社会发展的各类文章94篇。10月27日，召开《龙湾史志》创刊20周年暨党史地方志助力龙湾文化建设座谈会。《龙湾史志》（原称《龙湾党史》，《龙湾史谭》2019年并刊）创刊20年来，共出版95期，累计稿件2500余篇，约1000万字。

（吴道边）

温州市龙湾区人民代表大会

2022年2月18日，温州市龙湾区第九届人民代表大会第一次会议开幕　　（叶晓东/摄）

温州市龙湾区人民代表大会

综　述
重要会议
人大监督工作
重大决定和依法人事任免
人大议案建议
代表工作
视察调研
执法检查
人大专门委员会工作

瓯海大道的南洋公园附近　　（刘吉利摄于2022年4月）

综　述

【概况】　2022年，温州市龙湾区人民代表大会常委会（以下简称区人大常委会）贯彻落实党中央、省、市、区委决策部署，履行法定职责，发挥人大优势，发展和完善全过程人民民主，推动人大工作与时俱进、创新发展。全年共召开常委会会议6次、主任会议14次，听取和审议"一府一委两院"专项工作报告46项，提出审议意见15件，作出决议决定18个，开展执法检查、视察调研81次，任免国家机关工作人员124人次，完成区九届人大一次会议确定目标任务。

【代表构成】　2022年，区人大常委会加强区人大代表选举工作。选举产生区九届人大代表234人，其中干部57人，占24.4%；工农116人，占49.6%；专业技术人员59人，占25.2%，少数民族1人，归侨1人；中共党员154人，占65.3%；党外人士80人，占34.2%；男性158人，占67.5%；女性76人，占32.5%；35岁及以下22人，占9.4%；36—55岁197人，占84.2%；56岁及以上15人，占6.4%；大学以上133人（其中硕士或研究生29人），占56.8%；大专及高职61人，占26.1%；中专、职高及高中26人，占11.1%；初中及以下14人，占5.6%；连任代表94人，占40.2%；新任代表140人，占60.0%。代表干群结构、年龄结构、新老代表比例较为合理，文化层次明显提高。

【组织建设】　2022年，区人大常委会加强人大组织建设。立足"四个机关"定位，贯彻落实新时代党的建设总要求，加强常委会党组、机关党组建设，履行从严治党主体责任。坚持"一周一学"制度，创设代表驿站、青年学习会平台，开展各类主题活动，打造区人大机关文化长廊，促进机关党建与人大业务有机融合。落实机关党风廉政建设和意识形态工作责任制。落实区委巡察问题整改，支持和保障区纪委区监委驻区人大机关纪检监察组工作。开展理论研究，定期举办区人大常委会理论研究工作沙龙，常委会班子成员牵头开展重点课题调研，向市人大报评理论研究成果17个，其中获一等奖1篇、获二等奖2篇、获三等奖1篇。加强对外宣传交流，做好"一网（人大常委会网站）一刊（常委会期刊）一号（龙湾人大微信公众号）"三大平台，推出"防控疫情，龙湾区人大代表在行动"等专题48期。开展"人大好故事"宣传月活动，全方位多层次宣传人民代表大会制度、代表履职故事。

重要会议

【区第九届人民代表大会第一次会议】　2022年2月17—20日，温州市龙湾区第九届人民代表大会第一次会议在区文化中心举行，出席大会代表230人。大会分别举行4次全体会议、4次主席团会议、1次计划与预算审查委员会会议、1次议案处理协调工作会议。会议听取和审查区长夏禹桨所作政府工作报告；审查和批准温州市龙湾区2021年国民经济和社会发展计划执行情况与2022年国民经济和社会发展计划草案报告，龙湾区2021年区本级预算执行情况和2022年区本级预算草案报告；听取和审查区八届人大常委会主任周赞所作龙湾区人大常委会工作报告，区人民法院代院长章禾舟所作龙湾区人民法院工作报告和区人民检察院代检察长陈学志所作龙湾区人民检察院工作报告，并对以上各项工作报告作出相应决议。大会通过《区九届人大一次会议选举办法》《区人大专门委员会组成人员人选通过办法》《政府民生实事项目满意度测评办法》《政府民生实事项目人大代表票决办法》。大会采用无记名投票方式，依法选举张纯芳为温州市龙湾区第九届人民代表大会常务委员会主任，陈林彬、叶庆权、姜法宏、王旭辉、潘乐仲、孙士岳为温州市龙湾区第九届人民代表大会常务委员会副主任，选举木林森、王霞等25人为温州市龙湾区第九届人民代表大会常务委员会委员，依法通过温州市龙湾区第九届人民代表大会专门委员会组成人员名单。选举夏禹桨为温州市龙湾区人民政府区长，李丹、缪克排、赵均宙、彭锋、董建树、陈志楠、陈丕侠为温州市龙湾区人民政府副区长。选举蔡爱东为温州市龙湾区监察委员会主任。选举章禾舟为温州市龙湾区人民法院院长。选举陈学志为温州市龙湾区人民检察院检察长。依法选举出温州市龙湾区出席温州市第十四届人民代表大会代表32人。大会还差额票决产生十项2022年度区政府民生实事项目，即安置提速项目、老有所养项目、学在龙湾项目、医保纾困项目、交通畅行项目、健康就医项目、就业共富项目、智慧安防项目、文化惠民项目、全民眼健康项目。

【区九届人大常委会会议】

第一次常委会　2022年4月20日召开。会议听取和审议区委常委、区政府党组成员李明达所作关于2021年度法治政府建设情况及2020年度法治政府建设审议意见落实情况报告，区人大常委会监察和法制司法工委主任许峰所作关于2021年度法治政府建设情况调研报告；区政府副区长董建树所作关于实施创新首位战略打造浙南科创新城审议意见落实情况报告；区委常委、区政府副区长缪克排所作关于2021年度环境状况和环境保护目标完成情况报告。会议审议各街道人大工委关于2021年度工作情况和2022年度工作计划报告。表决通过关于街道人大工委工作报告决议。会议表决通过有关人事任免事项。张纯芳主任为新任命人员颁发任命书，并主持举行宪法宣誓仪式。

第二次常委会　2022年6月28日召开。会议听取和审议区政府常务副区长李丹所作关于贯彻实施节约能源"一法一办法"情况报告、关于"大招商、招大商"攻坚行动推进情况报告、关于贯彻实施《浙江省粮食安全保障条例》审议意见落实情况报告，区人大常委会财经工委主任曾焕强所作关于贯彻实施节约能源“一法一办法”情况执法检查报告，区人大常委会教科文卫民侨工委主任吴建芳所作关于“大招商、招大商”攻坚行动推进情况调研报告。表决通过关于“大招商、招大商”攻坚行动推进情况决议。会议听取和审议区政府副区长彭锋所作关于有效减轻过重作业负担和校外培训负担，促进义务教育阶段学生全面健康发展情况报告，区人大常委会教科文卫民侨工委主任吴建芳所作关于有效减轻过重作业负担和校外培训负担，促进义务教育阶段学生全面健康发展情况调研报告。会议听取和审议区政府副区长董建树所作关于贯彻实施《中华人民共和国就业促进法》情况报告，区人大常委会社会建设工委主任张恩东所作关于贯彻实施《中华人民共和国就业促进法》情况执法检查报告。会上，为区九届人大常委会立法咨询专家组代表颁发聘任书。

第三次常委会　2022年8月23日召开。会议听取和审议区政府区长夏禹桨所作关于上半年全区经济社会发展情况和下半年政府工作报告，书面审议区政府关于2022年上半年国民经济和社会发展计划执行情况报告。会议听取和审议区财政局局长吴尊林所作的关于2021年区本级财政决算报告、2022年上半年区本级财政预算执行情况报告，区审计局局长包双一所作关于2021年区本级财政预算执行情况及其他财政收支审计报告，区人大常委会财经工委主任曾焕强所作的关于2021年区本级财政决算的审查报告，表决通过关于批准龙湾区2021年区本级财政决算决议。会议听取和审议区财政局局长吴尊林所作关于调整2022年区本级部门预算报告，区委宣传部、空港新区管理中心、区发改局、区卫生健康局、区应急管理局、区投资促进中心等6个单位所作关于2022年部门预算调整情况说明，表决通过2022年区本级部门预算调整。会议听取和审议区委常委、区政府党组成员李明达所作关于贯彻实施《浙江省综合行政执法条例》情况报告，区人大常委会监察和法制司法工委主任许峰所作关于贯彻实施《浙江省综合行政执法条例》情况执法检查报告。会议听取和审议区政府副区长陈志楠所作关于加快东部综合交通建设、助推“东部枢纽新城”进展情况的报告，关于贯彻实施乡村振兴促进“一法一条例”暨村社融合发展推进共同富裕工作情况的报告，关于2022年度民生实事项目进展情况报告。区人大常委会城建与环保工委所作关于加快东部综合交通建设、助推“东部枢纽新城”进展情况调研报告。区人大常委会农资工委主任沈爱巧所作关于检查乡村振兴促进“一法一条例”贯彻实施情况暨村社融合发展推进共同富裕工作情况调研报告。会议书面审议区政府关于贯彻实施《浙江省全民健身条例》《浙江省实施〈中华人民共和国体育法〉办法》审议意见落实情况的报告。会议书面审议区检察院关于法律监督工作情况报告，表决通过关于进一步加强新时代检察机关法律监督工作决定。会议表决通过有关人事任免事项，张纯芳主任为新任命人员颁发任命书。

第四次常委会　2022年10月17日召开。会议听取和审议区监委代主任谢庆全所作关于整治群众身边不正之风和腐败问题工作情况报告，区人大常委会监察和法制司法工委主任许峰所作关于整治群众身边不正之风和腐败问题工作情况调研报告。会议听取和审议区政府常务副区长李丹所作关于2021年度企业国有资产管理情况专项报告，区人大常委会财经工委主任曾焕强所作关于2021年度全区国有资产管理综合情况及企业国有资产管理情况调研报告，书面审议区政府关于全区国有资产管理情况综合报告、区政府关于2020年度国有资产管理情况综合报告及自然资源资产管理情况专项报告审议意见落实情况报告。会议听取和审议区政府副区长董建树所作关于贯彻实施《温州市“两个健康”先行区建设促进条例》情况报告，区人大常委会财经工委主任曾焕强所作关于贯彻实施《温州市“两个健康”先行区建设促进条例》情况的执法检查报告。会议听取和审议区政府副区长彭锋所作关于文旅融合发展情况报告，区人大常委会教科文卫民侨工委主任吴建芳所作关于文旅融合发展情况的调研报告。会议听取和审议区政府副区长陈丕侠所作关于“未来社区”建设进展情况报告，区人大常委会城建与环保工委主任吴伟鸿所作关于“未来社区”建设进展情况调研报告。会议听取和审议区政府副区长陈志楠所作关于农村人居环境提升暨未来乡村建设审议意见落实情况报告。会议听取和审议区政府办公室主任朱智猛所作关于区九届人大一次会议代表建议办理工作情况报告。会议表决通过有关人事任免事项，张纯芳主任为新任命人员颁发任命书，并主持举行宪法宣誓仪式。区委书记周一富在会上作重要讲话。

第五次常委会　2022年10月27日召开。会议经审议和票决，同意林晓峰辞去温州市第十四届人民代表大会代表职务，补选张加波为温州市第十四届人民代表大会代表，并报市人大常委会审查确认。

第六次常委会　2022年12月26日召开。会议听取和审议区政府常务副区长李丹所作的关于2023年度政府重大投资建设项目有关情况报告及2022年重大投资建设项目调整方案报告、关于2021年区本级财政预算执行及其他财政收支情况审计报告整改意见落实情况报告、关于调整2022年区本级部门预算的报告、关于提请审议调整2022年地区生产总值年度计划及2022年重大建设前期项目计划议案和关于调整2022年区本级财政预算议案，区人大常委会财经工委主任曾焕强所作关于2023年度政府重大投资建设项目有关情况审查报告及2022年重大投资建设项目调整方案初审报告，表决通过关于批准调整2022年地区生产总值年度计划及2022年重大建设前期项目计划决议、关于批准调整2022年龙湾区本级财政预算决议，表决通过龙湾区乡村振兴共同富裕项目（三期）等5项2023年区政府重大投资建设项目、同意温州浙南科技城黄石山北单元02-J-30、02-J-31地块公共绿化建设工程等6项区政府重大投资建设项目予以调整，表决通过区交通局、区卫生和健康局、区投资促进服务中心、区资源规划分局、区生态环境分局等5个部门的2022年预算调整。会议听取和审议区财政局局长吴尊林所作关于2023年部门预算草案编制情况报告，区人大常委会财经工委主任曾焕强所作关于2023年部门预算草案编制初审情况报告，表决通过2023年部门预算草案。会议听取和审议区法院副院长李以后所作关于落实以刑事审判为中心诉讼制度改革推进执法司法制约监督体系建设情况的报告，书面审议区检察院、区公安分局、区司法局关于落实以刑事审判为中心诉讼制度改革推进执法司法制约监督体系建设情况报告，区人大常委会监察和法制司法工委主任许峰所作关于落实以刑事审判为中心诉讼制度改革推进执法司法制约监督体系建设情况的调研报告。会议听取区发改局局长廖海容、区教育局局长郑祥迪、区民政局局长朱德利，以及区法院副院长李以后、区检察院副检察长王美蓉共5位同志履职报告，书面审议其余区人大常委会任命干部履职情况报告，并进行满意度测评。会议书面审议部分龙湾选出的市人大代表履职情况的报告。会议表决通过有关人事任免事项，人大常委会主任张纯芳为新任命人员颁发任命书，并主持举行宪法宣誓仪式。

人大监督工作

【法制监督】 2022年，龙湾区人大常委会将听取和审议法治政府建设情况报告列为常委会常态化监督议题，持续跟踪监督行政诉讼应诉、行政诉讼“双高”整改落实等依法行政重点工作情况，督促区政府加大行政诉讼“双下降”考核、追责力度，推动行政争议实质性化解。协同推动监察工作法治化规范化发展，常委会首次听取和审议区监委专项工作报告，针对区监委整治群众身边不正之风和腐败问题工作存在的不足，提出意见建议，实现人大对“一府一委两院”工作监督全覆盖。持续关注“大综合一体化”改革，开展《浙江省综合行政执法条例》执法检查工作，推进改革目标落地见效。强化司法公正监督。加强人大对检察机关法律监督支持力度，作出《关于进一步加强新时代检察机关法律监督工作的决定》。督促推进以审判为中心刑事诉讼制度改革。专项监督整治电信网络诈骗，织密反诈防诈网，推动案件高发态势得到初步遏制。通过实地走访调研、查阅卷宗资料、观看庭审录像等方式对全区家事审判工作情况进行调研，助力家事审判工作提质增效。调研《中华人民共和国社区矫正法》贯彻执行情况，详细了解基层执法情况，全面助推社区矫正工作规范化发展。强化服务地方立法。组建新一届区人大立法咨询专家组，引入温大法政学院第三方专家论证服务，建立“法律专家+专(工)委+代表+实务工作者”多方协同联动工作模式，为参与地方立法工作提供智力支撑。搭建基层群众参与立法桥梁，推进基层单元与基层立法联系点、立法信息采集点相融相促，建立“共享法庭”，组织代表群众线上参与立法、监督4780多人次，区人大代表联络站共享法庭被列为温州市首批示范共享法庭。充分发挥基层立法联系点“直通车”作用，全力协助上级人大开展立法调研，对省市15部法规草案展开调研，撰写建议书11份，提供意见建议175条。扎实开展备案审查工作，对38件“一府两院”规范性文件进行备案审查，相关工作经验在全省人大备案审查工作培训会上作典型交流发言。

【财政经济监督】 2022年，区人大常委会助力民营经济发展，贯彻实施《温州市“两个健康”先行区建设促进条例》，在温州市率先上线“两个健康”e观察永兴站，畅通渠道，促进企业关注重点难点问题高效解决。关注宏观经济运行，听取审议经济社会发展、计划执行情况等报告，有针对性提出意见建议23条。创新国有资产管理监督模式，在听取和审议各项国有资产报告基础上，结合预算决算审查、审计工作监督、专项工作评议、预算联网监督等，提升人大国有资产管理监督水平。严肃部门预算刚性，加大对财政预算调整、重点部门预算、审计查出问题整改等审查监督，发挥人大监督评价、跟踪督办、督促整改工作机制作用，防范化解重大风险隐患。

【教科文卫民侨监督】 2022年，区人大常委会助推“谋大招强”新突破，加强政府重大投资建设项目情况审查监督，作出关于“大招商、招大商”攻坚行动推进情况决议。跟踪监督创新首位战略实施，紧盯科技创新审议意见落实。专题调研常态化疫情防控和公共卫生服务体系建设，保护群众生命安全和身体健康。听取和审议区政府关于有效减轻过重作业负担和校外培训负担工作报告，围绕“双减”主题开展专题询问，监督推动教育“双减”落地见效，区“双减”课后服务平台入选教育部试点。听取和审议区政府关于文旅融合发展情况报告。专项审议《温州市文明行为促进条例》实施情况。

【城建与环保监督】 2022年，区人大常委会推动综合交通大发展，开展“东部枢纽新城”建设专题调研，制定出台《关于开展综合交通建设情况“项目化清单式”专项监督的实施方案》。推动城市空间转型发展，强化监督检查，加快推进特殊建筑拆迁安置和拆后土地综合利用工作，督促区政府出台拆后地块整治实施方案，厘清全区57宗已征闲置土地基本情况。推动城市现代化建设，关注未来社区建设，通过实地调研、座谈交流、听取报告等方式，助力龙湾区探索“未来城区”集成改革打造共同富裕现代化基本单元省级试点。加强生态环境保护监督，在区街两个层面推行生态环境状况报告制度，听取和审议相关专项工作报告，开展《中华人民共和国环境保护法》执法检查，助推全区环境质量稳中有升。

【农村与资源保护监督】 2022年，区人大常委会开展乡村振兴促进“一法一条例”执行情况检查，跟踪监督农村人居环境提升暨未来乡村建设审议意见落实情况，提升农村宜居宜业水平。加强水利安全监督，助推海塘安澜、东片排涝等重大水利工程建设，督促推动幸福河湖建设，夯实美丽龙湾坚实基础。听取和审议区政府关于贯彻实施《浙江省粮食安全保障条例》审议意见落实情况报告。

【社会建设监督】 2022年，区人大常委会开展就业促进执法检查，重点对健全就业促进机制、扩大就业容量、优化人才政企社联动服务、强化人才“招用留”政策扶持等方面落实情况检查，推动实现更加充分更高质量就业。专题调研儿童友好城市建设，对儿童友好城市建设思路和实现路径提出意见建议11条，助推全龄友好社会建设。听取和审议区政府关于贯彻实施《浙江省全民健身条例》《浙江省实施〈中华人民共和国体育法〉办法》情况，推动全民健身公共服务体系建设。

【民生实事监督】 2022年，区人大常委会持续推进民生实事项目代表票决制。针对人代会票决产生十大区政府民生实事，出台监督方案，实行常委会领导联系监督机制，开展多样化、持续性、全过程监督。开展民生实事交叉检查活动，通过实地督查、抽检暗访、台账核查等方式推动项目顺利实施。强化跟踪问效，每月通报项目进度，每季开展视察调研，半年听取专项报告，年终评估测评，确保项目真正落地、惠及民生。

重大决定和依法人事任免

【概况】 2022年，龙湾区九届人大常委会共举行会议6次，依法讨论决定重大事项6项，其中决议5项，决定1项。行使人事任免事项124人次。

2022年2月16日，区人大代表督查温州大道东延工程建设 （区融媒体中心供图）

【重大决定】 2022年，区九届人大常委会第一次会议表决通过关于街道人大工委工作报告的决议。区九届人大常委会第三次会议表决通过关于批准龙湾区2021年区本级财政决算决议，关于进一步加强新时代检察机关法律监督工作的决定。区九届人大常委会第六次会议表决通过关于批准调整2022年地区生产总值年度计划及2022年重大建设前期项目计划决议、关于批准调整2022年龙湾区本级财政预算决议。

【依法人事任免】 2022年，区九届人大常委会第一次会议经审议，表决通过有关人事任免事项。任命阿力木江•巴吐尔、柯园园为温州市龙湾区人民政府副区长（挂职）。任命朱智猛为温州市龙湾区人民政府办公室主任；廖海容为温州市龙湾区发展和改革局局长；孙方忠为温州市龙湾区经济和信息化局局长；郑祥迪为温州市龙湾区教育局局长；董红梅为温州市龙湾区科学技术局局长；朱德利为温州市龙湾区民政局局长；孙晓武为温州市龙湾区司法局局长；吴尊林为温州市龙湾区财政局局长；潘文汉为温州市龙湾区人力资源和社会保障局局长；宋培鸽为温州市龙湾区住房和城乡建设局局长；胡中海为温州市龙湾区交通运输局局长；王颖为温州市龙湾区农业农村局局长；王振为温州市龙湾区商务局局长；邱朝瀚为温州市龙湾区文化和广电旅游体育局局长；陈启兴为温州市龙湾区卫生健康局局长；何品豪为温州市龙湾区退役军人事务局局长；冯宪芙为温州市龙湾区应急管理局局长；包双一为温州市龙湾区审计局局长。陈升为温州市龙湾区市场监督管理局局长；范定绍为温州市龙湾区统计局局长；林建兴为温州市龙湾区综合行政执法局局长。任命陈立为温州市龙湾区人大常委会办公室主任；夏理淼为温州市龙湾区人大常委会办公室副主任；陈浩为温州市龙湾区人大常委会办公室副主任；王霞为温州市龙湾区人大常委会研究室主任；许峰为温州市龙湾区人大常委会监察和法制司法工作委员会主任；林能杰为温州市龙湾区人大常委会监察和法制司法工作委员会副主任；曾焕强为温州市龙湾区人大常委会财政经济工作委员会主任；王斌为温州市龙湾区人大常委会财政经济工作委员会副主任；吴建芳为温州市龙湾区人大常委会教科文卫民侨工作委员会主任；马辉为温州市龙湾区人大常委会教科文卫民侨工作委员会副主任；吴伟鸿为温州市龙湾区人大常委会城乡建设与环境保护工作委员会主任；张维丰为温州市龙湾区人大常委会城乡建设与环境保护工作委员会副主任；朱学东为温州市龙湾区人大常委会代表工作委员会主任；高良铸为温州市龙湾区人大常委会代表工作委员会副主任；沈爱巧为温州市龙湾区人大常委会农村与资源保护工作委员会主任；徐浦为温州市龙湾区人大常委会农村与资源保护工作委员会副主任；张恩东为温州市龙湾区人大常委会社会建设工作委员会主任；陈亮为温州市龙湾区人大常委会社会建设工作委员会副主任；娄晓杰为温州市龙湾区人大常委会永中街道工作委员会主任；张崇海为温州市龙湾区人大常委会永中街道工作委员会副主任；潘国武为温州市龙湾区人大常委会蒲州街道工作委员会主任；朱建聪为温州市龙湾区人大常委会蒲州街道工作委员会副主任；章炜为温州市龙湾区人大常委会海滨街道工作委员会主任；余海敏为温州市龙湾区人大常委会海滨街道工作委员会副主任；陈祥为温州市龙湾区人大常委会永兴街道工作委员会主任；周胜耀为温州市龙湾区人大常委会永兴街道工作委员会副主任；张安畴为温州市龙湾区人大常委会状元街道工作委员会主任；石崇侠为温州市龙湾区人大常委会状元街道工作委员会副主任；管小鹏为温州市龙湾区人大常委会瑶溪街道工作委员会主任；张单娇为温州市龙湾区人大常委会瑶溪街道工作委员会副主任；张崇堂为温州市龙湾区人大常委会星海街道工作委员会主任；陈骏韬为温州市龙湾区人大常委会星海街道工作委员会副主任；姜戟为温州市龙湾区人大常委会海城街道工作委员会主任；张崇凯为温州市龙湾区人大常委会海城街道工作委员会副主任；邱忠善为温州市龙湾区人大常委会海城街道工作委员会副主任；夏彩和为温州市龙湾区人大常委会沙城街道工作委员会主任；项飞云为温州市龙湾区人大常委会沙城街道工作委员会副主任；邵建国为温州市龙湾区人大常委会天河街道工作委员会主任；朱晓春为温州市龙湾区人大常委会天河街道工作委员会副主任；李春微为温州市龙湾区人大常委会天河街道工作委员会副主任。任命吴海滨为温州市龙湾区监察委员会副主任。免去张玲燕的温州市龙湾区监察委员会副主任职务。任命王星火为温州市龙湾区人民法院审判员、审判委员会委员、副院长；孟东为温州市龙湾区人民法院综合审判庭庭长；余凌雯为温州市龙湾区人民法院行政审判庭庭长；赵一睿为温州市龙湾区人民法院综合审判庭副庭长；黄朝为温州市龙湾区人民法院民事审判二庭副庭长。免去王美蓉温州市龙湾区人民法院副院长、审判委员会委员、审判员职务；朱黎明温州市龙湾区人民法院审判委员会委员职务；孟东温州市龙湾区人民法院行政审判庭庭长职务；余凌雯温州市龙湾区人民法院综合审判庭庭长职务；黄朝温州市龙湾区人民法院刑事审判庭副庭长职务；赵一睿温州市龙湾区人民法院行政审判庭副庭长职务。任命王美蓉为温州市龙湾区人民检察院检察员、检察委员会委员、副检察长；谢雁湖为温州市龙湾区人民检察院检察员、检察委员会委员、副检察长。免去林一鸣温州市龙湾区人民检察院副检察长、检察委员会委员、检察员职务；王星火的温州市龙湾区人民检察院副检察长、检察委员会委员、检察员职务；吴灿烂的温州市龙湾区人民检察院检察员职务。任命朱景所、李国斌、金美芬、郑烁敏、王义娅、王雪平、朱建勇、张炘、方君伟、陈继聪、沈永瑞为温州市龙湾区人大常委会监察和法制司法工作委员会委员；朱彩莲、方劲松、胡秋黄、陈上松、张磊、史晓锋、周晓彬、董彩云、陈晓宝、胡智惠、冯宪尧为温州市龙湾区人大常委会财政经济工作委员会委员；王小琴、邓俊杰、冯仁锡、周坚慧、张彩霞、黄立君、张园园、郭淑华、陈良、张艳华、陈强炜、周利俊、李博铭为温州市龙湾区人大常委会教科文卫民侨工作委员会委员；高皓达、陈千帆、程宗清、张爱华、郑丽洁、叶栩伽、张以国、周宪芬、陈建录、杨介聪、赵晓瑚为温州市龙湾区人大常委会城乡建设与环境保护工作委员会委员；林小原、朱朋远、项晓丰、王茂法、颜沣娟、陈恩乐、王娇华、王珊瑚、吴天峰、陈海和、吴玉宇为温州市龙湾区人大常委会代表工作委员会委员；季绍平、张益茅、徐飞祥、朱中裕、程丽娟、姜瑞玉、金上增、朱康笛、林世朝、王洪滨、吴伊峰为温州市龙湾区人大常委会农村与资源保护工作委员会委员；孙秋根、孙安远、孙宝春、吴一治、邵小燕、虞丽芝、黄爱光、章少华、王赛、姚海平、金鑫为温州市龙湾区人大常委会社会建设工作委员会委员。郑琦、邓守军、张彰、方强、胡慧颖、吴祥文、金美芬为温州市龙湾区人大常委会永中街道工作委员会委员；吴诗蓓、朱丽艳、李莲平、欧丽华、林舒晴、黄洪浪、陈小玲为温州市龙湾区人大常委会蒲州街道工作委员会委员；陈琼、蔡东东、王宾和、陈洁达、李国斌、张其海、史植彬为温州市龙湾区人大常委会海滨街道工作委员会委员；许小红、王浩、邵豪艳、张凯、季绍平、王雪平、张益茅为温州市龙湾区人大常委会永兴街道工作委员会委员；张志锋、方淼、王晓、张策耶、蔡红艳、方君伟、王聪聪为温州市龙湾区人大常委会状元街道工作委员会委员；邵振华、周慧聪、凌慧、龚君、李成立、邵宣进、张建芸为温州市龙湾区人大常委会瑶溪街道工作委员会委员；王学清、林慧萍、涂晓飞、夏晶、陈慧芳、何海鸥、李美琴为温州市龙湾区人大常委会星海街道工作委员会委员。程虎、王芬、张潮、邱一帆、赵利婷、胡秋黄、张智慧为温州市龙湾区人大常委会海城街道工作委员会委员。王征、王建良、王伟、孙丽春、包慧琳、孙作龙、王娇华为温州市龙湾区人大常委会沙城街道工作委员会委员；王冬梅、潘灿、王乐平、范茂本、黄滨铁、章思思、朱德璋为温州市龙湾区人大常委会天河街道工作委员会委员。

区九届人大常委会第三次会议经审议，决定接受蔡爱东辞去温州市龙湾区监察委员会主任职务，报温州市龙湾区第九届人民代表大会第二次会议备案。表决通过有关人事任免事项。任命谢庆全为温州市龙湾区监察委员会副主任、代理主任职务。任命上官光架为温州市龙湾区市场监督管理局局长。免去陈升温州市龙湾区市场监督管理局局长职务。任命项振升为温州市龙湾区人民法院审判员、审判委员会委员、副院长。免去张敏温州市龙湾区人民法院副院长、审判委员会委员、审判员职务。任命张敏为温州市龙湾区人民检察院检察员、检察委员会委员、副检察长；王卉为温州市龙湾区人民检察院检察委员会委员、副检察长。免去项振升温州市龙湾区人民检察院副检察长、检察委员会委员、检察员职务；吴金飞温州市龙湾区人民检察院副检察长、检察委员会委员、检察员职务；胡加明温州市龙湾区人民检察院检察员职务；戴云杰温州市龙湾区人民检察院检察员职务；蒋慧光温州市龙湾区人民检察院检察员职务。

区九届人大常委会第四次会议经审议，任命郑晓如为温州市龙湾区综合行政执法局局长。免去林建兴温州市龙湾区综合行政执法局局长职务。任命林丽为温州市龙湾区人大常委会沙城街道工作委员会主任；孙元忠为温州市龙湾区人大常委会星海街道工作委员会主任。免去夏彩和温州市龙湾区人大常委会沙城街道工作委员会主任职务；张崇堂温州市龙湾区人大常委会星海街道工作委员会主任职务。任命郭尔超为温州市龙湾区人民法院审判员。

区九届人大常委会第六次会议经审议，接受许峰、张恩东、林小原、上官光架、潘建潮、林滢峰、夏彩和、张崇堂、叶铭克、邵赛慧等十位同志辞去温州市龙湾区第九届人民代表大会代表职务。

任命张少博为温州市龙湾区人民政府副区长；叶辉为温州市龙湾区人民政府副区长。免去赵均宙温州市龙湾区人民政府副区长职务；董建树温州市龙湾区人民政府副区长职务。任命林华为温州市龙湾区人大常委会办公室主任；王显峰为温州市龙湾区人大常委会监察和法制司法工作委员会主任；陈立为温州市龙湾区人大常委会社会建设工作委员会主任；孙晓瑜为温州市龙湾区人大常委会海滨街道工作委员会副主任。免去陈立温州市龙湾区人大常委会办公室主任职务；许峰温州市龙湾区人大常委会监察和法制司法工作委员会主任职务；张恩东温州市龙湾区人大常委会社会建设工作委员会主任职务；余海敏温州市龙湾区人大常委会海滨街道工作委员会副主任职务。任命黄苏琼、邵海丹、陈冬梅、张钰连、蔡忠武、诸葛知仁、周宪芬、叶柏春、潘蒲进、应贤曼、程灵芝、邱蕾霏、陈晓洁、林鸿敏、林孙雪、林慧永、邹茜葱、林林、邵美林、吴秋玲、董衍锦、王秀莲、石小勇、林燕、朱海朝、张作潮、张蕾、李晓夏、陈敏鹏、章飞、杨显芬、项光明、吴铃铃、项秉龙、谢乐、汪秋玲、叶玉云、项奇、林西、王飞云、何丽丹、姜雪君、王波、郑强强、王丹、王珊瑚、张朱丹、朱晓姝、张崇弟、谌波平、叶丽洁、林秀朝、周方盛、纪伟平、陈国光、张爱华为温州市龙湾区人民法院人民陪审员。任命曹大波为温州市龙湾区人民检察院检察委员会委员；季长伟为温州市龙湾区人民检察院检察委员会委员；张作旺为温州市龙湾区人民检察院检察委员会委员；黄颖颖为温州市龙湾区人民检察院检察委员会委员；包建兄为温州市龙湾区人民检察院检察员；周锦泽为温州市龙湾区人民检察院检察员。

人大议案建议

【概况】 2022年，温州市龙湾区九届人大一次会议及闭会期间共收到人大代表建议247件，其中龙湾区人民政府负责办理205件（含5件闭会期间代表建议），温州高新区（温州经济技术开发区）管委会负责办理42件。区人大常委会主任会议研究确定8件重点建议，分别由区人大常委会领导督办，龙湾区人民政府领导领办、温州高新区（温州经济技术开发区）管委会领导领办。247件代表建议已全部办理完毕并答复代表，按时办结率100%。其中，问题已经解决或基本解决的建议（A类）127件，占51.4%；正在解决或已列入计划逐步解决建议（B类）106件，占42.9%；受客观条件制约暂时难以办到，有待今后创建条件解决，已向代表作解释建议（C类）14件，占5.7%。区人大常委会组织代表对建议办理情况评议，247件代表建议评议结果为，代表满意198件，占80.2%；基本满意49件，占19.8%。

【推动“双减”落实落地建议案】 2022年,《关于推动“双减”落实落地的建议》列入区人大重点督办建议。主要内容是，针对“双减”之后的课后托管时间安排，学校要提供艺术、体育、科技、心理健康等方面的内容，增加相关师资力量配备，教育部门要合理提升教师托管报酬，社区要利用课后时间多开展孩子参与的活动。从暑假开始，龙湾区试点开展暑假托管服务，全区设立6个小学托管点，初中7—8年级托班由学校根据实际情况向教育局申请。遴选体育类、文化艺术类、科技类等非学科类教育校外培训机构参与课后服务，区政府明确核定义务教育阶段课后服务收费标准和补助经费标准，所有经费均落实到位。

【创建绿色低碳能源建设示范区的建议】 2022年，《关于创建绿色低碳能源建设示范区的建议》列入区人大重点督办建议案。建议案主要针对区内工业企业对能源消耗总量的需求持续扩大、受到“能耗双控”制约的问题，提出大力开发分布式光伏发电项目、推广绿色用能模式、布局氢能开发等方面的建议。年内，龙湾区个人光伏项目备案19个，企业光伏备案24个，总投资金额3212.70万元，全区累计并网容量2.60万千瓦。

【加快村社融合健全基层治理的建议】 2022年，《关于加快村社融合健全基层治理的建议》列入区人大重点督办建议案。建议案围绕龙湾区村社规模优化调整后，原村级社会事务职能全部移至社区，如何做好村社融合的“后半篇”文章。提出明确社区工作职能，理清社区

2022年龙湾区人大代表重点建议一览表

表4

编号	领衔代表	案由	主办单位	会办单位
002	何海鸥	关于缓解温州经济技术开发区企业“用工难”的建议	温州经济技术开发区党政办	
056	毛羽娟	关于推动“双减”落实落地的建议	区教育局	区发改局、区财政局、区人力社保局
094	董彩云	关于状元街道石坦村旧村拆迁改造的建议	区城市建设中心	区财政局、区住建局、臻龙集团、区土地出让办、状元街道办事处
106	方劲松	关于创建绿色低碳能源建设示范区的建议	区发改局	区供电分局、永强供电公司
108	金美芬	关于合理设置机场大道与上江路交叉口等重点路口交通标线的建议	市交管局三大队	区交通局
151	郑丽洁	关于加快村社融合健全基层治理的建议	区民政局	区委组织部、区农业农村局
171	李国斌	关于加快两个健康先行区与国家自创区深度融合助推我区民营经济高质量发展的建议	区政府办公室	区发改局、区经信局、区科技局、区人力社保局、区资源规划分局、区工商联
236	张　文	关于持续推进永兴美丽田园建设的建议	区农业农村局	区财政局、区体育发展中心

和经济股份合作社的关系，加强社区基层设施建设，提高工作人员的业务能力，提升社区工作人员薪酬待遇等方面的建议。年内，龙湾区完善村社规范运行相关配套政策，深化村社运行“六清单一流程”机制建设。招聘专职社区工作者48名。专职社区工作者工资系数由温州市上一年度全社会单位就业人员平均工资的1.20倍提高至1.40倍。

2022年9月29日，区人大代表听证未来康养智城规划　（林广宇/摄）

代表工作

【概况】 2022年，龙湾区人大常委会发挥代表作用，优化代表工作机制平台，畅通民意渠道，拓宽民主载体，支持保障代表依法履职。开展“代表在行动”主题活动，组织“六访六促”“助力八大攻坚行动”“常态化助力文明城市建设”“就业促进”等10余个主题活动，参与代表3600余人次，收集意见建议1350余条，解决问题228个；组建代表志愿服务队11支，投身“六个一”活动，参与疫情防控、助力亚运、平安建设、信访维稳工作，彰显代表服务大局担当作为。

【人大代表培训】 2022年，区人大常委会优化代表服务保障，强化代表学习培训。全年开展初任代表培训、代表履职培训4批次700余人次，专题学习会47场700余人次；开展常委会“会前学法”，针对浙江省综合行政执法条例、文物保护法、审计法、新环境保护法内容学习4场，提升代表履职能力。

【人大代表履职】 2022年，区人大常委会加强人大代表履职工作，出台《完善区人大常委会组成人员联系区人大代表机制的意见》，组织代表参会列席、调研座谈、督政评议、旁听庭审450余人次作。出台《人大代表履职管理及量化评价办法》，健全制度建设，建立完善代表小组活动，走访选民制度22项，做到“一人一档”全程留痕。全年创新代表活动载体，各级代表履职登记累计4820多条，市、区人大代表述职52人；推行“代表进网格”机制，全区218名代表下沉联系362个网格；推行“代表亮身份”行动，建立“四张履职清单”，代表进网格1660余人次，接访群众280多批次。

视察调研

【概况】 2022年，区人大常委会开展各类视察调研。重点视察调研“未来城区”建设、奥体中心亚运场馆群运营，瓯江新城规划建设情况等工作，专题调研“东部枢纽新城”建设、消防工作情况、儿童友好城市建设。

【科技创新工作专题视察】 2022年3月9日，区人大常委会主任张纯芳率队赴青山控股集团、中国·眼谷、国科大温州研究院、文昌创客小镇等地视察科技创新工作推进情况。视察组一行听取技术研发、人才引进、合作交流以及科研成果转化等方面情况介绍，详细了解中国·眼谷、文昌创客小镇规划建设情况。

【会前视察活动】 2022年3月24日，区人大常委会组织龙湾选出的市十四届人大代表开展会前视察活动。代表一行先后到文昌创客小镇、瓯江实验室、龙湾区人大代表联络站、温州奥体中心等地，实地考察龙湾科技创新、代表工作及亚运会场馆建设等情况。详细听取区政府关于亚运会筹办有关情况介绍，并围绕代表助力亚运主题，提出可行性意见建议。

【调研区生态环境保护工作】 2022年4月28日，区人大常委会主任张纯芳率队赴区生态环境分局调研全区生态环境保护工作。调研组实地视察温州宏福皮革有限公司和区生态环境数字化平台，了解企业废气治理和环保数字化管理平台建设应用情况。召开座谈会，详细听取区生态环境分局关于全区生态环境保护工作开展情况。

【省、市人大代表开展专题视察】 2022年9月30日，区人大常委会组织在龙湾的省、市人大代表开展专题视察。视察组一行先后调研瓯飞一期北片工程、海上渔光互补发电项目、瑞浦麦田能源股份有限公司、圣邦集团有限公司等，了解项目概况、推进情况及存在问题等。同时，召开座谈会，就市十四届人大一次会议代表建议办理情况进行评议。

执法检查

【概况】 2022年，龙湾区人大常委会坚持以习近平法治思想为指引，在推进法治建设、强化司法监督、服务地方立法等方面主动作为，推进法治龙湾建设，维护社会公平正义。全年组织各类执法检查工作13次。

【重点法律法规执法检查】 2022年，区人大常委会贯彻实施节约能源“一法一办法”、贯彻实施《浙江省综合行政执法条例》、贯彻实施《中华人民共和国就业促进法》、贯彻实施乡村振兴促进“一法一条例”、贯彻实施《温州市“两个健康”先行区建设促进条例》、贯彻实施《浙江省粮食安全保障条例》、贯彻实施《浙江省全民健身条例》《浙江省实施〈中华人民共和国体育法〉办法》、贯彻实施《社区矫正法》等9部重点法律法规开展执法检查，详细了解法律法规在基层的执行情况，全面助推重点法律法规落地见效。

人大专门委员会工作

【人大监察和法制司法委员会】 2022年，龙湾区人大监察和法制司法委员会践行人民民主，依法履职行权，共召开监察和法制司法委员会会议5次、开展执法检查2次、专题视察2次。聚焦法治龙湾建设，推进良法善治上体现新担当，落实《中华人民共和国民法典》家事篇、《中华人民共和国社区矫正法》执法检查，家事审判工作。监察电信网络诈骗新型违法犯罪，为群众利益保驾护航。监察区监委整治群众身边不正之风和腐败问题，打通基层治理“神经末梢”。完成区九届人大一次会议确定各项目标任务，为龙湾经济社会稳步发展和民主法治建设贡献人大力量。

【财政经济委员会】 2022年，区人大财经委围绕区委工作部署和全区工作重点，履行宪法和法律赋予职责，加强财经监督，共召开财政经济委员会全体会议3次，开展各类审查、监督、调查20次。关注国民经济运行动态，组织初审2021年计划执行情况和2022年计划报告，提出初审意见，为区人代会审查提供相关依据。

【社会建设委员会】 2022年，区人大社会建设委员会围绕市人大常委会、区人大常委会年度监督计划和工作重点，推动儿童友好城市建设、医养结合、消防安全工作。完成各项目标任务，推动全区社会事业改革发展。开展《浙江省全民健身条例》《浙江省实施〈中华人民共和国体育法〉办法》监督，在全民健身、民生体育、体育产业、亚运筹办等四个方面提出意见建议，推进全民健身和浓厚亚运氛围。开展医养结合工作调研，助推区医养结合事业迈上新台阶。

（叶　峰）

温州市龙湾区人民政府

2022 年 1 月 12 日，江西珍视明药业有限公司落户中国眼谷战略合作协议签约仪式举行 （区投促中心供图）

温州市龙湾区人民政府

综　述
重要会议
民生实事项目
区政府综合事务
政务公开
政务服务
大数据管理
招商引资
人力资源管理
区直机关事务管理
外事工作
台湾事务
侨务工作

天河水库一景（区融媒体中心供图，摄于2022年10月）

综 述

【街道管辖调整】 2022年1月22日，浙江省人民政府批复同意设立温州湾新区，温州湾新区系浙江省第七个省级新区，新区范围包括温州高新技术产业开发区、温州经济技术开发区、空港片区等。据此，原委托温州经济技术开发区管理的温州经济技术开发区管理的星海、海城、沙城、天河四个街道划转龙湾区管理。2022年温州市龙湾区下辖街道10个。

【经济发展情况】 2022年，温州市龙湾区实现地区生产总值557.16亿元，比2021年增长5.7%；财政总收入48.98亿元，下降24.0%。一般公共预算收入28.84亿元，下降14.0%。规模以上工业产值突破1300亿元大关，跃居全市第二。城乡居民人均可支配收入分别增长4.2%、7.2%，收入倍差缩小至1.53，排名全省第六、全市第一。

【创新指数排名】 2022年，龙湾区实施科技创新“八大抓手”，世界青年科学家峰会成果转化44个，全社会研发投入占地区生产总值比例3.7%，创新指数排名全市第一、全省第八，连续四年进入全省前十，首次夺得省“科技创新鼎”。

【数字化改革】 2022年，龙湾区加快数字化改革，构建“1612”［第一个“1”即一体化智能化公共数据平台（平台+大脑），“6”即党建统领整体智治、数字政府、数字经济、数字社会、数字文化、数字法治六大系统，第二个“1”即基层治理系统，“2”即理论体系和制度规范体系——形成一体融合的改革工作大格局］数字化改革体系。推进“未来城区”集成改革，“县乡一体、条抓块统”改革、“大综合一体化”行政执法改革、要素市场化配置、低收入家庭综合帮扶等“牵一发动全身”重大改革提质提效，“全域未来社区建设”等9个项目获评省、市改革突破奖。年内“汽摩配行业能源数字化管理”获评工信部工业互联网创新领航应用案例，“中小学生近视防控”获评全省最佳应用。

【国家知识产权强国建设示范区建设】 2022年8月24日，国家知识产权局发布《关于确定国家知识产权强县建设试点示范县和国家级知识产权强国建设试点示范园区的通知》。温州高新技术产业开发区获评首批国家知识产权强国建设示范园区。

（郑王伦）

重要会议

【概况】 2022年，温州市龙湾区人民政府召开全体（扩大）会议1次，常务会议15次，区长办公会议17次。会议主题涉及上级决策部署落实、经济发展、深化改革、社会事业、城市建设、乡村振兴、生态文明等方面内容。

【区政府全体（扩大）会议】 2022年2月26日，区政府举行九届一次全体（扩大）会议暨廉政工作会议。区委副书记、区长、温州高新区党工委副书记、高新区（浙南科技城）管委会主任夏禹桨作报告。会议指出，2022年是党的二十大召开之年，是新一届区政府的开局之年。要抢时间、赶进度、抓落实，动员全区上下迅速紧起来、动起来、干起来，确保为活力、美丽、幸福新龙湾建设新征程赢取“开门红”“全年红”。要统揽全年政府工作，认清形势、振奋精神，重点要把握好“三重压力”“三重红利”“三大挑战”，逐一细化、攻坚落实2022年《政府工作报告》中的工作任务，按月、按季抓好计划完成，同时狠抓重大项目、产业层次、城市载体、共同富裕这四件事关龙湾长远发展的大事，以点带面、纲举目张，带动龙湾高质量发展开创新局面。各街道、区属各部门务必要强化责任担当，落实落细目标任务，以一季度“开门红”“开门稳”，推动实现全年红、全年稳。要抓好关键指标、工业增效、消费促进、出口贸易、企业复工、土地清理，全力以赴确保经济发展“开门红”。要做到疫情防控紧抓不放，安全生产常抓不懈，专项债券积极争取，民生保障兜住网底，全力以赴确保社会大局“开门稳”。要挑起新的责任担子，坚守“铁肩膀严纪律”，加强学习、优化作风、强化监督、担当作为，抓好廉政建设，时刻做到守纪律、懂规矩、真落实，始终做到明红线、筑防线、守底线。

【区政府常务会议】 2022年，龙湾区人民政府召开常务会议15次，均由区委副书记、区长夏禹桨主持。

第70次常务会议 1月21日召开。会议审议并原则同意2022年度龙湾区民生实事建议项目、《龙湾区居民住宅二次供水设施改造工作实施方案》《龙湾区生态环境问题“大排查、大整治、大曝光”行动 深化问题发现机制的实施方案（试行）》《温州市龙湾区2021年国民经济和社会发展计划执行情况与2022年国民经济和社会发展计划草案的报告》《温州市龙湾区2021年区本级预算执行情况与2022年区本级预算草案的报告》。会议还研究龙湾区2022年城中村改造和工业企业征收计划相关事宜。

第1次常务会议 3月14日召开。会议审议并原则同意《温州市龙湾区体育投资发展有限公司主要职责内设机构和人员编制规定》《温州高新技术产业开发区城市建设开发有限公司主要职责内设机构和人员编制规定》《龙湾区国有人民防空工程资产平时使用管理办法（试行）》《关于促进慈善事业高质量发展的实施意见》。会议审议《2022年度龙湾区人民政府重大行政决策事项目录》（书面）。会议传达学习全国安全生产工作电视电话会议全省安全生产、消防安全和疫情防控工作电视电话会议暨省安全生产委员会全体成员会议精神及龙湾区贯彻意见。会议还讨论关于暂借浙南科技城管委会应急资金相关事宜。

第2次常务会议　4月2日召开。会议研究温州华宇机械铸造集团有限公司征收补偿决定相关事宜。

第3次常务会议　4月29日召开。会议审议并原则同意《龙湾区丧事集中办理实施方案》《龙湾区社会救助家庭就业收入认定和就业成本扣减办法》《温州高新区（龙湾区）企业创新积分制工作实施方案》《龙湾区（高新区）创新创业投资引导基金管理办法》《龙湾区以“先投后股方式支持科技成果转化”试点实施方案》。会议听取关于贯彻刘小涛书记对全市地质灾害防治工作批示精神及区地质灾害防治工作情况汇报。会议研究龙湾区公平竞争审查专项清理文件目录相关事宜。

第4次常务会议　5月9日召开。会议审议并原则同意《龙湾区行政事业单位公款竞争性存放管理办法》《温州市龙湾区地方政府专项债券全生命周期管理办法》《温州市龙湾区人民政府关于进一步规范财政预算追加（调整）审批工作的通知》《温州市龙湾区文化和旅游发展“十四五”规划》《龙湾区鼓励备案非标电动自行车提前淘汰置换工作方案》。

第5次常务会议　6月15日召开。会议审议并原则同意《温州市龙湾区规范民办义务教育发展专项工作实施方案》。

第6次常务会议　6月17日召开。会议审议并原则同意《区委区政府粮食安全责任制“三张清单”》《龙湾区助力个体工商户纾困发展32条政策措施》《温州市龙湾区加快发展保障性租赁住房实施细则》《温州市龙湾区（高新区）贯彻落实国务院稳经济措施实施方案》《龙湾区（高新区）工业企业搬迁改造三年行动实施方案（2022—2024年）》《龙湾区统计基层网格化管理实施方案》。会议研究温州龙湾城市建设投资发展有限公司员工编制划转至温州臻龙建设投资集团有限公司相关事宜。

第7次常务会议　7月20日召开。会议审议并原则同意《温州市龙湾区人民政府工作规则》《温州市龙湾区状元街道综合行政执法事项目录（第一批）》《龙湾区（高新区）关于支持眼健康产业发展的若干政策》《龙湾区“扩中”“提低”专项行动方案》《龙湾区（高新区）安置房源统筹使用和管理实施办法》。会议听取“七张问题清单”有限空间作业安全整治攻坚行动开展情况的汇报。会上学习贯彻习近平总书记关于统计监督工作重要讲话精神和《关于更加有效发挥统计监督职能作用的意见》精神。

第8次常务会议　8月5日召开。会议审议并原则同意《龙湾区产业基金管理办法（修订）》《温州市龙湾区（高新区）新市民量化积分管理实施细则》《进一步强化安全生产责任落实　坚决遏制较大以上事故35条措施》《进一步加快现代服务业高质量发展的若干政策意见》《关于全面加快科技创新推动工业经济高质量发展的若干政策意见》《进一步扩大内外开放经济发展的若干政策意见》《关于温州市永强北片区永中单元B-34地块、E-04地块寺前片区改造及基础设施配套工程项目国有土地上房屋实施征收的决定》。会议还研究2022年度第二批专职社区工作者招聘相关事宜。

第9次常务会议　8月22日召开。会议审议并原则同意《温州市龙湾区2021年度区本级财政决算报告（草案）》《温州市龙湾区2022年上半年区本级预算执行情况报告（草案）》。会议研究调整2022年区本级部门预算相关事宜。

第10次常务会议　9月5日召开。会议审议并原则同意《关于深入推进乡村振兴加快推动共同富裕的实施意见》《龙湾区（高新区）城中村（经合社）综合整治三年行动方案》《龙湾区教育人才引进和培育实施办法》《温州市瑶溪新农村建设投资有限公司主要职责内设机构和人员编制规定》。会议研究温州市龙湾时尚投资发展有限公司空缺员工编制划归臻龙集团相关事宜，永昌古镇文旅项目相关事宜。会议听取龙湾区工业企业增资扩产“百日攻坚”行动的落实情况汇报。

第11次常务会议　9月30日召开。会议审议并原则同意《龙湾区食品安全事件应急预案》《龙湾区药品安全事件应急预案》《温州市龙湾区事业单位管理岗位职员等级晋升制度实施方案》《温州市龙湾区事业单位管理岗位职员等级晋升实施细则》《2021年度龙湾区“亩均论英雄”工业企业综合评价结果》《温州市龙湾区关于高水平建设全域老年友好城市暨“未来康养智城”的实施意见》《温州市永强北片区永中单元（0577-WZ-YB-08）B-34地块、E-04地块寺前片区改造及基础设施配套工程项目（第二批）国有土地上房屋实施征收的决定》《关于规范龙湾区征收改造范围内未经登记建筑调查认定处理工作的实施意见》。会议听取亚运筹办工作专项巡察反馈整改情况及龙湾区贯彻落实意见工作汇报，全区疫情防控工作汇报和全区安全生产及消防安全工作汇报。

第12次常务会议　11月18日召开。会议审议并原则同意《温州市龙湾区规范事业单位（机关工勤）工作人员绩效奖金实施方案（试行）》《龙湾区全面深化以集体经济为核心的强村富民乡村集成改革工作方案》。会议听取关于调整2022年地区生产总值年度计划的报告和关于2022年龙湾区政府重大投资建设项目调整方案报告。会议传达学习省对口工作领导小组第十五次会议、市对口工作领导小组会议精神及区贯彻意见。

第13次常务会议　11月20日召开。会议审议并原则同意《温州市龙湾区人民政府关于将部分龙湾区部门行政处罚权交由永中街道等9个街道办事处行使及新增状元街道办事处行政执法事项的通告》。

第14次常务会议　12月14日召开。会议传达学习习近平总书记关于做好安全生产工作的重要指示精神并听取岁末年初安全生产工作情况汇报。会议审议并原则同意《2023年度龙湾区政府重大投资建设项目汇总表（送审稿）》《龙湾区捕捞渔船减船转产实施方案》《龙湾区“退二进三”项目处置方案》。会议听取2022年度龙湾区食品药品安全工作汇报，龙湾区疫情防控工作汇报，关于调整2022年区本级部门预算的报告，关于调整2022年区本级财政预算报告。会议研究调整2022年龙湾区重大建设前期项目计划相关事宜。

【区政府办公会议】　2022年，区政府召开区长办公会议17次。

第1次区长办公会议　1月21日召开。会议研究安心公寓二期集中隔离医学留观点租用及生活设施紧急采购相关事宜。

第2次区长办公会议　3月14日召开。会议研究瑶溪西片区综合开发实施方案相关事宜，关于沿江快速路一期东段（学院路至温州东及文昌路段）工程出资协议书和代建合同签订相关事宜；研究区政府与浙江省发规院战略合作2022、2023年度咨询服务采购合同签订有关事宜；研究对伟明环保设备有限公司“一事一议”奖励相关事宜。

第3次区长办公会议　4月22日召开。会议研究锂电池新材料产业基地项目投资协议签订相关事宜。

第4次区长办公会议　4月29日召开。会议审议并原则同意《龙湾区疫情防控专项资金管理办法（试行）》。会议听取关于开展《温州东部新城XOD综合开发战略研究》《温州东枢纽战略研究》等课题研究情况的汇报。会议研究瑶溪南单元12-F-35地块开发项目合作方案相关事宜。

第5次区长办公会议　5月9日召开。会议审议并原则同意《龙湾区加快“未来园区”建设实施方案》。会议研究龙湾区富春未到社区一体化运营项目相关事宜，关于浙江东亚阀门有限公司国有建设用地使用权闲置处置相关事宜。

第6次区长办公会议　5月16日召开。会议审议并原则同意《关于加强稳外贸工作促进龙湾经济高质量提升的通知》《2022年温州国际云软件谷核心区建设工作方案》《龙湾区第三次全国国土调查主要数据公报》。会议研究温州高新技术产业园区发展总公司公司制改制相关事宜，区政府采购招商综合服务相关事宜。

第7次区长办公会议　6月17日召开。会议审议并原则同意《龙湾区（高新区）2022年深化“亩均论英雄”改革工作要点》，公办高中高质量发展补助方案。会议研究全面委托金融部门代理村级财务相关事宜，关于中小学课后托管财政补助相关事项，龙湾区渔业技术推广站资产划转相关事宜。

第8次区长办公会议　7月11日召开。会议审议并原则同意《龙湾区永中街道办事处与青山控股集团有限公司合作协议书之补充协议》《龙湾区永中街道办事处与浙江永旭企业管理有限公司合作协议书之补充协议》。

第9次区长办公会议　7月20日召开。会议研究区属重点国有企业负责人2021年度经营业绩考核结果与薪酬核定及部分企业负责人任期激励兑现相关事宜。

第10次区长办公会议　8月5日召开。会议审议并原则同意《龙湾区人民政府　温州海关深化战略合作促进开放型经济高质量发展合作协议》补充协议，《龙湾区未来街区建设实施方案》《龙湾区（高新区）区属重点国有企业负责人经营业绩考核和薪酬核定办法》。会议研究金丽温高速东延线工程涉及瑶溪街道淡水园区国有农用地收回相关事宜，浙江乔顿服饰股份有限公司房屋征收相关事宜，投资瑞浦兰钧能源股份有限公司相关事宜。

第11次区长办公会议　8月15日召开。会议研究瑞浦新能源制造基地项目投资协议签订相关事宜。

第12次区长办公会议　9月5日召开。会议审议并原则同意《龙湾区建设儿童友好城市三年行动方案（2022—2024年）》《中国科学院大学温州研究院　温州市龙湾区人民政府共建国科温州学校补充协议》。会议研究浙江申汇金融企业总部补充协议签订及首期奖励政策兑现相关事宜，龙湾区在外招商引智工作经费相关事宜，龙湾区规范民办义务教育发展专项工作相关事宜。

第13次区长办公会议　9月30日召开。会议审议并原则同意《龙湾区涉企行政执法“三书同达”制度（试行）》《关于沿江快速路学院路至温州东及文昌路段工程（文昌路段）国有土地上房屋实施征收的决定》。会议研究伟明环保设备有限公司税源回归奖励相关事宜，2022中国软件业创新发展大会暨温州国际云软件谷开园仪式中软协合作项目费用结算相关事宜。

第14次区长办公会议　10月15日召开。会议审议并原则同意《苍南—龙湾山海协作“产业飞地”项目共建合作协议》《龙湾区政府——拓通信集团股份有限公司共建“温州诺奖数字双碳研究中心”协议书》。会议研究Vortex中国风能合作项目相关事宜。

第15次区长办公会议　11月20日召开。会议审议并原则同意中国眼谷A区块《投资监管补充协议书》《龙湾区人民政府与苏商建设集团有限公司战略合作框架协议》《温州市龙湾区拆迁安置房财务结算办法（试行）》。会议研究温州高新区、龙湾区企业创新积分榜单及奖补清单有关事宜；研究龙湾区2022年城中村改造与重点工程建设涉及房屋征收比准价相关事宜、关于处置东林一期资产等相关事宜；研究龙湾区第三期“龙行天下”汽车消费券发放相关事宜；研究汤家桥村（双车头）城中村改造安置房实施部分回购相关事宜；研究遴选国有土地上工业用房征收土地置换企业相关事宜、兑现2020年度龙湾区规模以上工业企业零工业用地租赁补助有关事宜；研究2022中国软件业创新发展大会暨温州国际云软件谷开园仪式温州日报报业集团合作项目结算有关事宜；研究《龙湾区碳达峰工作实施方案》编制前期工作相关事宜。

第16次区长办公会议　11月28日召开。会议研究永昌古镇文旅项目二期合作相关事宜。

第17次区长办公会议　12月14日召开。会议听取关于隔离点经费结算及物资移交处置相关事宜的汇报。

（郑王伦）

民生实事项目

【概况】　2022年，温州市龙湾区人民政府按照民生实事项目人大代表票决制，经区第九届人民代表大会第一次会议人大代表票决，确定“安置提速、老有所养、学在龙湾、医保纾困、交通畅行、健康就医、就业共富、智慧安防、文化惠民、全面眼健康”等十方面共22个项目作为2022年度区政府民生实事项目。年内，完成省、市、区三级民生实事项目133个。

【安置提速工程】　2022年，龙湾区完成龙湾城市中心区城中村改造工程永中单元B-28地块、永中单元D-08地块、永中单元A-34地块安置房建设，交付安置房5000套。建设龙湾城市中心区城中村改造工程永中单元F-03地块、永中单元D-17地块、永中单元D-06地块安置房4300套。

【老有所养工程】　2022年，龙湾区加快老有所养工程建设。在永中街道万顺社区、龙北社区、龙水社区、永兴街道沙园村、小塘村等建成示范型居家养老服务照料中心5家，打造“不离家不离亲”居家养老样板。构建“预警触发—处置救援—结果反馈”闭环式救援服务体系。全年为高龄独居失能老年人家庭安装智能手环、烟雾报警器、水流监测等智能安全守护监测设备438户。

【学在龙湾工程】　2022年，龙湾区加快推进学在龙湾工程。创造学校学习环境，改善教室卫生，在辖区15所学校改建教室431个，安装空调与新风系统联合运行。在辖区25所学校新增配可调节课桌椅7100套。

【医保纾困工程】　2022年，龙湾区加强医保纾困工程，提供城乡居民医疗保险，保险办理手续高效便捷，实现全程“零跑腿”。全年全区免费办理困难群众医疗保险5763人，争取落实财政资金补助334.25万元。

【交通畅行工程】　2022年，龙湾区加快交通畅行工程。迭代升级龙湾智慧停车云平台，拓展智慧化停车服务，盘活闲置泊位资源。全年新增停车联盟错时泊位2000个，公共停车位580个。完成1.92千米G330洞合线大中修工程和机场路沙家滩头桥、益静堂桥2座桥头整治。完成永定路（龙江路—建中街段）、龙江路（瓯海大道—永定路段）、括苍西路（汤家桥南路—上江路段）、楠溪江路（机场大道—雁荡西路）、清江路（括苍西路—雁荡西路段）等5.19千米道路整治。完成十字河桥、拓龙桥、上江路1号桥等10座“桥头跳”问题整治。

【健康就医工程】　2022年，龙湾区实现元庄社区、南洋社区、罗西社区、瑶溪村社区、万顺社区等5个村卫生室服务设施提升。建成32个智慧健康站，实现数字家医“一联到家”、公共卫生“一秒预警”、托育机构“一体服务”。推进区域医疗资源共享，打造医学影像联合门诊，全年为3000多人提供检查影像远程诊断。

【就业共富工程】　2022年，龙湾区采用“实操应用为主，理论讲解为辅”方式，带领农民学员走进农业实践基地，手把手教授学员实操，助力龙湾本土农业企业发展。全年共培训农村实用人才、高素质农民、失土农民5364人，补贴460.90万元，为广大失土农民就业创业带来新活力。

【智慧安防工程】　2022年，龙湾区建成投用区外国语小学、区一小、区二小、区实验中学等“智安校园”30所，亲和雅园、悦峰园等“智慧安防”小区40个。依托数据建模、汇聚前段海量感知信息，提升“智安校园”“智慧安防”小区管控平台实战服务能力。

【文化惠民工程】　2022年，龙湾区实施文化惠民工程。开展“一周一课”系列活动，完成线上线下“大师课”“智慧父母”空中课堂系列活动30期，开展“讲好龙湾故事”微视频云课堂系列活动20期，举办“雷锋号”民俗传承系列活动20期，开设“知礼·明德”公益课系列课程。开展“一村一剧”系列活动，推出精品节目40个。举办“党的二十大精神进基层暨一村一剧走亲巡演”32场。举办“民星秀”大舞台云展映5期，线上点播均率破1万人次，最高点播数23万人次。

【全民眼健康工程】　2022年，龙湾区搭建平台，面向社会提供免费眼健康检查，惠及群众10398人，排查发现白内障等眼疾病患者3000多人。为2102名提供学龄儿童青少年近视矫治补助50万元。组织多部门创设丰富活动载体，同步开展眼健康宣传进社区活动80多场。

（郑王伦）

2022 年度龙湾区政府民生实事项目完成情况一览表

表 5

项目名称	序号	项目内容	具体点位（名称 + 地址）	完成情况
一、安置提速工程	1	安置房 4300 套	龙湾城市中心区城中村改造（永中单位 F-03 地块）等 6 个安置工程	完成
	2	交钥匙 5000 套	龙湾城市中心区城中村改造工程（永中单元 B-28 地块）等 8 个城中村改造工程	完成
二、老有所养工程	3	改造提升示范型居家养老服务照料中心 5 家	沙园村居家养老服务照料中心、万顺社区居家养老服务照料中心、小塘社区居家养老服务照料中心、龙水社区居家养老服务照料中心、龙北社区居家养老服务照料中心等 5 家照料中心	完成
	4	为 400 户高龄独居失能老年人家庭安装智能安全守护监测设备	438 户高龄独居失能老年人家庭安装智能安全守护监测设备工作	完成
三、学在龙湾工程	5	为 400 个中小学校教室安装空调、新风系统	温州外国语状元分校等 15 所学校 431 个教室空调、新风系统的安装工作	完成
	6	更新可调节学生课桌椅 7000 套	辖区 25 所学校 7100 套可调节课桌椅的更新或增设工作	完成
四、医保纾困工程	7	为全区 5000 名困难群众提供城乡居民医疗保险免费参保，同时提供“零跑腿”服务	为全区 5763 名困难群众免费提供城乡居民医疗保险的工作	完成
五、交通畅行工程	8	完成 1.92 千米国省道起伏不平等病害点段、2 座桥头整治	1.92 千米 G330 灵昆大桥接线至下湾桥段起伏不平等病害点段整治和机场路沙家滩头桥、益静堂桥等 2 座桥头整治工作	完成
	9	完成 5 千米城市道路起伏不平等病害点段	永定路（龙江路—建中街段）、龙江路（瓯海大道—永定路段）、括苍西路（汤家桥南路—上江路段）、楠溪江路（机场大道—雁荡西路）、清江路（括苍西路—雁荡西路段）等 5.19 千米道路整治工作	完成
	10	整改 10 座“桥头跳车”	十字河桥、拓龙桥、上江路 1 号桥等 10 座“桥头跳”问题整治工作	完成
	11	通过数字化错时停车管理让龙湾区停车位“多出”1000 个	新增停车联盟错时泊位 2000 个	完成
	12	推进挖潜增设公共停车位 300 个	新增公共停车位 580 个	完成
六、健康就医工程	13	完成 5 个村卫生室（社区卫生服务站）服务设施提升	元庄社区、南洋社区、罗西社区、瑶溪村社区、万顺社区等 5 个村卫生室（社区卫生服务站）	完成
	14	在医联体内试点居民在社区卫生服务中心检查影像上传核心医院进行远程诊断，全年完成不少于 3000 人次	为 3000 多人提供检查影像远程诊断工作	完成
七、就业共富工程	15	开展农村劳动力素质培训 100 人	农村劳动力素质培训 100 人	完成
	16	开展失土农民和贫困劳动力职业技能培训等 5000 人	失土农民和贫困劳动力职业技能培训	完成

续表 5

项目名称	序号	项目内容	具体点位（名称 + 地址）	完成情况
八、智慧安防工程	17	建成“智安校园”30 个	区外国语小学、区一小、区二小、区实验中学等“智安校园”	完成
	18	打造“智安小区”40 个	亲和雅园、悦峰园等“智慧安防”	完成
九、文化惠民工程	19	平均为全区各村居（社区）送去文化精品剧目 1 次，打造“一村一剧”	已推出精品节目 40 个、“党的二十大精神进基层暨一村一剧走亲巡演”32 场、“民星秀”大舞台云展映 5 期等“一村一剧”系列活动	完成
	20	每周末邀请专业人士举办一堂“大师课”“科普课”等主题课，采取线上线下结合的方式，打造龙湾市民全民共享的“一周一课”	“一周一课”系列共完成线上线下“大师课”“智慧父母”空中课堂系列活动 30 期，“讲好龙湾故事”微视频云课堂系列活动 20 期，“雷锋号”民俗传承系列活动 20 期等系列活动 110 期，“知礼·明德”公益课系列课程共计 3000 余课	完成
十、全民健康工程	21	免费为 10000 名龙湾群众实施眼健康检查	为 10398 名龙湾群众免费实施眼健康检查	完成
	22	为 2000 名就读龙湾的学龄儿童青少年实施 10%、最高 1000 元的近视矫治补贴	为 2102 名学龄儿童青少年提供近视矫治补助，共计 50 万元	完成

区政府综合事务

【概况】 2022 年，温州市龙湾区人民政府办公室（以下简称区府办）履行服务、协调、督查工作职责，保障各项工作任务完成。全年共制发区政府常务会议纪要 15 件、区长办公会议纪要 17 件、区政府专题会议纪要 130 个、正式文件 195 件。组织区政府全体（扩大）会议和活动 175 次，接待外地来龙考察团 7 个。撰写区政府九届第一次全体（扩大）会议等综合性文字材料 196 篇，撰写《龙湾新能源产业链规划布局与发展途径研究》等调研文章 11 篇和上级会议汇报稿等材料 45 篇。编发《龙湾政务信息》62 期，上报政务信息 507 条，省政府办公厅信息处采用 9 条，其中 5 条获省领导批示；市府办信息处采用 193 条，其中 44 条信息获市领导批示。

【建议提案办理】 2022 年，区府办做好代表建议、委员提案组织办理和督促检查工作。全区人大代表建议和区政协委员提案 474 件，其中区人大代表建议 247 件，区政协委员提案 227 件。所有建议、提案均在规定时间内办理完毕，并书面答复代表或委员本人，按时办结率 100%。

【电子政务建设】 2022 年，区府办持续推进电子政务外网设备改建，加强网络安全、上网行为审计、网站域名管理、网络分区管理工作。开展网络安全全实名制认证，开展网络安全大排查大整治行动。推动“互联网+政务服务”“互联网+监管”工作，助力数字化改革向纵深推进。“龙湾幸福码”项目列入浙江省“四治融合”城乡基层治理体系相关数字化应用清单。“浙里盘”项目在全省数字化改革例会上列为数字政府地方创新亮点应用，作为重点应用列入《温州市人民政府关于深化数字政府建设实施意见》。龙湾城市频道成为全省首批、全市首个上线“浙里办”省级试点城市频道。基层网格 APP 整治工作成功申报温州市基层网格 APP 整治试点。牵头开发龙湾防疫调度平台，累计向公众传递应急信息 10 多万条，向应急队伍发送指令 4000 多次。

【政务督查】 2022 年，区政府督查室加快政务督查，协助相关部门组织省政府督查激励申报工作。工业稳增长、联合双随机监管、就业创业等 3 个事项获得省政府激励。开展区政府工作报告、民生实事督查工作，全年督促落实省、市、区政府民生实事项目共 104 个，其中省政府民生实事项目 27 个、市政府民生实事项目 48 个、区政府民生实事项目 29 个（含候选项目）。制发督查文件 251 期，其中《政务督办通知单》36 期、《政务交办通知书》8 期、《政务督查专报》136 期、《督办提示函》5 期；督促承办区长批示件 125 件。

【特色示范点项目创建】 2022 年，区府办加快推进特色示范点项目创建。全年特色示范点项目创建 24 项，其中国家、省、市级特色示范点项目 4 项，区域特色亮点项目 9 项，帮扶引导企业特色亮点项目 11 项；刊发特色示范点项目创建信息简报 3 期，创新实践案例在相关网站发布 5 篇，4 篇创新典型案例收录温州市典型案例编印成册，3 篇简报信息获市级录用。

（郑王伦）

政务公开

【概况】 2022年，温州市龙湾区人民政府办公室（以下简称区府办）贯彻落实《中华人民共和国政府信息公开条例》（以下简称《条例》）和省、市政务信息公开要求，调整门户网站“政务公开”板块栏目设置，拓展公开领域，加大公开力度，提升信息公开质效。打造“龙湾发布”新媒体矩阵，通过减量提质，共归集整合账号27.3%，现存新媒体账号总数为32个，涉及运维单位24家。

【政务信息公开】 2022年，区府办加大政务信息公开力度，依托“中国龙湾”政府门户网站，准确发布政务信息。全年区政府门户网站主动公开发布政府信息7220条，其中区政府及部门规范性文件36条，重大会议15条。召开新闻发布会4场。区政务新媒体发布信息16468条。围绕群众期盼和企业需求，优化公开服务，回应社会关切，定期公开政府工作报告、重点任务、民生实事项目、疫情防控等情况，全年规划建设“共同富裕”“公共企事业信息公开”“助企纾困”等专题专栏5个。开展“政策进万企共富惠万家”活动，持续推进政策直达快享。

【依申请公开】 2022年，区府办落实《条例》规定，指导各部门依法依规办理政府信息依申请公开。发挥部门协查、律师咨询、区司法局审查等作用，规范办理政府信息公开申请件。全年受理依申请公开184件，其中新收128件，2021年结转12件，结转至2023年办理10件，应对行政复议5件、行政诉讼29件，均无出现纠错和败诉情况。

（郑王伦）

政务服务

【概况】 2022年，温州市龙湾区政务服务中心（以下简称区政务服务中心）按照业务类型和领域板块设置自助申报区、咨询导办区，线上非接触智能客服系统，打造集智能导服、自助预约、自助申报等智能化办事于一体政务大厅。全年累计办理115多万件，线上线下一网通办率97.7%，群众满意度99.9%；累计完成公共资源交易项目582宗，交易金额201.98亿元，节约资金12.29亿元，节约率5.7%。

【政务服务2.0应用】 2022年，区政务服务中心推进区、街道、社区三级政务服务2.0应用全覆盖，大厅窗口收件“一网通办”率94.6%。推行“驿站办”新模式，布局“企业园区+居民小区+银行网点”政务服务驿站网络，推进涉企事项“园区办”、民生事项“小区办”、高频事项“网点办”。建设中国眼谷“政务服务驿站”，小区“智慧政务微驿站”，可办100项民生清单。推进“政银合作”代办服务，全区43个银行网点可延伸社保、医保、公积金等94项高频事项办理，“政银合作”代办服务事项获省委改革办“竞跑者”刊登。

【全程无偿代办服务】 2022年，区政务服务中心加快推进便民服务站建设。完善便民服务站代办服务机制和服务指南，落实便民服务站代办人员。全区村（社区）78个，便民服务站标准化建设78个，实现基层红色代办服务覆盖率100%，办理便民事项60项。

【企业投资高效审批模式】 2022年，区政务服务中心加快推进企业投资项目促产“一件事”改革。推进企业投资项目促产“一件事”改革，促进企业投资项目早开工早投产快融资，开展“拿地即开工”“预验即试产”“竣工即领证”，代办服务，加快招商引资项目落地。推进企业投资项目“最多80天”改革，新赋码一般企业投资项目“最多80天”，实现率100%。推进低风险小型项目审批“最多15个工作日”改革，低风险小型项目审批6个。

【“最多评一次”改革】 2022年，区政务服务中心推进“最多评一次”改革。实行涉企鉴定评估及免评估事项清单管理，出台《龙湾区涉企鉴定评估及免评估事项清单（2022年版）》。推进涉企鉴定评估事项“多评合一”“一评多用”应用。全年涉企鉴定评估及免评估事项清单管理，免评估事项4

2022年8月2日，区政务服务大厅无偿代办服务场景

（区政务服务中心供图）

项，保留评估事项47项。推进“网上中介超市”项目比选，开展信用评分，年内共有112个项目竞价，平均下浮率20.5%，为企业减轻负担，帮助企业轻装上阵。

（林　娜）

大数据管理

【概况】　2022年，温州市龙湾区大数据管理中心（以下简称区大数据管理中心）落实省、市、区数字化改革重大决策部署，迭代升级一体化智能化公共数据平台“四横四纵两端”整体构架，强化信息化项目统筹管理。推进公共数据平台、一网统管平台、应用创新、网络安全防护建设，提升数据供给、数据资源开发利用、“两端”集成服务、疫情防控精密智控能力。全年累计整合、核减、暂缓或取消17个项目，节约资金2455万元。承接温州城市治理“一网统管”业务体系梳理和物联网平台建设试点。

【公共数据平台建设】　2022年，区大数据管理中心完善数据资源体系，提升公共数据平台整体监控，数据加密、数据脱敏、数据防泄露能力。全年区公共数据平台开发共享接口总量470个，完成210项92万余条数据治理工作。开放数据集63个，有效数据项648个。做好数据目录有机更新，累计下架数据目录96条，完成142条非共享数据目录整改。IRS综合指数排名全市第一，数据编目质量合格率100%。完成编目数2122条，注销目录资源96条，涉及26个部门、59个系统，完成2092条事项与目录关联，数据编目质量合格率100%。建设专题库8个，归集数据量2170万条。

【电子政务网络系统】　2022年，区大数据管理中心建立网络安全常态化闭环整改机制，规范网络和数据使用。全区政务外网实名制认证率97.2%，重点区域受控无线网覆盖率100%。捕获网络攻击155.29万次，阻止来源59个国家或地区攻击3131次。处置风险主机581个（次），整改53家单位高危漏洞4068个。部署数据安全设备7台，完成14.08亿条数据库审计，处理各类数据库告警9.82万条。对27个数据库中1823张数据表的2.79万个字段进行分级分类。联合区网信办、区公安分局举办龙湾区“护网2022”网络安全攻防演练，对68个系统攻击，发现18家单位51个安全风险，修正严重表述错误536处，错误链接230个，处置超期栏目1745次，发送网络安全问题整改告知书147份，网络安全等级保护定级备案率82.0%，三级等保优秀率上升至75.0%。

【“浙里办”省级试点】　2022年，区大数据管理中心承接“浙里办”龙湾城市频道省级试点建设工作。推进“浙里办”“浙里盘”两端建设，上线“浙里办”龙湾城市频道，全区注册个人用户44.90万户，注册法人用户7.90万户，上架区级应用14个，创成高频应用8个，政务服务“一网通办”率91.7%。区内各机关事业单位“浙政钉”推广使用率100%，用户日均活跃率86.4%。完善空间资产“浙里盘”系统，出台《龙湾区空间资产“浙里盘”平台管理办法》等一批配套制度，系统已收录各类国有空间资源347万平米，合同1602份。

【数字赋能疫情防控】　2022年，区大数据管理中心开展省级疫情防控精密智控平台培训，保障全区防疫工作有序运转。牵头开发龙湾防疫调度平台，通过智能语音+短信，提供物防平台等防疫应用支持。全年累计向公众传递应急信息10多万条，向应急队伍发送指令4000多次。

【龙湾幸福码开发】　2022年，区大数据管理中心推进“龙湾幸福码”应用开发工作。推行“一户一码”“一栋一码”“一所一码”，融合网格管理。打通“温州市基层治智综合应用”，实现网格员通过“浙政钉”一端开展安全生产、消防安全、矛盾纠纷等网格风险隐患排查工作，有效赋能基层网格。全年完成全区10个街道工矿企业及厂中厂9726家、两类场所5.45万家、危旧房464家的数据归集，完成民用和商用标准数据3.68万项整理和导入。

【基层APP整治】　2022年，区大数据管理中心出台《龙湾区基层网格APP整治试点工作方案》，加快推进基层网格APP整治工作。推行基层网格“任务一屏览”“数据一表报”“地址一键扫”“知识一点通”，减负网格员赋能，提升工作质效。全年梳理各类在用APP清单16个，其中区级清单5个。

（何志聪）

招商引资

【概况】　2022年，温州市龙湾区投资促进服务中心（以下简称区投促中心）实施谋大招强“531”工程，助推打造高质量发展建设共同富裕龙湾样板区。全区开工超亿元产业项目19个，其中制造业项目17个，10亿元单体制造业项目1个，100亿元以上单体制造业项目1个。引进“500强”高质量项目2个，其中世界“500强”强项目1个。完成总部项目17个，其中“500强”上市公司企业项目4个。

【招大引强工作】　2022年，龙湾区围绕产业链谋大招强，迅速形成“大招商、招大商”工作热潮。9月22日，温州锂电池新材料产业基地一期土地37.73万平方米成功摘地，总投资191亿元。9月23日，瑞浦新能源制造基地项目一期用地37.73万平方米成功摘地，总投资300亿元。12月5日，温州赛沘科创湾项目摘地，总投资10亿元，并于12月7日开工建设，项目开展5G数字科技产业链投资，并购和整合，带动上下游产业集聚，建设浙江5G数字科技标杆项目。中国眼谷聚焦眼健康为核心生命健康产业，携手世界500强华为、华润合作，引进京东方艺云、珍视明、固生堂、明月镜片等一批优质眼健康产业项目。

【外资招引】 2022年，区投促中心加快外资招引，主攻先进制造业、高新技术作为重大外资项目目标，确保外资稳中提质。全年合同外资1.02亿美元，实际使用外资0.38亿美元，其中高技术使用外资0.32亿美元，占比实际使用外资总量86.2%。

【招商引资机制建设】 2022年，区投促中心强化机制保障，激发招商工作新活力。完善全员招商考核机制，印发《2022年度龙湾区全员招商引税考核办法》，建立覆盖目标任务、派单交办、自主招引的全员招商引税考核体系；推进驻点招商，派驻北京、上海、深圳、杭州、武汉5支招商引智队伍，成立区级招商引智机动组，形成内外互动招商工作格局。组建国有独资的龙湾区（高新区）招商服务有限公司，向社会招才纳贤建设专业招商队伍，协助全区开展项目定位包装、制作招商推介材料、参与项目评估决策，助推项目更好更快落地。增加招商法律服务，引入浙江和乐律师事务所政府法律事务部的专业律师团队全流程参与招商引资工作，全年出具法律意见书14份。

（马千里）

人力资源管理

【概况】 2022年，温州市龙湾区人力资源和社会保障局（以下简称区人力资源和社会保障局）推进“510引才行动计划”，新招引高校毕业生15850人（含温州经济技术开发区），其中博士47人（含温州经济技术开发区）。培育技能人才14049人（含温州经济技术开发区）、高技能人才5342人（含温州经济技术开发区）。国科温州研究院获批国家级研究院。

【人才工作】 2022年，龙湾区本级完成新招引高校毕业生10050人，其中硕士298人、博士36人。新建省级以上博士后工作站3家，全年招引博士后21人。举办双线引才活动64场，开拓高校毕业生招引就业岗位2万个，设立高校人才工作联络站9家，为企业招引急需人才2000人。中国·温州民营经济人力资源产业园入驻企业增至30家，完成营收4.50亿元，获评省级人力资源服务产业园。新增职业技能等级认定试点企业55家，13793人通过试点企业认定取得证书。完成省政府民生实事“浙派工匠”技能人才培训21988人次，新增技能人才10736人、高技能人才3619人，完成率分别134.1%、214.7%和150.8%。开展区级职业技能大赛5场，1060人取得技能证书。举办龙湾区（高新区）第七届大学生创业大赛，决出总决赛参赛项目35个。入选“浙江工匠”2人、“浙江青年工匠”9人、“瓯越工匠”8人。推动失土农民和贫困劳动力职业技能培训纳入区民生实事，完成培训5071人次。

【社保普惠共享】 2022年，区人力资源和社会保障局开展社保扩面工作，完善社会保障体系网络。全区参加职工基本养老保险缴费人数40.86万人（含退休人员），新增被征地农民参保2217人。完成被征地农民基本生活保障待遇提标12845人，净增数全市第一位。加大缓缴政策宣传，确保企业应知尽知、应享尽享，办理126家企业缓缴社保资金，累计金额2.37亿元。开展社保基金安全“警示教育月”活动，组织社保基金监督，处理疑点信息934条，追回社保基金21.19万元。

【和谐劳动关系构建】 2022年，区人力资源和社会保障局加快劳动保障处置，保障劳动关系和谐稳定。推进根治欠薪处置力度，开展“大排摸、大预警、大化解”专项行动，受理劳资纠纷8983件，为农民工、企业员工追讨回工资2.80亿元。持续开展清理整顿人力资源市场秩序专项执法行动，严厉打击拖欠工资、非法用工等违法行为，巡查检查用人单位2400

2022年2月14—20日，2022年龙湾区（高新区）“春风行动”暨“510+行动”新春公益双线招聘会举行

（区人力资源和社会保障局供图）

多家。解决名匠家具、永兴轩宇制邦、翼通航空公司等群体性欠薪案件。全年处置劳动争议案件702起，涉案金额7110.61万元，结案率和调解成功率分别为91.0%、84.9%。完善工伤认定机制，受理工伤认定3221件，依法办结2912件，完成工伤理赔1.20亿元，办结率90.4%，工伤认定复议诉讼保持零败诉。

【人社公共便民服务】 2022年，区人力资源和社会保障局推进“社银合作承接人社政务服务”（简称“社银通”）标准化试点工作，创建省标社银合作网点41家，其中A类4家、B类25家、C类12家，打造“15分钟人社服务圈”。在海滨街道政务服务中心、万顺社区、永昌社区、金御湾小区等地先行示范打造一批特色主题试点网点，各网点社保、就业类办件量稳居全市四个主城区第一，网点总办件量占全区大厅窗口办件总量27.0%。编制完成《浙江省“社银通”事项经办试行规范》，被省力资源和社会保障厅在全省推广试用。全年，合作推广被征地转企业养老保险“康乐贷”惠及387人次。

【人事管理】 2022年，区人力资源和社会保障局加强事业单位人事管理工作。印发高层次紧缺专业人才引进实施意见和实施方案，依规办理人事审批、工资福利发放、等级晋升等工作。制发区事业单位工资薪酬发放方案，推进事业单位工资收入提升。全年龙湾区招聘事业编人员228人，完成全区189名事业新进人员初任培训，规范实施评比表彰和创建示范活动；事业单位人员职业生涯全周期“一件事”线上办件734件；温州经济技术开发区转隶事业人员226人，分流至区纪委等46个单位；持续做好事业单位机构改革“后半篇文章”。

（王思懿）

区直机关事务管理

【概况】 2022年，温州市龙湾区机关事务管理中心（以下简称区机关事务管理中心）推进机关事务标准化和数字化融合，通过浙江省机关事务改革试点验收，为全区提供有力后勤保障。落实疫情防控主体责任，持续加强对会议室、电梯、食堂、公车等消杀工作。获评浙江省首批机关事务工作先进集体。

【机关事务管理标准化试点】 2022年，区机关事务管理中心落实省级三项试点工作，加快“智慧大院”建设，加强办公用房、公务用车、公共机构节能管理，协助市局完成《办公用房配置管理规范》《办公用房使用管理规范》等2项地标制定。建设办公室智慧感知系统2.0，完善办公用房智慧门禁改造和“一卡通”升级，实现门卡授权、远程开锁、食堂就餐刷脸和二维码支付诸多功能，提升后勤服务效能。联合中国银行龙湾支行“数字人民币”进区府大院试点工作，开通食堂及后勤服务综合体各商家数字人民币支付功能，龙湾区人民政府大院成为温州第一批政务园区数币应用场景试点。

【后勤保障综合服务】 2022年，区机关事务管理中心以机关事务标准化建设一系列规范流程为引领，完成省委巡视“回头看”、省委选人用人工作检查组、省审计厅专项审计调查组、区“两会”等各类重大活动后勤保障工作。全年后勤综合保障大小会议5730场。推出后勤“关键小事”10件。建成投用区行政服务中心风味餐厅、咖啡小吧等配套服务项目。推进光盘行动、光瓶行动，实行大小餐盘选餐制度。加入市政府食堂联合大采购，采购成本下降30.0%。举办“健康进机关”活动。

【办公用房管理】 2022年，区机关事务管理中心加强各机关单位办公用房使用情况监督检查，巩固办公用房清理整改成效。强化办公用房科学调剂，完成区行政服务中心投用、科技大楼改造装修，完成温州湾新区体制调整涉及48个单位、266人大规模办公用房调配工作。推进机关单位集中办公，全区九成以上机关单位入驻行政中心区，实现

2022年5月12日，区人力资源和社会保障局举行海滨街道、万顺社区、永昌社区、金御湾小区基层公共服务点授牌仪式 （区人力资源和社会保障局供图）

2022 年 6 月 20 日，区机关事务管理中心、区总工会、区妇联联合举办“品味端午，香粽传情”端午节活动　（区机关事务中心供图）

办公资源共建共享。

【公共机构节能】 2022 年，区机关事务管理中心以节能创建为引领，带动节约型公共机构建设。开展节约型机关、垃圾分类示范单位、合同能源管理、能源管理体系认证等创建工作。强化节能宣传工作，制作节能沙画视频，在新华网、“学习强国”发布，获 100 万人次点击率。

（林萍萍）

外事工作

【概况】 2022 年，温州市龙湾区外事办公室（以下简称区外事办）持续践行“外事为民，服务企业”理念，发挥海外领保服务站作用。加强与区卫健局定期沟通，全年做好境外项目疫情防控工作，接待首批入境人员 180 人。

【境外企业备案】 2022 年，区外事办加强境外企业备案工作。全年境外企业在省里备案 39 家，境外企业在浙江境外服务码管理平台申请登记 25 家，占境外投资备案项目数 64.1%。

【领事保护】 2022 年，区外事办加强内外联动，做好领事保护工作。做好因公出国（境）排摸工作，助力涉外企业复工复产，不定期与市外办对接疫情期间邀请外国人来华政策，向全区重点民企（高新企业、科技型企业、规模以上企业等）宣传温州市疫情期间民营企业邀请外国人来华外事审批新政。健全领事保护基地，指导状元街道基层领事保护联络处工作，打造温州大桥状元段桥下宣传阵地。

（郑王伦）

台湾事务

【概况】 2022 年，温州市龙湾区加强台湾事务工作，推进海峡两岸温州民营经济示范区建设，开展台湾经贸交流、文化交流，打造“筑梦龙湾”台湾青年工作品牌。年内，举办台湾青年创新创业营，助力 10 名台湾青年参加温州首届两岸青年创新创业大赛。开展“两岸同心・筑梦龙湾”台商台企台属服务月活动，开展“永昌堡・两岸情”10 周年系列活动。

【服务台胞台属】 2022 年，区台办聚焦台商台胞需求，集中开展“两岸同心・筑梦龙湾”台商台企台属服务月活动，结合“三服务”“万名干部进万企”等活动，动员全区各街道开展涉台对企服务，提升台胞台属台商的获得感和幸福感。做好涉台宣传“三进”活动，实现辖区困难台属走访慰问全覆盖。

2022 年 7 月 18 日，“永昌缘・两岸情”两岸青年古堡文化行活动在永昌堡举行　（区委办供图）

【海峡两岸交流活动】 2022年，区台办开展台商台企走访服务活动，新增涉台项目1个，在浙江·台湾合作周温州分会场上签约。开展“永昌堡·两岸情”10周年系列活动，依托龙湾古堡、名人、民俗、书法等文化金名片，开展永昌古堡文化体验行活动，12名在温州台湾青年参与。开展2022年“以文会友·传情两岸”书画云交流活动，活动受到中国台湾网等媒体报道。

（李　强）

侨务工作

【概况】 2022年，温州市龙湾区侨务办公室（以下简称区侨办）开展“海外华侨故乡行”内外互动活动。聚焦留学人员，成立龙湾区欧美同学会，吸纳优秀留学归国人员150多名。组织侨界人大代表和政协委员侨界提案、议案8件，其中涉侨提案已给予答复1件。加强疫情防控，联合旅港同乡社团及龙湾籍乡亲寄送医用外科口罩、连花清瘟胶囊等防疫物资7000多件，慰问回国隔离后居家侨胞10多人。4月，召开全区侨务工作联席会议。完成龙湾区留联会换届工作。承办2022年“创业中华·海燕集结”欧美分站赛活动。

【助侨服务】 2022年，区侨办持续加强“暖侨安侨护侨”行动，依托助侨服务“全球通”2.0平台，做好涉侨审批服务。全年累计办结各类涉侨审批服务事项60件，实现零投诉。宣传侨汇结汇便利化服务，促成5名海外华侨及其眷属申报侨汇结汇150万美元。慰问各类侨界人士110多人次，发放慰问金5.80万元。联合街道、相关部门开展“我为侨企解难题”活动，主动上门、排忧解难，实地走访调研侨企16家，协助破解难题2个。

2022年10月14日，“创业中华·海燕集结”2022全球留学青年创业抢位赛北美分站赛在龙湾区分会场开赛

（区委统战部供图）

【新乡贤品牌建设】 2022年，区侨办健全升级新乡贤工作联席会议制度，成员单位由20个扩增至39个。健全新乡贤联谊组织网络，指导永兴、瑶溪、海滨街道成立新乡贤联谊会，并设立新乡贤带富基金3个。构建“归巢+聚融+服务”综合体，打造温州市首个新乡贤综合体——“永中新乡贤综合体”，开展60多场活动。设立“乡贤讲坛”，在广州、杭州等地授牌成立“乡贤驿站”。推进“乡贤助乡兴”实践基地创建，增创状元亭、瑞延医养2个市级“乡贤助乡兴”实践基地。组织开展海外高层次人才看龙湾、海外侨领看家乡活动6场。

（杨晓白）

中国人民政治协商会议
温州市龙湾区委员会

2022 年 2 月 17 日，政协第六届温州市龙湾区委员会第一次会议在区文化中心大会堂开幕　　（叶晓东 / 摄）

中国人民政治协商会议
温州市龙湾区委员会

综　述

重要会议

协商议政

民主监督

政协提案

视察调研

政协专门委员会工作

南洋公园　（严艳影摄于2022年8月）

综 述

【概况】 2022年，中国人民政治协商会议温州市龙湾区委员会（以下简称区政协）在区委领导下，深化政治协商、参政议政、民主监督三大职能，助推龙湾高质量发展。全年召开全体会议1次、常委会会议3次、主席会议8次，紧扣全区中心工作大局开展协商34场、民主监督10项、专题视察调研18项，形成咨政建言专报6篇、视察调研报告10篇，获区党政领导批示11次。修订《政协温州市龙湾区委员会全体会议工作规则》等3项工作规则，改进调查研究、提案、反映社情民意信息等经常性工作，推动协商民主多层制度化发展。扎实推进政协理论研究工作，5篇文章获评市政协征文评选优秀论文。

【“综合体”建设】 2022年，区政协创新打造“政协综合体”新阵地，以“1+N”模式融合民生议事堂、委员工作室（会客厅）、委员驿站等政协元素，因地制宜植入社区、党派等功能元素，试点先行、有序推广，完成海滨、海城等4个街道阵地创建，该品牌获2022年度市政协“一县一亮点”评比一等奖。建设17家政协委员工作室、1家省级政协委员会客厅，落实区政协主席、副主席与专委会联系委员工作室制度，开展委员工作室（会客厅）“1+4”规范化建设和星级评定活动。发挥街道政协工作联络组作用，引导委员走出政协、走进基层、深入界别群众，开展宣传政策、倾听民声、反映民意、为民办实事等活动。

【委员工作】 2022年，龙湾区推选六届区政协委员234人。委员中继续提名80人，新提名154人，继续提名占34.2%；中共党员82人，占35%；民主党派委员81人、群众及无党派71人，党外占65.0%；妇女委员66人，占28.2%；少数民族委员3人（回、壮、畲）；民营经济代表人士46人，占19.7%；新阶层代表人士（四类人员）50人，占21.4%。共设16个界别组，其中中共21人、无党派人士12人、总工会10人、共青团（青联）4人、妇联11人、工商联30人、科协（科技）界23人、台联4人、侨联8人、文艺新闻界13人、经济界27人、农业界4人、教育（体育）界20人、医药卫生界13人、民族宗教界8人、特邀人士26人。强化委员服务管理，增强委员责任意识和履职热情，开展区政协委员履职能力提升培训班2期，通过调研视察、“委员活动日”活动促进委员知情明政，规范委员履职考评，完善履职平台赋分机制，录入履职信息3000多条。

2022年10月11日，海滨街道政协综合体授牌仪式在街道办公楼举行
（区政协办公室供图）

【团结联谊】 2022年，区政协加强与各民主党派、工商联、无党派人士、民族宗教界、新社会阶层人士和港澳台侨及其眷属沟通联络。落实区政协主席会议成员对口联系区各民主党派、工商联、无党派人士制度，主动邀请各党派团体参加政协活动。配合省市政协做好课题调研和视察考察工作，密切与省内外兄弟单位的沟通交流，接待各类考察调研交流16批次。

【政协党的建设】 2022年，区政协打造“政先锋·协同行”党建品牌，建设“党建书吧”文化阵地，完成机关党总支、党支部换届，调整拓展型党支部成员，建立“党支部+”工作体系。落细落实“双联系”制度，区政协党组成员联系党员委员，党员委员按照界别和领域点对点联系党外委员。推进“书香政协”建设，建立覆盖政协党组、机关党组、政协委员、机关干部的学习制度体系。把学习宣传贯彻党的二十大精神作为主题主线，开展“矢志不渝跟党走、同心奋进新征程”大学习大宣传大调研大落实活动，组织委员开展“贯彻二十大，奋进新征程，建功新时代”系列线上读书交流活动，累计发言1.50万条。

（朱瑶敏）

重要会议

【政协第六届温州市龙湾区委员会第一次会议】 2022年2月17日至19日，政协第六届温州市龙湾区委员会第一次会议在区文化中心举行。出席会议区政协委员234人，列席人员12人。会议听取并审议通过区政协主席张纯芳所作的《政协第五届龙湾区委员会常务委员会工作报告》和区政协副主席张崇林所作的《政协第五届龙湾区委员会常务委员会关于提案工作情况的报告》，会议选举产生政协第六届温州市龙湾区委员会主席、副主席、秘书长和常务委员。会议期间，中共龙湾区委书记周一富，区委副书记、区长夏禹桨等区委、区政府领导出席大会并参加联组讨论，与委员共商龙湾高质量发展大计。委员们列席温州市龙湾区第九届人民代表大会第一次会议，听取并讨论夏禹桨区长所作的《政府工作报告》，听取并讨论区人民法院、区人民检察院工作报告及其他报告，对上述报告均表示赞同并提出意见建议。会议收到委员和参加政协的各民主党派、人民团体以提案形式提出的意见建议 224 件，经审查立案 193 件。

【区政协六届常委会会议】 2022 年，区政协六届常委会共召开会议 3 次。

第一次常委会 4 月 22 日召开。会议传达学习全国政协十三届五次会议、市第十三次党代会、市“两会”精神，学习文章《新时代加强和改进人民政协工作的根本遵循》。会议审议通过六届区政协机构设置及各委办主任、副主任人选，通报《政协温州市龙湾区委员会 2022 年度履职工作计划》。会议审议通过《政协温州市龙湾区委员会全体会议工作规则》《政协温州市龙湾区委员会常务委员会工作规则》《政协温州市龙湾区委员会主席会议工作规则》《政协温州市龙湾区委员会关于服务助推龙湾打造高质量发展建设共同富裕示范区龙湾样板的意见》。

第二次常委会 8 月 30 日召开。会议传达学习 2022 年全省政协主席暑期读书会暨加强和改进新时代人民政协工作专题研修班精神，围绕“创新创业人才和团队引育工作”开展专题议政性协商。区委常委、组织部部长蔡军令，区人民政府副区长董建树参加协商活动。

第三次常委会 11 月 15 日召开。会议开展“委员活动日”活动，组织政协委员听取“一府一委两院”工作通报。区委副书记、区长夏禹桨参加会议并通报全区经济社会发展和政府工作情况；区委常委、区纪委书记、区监委主任谢庆全，区人民检察院检察长陈学志，区人民法院常务副院长项振升，分别就全区纪检监察工作、“两院”工作情况进行通报。会议传达学习贯彻党的二十大精神，审议通过《关于推进高能级平台与企业协同创新体系建设的调研报告》等 7 篇调研报告。

（朱瑶敏）

协商议政

【政治协商】 2022 年，区政协完善以全体会议为龙头，常委会会议议政性协商、主席会议专题协商为重点，对口协商、界别协商、基层协商、提案办理协商为常态的“1+2+4”协商议政格局。全会期间，精编大会发言 18 篇，7 位委员上台发言。组织全体委员在联组讨论中围绕《政府工作报告》，聚焦龙湾经济社会高质量发展的关键环节和群众关切的热难点问题，与区党政领导面对面协商建言。建立健全党委同政府、政协重点协商议题会商机制，年初联合商定协商议题 15 项。围绕创新创业人才和团队引育工作开展专题议政性协商。围绕民生实事项目、“共同富裕”大场景中推动卫生健康全流程数字化改革、环大罗山现代农业园区创建、完善道路网建设、加强和规范住宅小区物业管理、新生代企业家培育等开展专题协商。围绕扶持中小微企业发展、城区扬尘治理、落实“双减政策”提升课后服务质量、实施高质量就业创业行动、打造龙湾文化地标工作、儿童友好城市建设等开展对口协商和界别协商。

【基层协商】 2022 年，区政协健全覆盖区、街道、村社三级的基层协商平台，推动政协协商向基层延伸。建好用好“请你来协商”平台，开展活动 14 场，邀请 13 位次区党政领导参加，提出意见建议 161 条。推进民生议事堂“三位一体”与“协商驿站”建设，建成“民生议事堂”10 个、“协商驿站”12 个。围绕校门口拥堵、公园改造等开展基层“小微”协商 20 场。集中开展“助力共同富裕示范区建设专题协商议事月活动”，解决一批群众急难愁盼问题，让群众共享协商红利和成果。

【“助企纾困”专题协商】 2022 年 6 月 15 日，区政协经济科技委员会组

2022 年 1 月 27 日，区政协举办六届区政协委员履职培训班

（区政协办公室供图）

2022年9月30日，龙湾区政协"请你来协商"活动举行　（区政协办公室供图）

织委员走进温州龙禧房地产开发有限公司，召开"助企纾困"协商会。政协委员们立足从业领域、围绕行业发展，分析企业未来发展可能面临的问题，提出意见建议。相关部门单位充分吸纳采纳意见建议，及时为企业解决困难问题。

【"完善道路网建设"专题协商】 2022年7月25日，区政协城乡建设和资源环境委员会组织委员深入金丽温东延线、龙岗寺上山公路、机场大道东延等项目现场开展专题视察调研，并牵头开展以"完善城区道路网"为主题的"请你来协商"活动，向区委、区政府报送的相关建言成果获主要领导批示，助力加速龙湾道路建设进度。

【加强和规范住宅小区物业管理专题协商】 2022年8月18日，区政协社会和法制委员会召集提案人以及社法委委员成立调研组，与相关部门、社区、物业公司进行座谈交流，并组织委员围绕该主题在"请你来协商"活动上建言献策，与区委副书记、区长夏禹桨等区委、区政府领导面对面协商。协商活动后形成建言报告呈送区委、区政府领导，获区委、区政府主要领导批示。

【环大罗山现代农业园区建设专题协商】 2022年9月30日，区政协农业和农村工作委员会围绕"未来乡村和环大罗山现代农业园建设"开展专题调研，组织委员在区政协六届七次主席会议暨"请你来协商"活动上建言献策，就探索农产品销售新模式、丰富乡村业态、发展乡村月光经济等方面提出意见建议。向区委、区政府提交《关于环大罗山现代农业园建设的咨政建言》，获区委、区政府主要领导批示。

民主监督

【概况】 2022年，区政协把民主监督作为协商民主的重要实现形式，重点对区投资促进服务中心、区城市建设中心2家单位开展全面监督，对扩面提质城市医联体建设、宗教场所专项规划"一张图"等5项工作开展专项监督，对数字化改革、中小企业惠企政策落实等3项工作开展省、市、区三级政协联动专项集体民主监督，形成7份民主监督建议书，并开展监督整改落实民主评议与"回头看"工作。选派责任心强、专业匹配度高的政协委员担任监督员，组织60多人次参与司法旁听、座谈讨论、意见征求等督政活动，助力职能部门改进作风、提升效能。

【"宗教活动场所优化整合一件事"民主监督】 2022年，区政协民族和宗教委员会组织开展"宗教活动场所优化整合一件事"专项民主监督活动。自4月起，通过实地视察、个别访谈、征求意见、民主测评、座谈交流等多种形式，围绕该项工作落实情况挖掘问题、协商研究对策、提出解决办法，形成民主监督建议书并将相关意见建议报送至区委、区政府，获区委主要领导批示。

【"居家养老工作"专项民主监督】 2022年，区政协社会和法制委员会组织开展"居家养老工作"专项民主监督活动，于5月19日，赴区民政局召开民主监督动员部署会。监督小组按照实施方案与工作计划，实地调研龙湾区智慧养老中心、街道居家养老服务中心等基层养老机构，通过走访视察、征求意见等方式，了解全区养老工作整体情况与存在的"瓶颈"问题，形成民主监督建议书，提出加强养老基础设施建设、增强老年群体养老意识、加强养老服务队伍建设、引导社会资本参与等方面意见建议。

（朱瑶敏）

政协提案

【概况】 2022年，区政协推行提案全流程线上运行，加强"提、立、交、办、督"各环节的多层次、全方位协商。共收到以提案形式提交的意见建议227件，经审查立案、并案后共交办184件，交由浙南产业集聚区管委会办理的为5件，均已办理完毕。研究确定9件重点提案，由区委、区政府领导领办、区政协领导督办，分类编印并呈送《提案摘报》8期，提高提案督办层次。搭建完善提办双方协商沟通平台，采取电话协商、上门协商、视察协商、调研协商等方式，加强提案办理协商，实行跟踪督办和"双向评议"制度，强化办理实效。

【反映社情民意信息】 2022年，区政协围绕区委、区政府重点工作、全局发展重大课题和民生重要事项，建立健全

2022年龙湾区政协委员重点提案一览表

表6

案号	提案人	案由
20224042	民盟龙湾基层委、黄根云	关于加强和规范我区住宅小区物业管理工作的提案（并案）
20221017	柯巴嫩	关于加强对新生代企业家培养的提案
20224034	孙默静	关于在“共同富裕”大场景中推动卫生健康全流程数字化改革的提案
20225001	郑希文	关于加强我区未来乡村建设的提案
20221031	赵晓瑚	关于大力培育专精特新企业的提案
20221008	陈智豪	关于激发中小微企业活力　助推龙湾高质量发展的提案
20224060	朱雨晨、王爱芬、张晓青	关于提升小学课后服务质量　积极落实“双减政策”的提案（并案）
20223016	张晓青、林荣飞	关于提升我区迎亚运氛围的提案（并案）

社情民意信息收集、编辑、报送、反馈和激励机制。共收到社情民意信息69篇，向市政协报送52篇，采用21篇，市政协专报采用4篇、省政协采用1篇并报省政府办公厅，获市领导批示4篇。

【卫生健康数字化改革提案督办】 2022年5月27日，区政协召开《关于在“共同富裕”大场景中推动卫生健康全流程数字化改革的提案》重点提案督办专题协商会。提案主要内容为建议推进卫生健康数字化全域建设、推进智能化诊疗，实现卫生健康信息管理标准化、规范化等。就提案办理落实多项措施，包括加快医疗健康数据标准化建设、推动数据赋能应用、加强医疗信息化人才队伍建设，推进卫生健康医疗与养老、家政等协同发展。年内，打造32个“智慧健康”站，实现数字家医“一联到家”、公共卫生“一秒预警”、托育机构“一体服务”等协同作业。“智慧卫监”列入省级试点，“内窥镜智能监管平台”列为2022年全省卫生监督体系建设试点项目。

【新生代企业家培育提案督办】 2022年，区政协加强重点提案《关于加强对新生代企业家培养的提案》办理。提案主要内容建议财政部门设立专项培育资金，专款专用；建立新生代企业家培育规划；优化营商环境，加强对新生代企业家的服务工作等。督办小组开展3次督办调研和协商座谈。8月17日召开督办专题协商会。提案主办单位围绕新生代企业家扶持、企业发展土地要素保障、配套产业发展的专业市场布局等方面作办理说明。年内，制定《龙湾区民营企业家参与涉企政策制定程序暂行办法》和新生代企业家培养规划。举办龙湾企业家训练营和“红色接力”暨“青蓝新学”研修班。新生代企业家联谊会以“局长沙龙”形式开展系列座谈会4期。

【中小微企业发展提案督办】 2022年6月17日，区政协召开重点提案《关于激发中小微企业活力　助推龙湾高质量发展的提案》督办协商会。提案建议依托“一网通办”设立中小企业专题服务网页、出台《龙湾区促进中小企业发展条例》，加大对中小微企业纾困帮扶力度、提升金融机构服务中小微企业能力等。提案办理单位围绕中小微企业减税退税、科技扶持、用地保障、孵化提级、扩资增产、人才培育等方面办理情况逐一进行详细说明。年内，龙湾区人民政府出台《龙湾区助力个体工商户纾困发展32条政策措施》，从降低经营成本、加大金融支持、增加便利服务、推动提质升级等方面予以政策支持。

（朱瑶敏）

视察调研

【概况】 2022年，区政协把调查研究作为履职尽责的重要方式。围绕老旧小区改造、未来乡村建设、重大水利工程建设、“大禹鼎”河道零直排污水治理、青科城项目实施、和谐企业（园区）创建、儿童友好型公园建设、城市民族工作等开展专题视察。围绕“推动高能级平台、企业资源统筹，促进产业发展建设”、瑶溪风情小镇融入文教产业发展、高质量推进未来社区建设、低收入农户“提低”对策研究、安置房建设提速、加快龙湾民办博物馆发展打造典范之区、对外贸易工作、加强律师队伍建设、宗教安置用地等开展专题调研，形成10篇高质量视察调研成果。

【青科城建设专题视察】 2022年11月17日，区政协港澳台侨和外事委员会组织委员，视察温州龙湾青科城启动区一期项目建设。在视察中，委员们与有关单位负责人交流互动，就项目招商、产业延伸、准入标准、履约监管等方面提出意见建议。

【未来社区建设专题调研】 2022年7月29日，区政协经济科技委员会就“高质量推进龙湾未来社区建设”开展深入调研。实地视察调研富春社区、万顺社区等，通过座谈交流、寻访群众等方式，集思广益、梳理研究、归纳提炼，形成《关于高质量推进龙湾未来社区建设的调研报告》，从资金、宣传、整合利用率、推进进度等方面提出8条解决问题的新思路新办法。

【对外贸易工作专题调研】 2022年9月22日，区政协港澳台侨和外事委员会组织委员深入区属有关部门和重点企业，通过深度走访与座谈交流等形式，详细了解外贸企业发展和龙湾区外贸经济发展现状及面临问题。撰写形成高质量调研报告，从加大金融和财政支持力度、加强外贸物流人流畅通保障工作、加快培育外贸竞争新优势、加速技术创新和产业转型升级、加大重点外贸企业知识产权帮扶力度五方面提出14条具体建议。

【律师队伍建设专题调研】 2022年6月9日，区政协社会和法制委员会组织委员成立课题调研组，先后走访调研浙江学优律师事务所、浙江浙杭（温州）律师事务所、浙江泽商律师事务所、上海兰迪（温州）律师事务所4家律师事务所，详细了解各律师事务所硬件设施、人才培养、文化建设、党建工作等情况，通过座谈交流、调查问卷、联系沟通等方式开展调研，形成《关于加强律师队伍建设的调研报告》。

（朱瑶敏）

政协专门委员会工作

【概况】 2022年，区政协设提案委员会、委员工作委员会、经济科技委员会、农业和农村工作委员会、城乡建设和资源环境委员会、文教卫体文史和学习委员会、港澳台侨和外事委员会、社会和法制委员会、民族和宗教委员会9个专门委员会。实施“全员入委”，将234名区政协委员全部编入各专门委员会，探索完善“专委会＋党派＋联络组”工作模式，强化专委会在联系界别、服务委员、协商议政、提质增效等方面的基础作用。

【提案委员会】 2022年，区政协提案委员会于7月办理完毕政协提案184件，并书面答复委员本人，按时办结率100%。其中，A类件（提案所提问题已解决或基本解决）共108件，占总数的58.7%；B类件（提案所提问题正着手解决或列入计划逐步解决）共67件，占总数的36.4%；C类件（提案所提问题暂时无法解决或权限不在区里）共9件，占总数的4.9%。10月，区政协组织区政协委员对提案办理工作进行评议，184件中满意的有169件，比较满意的有14件，不满意的1件。

【委员工作委员会】 2022年，区政协委员工作委员会赴联系街道开展民生议事堂活动，推进校园安全、美丽乡村建设等民生实事落地。组织政协委员调研协商3次，组织委员参加“委员活动日”听取政府工作通报会。表彰政协第五届温州市龙湾区委员会优秀政协委员43人。开展首次委员工作室评星晋级活动，评出三星级委员工作室10家。组织举办区政协委员履职培训班两期。围绕“学习交流的新载体、联系群众的新纽带、协商民主的新路径、团结联谊的新平台”主题，开展委员会客厅活动6期。

【经济科技委员会】 2022年，区政协经济科技委员会围绕“助企纾困”“扶持中小微企业发展”“实施高质量就业创业行动”主题，开展“请你来协商”活动3次。完成星海民生议事堂、永兴街道民生议事堂“专题协商议事月”活动2场。完成对区投资促进服务中心的民主监督工作，形成《民主监督区投资促进服务中心工作建议书》。开展专题调研，形成《关于高质量推进龙湾未来社区建设的调研报告》。

【农业和农村工作委员会】 2022年，区政协农业和农村工作委员会联合区政协其他各专委，组织委员组成9个

2022年6月29日，区政协召开六届四次主席会议暨“民生议事堂”工作部署会，为10个街道授予“民生议事堂”标识牌 （区政协办公室供图）

复核组，走进龙湾区15个“问题村居”，通过“听、问、查、看”形式，对整治成效进行复核，复核率和复核通过率皆100%。组织龙湾未来乡村和环大罗山现代农业园创建专题协商活动。开展粮食安全、温瑞平原东片排涝工程等重大水利工程、历史文化街区保护建设等调研和视察活动，提交《2023年历史文化街区保护建设的工作思路和重点》等调研课题成果。

【城乡建设和资源环境委员会】 2022年，区政协城乡建设和资源环境委员会开展“三季有花、四季有景”城市主题公园建设民主监督专项活动，视察钟秀园非遗文化主题公园、亚运主题公园、黄石山雕塑主题公园等。开展河道零直排专题视察活动3次。开展空气扬尘治理成效的专题视察，实地查看省控状元检测点、工地喷淋除尘、沙场控尘等情况。开展以“完善城区道路网”为主题的“请你来协商”活动，形成《关于龙湾区道路网建设情况的调研报告》。帮助海城街道建成街道政协综合体，功能涵盖委员驿站、政协书屋、民生议事堂等。

【政协文教卫体文史和学习委员会】 2022年，区政协文教卫体文史和学习委员会发挥文史资料“存史、资政、团结、育人”作用，充实壮大文史研究员队伍，助推寺前街历史文化街区和张璁纪念馆建设，宣传推广张阁老文化，弘扬龙湾永嘉场地域文化。指导海滨街道沙村、蟾钟村、江一村等做好村史挖掘工作，精心编撰出版文史书籍《舌尖上乡愁（一）》。提升宣传工作影响力，建好龙湾政协微信公众号、网站等平台，宣传展示政协工作风采，凝聚向上向善正能量，共在省、市、区级媒体发布信息76篇次。

【港澳台侨和外事委员会】 2022年，区政协港澳台侨和外事委员会开展全区创新创业人才和团队引育协商、对外贸易工作专题调研。指导沙城街道、状元街道政协工作联络组开展民生议事堂活动。组织政协委员对状元街道石坦村信访和出租房消防问题村整治成果开展复核，并形成书面复核报告。

【社会和法制委员会】 2022年，区政协社会和法制委员会组织界别委员开展文明城市创建、居家养老工作民主监督活动。开展律师队伍建设课题调研。开展“加强和规范住宅小区物业管理”“儿童友好城市建设”协商。指导蒲州街道政协工作联络组召开“民生议事堂”2期，分别就出租房和无物业小区消防安全、汤东汤西安置房周边河岸绿化带建设开展协商。

【民族和宗教委员会】 2022年，区政协民族和宗教委员会建立新一届专委会，召开年度工作会议。开展“新生代企业家培育”协商调研，形成书面建议报告。配合市政协，开展“宗教中国化”调研工作。组织开展“宗教活动场所优化整合一件事”民主监督活动，形成的资政建言，受到区委、区政府主要领导批示。开展城市民族暨新居民服务工作视察。指导瑶溪街道开展“请你来协商·民生议事堂”活动2期。

（朱瑶敏）

中共温州市龙湾区纪律检查委员会
温 州 市 龙 湾 区 监 察 委 员 会

2022年4月28日，龙湾区警示教育基地挂牌开馆仪式举行　　　　（区纪委区监委供图）

中共温州市龙湾区纪律检查委员会
温 州 市 龙 湾 区 监 察 委 员 会

综　述
重要会议
党风廉政建设
案件查处

河泥荡文化公园休闲文化长廊　（严艳影摄于2022年8月）

综　述

【概况】　2022年，温州市龙湾区纪检监察打造新时代清廉建设高地龙湾样板。集中开展专项治理行动，迭代升级全面从严治党主体责任数字化监督平台，推动行权用权规范运行。推进“三不腐”，加强对干部全方位管理和经常性监督，举办2022年度全区纪检监察干部履职能力提升培训班。以点带面推动清廉单元建设持续向全区域、各领域延伸覆盖，加强廉洁文化社会建设，营造浓厚崇廉尚廉社会氛围。

【清廉龙湾建设】　2022年，区纪委区监委深化“9+3”清廉单元建设体系，推动清廉龙湾建设向征迁安置、行政执法、年轻干部等领域拓展。倾力打造区级清廉单元培育点32个，获省级示范村2个、示范校2所，获市级示范单元3个，龙湾区获评全省清廉村居建设示范区。以党风廉政宣教系列活动为载体，深耕“古今融合”廉文化品牌，开展“清风宣讲团”下基层送廉风等活动，在全社会营造良好的崇廉尚廉氛围。

【“龙湾亲清码·幸福直通车”赋码仪式举行】　2022年7月15日，“龙湾亲清码·幸福直通车”赋码仪式在浙江乔顿服饰股份有限公司举行，区委常委、区纪委书记、区监委主任蔡爱东向浙江乔顿服饰股份有限公司、温兄控股集团股份有限公司等11家企业代表授牌。“龙湾亲清码”推出是对涉企执法“一码监督”。

（陈婉芸）

2022年7月15日“龙湾亲清码·幸福直通车”赋码仪式在浙江乔顿服饰股份有限公司举行
（区纪委区监委供图）

重要会议

【区纪委九届二次全会】　2022年2月11日，中国共产党温州市龙湾区第九届纪律检查委员会举行第二次全体会议。出席会议的区纪委委员25人，列席155人。区委书记周一富出席作讲话。全会审议通过蔡爱东代表区纪委常委会所作《奋力推动纪检监察工作高质量发展　为新时代伟大自我革命贡献龙湾力量》工作报告。

【区纪委常委会会议暨区监委委务会】　2022年，区纪委区监委召开区纪委常委会暨区监委委务会44次，审议议题172个，协助区委召开区委常委会全面从严治党专题例会4次。会议审议全面从严治党、党风廉政建设、各类专

2022年9月21日，温州市龙湾区召开九届区委第二轮巡察工作动员部署会
（区纪委区监委供图）

项监督和案件审查调查等工作。

（陈婉芸）

党风廉政建设

2022 年 6 月 22 日，区监察委员会第二届特约监察员聘请会举行

（区纪委区监委供图）

【政治监督】 2022 年，区纪委区监委，制定重点任务“10 项共性 +33 项个性”清单，推进政治监督具体化精准化常态化。聚焦共同富裕建设、温州湾新区管理体制调整、全国文明城市复评、亚运会龙湾赛区筹办等重要工作部署开展专项监督，及时纠正落实偏差。围绕迎接党的二十大胜利召开，重点开展除险保安督导检查，监督护航防新冠肺炎疫情、稳经济、保安全等工作。加强对“一把手”和领导班子的全面监督，协助区委落实“八清单”，问责履行“两个责任”不力的领导干部 21 人次。

【正风肃纪】 2022 年，区纪委区监委依托“1+X”协同监督机制，严查违规吃喝、违规收送礼品礼金、违规发放津补贴等问题，查处违反中央八项规定精神问题 95 个，批评教育和处理 141 人次，给予党纪政务处分 34 人。其中，查处形式主义、官僚主义问题批评教育帮助和处理 88 人，给予党纪政务处分 11 人；查处享乐主义、奢靡之风问题批评教育帮助和处理 53 人，给予党纪政务处分 23 人。以作风建设“巩固深化年”活动为载体，评选“蜗牛奖”“鸵鸟奖”，出台“治慵提效”十大举措。开展损害营商环境问题专项治理，启动“纪企‘廉’动·清风护航”主题活动，拓展深化“千人双评议”，出台行政执法“十条禁令”，推行涉企执法“一码监督”，首创“龙湾亲清码”。推进全区纪检监察系统数字化改革，参与打造的“文化和旅游系统公权力大数据监督应用”获省纪委 2022 年度“最佳场景”。

2018—2022 年龙湾区违纪党员纪律处分概况一览表

表 7

年份	立案数（件）	党纪政务处分（人）	党纪处分（人）	移送司法机关（人）
2018	102	72	62	13
2019	127	89	74	5
2020	161	170	161	6
2021	191	183	167	19
2022	164	149	138	10

2022 年度龙湾区查处违反中央八项规定精神问题基本情况一览表

表 8　　单位：人

批评教育帮助和处理人数	党纪政务处分人数	形式主义、官僚主义问题		享乐主义、奢靡之风问题	
		批评教育帮助和处理人数	党纪政务处分人数	批评教育帮助和处理人数	党纪政务处分人数
141	34	88	11	53	23

【清廉单元建设】 2022 年，区纪委区监委以推动清廉单元建设为重点，规范公权力运行为核心，深化迭代“9+3”清廉单元建设体系，选定 32 家单位作为 2022 年区级清廉单元重点培育对象，以点带面推动清廉单元建设持续向全区域、各领域延伸覆盖。龙湾区作为全市唯一一个县市区代表，获评为浙江省清廉村居建设示范县（市、区）；瑶溪街道瑶溪村作为全市唯一一个村居代表，获评浙江省清廉建设成绩突出单位；海滨街道宁村村获评浙江省清廉村居建设示范村（居）；龙湾区人民检察院、浙江国

际互联信息技术公司获评温州市清廉建设成绩突出单位。

【廉政宣教】 2022年，区纪委区监委推进廉政宣传教育工作，全年在中央、省市三级媒体发表文稿170余篇。深耕“古今融合”廉文化品牌，在古韵非遗中提炼“廉元素”，创作的本土“清廉”“非遗”新媒体作品26部，均被中央、省市纪检监察部门相关媒体录用。打造龙湾区首个警示教育基地，组织全区109个单位党员干部参观学习，全年基地接待参观人员173批次。联合区妇联开展优秀家风故事、家教案例、家训格言、家风家训书画摄影作品征集活动。“清廉龙湾”公众号开设“龙湾青年说清廉”专栏。

【第二届特约监察员聘请会】 2022年6月22日，龙湾区监察委员会举行第二届特约监察员聘请会。区委常委、区纪委书记、区监委主任蔡爱东出席会议并作讲话。会议宣读龙湾区监察委员会第二届特约监察员聘请文件与人员名单，经推荐、审查、公示等程序，共聘请19名特约监察员，并颁发聘书。另于11月再补聘6名特约监察员。

（陈婉芸）

龙湾区监察委员会聘任第二届特约监察员一览表

表9

姓　名	单位职务
王茂法	区人大代表、泰昌集团党委书记、副总裁，温州泰昌铁塔制造有限公司总经理，浙江中电工程设计有限公司董事长
王　鹭	龙湾区融媒体中心副主任
卢丽平	新世纪发展集团有限公司执行总裁
张文虎	区政协委员、浙江东瓯律师事务所合伙人
张晓锋	浙江金港聚合材料有限公司董事长
张益茅	区人大代表、龙湾农商银行永兴支行行长
张维乾	区委宣传部（区网信办）文化产业发展中心主任
张德飞	区政协委员、信泰阀门集团有限公司总经理
陈　建	区人大代表、浙江智源企业服务有限公司总裁
金　国	温州市龙东机动车驾驶员考试服务有限公司副总经理
金建月	区政协委员、浙江国技互联集团有限公司执行总裁
郑忠勇	区政协委员、浙师大附属温十五中教育集团书记、校长
郑烁敏	区人大代表、永中街道万顺社区党委书记
郑振晓	区政协委员、温州郑家园非物质文化传播有限公司董事长
郑　海	浙江联英律师事务所主任
柯巴嫩	区政协委员、温州市新溢香厅大酒店有限公司总裁
姜瑞玉	区人大代表、浙江温兄机械阀门有限公司董事长
夏哲霞	区党代表、状元街道龙跃社区党委副书记

续表 9

姓　名	单位职务
程宗清	区人大代表、瑶溪街道苏川村委会主任
王忠义	温州港城税务师事务所所长
张智慧	海城街道埭头村党总支书记、村委会主任
陈晓华	温州市龙湾区沙城一小校长
姜　洪	圣邦集团有限公司总经理
夏　晶	星海街道金海湖社区服务中心党总支书记
郭建超	中共温州市龙湾区纪委退休干部

案件查处

【执纪监察】 2022 年，龙湾区纪检监察组织共受理检举控告 114 件，处置问题线索 778 件；立案 164 件，其中乡科级干部 14 人；党纪政务处分 149 人，留置 9 人，移送司法机关处理 10 人，主动投案 2 人，追回涉案财物 1057 多万元。重点查办区卫生健康局原党委委员、副局长王某某，海滨街道教新党支部原书记李某某、村委会原主任郑某某等严重违纪违法典型案件。重拳惩治重点领域腐败问题，追责问责渣土监管领域党员干部 26 人。坚持抓早抓小、防微杜渐，精准运用“四种形态”处理党员干部 755 人次。做实做细查办案件“后半篇文章”，提出纪检监察建议 56 份，推动问题整改 127 个，督促补齐制度短板 75 项。

【群众问题治理】 2022 年，区纪委区监委综合运用领导包案、积案攻坚、阳光反馈等方式，推进“无检举控告村居”建设，全区涉纪信访举报、检举控告、重复举报三项数据同比分别下降 17.7%、24.1%、58.0%。推行重点村社及村级“一把手”提级监督 2.0 模式，处置 12 个重点村社问题线索 95 件。聚焦群众关心的教育乱收费、社保政策落实不到位、征收安置慢等漠视侵害群众利益问题开展专项治理，确定重点治理项目 15 个，查处群众身边腐败和不正之风问题 49 个，处理党员干部 63 人。

（陈婉芸）

民主党派·工商联

2022 年 6 月 14 日，龙湾区党外知识分子和新的社会阶层人士“喜迎二十大　奋进新征程”爱国奋斗宣讲会暨“同心同行　共建文明”主题报告会举行

（区委统战部供图）

民主党派·工商联

中国国民党革命委员会龙湾区基层委员会

中国民主同盟温州市龙湾区基层委员会

中国民主建国会温州市委员会龙湾区基层委员会

中国民主促进会龙湾区基层委员会

中国农工民主党龙湾区基层委员会

中国致公党温州市龙湾区基层委员会

九三学社温州市龙湾区基层委员会

温州市龙湾区工商业联合会

龙湾区太极拳协会在钟秀园公园练习太极剑　　（项光涨摄于2022年5月）

中国国民党革命委员会龙湾区基层委员会

【概况】 2022年，中国国民党革命委员会龙湾区基层委员会（以下简称民革龙湾基层委）有班子成员8人，其中主任委员1人，副主任委员3人，委员4人；下设支部4个，新发展党员2人，累计党员61人。省、市、区人大代表和政协委员24人，其中市人大代表1人、区人大代表4人、省政协委员1人、市政协委员2人、区政协委员16人。年内获评民革省级“先进集体”，第三支部、第四支部获评“省级示范支部”，基层委、第一支部党员之家获评民革浙江省委会示范五好党员之家；王雪平获评温州市先进教育工作者。

【参政议政】 2022年，民革龙湾基层委在市、区两会上提交各类建议、提案39件，其中团体提案1件、个人提案28件、人大建议10件。张可也委员做大会发言，孙默静、谢剑敏委员分别做即兴发言。上报社情民意13篇，获市级以上采用7篇。《加快推进家庭病床服务助力打造老年友好型社会的建议》《我市安宁疗护服务发展较为缓慢建议多措并举加快推进》《加快全流程数字化改革，助推卫生健康事业转型发展》等获市委书记批示。撰写调研课题《市县政协参与基层社会治理的实践与思考——以龙湾“政协综合体”为例》《发挥统一战线助力共同富裕的作用探析》《关于进一步提升民主党派参政议政能力的思考》。

【社会服务】 2022年，民革龙湾基层委集聚各方面资源，打造四大同心社会服务品牌。依托龙湾民革同心法律服务团和叶时钦调解普法志愿队开展法律知识普及、法律援助支持，助力社会基层治理。1月，携手永兴街道北园社区开展爱心助学慰问活动。7月，联合温医大基层委党员一起走进温州科博达汽车部件有限公司开展“同心助企、健康同行”助健康义诊服务。以全国模范调解员叶时钦为骨干的普法志愿队走进滨海三小、滨海第一小学开展宣讲。投身新冠肺炎疫情防控，下沉支援基层站所值守站岗，孙默静获评省民革防控抗疫先进个人，王靖获评温州市第四批“3•14”新冠肺炎疫情防控优秀个人。

（王雪平）

中国民主同盟温州市龙湾区基层委员会

【概况】 2022年，中国民主同盟温州市龙湾区基层委员会（以下简称民盟龙湾基层委）有班子成员7人，其中主任委员1人，副主任委员3人；下设支部3个，共有盟员83人，其中女盟员38人。盟员在读博士1人、硕士9人、本科学历56人。盟员中高级职称15人，其中正高级1人、中级职称14人。市、区人大代表、政协委员16人，其中市政协委员1人，区人大代表2人，区政协委员13人。

【参政议政】 2022年，民盟龙湾基层委在市、区两会上提交各类建议、提案15件，其中集体提案3件。《关于加强和规范我区住宅小区物业管理工作的建议》获评区级重点提案，《关于加快发展龙湾文旅经济的思考》《加快安置房建设 圆百姓“安居梦”》《利用智慧养老平台 提升养老服务水平的提案》获评2021年度区政协优秀提案。调研文章《坚持人民政协为人民与发展全过程人民民主的内在逻辑研究》获评民盟省委会2022年度参政党理论研究课题一等奖，《推动政协协商与基层协商有效衔接的实践路径研究》获评2022年市政协系统理论研讨征文评选三等奖。全区社情民意报送省、市、区三级各类信息30多件，社情民意信息获省委办公厅录用1篇，获民盟省委会录用11篇，获市委办录用2篇，获市政协录用6篇。

【社会服务】 2022年，民盟龙湾基层委加强社会服务。开展盟员和盟员企业出资圆梦残疾人微心愿131份，链接区政协委员、企业家、爱心人士等社会资源给25位低保残疾人子女大学生牵线提供生活费资助50万元。6月22日，走进龙湾区永中普宇残疾人之家，开展“同心圆•润心共富”——送木偶戏活动。7月5日，邀请市科协、老卫协专家到永中驿达残疾人之家开展送医送药免费义诊服务。12月7日，民盟龙湾东区支部到温州状元亭开展爱心捐赠活动。

（何 剑）

中国民主建国会温州市委员会龙湾区基层委员会

【概况】 2022年，中国民主建国会温州市委员会龙湾区基层委员会（以下简称民建龙湾基层委）班子成员有5人，其中主任委员1人、副主任委员2人；下设支部3个，发展新会员5人，累计会员62人，其中企业会员39人，女性会员22人，占35.5%。市、区人大代表和政协委员12人，其中区人大代表5人、区政协委员7人。年内，民建龙湾基层委获评省民建抗疫先进集体。

【参政议政】 2022年，民建龙湾基层委在市、区两会上提交各类建议、提案7件。李蕴艳代表民建基层委作大会发言。基层委撰写调研课题3篇、社情民意15篇，其中社情民意获全国政协采用并转送部委1篇，获民建中央采用2篇，获省委会采用6篇，获市委会采用11篇，获市政协采用3篇，获市委主要领导批示4篇。《制造业企业数字化转型过程中面临的困难问题以及相关建议》获评温州市委统战部2022年“净友建言”调研活动二等奖。

【社会服务】 2022年，民建龙湾基层委以“思源•共富”社会服务主要品牌为引领，以企业会员为主体，开展助贫、

2022年5月31日，民建龙湾基层委前往南洋社区开展“文明城市　你我共创”文明创建志愿服务活动　（民建龙湾基层委供图）

助学等扶贫解困活动，开展龙湾残疾人托养中心帮扶及各类慰问工作。助力丰宁西官营乡帮扶项目，捐助专项帮扶资金5万元，购买扶贫产品2.83万元；助力苍南桥墩帮扶项目，捐助专项扶贫资金10万元；组织开展医药、科技、教育、文化等活动8场次，捐资捐物115万元。

（潘奇丹）

中国民主促进会龙湾区基层委员会

【概况】 2022年，中国民主促进会龙湾区基层委员会（以下简称民进龙湾基层委）有班子成员9人，其中主任委员1人，副主任委员2人；下设支部4个，发展新会员3名，累计会员60人，其中女性会员25人，占41.7%。市、区人大代表、政协委员13人，其中市人大代表1人、区人大代表2人、区政协委员10人。年内，民进龙湾基层委获评民进浙江省委员会2022年优秀基层组织奖。

【参政议政】 2022年，民进龙湾基层委在市、区两会共提交提案建议、提案19件，其中集体2件，个人17件。王磊、李佳琦获年度政协提案先进个人。民进龙湾基层委、王磊提案分获年度政协优秀提案。陈民涛委员作大会发言。全年共报送社情民意21篇，其中获民进中央录用5条次，省政协、省委会录用6条次，市委会录用19条次，市政协录用11条次。《疫情反复加重“生存焦虑”，我市商业综合体陷入经营困境，亟待出台举措帮扶》获市委、市政府主要领导批示。推进参政党理论调查研究，撰写《调研疫情影响下民营经济发展策略研究》《温州志愿服务现状及制度化研究》《关于加快推进0—3岁托幼公共服务的建议》《结合民进会员履职要求　论如何切实提升政协实效、增强政协能力》多篇调研论文。《结合民进会员履职要求　论如何切实提升政协实效、增强政协能力》获评温州市人民政协理论研究会理论征文二等奖。

【社会服务】 2022年，民进龙湾基层委打响龙湾民进“悦读工程”社会服务品牌，有序推进各项社会服务工作。开展送教活动走进社区、走进学校，针对不同群体分别安排送阅读、健康、艺术等公益讲座和专题培训。3月30日，走进温州科技职业学院开展“校企联动　产教融合”活动，民进会员企业与学院签订战略合作协议，共同推进温州跨境人才培育。4月22日，王天津在市文联主办的“墨香温州”系列精品课程中讲授书法知识。

（王　磊）

中国农工民主党龙湾区基层委员会

【概况】 2022年，中国农工民主党龙湾基层委员会（以下简称农工党龙湾基层委）现任班子成员8人，其中主任委员1人，副主任委员2人；下设支部3个，发展新党员3人，累计党员52人，其中女性党员21人，占40.3%。市、区人大代表、政协委员10人，其中区人大代表2人、政协委员8人。年内，农工党龙湾基层委二支部获评“农工党浙江省社会服务工作先进基层组织”。

【参政议政】 2022年，农工党龙湾基层委在市、区两会上提交各类建议、提案13件，其中建议7件、提案6件。叶康远在区两会上作大会发言，贾洁作即席发言。金叶道、陈音、赵珊珊、潘茂辉获评优秀政协委员，余海敏获评提案工作先进个人。

【社会服务】 2022年，农工党龙湾基层委通过各种方式强化各类社会服务。打造“全城寻痛”“肤生工程”特色公益品牌项目，在留龙湾过年的新居民子女、环卫工人、建筑工人中开展“关爱快递小哥　助力疫情防控”活动。开展“情满夕阳·爱满海滨”迎重阳敬老活动，为留守儿童捐款捐物。

【“肤生工程”特色公益项目】 2022年，农工党龙湾基层委、温州曙光医院共同主办，由中国工程院院士、温州医科大学校长李校堃发起的“肤生工程”特色公益项目，依托“千村千点”救助网络体系，在浙江衢州、平阳腾蛟、文成黄坦等地扩大救助模式，开展西藏、青海、四川壤塘等西部偏远同胞提供“一站式”医疗救助服务，主题公益服务活动162次、手术及治疗156人次，累计捐款捐物456万元，累计

2022 年 1 月 12 日，农工民主党龙湾基层委二支部开展“冬送温暖、真诚帮扶”活动（农工党龙湾基层委供图）

减免医疗费用 30 多万元。年内，农工党龙湾基层委“肤生工程”获评浙江省 2022 年第七届“浙江慈善奖”。

（季晓青）

中国致公党温州市龙湾区基层委员会

【概况】 2022 年，中国致公党温州市龙湾基层委员会（以下简称致公龙湾基层委）有班子成员 7 人，其中主任委员 1 人、副主任委员 2 人；下设支部 3 个，发展新党员 3 人，累计党员 49 人，其中女性党员 20 人，占 40.8%。区人大代表、政协委员 8 人，其中区人大代表 1 人、政协委员 7 人。年内，致公党龙湾基层委获评致公党浙江省委会参政议政工作优秀集体。

【参政议政】 2022 年，致公党龙湾基层委在市、区两会上，提交各类建议、提案 15 件，其中市级人大建议 1 件、区级人大建议 1 件、市级政协提案 2 件、区级政协提案 11 件。郭璐璐作大会发言。黄根云、吴蕙芳 2 人获评区政协 2022 年度提案先进个人，《关于加强和规范我区住宅小区物业管理工作的提案（并案）》获评优秀提案。社情民意调研信息撰写完成市、区课题 4 篇，其中《关于温州湾新区产业规划的几点思考》获评温州市“净友建言”三等奖。撰写社情民意信息 8 篇，其中《关于深度贫困地区脱贫建议》获致公党中央采录，《资格互认搭梯　环境优化搭台　助力打破港澳青年内地就业双重“壁垒”》获全国政协采用。

【社会服务】 2022 年，致公党龙湾基层委依托“致福·筑梦未来”社会服务品牌，开展各类社会服务活动。倡议发动党员及党员企业参与市委会致富基金募集活动，共募集资金 4.01 万元。开展“端午送温暖”慰问机场防疫专班活动。鼓励党员参与各类社区服务活动，关爱外来务工人员，为龙腾社区 5 名外来务工人员送慰问品。

（郭璐璐）

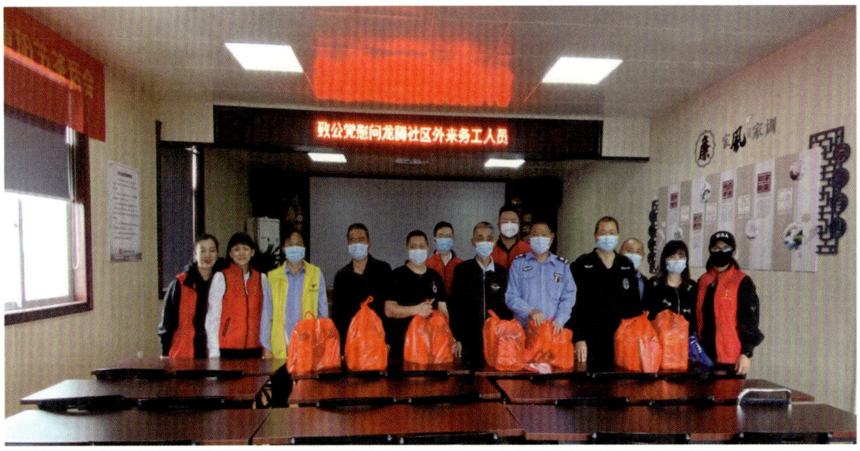

2022 年 11 月 18 日，致公党龙湾基层委为状元街道龙腾社区外来务工人员送关爱，践行同心共建活动（致公党龙湾基层委供图）

九三学社温州市龙湾区基层委员会

【概况】 2022 年，九三学社温州市龙湾区基层委员会（以下简称九三学社龙湾基层委）有班子成员 8 人，其中主任委员 1 人，副主任委员 3 人，委员 4 人。下设支部 4 个，发展新社员 7 名，累计社员 74 人，其中高、中级职称 56 人，研究生以上学历 18 人；女性社员 26 人，占 35.1%。市、区人大代表、政协委员 18 人，其中市人大代表 1 人，区人大代表 3 人（常委 2 人），区政协委员 14 人（常委 2 人）。

【参政议政】 2022 年，九三学社龙湾基层委在市、区两会上提交各类建议、提案 21 件，其中建议 4 件，提案 17 件；提交大会发言材料 4 篇。在区政协六届一次会议上，获评优秀提案 2 人，获评提案先进个人 3 人，获评优秀政协委员 5 人。社员黄勇达作大会发言，社员倪孟达作大会即席发言。10 月 30 日，基层委组织社员赴苍南调研福德湾古村落旅游业态和国家文物保护单位保护及开发相关工作，结合龙湾实际撰写提交调研报告。上报社省委、社市委社情民意信息 37 多篇，获社省委采用 6 篇，社市委采用 5 篇。

2022 年 8 月 11 日，九三学社龙湾基层委与瑶溪南洋社区联合开展“同心共建”义诊活动　　（九三学社温州市龙湾基层委供图）

【社会服务】 2022 年，九三学社龙湾基层委开展各类社会服务。5 月 22 日，基层委与龙湾区职业教育集团签订合作协议，成立“匠心工程基金”，设立奖学金 6.60 万元。与区委统战部、瑶溪街道办事处、瑶溪南洋社区等多单位联合开展“同心共建”品牌活动，为社区送医送药，发放防疫抗疫、消防安全和法治民生等宣传资料。参与温州医科大学基层委主导“生命相髓”慈善活动，为新疆阿克苏维吾尔族小姑娘小阿依到温实施造血干细胞移植捐款 5 万元。

（张金熙）

温州市龙湾区工商业联合会

【概况】 2022 年，温州龙湾区工商业联合会（以下简称区工商联）共有会员企业 3646 家，下设永中商会、蒲州商会、海滨商会、永兴商会、状元商会、瑶溪商会、沙城商会、天河商会、海城商会 9 个基层商会，和物流、易制毒化学品、药业、电镀、印刷、铸造、阀门、建设、食品，针头、婚嫁、锻压、应急与安全生产、电器、化工、电动车、印刷、电子商务、汽车紧固件、企业家协会等 24 个行业协会商会，以及异地分会——龙湾上海商会、联谊会——新生代企业家联谊会。年内，区永兴商会获评 2022 年全国“四好”商会。

【非公经济会员企业党建】 2022 年，区工商联加强非公经济会员企业党建工作。制定出台《全区工商联系统深入学习宣传贯彻党的二十大精神工作方案》，将“党的二十大精神”宣讲直通车“开”进阀门协会。出台《“坚定信心，共谋发展”大讨论大实践活动暨理想信念教育的实施方案》，举办省第十五次党代会精神学习宣讲会，组织各协会商会、企业家代表深刻解读会议精神，坚定企业家发展信心。组织企业家前往宁波镇海口海防历史纪念馆，接受爱国主义精神洗礼，建设新时代民营企业党建示范高地，推进泰昌集团党支部示范点创建工作和市、区两级“双强”示范点验收评选工作，全区获评市级示范点 3 个，获评区级示范点 5 个。

【非公经济人士培训】 2022 年，区工商联加强非公经济人士培训工作。举办“民营经济人士理论研修班”“龙湾企业家训练营”特色品牌培训活动，参与培训人员 3000 多人。9 月，在宁波大学举办龙湾区 2022 年民营经济人士理论研修班，60 名企业家参与培训。组织会员企业收看第四期全国 RCEP 系列专题培训班线上直播课程和海外浙商助力民企拓市场专题交流活动直播视频。建立健全新生代培育数据库，举办龙湾区家族企业“创继与传承”高峰论坛。

【非公经济营商环境优化】 2022 年，区工商联推进非公经济营商环境优化，举办税务交流、“局长沙龙”“亲清直通车 • 政企恳谈会”等，化解企业发展共性问题 20 个。联合区人民法院出台《关于进一步深化“工商联 + 司法审判”护航民营经济健康发展的实施意见》。完成民营企业季度运行调查 88 家、万家民营企业营商环境调查问卷 78 家、亲清政商关系和清廉民企建设调查问卷 60 家。

【非公经济法律服务】 2022 年，区工商联优化非公经济法律服务。指导永兴商会、建设协会等有条件协会商会设立“共享法庭”，为龙商提供高效、便捷的司法服务。蒲州商会承接政府职能转移，开展劳动争议调解，共协助街道受理劳资纠纷案件 502 件，涉及人数 508 人，涉及金额 326 多万元。

【非公经济人士社会服务】 2022 年，区工商联持续开展非公经济人士社会服务和助学帮扶公益活动。引导企业家参与光彩事业、慈善事业助力共富活动，各类捐款累计 3000 多万元。组织发动商协会、会员企业参与“圆梦阿克苏　一万微心愿”2022 爱心行动，资助 43 个阿克苏孩子实现心愿。组织企业家代表慰问永嘉县界坑乡黄岙头村 5 位孤寡老人。推动企业家参与山海协作，推进“消薄飞地”平稳运营，已入驻各类型商家 20 家，助力联结村集体经济增收 101 万元。助力苍南项目建设，落实龙商援建资金 275 万元。爱好笔业、康德莱医疗器械、伟明环保设备、精工阀门集团等公司帮扶苍南县 4 个结对村资金 28 万元。

（林　莉）

群众团体

2022年8月3日，“智·汇龙湾　创·享未来”温州市龙湾区（高新区）第七届大学生创业大赛启动仪式举行　　（团区委供图）

群众团体

温州市龙湾区总工会
中国共产主义青年团温州市龙湾区委员会
温州市龙湾区妇女联合会
温州市龙湾区科学技术协会
温州市龙湾区归国华侨联合会
温州市龙湾区文学艺术界联合会
温州市龙湾区残疾人联合会
温州市龙湾区红十字会
温州市龙湾区计划生育协会

河泥荡文化公园一角。（严艳影摄于2022年8月）

温州市龙湾区总工会

【概况】 2022年，温州市龙湾区总工会（以下简称区总工会）下辖街道工会组织10个，系统工会组织7个，行业工会组织61个，基层工会组织1546个，会员30.73万人。全年新增独建工会55家、联合工会1家，发展会员7553人。培育全国和谐劳动关系创建示范企业1家、全省职工品质生活试点企业1家。培育全国职工书屋1家、省市职工书屋6家。年内，区总工会获评2022年市、区考核“双优秀”。

【职工思想政治引领】 2022年，区总工会围绕“我心向党”主题，引领职工听党话、跟党走。开展党的二十大精神、省第十五次党代会精神宣讲直通车进基层、职工道德流动讲堂、“守好红色根脉·班前十分钟”等活动，全年“线上+线下”宣讲活动546场，参加宣讲活动职工累计3万多人；泰昌集团《三心联动”打造“十分钟”职工思想文化高地》“宣讲案例获评浙江省职工思想政治工作优秀案例。

【职工权益维护】 2022年，区总工会加强职工权益维护工作力度。开展职工劳动争议大排查、矛盾纠纷大化解、维权帮扶大关爱行动，完善“12351”职工维权热线全天候服务平台，为职工提供24小时信访接待，有效维护职工权益。全年接待职工信访163起，涉及职工168人，化解率100%；为职工权益提供法律援助114次，涉及金额162.95万元。

【职工文化与体育】 2022年，区总工会加强职工思想文化引领工作，推进职工文化高地建设。联合开展省第十五次党代会精神“宣讲直通车”进基层活动。举办“共同富裕·你我同行”等十大主题文化活动，开展职工文体培训725场。举办“共创文明城市”职工志愿服务联合大行动，发动职工共同参与文明城市创建。瓯斯达职工志愿服务队和欧龙集团职工志愿服务队工作案例分别获评温州市文明城市建设职工志愿服务队二等奖、三等奖。泰昌集团《“三心联动”打造十分钟职工思想文化高地》获评“全省职工思想政治工作优秀案例”。职工文艺作品《金色田野上的追梦人》获评温州市“喜迎二十大 讲好温州故事”社科最强音宣讲比赛一等奖。承办温州市第三届职工运动会趣味游泳比赛，龙湾区职工代表队获团体一等奖。

2022年1月6日，区总工会开展“留龙过年 情暖职工”系列活动

（区总工会供图）

【劳动技能竞赛】 2022年，区总工会搭建职工竞技平台，助推万名职工成长成才。举办转岗、再就业职工就业技能培训3个班次。全年开展“三比三赛·职工力量”劳动竞赛，推进重点工程、“精建精美”工程、平安建设等十大专项竞赛，评选劳动竞赛先进个人100名，给予免费疗休养待遇。组织区级技能大赛5场，指导蒲州街道6家企业开展特色技能竞赛，给予基层技能比武补助。

【产业工人队伍建设】 2022年，区总工会重点培育示范街道和试点企业43家。推进全区百家规模以上企业产改工作，举办产业改革专题培训班，龙湾区产改工作经验在省委办公厅《浙江信息》登载。《永兴街道强化“四个引领”助推产业工人队伍建设改革向纵深发展》经验做法在省总工会非公产改试点专刊登载。泰昌集团产业改革工作案例入选浙江省二十佳产业改革案例。

【劳模工匠关爱培育】 2022年，区总工会加强劳模工匠培育，开展职工技能培训、电子商务师培训、电工等培训1034人次，名师带徒结对100对。获评省级劳模（高技能人才）创新工作室2家，获技术创新成果29项。培育浙江工匠2人、市级十大劳动者匠心领军人物1人。

【和谐劳动关系创建】 2022年，区总工会开展和谐劳动关系企业创建行动，加快构建和谐劳动关系。15家劳动监测点覆盖职工4.79万人，泰昌集团有限公司创成全国和谐劳动关系示范企业。开展工资集体协商要约行动，培育能级工资协商示范点2家，开展劳动关系治理体系培训，培训劳动关系协调员193人。

【工会普惠服务】 2022年，区总工会开展“助企业、稳就业、促创业”专项服务活动，关注新就业形态劳动

2022年11月5日，龙湾区2022年一线职工疗休养活动在苍南县霞关镇举行，19家企业的44名职工参加活动（区总工会供图）

者群体，慰问新业态劳动者1700人，赠送医疗互助保障1583份。开展职工疗休养工作，安排职工疗休养5212人。开展职工综合医疗互助保障工作，参保数5.69万人次。加强7家户外劳动者服务站点建设，获全国最美户外劳动者服务站点1家、获全市最美户外劳动者服务站点2家。建设6家妈咪暖心小屋6家。开展单身青年交友11场。举办职工子女爱心托班15个开展提升职工生活品质试点工作，温州市爱好笔业有限公司获省级提升职工生活品质试点企业。

【基层工会组织建设】 2022年，区总工会推进“三基”（基层组建、基层改革、基层力量）工作，恢复成立厂务公开领导机构。推进数智工会建设，建立工会会员实名制管理数据库。推动永兴小微园联合工会职工综合体建设。培育省职工代表培训教学示范点2个。完善民企工会干部选配机制，43名民企党组织书记、副书记担任工会主席，培育优秀明星工会主席10人。推进工会审计工作常态化机制，审计项目获评2022年浙江省工会优秀审计项目。

（林　蔡）

中国共产主义青年团温州市龙湾区委员会

【概况】 2022年，温州市龙湾区共有青年23.44万人，基层团委23个，团支部946个，基层团工委9个，非公企业团组织639家，团员1.64万人，专职团干部10名。全区少先队组织63个，少先队员4.30万人，辅导员63人，注册志愿者9.58万名。年内，推进“双减”常态化志愿服务省级试点和“青少年零犯罪零受害社区”建设省级试点工作。12月，召开龙湾区青年发展型城市建设动员部署会。

【青少年思想道德教育】 2022年，中国共产主义青年团温州市龙湾区委员会（以下简称团区委）加强青少年思想道德教育，组织开展“喜迎二十大、永远跟党走、奋进新征程”主题教育实践活动，覆盖青少年3万人。加强“青廉工程”建设，开展“青廉大讨论”13期。开展“青年大学习”主题团课、“红领巾爱学习”网上主题队课，参加团员青年6000多人。全年培育发展28岁以下团员青年40人加入中国共产党。面向各领域青少年开展“向上向善”先进典型寻访活动，成功选树全国“返家乡”社会实践活动优秀个人1名、全国优秀少先队大队1个、市级“新时代好少年”8名和区“十大杰出青年”。深化“8090代表委员会客厅”活动品牌，开展“共青团与人大代表政协委员面对面”活动，开展“红领巾科学院”等体验式活动40场。

【青年宣讲团】 2022年，团区委持续加强青年宣讲团建设，联合区委宣传部迭代“龙青新语”青年宣讲团77名青年，依托“花young•青春直播间”走进中小学、村社、企业阵地开展宣讲31场次。全年推出“助力共富•龙青说”宣讲直播8期，拍摄“助力共富•杰青说”微视频宣讲10期，制作“以青春　致未来”等优质视频36个，单个视频最高阅读量超40万人次。举办区青年理论宣讲大赛暨微型党课大赛。

【青年志愿者服务】 2022年，落实落细助力“双减”常态化托管志愿服务省级试点工作，设立公益托管服务点，成立“红领巾之家”，开展家校社“双减”志愿服务活动100场。开设青少年春季公益培训课程58门。开展中高考公益服务5场。发起“青菜行动”。开展冬日送温暖、点亮微心愿等志愿服务活动372场，约2100小时。团区委完善志愿服务组织动员机制，实名注册志愿者志愿服务总时数破44万小时。组织召开“青春添彩文明城”誓师大会，发动1万多名青少年参与“幸福来敲门”文明城市创建行动。开展“青菜行动”、冬日送温暖、点亮微心愿志愿服务活动372场，全年累计开展各类志愿活动270场次，服务时长超1.50万小时。

【青少年关爱帮扶】 2022年，团区委加强青少年关爱帮扶工作力度，开展点亮微心愿、走访慰问、中高考减压助考、青少年假期自护关爱活动20场。开展“助学、圆梦”“留龙过年温暖相伴”帮扶活动6次。为58名抑郁症、自闭症儿童提供精准链式、持续贴心服务，圆梦微心愿54个。依托“亲青筹”平台筹

2022年8月4日，团区委与龙湾区青企协联合开展“青春携手 山海共富”2022年龙湾——苍南青年人才交流互访活动 （团区委供图）

集爱心资金2.50万元，关爱帮扶困难青少年36人。“精实助学”资助困难龙湾大学新生10名，资助金额5万元。

【青年就业创业行动】 2022年，团区委以青年发展型城市建设为统领，与6家高能级科研平台建立人才学院共建共享机制。联合北大科技园启动“青创伙伴计划”，组建“青创先锋导师团”，举办青年创业沙龙。承办区第七届大学生创业大赛，承办首届温州医工交叉创新发展论坛。新建创谷海龟基地、知行派空间2个青创阵地，新建新邦菁英公寓“青年之家”。开展“温暖龙城·青春同行”新就业群体暖心关爱系列活动12场。

【新社会组织团建】 2022年，团区委加强新社会组织团建工作。推进非公企业团组织建设，新建非公团组织7个，全区建有非公企业团组织639家。推行青年社会组织“伙伴计划”，提升标准化“小哥驿站”17个。浙江越秀外国语学院的龙湾籍学生邵海珏获评全国“返家乡”社会实践活动优秀个人。

【智慧团建】 2022年，团区委加强智慧团建工作。通过“智慧团建”系统，完善团组织、团干和团员管理，全年登记新团员信息582条，转接关系2500多人。依靠“青年浙江”青年大学习系统，开展全区青年大学习活动33场。

【青年人才服务】 2022年，团区委谋划“青年未来社区”，打造“青年驿站”构筑“创业圈＋就业圈＋学习圈＋朋友圈＋生活圈”五位一体服务模式、向符合条件创业青年提供零成本拎包入驻服务。组织开展新春“家燕归巢”学子家乡行活动，发布暑期大学生实习岗位225个。推选5个青创项目参加“创青春”浙江省青年创新创业大赛，其中“数字农业科技专家”项目获大赛铜奖。完成“浙江青年工匠”、青年岗位能手推选工作。新增新邦魔方公寓青年人才成长学院联系点。

【“青年之家”建设】 2022年，团区委加强“青年之家”建设工作。搭建一站式青创空间，新增1家省级示范性青年之家·众创空间——温州浙南科技城创谷海龟科技园。打造吾悦广场、万达广场、卓诗尼NiNi2025、印象汇青年街区，以及沙城七一礼堂青春加油站、北大科技园青年之家。建设花YOUNG共享厨房、24小时青春健身房等设施。

【少先队工作】 2022年，龙湾区加强少先队整体建设和各项工作创新。全年开展“红领巾心向党，争做新时代好队员”主题教育实践活动30场，征集绘画、作文、视频作品180多份。寻访区级“新时代好少年”42人。培育区级“红领巾讲解员”20人。发布红领巾宣讲视频11个，点赞量超80万人次。龙湾少先队员青春禁毒宣教视频获团中央转发。

【共青团系统深化山海协作】 2022年，团区委联合苍南团县委与多家高校、企业建立青年山海协作联席会议机制，组建龙湾——苍南青年创业创新联盟，常态化开展两地青年企业家互访交流活动。全年依托“企业联谊”新模式为苍南青年创业创新提供帮扶资金13.70万元。建立红领巾学院队课库，共享“乡村公益课堂”52期。建立“青联希望小屋”2个，捐赠书籍4450册。

【第七届“十大杰出青年”寻访活动】 2022年，龙湾区组织开展“最美龙湾人”——第七届龙湾区（高新区）“十大杰出青年”寻访活动。经过宣传发动、审核把关、公开公示、评审投票等环节，王莹、王文博、孙宝春、李微微、吴仕明、张忠武、陈建、金义、郑立飞、徐郭获评“十大杰出青年”（按姓氏笔画为序，下同），王浩、方钧亮、孙仁义、吴晓玲、吴蕙芳、邱忠泽、张维先、陈洪敏、钟靖、黄琦立获评“十大杰出青年”提名奖。

（项洁静）

温州市龙湾区妇女联合会

【概况】 2022年，温州市龙湾区妇女联合会（以下简称区妇联）有街道妇联组织9个，村（社区）妇联组织119个，机关单位妇联组织47个，“两新”妇联组织（包括妇女小组）245个，“四新”领域妇联组织15个，区级层面女性社会团体8个。全区妇联执委1015人，其中区级35人，街道104人，村社876人。区、街道两级专兼职妇联干部36人，村“两委”中女委员195人，其中“一肩挑”女干部3人。妇儿综合服务驿站22家，其中省级三星1家、市级二星5家。示范型儿童之家26家，其中省级3家，市级5家。年内，召开龙湾区（高新区）第七次妇女代表大会，举办龙湾区（高新区）纪念“三八”国际妇女节112周年系列活动。

2022年5月13日，龙湾区家庭教育学堂“智慧父母成长营”系列活动举行（区妇联供图）

【妇女创业扶持】 2022年，区妇联实施“巾帼创”行动。加强政银企沟通，解决妇女就业创业资金难题。提供温州市首个助力女性共同富裕金融服务项目，授信金额2亿元，累计发放贷款1.37亿元。全区女性创业产品入驻“丰收城”，销量95多万元。开展各类就业创业技能和实用技能培训、讲座90多期，培训学员3000多人次。举办助企惠民线上招聘会8场。年内，瑶溪街道爱莲圆珠笔装搭加工场获评温州市巾帼共富工坊，选树市级巾帼共富导师2人。推进巾帼文明岗创建，创成省级巾帼文明岗3个。

【儿童友好试点单元创建】 2022年，区妇联全域推进儿童友好试点单元创建工作。紧紧围绕“六大友好”施政体系，推进16个试点单元建设。首批16个儿童友好试点单元均通过评估验收，其中获评五星单元2个、四星单元4个、三星单元3个。打造“科创龙湾童心慧眼”主题展馆，建设温州市青山儿童村项目。开展“护苗成长”女童保护知识公益性讲座、“点亮未来”亲子阅读系列活动、“趣玩绘本”服务试点单元进社区活动。加大线上线下一体化“5+X”基本服务功能妇儿综合服务驿站建设，状元街道罗西社区获评浙江省首批三星妇女儿童驿站。

【妇女权益维护】 2022年，区妇联结合“3•8”维权周宣传，强化妇女权益保障力度。开展各类法律服务126场，组织各村社妇联开展入户宣传3.20万多家，联合重点跟踪督办家暴案件12件。联合区法院上线“法护家安”集成应用，跟踪督办家暴案件12件，提供公益心理辅导5件。做好“12338”妇女维权热线接访，接待来电来访140件，处理调解家事纠纷案件47例，心理服务70多人次。

【妇幼关爱救助】 2022年，区妇联加强妇幼关爱救助力度，开展“芳邻守望”“共享蓝天”“双丝带”系列公益项目活动500多场，筹集“巾帼爱•妇女儿童驿站关爱基金”10万元，慰问救助低保妇女、困境儿童170多人。年内，全国“两癌”妇女救助项目资助“两癌”5名妇女，“浙江护爱春蕾计划”资助困境女童19人。

【文明家庭创建】 2022年，区妇联推进最美家庭、绿家庭等特色文明家庭创建活动，示范引领新时代家风文化和家庭文明。创成市级最美家庭、绿色家庭、特色家庭19家，区级最美家庭45家。推进美丽庭院创建，瑶溪

2022年5月15日，龙湾区儿童友好生活季暨第七届家庭文化节启动仪式在新时代文明中心举行。现场表彰“最美家庭”10个，为12位首届儿童议事会成员代表颁发聘书（区妇联供图）

街道瑶溪村获评2022年浙江省美丽庭院特色示范村，创成市级美丽庭院示范户20家。

【家庭宣教活动】 2022年，区妇联开展线上线下家庭教育主题活动，推出线上“智慧父母”空中课堂云讲座活动50期，线下“亲子阅读季活动92场，举办关爱公益行动6场。开展“一周一课”家庭教育课堂、好家风宣讲、助力“双减”宣传活动315场次。举办第七届“5•15国际家庭日主题活动”，开展“厉行节约”“公筷公勺”“我爱我家垃圾分家”“节能宣传”进家庭宣传活动60场。开展“好家庭助清廉”“千村万户亮家风”等传家训立家风系列活动，评选优秀家风故事、家教案例、家训格言、家风家训书画摄影作品等。

【基层妇女组织建设】 2022年，区妇联加强基层组织规范化建设，完成6个街道妇联组织换届工作（不含海城、沙城、天河、星海4个街道），开展基层妇联队伍“知识化、专业化、年轻化”结构特点。聚焦“四新”领域，推动妇联组织覆盖“破难”，新成立妇联组织1家，新增机关企事业单位妇联组织3个，获评省级示范新领域妇联组织1家。

（王媚媚）

温州市龙湾区科学技术协会

【概况】 2022年，温州市龙湾区科学技术协会（以下简称区科协）有街道科学技术协会10个、区属学会2个、院士专家工作站12家、博士创新站11家，非公企业科协45家、科普画廊60座、科普图书室37个。成立龙湾区科技工作者服务中心，负责峰会龙湾分会场筹备期间各项工作综合协调、联络、督促、落实等工作。年内，区科协获评2022年温州市科技创新和人才工作先进集体。

【基层科协组织建设】 2022年，区科协加强基层组织建设。开展各类科普示范基地创建及复评，指导永兴一小建成首批浙江省院士科普站。指导永中中学、龙湾区二小创建市级家庭实验基地学校，推荐伟明环保科普教育基地申报省百家优秀企业科技（科普）馆。

【科普宣传】 2022年，区科协加强科普宣传工作力度。利用网络信息平台与市电视台、云视网络平台，扩大科普宣传面。开展全国科普日宣传活动，举办网络科普知识有奖竞猜活动，参与人数1万多人。推进科普下乡，深入社区开展科普咨询、义诊、免费提供药品、送科普图书等宣传活动。

【科普活动】 2022年，区科协开展科普活动，提升公众科学素养。开展“银龄跨越数字鸿沟”科普活动，在全区各街道社区、村居文化礼堂开展老年人智能手机使用培训活动240多场，累计参与人数2.41万人次。开展青少年科技创新大赛、科普助力“双减”“科学三分钟”比赛等活动，评出优秀作品98件，其中33篇推荐参加市级比赛。联合其他单位开展各类科普活动10多场。

【科普服务】 2022年，区科协加强科普服务。强化与院校行业协会平台共建。中国眼谷建成“科创中国”国家级创新基地，维都利阀门有限公司建成专家工作站。指导浙江福达合金材料科技有限公司、浙江裕泰汽车配件有限公司、浙江卡易智慧医疗科技有限公司等7家单位建成博士创新站。建成中国化品学会温州服务站、中国热处理行业协会温州市金属材料学会服务站2个国家级学会服务站。

【推进2021年青科会龙湾项目落地】 2022年，龙湾区纳入市峰会成果有世界青年科学家产业城、6个高能级平台、19个领军型人才产业化项目。区科协与成果推进组各单位合力推进项目全部落地，2021年峰会成果落地转化率100%。

【世界青年科学家峰会龙湾分会场活动】 2022年，区科协发挥执委会办公室职责，配合做好2022青科会开幕式活动，筹办2022青科会龙湾分会场

2022世界第十七届中国青年科技奖颁奖仪式举行

（区科协供图，摄于2022年11月12日）

活动。组织举办中国眼谷第四届创新创业全球挑战赛暨论坛活动、第十二届全国软物质与生命物质物理学术会议、光子集成电路暨杰出青年照明科学家论坛等活动。

（姜成志）

温州市龙湾区归国华侨联合会

【概况】 2022年，温州市龙湾区归国华侨联合会（以下简称区侨联）协助做好区两会期间侨界代表、委员联谊联络工作。两会期间，侨界人大代表、政协委员共撰写提案、议案8件。3月，向旅港同乡社团及龙湾籍乡亲寄送医用外科口罩、连花清瘟胶囊等防疫物资7000多件，全力帮助在港乡亲共渡难关。6月10日，龙湾区第五届归侨侨眷代表大会在区文化中心大会堂召开。会议选举产生区侨联第五届委员会领导班子成员，胡玲玲当选区侨联新一届主席。完成香港温州龙湾同乡会换届。

【助侨服务】 2022年，区侨联持续深化“暖侨安侨护侨”行动。慰问侨界知名人士、香港同胞、困难侨界群众92人次，发放慰问金5.80万元。依托助侨服务“全球通”2.0平台，宣传侨汇结汇便利化服务，促成5名海外华侨及其眷属申报侨汇结汇150万美元。开展侨界“三服务”“我为侨企解难题”活动，全年实地走访调研区内侨资侨属企业18家，解决侨企遇到难题2个。促成侨领结对侨界留守儿童2人。联合温州瑞延医养有限公司，成立龙湾区侨界老人照料中心，为龙湾籍侨界“空巢”老人提供托养、生活、康复护理、家庭支持、社会工作心理疏导服务。

【侨界联谊交流】 2022年，区侨联联络海外侨领及重点人士，挖掘世界温州人新生力量，累计组织开展各类联谊交友活动5场，参加活动150多人次。成立龙湾区海外侨团联谊会，打造永中街道永定家园“龙湾海外侨领之家”。组织侨界人士赴浙江大学开展学习培训，开展“海外华侨故乡行”等内外互动活动。

【侨胞之家建设】 2022年，区侨联加强“侨胞之家”建设，推进龙湾区10个街道“侨胞之家”阵地建设全覆盖。建设状元街道侨胞活动基地，建成状元“侨胞之家”。年内，龙湾状元“侨胞之家”获评2022年浙江省基层侨联组织“五星侨胞之家”。

（陈冬兰）

2022年6月10日，温州市龙湾区第五次归侨侨眷代表大会召开　（项绍雄/摄）

温州市龙湾区文学艺术界联合会

【概况】 2022年，温州市龙湾区文学艺术界联合会（以下简称区文联）以文艺活动、文艺赛事为载体，开展一系列文艺活动，创作一批文艺精品，培育一批文艺骨干，促进文艺事业健康发展。“艺起享”文艺数智应用入选浙江省文联系统数字化改革特色应用名单。

【文艺交流活动】 2022年，区文联搭建文艺交流展示平台，依托龙湾书画院，举办龙湾区美术、书法、摄影精品系列展6场，展出作品300多件，观展5000多人次。举办“宋韵瓯风明龙湾”龙湾区山水诗书画印专题展，展出作品65件。举办龙湾区第二届少儿书法展，展出作品260件。举办龙湾区城市中心区开发建设20周年摄影展，展出作品102件。举办龙湾区第八届少儿文艺大赛暨第二十二届温州市少儿文艺大赛（龙湾赛区），大赛分书法、美术、摄影、舞蹈、音乐等13个文艺项目，全区少儿893人次参赛，获奖人数458人次。

【文艺作品创作】 2022年，区文联加强文艺精品创作，创作迎亚运音乐视频《传递》，创作《一起向未来》舞蹈视频。以抗击新冠疫情为主题，创作温州鼓词《六个严格记心上》、温州莲花《疫情防控不放松》、顺口溜《科学抗疫很重要》等文艺作品。

【文艺志愿服务】 2022年，区文联组织文艺工作者深入基层、深入群众，开展培训、辅导、慰问演出、展览、

2022 年龙湾区部分文艺作品获奖情况一览表

表 10

序号	艺术门类	作品名称	获奖者	活动名称	主办单位	获奖情况
1	舞蹈	舞蹈《擂鼓声声迎归帆》	李佳星辅导;李安婷、李温铄、陈辉煌、王昕、唐聪、金诗瑶、林蕾蕾参与表演	第十九届群星奖	文化和旅游部	全国群星奖
2	书法	—	王天津	“大宋风雅‘名家培育’项目宋诗宋词展”	浙江省文学艺术界联合会主办、浙江省书法家协会承办	入展
3	书法	—	邱朝剑	“大宋风雅‘名家培育’项目宋诗宋词展”	浙江省文学艺术界联合会主办、浙江省书法家协会承办	入展
4	书法	篆书	潘晴	浙江省书法家协会 2022 年“年度百家”作品遴选	浙江省书法家协会	入选
5	书法	楷书	项飞云	浙江省书法家协会 2022 年“年度百家”作品遴选	浙江省书法家协会	入选
6	书法	行书	王天津	浙江省书法家协会 2022 年“年度百家”作品遴选	浙江省书法家协会	入选
7	书法	行书	邱忠泽	浙江省书法家协会 2022 年“年度百家”作品遴选	浙江省书法家协会	入选
8	书法	草书	邱朝剑	浙江省书法家协会 2022 年“年度百家”作品遴选	浙江省书法家协会	入选
9	书法	草书	朱德豪	浙江省书法家协会 2022 年“年度百家”作品遴选	浙江省书法家协会	入选
10	篆刻	篆刻	王晖	浙江省书法家协会 2022 年“年度百家”作品遴选	浙江省书法家协会	入选
11	篆刻	篆刻	陈国钦	浙江省书法家协会 2022 年“年度百家”作品遴选	浙江省书法家协会	入选
12	篆刻	—	邱朝剑	第六届中国书坛兰亭雅集 42 人展	中共浙江省委宣传部、浙江省文联	入选
13	篆刻	—	陈国钦	“吴昌硕奖”第六届浙江省篆刻大展	浙江省书法家协会	获奖提名
14	篆刻	—	黄君畅	“吴昌硕奖”第六届浙江省篆刻大展	浙江省书法家协会	入展
15	篆刻	—	王洁炜	“吴昌硕奖”第六届浙江省篆刻大展	浙江省书法家协会	入选
16	篆刻	—	王洁炜	玉海雅集浙江省第七届女书法家作品暨第六届女篆刻家作品展	浙江省书法家协会	入展
17	篆刻	—	邱朝剑	第二届“卫夫人杯”全国书法篆刻大展	浙江省书法家协会	入展
18	篆刻	—	周成建	第二届“卫夫人杯”全国书法篆刻大展	浙江省书法家协会	入展
19	篆刻	—	王洁炜	第二届“卫夫人杯”全国书法篆刻大展	浙江省书法家协会	入展
20	篆刻	—	周成建	“潘天寿杯”浙江省首届青年书法篆刻展	浙江省书法家协会	入展

续表 10

序号	艺术门类	作品名称	获奖者	活动名称	主办单位	获奖情况
21	篆刻	—	邱忠泽	2021“中国书法·年展”全国行书、草书作品展	中国书法家协会	入展
22		—	王建涵	2022“中国书法·年展”全国行书、草书作品展	中国书法家协会	入展
23		—	王天津	浙江省书协临书大展	浙江省书法家协会	入展
24		—	周成建	浙江省书协临书大展	浙江省书法家协会	入展
25		—	王洁炜	“李阳冰杯”首届全国书法篆刻大展	浙江省书法家协会	入选
26		—	王天津	全国第五届草书作品展览	中国书法家协会	入展
27		—	陈国钦	第二届王羲之杯书法艺术大展	王羲之艺术研究院	提名奖
28		—	王洁炜	“献礼二十大　奋进新征程”浙江省书法篆刻展	浙江省书法家协会	入展
29		—	王洁炜	笔祖·蒙恬杯全国书画篆刻大赛	山东省书法家协会	入展
30	美术	《谁言大宋不疯狂》	邵　辉	重返芥子园——“宋韵钱塘·文雅兰溪”浙江省中国画作品展	浙江省美术家协会	入展
31		《闲庭秋韵》	陈志宇	重返芥子园——“宋韵钱塘·文雅兰溪”浙江省中国画作品展	浙江省美术家协会	入展
32		《盛宴 7》	方圣峰	浙江省第三届水彩、粉画写生展	浙江省美术家协会	入展
33		《党员之家》	朱立漫	江西省第八届漫画展	江西省美术家协会	入选
34	音乐	《永昌堡有约》	陈　俏	2021 浙江省“诗画浙江”旅游歌曲大赛	浙江省文化旅游厅	优秀奖
35	摄影	《独舟暮歌》（组照）	丁剑鸣	浙江省第十九届摄影艺术展	浙江省文学艺术界联合会	艺术类优秀奖
36		《十三独影境》（组照）	池赛怡	浙江省第十九届摄影艺术展	浙江省文学艺术界联合会	艺术类优秀奖
37		《海纳百川》	郑西英	“海上花园·百岛洞头”中国岛屿摄影大展	中国摄影报社、浙江省摄影家协会	入选
38		《箭扣长堤》	张弓锐	“海上花园·百岛洞头”中国岛屿摄影大展	中国摄影报社、浙江省摄影家协会	入选
39		《碧海竞帆》组照	王赛珍	“海上花园·百岛洞头”中国岛屿摄影大展	中国摄影报社、浙江省摄影家协会	入选

（区文联供稿）

文艺支教等形式多样、内容丰富的文艺志愿者服务活动。开展“喜迎二十大　幸福再出发”文艺志愿服务主题活动，全年共开展活动 23 次，受益群众 3 万多人次。

（陈　亮）

温州市龙湾区残疾人联合会

【概况】　2022 年，温州市龙湾区残疾人联合会（以下简称区残联）推进街道残联和村（社区）残联组织和残疾人工作者队伍规范化建设，全区 10 个街道残联按时完成换届任务。召开区残联第八次代表大会，选举产生新一届区残疾人联合会主席团和执行理事会。年内，全区有各类持证残疾人 6734 人，其中视力残疾 456 人、听力残疾 872 人、言语残疾 207 人、肢体残疾 3173 人、智力残疾 822 人、精神残疾 896 人、多重残疾 308 人。

【无障碍改造】　2022 年，区残联推进省级无障碍社区创建，残疾人家庭无障碍改造率 100%。永中街道龙北社区创成 2022 年浙江省无障碍社区。推进公共服务场所无障碍改造，改造无障碍公共服务场所 11 个。累计投入资金 80 多万元，改造升级区行政服务中心、区图书馆重点服务场所无障碍设施。

【“残疾人之家”建设】　2022 年，区残联规范提升“残疾人之家”。“残疾人之家”提升改造工作连续三年列入省市民生实事项目，全年共提升建设“残疾人之家”4 家，新建“残疾人之家”1 家，其中青苗“残疾人之家”

2022 年 6 月，龙湾区状元街道青苗残疾人之家一角　　（区残联供图）

成为全市唯一一家五星级“残疾人之家”，入选 2022 年杭州亚残运会残疾人事业展示点。全区 10 个街道共有“残疾人之家”12 家。

【残疾儿童康复服务】　2022 年，区残联引导社会力量创办残疾儿童康复机构，龙康儿童发展中心纳入市级残疾儿童定点康复机构。落实特殊儿童（孤独症儿童）康复训练补助费从 2.40 万 / 年提高到 3.60 万元 / 年。完善残疾儿童补助“浙里办”线上申领、报销事项办理流程。为 67 名听力、智力、肢体、自闭症残疾儿童发放康复训练补贴和生活补贴 164.64 万元。

【残疾人就业服务】　2022 年，区残联搭好就业平台，促进残疾人就业创业增收。组织残疾人就业培训，为 150 名残疾人免费提供园艺、直播、盲人保健按摩等职业技能培训。开展按比例安排残疾人就业情况认定，审核认定用人单位 268 家，实现分散按比例就业残疾人 462 名，足额发放用人单位按比例安排残疾人就业补贴 67.33 万元。建设温州残星圆助残共富融创园，设立 300 多个共享工位，无偿提供残疾人企业注册和办公使用。创办“驿达残疾人之家”和驿达洗车服务中心，安置残疾人就业 32 人。

【社会助残】　2022 年，区残联落实惠残政策，推进社会助残机制建设。建立基本型辅具保障机制，配发辅助器具 139 件。累计落实残疾人及残疾人家庭子女助学补助 284 人次、支付助学补助金 50.45 万元。提供持证残疾人身份识别“一键验证”、养老及医疗社保“无感办理”、惠残补助“一键直领”、公共服务“一卡享受”智能化助残服务。发放助残补贴金额 2308.71 万元。走访慰问困难残疾人 415 户，累计慰问金额 30 多万元。投入 24.27 万元为全区持证残疾人参保意外伤害综合险，累计理赔 98 人次，理赔总金额 33.14 万元。设立“助残共富基金”140 多万元，为 400 多名残疾人实现微心愿，助力 25 名残疾人子女完成学业实现就业。全年创成残疾人友好示范型社区 1 个、社区助残暖心服务驿站 4 个。

【残疾人文体活动】　2022 年，区残联开展残疾人健身周活动，承办盲人跳绳比赛暨全国跳绳线上比赛温州选拔赛，选派残疾人参加“浙商银行杯”浙江省首届残疾人好声音大赛。开展温州市第二届“最美温州人·最美残疾人工作者”寻访宣传活动。

（王爱芬）

温州市龙湾区红十字会

【概况】　2022 年，温州市龙湾区红十字会（以下简称区红十字会）捐赠专户收到捐赠款物 113.38 万元，其中收到定向捐款物 84.20 万元、不定向捐款物 29.18 万元；支出捐赠款物 834.12 万元，其中定向资金 752.83 万

2022 年 5 月 17 日，龙湾区上庄小学开展应急救护演练活动　　（区红十字会供图）

元、不定向资金81.29万元。推进全区村社、各医疗卫生机构和学校红十字组织建设，有村社基层组织73个、会员9000多人、注册志愿者1600多人。拓展红十字服务阵地，建成标准化博爱家园11个。完善救援队管理模式，推进救灾救援工作规范化、专业化。慰问疫情一线和因疫生活困难党员干部群众，支付疫情防控慰问金173万元。

【“三献”工作】 2022年，区红十字会建立造血干细胞捐献和无偿献血“一体化”工作机制，严把志愿捐献者入库质量关。采集造血干细胞血样68人份。利用各种平台宣传人体器官（遗体、组织）捐献相关知识，完成人体器官（遗体、组织）捐献志愿登记10例。

【红十字救助救援】 2022年，区红十字会实施红十字会关爱工程。开展“博爱送万家”活动，慰问、救助各类困难群众200户，支付慰问救助金20万元。奖励龙湾区第六届中小学励志奖学生36人，发放励志奖学金13.20万元。中小学励志奖学金连续评选6届，累计获评励志奖学金学生210人，累计发放奖学金80.40万元。全年救助全区各类困难群众、困难学生、大病患者、困难党员1.41万人次，累计发放各类救助资金714.21万元。全年区红十字纵横救援队开展山地、水上应急救援训练，完成接警救援、龙舟安全保障、河道防溺水巡逻活动600多人次。

【红十字应急救护】 2022年，区红十字会实施“救在身边”专项行动。新增应急救护持证人数2290人。加强AED投放配置和管理力度，投放“救命神器”AED10台，全区累计“救命神器”AED配备74台，全区AED配备覆盖率远超“健康浙江2030行动纲要”任务指标。利用“5•8”红十字日、“5•12“防灾减灾日和世界急救日等，组织协同多部门开展应急救护知识宣传、演练和红十字会法等普法宣传。9月，组织红十字纵横救援在永兴街道河滨公园开展“红十字应急救援综合演练”。

（吴国林）

温州市龙湾区计划生育协会

【概况】 2022年，温州市龙湾区计划生育协会（以下简称区计生协）拥有村居、社区、企业、流动人口等各级计划生育协会组织178个。5月，龙湾区优生两免服务在“出生缺陷三级预防一网通”平台推出掌上妇幼服务，在全市率先实施优生两免检查全流程“一条龙”无纸化办公。7月，龙湾区获2022年浙江省优生两免质量考核全省5个评分最高区县。

【困难家庭帮扶】 2022年，区计生协开展计划生育困难家庭幸福促进行动，帮助解决计生困难家庭在生育、生产、生活中遇到的实际困难。全年完成关怀救助、健康促进、关注“三留守”、爱心助学、生育关怀等帮扶项目，惠及149户困难家庭，累计发放补助金46万元。其中，关怀救助帮扶25人，支付经费7.50万元；健康促进帮扶37人，支付经费12.95万元；关注“三留守”帮扶13人，支付经费1.95万元；助学成才帮扶65人支付经费20万元；生育关怀帮扶9人，支付经费3.60万元。

【家庭奖励资助】 2022年，区计生协持续实施落实农村部分计划生育家庭奖励扶助、人口与计划生育公益金制度利益导向政策。全年计划生育家庭奖励扶助、特别扶助、计划生育公益金导向政策补助5542人，累计补助经费2191.58万元，其中计划生育家庭奖励扶助637人，补助金额159.48万元。计划生育家庭特别扶助41人，补助金额32.64万元。计划生育公益金补助19人，金额14.20万元。

【生育公益服务】 2022年，区计生协打造龙湾区文昌路幼儿园、龙湾区金睿家托育中心、纳睿婴幼儿自然成长社3家省级“向日葵亲子小屋”，定期向周边社区家庭免费开放。举办新生儿窒息复苏项目培训班，每月开展公益科学育儿课程或养育照护小组活动，全年举办公益养育课程50场。推进青春健康教育工作，举办青春期教育讲座和家长大讲堂53场。龙湾中学国家级青春健康教育基地、永兴一小省级青春健康教育基地通过复评。加强母婴设施建设，全区建有规范化母婴设施30处，龙湾区图书馆母婴室评定为省级五星级母婴室。

（单瑶瑶）

法 治

2022 年 11 月，城东法治文化公园一角　　（区融媒体中心供图）

法　治

政法委与综治
法治政府建设
公　安
检　察
法　院
司法行政

南洋公园　　（严艳影摄于2022年8月）

政法委与综治

2022 年 3 月 14 日，区委政法委对龙湾区上庄小学少年宫开展暗访督导
（区委政法委供图）

【概况】 2022 年，中共温州市龙湾区委政法委（以下简称区委政法委）完成党的二十大、全国两会维稳安保任务，落实重大活动维稳安保一级响应规范要求，实现“六个零发生”工作目标。全年未发生重大政治事件、暴力恐怖事件、非法聚集事件、重大恶性事件。

【平安龙湾建设】 2022 年，区委政法委围绕平安“夺金摘星”目标，开展平安龙湾大起底大整治大提升，推进打击养老诈骗、防溺水、预防和惩戒未成年人违法犯罪等工作。构建“1+2+6+N”（“1”是指由区委牵头抽调业务骨干组建工作专班，专人负责；“2”是指在区委办的协调下，区委政法委和区应急管理局两个部门“双牵头”，“一把手”亲自抓，全面统筹推进专项行动；“6”是指成立 6 个督导组，区委政法委、区信访局、区住建局、区应急管理局、区金融工作服务中心、区消防救援大队等领域总牵头单位的主要负责人分别带队，负责联系一个街道，督促指导各街道抓好风险隐患排查整治和巩固提升工作；“N”是指各领域牵头单位各司其职，做到主要负责人亲自抓，分管负责人具体抓，确保工作取得实效。）组织架构，建立健全风险全链条闭环管理机制、“除险保安”晾晒工作机制和责任督导机制，制定“两个十条”问责办法。强化各类风险隐患排查、清仓见底，共排查重大风险隐患 495 个，完成整改 458 个。开展高频率常态暗查检查 63 次，督查问题隐患 491 个，整改完成 485 个。建立完善考绩考核、分析研判、暗访应对、对接申诉、控分挽分、督导督查、责任追究等系列机制，推进基层村社分片组“联户包干”宣传，切实提高“平安三率”。

【社会安保工作】 2022 年，区委政法委维护社会大局和谐。协调处置“绿森”APP、初融项目、鼎信贷等重大涉众型金融风险，处置澜悦府、璟悦府、宝龙广场、力天大都会、天铂华庭等房闹纠纷。开展平安护航党的二十大除险保安“百日攻坚”专项行动。全年网上受理备案 56 件。深化应急联动处置机制建设，规范和强化实战化运作。

【基层社会治理】 2022 年，区委政法委助推市域社会治理现代化试点城市创建，推进村社社会治理工作室（微网格工作室）、村社矛调工作站和共享法庭等基层治理单元建设，各街道村社覆盖率 100%。按照“1+3+N”模式（“1+3+N”模式是国家各级机关在基层治理中的一些工作经验和做法。“1”指的是围绕社区大党委。组织在职党员、志愿者等共同开展共驻共建活动，共同参与社区治理，形成共治共建共享的工作格局；“3”指的是实现自治、法治、德治融合。通过居委员自选、居规自定、民事自决实现自治；法治通过法治大讲堂、矛盾纠纷大调解等六大活动增强居民群众法治维权

2022 年 5 月 26 日，龙湾区平安政法工作暨“大起底大整治大提升”行动动员部署会召开
（区委政法委供图）

意识；德治通过道德模范、社区好人评选等弘扬社会主义核心价值观；“N”指的是把司法九大职能业务全部通过N条途径融合进去，做实、做细、做好。）配备网格工作团队。完成年度40个“智安小区”建设任务，刑事发案比建成投用前下降46.5%。多维落实“民转刑”命案排查防范。

【数字法治】 2022年，区委政法委推进数字法治工作。数字法治重大应用“一本账”S3，三级子应用龙湾区入账3个，全省“一地创新、全省共享”“一本账”S0入账1个。形成理论成果3项，出台制度2项。“浙里人口宏观分析”组件被推荐上报省数字法治大脑。推进数字系统建设，完成社会治理“一张图”（标准地址库）系统建设，协助龙湾“幸福码”开发推广。

【扫黑除恶】 2022年，区委政法委常态化开展扫黑除恶斗争工作，组织《中华人民共和国反有组织犯罪法》线上线下载体多样化宣传，强化金融放贷、市场流通等重点行业领域统筹整治，精准打击。全年受理扫黑除恶线索12条，查否12条，评查涉黑涉恶案件56件。

【法治平台与机制建设】 2022年，龙湾区建立法官律师互评平台、律师代理检察案件动态分析检测系统等数字场景。推进村（社）矛调工作站、社会治理工作室、共享法庭等“三位一体”社会治理体系建设。运用基层治理四平台、线上矛调中心（解纷码）、“共享法庭”等系统，“一站式”受理群众来访或解决群众咨询求助，协调闭环解决群众反映困难和问题。

【市域社会治理】 2022年8月，龙湾区矛盾纠纷调处化解中心更名为龙湾区社会治理中心，增挂城市运行中心和综合信息指挥中心牌子，为区委直属公益一类正科级事业单位，归口区委办公室管理。主要承担运行监测、矛盾调处、分析研判、协同流转、应急指挥、督查考核等综合职能。全年共接待群众（受理各类矛盾纠纷事件）29730批（件）次，其中法律咨询服务10396件，法律援助帮助2014件，司法调解845件，劳动仲裁受理503件，诉讼服务立案5335件，诉前调解受理7274件，工伤认定2635件，劳动监察728件。群众对办事过程结果评价满意率和服务态度评价满意率分别为93.1%和97.4%。开展涉法涉诉信访积案清零攻坚，对交办19件涉法涉诉信访案件开展专项清零，化解率100%，打击信访违法行为18起、惩处30人。全年基层治理综合信息平台新增事件7.64万件，办结率98.9%，录入矛盾纠纷3115件，办结率77.4%。矛调协同系统受理事件5531件，其中与人民调解大数据平台协同381件，与解纷码协同36件，与基层治理四平台协同348件。

【社会治理中心改造提升】 2022年8月，龙湾区社会治理中心启动场地的二次迭代升级，社会治理中心场地面积新增3000多平方米，打造集矛盾调处、运行系统、协同流转、分析、应急指挥、督查考核等六大功能于一体的新中心。区综合治理指挥中心进行全面改造提升，并交付区相关工作指挥中心整体入驻运行，高质量推进“141”体系有机贯通融合。

【“法护家安”集成应用上线】 2022年，龙湾区社会治理中心在2021年试点工作基础上，与市、区法院、区妇联深度合作，共同开发建设省高院第一批“育苗造林”项目——“法护家安”集成应用系统，该项目通过参加全省法院系统综合评比，获省高院200万元系统研发专项资金，入选全省数字法治改革“一本账”，于12月底正式上线运行。

（陈力维　陈纯纯）

法治政府建设

【概况】 2022年，温州市龙湾区紧扣《法治政府建设实施纲要（2021—2025年）》，全面推进法治政府建设。健全法治督察与区委巡察、纪检监察协作配合机制，创设“法纪督巡”平台，组建法治巡察人才库，进驻9家单位执行法治巡察，查摆督改24项问题。举办10期全区党政主要负责人提升法治素养专题培训班，出台全市首个区县级法治人才培育行动计划。强化政府检府院联动，首次实现“裁执分离”案件执行清零。党政机关公职律师工作覆盖率提升至52.9%，行政执法证考试合格率比2021年上升24%。创成全国首批知识产权强国建设示范园区、全省首批“青少年零犯罪零受害社区”。永兴派出所、司法所分别获评省级“枫桥式公安派出所”“枫桥式司法所”。

【合法性审查】 2022年，龙湾区打造“法律专家＋专（工）委＋代表＋实务工作者”多方协作模式，发挥政府法律顾问作用，全年开展法治服务58件次。审查区级规范性文件22件，备案21份；审查区级重大行政决策3件、重大行政合同40件、其他涉法事务216件。审查街道涉法事务525件次，金额超5.40亿元。加强重大决策程序把关，公开重大行政决策24件。依托政府网站、新媒体主动公开政务信息动态2.37万条，召开新闻发布会4场。创新线下集中宣介与线上专栏集中公开结合政策解读模式，新设“助企纾困”专栏，开展“政策进万企共富惠万家”活动。

【行政争议化解】 2022年，龙湾区推广应用“掌上复议”小程序，探索行政复议“听证＋调解”模式，全年新受理行政复议案件159件，比2021年增长27.0%；受理审结124件，直接纠错率5.0%。调解结案64件，调撤率

52.0%。全年新收行政诉讼案件262件，下降53.8%；结案291件，败诉31件，败诉率10.7%，下降2.2%；行政机关负责人出庭率100%。强化调解、行政裁决、行政复议、诉讼无缝衔接，依托行政争议调解中心成功调处行政争议15起。

【行政复议应诉】 2022年，龙湾区推广应用“掌上复议”小程序，作为全市司法行政系统“数字司法好应用好谋划”项目进行推广介绍。探索行政复议“听证＋调解”模式，全年新受理行政复议案件159件，比2021年增长27%；受理审结124件，直接纠错率5%；调解结案64件，调撤率52%。全年新收行政诉讼案件262件，下降53.79%；结案291件，败诉31件，败诉率10.65%，下降2.16个百分点；行政机关负责人出庭率100%。强化调解、行政裁决、行政复议、诉讼无缝衔接。

【行政争议调解案件】 2022年，龙湾区共接收区人民法院、行政争议调解平台案件55件，成功调解43件（包括原告撤回起诉），化解率78.2%；主要涉及房屋拆迁补偿款纠纷、人力社保局工伤认定纠纷、综合行政执法局行政处罚、公安机关行政处罚等案件。行政争议实质性解决，降低诉讼成本，节约司法资源，推进行政争议化解在基层，实现“矛盾纠纷不上交”。

【行政执法监督】 2022年，龙湾区全域推行“一街一队集中办公”模式，初步架构全区“1+8”（区综合行政执法局和八支专业执法队伍）行政执法模式，下派一线执法人员254名，下沉率61.3%。全年组织行政检查巡查2.27万次，办理行政处罚9677件，行政许可4394件。全国首创“行政处罚决定＋合规建议＋信用修复告知”三书同达制度。探路“亲清码监督”，在全省率先出台优化营商环境行政执法“十条禁令”，该做法入选全市“两个健康”可复制推广经验。扩大“双随机、一公开”联合监管覆盖面，“双随机”事项占比超40.0%，联合监管事项占比超30.0%，信用风险分类结果应用率超90.0%，按时核查率、抽查事项覆盖率100%。

2022年7月14日，龙湾区特邀行政执法监督员聘任仪式暨执法监督业务培训举行（区司法局供图）

【基层依法治理】 2022年，龙湾区完善“一中心四平台一网格”（社会治理中心、街道“基层治理四平台”、基层网格三个层级）区域社会治理体系，抓好“法护家安”“浙里人口全域治理”“社会治理一张图”“幸福码”“企业信用风险综合评价”等自建系统平台的迭代提升及贯通应用。设立全市首家医疗系统公共法律服务站，全年办理法律援助1014件次，其中群体性讨薪案件14件。开展法律帮助1458件次。村居法律顾问开展法律体检、修订村规民约、合同协议44件次，提供普法咨询957件次。社会治理中心接待群众2.97万批次，成功调处矛盾纠纷8418件，金额近3.92亿元。推进万顺社区“信用＋社区治理”省级试点建设。承办全市“12·4”国家宪法宣传日启动仪式系列活动，建成全区首个民法典主题公园，创成省、市级公民法治素养观测点3个，评定“农村学法用法示范户”47家，创成省级、市级民主法治村社28个。

【法治营商环境优化】 2022年，龙湾区政务服务“一网通办”率97.6%。推进企业投资项目“最多80天”、低风险小型项目审批“最多15个工作日”改革，企业开办全程网办率97.2%。曝光失信主体997人、失信被执行人3537人次，限高消费4956人次。协助83家企业修复信用，提供信用查询1320多人次。出台纾困解难“30条举措”，商事登记制度改革、事中事后监管工作获省政府通报激励。首次以公平竞争审查专项立项方式清理规范性文件，整改滥用行政权力排除、限制竞争政策措施5个。开展“护航2022打击侵害企业利益经济犯罪专项治理行动”，破获涉知识产权案件5起，刑事打击处理43人，审结涉企经济类犯罪案件49件。

【特邀行政执法监督员聘任】 2022年7月14日，区司法局举行新一届龙湾区人民政府特邀行政执法监督员聘任仪式，30名来自社会各界区政府特邀行政执法监督员接受聘书，开启为期3年履职。之后，还举行执法监督业务培训。

（娄艳群）

公　安

【概况】　2022年，温州市龙湾区公安分局“110”接处警4.49万起，其中案件类警情1.49万起；刑事立案2007起，破获712起，打击处理2176人（采取刑事强制措施总数），其中移送审查起诉各类犯罪嫌疑人1329人。完成党的二十大、北京冬奥会、各级两会、青科会等重大活动安保工作。8月，龙湾区公安管理体制优化调整，原经开分局5个派出所成建制划归分局。刑事科学技术室获集体三等功，陈晓辉获全国优秀人民警察称号，全年共有81个集体和654位个人受到上级表彰。

【重点安全保卫任务】　2022年，区公安分局落实风险隐患排查预警、源头稳控和依法处置等措施。全年成功化解各级信访积案。

【电信网络反诈劝阻】　2022年，区公安分局以反诈会战为抓手，做实初侦初查，组织开展多轮集中打击行动。抓获诈骗等新型侵财对象380多人，比2021年上升11%。围绕“8·26”专案发起2轮公安部集群战役，抓获犯罪嫌疑人215人。坚持24小时预警劝阻，全区共预警劝阻18万余起，止付金额500多万元。推进“断卡”行动，核查“两卡”线索460多条，采取刑事强制措施123人，成功打掉本地“跑分”、GOIP等团伙11个，有效遏制龙湾区黑灰产现象。成立专业反诈队伍，开展多种形式的反诈宣传和反诈知识培训，组织开展反诈宣传集中月等活动。推广“国家反诈中心APP”，实名注册39万人。“金钟罩”微信小程序注册76万余人。

【刑事案件侦破】　2022年，龙湾区共立刑事立案2007起，破获712起，打击处理2176人（采取刑事强制措施总数），其中移送审查起诉各类犯罪嫌疑人1329人。全区发生和破获命案6起，连续十一年实现全破，两抢和五类恶性案件发破11起，连续3年全破。攻坚命案积案，抓获潜逃20余年命案逃犯2人。开展“套路嫖”集中收网行动，打掉涉恶犯罪集团3个，侦破涉黑恶刑事案件39起，刑拘涉黑涉恶犯罪嫌疑人39人，查封冻结涉案资产1000万元。推进传统侵财犯罪、侵害未成年人和养老诈骗打击工作，全区共移诉盗窃犯罪嫌疑人276人，对养老诈骗犯罪嫌疑人采取强制措施51人。

【经济犯罪案件侦破】　2022年，龙湾区推进“护航2022”打击侵害企业利益经济犯罪专项治理行动，破获涉知识产权案件17起，刑事打处82人；累计建成4个知识产权保护警企联络站，全域延伸助企护企触角。侦破《扫黑风暴》侵犯著作权案、假冒3M伪劣防疫物资案、销售假冒“阿玛尼”手表案等一批有影响案件。

【户政管理】　2022年，区公安分局推行上门办、委托代办、就近办、网办、自助办等多项便民措施。针对辖区内老弱病残等行动不便群体，上门办理居民身份证。针对群众办理户口“急、难”问题，推出户籍窗口容缺受理制度。全区现共有7个公安自助便民服务点，全年通过自助受理身份证办理400多件。吾悦广场亲警驿站设置公安业务实体受理点，实时连线公安审批窗口，现场直接受理、解答各项公安业务。通过浙江省居住证互认风险评估工作，实现共性分跨区互认、全省通用，全年新办理居住证9044件。

【出入境管理】　2022年，区公安分局因疫情管控加强对公民因私出境劝阻等管理工作。全年书面询问2320人，共劝阻办证5923人，受理公民申请赴境外商务、劳务、学习、就业、就医、定居出国（境）1406人次，其中办理普通护照571人次、办理往来港澳通行证830人次、办理往来台湾通行证及签注5次，自助签注机暂停办理各类签注。查处涉外案件9起，其中“三非”案件9起10人，遣送“三非”外国人2人，限期出境1人，限制活动范围2人，罚款6人。法定不批准出入境人员报备2354人，撤销报备30人。国家工作人员报备2568人，撤销481人。港澳商务备案1家，开展助企外事服务直通车20次。2022年，区公安分局持续深化“放管服”改革，优化营商环境。协调全国22个省238个县市区，调取核查户籍信息，为青山集团外派印度尼西亚的609名员工办理护照手续，解决企业在外人才紧缺问题。

【网络安全治理】　2022年，区公安分局组织参与省、市两级护网演练，先后开展五轮清网专项行动，以及无人机、电商平台、涉疫情系统专项排查检查及APP整治工作，对发现的网络安全隐患，发放责令改正通知书41份，整改中高危安全隐患500多个。完成政府部门政务系统等级保护定级、备案工作，等保测评率80.0%以上。

【重点单位安保】　2022年，区公安分局做好2022年世界青年科学家峰会开幕式、2022中国软件业创新发展大会，2022首届中国（温州）国际泵阀展览会、2022全国国际式摔跤锦标赛、

2018—2022年龙湾区刑事、治安案件情况一览表

表11

案件类型	2018年	2019年	2020年	2021年	2022年
刑事案件发案（件）	2466	2541	2279	2065	2007
刑事案件破案（件）	626	683	638	444	712
治安案件立案（件）	7729	9154	5888	5863	6549
治安案件查结（件）	2615	3097	1201	833	1254

2022 年全国空手道青少年锦标赛等大型活动及赛事安保工作。做好警卫点基础信息采集工作，完善相关方案预案，完成中央首长到温州警卫及重要领导、团队到温州考察安保工作。

【防暴及突发事件处置】 2022 年，区公安分局突出重点领域，强化防暴力量建设。为备战亚运会安保和勤务工作，组建一支防暴安检机动队伍。全年共组织开展防暴安检培训 10 多次。打造派出所快反突击队，组建永中、蒲州所试点派出所快反突击队队伍。以应对持刀砍杀、暴力袭警警情及事件处置为重点，开展实战对抗演练 10 余次，向派出所、学校、幼儿园传学送教 70 多次。成立无人机巡防工作领导小组，蒲州和中心区派出所先期开展试点。无人机小队自 9 月成立以来，多次参与安保工作，共开展空中巡逻 6000 分钟。10 月大罗山发生山火警情，无人机小队为山火扑救提供有力保障。

【社会治安维护】 2022 年，区公安分局推进社会面治安巡控向动态化布警、信息化智巡转型升级。围绕星海、沙城、天河、海城、永中 5 个治安复杂区域，突出流动人口管理，试点打造全市最严社会治安管理样板区域。试点以来，全区刑事治安警情比 2021 年下降 20%，刑事治安打处上升 54%，其中黄赌毒打处上升 102%，取得阶段性工作成效。打造南片快反基地，优化叠加 PTU、铁骑、派出所快反突击队和巡防中队等警力。至 12 月，全区刑事治安警情下降 17.3%，刑事案件立案下降 15.7%，案损下降 22%。

【亚运会安保筹备】 2022 年，区公安分局负责亚运安保筹备，做好亚运会场馆安保相关设备及信息化建设，推进场馆信息系统等保建设。完成竞赛侧、场馆侧和社会侧系统排查，现场检查供水、供电等 16 家涉亚运安保系统单位，完成信息录入管理综合系统库。

2022 年 1 月 10 日，龙湾区冬季大巡防启动仪式在温州奥体中心主体育场广场举行（周凌慧 / 摄）

【公安“智慧大脑”建设】 2022 年，区公安分局作为全市“公安大脑”建设试点单位，中榜省厅市局“揭榜挂帅”项目 11 个、市局试点项目 49 个，其中“浙里人口全域治理”入选全省数字化改革 S2“一本账”和全省数字化改革“一地创新、全省共享”项目榜单。7 月，引入区社会治理中心入驻分局，人社、市监、执法、信访等职能部门实体入驻，贯通“141”基层治理体系，“110”接报的矛盾纠纷处置率、流转率均 100%、化解率 95%。

【基层公安建设】 2022 年，区公安分局全面深化新时代“枫桥式公安派出所”创建，永兴所创成“省级枫桥式公安派出所”，状元所、瑶溪所、永中所、星海所、天河所、海城所创成“市级枫桥式公安派出所”。强化智慧社区管控平台作用，累计建成智慧安防小区 187 个。深化矛盾纠纷排查化解专项攻坚行动，提档升级“展翼反家暴”“乡情警务”“共享助调”等矛盾纠纷多元化解工作机制，协同事权部门和属地推进化解。推进涉“小广告”违法犯罪专项打击工作，刑事打处 4 人，行政拘留 33 人。

【警务督察】 2022 年，区公安分局组织现场督察 201 次，发现查纠各类问题 485 个，提出督察建议 184 条，发通报 50 期，局规问责 256 人次。采取“第一种形态”处理 13 人次，立案查处民警违纪案件 2 起 2 人，队伍严管态势不断加强。

【机场边检】 2022 年，温州机场边检站以党的二十大安保维稳为主线，抓好政治建警、边检主业、队伍建设、创新赋能“四个关键”，推动全站工作全面发展。全年共检查出入境航班 666 架次，检查出入境人员 14412 人次，查获网上在逃人员 7 人次、违法违规 30 人次，其中骗取证件 3 人次。与机场驻场单位、公安等部门开展反恐联合实战演练 2 次，各类应急处置演练 10 多次。

【主动警务中心启动】 2022 年 1 月 11 日，龙湾区公安分局举行“公安大脑”建设暨“111”主动警务中心启动仪式。推动“情报、指挥、勤务、舆情”（简称“情指勤舆”）一体化、实战化建设。通过建成全省一流的“情指勤舆”中心，整合指挥、情报、督察、网安、基础、治安、特警、反恐、刑侦等专业警种精干力量，实行“平时、要时、战时”三种勤务运行模式。

【假药案件查处】 2022年4月19日，龙湾区公安分局在瑶溪街道瑶景嘉苑小区内捣毁一处利用处方药注射液制造鼻炎药水的造假药窝点，现场查获成品“祖传鼻炎药水”74瓶，制假原材料若干，抓获犯罪嫌疑人2人。经查，该造假窝点累计销售金额50万元以上，售出药水5000余瓶以上。

【社会治安打击整治】 2022年8月22日晚，龙湾区公安分局落实平安建设“大起底大整治大提升”工作要求，组织开展“排风险、除隐患、解矛盾、保平安”集中统一行动。共出动警力816名，设立卡点17个，检查车辆500余辆，盘查人员1200余人；检查场所420余家，排查整改各类安全隐患43个，抓获违法犯罪嫌疑对象12名，其中刑事拘留2人、治安拘留6人，全力打造最严社会治安管理区域。

（曾松柳　陈沪隆）

检　察

【概况】 2022年，温州市龙湾区人民检察院（以下简称区人民检察院）开展全省基层检务督察工作示范院培育试点工作，推动检察工作高质量发展。全年各类检察案件共计1195件，批捕246人，起诉1354人，实现刑事案件审结率由34.6%提升为81.2%。3名干警入选全省检察机关专业人才库，2个集体分获全省检察机关司法行政成绩突出集体和全省检察机关法律监督成绩突出集体，11人次获市级以上表彰。

【刑事诉讼检察】 2022年，区人民检察院贯彻“少捕慎诉慎押”刑事司法政策，共批准逮捕246人，提起公诉1354人，不批捕90人，不起诉585人，不捕率25.3%，不诉率29.4%。开展刑事积案化解攻坚行动，刑事案件审结率为81.2%，位居全市第一。加强监察检察衔接配合，依法受理监察机关移送职务犯罪7人，同期提起公诉8人。起诉危害食品药品安全犯罪20人，起诉合同诈骗、涉税犯罪等破坏社会主义市场经济秩序犯罪119人，起诉职务侵占、挪用资金等侵犯企业产权犯罪26人；对初次犯罪、情节轻微等涉罪民企人员不批捕、不起诉24人。

2021—2022年龙湾区主要检察业务数据一览表

表12　　单位：件、%

主要检察业务	2022年	2021年	同比情况
审查批捕案件	204	380	−46.3
提起公诉案件	927	952	2.6
立案监督案件	33	12	175
提起民事行政抗诉案件	0	0	
公益诉讼案件	31	54	−42.6

2018—2022年龙湾区人民检察院审查批捕、起诉案件情况一览表

表13

年　份	批捕	起诉
2018	479件638人	1254件1769人
2019	474件626人	1233件1723人
2020	367件522人	786件1269人
2021	380件513人	952件1437人
2022	204件246人	927件1354人

【刑事诉讼监督】 2022年，区人民检察院加强检查监督，提升刑事检察质效。挂牌成立侦查监督与协作配合办公室，组织召开检警联席会议，统一执法司法理念和办案标准尺度。监督立案42人、撤案6人，纠正漏捕漏诉4人。严格裁判监督，对确有错误刑事裁判提出抗诉3件，法院采纳2件。加大刑事执行监督力度，纠正刑罚执行不当51件，清理“判实未执”人员256人。开展社区矫正对象违法情形和缓刑罪犯“漏管”数字检察专项监督。

【民事检察监督】 2022年，区人民检察院增强民事检察力度。办结民事生效裁判案件22件，提请抗诉5件均获采纳，发出再审检察建议9件，法院裁定再审6件、改判6件。办结民事执行监督案件87件，发出检察建议69件，法院采纳35件。

【行政诉讼检察监督】 2022年，区人民检察院受理生效裁判结果监督、审判程序违法监督5件，行政执行活动监督案件39件，制发行政非诉执行检察建议7件，采纳率100%。发出纠正行政违法检察建议4份，实质性化解裁判争议案件3件，其中通过“上下联动＋司法救助”模式化解一起20余年涉土地权属纠纷争议。

【公益诉讼检察监督】 2022年，区人民检察院立案办理公益诉讼案件28件，办理诉前程序案件17件，提起民事公益诉讼9件，重特大案件11件，占比39.3%。扩展公益“保护圈”，对公民个人信息保护、养老机构安全隐患等开展监督。办理龙湾国际机场东侧236亩永久基本农田土地资源公益诉讼案，深挖刑事犯罪和职务犯罪线索，依法对3名自然人、1家单位以涉嫌非法占用农用地罪，2 名公职人员以涉嫌受贿罪，1 名自然人以涉嫌行贿罪提起公诉。

【全省检务督察工作示范院培育试点】 2022 年 2 月，区人民检察院入选全省检务督察工作示范院培育试点单位。开展认罪认罚从宽制度落实情况、"回头看"强制措施期限、公诉人出庭规范化情况等专项督察，并探索开发检务督察日常管理应用。全年对干警谈话提醒、批评教育 6 人次，要求提交"情况说明"17 人次，提出督察建议 5 次。相关工作经验在全省检务督察工作座谈会上交流，并被省院《检务督察工作交流》专刊刊载。

【特殊群体司法保护】 2022 年，区人民检察院关注特殊群体保护。联合区公安分局、区教育局等 8 家单位建立预防和惩治性侵害未成年人案件全流程联动反应机制，建立涉案未成年人家庭教育指导协作机制，办理支持起诉撤销监护权资格等涉未民事、行政检察监督案件 9 件，制发"督促监护令"5 份。针对儿童化妆品监管盲区等问题依法启动公益诉讼程序，推进行业整治。助力纾困解难，向 40 名生活困难当事人发放国家司法救助金 42 万元；办理季某司法救助案，市检察院启动两级联动救助，协同省外乡村振兴部门落实综合救助帮扶措施。

【数字检察建设】 2022 年，区人民检察院推进信息共享，归集 21 家单位执法司法信息 69 万余条，构建法律监督数据"驾驶舱"。搭建数字监督模型 53 个，监督成案数位列全市前三。针对频繁制造交通事故骗取保险公司理赔款"碰瓷型"车险诈骗，构建类案监督模型，监督立案 13 人。开展"净化空壳公司"类案专项治理数字监督，监督立案 10 人、移送公安机关犯罪线索 31 件。与司法局、市场监督管理局等 14 家单位就信息数据共享、检察监督与行政执法衔接等方面建立 11 项工作机制。

【检务监督】 2022 年，区人民检察院自觉接受人大及其常委会监督，向人大常委会专题报告法律监督情况。加强代表委员日常联络，通过检察开放日、走访等形式倾听意见建议。落实检察办案公开听证，组建"听证员库"，首批入库成员 20 人，组织听证 17 次，邀请代表委员、人民监督员、特约检察员等 42 人次。深化检律良性互动，从全面落实程序告知、畅通沟通和预约事项办理渠道、健全认罪认罚从宽条件检律协作、落实律师意见建议反馈、建立律师参与监督评价等方面强化律师权益执业权利保障。

【买卖合同纠纷生效判决监督案】 2022 年，区人民检察院民事检察部门发现某镜业公司股东范某某因公司资不抵债，伙同李某盗用汪某某身份完成公司股东、法定代表人变更登记，导致汪某某被认定为该企业法定代表人，并因企业拒不履行法院生效判决，被龙湾区人民法院执行司法拘留七日。区人民检察院向区法院提出再审检察建议，区法院回函不启动再审程序。2022 年 5 月，区人民检察院向温州市人民检察院提请抗诉。8 月 12 日，温州市人民检察院向温州市中级人民法院提出抗诉。

【检察建议公开宣告送达】 2022 年 5 月 13 日，温州市龙湾区人民检察院举行关于安全生产领域"行刑衔接"检察建议的公开宣告送达仪式，这是贯彻落实最高检"八号检察建议"的一项举措。区检察院、区公安分局及温州经济技术开发区应急管理局三方还专题研究涉安全生产领域犯罪案件线索移送、会商、指导等工作机制。

（杨 琼）

法 院

【概况】 2022 年温州市龙湾区人民法院（以下简称区法院）推进审判执行工作，提升司法能力整体。全年共受理各类案件 1.27 万件，共办结各类案件 1.26 万件，一线法官人均结案 310 件。开展送法进校园、进社区、进基层活动 21 场，受益群众 100 多人。

【刑事审判】 2022 年，区法院共受理一审刑事案件 1087 件，审结 1015 件。其中，审结故意杀人、故意伤害、抢劫、绑架等案件 27 件，对 31 名被告人判处刑罚。严厉打击涉民生类刑事犯罪，审结电信诈骗、非法集资、涉食品药品安全等案件 124 件，对 263 名被告人判处刑罚。依法审判绿森商城集资系列案等，维护市场经济秩序。落实认罪认罚制度，认罪认罚适用 84.1%。

【民商事审判】 2022 年，区法院共受理一审民商事案件 6195 件，审结 6411 件。推进家事审判改革标杆法院建设，探索打造商谈式家事审判模式，优化家事纠纷诉调衔接机制，家事纠纷诉前化解成功率 25.0% 提升至 41.0%。做好破产案件清理工作，未结案 106 件降至 24 件。推进个债清理，探索债务豁免制度。在审慎判断邵某确属"诚而不幸"债务人前提下，豁免其个人债务近百万元，帮助其走出债务泥潭。

【行政审判】 2022 年，区法院共受理行政诉讼案件 271 件，审结 290 件。推进行政争议诉源治理，行政诉讼案件下降 57.0%。对征地拆迁中未登记建筑认定问题重点调研，并参与省高院行政数智化项目建设。深化府院良性互动，连续 11 年召开府院联席会议、发布行政审判白皮书，提高行政机关参与诉讼规范化水平。

【执行工作】 2022 年，区法院共受理执行案件 4195 件，结案 4131 件，执行到位金额 11.50 亿元，执行案件质效指标在全市法院名列前茅。建成数字化执行指挥中心，充分发挥数智功能，"中

2018—2022 年龙湾区人民法院受理、审结刑事案件情况表

表 14

年　份	刑事受案（件 / 人）	刑事结案（件 / 人）
2018	1275/1818	1300/1807
2019	1252/1725	1271/1798
2020	779/1253	793/1306
2021	907/1287	828/1189
2022	950/1377	951/1441

2018—2022 年龙湾区人民法院受理、审结民事案件情况表

表 15

年　份	民事收案（件）			民事结案（件）		
	婚姻家庭继承纠纷	合同纠纷	权属侵权纠纷	婚姻家庭继承纠纷	合同纠纷	权属侵权纠纷
2018	288	5638	573	327	6114	630
2019	306	5502	586	316	5868	605
2020	276	5078	562	275	5107	577
2021	313	4931	351	294	4553	324
2022	259	4876	406	269	5048	404

心统一调配，分段高效实施”的执行模式逐步成熟。破解刑事财产刑执行难题，财产刑执行到位 2200 万元，比 2021 年上升 13.4%。规范拆迁补偿权益执行查控与处置，将其纳入“一件事”平台试运行，完成处置 18 件，到位金额 2570 万元。保持超期未发放案款“动态清零”，案款平均发放天数 12 天。

【司法保障经济发展】 2022 年，区法院创新司法举措，平等保护各类市场主体合法权益，出台司法保障意见 28 条。设立商会“共享法庭”，把司法服务延伸到企业家之家。执毕、和解企业债权人案件 1686 件，为企业输送“造血”资金 6.33 亿元。对已无帮扶可能的“僵尸企业”，通过“执转破”有序退出市场，共移送破产 116 家，促成 1523 件“僵尸案件”退出“终本库”。依法严惩扰乱市场经济秩序、破坏企业正常经营、恶意逃废债等经济犯罪行为，审结非法集资、合同诈骗等涉企经济类犯罪案件 49 件。加大“失信黑名单”曝光力度，公布失信企业法人及其他组织 997 个、失信被执行人 3537 人次，限制高消费 4956 人次。

【扶弱诉讼服务】 2022 年，区法院建立完善儿童友好、适老助残扶弱诉讼服务机制。做好未成年罪犯帮教工作，为 11 名未成年被告人创建帮教档案。创办“佑芽课堂”，法官 6 次走进校园为 500 多名中小学生授课。成功上线集成反家暴人身保护、关爱未成年人、适老助残等六大模块“法护家安”数字化应用，该项目被列为省高院第一批“育苗造林”项目和省委政法委数字法治系统“一本账” S3。利用“移动微法院”“智慧法院”平台，基本实现“打官司掌上办不用跑”，为当事人提供网上立案服务 1.30 万次，网上立案率 98.5%。通过司法救助，向 28 名困难群众发放救助金 61.90 万元。

【矛盾纠纷化解】 2022 年，区法院建立调解员人才库，成立“天平调解工作室”，首创“律所调解”，辖区内万人成讼率 80.1%，较 2021 年下降 3.1%。创新金融纠纷化解机制，通过“预查废证明”强化诉前甄别，截至年末已出具“查废证明”190 份，涉及金额 679 万元。通过“在线赋强公证”深化金融纠纷源头治理，共促成公证处办结赋强公证 457 笔，涉及贷款金额 8.70 亿元，其中仅有两笔贷款因债务人违约，由金融机构向人民法院申请强制执行。创新“以保促调”机制，有效解决小微金融纠纷，办理“以保促调”167 件，涉及金额 810 万元，调解成功率 46.1%。

【“全域数字法院”改革】 2022 年，区法院持续推进“全域数字法院”改革。推进司法领域“当事人一件事”改革，优化群众司法体验，通过“线上 + 线下”相结合，仅耗时 1 小时完成 12 套异地法拍房交付手续。建成数字化执行指挥中心，全面实现无纸化办案，通过线上流转高质量办理执行集约事项 1.30 万次。

【首份家庭教育指导令】 2022 年 1 月 7 日，龙湾法院首次启动未成年犯判后心理辅导机制，并发出首份责令其监护人接受家庭教育指导令。未成年犯小蒋有盗窃前科，被行政拘留十余次。年满十六周岁后，仍多次实施盗窃。在审判中，小蒋表现出反社会倾向。小蒋的监护人履行家庭教育不当，是导致小蒋走上犯罪道路的重要因素，两次案件开庭监护人均不参加庭审。法院对小蒋进行判后心理辅导，责令小蒋母亲陪同小蒋进行心理辅导后，接受家庭教育指导。

【扔香蕉皮致老人滑倒受伤案】 2022 年 5 月，龙湾区人民法院判决吴女士因扔香蕉皮导致王大爷滑倒受伤，要承担 60% 的赔偿责任，赔偿王大爷近 2 万元。该案登上最高人民法院微信公众号“小案例大道理”栏目，被人民网、新华网、光明网等多家主流媒体转发，并被写入 2022 年浙江省高院工作报告。

（周宵阳）

司法行政

【概况】 2022年，温州市龙湾区司法局（以下简称区司法局）推动法治为民实践，加速基层依法治理进程，履行司法行政职能，全区（含温州经济技术开发区）全年新收行政诉讼案件262件，案件数比2021年下降53.8%；结案291件，败诉31件，败诉率10.7%，下降2.16个百分点。完成省委巡视“回头看”涉行政败诉问题的整改工作。建成全市首家“法主题”党群服务中心暨全区首个“瓯江红”机关党群服务中心。加强部门街道执法人员业务培训，推动全区行政执法证考试平均通过率比2021年提升24%。

【人民调解】 2022年，区司法局依托“人民调解组织＋共享助调”“复议纠错＋调解止争”等模式优势，发挥调解队伍主力军作用，持续营造稳定和谐环境。抓好温州经济技术开发区合并后矛盾纠纷排查化解工作，部署开展“除险保安”矛盾纠纷排查化解专项行动，全年成功调处纠纷8601件，金额3.92亿元，调解率99.9%。增设驻市交管五大队、温州经济技术开发区法庭，知识产权纠纷3家调解工作室。继续推进省级“枫桥式”司法所建设，以永中街道为试点、其他街道全域铺开，指导永兴司法所创成省级“枫桥式”司法所。

【普法宣传】 2022年，区司法局实施精准普法宣教，组建全区“八五”普法讲师团，建成全区首个民法典主题公园。全区开展普法“十进”活动600多场。举办10期全区党政主要负责人共计100人提升法治素养专题培训班。组织4批非人大任命领导干部参加任前法律知识考试，完成2022年度全区领导干部和公务员法律知识培训考试工作，参考率和合格率双率100%。承办全市“12·4”国家宪法宣

2022年7月7日，龙湾区直机关“红七月·服务月”启动暨“瓯江红”龙湾区司法局党群服务中心授牌仪式举行（区司法局供图）

传日启动仪式系列活动。创成省级民主法治村6个、市级22个，创成省级公民法治素养观测点2个、市级1个。紧扣防疫情、稳经济等主题开展“新业态骑手”“网络安全”涉法问题普法直播。

【律师工作】 2022年，龙湾区域律师总数497人，万人比提升至6.76。区党政机关公职律师配备率为52.9%。全区律师和基层法律工作者共代理诉讼案件8690件，代理非诉讼事务1454件，调解纠纷24件（不包含法工），咨询代书1996件，业务收费29248.438922万元。组织律师深入企业，搜集涉企发展难题，解决涉法难题580个。村居法律顾问开展法律体检、修订村规民约、合同协议44件次。成立龙湾区新联会法律荟，为律师参政议政、建言献策提供有效平台。推选80多名律师入选温州市青少年普法讲师团、重大决策社会风险评估评审专家、温州市社区矫正公益大使、温州市外聘法律顾问备选库等。全区律师、律所共获得各类荣誉80多项。

【“在线赋强公证”】 2022年，龙湾法院创新“互联网＋金融＋公证”的服务模式，依托瓯江公证处公众号深入推行“在线赋强公证”。“赋强公证”是在金融借款合同纠纷案件中通过公证方式，赋予金融债权债务关系有强制执行效力的一种简易纠纷化解办法。因通过法院诉讼方式催收债务，存在耗时长且费用较高的问题，金融机构会选择“赋

2018—2022年龙湾区民间纠纷调解情况一览表

表16

年 份	调解委员会（个）	调解员（人）	调解件数（件）（成功/未成功）	调解成功避免非正常死亡人数（人）
2018	134	170	6044/36	
2019	86	173	5053/2	0
2020	88	182	4614/0	0
2021	95	208	5642/0	0
2022	145	292	8598/3	0

强公证”的方式，尽快处理借款纠纷。2022 年，全区通过“在线赋强公证”深化金融纠纷源头治理，共促成公证处办结赋强公证 457 笔，涉及贷款金额 8.70 亿元。

【法律援助】 2022 年，区司法局制定《温州市龙湾区法律援助案件专项治理实施方案》，提升龙湾区法律援助案件质量。全年解答群众来电来访法律咨询 1.30 万余人次，办理法律援助案件 1014 件，开展认罪认罚案件法律帮助 1458 件次；参与处置群体性讨薪案件 14 件 187 人次。在温州医科大学附属第二医院龙湾院区设立全市首家医疗系统公共法律服务站。推出“名状帮帮看”法律服务品牌，引入名优律师资源提升公益法律服务质效。

【社区矫正和安置帮教】 2022 年，区司法局开展“社区矫正执法规范提升年”活动，组织社区矫正对象学习宪法和法律法规，参与文明创建、社区公益等志愿服务活动。参与研发社区矫正“就业帮”数字化改革项目，助力社区矫正对象提升就业技能。2022 年共接收社区矫正对象 232 人，期满解除矫正 208 人，收监执行 1 人，迁出 7 人，书面警告 5 人，办理社区矫正调查评估案件 145 件，年末在册社区矫正对象 327 人，实现社区矫正对象零脱漏管、零严重再犯罪。严格落实刑满释放人员“四色”分类管理，2022 年在册刑满释放安置帮教对象 952 人。规范开展监地远程视频会见工作，共开展视频会见对接单位 73 个，罪犯 136 人次，亲属 253 人次，辅助完成提审 56 次。

（娄艳群）

2022 年龙湾区民间纠纷调解一览表

表 17

名称	调委会数（个）	调解人员（人）	统计纠纷（件）										调解成功率（%）	调解成功避免非正常死亡人数（人）
			婚姻家庭纠纷	邻里纠纷	房屋宅基纠纷	合同纠纷	生产经营纠纷	损害赔偿纠纷	劳动争议纠纷	道路交通事故纠纷	其他纠纷	总数		
永中街道	23	50	170	57	0	28	2	815	33	2	290	1397	100	0
蒲州街道	9	15	56	15	0	20	11	371	23	6	89	591	100	0
海滨街道	14	24	31	5	4	27	0	262	93	1	33	456	100	0
永兴街道	19	23	17	1	1	4	0	289	17	0	107	436	100	0
海城街道	11	19	6	3	2	0	0	113	1	1	22	148	100	0
状元街道	10	16	30	6	6	1	1	283	7	5	73	412	99.2	0
瑶溪街道	8	29	85	13	0	9	0	113	64	0	346	630	100	0
沙城街道	16	23	18	32	0	0	0	115	0	0	79	244	100	0
天河街道	18	21	29	0	0	2	0	250	20	1	39	341	100	0
星海街道	3	14	60	0	0	4	0	566	26	0	60	716	100	0
区调委（含诉调）	4	13	100	0	1	455	95	65	682	8	241	1647	100	0
交调	2	5	0	0	0	0	0	0	0	1369	0	1369	100	0
劳调	1	6	0	0	0	0	0	0	124	0	0	124	100	0
婚调	1	11	3	0	0	0	0	0	0	0	0	3	100	0
财产保险	2	5	0	0	0	0	0	0	0	0	0	0	0	0
信访纠纷调委会	1	3	0	0	0	0	0	0	0	0	0	0	0	0
医调	1	3	0	0	0	12	0	1	0	0	0	13	100	0
物调	1	3	0	0	0	38	9	0	4	0	16	67	100	0
温州宜宾商会人民调委会	1	9	0	0	0	0	0	0	0	0	0	0	0	0
合计	145	292	605	132	14	600	118	3243	1094	1393	1395	8594	99.9	0

军 事

2022 年 7 月 29 日，“凝聚双拥合力　赓续红色根脉”——龙湾区拥军优属会演活动举行　　（区退役军人事务局供图）

军　事

人民武装

人民防空

退役军人事务

雁湖公园　　（严艳影摄于2022年8月）

人民武装

【概况】 2022年，温州市龙湾区人民武装部（以下简称区人武部）下辖永中街道、蒲州街道、状元街道、瑶溪街道、海滨街道、永兴街道、沙城街道、天河街道、海城街道、星海街道10个基层武装部。区人武部加强基层武装部规范化建设，规范党管武装、干部选拔培养、动员准备、兵员征集、民兵整组、拥军优属、国防教育等12项内容，结合温州市“挂牌评星”考评，推动基层武装部规范化建设。调整规范区人武部、街道武装部、村民兵连三级军地组织领导机构，把规范化建设纳入经济社会发展总体规划、党委项目化管理、绩效考核目标。召开民兵整组工作部署会，整组各街道、村（社区）民兵营（连）建设全部达标。

【战备训练】 2022年，区人武部加强民兵战备训练，围绕推进国防动员体制机制创新、应战应急行动和指挥训练、全民国防教育、高素质兵员征集、后备力量建设、军民融合深度发展等6个方面统筹练兵备战。以新《民兵军事训练大纲》为依据，集中组织专武干部、民兵干部骨干、民兵应急分队、民兵专业分队、民兵骨干教练员训练，突出单兵战术基础、野战救护、疫情防控等科目。按照战备规范化建设要求，修订应急出动、抢险救灾、反恐维稳、安全防卫等战备工作预案，严格战备值班。组织民兵应急连训练和开展抗台抢险技能训练，参与抗台风、防汛、防洪、军训等工作，为社会和谐稳定发挥示范引领作用。

【兵役工作】 2022年，区人武部落实“两季征兵”工作，推进征兵工作常态化。制定出台《龙湾区2022年度征兵工作计划》，建立区、街道两级征兵宣传机构，采取布置横幅橱窗、发放宣传手册、发送征兵宣传短信、协调有关单位大型LED显示屏滚动播放征兵宣传片等形式宣传征兵工作，在辖区高中（职）学校毕业班开设征兵宣讲课，并在高考考点门口设立征兵政策咨询站。6月，在东方职业技术学院召开2022年大学生征兵动员大会。协调地方民政、教育、社保、财政等部门，落实大学生义务兵一次性奖励金、义务兵家属优待金、艰苦地区服役优待金和现役军人家属基本医疗保险等优抚政策。完成新兵征集任务，其中大学生征集比例94.6%、大学毕业生征集比例39%。

【国防教育宣传】 2022年，区人武部加强国防教育宣传，利用全民国防教育日、重大节假日，协调军地有关部门开展国防教育活动，全年累计发

2022年3月21日，龙湾区2022年新兵欢送会暨赠剑仪式在区人武部举行 （黄曼瑜/摄）

2022 年 9 月 3 日，区人武部、区退役军人事务局在赵尔春革命纪念馆开展“学习赵尔春　心系国防情”主题教育系列

（区退役军人事务局供图）

送国防教育宣传短信 1.20 万多条。组织开展学生军训工作，先后派遣教官 185 人次，完成全区 11 所学校 7000 多名学生军训任务。各街道、学校宣传教育橱窗，贴挂国防教育知识图片。运用电视、报刊、网络、户外媒体宣传“八一光荣榜”“军人荣誉墙”。在炮台山筹划建设戍边英雄事迹展示厅，为政治练兵提供重要基地。在赵尔春烈士纪念馆开展“学习赵尔春、心系国防情”国防教育主题活动，深挖辖区红色资源，传递红色基因传承根脉，打造龙湾特色国防教育品牌，增强全区人民关心国防、热爱国防意识。

【双拥工作】　2022 年，区人武部完善双拥工作运行机制，加强民兵“红旗党支部”“青年民兵之家”建设。落实《关于进一步加强和改进征兵及拥军优属工作的意见》，切实为随军家属就业、军人子女入托入学等“后路、后院、后代”问题排忧解难，全年安排随军家属就业 2 人、子女入托入学 5 人。

【应急行动】　2022 年，区人武部广泛动员引导专武干部、广大民兵在经济建设、抢险救灾、乡村振兴、创文成果巩固、维护社会稳定等工作中彰显作为。3 月，组织民兵参与组建疫情防控机动队，负责检测试剂转运、高速公路卡口巡逻，累计出动民兵 3000 多人次。防御第十一号和第十二号台风时，组织全区驻地部队、专武干部和民兵主动参与运输防台风物资、转移安抚群众、维护安置点秩序、清理疏通道路等工作。9 月，大罗山区域多次发生山火，区人武部迅速启动应急预案，组织民兵分 5 批次 150 多人次支援扑救工作。

（涂恒丰）

人民防空

【概况】　2022 年，温州市龙湾区人民防空办公室（以下简称区人防办）开展指挥机构、疏散方案、建设管理、信息共享、定期演练等多方探索，建立防控防灾相结合的人口疏散指挥管理和组织保障体制机制。加强人防专业队伍建设，整组人防专业队 12 支、共计 488 人。严格人防执法，向区执法局移交案件 4 起，有效保证人防工程维管落实。

【改革试点】　2022 年，区人防办推进人防改革试点工作，在状元街道开展基层人防力量建设试点，打造以街道人防中队、社区人防分队、小区人防小队为格局的基层人防力量。抓好人防工程产权制度改革落实，完成招拍挂（划拨）确认项目 59 个，人防面积约 36.80 万平方米。出台《龙湾区国有人民防空工程资产平时使用管理办法》。

【工程建设】 2022 年，区人防办严格人防工程质量监督，在辖区内全面推广应用《人防门安装技术规程》（DB33/T1231—2020），组织在建人防工程建设、设计、施工和监理单位集中视频培训。参加人防工程隐蔽验收、技术交底、中间结构验收和竣工验收 100 多次，出具 25 份人防工程质监报告。人防指挥所建设通过竣工验收，完成备案，累计完成人防工程竣工验收 27 个。

【警报建设】 2022 年，区人防办根据全省人防警报数字化改造要求，完成“浙人防数字化综合平台”人防警报全部数据的采集和录入。全年完成改造警报系统数字化 23 台，实现市县两级统控。注重抓好日常通信相关科目的训练，组织人员对防空警报进行检查测试和维护保养，完善保障功能。顺利组织“5•12”警报试鸣工作，鸣响率达 100%。

【防空地下室数据录入】 2022 年，区人防办按照省、市人防办下达的数据归集工作任务，完成数据完整率达到 100%，可维保工程数据录入已超过 50%，提前完成上级下达任务。

【实战化演练】 2022 年，区人防办加强人民防空实战化演练，多次举办实战化演习。5 月，举办“5•12”警报试鸣演练——上庄小学人防应急疏散演练，参与人防应急疏散演练师生 500 多人。12 月，完成“浙江金盾—22”（温州•龙湾）人防指挥部实战化演习任务。

【人防宣教】 2022 年，区人防办加强人防知识宣传教育，打造特色宣传阵地，在 2021 年学生实践学校人防体验点基础上，开展二期项目建设，增加体验互动装置。开展宣传教育“五进”活动，组织中小学生《人民防空与防灾》教材和《中国人民防空》杂志的征订工作。开展“3•1”国际民防日、“5•12”国家防灾减灾日等人防知识宣教活动。

（潘毓锦）

退役军人事务

【概况】 2022 年，温州市龙湾区退役军人事务局（以下简称区退役军人事务局）开展全省建档立卡试点工作。10 月，因涉及区域划分，温州经济技术开发区涉及辖区 4 个街道退役军人事务工作移交至区退役军人事务局。全年创成浙江省“新时代枫桥式退役军人服务中心（站）”9 家。

【双拥工作】 2022 年，区退役军人事务局开展双拥工作，打造赵尔春烈士纪念馆、炮台山戍边国防教育主题公园、永昌堡等特色宣传阵地，新增荣军联盟 32 家。全年开展“清明祭英烈”祭扫，组织 7 处零散烈士墓陪同和代扫服务。组织动员“荣军联盟”148 家商户为退役军人送上拥军大礼包。开展崇军活动，最美拥军人陈佐举办融斋荣军书法义卖筹得善款 30 多万元，用于帮扶困难老兵。开展送立功喜报、悬挂光荣牌工作，邀请优秀退役军人代表参加重大庆典，充分营造浓厚尊崇氛围。

【优抚优待】 2022 年，区退役军人事务局持续开展退役军人优抚优待活动，全年开展慰问驻龙部队、部分困难退役军人和抚恤补助活动，累计投入资金 128 万元。按时发放区本级退役军人各类补助资金。支付低保、低边户每人每年 1500 元援助金。关爱退役军人协会开展“温情访老兵”“新春送温暖”慰问活动。

【退役军人接收安置】 2022 年，区退役军人事务局加强退役军人接收安置工作，落实“阳光安置”政策，按时完成转业军官、政府安排工作退役士兵（退出消防员）安置任务，做到安置率与满意率两个 100%。完成接收自主就业退役士兵工作，发放退役士兵一次性补助金。解读最新安置政策，安置 3 名转业军官、12 名转业士官及退出消防员，安置 1 名随调家属到教师岗位。

【退役军人教育培训】 2022 年，区退役军人事务局加强退役军人教育培训，加强与温州大学、温州职业技术学院等教育机构合作，搭建退役军人技能培训基地，分类分层分级开展退役军人技能培训活动；举办退役军人适应性培训和消控员技能培训，举办退役军人适应性培训会 3 场，42 名退役军人考取国家技能证书。

【退役军人创业就业】 2022 年，区退役军人事务局加强退役军人创业就业工作，发挥“红连退役军人创业园区”“源大”等创业基地作用，为退役军人创业提供有利条件；举办退役军人线下招聘会，联合建行等金融部门推出小额、低息、无抵押创业贷款，帮扶退役军人就业创业；举办春、秋季退役士兵招聘会 2 场，专门针对退役军人开展招录工作，共招录事业编制大学生退役士兵 4 名、社工 1 名。开展“一十百千万”共富计划，创建红连退役军人创业园区，11 家军创企业入驻。

【退役军人待遇保障】 2022 年，区退役军人事务局推进服务保障能力提升，联合温州市住房公积金管理中心龙湾管理部出台《关于推进退役军人建立住房公积金制度》，助推退役军人灵活就业人员建缴公积金。发放 7 名企业军转退休干部慰问金。推进部分退役士兵社保缴费“清零”工作，全区符合社保接续条件总人数 471 人。探索“红色共富贷”，联合建行等金融部门推出小额、低息、无抵押创业贷款，联合区税务局对退役军人自主择业给予税收优惠享受。

2022 年 5 月 20 日，龙湾区退役军人事务局派员参加温州市退役军人优待证首发仪式　（区退役军人事务管理局供图）

【退役军人服务站】　2022 年，区退役军人事务局推进退役军人服务站建设，永中街道打造温州首家退役军人服务站和基层武装部融合示范点，实现青年从入伍到退伍“一条龙”服务保障。永兴街道民乐社区打造以退役军人党支部建设为引领，开设“军嫂食堂”、成立退役军人消防队、退役军人调解室“一站一品牌”建设，创成温州市样板。红连退役军人创业园区成立非公企业退役军人服务站。

【退役军人云服务站】　2022 年，区退役军人事务局持续加强“退役军人云服务站”建设，龙湾区“退役军人云服务站”项目获浙江省退役军人事务厅数字化改革重点项目首批试点。通过构建“我的积分”“我的优待”“我的优惠”“我的服务”“我要办理”“我要学习”“我要建议”“我要就业（创业）”8 大应用模块，将“云服务站”装进每位服务对象口袋。加大对浙里老兵（省域老兵码）和“云服务站”应用推广力度，荣军联盟新增 52 家商户。

【建档立卡试点工作】　2022 年，区退役军人事务局入选省退役军人事务厅确定建档立卡试点地区。3 月 24 日，召开全省退役军人、其他优抚对象建档立卡和优待证发放试点工作会议，龙湾区作为 6 个试点代表地区之一作经验交流发言。年内，完成试点建档立卡录入率、审核通过率两率 100%，获评温州市第一名、浙江省第二名。

（刘苏文）

经济管理

2022 年 6 月 15 日，龙湾区（高新区）经济稳进提质攻坚行动暨浙南科创新城温州产业新城建设推进会召开　（周凌慧 / 摄）

经济管理

宏观经济调控
自然资源管理
国有资产管理
财　政
税　务
金融监管
公共资源交易
审　计
统　计
工商行政管理
质量技术监管
食品药品监管
价格监管
知识产权管理

钟秀园美景　（谢建鹏摄于 2022 年 4 月）

宏观经济调控

【概况】 2022年，温州市龙湾区加强共同富裕、有效投资、要素争取、数字改革、特色小镇、对口支援、稳价保供等重大改革和发展工作。梳理汇编21类市、区产业政策，提升产业政策45大项、139小项。优化惠企经济政策，落实国家33条、浙江省38条、温州市40条，出台助力个体工商户纾困发展32条。全年全区实现完成固定资产投资349.50亿元，108项区本级重点建设项目完成投资208.20亿元，完成年度计划123%。7项参与省集中开工活动建设项目全部按时开工。省“重大建设项目完成全年投资17.03亿元，完成年度任务211%。专项债发行资金31.62亿元（区本级21.52亿元，浙南科技城10.10亿元）。政策性金融工具获批1项、获批国开行基金贷款1.25亿元。全年落实留抵退税16.35亿元，发放消费券0.44亿元，兑现惠企奖补资金9.12亿元。

【共同富裕试点区建设】 2022年，区发改局加快推进共同富试点区工作。完成编制《龙湾区以全域未来社区建设推进共同富裕现代化基本单元集成改革试点实施方案（2022—2024年）》，全区提出共性指标8项、个性指标8项、重点工作16项、重点改革8项、标志性成果6项，成功入选省级共同富裕第二批试点名单。全年成功申报省级未来社区试点15个，其中龙湾万顺（万民、万康）未来社区通过验收命名。年内，全域未来社区建设获市改革突破奖银奖，瑞浦兰钧有限公司成为2022年度全市唯一入选省级未来工厂名单企业，未来街区寺前街历史文化街区启动建设，万顺未来社区所在风貌区获评省“新时代富春山居图样板区”。

【特色小镇建设】 2022年，区发改局持续加快特色小镇建设。文昌创客小镇引入惠普国际云软件生态平台总部（DXC Technology）、赛泷、北大科技园等项目，培育国技互联、红连科创园等数字龙头企业，引进温州北大激光与光电子协同创新中心、浙南量子信息安全产业园等科技研发项目。全年文昌创客小镇数字经济企业实现产值超50亿元，新增招引企业55家，其中国家级高新技术企业24家、省级创新创业载体11家。

【债务风险防范化解】 2022年，龙湾区推进债务化解工作，完成序时化债任务198.8%，消除综合债务率高位运行风险。强化“减支就是增收”理念，政府性债务平均利率再降50个基点，获市主要领导肯定批示。

【数字社会建设】 2022年，区发改局贯彻落实省市数字化改革系列会议精神，坚持边学边干边迭代升级，推动数字社会建设。全年打造青少年近视防护“眼管家”“健康大脑+”体系等多个场景应用，迭代升级未来康养智城和退役军人云服务站2个应用，完成21个省级重大应用贯通。组建300多人“关键小事”体验员队伍。数字经济系统改革双月综合评价由全省后十位提升到全省第26位。

【社会信用体系建设】 2022年，区发改局加快社会信用建设，提升龙湾企业竞争力，助力全区营商环境优化。组织多种形式开展“8·8诚信日”主题宣传活动，营造诚实守信社会氛围。开通公共信用修复网上办理渠道，加大信用修复政策宣传，让符合修复条件市场主体更加及时、便捷完成信用修复。优化部门内部修复流程、增强主动服务意识，鼓励和帮助一批失信企业通过履行法定义务、消除不良影响、作出信用承诺等方式修复信用。全年完成企业信用修复83家、企业信用查询420多家、个人信用查询900多人次。

【对口协作】 2022年，龙湾区与东西部地区四川省仪陇县对口协作，累计捐助各类资金3900多万元。开馆运营德乡仪品体验馆，实现销售金额1.17亿元。推进山海协作，签订龙湾—苍南年度协议、产业飞地补充框架协议、产业飞地协议和乡村振兴点协议，拨付援建资金275万元。龙湾农商银行与苍南农商银行建立金融山海协作结

2022年9月27日，由四川省仪陇县和温州市龙湾区共同推进建设的“德乡仪品”体验馆在龙湾区永中街道开馆运营 （区发改局供图）

2022 年重点工程各组织实施单位完成情况一览表

表 18

组织实施单位	重点工程数量（项）	完成投资额（亿元）	完成年度计划占比（%）
龙湾区城市中心区管委会	34	56.86	141
温州空港新区管委会	13	12.41	138
浙南科技城管委会和建投公司	26	62.32	138
温州臻龙建设投资集团有限公司	16	58.68	111
龙湾区交通工程建设中心	5	3.91	97
龙湾区区水利建设办公室	3	1.57	68

对关系，启动“山海协作·东南之秀”人才培养计划。强化电商平台合作，帮助苍南农特产品提高知名度，完成销售帮扶金额 3.03 亿元。

【省“152”项目落地】 2022 年，区发改局树立“谋大招强”盯引核心理念，实施省“152”项目领导挂钩推进机制，推进省“152”项目落地。全年列入省“152”项目清单 3 个，完成温州锂电池新材料产业基地一期、温州赛泷科创湾等 2 个项目落地开工，瑞浦兰钧有限公司温州新能源制造基地 A-05a 地块项目完成摘地，其中温州锂电池新材料产业基地、瑞浦兰钧有限公司温州新能源制造基地项目均为超百亿项目，落地为一期项目，投资均超 50 亿元。

【省、市重点工程建设】 2022 年，龙湾区列入省重点建设项目 3 项，省里下达年度投资任务 4.50 亿元，全年完成投资 5.24 亿元，完成年度计划 116.5%。3 月，龙湾区参加全省扩大有效投资重大项目集中开工仪式活动项目 5 个，总投资 112.80 亿元，均按节点要求开工并统计入库。6 月，龙湾区参加全省扩大有效投资重大项目集中开工仪式活动项目 2 个，总投资 19.20 亿元，均按节点要求开工并统计入库。

【区重点工程建设】 2022 年，龙湾区本级安排重点建设项目 108 项，年度投资任务 169.60 亿元，全年完成投资 208.20 亿元，完成年度计划 123.0%。其中，开工项目 31 项，完成工程投资额 16.40 亿元，完成年度计划 72.6%；建成项目 27 项，完成工程投资额 46.60 亿元，完成年度计划 172.0%；续建项目 50 项，完成工程投资额 146.40 亿元，完成年度计划 122.0%。

（潘毓锦　吴道边）

2022 年重点工程各行业完成情况一览表

表 19

所属行业	重点工程数量（项）	完成投资额（亿元）	完成年度计划占比（%）
农业水利项目	4	2.00	74
交通能源项目	5	8.53	100
工业项目	15	20.57	126
社会发展项目	11	10.54	132
城市建设及基础设施项目	56	129.08	129
服务业项目	17	38.74	114

自然资源管理

【概况】 2022 年，温州市龙湾区自然资源和规划分局（以下简称区自然资源和规划分局）坚持科学规划引领，做好资源要素保障，打造“一区五城”生态文明建设龙湾样板。全年完成土地供应面积 354.89 公顷，其中挂牌项目土地面积 154.95 公顷，协议土地出让项目面积 1.13 公顷，划拨项目土地面积 198.81 公顷，累计土地出让金 87.73 亿元。完成工业类土地供应 13 宗，土地面积 102.03 公顷。

【自然资源确权】 2022 年，龙湾区加强自然资源确权登记工作。全年完成全区 35 个登记单元预划工作，登记单元成果涉及自然保护地资源 1 个，探明储量矿产资源 2 个，水流资源 32 个。对所有登记单元实地勘察，2021 年度国土变更调查工作通过验收，完成龙湾区第三次国土调查数据公报工作。

【测绘与地理信息管理】 2022 年，龙湾区加强地理信息普查与管理，绘制龙湾区城市市政基础设施“一张图”，建立城市市政基础设施数据的动态更新监测机制，及时准确地掌握城市市政基础设施变化情况，为城市规划、建设、管理、更新等提供智能化信息服务。全年开展普查总面积共 74.27 平方千米（含暂缓普查道路、广场等区域），其中浙南科技城普查范围约 25.35 平方千米；完成图根控制点 1778 个，施测图根水准 357.42 千米；完成普查单元划分 471 个，其中道路普查单元 267 个、街区普查单元 194 个、其他 10 个；完成地下空间普查 54 处，面积 94.95 万平方米，其中地下停车场 22 处，面积 49.05 万平方米，地下通道 7 处，面积 7.16 万平方米，其他地下空间 4 处，面积 10.32 平方米；完成地下综合管线普查 5940.50 千米，涵盖给水、排水、燃气、热力、工业、电力、通信、综合管廊（沟）共 8 大类 20 小类管线；完成标准 1 ∶ 500

（50 厘米 ×50 厘米）图幅 1191 幅。

【土地储备与出让】 2022 年，区自然资源和规划分局通过土地出让招商方式，推动区属国企参与拿地措施，助力南洋未来社区项目、赛泷科创湾项目、多个安置性商品项目等重大招商、民生、产业项目落地。全年全区完成市对区做地督办地块 28 宗、面积 78.20 公顷（含配合做地任务）。完成土地出让 28 宗、面积 153.33 公顷，出让金额 86.94 亿元，其中经营性用地出让 17 宗、面积 53.93 公顷，出让金额 79.61 亿元；区本级土地 13 宗、面积 44.13 公顷，出让金额 65.04 亿元。工业用地出让 11 宗、面积 946.07 公顷，出让金额 7.33 亿元；区本级土地出让 9 宗、面积 91.87 公顷，出让金额 5.72 亿元。

【土地开发与供应】 2022 年，区自然资源和规划分局加强挂图作战，保质保量完成土地开发与供应工作。区工业用地出让宗数、供应面积、出让金规模均为历年之最，全年完成批而未供土地清理面积 1916 公顷，完成率 159.6%，其中 2009—2018 年完成土地面积 65.60 公顷，完成率 116.6%。供而未用土地清理完成面积 220.33 公顷，完成率 143.7%；完成城镇低效用地再开发面积 92.07 公顷，完成率 125.5%。推进土地节约集约利用，对接瑞浦伟明项目用地，争取倾斜土地面积 53.17 公顷，完成报批工作。保障重大产业项目用地需求，完成伟明锂电池新材料、瑞浦新能源 13 宗工业用地挂牌出让土地面积 102.04 公顷，土地出让金 7.64 亿元。完成温州市高新区 HX-22-B04 地块、南洋未来社区土地 16 宗，土地面积 52.87 公顷，累计土地出让金 79.04 亿元。

【土地要素市场化配置改革试点】 2022 年，区自然资源和规划分局创新安置留地指标置换富余房源和房票安置的处置方式，完成清理住宅用房安置指标建筑面积 9.78 万平方米、三产安置留地指标 4224.59 平方米，解决村级留地安置问题。

【耕地垦造】 2022 年，区自然资源和规划分局落实耕地保护责任，坚守耕地保护红线，完成垦造（补充）耕地任务。全年完成永兴北围垦二期（一标段）（二标段）垦造耕地 63.32 公顷，完成率 105.5%；完成海滨围垦“旱改水”二期项目工程、永兴街道五溪、小塘村“旱改水”质量提升（暨标准农田建设）示范项目、海滨围垦“旱改水”三期项目核查整改；完成补充水田面积 156.97 公顷，完成率 123.9%；国家统筹调入耕地 313.65 公顷，调入水田面积 267.26 公顷，共计补充耕地面积 376.97 公顷，完成率 628.3%；补充水田面积 424.23 公顷，完成率 334.9%。

【地矿生态修复】 2022 年，区自然资源和规划分局开展围填海历史遗留问题生态评估与整治修复工作，促进海洋生态系统恢复。开展森林火灾风险普查项目，提升森林火灾防救能力，建成 9 个蓄水桶。建成防火道路、林火阻隔系统长度共计 372.89 千米。加快“绿满”地矿生态龙湾建设，全年推行林长制，新增造林面积 21 公顷。完成美丽生态廊道建设面积 16.33 公顷。推进“田长制”，开展耕地“非农化”整治，完成举证 48.03 公顷，完成率 100%；推进地矿生态环境整治修复，西台矿山整治和胜利矿山绿色矿山修复提升通过上级验收；完成状元街道响动岩村潘光权等屋后山体边坡滑坡治理工程；完成 5 处地质灾害风险防范区无线简易雨量报警器安装；完成市下达耕地修复任务，新增水田 63.32 公顷，任务完成率 105.5%。

【征地与涉土信访】 2022 年，区自然资源和规划分局加强征地与涉土信访工作。全区上报建设用地批次组件 5 个，新增建设用地面积 53.83 公顷，出具征地批复（含通知）文件累计 25 个、批后公告 43 个、征地补偿安置方案公告（批前）1 个、调整征地补偿安置方案公告（批前）2 个。全年受理办结行政应诉案件 20 宗、行政复议 8 宗，申请信息公开 46 件，协助信息公开查询答复 8 件；开展信访“双清零一创建”专项行动，办理省信访工作联席会议“一事双交”信访积案 56 件，完成率 100%；完成市交办龙湾区信访积案 20 件，完成率 100%。

【土地执法监管】 2022 年，区自然资源和规划分局持续加快土地执法监管，遏制自然资源领域违法行为。推进违建别墅、大棚房、农村乱占耕地建房、耕地“非农化”等多项专项整治行动，遏制涉土违法行为。全年开展土地执法监管巡查 818 次，执法人员 1882 人次；违法案件立案 19 宗，作出行政处罚决定 17 宗，申请法院强制执行 34 宗，结案 41 宗；龙湾区（含温州经济技术开发区）卫片执法违法用地 16 宗，面积 3.92 公顷，涉及耕地 8 宗、耕地面积 2.13 公顷；区本级范围发现违法用地 14 宗，面积 3.43 公顷，涉及耕地 7 宗、耕地面积 1.08 公顷。

【海洋综合管理】 2022 年，区自然资源和规划分局继续加强龙湾省级海洋特别保护区建设。联合多家科研院校，开展龙湾省级海洋特别保护区首次碳储量调查与评估、植物多样性实验项目、树排沙低潮高地冲淤情况及地形地质项目调查。完善海洋基础数据库，组织实施龙湾海洋灾害智防场景建设项目、海洋空间要素保护与利用保障基本数据整理和更新调查、低效用海调查与分析及围填海历史遗留问题处置情况核查等项目，提升海洋综合管理能力。全年实施风暴潮、海浪精细化预警预报工作，联合市海洋预报台，通过微信、网站、传真等多种途径实时发布龙湾海域风暴潮消息 1 期、海浪消息 18 期、海浪警报 51 期、海浪警报解除通报 9 期，保障沿海人民群众生命财产安全；加强海洋生态管护工作，实施管护龙湾省级海洋特别保护区土地面积66.67公顷。

（郑王伦　郑思盛）

国有资产管理

【概况】　2022年，温州市龙湾区国有资产办公室（以下简称区国资办）管理国有资产总额1255.15亿元，比2021年增长12.6%。区属国企共80家，在编人员321人，其中国有控股集团及其下属子公司47家。按功能分竞争类企业12家、公益类企业12家、功能类企业56家。比照正科级管理企业5家，比照副科级管理企业7家。

【国有资产疫情减租】　2022年，区国资办加强国有资产疫情减租工作。全年龙湾区行政事业单位减租44户，减租金216.42万元，占应减承租户100%。国有企业减租566户，减租金697.31万元，占应减承租户100%，其中小微企业减租86户、减租金372万元，个体工商户减租476户、减租金320.46万元，非服务业小微企业减租4户、减免租金4.85万元。

【国有企业监督管理】　2022年，龙湾区加强国有企业管理，出台《关于加强区属国有企业房产土地租赁管理的若干指导意见》等制度性管理性文件14个，推进国企规范化管理，梳理企业问题清单20项，完善制度清单16项，完善国企内部监督制度，盘活全区国有资产。探索资产租赁权网络竞拍新模式，深化数字化技术赋能资产监管，竞拍房产土地租赁权29宗，收入租金2090万元。建立完善“公物仓”共享共用机制，合理调剂全区行政事业单位各类闲置资产。推行安置房地下车位（库）有偿使用新政策，为国企增加年经营收入200万元。探索国企参与土地市场开发，实现地块投建管运一体化，投入资金37.88亿元。

【国有资产出租专项整治】　2022年，区国资办开展国有资产出租专项整治行动，防范国有资产流失风险。全区涉及臻龙集团、高新公司、民科公司、科技大楼、龙和大厦、蓝光电子等单位6家，资产租赁25项，应收未收租金1747.26万元；城服公司协议租赁未评估4项。民科公司未及时签订租赁合同5项，涉及金额286.21万元。发送整改函4份。

【亭台楼馆专项整治】　2022年，区国资办开展亭台楼馆专项整治工作。推进各行政事业单位及国企开展自查，经核实和统计区属国企共有25处办公用房，合计5.50万平方米，出租给16家行政事业单位，其中1处经区政府同意无偿使用，24处有偿使用。印发《关于明确区行政事业单位与区属国有企业之间办公房产租金的通知》。

【国有存量资产盘活】　2022年，区国资办开展国有存量资产盘活工作，促进国有资产增值保值。开展安置房地下停车库有偿使用工作，线上线下总计完成552个车位租赁，收取租金140多万元。配合保租房项目，做好办证工作。做好在建工程转固工作，全区完成8笔在建工程转固，合计7.12亿元。全年共有13宗土地、8.99万平方米对外出租，收取租金358万元；加快权证办理，经营性房产414处，总面积39.36万平方米，已办权证330处，总面积29.62万平方米。

【资产云管理系统平台建设】　2022年，区国资办推进国有资产资产云2.0管理系统平台建设，不断提高管理效能。配合大数据中心开发建设浙里盘空间资产管理系统，涉及空间资产管理单位办事流程全部实行线上办理，国资管理中心在线掌握资产经营和收益入账情况，房产土地等空间资产监管进入信息化。全年建设“线上公物仓”，公物仓内可共享物资234项，价值104多万元，已共享物资27项，价值3.65多万元。

【国有资产产权划转】　2022年，区国资办加强国有资产产权管理，做好国有资产产权划转工作。做好温州湾新区设立资产划转工作，已办理资产划转28项。完成新划入四个街道及农投清产核资审计工作。做好收购崇文中学、浙建未来社区股权出让资产评估备案及核准工作。做好资产处置工作，完成无偿调拨14笔，共计3084.66万元；资产报废163笔，共计金额3555.90万元；罚没物资拍卖6笔，评估金额174.31万元；房产出让3笔，出让金额5496.13万元；矿渣拍卖2笔，评估金额279.85万元。做好产权登记工作，办理占有产权登记7笔、变动产权登记11笔。做好资产租赁，办理区属国有企业及行政事业单位房产土地出租40笔，评估年租金2226.49万元。做好对外投资，完成国有企业对外投资备案9笔。

（项丽丽）

财　政

【概况】　2022年，温州市龙湾区（含温州经济技术开发区）财政总收入86.28亿元，比2021年下降24.0%，其中一般公共预算收入49.18亿元，下降23.4%。一般公共预算支出73.71亿元，增长7.7%。区本级财政总收入48.98亿元，下降26.3%，其中一般公共预算收入28.84亿元，下降14.0%。一般公共预算支出48.28亿元，增长7.1%，其中民生支出35.95亿元，占财政支出比重为74.5%。全年教育支出11.28亿元，增长6.5%；科学技术支出3.87亿元，增长15.3%；社会保障和就业支出3.11亿元，增长12.1%；卫生健康支出5.30亿元，增长25.3%。

【财政收支】　2022年，龙湾区实现税收收入23.50亿元，下降29.6%，占一般公共预算收入81.5%；一般公共预算收入管理非税收入5.38亿元，增长7.6%。向上争取转移支付资金13.11亿元，向

（剔除不可比因素）

2018—2022 年龙湾区财政收支情况一览表

表 20

年　份	财政总收入（亿元）	比 2021 年同期增长（%）	财政总支出（亿元）	比 2021 年同期增长（%）
2018	47.89	12.4	33.4	21.4
2019	54.02	13.3	40	23.9
2020	55.02	1.9	46.75	16.9
2021	66.46	20.8	45.09	6.5（剔除不可比因素）
2022	48.98	–26.3	48.28	7.1

上争取债券资金 27.32 亿元。一般公共预算支出 48.28 亿元，同比增长 7.1%。

【纾困惠企】 2022 年，龙湾区财政局（以下简称区财政局）落实国家 33 条、浙江省 38 条、温州市 40 条稳经济政策，持续出台助力个体工商户纾困发展 32 条等一系列强企减负举措，兑现财政纾困惠企政策，助力纾困解难。全年兑现财政纾困惠企奖补资金 9.12 亿元，落实留抵退税 16.35 亿元，发放消费券 0.44 亿元；落实国有房屋减免租金 0.13 亿元，惠及市场主 830 户。

【民生支出】 2022 年，区财政局民生支出 35.95 亿元，占一般公共预算支出 74.5%。全区教育支出 11.28 亿元，支持“双减”、公参民政策落地，在建学校 20 所，投用幼儿园 3 所，开工中小学 3 所。全区卫生健康支出 5.30 亿元。全区社会保障支出 3.20 亿元，重点支持困难群众、孤儿及困境儿童、残疾人、高龄老人等特殊群体救助补助，促进低收入人群增收。投资 0.10 亿元，保障高校毕业生、失业人员就业补助。

【保障重点项目】 2022 年，区财政局支持全域未来社区、未来乡村一批重点项目建设，保障项目支出 33.95 亿元。拨付资金 3.30 亿元，打造寺前街历史文化商业街区，促进文旅产业融合。投入资金 7.50 亿元，支持全区城市风貌与城市治理提升、基础建设提质。投资 4.58 亿元，支持省级现代农业园项目建设。支出补助资金 0.12 亿元，立项环大罗山省级现代农业园子项目 7 个。发行乡村振兴共同富裕专项债 9.57 亿元，推进未来乡村建设，激活农业发展新动能。

【基金投入】 2022 年，区财政局全年投入基金 6.48 亿元，其中子基金投入 1.50 亿元，母基金定向直投投入 2 亿元，国家制造业转型基金返投 2.98 亿元；带动社会资本投资 50 亿元，创温州母基金单笔投资最大纪录，实现全区母基金直投零突破。放大基金投资效益，组建开源创投子基金 2 只，引导 2 家企业总部迁入龙湾。激活金融筹资渠道多元化，通过发行企业债、PPN、中票等金融工具，获批金额 42.80 亿元，发行票面利率屡创全省新低，引导更多域外资金支持区域经济发展。响应政策性开发性金融工具政策，争取国开基础设施基金 1.25 亿元，撬动社会投资 10 亿元，破解重大项目资金“瓶颈”。增强普惠金融服务能力，为 297 家企业提供担保服务，承保金额 7.96 亿元，在保金额 4.20 亿元，保费控制在 0.8% 以内，担保增量和增速在全市排名靠前。

【财政监管】 2022 年，区财政局开展项目资金、“三公”经费开支监督检查，全年检查支付业务 10 万多笔，累计资金 117.23 亿元。首次开展重大项目预算绩效评审，完成绩效自评项目 2383 个，自评复核绩效项目 140 个，重点绩效评价项目 6 个，累计资金 11.45 亿元。首次实现财政专户资金竞争性存放网上招投标，实现财政资金保值增值，活期存款增加利息收入 0.07 亿元。推进零基预算改革，落实“过紧日子”负面刚性清单，压减非刚性支出 2.41 亿元，“过紧日子”厉行节约做法获评省财政厅坚持党政机关“过紧日子”优秀案例。开展“浙里报”改革省级试点工作，实现财务审批流程和报销全程线上留痕和可追溯，全区 139 家单位完成业务量 1.34 万笔。

【政府债务管控】 2022 年，龙湾区成立风险化解督导专班，督促区财政局、区发改局、区金融服务中心、区土储中心、区资规分局等部门落实主体责任，协调推进责任部门、平台公司、银行金融机构运用利率引导清单、合作银行比选清单，合理测算利率下降空间，达成债务置换审批。通过以督促改，龙湾区债务“降本减负”144.74 亿元，节约利息 13.68 亿元。

【会计管理】 2022 年，区财政局加强会计管理工作。推进单位内部控制体系建设，组织开展全区 138 家政府行政事业单位内控报告编报工作。开展代理记账行业违法违规行为专项整治工作，提升全区代理记账机构执业质量。优化会计代理记账审批流程，实现申报 + 审批最快 1 小时内完成，大幅度降低中介机构申报成本，全年审批代理记账许可证 32 家。

【政府采购管理】 2022 年，区财政局加强政府采购管理工作。严格执行全省规范统一集中采购目录及限额标准、健全完善政府采购内控制度、政府采购全过程绩效管理机制，推行政府采购意向公开。持续推进“互联网 + 政府采购”，实施政府采购全流程电子化。支持中小企业参与政府采购，政府采购规模 6.71 亿元，中小企业占比 89.5%。上线“不见面开评标”系统，实现在线评标询标、在线实时监管、在线资料归档，为企业节约投标成本90.0%以上。加强结算评审管理，累计受理结算项目550个，审计完成项目473个，其中送审金额23.82亿元，审定金额22.54亿元，核减金额1.28亿元，核减率5.37%。

（项丽丽）

税 务

【概况】 2022年，温州市龙湾区税务局（以下简称区税务局）征收各项税费收入207.14亿元，比2021年增长15.7%，其中税收收入57.75亿元，下降30.3%，非税收入（不含社保）116.62亿元，社保费收入32.82亿元，增长12.2%，个人所得税代扣代缴手续费退库0.05亿元。

【减税降费】 2022年，区税务局落实国家稳经济一揽子政策及接续措施中涉税内容，推动新组合式税费支持政策特别是大规模留抵退税政策“快准稳好”落地落细。联合财政、人行等部门沟通协调，完善退税信息共享机制，加强部门间通力合作，形成联动效应，强化退税资金保障。全年龙湾区累计办理增值税留抵退税17.54亿元，制造业中小微企业缓缴税费5.57亿元。

【纳税服务】 2022年，区税务局构建“网上办、掌上办、自助办”多位一体智慧税费服务体系，综合网上办税率在96.0%以上。推进办问协同税费服务模式，打造集咨询、办税、协调于一体“税越龙腾智税中心”，处理掌办、网办相关业务，咨询电话接通率提升90.0%，语音转人工平均等候时间缩短1分38秒。推行备案单证数字化，加快出口退税办理速度，正常退税平均办理时间不超过5个工作日。创新便民办税举措，成立3个“注销工作室”，推行办税“套餐式”实现企业开办和注销“一日办”，个人社保医保缴费实现免叫号导税台“马上办”、支付宝缴费“网上办”。推动不动产登记“一件事”便利化行动再升级，提高“掌上办”比重，适应网办需要优化办税厅窗口配置，办税平均等候时间压缩至8分钟以内。加强税收政策落实，税收经济分析、调研信息工作，书写简报6篇。全年共承接外部门涉税数据共享申请198件，合计5万多项次；有序做好温州湾新区成立企业管户调整，完成温州经济技术开发区税务局迁移9649户，接收温州经济技术开发区税务局迁移到龙湾区税务局2.37万户。

【税收执法】 2022年，区税务局加强税收执法力度，推进内控监督平台运行，做好内控监督平台日常过错预警，规范税务执法行为。严格落实“三项制度”，全年行政执法公示平台向社会公开行政许可2463件，一般行政处罚5件，依法履职尽责。聚焦“稳进提质、除险保安、塑造变革”，推进状元分局新时代“枫桥式”税务分局（所）建设，打造市域税务“智治”基层分局样板，获市局党委书记、局长金一星肯定。

【税收征管改革】 2022年，区税务局统筹落实深化税收征管改革和数字化改革，建立“税收+街道（功能区）+部门”立体式税收共治网格，加强涉税信息交互和税收协作。将税务“智治”融入地方治理大局，打造海经区税地协作一体化综合风控体系，形成税务“智治”内外双循环。推动龙湾区“小互联互通”建设，个人划拨用地补缴土地出让金征管信息实现横向跨部门共享，互联互通率稳定在97.0%左右。

（项 琳）

2018—2022年龙湾区税务收入情况一览表

表21

年份	各项收入（亿元）	比2021年同期增长（%）	税收收入（亿元）	比2021年同期增长（%）
2018	80.36	25.6	60.07	29.2
2019	86.36	11.6	64.44	12.8
2020	89.79	4.0	70.16	8.9
2021	179.03	99.4	82.80	18.0
2022	207.14	15.7	57.75	−30.3

注：由于2021年7月国有土地使用权出让收入划转至税务部门征收，非税收入较2020年同期激增。

金融监管

【金融组织监管】 2022年，龙湾区金融工作服务中心加强地方金融组织监管，推动7+4类地方金融组织动态管理、减量增质。全年累计完成5家小额贷款公司监管评级、4家典当行评级年审、3家融资租赁公司分类整治；开展融资担保关联交易和涉众风险、融资租赁公司违规融资、小额贷款公司外部合作业务和借名贷款等各类专项风险排查；推动“行业清源”，完成农村资金互助会清退风险闭环。

【金融风险排查与处置】 2022年，龙湾区金融工作服务中心做好专项金融风险和涉众金融风险排查与处置。制定金融领域“三大”行动方案，开展养老领域非法集资专项行动，集中开展68类“第三财富”公司、虚拟货币、私募基金等风险摸底和清理整顿，开展分类处置，做到底数清、情况明。

推进区域内涉众金融风险处置工作，做好涉众金融平台“鼎信贷”资金清退工作，妥善化解金融风险隐患，筑牢地方金融风险防范底线。

【企业风险化解】 2022年，龙湾区金融工作服务中心以风险企业资金链与担保链化解为主线，有效防范化解企业风险。落实“白名单”企业帮扶销号机制，全年累计出具帮扶函9份，完成5家“白名单”企业销号，销号率71.4%；探索预重整机制在企业帮扶中实践，完成区域内帮扶企业天盛实业预重整工作。

【防范金融风险宣传】 2022年，龙湾区金融工作服务中心落实防范金融风险宣传，开展防范非法集资宣传月活动。通过发送短信进行扩散性传播，共发送短信1万多条；在3号线公交巴士车身张贴宣传标语，扩大宣传覆盖面；与全区近100个金融网点合作，通过摆放宣传资料、展架及LED显示屏滚动播放等形式，宣传警示标语5万多次；深入基层社区，联合金融机构走进金融文化礼堂向社会公众发放宣传折页1万多份；走进街道村居，张贴宣传养老领域等非法集资海报，实现街道村居全覆盖。

（管文昕）

2022年6月20日，区金融服务中心开展防范非法集资宣传月活动

（区金融服务中心供图）

公共资源交易

【概况】 2022年，温州市公共资源交易中心龙湾分中心完成进场招标项目709宗，其中建设工程113宗，政府采购551宗，综合类交易45宗。建设工程累计中标金额83.08亿元，政府采购累计中标金额130.67亿元，综合类交易0.33亿元，其中建设工程、政府采购共计为国家节约资金12.82亿元，节约5.7%。

【政务服务新模式】 2022年，温州市公共资源交易中心龙湾分中心持续推进“智能导服、收办分离、线上线下融合”政务服务新模式，集成公证、户籍服务供给。创新推出医社保“五险直通车”、二手房公积金贷款不动产登记联办服务举措，建设政务智脑系统，上线人流量预警，减少群众办件时间。设置“办不成事”反映窗口，解决办件中遇到的“疑难杂症”，通过“一事一评”、第三方评价、特邀监督员做好“好差评”管理。

【公共资源交易全流程电子化】 2022年，温州市公共资源交易中心龙湾分中心建设网上超市“全省一张网”，实现供应商库、商品库全省共享，形成“全省买货、货卖全省”政府采购模式。建设“阳光e网”一体化平台，实现招投标全过程动态记录、留痕追溯。推广银行电子保函、保险保函，解决投标人资金占用问题，为企业添便利、降成本、减负担。推进政采云平台可视化远程开评标系统和建设工程远程异地多点评标系统建设，通过异地抽取、异地评标，破解“熟面孔”“老关系”“评委成常委”、围标串标等招标“疑难杂症”问题。全年开展政采云远程项目1宗，建设工程远程异地多点评标项目9宗。

【“公优廉”招投标环境】 2022年，温州市公共资源交易中心龙湾分中心推进“清廉招标”建设。建立标前谈话提醒制度和“打招呼”登记制度，完善代理人员退出机制，执行专家抽取信息保密机制，推进“评定分离”定标方式，强化招标投标领域违法行为专项治理联席工作机制和标后履约检查，加强违法线索报送与处置，构建招投标全过程全要素闭环管理模式。全年共报送有效线索6宗，其中涉及不正当竞争1宗。对16个项目进行标后履约检查，发现违法线索2宗。

【招投标服务“咨询宝”平台】 2022年，温州市公共资源交易中心龙湾分中心推进招标文件体检“咨询宝”平台应用，提升招标文件质量，规范市场主体行为，减少后期争议。全年完成涉及房建、市政、水利、交通工程等4个类别7个项目招标文件咨询应用。招投标服务“咨询宝”平台为各类企业提供咨询服务2796次，为130个工程项目涉及858家招投标企业提供服务。

（林　娜）

审　计

【概况】 2022年，温州市龙湾区审计局（以下简称区审计局）完成审计项目12个，查出问题金额2.68亿元，其中违规金额855万元，管理不规范金额2.60万元。推动区委、区政府及被审计单位出台制度7个，向区纪委区监委移送问题线索5起。撰写审计专报16篇，其中向上级审计办报告报备4篇。

【预算执行审计】 2022年，区审计局组织实施区本级预算执行和决算草案审计，街道财政决算审计提升财政资金使用绩效。加强民生领域、重大项目工程建设资金使用审计，开展绿化移植、水资源费、村邮站、计划生育专项资金使用审计，落实审计监督全覆盖。全年审计清理财政存量资金6821.60万元。

【经济责任审计】 2022年，区审计局从权力清单、权力运行、资金流向着手，落实领导干部履行经济责任情况审计，提升经济责任审计质量。组织实施7个单位9位领导干部任期经济责任审计，以及3位领导干部自然资源资产审计。全年审计发现“非粮化”“非农化”和审核把关不严导致多计工程款190多万元等问题。

【审计监管】 2022年，区审计局主动创新监督模式，构建“纪审联动”“巡审结合”“检审协同”工作机制。联合区纪委监委固定时点组织容错免责碰头会，共同甄别研判领导干部“容错免责”认定标准。联合区委巡察组共享材料12份、交流问题线索20多个，实现共享监督资源，2家单位经责审计与巡察组共同试点进驻。联合区检察院共同出台《关于加强行政公益诉讼与审计监督衔接工作的若干意见》，提供非法占地等涉公益损害等线索20多条，其中有5名涉案人员被提起公诉。审计发现基本农田被破坏等问题，通过检察建议函等方式督促整改，恢复土地面积2.71万平方米。

【审计信息网络管理】 2022年，区审计局推进审计信息网络建设，建设“金审工程”三期项目。对上主动承接省审计厅“行政办公子系统”试点工作，完成省审计厅财政数据标准化工作。推进规范审计数据使用，制定《审计电子数据采集存储和使用管理规定》，规范审计电子数据采集、申请、分析和归集工作要求。推进保障网络安全，制定《计算机网络与信息安全管理办法》《龙湾区审计局网络安全应急预案》，定期开展网络安全自查，发现和处理防火墙预警10起。

【审计问题整改】 2022年，区审计局加强审计问题整改工作，落实被审单位普遍履行审计整改主体责任。全年完成审计和审计调查项目12项，发现财政审计、领导干部经责审计、公共投资审计等方面问题135个，其中立行立改问题96个，分阶段整改26个，持续整改13个。2022年度审计发现问题均已按规定完成整改到位。

（修诗曼）

统　计

【概况】 2022年，温州市龙湾区统计局（以下简称区统计局）开展“数智统谋、质量统抓、基层统管、党建统领、改革统揽”“五强五统”行动，共创高质量发展建设共同富裕示范区龙湾样板。健全完善各街道数据质量“三色预警”机制，每季度开展一次数据质量核查，全年共核查“四上企业”1773家、投资项目65个。撰写统计信息、分析、专报等材料131篇，政务信息被国家统计局录用6篇、省统计局录用40篇。

【数字化改革】 2022年，区统计局贯彻落实省、市局关于数字化改革部署要求，组建“统计大脑+10个应用”推广专班，建立“一周一通报、半月一分析、一月一总结”工作机制。建成“统计之家”7个，开展网格管理活动103次，“统计大脑”全区活跃率保持在100%，浙企“最多报一次”、基层统计网格智治、统计单位全生命周期管理、投资领域统计全流程管理、浙江民调在线等9大应用在全区使用广泛，注册率、活跃率均实现100%。共同富裕统计监测系统全省最快实现贯通，使用情况全市第一位。

【统计监督】 2022年，区统计局推行“互联网+监管”“双随机”机制，建立健全与纪检监察、组织人事等部门协同配合机制，提升统计监督效能。全年开展执法检查单位77家，结案9家，罚款1.80万元。配合省统计局、市统计局核查企业11家。区统计局执法人员被抽调参加国家、全省统计执法监督工作4人次。

【统计调查】 2022年，区统计局开展经济运行专项调查，撰写《“经济运行总体平稳　共同富裕扎实推进”龙湾区2022年经济运行分析》调查报告。参与温州市统计局组织的人口普查课题调研，课题获评2022年全省统计重点研究结项项目一等奖。开展“月度劳动力调查就业是最大的民生”下乡龙湾行活动，协助浙江省地方统计调查队开展特色小镇统计监测数据质量检查，协助省统计局能源处对瑞浦能源公司等企业开展数据质量检查。

【统计业务培训】 2022年，区统计局坚持“规模（限额）以上单位、新入库项目全面培训，街道重点培训，各类调查专题培训”原则，分级分类设置培训班次。全年共举办各类培训班43期，培训企业（项目）、街道、村（社区）统计人员2500多人次。创新开展“统计台账直播大讲堂”“统计业务直播大讲堂”等线上培训。健全完善部门全市生产总值联席会议机制，发挥街道统计信息中心“枢纽”作用，在经济运行监测、统计防惩责任制落实方面构建部门“大统计”格局。

2022 年 9 月 20 日，永兴街道金海社区开展统计法宣传　（区统计局供图）

【统计普法】　2022 年，区统计局参与全省“12•8”统计法颁布纪念日宣传活动，制作普法宣传折页 5500 份，选送普法群舞《青春心向党、献身统计蓝》，展现当代统计人风采。全年编印“统小实”漫画海报、入户访户、志愿服务、制作以案释法宣传短片、“培训 + 普法”一体制度，累计开展各类普法专题宣传 20 多次，参与普法群众 7500 多人次。

（陈苗苗）

工商行政管理

【概况】　2022 年，温州市龙湾区市场监督管理局（以下简称区市场监管局）联合“双随机、一公开”监管推进商事登记制度改革，加强事中事后监管工作成效，获“浙江省政府督查激励事项”。全区开展零售药店监管“一件事”、市级知识产权公共服务标准化试点市级试点创建工作，创成首批国家知识产权强国建设示范园区。新增“浙里药店•多点执业”和全国市场监管数字化试验区两大省级试点。新增市场主体 1.16 万户，累计 6.85 万户。企业数新增 3680 户，累计 2.55 万户。守护民生，护航营商环境，查办各类案件 654 件。推进执法队伍规范化建设试点工作，执法条线累计入选总局执法人才库 2 人次、入选省局执法办案能手 1 人。

【数字化市场监管体系建设】　2022 年，区市场监管局成立市场监管数字化试验区工作专班，构建省域数字化市场监管体系。承接省级市场监管数字化执法监督项目试点，综合开发市场监管执法在线系统执法监督子模块。全年完成市场主体全周期管理和服务，告知承诺事项按时核查率 100%，企业信用修复网办率 100%，信用分类结果应用率 98.3%。形成全链闭环平台经济风险智慧防控体系，平台合规铺导率、闭环处置率 100%。质量监管赋码企业 5 家、“一站式”平台服务企业 254 家。运用“浙江市场监管执法在线”平台，案件数字化管理率、行政处罚依法公示率、执法证据规范管理率均为 100%。在用特种设备赋码率 99.9%、应配备作业人员在用特种设备扫码作业率、“96333”等专线电梯应急服务平台覆盖率 90.0%。浙食链激活主体数 3158 家，生产企业赋码 28 家。推进 GM2D 项目建设，接入 GM2D 项目企业 20 家。

【商事制度改革】　2022 年，区市场监管局着眼小微主体发展，帮扶民营企业改革创新、转型升级、健康发展。推进“最多跑一次”改革，“证照分离”全覆盖，为市场主体开展“全程免费、一次提交、一网办结”业务，全区在册市

2022 年龙湾区成交额亿元以上市场主体一览表

表 22

市场名称	市场举办单位	成交额（万元）
温州市二手车交易市场	温州市旧机动车交易市场有限公司	243575
温州紧固件市场	温州紧固件工贸总公司	234600
温州文化商品市场	温州文化用品市场开发有限公司	10030
温州粮食中心市场	温州浙南粮食有限公司	156500
温州广纳旧货调剂市场	温州市汇通商品调剂有限公司	11550
温州国际机电城	温州润嘉投资开发有限公司	48140
温州广纳五金装饰市场	温州广纳五金市场开发有限公司	142460
温州市龙湾力乾二手车交易市场	温州市力乾市场管理有限公司	40100
温州市龙湾永中农贸市场	温州市龙湾区市场开发服务中心	14671
温州市龙湾区沙中村海鲜菜市场	温州市龙湾区海滨街道沙中村股份经济合作社	14917

场主体数6.85万户，其中企业2.55万户，占市场主体37.2%，位居全市第一。出台《龙湾区助力个体工商户纾困发展32条政策措施》，专班式推进新型组合式税费优惠政策落实工作，累计享受优惠政策个体工商户6.70多万户次，减免税费1.20多亿元，累计授信22.50多亿元，发放各类消费券2000多万元。减免国有房屋租金、检测费1000万元。

【市场秩序维护】 2022年，区市场监管局以“放心消费在龙湾”建设为抓手，培育放心工厂232家，放心消费单位2136家，其中无理由退货814家，进驻浙消保在线放心商圈（街区）内消费维权站点6个。畅通全国“12315”、浙里访等群众线上投诉举报渠道，受理消费者投诉举报8864件，共计涉及争议金额308.53万元，挽回消费者损失金额215.48万元。明确街道、辖区所、市场经营方三级责任人，协同区农提办、街道、辖区所和市场经营方落实市场AI自动抓拍及预警处置应用全员安装，全年创成省级放心农贸市场4家，“五化”市场1家。开展“铁拳”“亮剑”“网剑”、网络直播营销、涉企收费治理等专项检查，查办各类案件707件。

【广告监管】 2022年，区市场监管局开展互联网广告监管，重点检查户外广告牌，房地产销售广告。以“治漠行动”为抓手，出台《龙湾区网络直播营销活动合规指引》《龙湾区市场监管机关网络直播营销线下检查指引》等文件，规范网络直播营销行为。全年累计相关网络直播主体开展行政指导87家次，约谈52家次，排摸发现涉嫌违法线索33条，立案查处29件，罚没款4.35万元，移送司法处理1件，移送其他部门处理2件。

【合同监管】 2022年，区市场监管局实行合同管理信息化，促进合同监管。加强合同格式条款备案，完善修改格式条款70条，合同文本69份。推进格式条款侵害消费者合法权益专项行动整治，全区检查商品房买卖、汽车行业、房屋中介等行业主体1192家，检查合同365份，发现问题合同59份，发现不公平格式条款55条，约谈企业22家次，发放行政建议书2份；立案14起，罚没款3.61万元。开展守合同重信用评选活动，全区获评国家级守合同重信用企业6家，获评省级守合同重信用企业57家，获评市级守合同重信用企业79家。

（陈凯哲）

质量技术监管

【概况】 2022年，区市场监管局实施“质量强区”“三强一制造”战略，全流程、全覆盖推动质量技术标准化管理提升。全年创成浙江制造“品字标”企业20家，研制“浙江制造”标准4个，主导制修订国家、行业、地方标准32个；累计实现对标达标企业321家、产品553个；完成内外贸“同线同标同质”企业9家、产品13个；贯通省、市场监管局“浙江e行在线”应用，实现在售电动自行车“浙品码”赋码100%全覆盖，数字化号牌100%全登记。年内，圣邦集团获评温州市质量管理创新奖。

【产品质量监管】 2022年，区市场监管局把风险监测和产品抽检作为产品质量提升的重要抓手，不断完善质量检测、信息公开、后续处理等制度，强化社会质量共识。围绕电线电缆、食品相关产品、学生用品等10大类22个品种开展共计142批次的区级抽检。推动备案非标电动自行车提前淘汰置换。抽检电动自行车充电器共4批次，经检验，未发现不合格，总体批次合格率100%。

【特种设备安全检查】 2022年，区市场监管局加强特种设备安全检查工作。推进“浙江特种设备在线”应用，检查重点场所、重点设备风险隐患，打击特种设备“三非、两超一无一违”违法行为；打击辖区专业市场特种设备目录范围外叉车作业人员无证上岗、违章作业，推行纳管库外叉车，并于蒲州所试点。全年共检查单位1064家，特种设备2375台（套），发出监测指令书384份，立案18起；发现设备风险隐患2765处，已全部整改到位率100%；连续5年实现辖

2022年7月14日，龙湾区民生实事项目“电梯安全责任保险”签约仪式举行
（区市场监督管理局供图）

区8000多台电梯安全责任保险全覆盖率100%。

【标准计量监管】 2022年，龙湾区加强标准计量监管工作。推进计量“双随机、一公开”监管工作，检查加油站、眼镜配置场所等。全年完成民生计量器具强制检定23780台，受检率100%。组织开展“民用三表”计量专项监督检查，水表到期轮换49946只，燃气表到期轮换5794只，到期轮换率100%；对水表、燃气表、燃气报警器进行全量排摸备案和检定，其中水表备案11万只、燃气表备案5.9万只，检定燃气报警器550只，处理计量投诉案件0件。

【工程质量监管】 2022年，区市场监管局落实建设单位工程质量首要责任，压实设计、施工、保修等环节建设单位责任，定期开展落实情况分析，全区工程质量终身责任制三项制度覆盖率100%。开展建筑工程创优夺杯活动，完善优质优价、差异化管理等激励制度，全年申报市级优质工程瓯江杯项目12个、其中获奖公示9个，创成龙湾杯项目16个。推行“阳光验收”制度，开展住宅工程业主体验制度试点，分户验收率100%。建筑、交通、水利工程竣工质量验收一次验收合格率均100%。

【空气质量监管】 2022年，区市场监管局加强环境空气质量监管工作。以园区环境整治促进空气质量提升，推进精铸小微园整治，缓解铸造企业废气扰民问题，全年完成车间蓄热式焙烧炉整改26个，改装臭氧除臭味设备21套。

（陈凯哲）

食品药品监管

【概况】 2022年，区市场监管局加大食品药品监督管理力度，搭建“特殊药品流通环节精密智控系统”，守护群众用药安全底线，护航食药安全。全年累计查办食品安全违法案件328起，药械化案件53起；食品药品安全满意率调查在全省相对排名靠后。

【食品安全责任制落实】 2022年，区市场监管局探索第三方食安共治创新模式，引入第三方机构常态化、专业化督察暗访，推动食品安全问题整改。首推区域食品安全责任险，覆盖全区食品安全经营场景，破解食品安全赔偿难题。建立“三清单一承诺书”机制。查检同频，常态化开展农贸市场快检、食品生产企业“双随机”检查等行动，检验不合格33批次，发现问题点4个，均完成闭环整改。

【食品药品专项检查】 2022年，区市场监管局推出互联网+食品安全监管新模式，开展“你选我查”社会共治活动。全年共开展食品药品安全监督抽检2100批次，涉及流通餐饮、生产环节食品30大类。开展“春节食品”专项抽检，合格率98.1%。开展小作坊专项抽检，合格率100%。开展校园及周边食品“你点我检”专项抽检，合格率100%。开展“校园食堂”专项抽检，合格率99.4%。开展网络食品“直播带货”专项抽检，合格率100%。开展“链上点检”专项抽检，合格率100%。

【食品生产安全监管】 2022年，区市场监督管理局加强食品生产安全监管。全年督促并指导食品生产企业定期对食品生产安全状况自查评价，主动报告食品安全风险，29家在产食品生产企业完成主体责任自查报告。完成辖区31家食品生产企业、68名食品安全管理人员抽查考核，考核合格率100%。

【食品流通安全监管】 2022年，区市场监督管理局加强食品流通安全监管。全区副食品批发市场1家，仅销售预包装食品561家，小食杂店3561家，食品销售1538家。全年开展食品流通安全销售等级评定工作，评定食品流通安全销售1538家，其中A级4家，B级1149家，C级405家，D级80家。开展“杀白禽”整治，查处违法行为6起。开展蛙类水产品专项整治，联合区抽检中心定量抽检6批次，其中查处不合格产品2批次。开展网络直销专项治

2022年10月18日，龙湾区市场监督管理局对重点场所开展食品安全夜巡夜查行动
（区市场监督管理局供图）

理，排摸食品流通直销20家，其中查处2家。

【餐饮服务安全监管】 2022年，区市场监督管理局加强餐饮服务安全监管工作。开展重大节日餐饮环节、校园食品安全、网络订餐“净网”等专项行动，针对重大活动餐饮食品安全抽样检测和风险检测共计201批次，其中食品安全合格产品200批次，合格率99.5%。

【特殊场所食品监管】 2022年，区市场监督管理局加强特殊场所食品监管工作。全面推进特殊场所餐饮、食品安全监管数字化，提升信息化协同治理能力，建成学校（幼儿园）食堂食品安全智治应用场景89家。

【药品医疗器械化妆品监管】 2022年，区市场监督管理局加强药品医疗器械化妆品监管工作。全年累计出动执法人员1245人次，检查药辅生产企业1家次，医院制剂室2家次，药品批发企业3家次，零售药店连锁总部1家次，零售药店149家次，医院类医疗机构10家次，其他医疗机构257家次。上报化妆品不良反应62例，化妆品首次备案和备案变更108例，化妆品认领产品375例。立案查处药械化案件29起，移送公安机关12起。

（陈凯哲）

价格监管

【概况】 2022年，温州市龙湾区发展和改革局（以下简称区发改局）加强民生物价监管力度，确保市场物价稳定运行。做好物价矛盾纠纷处理仲裁服务，全年受理物价矛盾纠纷197件，办结197件，办结率100%，为消费者挽回经济损失83.56万元。查处价格违法案件40件，办结案40件，办结案率100%，实施经济制裁78.95万元。

【收费管理】 2022年，区发改局贯彻落实国家和省、市出台有关价费政策和清费减负政策，通过政府信息公开网向社会发布。配合财政部门整理核对公示全区行政事业性收费目录清单，做好省发改委重新授权定价事项价格管理工作。联合教育、财政部门印发《关于进一步做好温州市龙湾区义务教育阶段学生校内课后服务工作的通知》《关于明确龙湾区义务教育阶段中小学课后服务费有关事项的通知》文件。完成推进属地猪肉储备投放工作。

【专项调查】 2022年，区发改局做好省、市部署开展专项调查任务。全年完成义务教育阶段课后服务收费情况调查、课后服务收费政策情况调查、教育收费情况调研、垃圾处理收费调研、城镇非居民生活垃圾处理差别化收费机制政策调研、污水处理收费情况调查、旅游价格政策调研。完成2017—2021年度价格市场化程度测算、发改系统行政审批中介服务涉企收费自查自纠工作。完成省、市部署农产品成本调查任务，加强对农本调查户日常登记工作业务指导，及时发放农本调查补贴。

【监测预警】 2022年，区发改局共设立30个价格监测点，对九大类112个与居民生活密切相关农副产品、石油液化气、建材等价格定时定点监测。每月10日、20日完成粮油、蔬菜、肉禽蛋、水产品、副食品等价格监测，每周二完成石油液化气价格监测，每周五对猪肉价格监测，每月20日完成水泥、线材等建材价格监测，及时完成月度、季度、年度价格动态分析。在新冠肺炎疫情、特殊天气期间，及时开展应急价格监测，安排专人应急价格监测预警工作，在第一时间掌握居民基本生活副食品等自然灾害相关商品价格动态，并做出科学研判和准确分析，上报价格监测分析12篇。推进民生价格监测信息公开，每月通过政府信息公开网定期发布价格监测动态分析，落实民生商品保供稳价调度机制。

（陈凯哲　潘毓锦）

2018—2022年龙湾区价格违法案件查处情况一览表

表23

年份	查处件数（件）	经济制裁金额（万元）	没收违法所得（万元）	其中退还用户（万元）	罚款（万元）	上缴财政（万元）
2018	6	54.55	0	46.75	7.80	7.80
2019	5	91.2	0	83.56	7.70	7.70
2020	120	97.49	0.03	86.11	11.35	11.38
2021	51	105.42	0.01	70.91	34.50	34.51
2022	40	78.95	0	75.7	3.25	3.25

2022 年龙湾区主要消费品价格情况一览表

表 24

商品名称	规格等级	计量单位	1 月	6 月	12 月
成品粮	晚籼米标一（散装）	元 /500 克	2.50	2.50	2.50
	粳米标一（散装）	元 /500 克	2.80	2.80	2.80
	粳米安徽产特制	元 /500 克	2.29	2.29	2.29
	粳米东北产特制	元 /500 克	2.59	2.59	2.59
	粳米江苏产特制	元 /500 克	2.49	2.39	2.38
面粉	面粉特一粉	元 /500 克	2.19	2.50	2.28
豆类	标准品（三等、散装）黄豆	元 /500 克	3.50	3.50	3.50
	一级（散装）红小豆	元 /500 克	6.00	6.00	6.00
	一级（散装）绿豆	元 /500 克	6.00	6.00	6.00
玉米粉	脱胚玉米粉	元 /500 克	3.00	3.00	3.00
食用油	金龙鱼（非转基因）一级桶装压榨花生油	元 /5 升	129.90	129.90	109.90
	鲁花、一级桶装压榨菜籽油	元 /5 升	109.90	99.9	125.90
	金龙鱼、精炼一级、桶装　浸出大豆油	元 /5 升	65.80	65.80	65.80
	金龙鱼、第二代、一级桶装大豆调和油	元 /5 升	72.90	72.90	82.90
鲜猪肉	精瘦肉	元 /500 克	20.00	17.00	24.00
	肋条肉（五花肉）	元 /500 克	20.00	16.00	25.00
	带皮后腿肉	元 /500 克	18.00	15.00	22.00
	肋排	元 /500 克	30.00	25.00	30.00
	腱子肉	元 /500 克	50.00	55.00	55.00
	新鲜无骨	元 /500 克	42.00	42.00	42.00
	新鲜带骨	元 /500 克	48.00	50.00	50.00
家禽	活乌骨鸡	元 /500 克	15.00	15.00	15.00
	活肉鸭	元 /500 克	23.00	25.00	25.00
	白条鸡　开膛　上等	元 /500 克	13.00	15.00	15.00
鸡蛋	新鲜完整　鸡场蛋	元 /500 克	7.00	8.00	6.50
水产品	活鲫鱼	元 /350 克	15.00	18.00	15.00
	活草鱼	元 /1000 克	11.00	12.00	12.00
	冻带鱼	元 /250 克	18.00	18.00	18.00
	冰鲜带鱼	元 /250 克	25.00	25.00	30.00
	冰黄鱼	元 /500 克	30.00	30.00	30.00
	冰鲜鮸鱼	元 /500 克	12.00	25.00	25.00
	海虾，体长 10 厘米左右	元 /500 克	28.00	45.00	35.00
	活河虾	元 /500 克	50.00	50.00	45.00
	活鳙鱼	元 /1500 克	13.00	13.00	13.00
	冰鲜鲳鱼	元 /250 克	50.00	50.00	95.00
	活、梭子蟹养殖	元 /250 克	80.00	80.00	100.00

续表 24

商品名称	规格等级	计量单位	1 月	6 月	12 月
水产品	冰鲜子梅鱼	元 100 克	20.00	25.00	50.00
蔬菜类	芹菜新鲜一级	元 /500 克	5.00	5.00	5.00
	大白菜新鲜一级	元 /500 克	2.50	3.00	3.00
	青菜（油菜）新鲜一级	元 /500 克	3.50	3.50	5.00
	黄瓜新鲜一级	元 /500 克	5.00	4.00	6.00
	萝卜新鲜一级	元 /500 克	2.50	2.50	2.00
	茄子新鲜一级	元 /500 克	7.00	6.00	9.00
	西红柿新鲜一级	元 /500 克	5.00	5.00	6.00
	豆角新鲜一级	元 /500 克	7.00	7.00	10.00
	土豆新鲜一级	元 /500 克	3.00	3.00	3.00
	胡萝卜新鲜一级	元 /500 克	4.00	4.00	4.00
	青椒新鲜一级	元 /500 克	8.00	7.00	7.00
	尖椒新鲜一级	元 /500 克	7.00	5.00	7.00
	圆白菜新鲜一级	元 /500 克	3.50	3.00	2.50
	蒜苔新鲜一级	元 /500 克	10.00	10.00	9.00
	韭菜新鲜一级	元 /500 克	7.00	3.00	5.00
	花菜新鲜一级	元 /500 克	6.00	4.00	5.00
	西蓝花新鲜一级	元 /500 克	7.00	7.00	7.00
	洋葱新鲜一级	元 /500 克	4.00	3.00	3.00
	冬瓜新鲜一级	元 /500 克	3.00	3.50	2.00
	莴笋新鲜一级	元 /500 克	4.00	4.00	5.00
	南瓜新鲜一级	元 /500 克	2.50	3.50	2.50
	香菜新鲜一级	元 /500 克	10.00	9.00	12.00
	小葱新鲜一级	元 /500 克	9.00	5.00	6.00
	生菜新鲜一级	元 /500 克	5.00	4.00	6.00
	山药新鲜一级（粗的、粉的）	元 /500 克	8.00	9.00	10.00
	丝瓜新鲜一级	元 /500 克	8.00	5.00	6.00
	茭白新鲜一级	元 /500 克	12.00	9.00	10.00
	盘菜新鲜一级	元 /500 克	5.00	4.00	4.00
	菠菜新鲜一级	元 /500 克	7.00	8.00	9.00

续表 24

商品名称	规格等级	计量单位	1月	6月	12月
蔬菜类	空心菜新鲜一级	元 /500 克	7.00	4.00	6.00
	四季豆新鲜一级	元 /500 克	9.00	6.00	13.00
	油冬菜新鲜一级	元 /500 克	5.00	6.00	4.00
	黄叶菜新鲜一级	元 /500 克	4.00	4.00	5.00
	苦瓜新鲜一级	元 /500 克	9.00	3.50	8.00
	地瓜新鲜一级	元 /500 克	2.00	4.00	3.50
	生姜新鲜一级	元 /500 克	10.00	8.00	10.00
	大蒜籽新鲜一级	元 /500 克	10.00	8.00	8.00
水果类	芦柑一级	元 /500 克	8.00	8.00	8.00
	苹果一级	元 /500 克	8.00	5.00	4.00
	香蕉国产　一级	元 /500 克	3.00	7.00	9.00
	橙子国产　一级	元 /500 克	6.00	7.00	8.00
	梨沙糖梨　一级	元 /500 克	5.00	2.50	4.00
	西瓜当地主销　一级	元 /500 克	5.50	5.50	5.50
副食品	酱油（生抽）李锦记　瓶装	元 /500 毫升	5.50	5.50	5.50
	海螺放心酱油	元 / 袋	3.00	3.00	3.00
	镇江香醋 瓶装　550 毫升	元 / 瓶	6.90	6.90	6.90
	海螺花椒米醋	元 / 袋	2.00	2.00	2.00
	雪涛牌食用精制盐	元 /400 克	1.80	1.80	1.80
	快鹿牌味精	元 /500 克	8.00	9.90	9.90
	绵白糖当地主销	元 / 袋	15.40	12.00	15.40
	白砂糖当地主销	元 / 袋	13.50	10.00	16.90
	红糖当地主销	元 / 袋	7.20	7.50	7.50
	一鸣鲜牛奶（软瓶装）	元 / 瓶	2.50	3.00	3.00
	伊利牌纯牛奶 250 毫升	元 / 盒	3.00	2.70	3.20
	无包装豆腐	元 / 块	1.00	1.00	1.00
	贝因美牌　国产三段幼儿配方牛奶粉盒装	元 /400 克	88.00	88.00	88.00

续表 24

商品名称	规格等级	计量单位	1 月	6 月	12 月
副食品	多美滋牌　进口三段幼儿配方牛奶粉盒装	元 /400 克	70.00	70.00	70.00
	农夫山泉矿泉水 550 毫升	元 / 瓶	1.50	1.80.00	1.80
	可口可乐 2.5 升	元 / 瓶	5.50	6.90	6.90
	康师傅 3+2 饼干　125 克	元 / 袋	5.50	6.80	6.80
	康师傅红烧牛肉面　100 克	元 / 袋	3.00	3.00	3.00

知识产权管理

【概况】　2022 年，区市场监管局用好知识产权大港湾资源平台，打造具有温州特色、省内一流知识产权资源集聚地和保护高地。全区拥有高价值发明专利 910 件，新培育注册商标 4045 件，累计注册商标 3.65 万件，专利登记 10.20 亿元，专利质押融资授信 14.50 亿元，商标权质押登记 4.79 亿元。全年严打知识产权犯罪，查办各类知识产权案件 24 起，知识产权行政执法结案率 100%，重大海外知识产权纠纷应对指导率 100%。年内，创成首批国家知识产权强国建设示范园区。

【知识产权保护】　2022 年，区市场监管局搭建知识产权生命周期场景应用，做优“专品标”“处长面对面”自主品牌，贯通知识产权创造、运用、保护、管理和服务全链条。全年累计拥有国家知识产权优势或示范企业 20 家、省级知识产权优势或示范企业 30 家、市级专利示范企业 123 家、区级专利示范企业 265 家，组建形成国家、省、市、区 4 级知识产权优势企业梯队培育格局。

【商业秘密保护】　2022 年，区市场监管局推进商业秘密保护基地建设、开展商业秘密保护普法宣传、严厉查处侵权违法案件。全年累计建成省级商业秘密保护基地 1 家，省级商业秘密保护示范区 2 家、省级商业秘密保护示范点 9 家，市级商业秘密保护基地 16 家、商业秘密保护贯标企业 6 户；市级商业秘密保护和服务联盟在龙湾区知识产权大港湾挂牌成立。

【国家知识产权强国建设示范园区创建】　2022 年，区市场监管局集聚资源优势，打造温州知识产权大港湾“一站式”知识产权服务平台，实施知识产权数字化改革，率先引入“全球专利检索数据库”。引导开发“技配家产业技术匹配数字化系统”“专品标赋能云平台”“线上侵权假冒线索发现系统”。建设“专利产品展示推介馆”，形成“直通北京”“国知局处长面对面”等特色品牌。全区累计专利授权 3.80 万件，注册商标 3.30 万件，万人有效发明专利拥有量 40.38 件，开展各类知识产权培训参与 9000 多人次。

（陈凯哲）

2022 年 4 月 22 日，中国眼谷知识产权大数据资源应用系统开幕仪式举行
（区市场监督管理局供图）

农　业

2022 年 5 月 17 日，2022 年龙湾区优质农产品线上直播展销活动战略合作仪式举行　　（区融媒体中心供图）

农　业

综　述
种植业
林　业
畜牧业
渔　业
农田水利
农业机械化
农业产业化经营

花椰菜丰收采摘忙　（区融媒体中心供图，摄于2022年12月13日）

综　述

【产业发展】 2022 年，龙湾区实现农林牧渔业总产值 4.89 亿元，按可比价格计算，比 2021 年增长 3.4%。其中，农业（种植业）产值 2.82 亿元，下降 2.8%；林业产值为 355 万元，下降 51.7%；牧业产值 1.24 亿元，增长 19.5%；渔业产值 7676 万元，增长 11.8%；农林牧渔专业及辅助性活动 273 万元，增长 8.4%。年内，龙湾区获全国县域农业农村信息化发展先进县、国家级县域节水型社会建设达标县、省级"肥药两制"改革综合试点县、全省清廉村居建设示范县等荣誉。

【省级现代农业园区建设】 2022 年，龙湾区省级现代农业园区项目规划总面积 7.40 万亩，累计完成投资额 5.16 亿元。年内实现主导产业总产值 3.43 亿元，其中花椰菜种植面积 2.50 万亩，畜牧养殖生猪存栏 3.82 万头。

【农产品安全监管】 2022 年，龙湾区制定出台《2022 年龙湾区市农产品质量安全监测方案》，全年完成省、市农产品质量安全风险监测 160 批次，合格率 100%。区级农产品定量监测 570 批次，合格率 99.6%；定性监测 2801 批次，合格率 99.7%。完善农产品安全追溯管理体系，将全区 53 家规模生产主体纳入省、市农产品质量安全追溯平台，实时实行信息更新完善。

种植业

【概况】 2022 年，龙湾区（含温州经济技术开发区）粮食播种面积 3.02 万亩，比 2021 年增加 0.58 万亩；蔬菜播种面积 4.98 万亩。全区累计评选"最美田园"20 个、"最脏田园"20 个。全年举办粮油生产培训 4 期，培训种植主体 300 多人次。

【高标准农田建设】 2022 年，龙湾区完成高标准农田建设"十四五"规划建设方案，新建高标准农田 1100 亩，补建高标准农田 3771 亩。

【"非粮化"整治】 2022 年，龙湾区开展粮食功能区优化调整及"非粮化"整治工作。完成永久基本农田抛荒复耕复种面积 292 亩，完成粮食功能区"非粮化"整改面积 308 亩，组织专家对 1.01 万亩粮食功能区优化调整进行验收认定，完成矢量数据上传工作。

【耕肥工作】 2022 年，龙湾区推进统防统治、配方肥推广及按方施肥工作。推广主要农作物配方肥及按方施肥 600 吨，完成 26 个取土测土任务，全区主要农作物测土配方施肥覆盖率 90% 以上，主要粮油作物统防统治面积覆盖率 45% 以上。

【植保检疫】 2022 年，龙湾区开展病虫绿色防控示范建设，打造省级千亩水稻病虫绿色防控示范区 1 个。推广使用高效低毒农药，农药减量 3 吨，推广主要农作物统防统治面积 1.30 万亩，绿色防控技术推广面积 1.30 万亩，全区绿色防控覆盖率 52.3%。加强主要农作物病虫监测调查，组织开展春、秋两季农田统一灭鼠活动。启动外来入侵物种调查工作，开展柑橘黄龙病普查和红火蚁疫点扑杀工作。

2018—2022 年龙湾区粮食种植面积和亩产量一览表

表 25

年　份	粮食种植面积（万亩）	亩产量（千克）
2018	1.54	452
2019	1.71	409
2020	1.76	394
2021	1.78	391
2022	3.02	360

2022 年龙湾区主要农作物生产一览表

表 26

指标名称	单位	2022 年	比 2021 年增长（%）
粮食播种面积	万亩	3.02	69.7
粮食产量	万吨	0.86	22.9
蔬菜播种面积	万亩	3.19	1.6
蔬菜产量	万吨	5.16	1.0

2018—2022 年龙湾区果园种植面积和总产量一览表

表 27

年　份	杨梅		柑橘	
	种植面积（万亩）	总产量（吨）	种植面积（亩）	总产量（吨）
2018	1.57	6120	3126	5780
2019	1.43	6590	1770	3010
2020	1.54	7500	1135	1933
2021	1.53	5592	1000	1653
2022	1.45	5240	1238	1876

【粮食生产】 2022年，龙湾区发放粮食生产直接补贴资金1020.56万元、耕地地力保护补贴资金103.42万元、实际种粮农民补贴资金46.43万元，发放配方肥、商品有机肥、新品种新技术示范等其他粮食生产配套补贴资金188.57万元；共验收通过水稻绿色高产示范方7个，其中省级早稻千亩示范方1个，根据测产结果，早稻示范方平均单产599.22公斤，连晚示范方平均单产655.82公斤，明显高于周边田块，发挥良好示范带动作用。

【水果生产】 2022年，龙湾区杨梅种植面积1.45万亩，年产量5240吨，产值1.08亿元。开展环大罗山省级现代农业园区创建，通过实施主体培育、设施改造、品质提升，强链补链、农旅结合工程，重点建设7个杨梅精品园。

（项小微）

林 业

【概况】 2022年，温州市龙湾区资源规划分局（以下简称区资源规划分局）通过森林资源规划设计调查、林地变更等规划编制省级验收。全年新增690亩国土绿化面积，完成273亩新增森林管护工作，生态廊道建设289亩，健康森林建设5121亩。

【公益林管护】 2022年，区资源规划分局抓好生态公益林管护工作，开展公益林管理场景贯通应用试点工作，做好补偿清册、资金发放等业务数据归集入库工作。完成公益林生态效益补偿资金发放工作，发放国家级公益林生态效益补偿资金5.49万元、市级公益林生态效益补偿资金16.54万元。

【森林病虫害防控】 2022年，区资源规划分局针对黄石山片区松材线虫病防治工作，落实防控措施，坚持以疫木清零为核心的疫情除治制度，制定疫木清理实施方案，黄石山片区全年共采伐清理松树2873株，投入资金30万元。

2018—2022年龙湾区林木育苗造林及四旁绿化面积一览表

表28

年　份	林木育苗面积（亩）	四旁绿化（万株）
2018	2130	7.0
2019	1930	5.0
2020	1750	3.0
2021	1125	/
2022	1025	/

【林木种苗检疫】 2022年，区资源规划分局开展林木种苗花卉产地检疫工作，全年检查林木种苗花卉产地1家，林木种苗产地检疫面积137亩，检疫苗木3万多株。

【林业品牌推广】 2022年，区资源规划分局推广龙湾区优良林产品。在第十五届中国义乌国际森林产品博览会上，瑶景牌杨梅果酒、声大牌王浆特制酒获评金奖，瑶景牌冻干无花果、声大牌王浆花粉甘片、龙瑶牌瓯柑原汁酵素、龙瑶牌冻干瓯柑活性酵素含片、皇岙牌杨梅酒、皇岙牌咸味冰冻杨梅获评优质奖。

【森林防火】 2022年，区资源规划分局抓好森林防火工作。发送森林禁火警示短信近10万条，通过公交车内电视播放森林防灭火宣传视频。加强基础设施建设，申请近17万元资金用于黄石山范围内新建蓄水桶9个，共计蓄水量27吨。投入34.40万元用于森林火灾风险普查项目，完成评估区划报告。

（郑思盛）

畜牧业

【概况】 2022年，温州市龙湾区生猪存栏3.82万头，出栏3.14万头；牛存栏17头，出栏17头，羊存栏9头，家禽存栏19.53万只；出栏15.67万只；肉类总产量2698吨，其中猪肉产量2518吨，比2021年增长24.5%；禽肉产量176吨，增长74.3%；禽蛋产量1434吨，增长51.9%。

2022年龙湾区主要畜牧产品一览表

表29

指标名称	单位	2022年	比2021年增长（%）
肉类产量	吨	2698	26.7
猪肉产量	吨	2518	24.5
禽肉产量	吨	176	74.3
牛肉产量	吨	4	−20.0
禽蛋产量	吨	1434	51.9
年末生猪存栏	万头	3.82	36.9
年末牛存栏	头	17	−45.2

注：按2022年统计公报数据计算

【生猪生产】 2022年，区农业农村局完成温州宏旭畜牧专业合作社粪污资源化利用项目和自制饲料配套建设项目。全区能繁母猪存栏0.37万头，生猪出栏3.14万头。

【禽蛋生产】 2022年，龙湾区抓好禽蛋生产供给，确保禽蛋供应总量充足、品种丰富、价格平稳。全区禽存栏19.53万只，禽出栏15.67万只，年禽蛋产量1434吨。

【动物疫病防控】 2022年，区农业农村局开展重大动物强制免疫工作，完成"春防""秋防"工作各项免疫任务。高致病性禽流感、猪口蹄疫、牛羊口蹄疫及高致病性猪蓝耳病等动物重大疫病免疫率100%。强化养殖环节病死动物的无害化处理工作，全年无害化处理病死猪1.77万头，实现养殖环节病死畜禽100%收集和100%处理。严格执行病死动物无害化处理机制，规范死亡动物无害化处理行为。

【畜牧"两化"建设】 2022年，区农业农村局完成"两化"（指兽药减量化、饲料环保化）试点工作的样品抽样检测任务。温州三汇畜牧养殖专业合作社通过省级兽用抗菌药减量化示范场和饲料环保化示范场考核验收。

【畜产品质量安全监管】 2022年，区农业农村局严把检疫关，加强动物检疫工作规范化建设，推行检疫电子出证和畜产品调入备案制度。审核流通畜禽产品备案1006件，开展生猪产地检疫3.37万头、家禽产地检疫2.94万羽、备案审核调入畜产品2930.29吨、家禽3万羽。

（项小微）

渔 业

【概况】 2022年，温州市龙湾区（区本级）强化渔业生产和渔业资源保护，开展各类专项整治活动，强化海上渔船监管，严打涉渔"三无"船舶（指无船名船号、无船舶证书、无船籍港的"三无"渔业船舶），做好渔业资源增殖保护。全区水产品生产总量1360吨，其中海洋捕捞464吨、海水养殖741吨，淡水养殖155吨。发放传统海洋捕捞渔民生活补助资金，共计394人、补助资金220.30万元。

【渔业资源增殖保护】 2022年，区农业农村局有序开展水生生物增殖放流工作，投入10万元，在主要河道水域增殖放流鲢、鳙、草鱼等淡水鱼苗种。

【渔业安全生产监管】 2022年，区农业农村局开展涉海涉渔领域"百日攻坚"行动和"海上渔船平安护航月"专项整治活动，督查渔港码头、渔船停泊点36个次。强化海上渔船监管，核查渔船船位54批126船次。开展船员适任、渔船适航等安全风险隐患风险排查，排查渔船48艘次。联合市海洋与渔业执法支队一大队等开展专项执法行动108次460人次，海上巡查29船次，登检渔业船舶323艘次，查处非法违规作业43次，行政立案20起，罚没款14.16万元，清理违禁网具220顶，查获涉渔"三无"船舶31艘。开展水生野生动物保护执法检查7次，共救助、放生国家二级水生保护动物娃娃鱼2条，没收非法渔获物34.35千克。

（项小微）

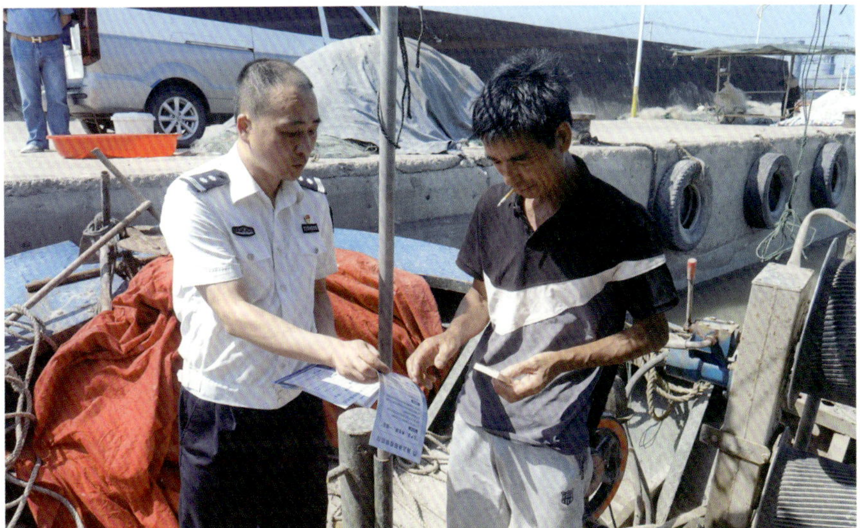

2022年8月19日，区农业农村局联合市执法支队到蓝田渔港开展"渔船安全生产""海上渔船疫情防控"专题宣传活动 （区农业农村局供图）

农田水利

【概况】 2022年，温州市龙湾区（区本级）推进重点水利工程建设，做好水旱灾害防御工作，累计完成水利项目投资4.95亿元，其中重大项目完成投资2.99亿元。完成"省重点建设项目"瓯江引水工程前期政策处理工作，完成海滨及永兴农业园5079.70亩耕地功能性恢复工作。年内，区水利工程建设中心获评2022年度温州市水利项目"骏马奖"及温州市重大项目建设突出集体。

【耕地功能性恢复工程】 2022年5月，龙湾区提前完成海滨及永兴农业园5079.70亩耕地功能性恢复工作，完成国家、省、市非粮化非农化整治任务目标，在全市2022年度第三次比看重点指标中"补充耕地及补充水田"两项指标均高居全市第一名，有效保障龙湾区"十四五"期间乃至更长时期内发展用地空间。

【重大水利工程建设】 2022年，龙湾区温瑞平原东片排涝工程全年完成投资13266元，完成省级年度计划的132.6%。东排工程（一期）Ⅱ标段城东水闸改建工程通过通水验收，完成导流闸修复及堤塘开口段闭合。Ⅲ标段大罗山引水隧洞工程完成进口段政策处理，实现隧洞双向掘进。Ⅱ标段河道整治工程完成环山东路卡口开挖，Ⅰ标段天成垦区河道开挖正在扫尾。瓯江标准海塘提升改造工程（南口大桥—海滨围垦段）完成投资9585万元，完成年度计划104.1%。年内，该工程获得全市首批水利项目“骏马奖”。海塘安澜工程省发改委项建受理、可研审批、初设审查等工作，于10月开工建设。

【瓯江引水工程政策处理】 2022年，龙湾区“省重点建设项目”瓯江引水工程前期政策处理工作完成，支持瓯江引水纾困解难，协助完成瑶溪、丰台6067平方米征地的测量、分户、补偿及130多处坟墓迁移等工作，并取得土地划拨决定书。完成临时用地24多亩，并办理临时用地审批手续。解决矿渣评估、拍卖、出渣协调等问题，并帮助解决所属街道10多项土地历史遗留问题。

（张诗如）

农业机械化

【概况】 2022年，温州市龙湾区做好农机购置补贴发放工作，强化农机装备支撑农机作业，做好主要农作物病虫害统防统治、机械收获服务、机械收获服务等农机服务工作，加强新型适用农机机械推广力度，完成海滨围垦“瓯越鲜风”产业园等2个农业“双强”项目。精心组织“双强”示范工程建设，建成1个批处理能力200吨的粮食烘干服务中心——龙湾龙丰农机专业合作社，建成1个省级畜牧业全程机械化应用基地——温州三汇畜牧专业合作社。

【农机购置补贴】 2022年，温州市龙湾区加大首台（套）引进奖励宣传，加快驱动农业生产“机器换人”。农业机械新增购机66台，发放购置补贴资金34.62万元，涉及新增购农业机械65台，受益农户53户。

【农机装备】 2022年，龙湾区农业机械总动力2.20万千瓦，拥有拖拉机89台，拖拉机配套设备163台（套），水稻插秧机32台，水稻直播机5台，温室24.6万平方米，农产品初加工机械220台（套），畜牧机械663台（套），水产品机械563台（套），农田基本建设机械27台，农用航空器6架。

【农机作业】 2022年，龙湾区机械翻耕面积3615.47公顷次，水稻机耕率100%，机械收获面积1894.33公顷次，水稻机收率100%，机械植保面积4225.40公顷次，水稻机械植保率100%，机械播栽面积0.74万亩，油菜机收2700亩，水稻耕种收综合机械化率88.1%。

【农机服务】 2022年，龙湾区主要农作物病虫害统防统治服务面积6460亩次，机械收获服务面积1408.47公顷次。稻谷烘干9735.45吨，稻谷烘干率接近100%；稻谷烘干服务面积1408.47公顷、9735.45吨。

【农机推广与管理】 2022年，龙湾区加强新型适用农机机械推广力度，新引进水稻直播机4台、无人机6台，建成单轨运输机及轨道共计3809米，农机装备结构得到有效提升。

（项小微）

农业产业化经营

【概况】 2022年，温州市龙湾区开展农业龙头企业培育工作。做好农业农村领域“招商引智”，签约3个农业招引项目。加强农产品品牌建设，完成线上系列直播展销5个专场。全年培育2家市级示范性家庭农场，开工建设7个杨梅精品园。

【农业龙头企业】 2022年，龙湾区开展年度省、市级农业龙头企业、示范性农民专业合作经济组织和家庭农场年度监测和申报工作，确定年度经营主体培育方案。2022年，培育2家市级示范性家庭农场——温州市龙湾海滨永恒家庭农场和温州市龙湾海滨强保家庭农场。

【重点农业项目】 2022年，龙湾区推进省级现代农业园区、市级都市农业公园等重大产业平台建设，做好农业农村领域“招商引智”，2022年在全市第二季度重大项目集中签约活动上，龙湾区共签约3个农业招引项目，分别为齐呈预制菜产业发展项目一期的中餐自助品牌餐饮店（筷享点）、美人瀑农旅投资项目、粮食加工项目，计划投资2亿元，年度完成投资额5200多万元，所有项目已开工建设。

【农产品品牌建设】 2022年，龙湾区拓宽全区农产品销售渠道，与抖音直播平台“温州百晓在线”签订战略合作协议，组织区内特色优质农产品开展线上系列直播展销活动，完成5个专场200万元的销售额。

【设施农业】 2022年，龙湾区建设环大罗山省级现代农业产业园龙湾项目，重点建设7个杨梅精品园（龙湾浃底杨梅精品园、龙湾瑶溪杨梅精品园、康隆杨梅精品园、状元大岙溪杨梅精品园、响动岩三堂杨梅精品园、潭山杨梅精品园、永中天柱盘谷湖杨梅精品园），提升杨梅产业设施化水平，2022年7个杨梅精品园已全部开工建设。

（项小微）

工业·信息业

瑞浦新能源制造基地一景 （区融媒体中心供图，摄于2022年10月）

工业·信息业

综　述
阀门工业
不锈钢工业
制笔行业
制鞋行业
服装工业
龙湾供电分局
永强供电公司
数字产业发展
数字化应用

南洋公园美景　（严艳影摄于2022年8月）

综 述

【工业经济运行】 2022年，温州市龙湾区（含温州经济技术开发区）实现规模以上工业增加值268.53亿元，比2021年增长12.8%，其中区本级实现规模以上工业增加值119.74亿元，增长22.5%；实现规模以上高新技术产业增加值198.07亿元，增长14.8%，其中区本级实现规模以上高新技术产业增加值83.85亿元，增长32.3%。亿元以上规模以上工业企业521家，规模以上工业增加值119.74亿元，其中轻工业158家，规模以上工业增加值48.65亿元，占规模以上工业增加值比重40.7%；重工业363家，规模以上工业增加值71.09亿元，占规模以上工业增加值比重59.4%。装备制造业全区绝对数188.89亿元，增长19.1%，其中区本级绝对数78.91亿元，增长40.2%。智能装备制造业全区绝对数63.14亿元，增长47.6%，其中区本级绝对数39.35亿元，增长107.1%。高质量发展指标评价综合指数蝉联全市第一。

【供电保障】 2022年，温州市龙湾区供电总量（含温州经济技术开发区）74.44亿千瓦时，比2021年增长7.2%，其中工业用电48.21亿千瓦时，增长4.2%，居民生活用电11.43亿千瓦时，增长20.1%，其他用电14.80亿千瓦时。

【产业转型升级】 2022年，龙湾区推进企业产业链供应稳产运行，开展延链补链强链，出台《龙湾区实施“5+4”主导产业链链长制提升方案》，推进各项主导产业发展。实施重点产业链供应链“白名单”管理机制。推进新兴产业发展，中国眼谷签约京东方、珍视明等眼健康领军企业，累计注册落地企业（项目）175家，中国眼谷博览中心满场开园。中国眼谷小镇入选省未来产业先导区培育创建名单、动力及储能电池产业群入选省“新星”产业群培育名单。战略新兴产业逆势增长，新能源、数字经济核心产业制造业、智能装备等三大战略新兴产业增加值分别增长48.0%、74.8%、47.6%。

【制造业项目投资】 2022年，龙湾区加速重大制造业项目落地。全年投资超300亿元瑞浦兰钧新能源制造基地一期、投资222亿元的锂电池新材料产业基地一期动工建设，温州元宇宙创新中心顺利开园。签约落地人本公司高效精密轴承、国兴网络·温州5G产业基地等重大项目。年内，完成1000万元以上增资扩产项目99个，开工建设76个，竣工投产26个，完成率113.0%，完成投资45.63亿元。打造新智造企业集群，实施“专家诊断+政策补助”特色项目培育模式，新增省级未来工厂、智能工厂、重点工业互联网平台、产业链延链补链项目、生产制造方式转型示范项目各1家（个），入选省级首台（套）产品工程化攻关项目4个，实施智能化技改项目245个。

2018—2022年龙湾区五大主导行业规模以上企业情况一览表

表30

行业	2018年			2019年			2020年			2021年			2022年		
	规模以上企业数（家）	产值（亿元）	增速（%）	规模以上企业数（家）	产值（亿元）	增速（%）	规模以上企业数（家）	产值（亿元）	增速（%）	规模以上企业数（家）	产值（亿元）	增速（%）	规模以上企业数（家）	产值（亿元）	增速（%）
阀门	44	36.19	38.4	89	55.66	20.6	86	54.4	14.54	99	78.58	24.7	212	160.51	11.7
鞋业	43	23.39	−9.4	40	26.47	−1.7	40	18.4	4.93	39	19.81	−5.5	44	42.3	3.08
不锈钢	29	21.59	18.8	37	25.15	−2.2	39	26.3	7.03	51	45.1	50.7	97	106.76	7.78
制笔	13	21.47	7.5	13	23.30	4.2	12	15.8	4.21	13	19.77	23.2	14	19.91	1.45
服装	17	15.50	−0.8	19	15.50	9.1	18	12.2	3.26	18	17.92	34	22	20.39	1.49

2018—2022年龙湾区规模以上工业产值和工业性投资情况一览表

表31

年 份	规模以上工业产值（亿元）	增速（%）	规模以上企业数（家）	规模以上工业增加值（亿元）	增速（%）	工业性投资（亿元）	增速（%）	技改（亿元）	增速（%）
2018	307.16	8.1	356	66.32	2.8	33.00	10.5	22.53	9.8
2019	364.21	11.0	412	77.42	8.2	25.97	−21.3	18.83	−18.7
2020	374.1	0.9	436	76.07	1.5	35.21	35.5	25.23	37.8
2021	458.00	23	463	88.00	13.2	56.02	59.0	38.97	54.4
2022	1371.69	18.2	1158	268.53	12.8	83.74	−23.1	64.77	−21.8

【企业用地效能提升】 2022年，龙湾区加快用地效能提升步伐，淘汰落后产能。实施“亩均论英雄”综合评价，全区共9853家企业纳入评价，建立《高耗低效整治企业清单》，实施“一企一策”，对标提升，达标销号。全年共完成销号企业179家，腾出用地102.03万平方米，腾出用能2.98万吨标煤。启动实施8.82万平方米老旧工业区改造，共拆除用地面积23.75万平方米，供地面积13.65万平方米，开工建设面积22.30万平方米。龙湾持续推进“‘腾笼换鸟’焕发老旧工业区新活力”工作经验在省政府工作信息刊发。

【“专精特新”企业培育提升】 2022年，龙湾区加快“专精特新”企业培育提升。完善“小升规”“小巨人”“隐形冠军”“专精特新”中小企业、领军高成长型企业梯度培育机制，全年培育“小升规”企业190家，新增国家专精特新“小巨人”企业11家（含重点“小巨人”1家），入选省专精特新“小巨人”企业81家。嘉泰激光入选首批浙江省科技“小巨人”企业，奔腾激光、建达电气、晨泰科技入选国家级专精特新“小巨人”企业。

【“绿色工厂”评价】 2022年，龙湾区加快“绿色工厂”建设，开展“绿色工厂”评价工作。年内瑞浦兰钧能源股份有限公司、浙江康德莱医疗器械股份有限公司获评国家级绿色工厂，麦田能源有限公司获评省级绿色工厂。

【助企服务】 2022年，龙湾区持续开展助企服务，在全省率先出台营商环境行政执法“十条禁令”，推动企业投资项目促产“一件事”改革，助企服务驶入快车道。全年落实中央、省、市稳经济一揽子政策，确保应兑尽兑、应享尽享，落实留抵退税34.80亿元，快兑直达惠企资金17.45亿元，帮助企业渡过难关、恢复元气。

（陈黎敏）

阀门工业

【概况】 2022年，温州市龙湾区拥有规模以上阀门企业212家，亿元以上企业40家，其中5亿元以上企业3家（浙江石化、唐工阀门、良工阀门集团有限公司）；新增国家专精特新“小巨人”企业2家、省级企业研究院1家。阀门行业规模以上工业增加值35.51亿元，比2021年增长14.4%；阀门规模以上企业销售产值166.36亿元，增长32.4%；阀门产业增幅和销售产值均位列全区各行业前茅。

【智能阀门装备产业】 2022年，龙湾区智能阀门装备产业是龙湾第一大支柱传统产业。阀门产业形成以通用阀门为主，不锈钢、铸造、锻造、执行器、法兰、管件、密封件和标准件等与之配套产业集群，拥有“中国阀门城”国家级金名片及国家火炬计划龙湾阀门特色产业基地、温州市专业商标品牌基地等区域品牌，是全国区域规模大、产值高、产品品种齐全主要生产基地之一。产品涵盖共2000多个品种、3万多种规格，通用阀门产品在国内市场占有率30%，温州市场占有率65.0%，其中不锈钢阀门占全国年产总量40.0%以上，不锈钢球阀占全国市场60.0%。

【阀门工业企业培育】 2022年，龙湾区阀门企业获评省级知识产权示范企业4家，入选市领军型工业企业2家，入选市创新型领军（瞪羚）企业1家。江南阀门有限公司“超大口径轴流止回蝶阀关键技术研究及国产化”项目获浙江省“领雁”研发攻关计划项目立项。浙江挺宇流体设备股份有限公司、五洲阀门股份有限公司获评2022年浙江省装备制造业首台（套）产品。

【良工阀门集团有限公司】 良工阀门集团有限公司是一家集设计、研发、制造和销售于一体股份制集团公司，有员工1000多人，其中研发和技术人员200多人。产品主要应用于石油、天然气、煤、盐、碱、化工、热力、生物、环保、冶金、电站、油气储运、船舶、水系统等行业。2022年，公司生产总产值15.87亿元，主营业务收入15.50亿元，研发占比3.6%。

（王林林）

不锈钢工业

【概况】 2022年，温州市龙湾区拥有不锈钢规模以上企业97家，累计实现规模以上工业产值106.76亿元，占

2022年7月21日，温州市龙湾区阀门行业与永嘉南安商会举行产销战略合作签约仪式

（区阀门协会供图）

全区规模以上工业产值比重 7.8%。拥有华迪钢业集团有限公司、浙江丰业集团有限公司、浙江昊青不锈钢制造有限公司 3 家龙头企业。

【高端特殊钢产业】 2022 年，龙湾区不锈钢产业为龙湾区第三大支柱传统产业，经历多年发展，成为中国不锈钢主要集散地，获“中国不锈钢管无缝管生产基地”“省级专业商标基地”称号”。全区不锈钢产品有不锈钢无缝钢管、不锈钢焊管、不锈钢精密管、不锈钢管件，形成完整产业链，拥有省不锈钢产品质量检验中心（龙湾）、不锈钢行业电子商务公共服务平台等服务平台。

【不锈钢行业污染整治】 2022 年，龙湾区持续发力打好不锈钢行业企业污染整治提升攻坚战。出台《重污染行业整治提升专项行动实施方案》，按照“关停淘汰一批、集聚入园一批、规范提升一批”要求，加快规模以上龙头企业培育发展。全区关停淘汰不锈钢拉管企业 139 家，原地提升 45 家，整合入园 26 家。培育两家不锈钢集中酸洗处理龙头企业，承担龙湾地区不锈钢行业总量 80% 不锈钢拉管、管件企业酸洗废水规范化集中处理。对不锈钢小微企业整合优化，建成“龙湾特钢小微企业园”，提升不锈钢产业效能水平。

【华迪钢业集团有限公司】 华迪钢业集团有限公司是一家集生产镍铁、冶炼、轧钢、穿孔、冷拔冷轧、检测、国际国内贸易为一体的不锈钢无缝管生产大型民营企业。公司“华钢”牌无缝不锈钢管在国内设有 20 多个销售公司和联营公司，产品远销德国、意大利、英国、加拿大、奥地利、美国、新西兰等 30 多个国家和地区，拥有自主进出口权。华迪钢业集团有限公司先后获评“中外名牌产品”、中国驰名商标、浙江省“著名商标”“名牌产品”“诚信示范企业”“知名商号”、温州市“百强企业”、自营生产企业“出口 20 强单位”。2021 年 1 月 22 日正式在美国纳斯达克交易所挂牌上市。2022 年，公司实现产值 5.20 亿元，同比增长 10%。

（陈黎敏）

制笔行业

【概况】 2022 年，温州市龙湾区制笔行业实现工业产值 48.38 亿元，比 2021 年增长 0.8%；外贸出口 27.20 亿元，增长 11.6%，其中拉丁美洲增长约 135.0%、东盟增长 108.0%、中东增长 70.0%、“一带一路”沿线增长 50.0%、美国增长 30.0%，英国、欧盟、非洲增长 10.0%。全区制笔企业 14 家，其中亿元企业 11 家，1 亿—10 亿元企业 2 家，10 亿元以上企业 1 家。爱好、天骄、学泰等三家企业连续五年上榜中国轻工业制笔行业双十强。

【高端制笔产业】 2022 年，龙湾拥有“中国制笔之都”“浙江省制笔专业商标品牌基地”“浙江省区域名牌”“温州市优质产品生产示范区”，是全国第一个国字号制笔基地，全国规模最大、品种最齐全、品牌最集中制笔生产基地。

【温州爱好笔业有限公司】 温州爱好笔业有限公司是一家集生产、销售和科研为一体，内外贸易相结合，拥有自营进出口权民营企业。有员工 4000 多人，公司拥有 40 多个品项和 650 多项有效专利，书写工具与文具用品门类齐全。产品出口 100 多个国家与地区。2022 年，公司实现产值 11.70 亿元，同比下降 6.7%。

（梁　杨）

制鞋行业

【概况】 2022 年，温州市龙湾区拥有鞋业企业 44 家，累计实现规模以上工业产值 42.30 亿元，占全区规模以上工业产值比重 3.1%，其中超 5 亿企业 1 家（浙江卓诗尼鞋业有限公司）。拥有行业龙头企业浙江鑫彩鸿防护用品股份有限公司。

【时尚鞋业产业】 2022 年，龙湾制鞋产业主要以精品女鞋制造为主，已形成以鞋生产企业为中心，包括鞋底、鞋材、鞋饰、制鞋机械设备等配套生产企业在内的女鞋生产特色基地，拥有“中国鞋都女鞋基地”“浙江省女鞋专业商标品牌基地”称号。拥有规模以上企业 39 家，占全区规模以上企业 7.6%。

【浙江卓诗尼鞋业有限公司】 浙江卓诗尼鞋业有限公司注册资本 6000 万元，占地面积 8 万平方米，有员工 1300 多人，是一家集时尚女鞋设计、研发、生产、零售及品牌管理于一体的现代化企业。公司旗下品牌“JOSINY 卓诗尼”时尚女鞋产品，

2022 年 1 月 13 日，浙江卓诗尼鞋业有限公司智能制造展示平台（林道旺 / 摄）

畅销全国31个省、市、自治区，全国开设各类销售线下门店近4000家。2022年，公司实现产值4.90亿元，同比下降18%。

（陈黎敏）

服装工业

【概况】 2022年，龙湾区服装行业规模以上工业增加值6.08亿元，比2021年增长2.4%；服装行业规模以上企业产值27.70亿元，增长5.3%。拥有规模以上服装企业29家，产值达亿元以上企业6家，其中浙江乔顿服饰股份有限公司产值达5亿元以上。拥有浙江乔顿服饰股份有限公司、法派服饰股份有限公司、夏梦•意杰服饰有限公司3家龙头企业。

【第二届中国（温州）绅装文化节在龙湾举办】 2022年，第二届中国（温州）绅装文化节在龙湾区吾悦广场举办，中国绅装文化节由中国服装协会、中国商务男装研究中心主办，本届由发起人之一的浙江乔顿服饰股份有限公司承办。通过街头漫步、街拍打卡、绅型活动等形式，展示西装文化IP。

（范素静）

2022年11月3日，龙湾供电分局工作人员为2022世界青年科学家峰会顺利举行提供电力保障

（区供电分局供图）

龙湾供电分局

【概况】 2022年，区供电分局加强供电保障机制。辖区服务电力供应用户突破16.60万户，社会用电量46.62亿千瓦时，增长8.7%，增速位居全市前列，其中龙湾区本级社会用电量20.07亿千瓦时，增长1.3%，温州经济技术开发区全社会用电量26.54亿千瓦时，增长14.9%。供电可靠性不断提高，用户年平均停电时长比2021年减少0.99小时，供电可靠率99.9%，供区电网经受95.93万千瓦历史新高负荷考验。东部电网、东部电力管廊等重大重点项目取得阶段性成效。连续实现安全生产7320天，未发生电力生产人身伤亡事故、电网事故和人员责任重大设备事故。区供电分局供电范围为永强供电公司供区范围外的区域。

【电网建设】 2022年，区供电分局加快电网建设步伐。编制《龙湾东部电网三年行动计划》，全年完成配网

2022年龙湾区各街道用电量情况一览表

表32

乡镇名称	总电量（千瓦时）	乡镇名称	总电量（千瓦时）	乡镇名称	总电量（千瓦时）
（扶贫）高新区	96097333	高新技术产业园区	1023624	沙城街道	0
（蒲州）高新科技园	32607	海城街道	443182328	天成垦区	312
半岛起步区	25652832	海滨街道	46330288	天河街道	10148978
滨海工业园区	2507848	金海园区	114563046	星海街道	1769179834
滨海新区	11738034	经济技术开发区	10454613	瑶溪街道	241468362
滨海园区	144441471	空港新区	43983444	永兴街道	394261828
滨江街道	4042930	蓝田工业区	1265367	永中街道	190331870
城市中心区	8194033	龙湾中心区	49096374	状元街道	235913086
丁山垦区	9133991	瓯飞起步区	132448	其他	40689249
高新技术产业开发区	1750098	蒲州街道	566407241	总计	4462023469

2022 年与 2021 年龙湾区全社会用电量构成对比一览表

表 33

序号	类型	2022 年累计（万千瓦时）	2021 年累计（万千瓦时）	比 2021 年同期增长（%）
1	全社会用电合计	466177.53	428934.40	8.7
2	A、全行业用电合计	407222.03	382787.65	6.4
3	一、农、林、牧、渔业	178.34	157.03	13.6
4	二、工业	311304.71	294199.96	5.8
5	制造业	293912.55	275865.03	6.5
6	三、建筑业	11017.11	11056.64	−0.4
7	四、交通运输、仓储和邮政业	10579.83	10636.84	−0.5
8	五、信息传输、软件和信息技术服务业	10022.75	9104.44	10.1
9	六、批发和零售业	19251.32	16822.30	14.4
10	七、住宿和餐饮业	3139.75	3289.71	−4.6
11	八、金融业	1615.09	1698.99	−4.5
12	九、房地产业	14075.85	12402.80	13.5
13	十、租赁和商务服务业	6138.38	5117.41	19.9
14	十一、公共服务及管理组织	19898.89	18301.52	8.7
15	B、城乡居民生活用电合计	58955.50	46146.75	27.8

资金投入 1 亿元，完成 220 千伏天河变电扩建工程，新建 110 千伏蒲州街道开发区变改造工程、110 千伏星海街道江桐输变电工程、110 千伏瑶溪街道联谊输变电工程，总投资 3.80 亿元。完成龙湾供区 9 回线路综合改造，涉及导线 16 千米。加强全域防洪抗涝能力，完成 106 个配电房站所加装防洪挡板。完成“迎亚运”环境整治重点项目——220 千伏永龙、永湾线改接黄石变工程，新建架空线路 1.90 千米，落地电缆 0.40 千米，原有架空线路从亚运主题公园内部全部移出，美化提升亚运场馆周边环境。对亚运场馆周边 10 个小区开闭所安装传感器等监控设备，提升智能化供电水平。

【电力设施整治】 2022 年，区供电分局加强电力设施整治工作。做好“迎亚运 • 保供电 • 隐患大排查”专项排查治理，完善亚运场馆周边配电网网架结构，优化龙湾中心区线路接线方式。与亚运会定点医院——温州医科大学附属第二医院签订《供用电安全责任书》。开展街道电力设施整治，对全区点位存在有废杆、乱飞线、电力设施破损和电力设施上小广告等影响城市美观情况排查和治理，累计拔除废杆 246 基，处理乱飞线 36 处，处理电力设施上的小广告 255 处，美化户外环网箱 59 座。推进疫情隔离场所供电保障，保障瓯飞基地一期和滨海安心公寓 2、3 栋隔离点等重点线路和重要配电设备重点检查，共整改隐患 14 处，确保供电安全。

【电力服务】 2022 年，区供电分局推进“供电 + 能效服务”。开展全区重点企业和工业园区“能效经理进企业”活动，完成 2916 户电能能效账单现场走访，以及 465 户综合能效诊断报告推送。开展“电力服务进千企”结对活动，共计走访 83 家企业，为企业节约年用能成本 158.50 万元，解决问题 176 个。推广“网上国网”APP，实施快递免邮，推行“网上办”“无证办”“刷脸办”“联动办”“自助办”。推动农村供电营业厅优化升级。完成电力服务融入区、街道两级共三处政务服务中心，完善用电报装“就近办”服务体系。推进空调负荷建设，累计完成空调负荷建设 23 户。

（徐培真）

永强供电公司

【概况】 2022 年，温州市龙湾区永强供电公司（以下简称永强供电公司）综合产业总产值收入 16 亿元，比 2021 年增长 11.8%。完成供电总量 23.37 亿千瓦时，增长 2.6%。全年停电时户数下降 37%，供电可靠率 99.9%，电压合格率 99.9%。线损率 2.4%，下降 0.2%，电费回收率 100%。供区电网最大负荷 46.80 万千瓦，增长 1.9%，创历史新高。年内永强供电公司获评 2022 年温州市百强企业和温州服务业三十强。永强供电公司供区范围为龙湾区永中、海滨、永兴、沙城、天河、星海共 6 个街道及其工业区的配售电业务。

【电网建设】 2022 年，永强供电公司坚持“补短板、强保障”，实施永强电网“提质升级”三年行动。推进 110 千伏兴南变电站工程建设，启动 110 千伏龙府变电政策处理、设计等前期工作。加强 PRS–3000 调配一体化系统、DTU、FTU 应用，推进配电自动化操作，扩大配网自动化、网络化、智能化覆盖面。开展 10 千伏、20 千伏配网带电作业，减少停电检修次数。加快全域光伏建设进度，推进光储充多功能开关站项目落地。完成世界青年科学家峰会保供电任务，温州奥体中心用电线路实行供二备二，保障亚运会温州场馆供电供应。

【电力服务】 2022 年，永强供电公司与国网省电力公司就双方输配电价结算机制达成一致，双方网间输配电价按浙江电网平均输配电价86.0%执行。公司电价体系和电力交易模式完成从“统购统销”向“市场化”转变。开展电力市场化交易“一企一策”助企纾困，拓宽“移动互联网+”办电服务渠道，“永强电力”APP线上业务占比69.0%以上，助力实现办电“零跑趟”。搭建永电云电务平台，推进营销数字化。推进居住区供电配套“整体加装”、充电设施“统建统营”模式，提高新建小区充电基础建设标准，建立数字化充电设施监管平台，破解居民小区新能源汽车充电难。

【电网绿色转型】 2022年，永强供电公司推进绿色源网荷储一体化发展，瞄定永强电网绿色转型方向，接纳电网新能源，可消纳光伏装机容量22兆瓦，年发电量1335万千瓦时，其中集团自投分布式光伏装机8兆瓦。推进工商业屋顶分布式光伏建设，与港华能源、龙湾国投合作推进全域分布式光伏项目。做好储能项目前期研究，构建清洁低碳、协调互动新型电力系统，助力实现“双碳”目标。

（柯丽珍）

数字产业发展

【概况】 2022年，温州市龙湾区落实数字产业“一号工程”，数字产业呈现蓬勃发展良好态势，相继入选省级软件和信息服务产业基地、省级信息经济发展示范区、省级数字经济创新发展试验区。据2022年省数字经济发展综合评价报告，龙湾数字产业发展指数88.2，居全市第二、全省第二十二，数字产业发展居温州第一梯队、全省前列。

【数字经济核心产业】 2022年，龙湾区数字经济核心产业制造业实现增加值8.31亿元，增长32.4%；数字经济核心产业服务业营收33.40亿元，增长34.4%；新增国家两化融合管理体系贯标认定企业11家，新增省市级两化融合示范试点企业5家，新增1家企业入围省级工业互联网平台创建名单，新增企业上云602家。重点打造DXC温州国际云软件生态平台，加快集聚国内外软件和信息服务业头部企业和高水平数字经济孵化项目。加快北斗卫星产业基地建设，打造以北斗技术及其产业化应用为特色的国家级示范基地。加快发展5G、通信卫星、物联网、工业互联网、大数据、区块链等新一代信息技术。加快大唐5G、麦田能源等项目建设、投产，推进龙湾国际云软件、赛泷科创湾项目和卡易智慧医疗项目等重大项目落地，培育形成一批有一定影响力的数字经济产业。

【数字企业发展】 2022年，龙湾区加强数字化企业发展。引进HPE国际“双碳”与云软件生态平台总部项目与MicroFocus、成都易迪森科技有限公司、Vortex Bladeless、成都量子矩阵科技有限公司、南京基点软件技术股份有限公司、Vantiq等6家软件业及新能源领域头部企业正式签约落户温州国际云软件谷核心区。全年新增省第二批制造业“云上企业”3家、长三角百家品牌软件企业3家、省第八批大数据应用示范企业2家；有规模以上软件和信息服务业企业14家，实现营业收入10多亿元，增长57.4%，规模和增速均居全市前列；汇聚中小微软件和信息技术服务业企业超1000家。

（陈黎敏）

数字化应用

【概况】 2022年，温州市龙湾区加强数字化应用。以数字化应用发展突破口，分类推进制造企业数字化应用技术改造，分行业推广工业机器人应用。全年实施智能化技改应用项目245个，阀门、智能装备入选省数字化应用改造试点行业名单；实施智能制造工程，梯次培育“数字生产线—数字化车间—智能工厂—未来工厂”，推进工业互联网平台体系建设；新增培育省级智能工厂1家，瑞浦兰钧入选省级“未来工厂”；新增省级重点工业互联网平台、生产制造方式转型示范项目各1家、省服务型制造示范企业（平台）2家、市“两化”融合示范试点企业3家、市工业互联网平台企业1家；新增省级产业数字化服务商5家。

【温州国际云软件谷核心区】 2022年，温州国际云软件谷核心区规划面积7平方千米，北至机场大道—衢江路—瓯江路，南至瓯海大道，西至上江河，东至沈海高速，软件和信息技术服务业发展办公用房面积约100万平方米。核心区培育以云计算与工业互联网为主软件产业、5G数字通信为主数字智造产业、数字贸易为主数字服务产业。推进HPE国际“双碳”与云软件生态平台、文昌创客小镇、温州赛泷科创湾等三大重点平台建设，形成以北航大厦、北大科技园、人力资源产业园、激光与光电产业综合体、创梦未来产业园、高新技术创业园、未来智慧城、文昌数字产业园“八大产业园”为支撑，集软件、信息技术、电商等为一体软件产业集聚区。

【中国软件业创新发展大会召开】 2022年7月14—15日，2022中国软件业创新发展大会在龙湾区召开，大会发布温州国际云软件谷核心区产业规划。中国工程院院士杨华勇、廖湘科和加拿大工程院院士顾佩华等39人受聘为温州国际云软件谷顾问团代表，并联合发布“温州·文昌宣言”。揭牌成立“诺奖数字双碳研究中心”及一批软件业产教融合基地。

（陈黎敏）

功能区建设

2022 年 6 月，温州经济技术开发区滨海六路和滨海二道路口　　（星海街道供图）

功能区建设

温州高新区（温州经济技术开发区）

龙湾城市中心区

雁湖公园　　（严艳影摄于2022年8月）

温州高新区
（温州经济技术开发区）

【概况】 2022年，温州高新区（温州经济技术开发区）实现地区生产总值约477亿元；规模以上工业总产值1170.59亿元，增速24.8%；规模以上工业增加值229.33亿元，增速17.5%；社会消费品零售总额95.04亿元，增速8.5%；一般公共预算收入25.08亿元。

【知识产权示范区建设】 2022年8月，温州高新技术产业开发区经国家知识产权局评定为首批国家级知识产权强国建设示范园区。全区累计获专利授权3.80万件，注册商标3.30万件，万人有效发明专利拥有量40.38件，企业知识产权融资12亿元。

【浙江（温州）RCEP高水平开放合作示范区】 1992年国务院批准设立国家级温州经济技术开发区，2012年批准设立国家级温州高新技术产业开发区，经多次区域调整，2022年1月，浙江省人民政府批复设立温州湾新区。新区整合温州高新技术产业开发区（温州浙南科技城）、温州浙南产业集聚区（温州经济技术开发区）2个国家级平台和温州空港新区等省级平台，总面积158.48平方千米。温州湾新区正式设立前，在管理体制调整过程中，设立温州高新技术产业开发区管委会，为市政府派出机构，增挂温州经济技术开发区管委会牌子，不再保留温州浙南产业集聚区管委会、温州浙南科技城管委会、温州瓯飞开发建设管委会、温州空港新区管委会。2022年10月，完成社会事务移交和人员划转工作。

【科技创新投入】 2022年，温州高新区（温州经济技术开发区）全社会研发投入占地区生产总值比重4.2%、全市第一（原温州经济技术开发区口径），获批首批国家知识产权强国建设示范区园区。中国眼谷博览中心顺利开园，中国眼谷入选2022年首批“科创中国”创新基地，中国眼谷小镇入选第一批浙江省未来产业先导区培育创建名单。打造科创大孵化集群，新增孵化面积23万平方米，提质孵化面积10.50万平方米。温州高新区创业服务中心连续7年获得科技部火炬中心科技企业孵化器考核优秀。实施科技企业主体培育“双倍增”行动，新增国家科技型中小企业408家，省科技型中小企业263家，高新技术企业93家，高新技术产业增加值占比排名全市第二。浙南海创城揭牌，入选“国家引才计划”13人，新建省级博士后工作站2家，省研究生联合培养基地落户。浙南“数智造”公共实训基地投入运营，培训技能人才3.10万人，新增技能人才取证1.30万人、高技能人才5133人，位列全市前茅。

【经济运行稳中有进】 2022年，温州高新区（温州经济技术开发区）深化经济运行稳进提质八大攻坚行动，直达快兑奖补资金10.58亿元，工业经济稳中有升。报会上市企业7家，排名全市第一，国家级专精特新“小巨人”企业、省雄鹰培育企业、省“专精特新”中小企业新增数创历史新高。推进数字经济与实体经济融合发展，新增省级数字车间2家、企业上云342家。企业发展信心持续提振，新增市场主体5193户，比2021年增长17.4%。发挥金融扩投资稳增长作用，新增专项债11个。获批省五金卫浴跨境电商产业集群发展试点和省级专项资金。发放消费券2700万元。

【“招大引强”工作】 2022年，温州高新区（温州经济技术开发区）抓好“招大引强”。全年落地亿元以上产业项目15个，其中超百亿元项目1个、10亿以上重大产业项目7个。认定总部企业5家，其中头部企业（含500强）1家。两个超百亿项目——瑞浦兰钧新能源制造基地、伟明盛青锂电池新材料产业基地项目一期顺利摘地。总投资额165亿元的正泰数智零碳产业园项目、国兴5G制造中心总部项目签约，温州元宇宙创新中心顺利开园。瓯飞围区渔光农光两大绿色清洁能源项目发电9.40亿千瓦时。

【城市项目建设】 2022年，温州高新区（温州经济技术开发区）建配套强功能，城市建设高标推进。“精建精美”项目开工11个，建成12个，新区基础设施配套渐趋完善。完成应急隔离点和健康驿站建设。开展综合交通运输发展“十四五”规划、甬台温高速复线桥下空间利用规划等编制工作。S2线基建基本完成，加快通海大道、新川大道、环山南路、滨海二十一路等重大项目建设，推进机场大道东延、空港大道、甬莞高速洞头支线、东部综合管廊等项目前期。建成高新区文化广场，浙南海洋经济总部大厦竣工投用，核心区市政工程全速推进。瓯飞垦区完成用海报批面积197.07公顷，提前完成年度任务。

【营商环境优化】 2022年，温州高新区（温州经济技术开发区）深化国家级相对集中行政许可权试点，入选温州市“续写创新史”十年百项改革突破案例。推进工业企业投资项目“一件事”改革，全年累计办件32.20万件，完成招标金额约4.60亿元。推行部门间涉企鉴定评估“多评合一”改革，深化“五心”红色代办服务，全面推行“企呼我应”企业难题“不见面”“一体化”闭环服务模式。提质优化“万名干部进万企”行动，全区1.30万家企业纳入“e企管”平台，全年化解企业发展问题560个，综合化解率100%。

【姜立纲学院挂牌】 2022年1月17日，姜立纲学院成立挂牌及塑像落成揭幕仪式在浙江东方职业技术学院举行。姜立纲书法文化研究传播中心同时揭牌。

（翁好好）

龙湾城市中心区

【概况】 2022年是龙湾城市中心区开发建设20周年。龙湾城市中心区开发建设起步于2002年2月，开发面积为2.55平方千米。历经2007年、2011年和2016年三次调整，龙湾城市中心区现开发建设范围为50.80平方千米，范围包含瓯海大道以南的永中、瑶溪街道行政区域。2022年，龙湾城市中心区组织实施省重点项目1个，省集中开工项目3个，区重点项目35个。全年累计完成固定资产投资65亿元。

【未来社区建设】 2022年，龙湾城市中心区推进未来社区建设。万顺未来社区列入全省第四批旧改类未来社区创建名单，完成万顺城市新区风貌区创建工作。开展万顺、万康、万民未来社区三区联创工作。万顺（万民、万康）未来社区正式列入浙江省2022年度第二批未来社区名单，系全省首个实现联创的未来社区。万顺、万民和万康社区总面积160.86万平方米，常住人口19735人。瑶溪南单元12-F-35地块合作开发项目完成土地摘牌。南洋未来社区实施单元出让地块摘牌出让，瑶溪南单元12-C-27地块安置房项目进场施工。

【要素保障】 2022年，龙湾城市中心区供地征地有序开展。完成永中单元A-09地块、A-19地块等6个安置房项目征供地及不动产证办理扫尾手续。瑶溪南单元12-G-21地块、永中单元D-18b地块中心区、南洋未来社区实施单元地块一期二期、龙湾城市中心区单元D-09经营性出让用地完成出让。全年累计完成历年批而未供31.69公顷，批而未供土地清理22.96公顷，供而未用任务量10.74公顷，低效用地再开发21.18公顷。全年累计完成融资70亿元。成功发行浙江省首单非公开定向债务融资工具（PPN）项目6亿元。成功注册国家发改委企业债10.80亿元，首期发行6亿元债券票面利率创造温州市同评级主体历史新低。

【安置房建设】 2022年，龙湾城市中心区提速安置房建设。永中单元A-34地块、永中单元D-08地块、永中单元A-14地块、瑶溪南12-I-11地块等5个安置房完成竣工验收，竣工面积35.20万平方米，竣工套数1887套。永中单元A-16地块、永中单元B-15地块、瑶溪南12-E-20地块、永中单元A-19地块4个安置房完工。

【市政设施建设】 2022年，龙湾城市中心区紧抓路网畅通扩容行动。瑶南二路、上璜路（永中西路—永定路）、环镇路打卡口等道路项目建成通车，完成瓯江路整治工程。环山北路龙湾段道路工程（二期）基本建成桥梁和道路主体。聚焦亚运场馆周边环境整治，完成环山东路沿线环境整治工程、龙江路整治等6条绿道工程，绿动公园、瑶溪河12-C-03绿化工程建设。龙湾区第一人民医院建设工程提前完成结构封顶。瑶溪南新二中建设工程通过竣工预验收。和合文化园完成竣工验收。寺前街历史文化商业街区保护建设工程进场施工。

【国有资产管理】 2022年，龙湾城市中心区强化资产管理，对所辖安置房、商业用房、办公用房、厂房及已交付土地等各类资产实行全面排查，开展集中巡查2轮，累计巡查1500多套（次），对侵占资产尽数腾空。新增43项国有资产出租，新增年租金425万元。受理租金减免申请企业，共计减免租金约271万元，助推助企纾困工作。

【万顺风貌样板区建设】 2022年10月10日，龙湾万顺城市新区风貌样板区成功入选浙江省2022年度第二批城乡风貌样板区名单。龙湾万顺城市新区风貌区位于龙湾城市中心区，基地总面积约293万平方米，是集行政管理、文化娱乐、商务购物、金融办公和生活居住等多功能于一体的综合城市中心区。

（李 洁）

2022年9月28日，龙湾区寺前片区老旧小区改造及基础设施配套工程——寺前街历史文化商业街区保护建设工程开工仪式举行 （龙湾城市中心区供图）

商贸服务业

青山控股总部大楼　　（区融媒体中心供图，摄于2022年2月）

商贸服务业

综　述
商贸业管理
批发零售业
物流业
电子商务
供销合作
贸易促进

雁湖公园　（严艳影摄于2022年8月）

综 述

【概况】 2022年，温州市龙湾区围绕“五城五高地”“一区五城”目标任务，推进“国际开放新城”“温州都市东部消费中心”建设，统筹新冠肺炎疫情防控和商务经济发展。全年实现限额以上批发零售、住宿餐饮业销售（营业）额3613.60亿元，位列全市第一，占全市总量33.7%；全社会消费品零售总额433.40亿元，位列全市第五，占全市总量10.0%。外贸出口总额312.56亿元，比2021年增长50.8%。境外投资中方备案额4.92亿美元，年度目标完成率居全市第一，占全市境外投资在55%以上。

【省现代服务业创新发展区建设】 2022年，龙湾区成功创建浙江省第二批现代服务业创新发展区。依托温州区域改革、创业创新、温商网络、产业基础等优势，叠加多项国字号战略平台政策，重点发展以云软件为特色的信息技术服务、以电商为核心的数字贸易“两大主导产业”，链式发展超百亿级投资项目、集聚培育超百家示范企业、有机更新超百万平米产业空间，打造全国新型数字贸易新中心。

【内循环指标】 2022年，龙湾区实现限上批零住餐业销售额3007.03亿元，比2021年同期增长14%，其中限额以上批发业销售额2856.30亿元，增长14.6%；限额以上零售业销售额145.60亿元，增长3%；限额以上住宿业销售额1.70亿元，下降13.6%；限额以上餐饮业销售额3.40亿元，增长4.6%。

【外循环指标】 2022年，龙湾区实现进出口总额521.69亿元，比2021年增长36.1%，其中出口额312.56亿元，增长50.8%；进口额209.13亿元，增长18.8%。市场采购贸易企业44家，增加2家，累计实现出口3.80亿美元。全年龙湾区（含温州经济技术开发区）实现跨境电商综试区出口27.10亿元，年度任务完成率133%。

【服务业发展】 2022年，龙湾区实现服务业增加值277亿元，比2021年增长1.9%，占GDP比重49.8%。其中，规模以上其他营利性服务业营业收入31亿元，增长0.6%。全年服务业企业规模以下转规模以上完成6家。

【首届青山论坛在龙湾举办】 2022年11月7日，以“中国企业全球化与高质量发展”为主题的首届青山论坛在龙湾举办。北京大学新结构经济学研究院院长林毅夫作题为《新结构经济学与中国企业全球化发展》的主旨报告，重庆市原市长黄奇帆作题为《把握全球产业链发展趋势和主动权，推动制造业高质量发展》主旨报告，青山实业董事局主席项光达作题为《青山发展与人才战略》主旨报告，浙江大学社会科学部主任、青山商学高等研究院执行院长吴晓波作题为《超越追赶的全球化战略》主旨报告。论坛同期举行“院士圆桌论坛”。

（戴安琪）

商贸业管理

【概况】 2022年，温州市龙湾区商务局（以下简称区商务局）推进东部消费中心建设，培育文旅消费新潜能，维护市场秩序，推进现代服务业稳定发展。出台《龙湾区现代服务业高质量发展行动计划（2023—2025）》《进一步加快现代服务业高质量发展的若干政策意见》。建立青山体检与医学研究中心、云上智城等9个服务业重点项目库。加强老字号品牌培育，成功培育许太和市级老字号。推进“无废细胞”建设，共完成8家无废商超的创建任务。再生资源回收利用率61.8%。培育省级工业旅游示范基地1家，市级文旅消费集聚区1个，市级文旅特色消费示范点3个。

【商圈能级提升】 2022年，龙湾区推进智慧商圈等现代化建设，吾悦广场成功入选市级智慧商圈试点，申报成功省级绿色商场，通过儿童友好商圈三星评价。瑶溪北单元11-B-18地块商业综合体顺利结顶。商贸项目实现新突破，共签约温州湾跨境•直播电商产业园、星宇集团跨境电商项目、万达广场首店品牌招引3个项目。推动企业做强做优做大，欧龙集团入围2022中国服务业企业500强。完成商贸业投资5.50亿元，超高层（云上智城）项目建设稳步推进，全省首家时尚品牌“W酒店”落地。

【商贸企业流通政策兑现】 2022年，龙湾区政策兑现资金756.54万元，惠及企业119家次，其中商务奖补项目（第一批）资金兑现71.11万元，惠企29家。“开门红”十条措施限上住餐企业稳产增长补助兑现10万元，惠企2家。商务奖补项目（第二批）资金兑现5.40万元。开展吾悦中国年、万物起浪等15场温享新消费开门焕新消费季促消费活动，累计带动消费3.20亿元。

【商贸领域安全生产】 2022年，龙湾区商务局开展安全生产、平安建设、新冠肺炎疫情防控、文明创建等检查行动，全年完成“互联网+”监管事项62项，完成率100%。开展商贸安全生产月、消防安全月等活动，开展应急综合演练5次。做好大型商超、加油站平安三率宣传、平安护航百年督查工作，以及大型商业综合体、加油站、二手车市场反恐怖宣传工作。协调处理“民呼我为”统一平台投诉件1307件，处置预付卡信访件281多件。现场调解25次，联合检查2次，督促经营者合法合规开展预付卡经营活动，维护消费者合法权益。

【消费促进】 2022年，龙湾区商务局推动落实《龙湾区商贸流通体系建设规划》，促进流通体系建设，激发消费活力。聚焦首店首发招引，开展路特斯、莫里

2022 年 11 月 5 日，2022 第二届中国（温州）绅装文化节在温州吾悦广场开幕

（龙湾发布供图）

尼、智己等 9 场首发活动，招引 17 家首店项目陆续开业。组织开展三期消费券发放活动，累计投入 4532 万元，涵盖汽车、家电、零售等消费领域，带动消费超 9 亿元。培育放心消费单位 2136 家，培育无理由退货承诺单位 814 家，培育放心工厂 232 家，放心街区（商圈）6 个。举办第二届中国绅装文化节。打造龙湾美食文化品牌，东方大酒店、王鱼粉干、岩衣胶冻分别入选“儿时味道”瓯味榜名店、名菜、名小吃称号。举办第四届状元王鱼杨梅节。承办 2022 温州市工业旅游嘉年华暨文旅消费季启动仪式。

【商贸服务】 2022 年，区商务局窗口实现办结件 275 件，办结率 100%，满意度 100%。实行材料齐全即时即办的原则，推进“最多跑一次”工作再上新台阶。关注浙江政务服务网外网申报动态，对申报单位以电话、QQ 等方式进行业务指导，同时做好前置服务及延伸服务工作，为企业提供高质量政务服务办事体验。

【广告服务业】 2022 年，龙湾区有广告市场主体 943 家，其中企业 623 家，个体工商户 320 户，从业人员 2203 人。全年广告经营额 4100 万元，加大广告监管力度，开展金融类广告、互联网广告、旅游市场广告专项整治工作；市场监管部门查处违法广告 56 起，罚没金额 23.25 万元。

【会展业】 2022 年引导区内企业参与“云”展会，鼓励企业以“代参展”模式开拓国际市场，成功举办“2022 中国温州国际泵阀展览会（线上展）”，引导 50 家重点泵阀行业外贸企业参与线上展示。

（戴安琪）

批发零售业

【概况】 2022 年，龙湾区批发和零售业形成多种经济结构、多种经营形式发展格式。大型超市、专卖店、便利店、网上购物等构成多层次、多业态、开放式、竞争型市场格局。随着居民生活水平的提高和消费理念的转变，对时尚潮流、智能便捷的消费需求提高，服装、鞋帽、针纺、家用电器、金银首饰、化妆品等升级类商品较快增长。2022 年全区有大型超市 3 家，便利店 134 家，全年全社会消费品零售总额 433.47 亿元，比 2021 年增长 1.7%。其中限额以上消费品零售额 203.08 亿元，增长 3.9%。

【万达广场】 位于龙湾新城，东至龙海路，西至龙祥路，南至永定路，北至永强路。总用地面积约 168 亩，总建筑面积约 38.60 万平方米，其中商业面积 27 万多平方米，总投资额约 30 亿元，由商业步行街、大型购物中心、影城、KTV、超市大卖场、商务酒店、写字楼等组成，是集购物、餐饮、文化、娱乐、商务、休闲等多种功能为一体的城市综合体。2022 年销售收入 13.44 亿元，比 2021 年增长 38.75%。

【温州吾悦广场】 吾悦广场是 2019 年温州市投资的商业综合体项目，总建筑面积 62 万平方米，其中商业建筑面积 26 万平方米，累计投资额 37.91 亿元。温州吾悦广场是一座集吃、喝、玩、乐、游、购为一体的一站式、全业态、体验型的城市综合体，涵盖时尚购物中心、主题商业街区、精工品质住宅等多种业态，覆盖全年龄段和全时间段的一站式体验服务。温州吾悦广场不仅有优质的装修标准、舒适的商业环境，还将有时尚潮流的多业态体验式消费。海底捞、永辉超市、星铁影院、多奇妙乐园、喜悦滑冰场等多家商户签约进驻。2022 年销售收入 6.80 亿元，比 2021 年下降 26%。

【TOD 印象汇】 印象汇位于龙湾区瑶溪街道温州大道与瑶岭路交汇处西南，与轨道交通 S1 线科技城站相连，是温州首个轨道交通 TOD 商业综合体。综合体 1 楼以新能源汽车展厅为主，中庭搭建活动舞台和新能源汽车的展示处。2 楼以服装业态为主，有耐克、阿迪达斯、安踏、特步、巴拉巴拉、吾名堂等品牌。3 楼则是家居业态，有数十家家居商家进驻。4 楼有至潮影城。5 楼有零星儿童游乐设施和世界东方健身。2022 年 11 月 26 日，印象汇在瑶溪开业。

（戴安琪）

物流业

【概况】 2022年，龙湾区物流业总体运行保持稳中有进、降本增效的基本态势。全区公路完成货物周转量19.77万吨，比2021年增长5.2%。

【空港新区现代物流园】 空港现代物流产业园项目于2016年11月进场施工，该产业园包括申通快递物流产业园与圆通速递（浙南）区域速递总部2个物流项目，总占地面积19.80公顷，总建筑面积20.69万平方米，总投资10.10亿元。其中，申通快递物流产业园由浙江申通瑞丰快递有限公司承建，占地面积12.28公顷，建筑面积约13.63万平方米，总投资6.50亿元。圆通速递（浙南）区域速递总部由温州圆通速递有限公司承建，占地面积7.52公顷，建筑面积7.06万平方米。该项目于2017年5月份开工。打造一个功能层次高、物流资源集聚强、物流设施运作一体化的区域性空港物流中心。

（戴安琪 陈凯哲）

电子商务

【概况】 2022年，温州市龙湾区网络经济零售额254.40亿元，比2021年增长17.5%。家居家装、服饰鞋包在行业网络零售总额占比依次为53.8%、15.7%。第三方电子商务平台上共有各类活跃网络零售网店6580家，直接解决就业岗位约1.84万个。

【外贸新业态培育】 2022年，龙湾区商务局支持跨境电商发展，加快培育外贸新业态。全年实现跨境电商综试区项下出口额15.20亿元，新增备案企业32家，推动企业建设独立站6个，建成公共海外仓并上线省系统3个，孵化省级跨境电商园区1个。龙湾跨境电商生态体系建设获省产业集群跨境电商试点激励项目，省产业集群跨境电商试点考核获A级评价。打造温州（龙湾）新型数字贸易港，持续推进数字贸易和外贸新业态发展。龙湾区（含温州经济技术开发区）实现跨境电商综试区出口27.10亿元，年度任务完成率133.0%。全年龙湾区（含温州经济技术开发区）累计实现网络零售额254.37亿元，比2021年增长17.5%，增速全市排名第三。

（戴安琪）

供销合作

【概况】 2022年，温州市龙湾区拓展为农服务领域，持续“三位一体”综合改革，推进区本级数字农合联平台建设和应用推广。建成省级现代农业综合服务中心1家，杨梅种植、果蔬种植、柑橘种植3家。区域特色农产品产业农合联获省级星级认定。加大新型农业经营主体扶持力度，补助主体22家。参与组建区级强村公司。全年供销系统实现全年销售总额2.47亿元，利润106万元。

【支农惠农服务】 2022年，区供销联社创新为农服务平台，开展形式多样支农惠农活动。开展春耕备耕期间农资市场调查工作，做好淡季农资储备工作。发挥直营店的网点渠道优势，以农产品线下市集、线上展销等多形式，助推龙湾特色农产品展示展销。组织开展农合联产销研一体化、数字农合联平台运用等各类涉农培训班3场，指导产业农合联自行组织相关种植培训2场，全年共培训人员182人次。开展农资下乡及各类宣传活动3次，累计赠送农户农资9吨。

【基层社规范化建设】 2022年，区供销联社持续推进基层社规范化建设。完成寺前街有关永中供销社及综合商店的房产征收签约和腾空任务。支持基层供销社参与中心工作建设，创建百强社2家，消除薄弱基层社1家，新建基层分社1家，新建、改造提升综合服务社6家。指导5家基层社与5家生产基地建立共富帮扶机制。开展基层社财务专项督查，对各基层社资产收入、资金使用等方面专项检查，查出问题6个，发放整改通知书4份。

（王 洁）

2022年9月29日，区供销联社和苍南县供销社“山海协作”合作协议签订仪式举行
（区供销联社供图）

贸易促进

【概况】 2022年，温州市龙湾区实现进出口总额521.69亿元，比2021年增长36.1%，其中实现外贸出口312.56亿元，增长50.8%，增速排名“三区两市”第一、全省90个县市区第六，为全市贡献出口增量105.34亿元，拉动全市出口增长5.2个百分点。全年实现进口209.13亿元，增长18.8%，拉动全市进口增长8.8个百分点，占全市比重46.7%。

【助企服务】 2022年，区商务局支持外贸企业在疫情背景下“走出去”，稳客户、拓市场、抢订单。与温州海关开展合作，精准破解服装加工企业风险担保金问题。利用外贸综合服务平台，培育龙湾对外贸易、意通国际贸易2家省级外综服务示范企业。全年开展外贸惠企政策申报12个批次，完成审核兑现10个批次，涉及资金2600多万元，惠及企业500家次。

【内外贸一体化拓展】 2022年，区商务局扩大对外开放，持续推进外向型经济发展。举办“2022中国温州国际泵阀展览会（线上展）”，引导50家重点泵阀行业外贸企业参与线上展示。推动10家外贸出口企业开展内销业务，为龙湾区外贸企业打开外贸转内销“新模式”，全年完成出口转内销3.90亿元。龙湾区华迪钢业集团有限公司等3家企业获评浙江省第三批内外贸一体化“领跑者”。

【浙江（温州）RCEP高水平开放合作示范区】 2022年11月，以龙湾区为承载主体浙江（温州）RCEP高水平开放合作示范区正式获批。龙湾区紧抓RCEP区域发展新契机，借助境外投资带动进出口增长，促进与RECP成员国的经贸往来。与14个RCEP成员国实现进出口总额277.67亿元，比2021年增长51.1%，其中出口109.01亿元，进口168.66亿元，双双实现超百亿元。

【RCEP国家港口优势提升】 2022年，龙湾区提升温州对RCEP市场尤其是东盟市场的口岸优势，温州港开通至菲律宾、泰国、越南、印度尼西亚等国家（地区）近洋航线11条，规模居全省第二。温州机场开通运营至东京、大阪、首尔、马尼拉4条全货机航线。实现金温集装箱海铁联运常态化运行。

（戴安琪）

2018—2022年龙湾区机电及高新产品出口情况一览表

表34

年　份	机电产品出口额（万美元）	占出口比重（%）	高新产品出口额（万美元）	占出口比重（%）
2018	68923	30.2	6033	2.6
2019	118870	43.7	21166	7.8
2020	140433	45.6	18960	6.2
2021	131868	41.1	19764	6.2
2022	225139	48.1	20320	4.3
合计	685233	–	86243	–

2018—2022年龙湾区自营进出口情况一览表

表35　　单位：万美元

年份	出口额	进口额	年份	出口额	进口额
2018	228183	151505	2021	321159	272331
2019	272182	175774	2022	467945	311166
2020	307765	229301	合计	15972344	1140077

2018—2022年龙湾区各贸易伙伴出口情况一览表

表36　　单位：万美元

年份	出口额									
	美国	印度尼西亚	印度	俄罗斯	墨西哥	英国	巴西	德国	西班牙	荷兰
2018	34576	30732	15709	8920	8380	7528	7086	6435	5962	5413
2019	37054	65348	12296	11134	8944	8113	6896	6072	0	5792
2020	35455	52941	9926	14944	6719	7966	0	10646	0	0
2021	46672	61324	14527	19796	8873	0	12011	9080	0	0
2022	59866	114083	11279	15802	13409	15280	18462	0	0	22092

旅游业

瑶溪瑶湖美景　　（项绍雄摄于2022年8月）

旅游业

综　述

旅游营销

文旅公共服务

旅游资源

龙翔湖公园　　（张志霄摄于2022年11月）

综　述

【概况】　2022年，温州市龙湾区区本级共接待境内外旅游者135.40万人次，比2021年下降24.2%，旅游总收入19.60亿元。其中，接待国内旅游者135.40万人次，下降24.2%，接待境外入境旅游者307人次，下降18.9%。全年旅游总收入19.60亿元，下降24.4%，其中国内旅游收入19.60亿元，下降24.4%，国际旅游外汇收入8.60万美元，下降13.4%。

【旅游业管理】　2022年，龙湾区加强旅游管理。开展对旅行社和旅游工作人员的新冠肺炎疫情防控检查。根据《龙湾区助力个体工商户纾困发展32条政策措施》，对旅行社的新冠肺炎疫情防控支出给予支持。完成全区单体旅游资源评定及优集区资源评定工作，全区共有星级饭店3家、旅行社11家。组织对景区、星级饭店、旅行社、室内冰雪场所等场所开展安全生产联合检查。全年共出动检查人员1524人次，检查1238家，共查处隐患71处，整改71处。

【旅游项目建设】　2022年，区文广旅体局融入“四条诗路”建设，重点推进永昌古镇文旅项目、寺前街历史文化商业街区保护建设工程等重点文旅项目建设，持续推进高新文化广场、云上智城超高层综合体等在建文旅项目，启动建设“美人瀑”酒店项目。年内，龙湾区全国文旅项目库在库项目21个，项目计划总投资112.97亿元，累计完成投资额22.37亿元。

【“微改造、精提升”项目建设】　2022年，龙湾区以争取浙江省旅游业“微改造、精提升”省级示范点为目标，统筹推进“微改造、精提升”工作，列入浙江省“微改造、精提升”项目库35个项目。全年累计完成投资1.03亿元，其中张璁纪念馆、叶萌春艺术馆、永强“八盘八”体验馆、龙湾革命教育馆等20个项目获评浙江省旅游业“微改造、精提升”示范点项目。

（郑　光　谢荣乐）

旅游营销

【概况】　2022年，区文广旅体局承办“千年商港　传奇之旅”2022温州市工业旅游嘉年华活动。“畅游休闲未来城＋玩转工业新风尚”之旅（乔顿集团→张智王鱼楼→永昌堡→温州温德姆酒店→卓诗尼→东篱下生态休闲农庄→郑宅村）线路入选温州工业旅游十大精品线路，浙江乔顿服饰股份有限公司、浙江卓诗尼鞋业有限公司入选温州工业旅游经典十景。举办第四届状元王鱼杨梅节，云开幕在线观看人数近6万人次。举办“迎亚运·游龙湾”2022年龙湾区运动休闲旅游线路踩线活动，开拓挖掘龙湾文旅市场潜力。举办“南洋市集”活动，打造龙湾文旅消费新场景。开展“山海相约·温州有请”龙湾—苍南文旅（丽水）联合推介活动，深化山海协作。

【培育新型文旅场景】　2022年，区文广旅体局推进全域旅游示范区创建，推进旅游产业融合发展，推动5个旅游重大项目建设，提升景区品质和品牌形象。龙湾区瑶溪村入选金3A景区村培育名单。温度源酒店创成“金桂级”品质饭店。永强“八盘八”、顺海楼创成百县千碗体验店。

【2022年龙湾区运动休闲旅游踩线活动举行】　2022年3月24日，龙湾区文化和广电旅游体育局举行2022年龙湾区运动休闲旅游线路踩线活动。踩线活动通过“请进来”的方式，让温州各大旅行社及涉旅企业、旅游体验师、媒体代表与龙湾旅行社、景区、运动场馆面对面，共推产品，共拓市场，推广龙湾文旅。踩线团走访龙湾钟秀园非遗体验基地、温州梦工场赛车运动中心、温州赤狼射击俱乐部、东篱下生态休闲农庄。探访龙湾古建“活化”成果，体验龙湾非遗文化，亲身参与赛车运动。在东篱下观赏天柱绝壁，聆听“美人瀑”传说，在永强“膳合汇”品尝永强“八盘八”传统宴席。

【第四届状元王鱼杨梅节系列主题活动】　2022年6月，“鱼”你共享“梅”好时光——第四届状元王鱼杨梅节系

2022年3月24日，2022年龙湾区运动休闲旅游线路踩线活动举行

（姜杨发／摄）

2022年6月8日，第四届状元王鱼杨梅节系列主题活动举行。图为“味蕾在唱歌”抖音大赛颁奖仪式现场（区文广旅体局供图）

列主题活动举行。活动面向广大市民推出云上开幕式、“集食行乐”美食打卡小游戏、“味蕾在唱歌”抖音大赛、美食博主福利直播间、“梅”好时光摄影大赛等活动，带动市民群众品尝王鱼粉干与龙湾杨梅，为旅游经济的复苏注入新的活力。

【2022龙湾·苍南文旅联合走进丽水宣推】 2022年11月11日，“山海相约　温州有请”——2022龙湾·苍南文旅（丽水）联合推介活动在丽水举行。龙湾区、苍南县两地文旅部门借助山海协作开展文旅推介，相关单位负责人和参展商等百余人参加本次活动。活动现场开设龙湾苍南文旅资源和产品展示区，还首次发布“冬日暖阳山海游”“冬日文化休闲游”2条苍南——龙湾旅游专线产品。

（郑　光　谢荣乐）

2022年11月11日，“山海相约　温州有请”——2022龙湾·苍南文旅（丽水）联合推介活动在丽水举行（区文广旅体局供图）

文旅公共服务

【概况】 2022年，龙湾区加强文旅资源保护和周边环境整治工作。完成永昌堡王氏始祖故居是维修工程和楼下派祠和城墙为抢修工程。完成永昌堡城墙整体安全检测工程。整治提升国安寺塔周边环境，建成奥体中心旅游驿站。加强文旅企业纾困扶持，促进文旅消费。推出“文旅消费季活动”，共有76家文旅企业参与。扶持省工业旅游示范基地浙江卓诗尼鞋业有限公司、“诗画浙江·百县千碗”省级美食体验（示范）店龙湾张智王鱼楼（食街）、永中三姆乃海鲜楼、温州龙湾东篱下农业发展有限公司等文旅企业兑现以奖代补资金65万元。

【城市标识优化】 2022年，龙湾区组织召开迎亚运城市标识国际化系统推进会，开展“迎亚运”标识标牌整治工作，提升建设瓯海大道、永昌堡景区等道路交通引导标识牌，全力服务保障亚运会。

【《龙湾旅游手绘地图》上线】 2022年12月15日，《龙湾旅游手绘地图》在温州市各主流网络媒体上线。《龙湾旅游手绘地图》是由龙湾区文化和广电旅游体育局出品，内容囊括龙湾区的重要城市地标，包括人文名胜、历史古迹、非遗文化、休闲运动场所、公共文化服务、商业工业园区等，共102处，是一本值得珍藏的文化“口袋书”。

【2022温州文博会龙湾分会场暨南洋市集活动】 2022年11月18—20日，2022温州文博会龙湾分会场暨“南洋市集”活动在南洋公园举办。市集开设生活美学区、生态旅游区、原创手工艺区、后备厢集市、非遗展示区、网红美食区六大板块。市集现场参展商家达60多家，首日访客超2000人，累计访客超万人。

2022年11月18—20日，2022温州文博会龙湾分会场暨南洋市集活动在龙湾南洋公园举行。图为"南洋市集"活动现场 （区文广旅体局供图）

【工业旅游示范基地】 2022年1月14日，浙江卓诗尼鞋业有限公司获评浙江省工业旅游示范基地。浙江省级工业旅游示范基地是指在全省范围内，以运营中的工厂、企业、工程为主要吸引物，开展参观、体验、研学、购物等旅游活动，对工业旅游发展具有示范引领作用的工业企业、加工园区和生产性服务企事业、工业园区（基地）等单位。浙江卓诗尼鞋业有限公司产业园占地面积120余亩，年产女鞋1600多万双，现有员工1800余人。以"年轻向尚"为主题，将传统制造工业、商业办公与文化旅游相结合，内有休闲咖啡吧、时尚购物中心、智慧员工餐厅、全智能生产线、卓诗尼文化馆等软硬件设施。

（郑 光 谢荣乐）

旅游资源

【永昌堡景区】 位于温州市龙湾区永中街道境内。明代城堡，俗称新城。建于公元1558年（明嘉靖三十七年）。由王叔果、叔杲兄弟发起修建此堡以抗倭。堡内还保留着具有艺术价值的文物古迹，主要有建于明嘉靖二十一年（1542）的"王氏宗祠"，明万历钦赐"世大夫"的世大夫祠，建于明隆庆三年（1569）的"都堂第"，建于明万历二年（1754）的"布政司祠"，以及"状元第"、古牌坊、古墙、古井、石板坦等。现为国家重点文物保护单位、浙江省国防教育基地、温州市爱国主义教育基地。景区级别为3A，门票免费。

【瑶溪风景名胜区】 位于瑶溪街道境内，属大罗山脉，1991年被省人民政府列为省级风景名胜区。景区面积13.50平方千米，距温州市中心16千米，距温州龙湾国际机场4千米，交通十分便捷。瑶溪因"溪石皆玉色"而得名，碧溪幽谷，苍崖峡峪，孤峰峭壁，石柱叠岩，素有"桃源仙境"之盛誉。分瑶溪泷、钟秀园、龙岗山、千佛塔和青山湖等五大景区，有100多个景点，尤以幽谷金钟、水石同踪、铁壁潭影、梅林情深、山色湖光、鹭鸶闲云、烟雨朦胧、仙叠龙岗、千佛春秋和钟灵毓秀为其十大著名景观。瑶溪又是温州历史文化名胜荟萃之地，龙岗山遗址，距今四五千年；唐立国安寺，宋造千佛塔，明建玄真观，明清以来名士云集；尤其是明朝大学士张璁曾在此居住长达36年，留下许多文物古迹和动人传说。众多摩崖碑刻、文物古迹点缀于碧水玉石之间，自然风光与人文英华浑然一体，交相辉映，构成一幅奇异瑰丽的画卷。瑶溪伏夏清凉、隆冬燠温，林果四时丰饶。景区内建有四星级旅游涉外饭店——温州瑶溪王朝大酒店。2022年，瑶溪风景名胜区内的瑶溪村区域获评浙江省生态文化基地。

【天柱寺风景区】 位于瓯江口南岸，大罗山东麓，总面积12平方千米。登

天柱寺风景区 （项绍雄摄于2022年9月）

上山冈，遥眺东海，令人心旷神怡，精神为之一振。景区地理位置优越，距市区中心28千米，离温州机场5千米，交通便捷。景区所辟交通主干道与永强大道、罗东南街、环山东路相通，游客往来方便。天柱寺风景区名胜古迹星罗棋布，人文景观丰富，以“峰奇、石怪、瀑飞、水碧、庙古”见胜。有荥阳园、观海坪、天柱寺、盘谷湖、五折瀑、天柱峰、弥勒峰、观音峰、美人峰、鲤鱼倒游、狮子壁、陶成洞、老虎洞、爬山石、母子岩、骆驼石、八戒贪吃、仙人影、第一山、百家尖等四五十个景点。诸景相得益彰，交映生辉，形成一派风光秀丽、景色宜人、葱茏苍翠、清幽静谧的自然环境。历代文人墨客留下许多墨宝真迹和名句佳作，为天柱寺胜景笼上一层浓郁的文化色彩。

【龙湾东篱下休闲农庄】 位于龙湾区永中街道郑宅村东篱路1号。东篱下生态休闲农庄占地约150亩，坐观凌厉壁石，毗邻美人飞瀑，得天独厚的环境，因势利导的景观设计，造就不一样的“采菊东篱下，悠然见南山”。园地开放绿也花房、香草餐厅、南山餐厅、生态菜园、露营大草原、天幕烧烤项目。2022年，东篱下生态农庄获评温州市中小学生研学实验基地，开放接待学生、社团及企事业单位参观考察达49457人次。

（郑　光　谢荣乐）

东篱下休闲农庄一角　　（团区委供图，摄于2022年12月）

城市建设

温州奥体中心周边住宅区　　（项绍雄摄于2022年7月）

城市建设

综　述

城市规划

城市化建设

重点工程

建筑业

综合行政执法

不动产登记

住房公积金管理

温州文昌创客小镇建设

文昌创客小镇客　（温州臻龙建设投资集团供图，摄于2022年4月）

综 述

【概况】 2022年，温州市龙湾区加快城市建设优化升级，推进“大建大美”、城乡风貌整治提升和未来社区建设。全区实施“大建大美”项目81个，开工28个、建成25个，完成投资额105.79亿元；全区累计创建省级未来社区项目11个、全域未来社区试点2个、省级风貌区项目5个，完成省级未来社区验收项目3个、省级风貌区验收项目2个，完成投资45.95亿元。全年生态环保投资增长17.2%，民间投资（包含房地产）下降4.6%，占限额以上投资比重57.9%，其中民间项目投资下降16.0%。投资项目（包含房地产）721个，新增项目163个。2022年全区建筑业总产值177.68亿元，比2021年增长7.1%。

【住建领域数字化改革】 2022年，龙湾区推进住建领域数字化改革。持续推进人防数字化改革，全区完成23台警报数字化改造，实现市县两级统控。完成“浙人防数字化综合平台”人防警报数据采集和录入，实现人防警报系统整体智制能力提升。探索建立人民防空“部门协同、资源共享、信息互通”一体化管理体系，构建基层人防力量融入居民生活新格局。持续强化龙湾区建设工地全生命周期监管平台应用，通过系统集成、数据共享、远程监管、及时响应等手段，实现建设工程闭环式管理。

【住建审批改革】 2022年，龙湾区深化工程建设项目审批制度改革，推进一般企业投资项目高效审批，深化企业投资低风险小型项目审批、联合竣工验收、企业投资项目促产“一件事”等改革，住建窗口全年办理政务服务10000多件，蝉联示范红旗窗口。

（王依纯）

城市规划

【概况】 2022年，温州市龙湾区自然资源和规划分局（以下简称区资规分局）推进温州东部城市发展中心、温州湾新区和瓯江新城建设，完成国土空间总体规划编制工作。“三区三线”划定于9月批准启用，划定永久基本农田13.08平方千米、生态保护红线22.17平方千米、城镇开发边界122.54平方千米（数据含温州经济技术开发区），其中永久基本农田较原土地利用总体规划减少5.52平方千米，城镇开发边界较原城市总体规划增加8.69平方千米。全年完成7次地方规划额度申请，申请地方规划额度1.16平方千米，其中规划新增建设用地1.04平方千米，涉及通用航空产业园、中心区城中村改造、海滨旧村改造、御史桥安置等区重点建设项目。

【城市设计】 2022年，区资规分局推进温州市核心区状蒲片城市设计国际方案征集、开发区西核心区块城市设计，推动开发区东、开发区西核心区块及状元南等温州市区东翼范围城市更新，打造温州新中心。开展国际云软件谷核心区文昌创客小镇城市设计、瑶溪西单元城市设计。协助甬台温高速拓宽设计、机场东片水域规划设计、国安寺扩建和特勤消防站设计。做好龙湾区规划设计图、影像图等规划图纸及展板更新工作，为区委、区政府及相关部门提供基础规划底图。

【控制性规划编制】 2022年，区资规分局完成城市控规修改工作。完成温州湾新能源产业园、开发区西核心区块、沿江快速路龙湾段、青山儿童福利院、永强供电安置地块5项控规修改。推进农业示范单元、开发区东、状元南、瑶溪西6项控规修改/修编/编制项目。开展S2线永兴变电所、空港工业用地、永中一小、御史桥安置用地等局部地块控规修改调整。配合市、区部门，开展重点项目前期方案对接，如寺前街改造提升、未来汽车园，做好项目落地前规划服务工作。

（郑思盛）

城市化建设

【概况】 2022年，温州市龙湾区紧扣“一区五城”建设（“一区”，即“未来城区”，“五城”即打造浙南科创新城、温州产业新城、东部枢纽新城、国际开放新城、滨海幸福新城），打好城市建设攻坚战，完成城中村改造、工业企业征收、“清零”提速、安置房建设、老旧小区改造、美丽城镇建设。全年实施征迁项目19个（含跨年度项目）。完成土地“清零”项目33个，共计219.11万平方米。安置房开工5个，累计安置房竣工验收10个，安置房交付使用13个；老旧小区改造项目开工5个，老旧小区改造项目完工9个。

【危旧房治理】 2022年，龙湾区加强危旧房治理工作。持续推进城乡危旧住房、自建房安全大排查大整治，累计排查自建房3.92万户，拆除D级10户，完成房屋维修加固85户，腾空防控95户；排查整治宗教场所188处、祠堂92处，整治危房20处。加强房屋安全鉴定机构管理，规范鉴定行为，开展鉴定单位备案和市场整顿，签订承诺书并备案23家，退出2家。

【征迁工作】 2022年，龙湾区坚持依法征收，推进年度征迁项目任务完成。全年实施15个城中村改造项目（含跨年度项目），完成6个跨年度项目完成征地补偿安置方案发布、征收补偿决定发布，累计完成签约2800户。永中镇南村2个区块实现“当年启动、当年签约、当年腾空”。完成企业签约23家，涉及土地面积13.33万平方米。出台《龙湾区房屋征收补偿房票安置系统操作规程》，累计发放房票200张。

【安置房建设】 2022年，龙湾区加快安置房建设进度，落实回迁安置任务。推出住宅用房安置指标置换富余房源新举措，化解住宅用房安置指标落地难问题，缓解征迁压力。全年开工新建安置房5个、4569套，建成4794套，竣工6264套，认购1.44万套，已交钥匙7245套，盘活富余安置住宅106套、共计1.35万平方米。

【土地“清零”提速】 2022年，龙湾区持续加快土地“清零”任务完成。推进土地“清零”进度，细化“清零”标准，各大项目摸底建档以季度为节点，倒排时间，督促各责任单位加快完成土地“清零”工作。全年完成经营性用地“清零”37个、安置地块（特殊建筑）“清零”16个、老人临时周转用房“清零”4个；完成项目“清零”33个，累计完成“清零”土地面积219.11万平方米，完成率219.1%。

【老旧小区改造和美丽城镇建设】 2022年，龙湾区持续加快老旧小区改造和美丽城镇建设进度。推进老旧小区改造宣传工作，全年老旧小区改造开工5个，累计完工9个，完成市对区年度考核任务。推进美丽城镇建设，全年瑶溪街道美丽城镇建设新建、续建项目15个均开工，累计完成投资额5.38亿元，100%完成投资。

（蔡诗慧）

2022年4月6—8日，永中街道安置房YB-04-I-06地块（龙北二期）摸文认购定位大会举行
（区城建中心供图）

重点工程

【概况】 2022年，温州市龙湾区获列省重点建设项目3项，完成投资5.24亿元，完成年度计划116.5%。省集中开工项目全部开工并统计入库7项，合计总投资132亿元。开工建设龙湾城市中心区城中村改造工程（永中单元A-09a地块）、龙湾城市中心区城中村改造工程（永中单元D-18地块）、蒲州街道屿田村城中村改造二期工程（温州市高新区B-06地块）、埃锐克物联网数字科技总部大楼项目、沿江快速路一期东段（学院路至温州东及文昌路段）等工程。

【区重点工程建设】 2022年，龙湾区安排重点建设项目108项，年度投资任务169.60亿元。全年完成投资额208.20亿元，完成年度计划123.0%；开工项目31项，完成工程投资额16.40亿元，完成年度计划72.6%；建成项目27项，完成工程投资额46.60亿元，完成年度计划172.0%；续建项目50项，完成工程投资额146.40亿元，完成年度计划122.0%。

【中心区重点工程项目】 2022年，龙湾区城市中心区管委会实施重点工程项目34项，完成工程投资56.86亿元，完成年度计划141.0%。温州空港新区管委会实施重点工程项目13项，完成工程投资12.41亿元，完成年度计划138.0%。浙南科技城管委会和建投公司实施重点工程项目26项，完成工程项目投资62.32亿元，完成年度计划138.0%。温州臻龙建设投资集团有限公司实施工程项目16项，完成工程项目投资58.68亿元，完成年度计划111.0%。区交通工程建设中心实施工程项目5项，完成工程项目投资3.91亿元，完成年度计划97.0%。区水利建设办公室实施工程项目3项，完成工程项目投资1.57亿元，完成年度计划68.0%。

【行业工程项目建设】 2022年，龙湾区农业水利重点工程在建项目4项，完成工程项目投资2亿元，完成年度计划74.0%。交通能源重点工程在建项目5项，完成投资8.53亿元，完成年度计划100%。工业重点工程项目15项，完成重点工程项目投资20.57亿元，完成年度计划126.0%。实施社会发展重点工程项目11项，完成重点工程项目投资10.54亿元，完成年度计划132.0%。实施城市建设及基础设施工程项目56项，完成工程项目投资129.08亿元，完成年度计划129%。实施服务业工程项目17项，完成工程项目投资38.74亿元，完成年度计划114.0%。

（潘毓锦）

2022 年龙湾区重点工程建设情况一览表

表 37　　单位：万元、%

序号	项目名称	建设规模	总投资额	至 2021 年底累计开工	2022 年完成情况			组织实施单位
					1—12 月完成累计额	完成率	主要部位形象进度	
1	大唐 5G 项目全球创新长三角中心项目	用地面积约 133333 平方米，分两期建设，一期计划选址于黄石山北单元 02—D—02 地块，用地面积 66667 平方米，建筑面积约 90000 平方米	520000	85105	41986	350.0	1、2、3、6 号楼主体结顶，4 号楼基本完工	浙南科技城经发局、浙南科技城招商局、大唐智创（浙江）科技有限公司
2	浙南科技城国际人才公寓	用地面积约 27500 平方米，公共绿地面积 18653 平方米，建筑面积 82513 平方米。	90465	58893	13487	135.0	11 月基本完工	浙南科技城建设投资集团有限公司
3	龙水片（YB-04-I-02、YB-04-I-06 地块）城中村改造工程	用地面积 59727 平方米，建筑面积约 237000 平方米，包含地下室拟用地块：YB-04-I-02、YB-04-I-06 地块	269379	168050	28553	190.0	完成竣工预验收	浙南科技城建设投资集团有限公司
4	瑶溪北单元（11-E-01）地块城中村改造工程	用地面积约 67887 平方米，建筑面积约 343000 平方米(包含地下室）	322090	165900	63515	198.0	主体结顶，外墙涂料完成 90%，附属完成 75%	浙南科技城建设投资集团有限公司
5	互联网服务中心	用地面积 19893 平方米，建筑面积 69600 平方米（不包含地下室）	99986	33426	14230	142.0	11 月基本完工	浙南科技城建设投资集团有限公司
6	龙湾城市中心区城中村改造工程（瑶溪南单元 12-I-11、12-I-12、12-I-15 地块）	用地面积 52516 平方米，建筑面积 94174.40 平方米	142565	58294	8628	288.0	12-I-15 地下室全部完成，部分主体已结顶	温州高新技术产业开发区投资建设开发有限公司
7	温州高新文化广场建设工程	用地面积 44431 平方米，建筑面积 54290 平方米，另建地下室面积 24000 平方米	101524	50664	22800	190.0	主体部分基本完工	温州高新技术产业开发区投资建设开发有限公司
8	龙湾城市中心区城中村改造工程（永中单元 F-03 地块）	用地面积 24813 平方米，建筑面积 54588.60 平方米	143515	30248	10914	156.0	已完工	温州高新技术产业开发区投资建设开发有限公司
9	龙湾城市中心区城中村改造工程（永中单元 G-01 地块）	用地面积 67310 平方米，建筑面积 168275 平方米	309700	69130	26624	133.0	主体已结顶，砌体施工中	温州高新技术产业开发区投资建设开发有限公司
10	龙湾城市中心区城中村改造工程（永中单元 G-09 地块）	用地面积 38643 平方米，建筑面积 77286 平方米（不含地下室 35000 平方米）	157880	17557	19891	199.0	主体已结顶，外立面装饰已基本完成	温州高新技术产业开发区投资建设开发有限公司
11	龙湾城市中心区城中村改造工程（永中单元 D-17 地块）	用地面积为 37142 平方米，建筑面积 92855 平方米	212090	32999	19525	150.0	已完工	温州高新技术产业开发区投资建设开发有限公司

续表 37

序号	项目名称	建设规模	总投资额	至2021年底累计开工	2022年完成情况			组织实施单位
					1—12月完成累计额	完成率	主要部位形象进度	
12	龙湾城市中心区城中村改造工程（永中单元D-06地块）	用地面积37363平方米，建筑面积93407.50平方米	212270	45213	20039	134.0	已完工	温州高新技术产业开发区投资建设开发有限公司
13	龙湾城市中心区城中村改造工程（永中单元B-15地块）	用地面积约31757平方米，建筑面积89243平方米，其中地上计容建筑面积63396平方米，地下室面积25847平方米	97330	22558	58979	983.0	已完工	温州高新技术产业开发区投资建设开发有限公司
14	龙湾城市中心区城中村改造工程（瑶溪南12-E-20地块）	用地面积29301平方米，建筑面积127932平方米	164838	27787	29771	298.0	已完工	温州高新技术产业开发区投资建设开发有限公司
15	龙湾城市中心区城中村改造工程（永中单元A-19地块）	用地面积34929平方米，建筑面积96817平方米	106266	9137	55781	429.0	已完工	温州高新技术产业开发区投资建设开发有限公司
16	蒲州街道屿田村城中村改造一期工程（温州市高新区B-03地块）	用地面积74684平方米，总建筑面积302766平方米，地上建筑面积216584平方米，地下建筑面积86182平方米	184992	5000	47732	239.0	完成地下结构，完成55%主体结构	温州臻龙建设投资集团有限公司
17	蒲州街道屿田村城中村改造二期工程（温州市高新区B-06地块）	用地面积51290平方米，可建计容建筑面积158999平方米，地下室面积65700平方米	135498	0	18190	135.0	土方开挖完成约60%	温州臻龙建设投资集团有限公司
18	状元街道横街村A-05、A-07、A-08地块城中村改造工程	用地面积约82969.20平方米，建筑面积约312010平方米	198702	84773	28635	102.0	完成竣工验收	温州臻龙建设投资集团有限公司
19	蒲州街道上江村（黄屿单元C-16地块）城中村改造工程	地上建筑面积约174072平方米，其中住宅建筑面积约160954平方米	172645	55880	33244	111.0	完成竣工验收	温州臻龙建设投资集团有限公司
20	温州龙湾富春社区（未来社区）	实施单元用地面积219900平方米，地上建筑面积554000平方米，地下建筑面积222000平方米。建设内容包括九大场景、安置房、人才公寓、住宅开发、综合邻里中心、公交设施、市政配套设施以及其他公园绿化水系等	1128500	457807	162313	108.0	D-14、D-10地块：室内墙体砌筑；D-12地块：已交付；D-06、C-16地块：外架拆除完成90%	温州臻龙建设投资集团有限公司
21	状元街道横街村城中村改造二期工程（状元北A-15地块）	用地面积50953平方米，建筑面积约23.33万平方米	104607	14319	43980	147.0	主体结构完成100%	温州臻龙建设投资集团有限公司
22	中国眼谷科创园A区建设项目	用地面积85051.02平方米，地上建筑面积187000平方米。该项目建成后，主要用于光学仪器、通用仪器、专用化学产品、教学用模型及教具生产制造	102739	20000	22741	114.0	内部装修、电梯安装施工	区科技局、温州眼谷科创建设发展有限公司

2022 年 9 月 28 日，2022 温州市龙湾区建筑施工质量安全标准化观摩会举行
（区住建局供图）

建筑业

【概况】　2022 年，温州市龙湾区建筑业实现增加值 51.83 亿元，比 2021 年下降 5.6%。区本级建筑业实现增加值 43.60 亿元，比 2021 年下降 2.6%。全区具有建筑业资质的总承包和专业承包企业 141 家，实现建筑业总产值 238.13 亿元，增长 2.6%，其中省内产值 222.31 亿元，增长 2.6%。在建工程房屋施工面积 1230.15 万平方米，下降 19.9%；房屋竣工面积 322.70 万平方米，下降 19.8%；房屋竣工价值 85.43 亿元，下降 5.1%。年内获市“建筑强企”称号企业 8 家，获评“钱江杯”工程 1 项、“瓯江杯”工程 9 项、“龙湾杯”工程 16 项，获评市安全文明标准化工地 10 个。

【行业培育与管理】　2022 年，龙湾区发展建筑行业，加强行业管理。全年引进建筑业企业 9 家，晋升资质 1 家，兑现建筑业企业奖励扶持资金 292 万元。树立可持续发展建筑理念，推广绿色建筑和建筑工业化，新开工装配式建筑面积 124.60 万平方米。持续推进建筑市场专项整治，摸排全区在建房屋建筑和市政基础设施工程项目 137 个，立案查处项目 3 个。

【在建工程】　2022 年，龙湾区建筑行业在建工程项目 135 个，其中房屋建筑工程 115 个，建筑面积 1080.16 万平方米；市政基础设施工程 20 个，工程总造价 15.11 亿元。新受理监督工程 64 个，其中房屋建筑工程 48 个，建筑面积 304.03 万平方米；市政基础设施工程 16 个，工程总造价 6.41 亿元。

【建筑工程监管】　2022 年，龙湾区加强辖区内建筑工程监管。开展全装修住宅施工质量专项检查活动，面对事故多发企业、易发项目、部分和环节，重点严查“二类企业”“四类工程”严格实施“十个一律”。全年下发整改通知书 589 份，提出整改意见 2356 条，签发停工单 90 份，约谈诚信扣分单位 128 家，累计立案查处扬尘案件 27 起。

（王依纯）

综合行政执法

【概况】　2022 年，温州市龙湾区综合行政执法局（以下简称区综合行政执法局）完成办理一般程序案件 3504 起，罚款金额 1822.70 万元。拆除违法建筑 58.44 万平方米，任务完成率 114.6%（以上数据含温州经济技术开发区）。年内奥林匹克体育中心拆改项目（二期）获评浙江省年度十佳拆改示范典型，万达广场街区入选省级高品质示范街区，永定路（龙江路—龙海路）入选省级街容示范街。

【市政基础设施维护】　2022 年，区综合行政执法局持续加强市政基础设施维护。全年完成城市道路起伏不平整治 6.90 千米、城市桥梁“桥头跳车”整治 15 座，道路维修面积 67.40 万平方米，亮灯率 99.0% 以上，设施完好率 96.0%。开展排水管网整治，完成整治项目 17 个，总投资 9718 万元；修复改造管网 50 千米，维养村居三级管网 518.50 千米。完成居民住宅小区二次供水设施改造 13 个（含温州经济技术开发区）。

【生活垃圾分类管理】　2022 年，区综合行政执法局落实垃圾分类考核机制，以奖代补促进垃圾分类工作。推行垃圾分类劝导员持证上岗，配置 243 名小区专职劝导员，开展垃圾分类八进宣传活动 911 场。“土地出让添前置”入选省生活垃圾治理十大优秀案例。拓展渣土消纳后场建设，新增海滨未利用地消纳后场 110 万立方米，保障 19 个重点民生项目顺利施工。

【城市园林建设】　2022 年，区综合行政执法局加快城市特色园林绿化建设。按照“一园一品一亮点”理念，完成公园绿地改造项目 17 个。推进中心区中央绿轴沿线景观绿地提质改造，总改造面积 34.50 公顷。开展祛疤栽花专项整治，完成整治点位 26 处，整治总面积 14.30 万平方米。年内，龙湾区大悦观邸获评 2022 年浙江省园林式居住区、温州城市大学获评 2022 年浙江省园林式单位。

【市容市貌整治】　2022 年，区综合行政执法局围绕推进全域环境综合整治三年行动、创建科创走廊精品示范片区、全国文明城市创建复评等重点工作开展环境综合整治，完成迎亚运全域

2018—2022 年龙湾区行政处罚案件数量情况一览表

表 38 单位：件

案件类型	2018 年	2019 年	2020 年	2021 年	2022 年
一般程序案件立案	2032	3033	2659	2456	3504
一般程序案件办结	1795	2322	2529	2346	3092
简易程序案件立案	59426	68210	43963	51416	51246
简易程序案件办结	59426	68687	43963	51416	51246

2018—2022 年龙湾区数字城管接投诉举报数量情况一览表

表 39

类别 / 年份	数字城管		投诉举报（含“12345”、“96310”、应急联动等）		
	应处置数（件）	结案率（%）	案件总数（件）	政务平台案件数（件）	办结率（%）
2018	87609	99.9	21118	2920	99.6
2019	84577	99.9	16865	2547	99.9
2020	101742	99.9	16199	2668	99.4
2021	106491	99.8	20276	2855	99.9
2022	150805	99.9	26835	3340	99.8

环境整治提升项目 105 个，环大罗山科创走廊提升项目 15 个。推进“三改一拆”工作，共拆除违建 1945 处，面积约 52.74 万平方米，完成率 103.4%。开展重点时段安全隐患违法建筑专项整治行动，整治点位 375 处，拆除违建面积 7.34 万平方米。查处建筑垃圾案件 100 多起，比 2021 年上升 50.0%，处罚金额 200 多万元。

【数字城管建设】 2022 年，区综合行政执法局借力数字赋能助推城市管理工作转型。智管智治综合执法预警系统新增占道预警、流动摊贩预警等多元化非现场执法应用场景，全年平台预警数 4 万多次，自行整改 3.60 万余次，整改率 90.9%。智能分析准确率 75.0%。迭代升级停车联盟云平台。完成龙湾区智慧园林系统建设，运用智慧化手段提升绿化养护效果。新增联盟场库 96 处，新增 1000 多个错时停车泊位，累计对外提供错时停车泊位 9000 多个。推动建筑渣土智能化监管，对区内建筑垃圾形成全域全时全过程监管。

【“大综合一体化”改革】 2022 年，区综合行政执法局整体推进“大综合一体化”改革。完成执法人员进驻省“大综合一体化”执法监管数字平台 100%。在状元街道建立大部制运行机制，初步形成“一支队伍管执法”。推动执法力量下沉基层，下沉街道率 64.3%，街道一线执法人员占比 74.0%。实行“一街一队集中办公”模式。全年共承办普通程序行政处罚案件 3476 起，罚款金额 1485 万元。

【执法便民服务】 2022 年，区综合行政执法局加强城市执法便民服务工作。打造城管驿站，依托 10 座城管驿站，组织开展“三联三助”行动，每周安排 2 次以上城管驿站服务工作。开展民情恳谈会、民情接待日、民情大巡查活动，帮助群众、企业解决急难愁盼问题。开展“服务进社区”活动，聚焦城市管理主责主业，解决民生实事问题，累计开展服务进社区 2000 人次。打造人文化爱心驿站，新增高品质人文爱心驿站 5 座，累计打造爱心驿站 15 座，实现龙湾区各街道爱心驿站全覆盖。

（方　展）

不动产登记

【概况】 2022 年，温州市不动产龙湾办证处落实数字政府转型升级、政务服务“最多跑一次”改革，推进“掌办”“网办”，推动不动产登记业务向街道延伸，提升便民利民服务水平。全年龙湾办证处提供各类不动产登记总计 4.40 万件，其中线上登记 3.85 万件，网上办理业务量占全部业务总量比例 87.4%。累计受理法院、街道、个人及其他单位函 144 件，办结“12345”政务热线、网络问政、在

2022 年 1 月 5 日，区综合行政执法局对居民住宅二次供水设施运维情况开展监督检查
（区综合行政执法局供图）

线咨询等各类平台咨询件272件，不动产登记行政诉讼48件，无一败诉。年内不动产龙湾办证处获评千人评议满意单位。

【数字化改革】 2022年，温州市不动产龙湾办证处加快不动产数字化改革工作，依托浙江政务服务网平台，推进不动产数字化转型升级。持续拓展不动产登记线上办理业务，不动产登记线上办延伸至街道，引导群众通过“不动产智治”平台申请办理不动产权登记，提高办事便捷度。全年线上受理办件量总计3.94万件，占比业务受理总量86.0%。不动产登记线上办延伸至街道，在街道办理包括一手、二手转移等各项业务544件。

【不动产登记“一件事”改革】 2022年，温州市不动产龙湾办证处加快不动产登记“一件事”改革。实现司法拍卖不动产登记“一件事”异地可办，通过部门协同联动、视频委托、在线指导，为省外群众办理司法拍卖不动产转移登记，解决群众办事“跨省跑”“折返跑”难点堵点问题，实现不动产登记“零跑趟”。推出宅基地调剂（析产）审批及转移登记“一件事”网上办，利用龙湾区OA协同办公平台，强化部门协作，完善“不动产智治”系统，统一部署到各街道，确保宅基地调剂（析产）审批及转移登记“一件事”线上办理运行，群众就近办理“一次办好”。8月17日，不动产龙湾办证处走进海滨政务中心，通过“不动产智治”系统为家住海滨街道的孙先生在线上完成宅基地使用权及房屋所有权转移登记，全程不到半小时便完成登记申请，办证便捷高效获群众认可。该案例获《温州商报》、温州新闻网、“阅龙湾”等媒体宣传报道。

【工业厂房“一证通办”模式】 2022年，加快推进工业厂房“一证通办”模式。通过精简材料、共享数据、压缩时限三大举措，在温州市率先推出工业用地项目房地首次登记“一证通办”模式，实现企业仅凭身份凭证即可“零材料”办理。全年温州标达机械工业有限公司、温州市龙湾永发机电厂、温州市东亚不锈钢管有限公司等企业仅凭身份凭证在龙湾办证处成功办理房地首次登记，并于当天领到不动产权证。

【不动产难题化解】 2022年，温州市不动产龙湾办证处加快不动产难题化解，优化产权证办理流程。化解产权注销登记、安置房工程和城中村改造档案信息不全等难题。全区办理安置房首登项目13个、产权证办理4175户。加快化解处理无图宗地和无产权分户图项目，全年化解处理无图宗项目1158项，落宗893项，其中处于整村拆迁范围内项目103个；无产权分户图项目2084项，化解处理1866项。完成5个安置地块和4个经营地块“清零”，累计化解产权注销391户。推进市属国有企业资产权证登记，全年累计完成办证项目29个。

（徐寒吟）

住房公积金管理

【概况】 2022年，温州市龙湾区住房公积金龙湾管理部归集住房公积金收入9.81亿元，完成率101.3%，比2021年增长11.5%。归集到位率99.8%，正常缴存单位数2440家，正常缴存职工5.15万人，住房公积金余额23.54亿元，比2021年增长15.1%。全年共划拨公积金贷款增值收益1402.05万元支持龙湾区职工廉租房建设，改善职工群众居住条件。

【住房公积金扩面建缴】 2022年，温州市龙湾区住房公积金龙湾管理部推进住房公积金扩面建缴事宜。月均实缴人数5.68万人，完成率124.5%；年月实缴净增人数5162人，完成率120.3%。推进灵活就业人员建缴，推动1982名退役军人建缴。推进灵活就业人员建缴，全年灵活就业人员缴存1201人。

【住房公积金贷款】 2022年，温州市龙湾区住房公积金龙湾管理部发放贷款1310笔，累计金额6.47亿元，比2021年增长4.5%，其中区本级贷款5.44亿元，温州经济技术开发区贷款1.03亿元。提取住房公积金人数12.74万人次、金额6.78亿元，比2021增长3.9%。住房消费额13.25亿元，比2021年增长4.3%。期末在贷6341笔，贷款余额28.49亿元，其中异地贷款166笔，贷款余额6855.01万元。加速贷款资金发放，升级综合服务质量，一周内为博科园人才房办理贷款83户，发放金额6664万元。加强与承办银行沟通协作，

2022年5月27日，市住房公积金龙湾管理部在万达广场开展公积金政策宣传
（市住房公积金龙湾管理部供图）

共置换公转商贷款336笔，办理置换公转商贷款金额1.65亿元。在贷抵押物预告转他项，核减后期末到期未办数139户，未办结率2.3%。

【住房公积金归集管理】 2022年，温州市龙湾区住房公积金龙湾管理部加强住房公积金归集管理。完成龙湾区机关事业职工基数调整，归集增加1009万元。成立催缴欠缴攻坚组落实归集管理和贷后停缴管理，专岗催缴欠缴单位，提高归集到位率，贷后停缴补缴26人，金额33万元。

（陈　斯）

温州文昌创客小镇建设

【概况】 2022年，温州文昌创客小镇定位为数字经济类特色小镇。涵盖新型数字贸易港、数字服务综合区、数字制造试点示范区、数字生活体验区等四大产业集聚区。年内，温州文昌创客小镇规模以上工业企业总产值超12亿元，数字经济产值超50亿元，创税收4.49亿元。全年完成有效投资6亿元，累计完成有效投资56.60亿元。

【招商引才】 2022年，温州文昌创客小镇推进招商引资“政策＋环境＋服务”留才模式，招大引强，名院校等高端领军型研发人才入驻研发。全年小镇新增招引企业306家，累计入驻小镇企业3563家，其中数字经济企业2600家。引进DXC Technology龙湾国际云软件生态平台、赛泷科创湾、北大科创园等重点项目，现整体出租率79.0%。拥有科技创新平台11个，专业技术人才483人，其中国家级、省级高新技术人才68人。

【助企惠民政策落实】 2022年，温州文昌创客小镇落实《温州市国资委关于落实国企租金减免扶持政策的工作指引》等文件，为符合条件的小微企业和个体工商户（住宅用途除外）减免租金，给市场主体纾困解难提供全力支持。全年共审核租金减免相关材料350多份，完成租金减免221户，共计发放减免租金335.32万元。

【人才公寓建设】 2022年，温州文昌创客小镇加快人才公寓建设，新建成并投入使用同泰青年创客公寓440套，建筑面积1.53万平方米。4月，文昌创客小镇安心公寓（37°青年创客公寓）提升改造工程与文昌创客小镇青创公寓（同泰公寓）获2022年中央财政城镇保障性安居工程补助资金（第二批）2088万元。两个项目共计1255套房。年底，37°青年创客公寓入住率93.0%，租金收入1018.81万元。

【温州赛泷科创湾地块出让】 2022年12月2日，温州文昌创客小镇完成温州赛泷科创湾项目地块出让。地块四至新二路以东，高二路以南，新一路以西，高一路以北，地块总面积6.11万平方米，用地性质为M0新型产业用地，地块出让起始价12902万元。

【文昌数智谷产业园项目立项】 2022年10月20日，温州文昌创客小镇完成文昌数智谷产业园项目立项。龙湾文昌数智谷产业园项目位于温州市高新区HX-22-B04地块，北侧兴国路，南侧高二路，东侧文昌路，西侧文本路。地块总面积6.01万平方米，地上总建筑面积23.40万平方米，其中住宅建筑面积8.79万平方米，办公建筑面积9.81万平方米，项目商业及其他配套建筑面积4.80万平方米，总投资（包含土地费）35亿元。

【“诺奖数字双碳研究中心”揭牌】 2022年7月15日，中国软件业创新发展大会上，“诺奖数字双碳研究中心”正式揭牌，落户温州国际云软件谷。“诺奖数字双碳研究中心”以Eric Maskin教授为领衔学者，邀请南京理工大学学术委员会委员、俄罗斯自然科学院外籍院士李千目等专家学者参与共建。研究中心依托一批国内高校和HPE等数字技术支撑团队共同开展相关研究。

【温州国际云软件谷开园】 2022年7月15日，温州文昌创客小镇举办温州国际云软件谷开园仪式。开园仪式举行温州国际云软件谷“一核多极”项目签约仪式，HPE、MicroFocus、易迪森、量子矩阵、基点、Vantiq、Vortex Bladeless等企业现场签约入驻。聘请中国工程院院士杨华勇等39人为温州国际云软件谷顾问团成员。温州国际云软件谷规划面积7平方千米。

（李佩佩）

2022年7月13日，温州国际云软件谷开园仪式举行

（温州臻龙建设投资集团供图）

乡村振兴

中横河美丽河湖创建成果　　（区农村农业局供图，摄于2022年5月）

乡村振兴

综　述
农村综合改革
未来乡村建设
美丽乡村建设
农村扶贫帮扶
村集体经济发展
农村“三资”管理

龙湾区永兴街道农业园区，水稻收割机正在进行夏收工作（张崇禹摄于2022年8月）

综 述

【概况】 2022年，温州市龙湾区做好农村综合改革工作，推进未来乡村建设和美丽乡村建设，落实农村扶贫帮扶，发展农村集体经济，做好农村“三资”管理。全年发行乡村振兴共同富裕项目地方政府专项债，获批发债额度37.70亿元。乡村振兴共同富裕项目一期和二期总投资57.50亿元，两期项目共获准专项债发行额度9.57亿元，保障98个乡村振兴项目建设。

【城乡融合】 2022年，龙湾区加快打造全市城乡融合示范区，城乡居民人均可支配收入增速分别为4.2%、7.2%，城乡居民收入倍差缩小至1.53，在全省排名第六、温州第一。

【乡村振兴项目投资】 2022年，龙湾区乡村振兴共同富裕一期项目实际投资完成9.57亿元，重点实施环境综合整治提升、土地综合整治、乡村基础配套设施提升、产业共富及市政道路综合改造提升等5大类工程。

【乡村产业振兴】 2022年，龙湾以农村优势特色资源为突破口，做大乡村绿色产业。推进现代杨梅产业园项目建设，投资3000万元，探索种植生产、观光采摘、加工体验、展销一体的全产业链融合发展模式。蒲州街道的上江村从紧固件行业转型升级，打造“线上+线下”相结合的智能仓储模式，租金年收入1260万元。全区杨梅种植面积1.5万亩，年产量6000多吨，产值近1亿元。发展广进祥高粱肉、状元王鱼粉干、永强特色小海鲜、东篱下绿植美学等特色产业。郑宅村荒废农田再利用，结合拥有的旅游资源，投资300多万元，发展乡村旅游产业，吸引周边大量游客。

【农业行政审批】 2022年，区农业农村局实行“多评合一”“一评多用”等新模式，解决涉水工程审批阶段多事项、多次评审、多次踏勘等问题。实行区域评估备案制，全年共完成17个项目。完善更新水域占补一张图，避免在审批中出现重复水域占补问题。

【农村指导员工作】 2022年，龙湾区新派村第一书记和农指员10人，其中市派农指员2人，区派8人。落实基础项目12个、经济项目10个，落实扶贫资金120.19万元。走访化解矛盾纠纷、劝阻上访共计77次，开展讲授党课45次，指导党组织生活94次。

（项小微）

农村综合改革

【概况】 2022年，温州市龙湾区（含温州经济技术开发区）成功试点省级农业投入品质量安全监管执法“一件事”改革。新建区域性为农服务中心1个。开展闲置宅基地、农房双激活试点，梳

大罗山瑶溪杨梅采摘园 （区融媒体中心供图，摄于2022年10月）

理报送“瑶溪村、双岙村、七三村”3个试点村，开展未来乡村片区7个村社的宅基地基础信息调查，推进闲置宅基地农房盘活，盘活面积4.58万平方米。

【“三位一体”综合合作改革】 2022年，龙湾区提升为农服务化水平，健全运作机制，遴选永兴街道申报2022年度市级“三位一体”改革示范镇，同时巩固提升海滨街道市级“三位一体”改革示范镇，新建区域性为农服务中心1个。

【闲置宅基地激活试点工作】 2022年，龙湾区推进农村宅基地管理服务，2022年共办理宅基地审批7宗，其中调剂5宗、析产1宗、收回1宗，推进闲置宅基地农房盘活，全年全区共盘活闲置农房318幢、盘活面积4.58万平方米，带动农户就业705人、促进农户增收3920.48万元。

【农房激活试点工作】 2022年，龙湾区开展双激活试点，瑶溪街道瑶溪村、永中街道双岙村（经合社）2个村开展试点工作，共激活农房253幢，带动社会资本1.88亿元，农民增收3690.48万元。

（项小微）

未来乡村建设

【概况】 2022年，温州市龙湾区瑶溪街道瑶溪村成功通过省级第二批未来乡村成效验收。提升的“金色埭头”和创成“罗山双岙”未来乡村等9个项目。培育“清秀郑宅”“百姓宁村”“古街镇南”和永中街道镇域型未来乡村。

【瑶溪村“未来乡村”试点】 2022年，瑶溪街道瑶溪村创建“未来乡村”省级试点工作进入全面推进阶段，深挖村内张璁等历史名人足迹和贞义书院的文化内涵，与省级旅游风情小镇、钟秀园旅游资源进行深度融合，引进省级非物质文化遗产郑家园麦麦酒等，“钟秀瑶溪”初步形成。年内，村民年收入水平提升到6万元，村级集体经营性收入较2020年提升50%。

“金色埭头”未来乡村夜市一角　　（海城街道供图，摄于2022年10月）

【“金色埭头”提升】 2022年，龙湾区“金色埭头”未来乡村完成投资82.26万元，投资完成率10.9%，九大场景14个项目完成4个。

【“罗山双岙”未来乡村项目】 2022年，龙湾区启动“罗山双岙”未来乡村创建，完成投资1502万元，投资完成率13.7%，九大场景26个项目完成5个。

（项小微）

美丽乡村建设

【概况】 2022年，龙湾区持续推进“千村示范、万村整治”工程，全面提升龙湾区农村人居环境。开展村貌乱象整治、美丽庭院创建，提升农村生活垃圾治理水平，巩固美丽田园整治成果。实施“祛疤栽花”行动，打造龙江路亚运主题公园。完成海滨街道江一村人居环境综合整治工程、沙角滩头河、城底河生态拦截等工程。完成沙城街道庄桥村整村提升和4个公园改造。海滨街道生活垃圾分类工作获市财政奖补400万元，推广永中街道郑宅岙“美丽田园”建设经验。

【“千村示范、万村整治”工作】 2022年，龙湾区深化“千村示范、万村整治”工程，安排8400万元为农村人居环境提升改造专门资金，用于路面修复、外立面翻新变化、垃圾分类点设置、道路污水零直排、管线序化、公厕提升等，全面破解美丽乡村建设“有规划、无资金”难题。创成新时代美丽乡村26个、精品村15个、特色精品村2个，努力实现乡村环境美、产业美、精神美、生态美的目标。状元街道获评2022年度浙江省美丽乡村示范乡镇，永中街道郑宅村、永兴街道五溪村获评2022年度浙江省美丽乡村特色精品村。

【美丽乡村创建】 2022年，龙湾区建成桥北村、石浦村、北新村、沙园村、祠南村、上涂村、屿门村、石坦村、邱宅村、东门村、西一村、永阜村、烟台村、永福村、沧宁村、七二村、七三村、七五村、八甲村、庄泉村、天凤村、新河村、天津村、三星村、二甲村、中和村共26个浙江省新时代美丽乡村，并从中选定15个村创成精品村。

【美丽田园建设】 2022年，龙湾区实施田园常态化管理及保洁，每月常态化开展全区“最美（脏）田园”评选，全年累计评选“最美田园”20个、“最脏田园”20个。

位于永兴街道永乐村的文兰书院　　（区融媒体中心供图，摄于 2022 年 10 月）

【郑宅村创成省级美丽乡村特色精品村】 2022 年，龙湾区永中街道郑宅村创成全省美丽乡村特色精品村。郑宅村地处永中街道最南端，全村总户数 511 户，总人数 2157 人。三面环山，自然风光优美，人文历史厚重，民俗文化丰富。村内有省级非遗郑家园麦麦酒基地、白水民俗博物馆、农耕文化博物馆，还有天柱寺景区、东篱下生态休闲农庄、水生花卉基地等休闲旅游景点。村庄先后获评市级生态村、市级森林村庄、市级文明村、省级旅游特色村、省级 3A 级景区村庄等。

【五溪村创成省级美丽乡村特色精品村】 2022 年，龙湾区永兴街道五溪村创成全省美丽乡村特色精品村。五溪村地处瓯江口南岸沿海低洼地带，总面积为 185.40 公顷，耕地面积为 2775 亩。全村有户籍人口 3696 人，常住人口 3732 人。地处沿海冲积平原，地形平坦，无山地和森林面积，水网密布，自然环境优美。农业基础资源丰富优质，主要以传统农业种植为主。

【文兰书院】 2022 年，永兴街道文兰书院获评温州市最美公共文化空间。文兰书院位于龙湾区永兴街道下垟街 597 弄 10 号，面积 186 平方米。书院由乡贤方毅出资建设，将一座破旧的闲置祖宅精心打造成青少年知识交流空间。馆内有藏书约 7000 册，邀请来自各行业的专家学者与青少年分享，累计开展公益讲座上百场，成为农村青少年的“最美”课后托管点。

（项小微）

农村扶贫帮扶

【概况】 2022 年，温州市龙湾区（含温州经济技术开发区）低收入农户 1421 户共 2404 人，其中低保户 1160 户，占比 81.6%，低保边缘户 228 户，占比 16.0%；特困户 33 户，占比 2.3%。实施停车联盟折股量化项目，年利润收益的 5.0% 分配给低收入农户，受益 100 人，每人每年增收 1500 元。落实农村困难群众资助参保城乡居民医疗保险、医疗救助、大病倾斜、购买补充商业医疗保险等医保政策，“益康保”参保率 100%。做好结对干部帮扶，开展大走访大排查，未发现致贫返贫风险。

【农村困难群众帮扶】 2022 年，龙湾区实现低收入农户基本医疗保险、医疗补充保险、意外保险和家庭医生签约全覆盖，为低收入农户投入基本医疗保险资金约 120 万元、补充医疗保险资金 48 万余元。持续落实教育、住房、医疗、低保等社会兜底保障性政策，低收入家庭子女小学到高中学杂费全部减免。困难残疾人生活补贴全年累计享受人数 1137 人，累计发放资金 317 万元。重度残疾人护理补贴全年累计享受人数2055人，累计发放资金722万元。

【干部结对帮扶】 2022年，龙湾区指派673名干部结对帮扶全区92个村，23个社区的低收入农户，因户施策，促进低收入农户的发展增收，困难补助和生活改善。

（项小微）

村集体经济发展

【概况】 2022年，温州市龙湾区（含温州经济技术开发区）村集体经济开工和竣工项目共计21个，覆盖26个村社，总投资额6.71亿元。年内，龙湾区实现村级集体经济总收入11.54亿元，完成市下达目标任务的100.2%，其中经济经营性收入8.32亿元，完成目标100.7%。

【村集体经济开竣工项目】 2022年，龙湾区开工村集体经济项目14个，总投资5.42亿元，村级投资3.17亿元，覆盖20个村社；竣工项目7个，总投资1.3亿元，村级投资0.49亿元，覆盖7个村社。

【龙湾强村实业发展有限公司挂牌运营】 2022年，龙湾区筹建区级强村公司。6月，温州市龙湾强村实业发展有限公司挂牌，9月完成注册登记，办公地点在龙湾农商银行。温州高新技术产业开发区城市建设开发有限公司、龙湾农合实业发展有限公司和经济相对薄弱村集体作为主体公司股东，公司注册资金1900万元。通过政府帮扶、项目搭台、集体入股等合作方式，拓宽村集体持续稳定的增收渠道。

（项小微）

农村“三资”管理

【概况】 2022年，温州市龙湾区（含温州经济技术开发区）推行集体资金、资产、资源数字化管理，通过系统成功审批50363笔、25.63亿元。全面开展非经营性资产核查登记，全年完成138个村集体非经营性资产登记工作，录入系统资产卡片1.29万项、涉及资产总额21.44亿元。加强财务审计，完成村社财务轮审和重点信访村社财务审计。推进清廉村居建设，龙湾区获评省级清廉村居建设示范县，宁村获评省级清廉村居建设示范村居。

【村社财务轮审工作】 2022年，龙湾区（含温州经济技术开发区）根据《关于下达2021年—2024年农村财务审计工作计划的通知》安排，结合重点村社财务审计需要，按照各街道每年不少于20.0%村社比例组织审计，在全区范围内滚动开展村社审计轮审工作。全年完成67个村社财务轮审和5个重点信访村社财务审计，划转街道农村财务审计经费27.29万元，完成年初既定工作计划。

（项小微）

生态环境保护

南洋公园掠影　　（刘吉利摄于 2022 年 6 月）

生态环境保护

综　述

环境质量

污染防治

温瑞塘河治理

环境监管

节能减排

生态文明示范创建

市民在龙湾龙舟主题公园赏樱花　（夏思斯摄于2022年4月）

综　述

【生态环境总体情况】 2022年，温州市龙湾区打好污染防治攻坚战，紧盯水、气、土、废治理，推进永强塘河整治等重点任务，城区生态环境质量持续改善，获评省级“生态文明建设示范区”、全省首批全域“无废城市”称号。公众对龙湾区生态环境满意度在持续提升，特别是“认知度”“满意度”两个单项指标增幅位于全市第一。空气质量、水环境质量、土壤环境质量等逐步改善，环境风险控制良好。全区未发生较大以上突发环境事件。

【迎亚运环境整治】 2022年，龙湾区推进迎亚运全域环境整治工作。明珠路、围垦路永兴段、环山东路与永定路交叉口等三处架空杆线完成清除，涉及架空线缆600余米，水泥电杆10根。开展温州市域铁路S1线龙湾段沿线环境综合整治，完成龙腾南站整治提升。

【首创企业环保自律巡逻机制】 2022年，龙湾区创新理念，以完善改革机制驱动生态文明建设。推动污染治理模式从政府单一主导向政企双重驱动转变，激发企业主体责任。首创企业环保自律巡逻机制，组建4支企业环保自律巡逻队，选聘144家企业担任“企业河长”，对重点区域实行常态化、全方位巡查，累计发现并解决污染问题575个。

【“无废城市”创建】 2022年，龙湾区深化全域“无废城市”建设。生活垃圾实现“日产日销”，率先实现生活垃圾“零填埋”。工业固废实现“应分尽分”，建成年处理量达2万吨的一般工业固废标准化集中分拣中心。危险废物实现“全面纳管”。搭建小微危废收集处置服务平台对企业小微危废进行分类贮存和转运管理。再生资源实现“绿色回收”。高标准建设生活垃圾再生资源回收利用分拣中心，建立标准化的回收机制，对可回收物实施统一收运处置。建筑垃圾实现“循环利用”。研发“建筑渣土免烧、免蒸的冷处理压缩和实时固化技术”，实现渣土和泥浆到轻骨料、砖块等材料的百分百无害转化。农业废弃物实现“全程严控”。全区设立8个农业废弃物回收网点，统一回收标准、回收价格，实现全区农药废弃包装物回收全覆盖。统筹区域内90多家环保企业组建“龙湾区无废城市技术产业联盟”，申报专利340多项、自主创新技术10多项。温州市公布的首批52家“无废企业”名单中，龙湾共有15家企业上榜，在各县（市、区）中处于领先地位。

【土壤“修复工厂”试点】 2022年，龙湾区获批建设用地污染土壤“修复工厂”改革省级试点。通过探索“修复工厂”新路径、新机制，解决修复与开发时效矛盾，攻克污染土无害化、低碳化、资源化修复的关键技术，实现污染土快速修复、土地加速流转、治理降本减耗。“修复工厂”一期工程开工建设。

【推进林长制工作】 2022年9月19日，龙湾区召开区级总林长会议暨森林防火工作会议，动员部署全区推进林长制工作，防范化解森林火灾风险。全年推行林长制，新增造林面积21公顷。完成美丽生态廊道建设面积16.33公顷。

【环境保护宣传】 2022年，区生态环境分局开展“生态文化月”“生态公益一条街”“绿色亚运·美丽龙湾”摄影大赛、“小手拉大手”“生态研学”等生态环境保护宣传品牌活动，持续扩大公众关注度和参与度。加强“龙湾生态环境”微信平台运营。全年共发布信息118期226篇，累计阅读7.50万次。组建龙湾区生态环境公益讲师团，开展生态满意度宣讲培训19场。全区生态环境宣教阵地扩展至42家，年均接待17多万人。

（卢海鹏）

环境质量

【概况】 2022年，龙湾区连续8年环境空气质量稳步提升，改善幅度居全市前列。水环境功能区水质达标率为80.0%。声环境质量总体稳定。化学需氧量、氨氮、氮氧化物、挥发性有机物（VOCs）减排量分别为13吨、7吨、0吨和15吨。区本级规模以上工业单位增加值能耗下降6.4%。未因土壤污染引发食用农产品超标事件，污染地块安全利用率100%。

【空气环境质量】 2022年，龙湾区PM2.5平均浓度21微克每立方米，比2021年下降8.6%，PM_{10}平均浓度49微克每立方米，下降12.5%。空气优良率（AQI）95.7%，降低2.6个百分点。

【水环境质量】 2022年，龙湾区国控龙湾断面为Ⅲ类水质，省控永中断面为Ⅴ类水质，市控屿田、十字河、瑶溪断面稳定在Ⅲ类水质，滨海断面为Ⅳ类水质。断面水质优良率为83.3%。

【声环境质量】 2022年，龙湾区城区全域环境噪声平均值小于55分贝，交通干线噪声平均值小于70分贝。昼间区域环境噪声为二级（较好），昼间城市道路交通噪声为一级（好）。

【土壤环境质量】 2022年，龙湾区污染地块安全利用率、危废规范化管理达标率、危废利用处置无害化率100%，未发生较大以上突发环境事件。

（卢海鹏）

污染防治

【概况】 2022年，温州市龙湾区累计减排挥发性有机物14吨、化学需氧量13吨、氨氮7吨，结构关停企业38家。完成龙湾区污染源账户和碳排放账户基础数据调查工作，有效数据4057家，数据合格率100%，两本账户基础数据体系初步建成。对全区479家名单企业2022年度污染物排放情况开展审核统计工作，完成本年度环统工作。

【水污染防治】 2022年，龙湾区“五水共治”累计完成投资5.80亿元，完成率138.5%。国控龙湾断面为Ⅲ类水质；省控永中断面为Ⅴ类水质；市控屿田、十字河、瑶溪断面稳定在Ⅲ类水质、滨海断面为Ⅳ类水质。狠抓污水源头治理，龙湾深入开展“散乱污”企业排查整治专项行动，按照“关停取缔一批、提升改造一批、整合搬迁一批”的原则，对排查出的企业实行“一企一策”、分类治理，整治一个，销号一个，规范提升1000多家企业，市控以上断面水质优良率稳定在80.0%以上。开展永强塘河综合整治攻坚八大治理行动，永强塘河流域水生态系统综合治理项目工程已完工，其中生态缓冲带完成13千米。开展“五水共治”“找寻查挖”专项行动，发现问题175个。对全区权属不明的一、二级管网进行排查和整治改造，完成年度投资2000万元,完成“污水零直排区”提质扩面增效分项任务286个。

【大气污染防治】 2022年，龙湾区运用无人机、激光雷达、高空瞭望自动报警系统等高科技手段，实时监测、动态评估空气质量，确保快速精准锁定污染源。将建筑工地、码头堆场等重点场所扬尘纳入“预警—巡查—处置”全闭环管控，用“人防+技防”织就守卫蓝天的天罗地网。推进扬尘污染防治百日攻坚行动，实行“一张清单”动态管理，加强建筑工地、拆后工地扬尘防治和道路精细化保洁。开展金属压铸、塑料注塑、橡胶压铸等三类加工行业专项整治行动，完成三类行业企业整治65家。完成80家企业VOCs治理低效设施升级改造和20家低VOCs原辅材料源头替代工作。

【铸造废气治理】 2022年，龙湾区创新铸造废气治理工艺，联合生态环境部南京环境科学研究所，研发尾端异位处理深度净化技术和盘管换热冷凝降压技术，2022年投入9000万元对精铸小微园所有废气治理设备进行改造，节能减污成效显著，信访投诉直降为零。温州精铸小微园成立于2020年，主导产业为铸造业，26家蜡膜精密铸造和1家砂型铸造企业合成8家集团公司，年产值达8亿元以上。精密铸造各车间异味气体主要来源于烫蜡废气、退蜡废气和焙烧废气。各公司车间均在厂房楼顶布置废气处理设施，尾气处理后高空排放。其中异味气体高空排放筒共计70个，是小微园周边区域空气异味的主要来源。通过实施从源头—过程—末端的异味气体治理提升方案，包括源头控制、过程减量、末端优化多项措施，园区27家企业异味气体整治提升工作全部完成。治理后，园区高空排气筒由70个减少到25个，废气排放量减少50.0%以上，做到废气无味排放。

【土壤污染防治】 2022年，龙湾区率先探索污染土壤“修复工厂”运行机制，加强污染土壤异地集中修复和资源化利用，实现污染土壤全生命周期监管。开展受污染耕地“源解析”工作，涉及耕地约286.67万平方米。完成温州经济技术开发区海城街道18.75万平方米中重度污染耕地“源解析”工作，形成成效评估总结报告。污染地块安全利用率100%。

【固体废弃物污染防治】 2022年，龙湾区推进无废城市创建，开展小微危险废物收集贮存转运试点工作，完成小微产废企业纳网签约2009家，签约率112.8%。2009家企业全部完成危废转运，转运率100%。建立涉疫医废收运处置机制，明确突发性疫情状态下针对医废的应急处置模式。全年共转运处置医疗废物4.80万箱，合计8163立方米。推进危险废物闭环监管“一件事”改革，重点危废生产、经营单位视频监控联网完成率106.0%，“浙固码”赋码企业完成率103.0%。

【辐射污染防治】 2022年，龙湾区开展全区辐射工作单位辐射安全隐患排查，共排查企业50家次，发现安全隐患8个。完成辖区内熔炼园区与熔炼企业走访，宣讲辐射安全相关法律法规和科普知识。9月8日，在瑞浦兰钧能源有限公司举行2022年温州市辐射事故应急演习。

（卢海鹏）

温瑞塘河治理

【概况】 2022年，温州市龙湾区温瑞塘河工程建设中心（以下简称区温瑞塘河建设中心）全力推进塘河沿线项目建设、流域水生态综合治理等工作。全区列入罗山湿地塘河综合整治指挥部塘河专项协调组任务清单项目共15个，总投资4.16亿元。推进塘河流域水生态治理工程建设，以省控永中站位及周边河道生态修复为重点，投资6800多万元。

【河道生态治理项目】 2022年，区温瑞塘河建设中心牵头推进12个列入市罗山湿地塘河综合整治指挥部塘河专项协调组工作任务清单项目建设，建成绿道1.50千米，完成年度投资7.10亿元，完成率170.1%。启动龙湾区上京新河等14条河道生态治理后续维养工程，完成年度投资4600万元，占比118.0%，超额完成年度投资计划。

【水域生态治理项目】 2022年，区温瑞塘河建设中心以省控永中站位及周边河道生态修复为重点，完成永强塘河流域水生态系统综合治理项目主体工程建设，用人工湿地、生态拦截、排水口预处理、河底环境优化和岸上控源工程等措施，加速永强塘河流域水质改善提升。加强与区治水办、职能部门和属地街道联动配合，开展温瑞塘河（永强塘河）流域入河排放口排查，按照“排查一条、反馈一条、整治一条”要求，第一时间向属地街道和有关职能部门反馈排查发现的389

个排污口，及时督促属地街道和职能部门做好问题溯源和整治。

（张诗如）

环境监管

【概况】 2022年，温州市生态环境局龙湾分局（以下简称区生态环境局）统筹推进“清废”“净水”“蓝天”等专项执法行动，严打环境污染违法犯罪行为，开展“双随机”检查328家次，跨部门联合抽查33次。加大行政处罚案件办理。受理各类环境信访纠纷举报1344件，比2021年下降20.9%；积案化解数10个，化解率100%。推进“环保码”和工况监控、在线监测监控等数字环保监管工作。

【环境监测】 2022年，龙湾区开展地表水环境质量每月例行监测，对85个交通噪声和区域环境噪声监测点位声环境质量开展监测。加强龙湾区大气环境自动监测站点运行管理，及时掌握环境质量数据，为生态环境管理工作提供依据。全年共对36家排污企业执法监测70多次，监测涉重金属企业废气26家。

【环境执法检查】 2022年，龙湾区共出动环境执法人员5273人次，检查企业2421家次，打击取缔非法企业83家次。行政执法总数为3016宗，被申请行政复议3宗，行政复议后无提起行政诉讼案件，行政执法直接被提起行政诉讼3宗。办理行政处罚案件82件，处罚金额919万元，移送公安4起，行政拘留2人，刑事拘留3人。

【环保督察整改】 2022年，龙湾区第二轮中央生态环境保护督察涉及龙湾区反馈问题12件，完成整改8件，交办信访件60件全部完成销号。整改完成2021年省委生态环境保护专项督察交办的12件信访件。2022年省委生态环境保护专项督察交办信访件20件，完成整改13件；省“七张问题清单”涉及龙湾区问题3件，完成整改2件；市“七张问题清单”交办龙湾17件，完成整改16件。

【环保审批】 2022年，区生态环境分局不断优化环保服务，落实环评审批“最多跑一次”工作。全年作出建设项目环评审批437件，其中报告书审批38件、报告表审批399件。办理排污许可证申

2022年龙湾区生态环境行政处罚实施情况一览表

表40　　单位：宗

警告、通报批评	罚款	没收违法所得、没收非法财物	暂扣许可证件、降低资质等级、吊销许可证件	限制开展生产经营活动、责令停产停业、责令关闭、限制从业	行政拘留	其他行政处罚	合计（宗）	罚没金额（万元）
0	62	0	0	0	0	9（不予行政处罚）	71	791

2022年龙湾区生态环境行政许可实施情况一览表

表41　　单位：宗

申请数量	受理数量	许可数量	不予许可数量	撤销许可数量
960	960	960	0	113

2022年龙湾区生态环境行政强制实施情况一览表

表42　　单位：宗

行政强制措施实施数量				行政强制执行实施数量							合计
查封场所、设施或者财物	扣押财物	冻结存款、汇款	其他行政强制措施	加处罚款或者滞纳金	划拨存款、汇款	拍卖或者依法处理查封、扣押的场所、设施或者财物	排除妨碍、恢复原状	代履行	其他强制执行	申请法院强制执行	
0	0	0	0	2	0	0	0	0	0	6	8

2022年龙湾区生态环境其他行政执法行为实施情况一览表

表43

行政征收		行政检查次数	行政裁决		行政给付		行政确认	行政奖励		其他行政执法行为宗数
次数	征收总金额（万元）		次数	涉及金额（万元）	次数	给付总金额（万元）	次数	次数	奖励总金额（万元）	
0	0	1871	0	0	0	0	0	1	1.2784	0

请、变更、延续409件，全区有效持证企业630家，其中重点管理185家、简化管理445家，基本实现污染源排污许可全覆盖。核发辐射许可证28件。

（卢海鹏）

节能减排

【概况】 2022年，龙湾区突出政策导向，加强宣传引导，产业能级提升，用能结构优化，顺利完成能耗下降和污染物减排任务。全区单位GDP能耗下降4.4%，排名全市第二。引进瑞浦能源有限公司和浙江伟明盛青能源新材料有限公司新能源产业项目，单位GDP能耗低于浙江省“十四五”期末增加值能耗控制目标。龙湾区特殊钢小微园入选全省第二批减污降碳协同试点创建单位。开展节能宣传全区亮屏行动。制作的节能宣传沙画视频，被“学习强国”、人民网、新华网客户端等平台转载，发布当天阅读量超百万。

【污染物减排】 2022年，龙湾区（含经开区）减排化学需氧量、氨氮、氮氧化物、挥发性有机物重点工程累计减排量分别为89吨、37.7吨、371.8吨和329.1吨，顺利完成减排任务。

【减污降碳协同试点】 2022年，龙湾区特殊钢小微园入选全省第二批减污降碳协同试点创建单位。建设不锈钢酸洗废水资源化利用工程，传统废水处理工艺升级为“前段分步沉淀+中段MED/MVR（括注）蒸发+后段浓缩液资源化利用”的创新工艺。每年节约天然气约57.71万立方米，节约用水约7.87万吨，减少废水排放量约7.86万吨，减少COD排放量约49.80吨，减少重金属镍排放约1.10吨，减少危废污泥约4800吨，减少温室气体排放量约9600吨，减污降碳效益显著。

【节能管理】 2022年，龙湾区建立区统计局与区发改局、区商务局、区综合行政执法局等职能部门节能管理协同机制。每半年组织开展公共机构能源资源消耗统计工作，指导各单位按要求及时进行数据汇总、上报，编制内容详实的能耗分析报告，实现政策信息互通、能耗数据共享，有效提高能耗核算准确度。

【节能降耗】 2022年，龙湾区新增省级未来工厂、重点工业互联网平台、生产制造方式转型示范项目各1家，培育省级智能工厂3家，入选省级首台产品工程化攻关项目7个，实施智能化技改项目245个。建立《全区高耗低效企业清单》，实施“一企一策”专项提升行动，依法依规整治高耗低效企业177家。实施重点污染物排放企业减污降碳行动，完成清洁生产验收21家。全年创建绿色工厂38家，其中，市级绿色工厂29家。

【公共机构节能】 2022年，龙湾区在全省公共机构生活垃圾分类抽查工作中，位列22个被检查县（市、区）的第4位。年内，创建节约型机关19家，党政机关创成率达96.0%。

（潘毓锦 卢海鹏）

生态文明示范创建

【概况】 2022年龙湾区全力推进生态文明示范创建，补好短板，创成浙江省第六批生态文明建设示范区。投资生态环境项目3个，共完成投资1.50亿元。永中街道双岙村、郑宅村、丰台村，永兴街道永民村、永乐村，瑶溪街道瑶溪村入围省第二批低（零）碳村试点。

【人居环境提升】 2022年，龙湾区完成迎亚运全域环境整治提升项目105个，环大罗山科创走廊提升项目15个。完成公园绿地改造项目17个，改造中心区中央绿轴沿线景观绿地34.50万平方米。其中，大悦观邸、温州城市大学被推荐为省级优秀项目。新增造林地块21万平方米，完成美丽生态廊道建设16.33万平方米。开展“祛疤栽花”专项整治，整治面积14.30万平方米。拆除违建1945处，面积约52.70万平方米。全面深化龙湾树排沙省级海洋特别保护区建设，累计人工种植红树林面积约66.67万平方米，成为多种濒危海洋生物栖息地。

【美丽河湖创建】 2022年，龙湾区做好省级美丽河湖创建，投资1500万元，成功创建省级中横河、环城河—东门浦2条美丽河湖。中横河范围为中横河永兴农事服务中心至龙湾国际机场，创建长度5千米。环城河—东门浦省级美丽河湖创建范围为金海园区滨海十六路至滨海二十五路，创建长度5.80千米。

【湿地资源保护】 2022年，龙湾区重点加强野生动植物和湿地保护，龙湾树排沙成功申报省级重要湿地。湿地位于温州市瓯江南口的树排沙浅滩及周边海域，面积1191.04公顷，类型包括红树林地、河流水面2类湿地，以红树林地为主，属于以保护红树林为主要任务的龙湾省级海洋特别保护区范围内。湿地是浙江省独一无二的自然河口沙洲地貌，也是国际鸟类保护联盟确立的重要湿地鸟区。2021年记录鸟类99种，国家一级保护动物4种，国家二级保护动物14种。

（卢海鹏）

温州东部交通枢纽建设

温州大道东延线一角　　（区融媒体中心供图，摄于2022年1月）

温州东部交通枢纽建设

综　述
枢纽建设
交通路网建设
公　路
高速公路管理
道路安全管理
水　路
民　航

雁湖公园　（严艳影摄于2022年8月）

综　述

【概况】　2022年，温州市龙湾区紧扣“一区五城”建设目标，加快温州东部交通枢纽建设，推动轨道、高速、国道、省道交通路网建设。全年完成东部交通重点工程项目投资41.42亿元，完成率93.1%，其中本区级交通重点工程项目投资35.30亿元，完成率95.6%，温州经济技术开发区完成交通重点工程项目投资6.12亿元，完成率80.0%。完成东部综合交通设施建设投资300亿元。

【交通重点工程项目】　2022年，龙湾区建成交通网络市域铁路S2线，甬台温高速复线、330国道、228国道、南口大桥南接线，环山东路实现通车。完成新改建城市道路7.04千米，打通雁荡中路、浙南科技城水埠路2条断头路。完成温福高铁、机场三期停机坪、航空物流综合体、沿江快速路一期、永昌路改建等项目工程建设，累计投资60亿元。推进甬台温高速扩建工程（温州北白象至南白象段）前期，完成初步设计技术审查。推进温福高铁列入国家《“十四五”现代综合交通运输体系发展规划》《“十四五”铁路发展规划》铁路网建设重点工程，完成评估报告，启动勘测设计工作。全年完成市域铁路S2线主线轨道贯通；金丽温高速公路东延线完成桥梁下部构件预制安装；通海大道西段完成总工程量49.5%，永昌路改建完成总工程量21.1%，330国道龙湾永中段完成竣工检测和质量核查。温福高铁列启动勘测设计工作。推进甬台温高速扩建工程，完成航空物流园、空港大道8000多亩交通永农用地调整。

【完善公共交通网络】　2022年，龙湾区加快东部公共交通网络建设。全年新改建公交候车廊30个，新增优化公交线路15条；完成空港新区公交枢纽建设，新增停车位9502个。全区共有公交线路70条，车辆781辆，实现公交行政村全覆盖，村村通巴士，初步形成以轨道交通为骨干、BRT为补充、常规公交为基础、社区巴士为微循环的多元衔接公共交通网络体系。

（夏邦平）

枢纽建设

【概况】　2022年，温州东部枢纽建设管理中心助力打造温州东部枢纽新城，融合高铁温州东站、温州龙湾国际机场等功能区，加快构建“521”对外高铁时空圈（通过杭温高铁、温福高铁建设，将来温州到杭州、福州只需1小时；温州到上海、南京、厦门只需2小时；温州到北京、天津，到广州、深圳只需5小时”）。项目总体设计范围共16.14平方千米，范围东至滨海大道（228国道），南至城北路，西至沧河（寺前街西）和黄石山，北至沿江路（瓯江南岸）。年内，完成《温州东部新城综合开发项目投入产出分析报告》框架编制，完成《温州东部新城概念性规划及城市设计》中期成果第八稿编制。

【基础设施建设】　2022年，温州东部枢纽建设管理中心加快温州东部枢纽新城基础设施建设。开工建设通用航空产业园经五支路（空港大道—航空大道）、航空大道（经五支路—经五路）道路，加快通用航空产业园经五路（空港大道—航空大道）道路建设进度，助力通用航空产业园开发建设创造条件。建成环城河西侧河边临时绿化工程（滨海八路—滨海二路）。

【征迁工作】　2022年，温州东部枢纽建设管理中心开展征迁工作。完成涉及征迁的四村地籍图制作，划定拆迁红线，发布征地公告。落实特殊建筑安置选址。化解征地产生住宅用房安置指标等历史问题，累计5.10万平方米。制定安置地块企业征收前置条件。

（夏邦平）

2022年4月1日，金丽温高速东延线项目大罗山隧道先行通车段投用

（温州高速公路东延线有限公司供图）

交通路网建设

【概况】　2022年，温州市龙湾区交通工程建设中心（以下简称区交通工程建设中心）紧扣“一区五城”建设目标，打造东部交通枢纽，推进轨道、高速、国道、省道交通路网建设。全年完成区本级交通项目有效投资1.93亿元。

【交通工程设计】 2022年，区交建中心加快交通工程项目设计，确保交通工程项目建设顺利推进。全年完成金丽温高速东延线、龙湾区乡村振兴共同富裕项目（二期）、永兴安置房（A-38地块）周边配套设施工程等项目设计。完成永中安置房（C-02地块）土壤污染状况初步调查评审和规划条件论证。开展S2线桥下空间利用工程前期研究，完成隧道区间变电所选址工作。

【交通工程建设】 2022年，区交建中心加强交通工程建设。开工建设S1线（是温州市第一条建成运营的城市轨道交通线路）科技城TOD周边绿化、滨海大道道路及交通设施提升和S1线桥下空间环境整治提升等民生工程，推进永昌路改建和通海大道西段工程，各完成总工程量21.1%和49.5%；330国道龙湾永中段完成竣工检测和质量核查，养护站完成总工程量60.0%，其中区应急智能停车场已完工。全年完成项目建设资金融资6000万元，完成区本级交通项目有效投资1.65亿元；配合完成市级交通项目有效投资15.50亿元。

（张蓓蕾）

公　路

【概况】 2022年，温州市龙湾区交通运输局（以下简称区交通运输局）加快“东部枢纽新城”建设。全区公路密度为每百平方千米75.80千米，公路通达率100%，公路里程296.84千米，其中境内高速公路里程23.01千米、一级公路88.64千米、二级公路19.79千米、三级公路10.28千米、四级公路124.17千米、准四级公路3.96千米。全区共有公交线路66条742辆，其中BRT线路8条135辆；常规公交线路43条503辆，其中微公交线路15条104辆。浙南科技城公交首末站竣工验收。国、省道干线公路路面大中修和预防性养护7.93千米，县乡道改造提升1千米。温州大道获评2022年浙江省绿化美化精品道路。

【“四好农村”路建设】 2022年，区交通运输局实施农村公路改造提升工程，提升农村公路运输服务水平。全年改建完成兴元路、环镇南路、永增路、乐一路、潘宅路、城外路6条农村公路5.50千米，累计投资2915万元。完成永兴荡园路、永兴老围垦路、下湾—新莒、永中—瑶溪4条农村公路大中修工程12.70千米，总投资1054.66万元。完成永中街道城北村西岸危桥修复工程，累计投资50万元。完成瑶溪龙岗路上山公路路灯安装工程，累计投资59.78万元。完成状元街道兴元路改造提升工程1千米，累计投资1800万元。完成改造永宁西路、塘永线、龙岗上山公路等农村公路20千米。新增永增路提升（大中修）工程1.20千米，累计投资194.40万元。

【公路管养】 2022年，区交通运输局根据不同类型路面病害，科学制定针对性处治方案和施工计划，提升公路建养水平。全年完成省级、区级民生实事项目G330洞合线（K41+935—K43+860）大中修工程全长1.93千米（含2座桥头跳车整治），投资额约1333万元。整治提升机场大道汤家桥—耐宝路段、白楼下—龙江路段，投资3049万元。修复沥青路面1.78万平方米，清理边沟2840米，修复人行道1.23万平方米、增设（更换）标志37块，警示桩125根，公路护栏755米，施划标线1.10万平方米，处理数字城管案件1725个，养护经费投入650万元。推进迎亚运“两路两侧”“三化一平”整治和路域环境整治工作，完成109个点位整治销号，完成率100%。完成国省道公路标志标线增设和维护工程以及事故隐患点整治15处。

【客货运输】 2022年，龙湾区跨区间客运站主要有状元公交枢纽和机场汽车客运站。状元公交枢纽隶属温州交运集团城东公交有限公司，场站始发8条公交线路，是一所综合性公交枢纽场站。全年发送旅客109.5万人次，客运收入197万余元。机场汽车客运站共有14条线路，市内6条，市外8条（市外包含省外4条）。年内，发送旅客13.52万人次，客运收入达

2022年7月5日，浙南科技城公交首末站投用　（区交通运输局供图）

610.24万元。全年完成货物周转量约50亿吨，温州龙湾机场完成货邮吞吐量61914.12吨，万吨码头完成货物吞吐量1000万吨以上。

【交通拥堵治理】 2022年，区交通运输局加强交通拥堵治理力度。加快金石路（温州大道—滨河路）工程、兴元路工程、瑶南二路等3个堵点整治完工通车。兴元路整治项目列入省、市两级十大堵点整治项目，全力整改。全年新改建城市道路6千米，打通金石路（三期）断头路。新增停车位8000个，公共停车位600个。新增公交线路16条，新增车辆11辆，新改建公交候车廊20个。浙南科技城公交首末站建成竣工，累计完成工程投资1.58亿元。

【交通行业管理】 2022年，区交通运输局开展行业管理。主管监督辖区内交通工程施工、养护生产和渔船渡口安全，开展“除险保安”专项督查行动，开展海城客运站、危货停车场、各港口码头区域内重点交通场所督查。推进休闲船艇整治，牵头瓯江海事处、蒲州街道等单位开展一次休闲船艇联合巡查行动。加强高边坡、高挡墙、临水临崖、桥隧安全隐患排查，出动巡查55次、巡查人员92人次。全年完成后陈桥、前潘桥安全隐患整治，完成灵昆隧道、茅竹岭隧道消防设施建设，完成所有应急设备维养整改。

（黄文敏）

高速公路管理

【概况】 2022年，温州市公安局高速交警支队（以下简称高速交警支队）加强综合治理、智慧管控，取得“双下降一保持、五个零”成绩。全年辖区发生交通事故7801起，比2021年下降18.9%，交通事故死亡18人，比2021年死亡人数下降14.3%，百公里死亡人数3.04，连续4年保持全省低位。

2022年9月18日，市公安局高速交警三大队大队长叶建胜对货车开展专项整治，并对驾驶员进行安全教育 （市公安局高速交警供图）

年内，薛大才获评全国优秀人民警察。

【交通安保】 2022年，高速交警支队三大队紧扣党的二十大安保维稳工作。统筹开展“百日攻坚”“除险保安”专项行动，紧盯“勤务、控大、排堵、施工、应急、队伍、防疫”等主要工作，以队伍“零违纪”、防疫“零失职”、交通事故72天“零死亡”“两客一危”本地违法“零遗留”、伤亡事故“零发生”安保工作成效，护航党的二十大顺利召开。

【风险溯源】 2022年，高速交警支队推动高速公路“六复六查”溯源机制，复盘重点事故16起、高危警情116起。针对易肇事车型，开展“使命2022”系列专项整治行动3波次，查处各类违法行为6.92万起。针对“输入型”隐患，推行收费站“一站一警”片警制和入口“四查两宣”，劝阻隐患车3.23万辆。针对“道路型”隐患，投入8577万元，动态治理1999处，实现“人、车、路、企”四大要素整体提升。

【智慧高速建设】 2022年，高速交警支队融入全市“公安大脑”建设，固化“数字合成作战”平台成效，提升“大风警”实战效能。全年一级警情主动发现率、施救20分钟到达率、施救30分钟完成率分别为77.9%、96.5%、80.1%，比年初分别提升4.71、16.93、31.47个百分点。依托四级感知圈层，对重点涉路因素精准画像、分析研判，实施违停处置“一件事”公安大脑项目，查处违停1.82万起。

【交通出行服务保障】 2022年，高速交警支队试行“最多封一次”，护航经济社会高质量发展。全年共组织主线断流30次，集约完成一类施工29起、二类施工2630起，累计减少断流920次，施工负面影响大幅下降，企业和群众满意度全面提升。特别是金丽温东延段上跨施工，未出现长时间、大面积拥堵情况，未发生相关伤亡事故。设立“瓯江红•警企先锋岗”，实施大流量“一键式”管控，强化全域联动、精准预警、快处快撤，疏堵保畅成效显著。

（张志敏）

道路安全管理

【概况】 2022年，温州市交管局三大队（以下简称市交管局三大队）推

2018—2022年龙湾区交通事故情况一览表

表44

年　份	上报交通事故（起）	死亡（人）	受伤（人）
2018	52	30	32
2019	50	22	32
2020	46	28	19
2021	46	29	20
2022	47	26	26

进隐患整治，开展各类专项行动，全面加强队伍建设。全年查处各类违法行为47.93万起，比2021年下降0.7%。交通总警情、交通事故警情同比分别下降10.4%、7.6%。“社区交警”建设工作成效在全市名列前茅，得到群众认可。年内，市交管局三大队一中队获集体三等功，获评温州市公安局第二季度最美爱民警队称号，市交管局三中队成功入围2022年“枫桥式交警中队”创建省级评审名单。

【道路交通安全】 2022年，龙湾区全年共发生交通死亡事故47起、死亡26人，比2021年下降10.3%。辖区登记在册的重点车辆有重型货车2545辆、重型挂车322辆、两客一危471辆、非营运大中型客车246辆，面包车6513辆。电动自行车成为居民出行主要工具，由此引发交通违法行为相对突出。空港新区部分路口没有安装电子监控设备，交通事故隐患点量大面广。年内，空港新区发生亡人事故12起。潮汐交通现象较为明显，主要表现为东西走向的潮汐车流，呈现早高峰西往东（市区往机场瑞安等方向）车流相对聚集，而晚高峰恰恰相反。年内，发生多起阻碍执法和闯卡案件。

【交通违法查处】 2022年，市交管局三大队开展“夏季百日行动”“全国文明城市建设交通秩序整改提升”系列专项行动，全年现场查处违法行为10.90万起，非现场采集违法行为37.03万起。查处货车交通违法行为5.21万起，比2021年下降3.6%；查处电动车违法行为9.54万起、酒驾行为474起；不系安全带行为2409起，未礼让斑马线行为5642起。刑事立案186起，其中交通肇事案9起，危险驾驶案177起。事故中涉及一般程序处理违法行为处罚527起，其中行政拘留2人，吊销驾驶证133起。

【交通安全隐患整治】 2022年，市交管局三大队依托道安办平台，严格实行重点车辆交通违法清零、重点车辆的重点交通违法零容忍、交通违法零减免。滚动清零重点车“十六项”数据，每月时间节点前全部完成达标。全年排查道路隐患点段121处，全部完成整治。

【文明交通创建】 2022年，市交管局三大队全员在岗、全力以赴做好城市文明交通创建工作。期间，查处车辆违停9.44万起、非机动车违法行为6.47万起、行人交通违法行为2206起、机动车未礼让斑马线行为1.73万起。收缴电动自行车私架雨棚1.44万个，处置“僵尸车”751辆。提升完善交通设施，共施划标志标线7.80万平方米、新增护栏3600米、标志牌约1100个，施划机动车停车位6204个。设置14条绿波带，覆盖69个路口，多个路口守法率持续保持达标。

（陈　宏　陈相洁）

水　路

【概况】 2022年，温州港集团有限公司龙湾港务分公司下辖龙湾、灵昆、白楼下三个作业区（合称温州港龙湾港区）。龙湾港区地处瓯江入海口，东邻温州机场、西接甬台温高速公路，南通瓯海大道，港内外交通四通八达，具有货物集疏运的良好内外部环境，港口货物主要以服务温州地区以及浙西北、闽北地区客户为主，可为客户提供煤炭、钢材、粮食、水泥、金属矿石等多种货物的装卸、中转、水路公路货物运输等服务。其中龙湾作业区以煤炭、铁矿粉、钢材装卸堆存业务为主；灵昆作业区以煤炭、矿建材料装卸堆存业务为主；白楼下作业区则以钢材装卸堆存业务为主。港区总陆域面积60公顷，有生产性泊位9个（龙湾作业区6个，灵昆作业区1个，白楼下作业区2个），其中万吨级以上泊位6个（龙湾作业区4个，灵昆作业区1个，白楼下作业区1个），码头前沿水深5—11米，拥有仓库、堆场面积约60万平方米，门机、龙门吊、装载机等各类装卸搬运机械190多台（辆）。

【温州港集团有限公司龙湾港务分公司】 2022年，温州港集团有限公司龙湾港务分公司（简称龙湾公司）件杂货累计完成钢材货物吞吐量190.58万吨，比2021年增长10.5%。11月份完成货物吞吐量198万吨，创龙湾公司水铁联运业务搬移后单月吞吐量新高。10月27日，温州高大燃料有限公司煤炭顺利卸至龙湾公司，标志龙湾公司新引进煤炭装卸业务成功落地。每天可稳定装箱40吨标准箱。

【安全监管】 2022年，温州港集团有限公司龙湾港务分公司强化安全生产，开展“安全生产月”活动，开展“严纪律、正风气，禁酒驾、反醉驾”专项活动等一系列专项活动和演练。6月24日，结合“安全生产月”活动主题，开展班车应急逃生演练。9月18日，联合浙江军正保安集团在龙湾作业区开展反恐消防培训与演练活动。11月22日，组织开展一场消防应急预案演练。

（吴道边）

民 航

【概况】 2022年，温州龙湾国际机场起降航班5.30万架次、旅客吞吐量560.79万人次、货邮吞吐量6.19万吨，旅客吞吐量位列全国机场第三十四。实现营业总收入4.18亿元，其中航空性业务收入2.57亿元，占比61.5%。营运国内外客货运航线180条，累计通航城市175个，比2021年增加8个。开通罗马、米兰、雅加达等国际客运航班和东京、大阪、首尔、马尼拉等国际货运航班，航班放行正常率95.6%。通过民航局全领域安保审计和“平安民航”考核，其中安保审计成绩位列华东地区第一。

【安全监管】 2022年，温州龙湾国际机场加强航空运行安全监管工作，推进安全管理体系建设。推进安全“吹哨人”活动，安全信息系统使用情况获民航局肯定。完成党的二十大、上海“进博会”重要节点安保任务。完成“两会”期间重要航班安全保障，推进亚运交通保障及环境综合治理工作。开展安全隐患排查治理和危险品航空运输专项整治，全年专项安全督查65次，整改安全隐患363条，整改率100%；安检至臻服务入选2022年中国民用机场优秀服务案例，获评业界最具公信力CAPSE“服务提升卓越奖”。

【枢纽项目建设】 2022年，温州龙湾国际机场加快枢纽项目工程建设。温州龙湾国际机场三期扩建项目预可研报告获民航局批复，军地协议完成地方意见征集并上报审查。开工建设三期机坪工程，完成三期改扩建机坪工程地基处理工程中间验收。空域优化方案审查，空域运行容量将提升32.0%。综合交通中心停车场、客运站完备投用。完成国际客运航班国际厅改造。

【数字化改革】 2022年，温州龙湾国际机场推进数字赋能。落实数字化改革总体应用架构，投用T2航站楼自助登机查验设备项目、ACDM系统功能升级项目等6个项目。全年市场资源应用分析系统、桥载计量数据统计系统、安检智能判图、行李运输可视化应用、T1航站楼防疫流程改造等12个项目投入试运行。实施行李全流程跟踪系统项目，配合开展“浙里飞”的旅客服务平台系统开发。

【客运航线恢复】 2022年，温州龙湾国际机场加快恢复运输生产，拓展国际航线。开展国际货机回程进口业务，启动“经温飞”中转合作项目，利用OTA平台与携程开展“嗨飞节”营销，举办“畅游一夏 悦享出行”“畅行无忧 瓯越出行”等系列活动，推广范围辐射至丽水、台州和福鼎等地。开展陆转航业务，拓展经济邮件业务市场。恢复开通至罗马、米兰、雅加达3条国际定期客运航线。生鲜产品航班保障及通关、提货时间缩短50.0%。配置重要主干线城市航线时刻

2022年1月14日，温州市政府与中国东方航空、省机场集团签订战略合作协议，中国联合航空浙江分公司挂牌成立，温州机场三期扩建项目机坪工程开工仪式举行 （温州龙湾国际机场供图）

分布，至北京、广州、贵阳、重庆每日出港航班超过11个。

【新增国内外航线】 2022年，温州龙湾国际机场新增国内外航线12条。1月2日，中国邮政航空开通温州—日本东京货机航线，由B737-400机型执飞。日本东京是温州机场历年累计通航第168城，国际第31城。1月14日，桂林航空开通温州—恩施航线，由A320机型执飞，湖北恩施是温州机场历年累计通航第169城，国内第134城。6月10日，顺丰航空开通温州—日本大阪货机航线，由B737-400机型执飞。日本大阪是温州机场2022年继东京航线后开通的第2条日本国际货运航线。9月22日，天津货运航空开通温州—韩国首尔货机航线，由B737-400机型执飞。温州—韩国首尔线是温州机场年内开通第3条国际货运航线，累计开通第5条国际货运航线。10月27日，温州空港重点项目签约暨温州至罗马客运定期航班首航仪式在温州机场举行，东方航空开通温州—罗马国际客运航线，由A330-200机型执飞，意大利罗马是温州机场年内恢复首条国际定期客运航线。10月30日，河北航空开通温州—石家庄—唐山航线，由B737-800机型执飞，河北唐山是温州机场历年累计通航第170城，国内第135城，华夏航空开通温州—鄂州—重庆航线，由AR7机型执飞。10月30日，湖北鄂州是温州机场历年累计通航第171城，国内第136城。11月5日，中州航空开通温州—马尼拉货机航线，由B737-800机型执飞。菲律宾马尼拉是温州机场年内开通的第4条国际货运航线，累计开通的第6条国际货运航线。11月21日，中国联合航空开通温州—达州航线，由B737-800机型执飞。四川达州是温州机场历年累计通航第173城，国内第137城。11月28日，中国国际航空开通温州—米兰国际客运航线，由A330机型执飞。米兰是温州机场年内开通第2条直飞意大利的国际定期客运航线，是国航在温运营首条欧洲航线。12月10日，长龙航空开通温州—郑州—库尔勒航线，由A320机型执飞，新疆库尔勒是温州机场历年累计通航第174城，国内第138城。12月15日，印度尼西亚苏拉维加亚航空开通温州—雅加达国际客运航线，由B737-800机型执飞，印尼雅加达是温州机场年内开通的第3条国际定期客运航线暨首条东南亚航线。

【运营航点布局】 2022年，温州龙湾国际机场实际运营城市内地航点有99个，分别是北京（首都、大兴）、上海（浦东、虹桥）、广州、成都（双流、天府）、贵阳、天津、南充、邯郸、佛山、临沂、淮安、昆明、杭州、格尔木、重庆、三亚、榆林、拉萨、绵阳、襄阳、南通、宜宾、郑州、黔江、威海、兴义、武汉、西昌、惠州、阿坝、西安、万州、鄂尔多斯、深圳、遵义、乌鲁木齐、大连、长沙、南京、阜阳、铜仁、琼海、南宁、信阳、衡阳、济南、桂林、岳阳、盐城、宜春、青岛、西宁、张家界、黎平、海口、珠海、石家庄、舟山、荆州、沈阳、郴州、哈尔滨、运城、汉中、洛阳、宜昌、连云港、揭阳、日照、毕节、西双版纳、张家口、长春、柳州、常德、东营、太原、泸州、银川、兰州、烟台、常州、赣州、呼伦贝尔、宁波（备降）、济宁、唐山、鄂州、达州、和田（临时）、库尔勒、池州、恩施、黄山、吉安、厦门（货机）。港澳台航点1个，为澳门。国际航点8个，为意大利米兰（客、货机）、意大利罗马（客机）、印尼雅加达（客机）、美国洛杉矶（货机）、日本东京（货机）、日本大阪（货机）、韩国首尔（货机）、菲律宾马尼拉（货机）。

（邱梦洁）

邮政·通信

2022年5月11日，海滨街道“文明创建　先锋助力”集中出征行动暨“文明城市小哥联盟”成立仪式举行　　（区文明中心供图）

邮政·通信

综　述
邮政·快递
通　信

瓯海大道　（严艳影摄于2022年8月）

综 述

【基础设施建设】 2022年，温州市龙湾区加强邮政和通信网络建设，村村通邮100%。全区通信网络建成通信基站1703个，骨干网城域出口宽带1440G，实现光纤到户覆盖率96.9%，5G通信网络覆盖率99.1%。

【业务发展】 2022年，龙湾区全年邮政服务业务总量累计收入5.20亿元，比2021年增长14.0%；通信服务业务总量累计收入12.62亿元；普服邮件压降丢失率居全省前列；实现机要通信无失密丢损“三十二连冠”。

【邮政快递服务体系建设】 2022年，龙湾区加快邮政快递服务体系建设。全区建制村103个，建成村级邮政服务站22家，村级寄递物流综合邮政服务站10家，通邮示范村（点）3个，邮政普遍服务营业场所12处，邮政报刊亭2个，村邮站20个。快递业务量8.88亿件，投递服务质量达标率100%。全年日均发件量超43.30万件，派件量超200万件。

（吴道边）

邮政·快递

【概况】 2022年，温州市龙湾区邮政快递行业有许可快递企业217家，从业人员4420人；邮快件处理中心6个，已备案分支机构41个，邮政快递服务业务收入累计完成2.71亿元，增长23.0%；邮政快递业务量累计完成17.87亿元，邮政快递业务收入累计完成21亿元。

【邮政金融业务】 2022年，龙湾区邮政公司实现金融收入3422.12万元，比2021年增长12.8%。储蓄余额19.29亿元，比2021年减少959万元。

【邮政集邮业务】 2022年，龙湾区邮政集邮业务收入14.4万元。

2022年1月20日，快递小哥、外卖骑手等在“瓯江红·城市驿站”停驻休息

（区融媒体中心供图）

【邮政管理】 2022年，龙湾邮政管理局出台《龙湾区邮政快递行业疫情防控“四色”管理办法》，精准跟踪、压实疫情防控企业主体责任。至年底，全区快递从业人员共计2471人，每两天进行一次检查，对全部快递包表进行清点。开展无疫企业创建，为寄递企业办理浙江省重点物质运输车辆通行证248张，圆通分拨中心获评首批浙江省邮政快递业“无疫企业”称号。全区建立生活物资保供快递员白名单300人。开展普服乙类网点检查工作，完成7家普服检查，实现全覆盖。利用“瓯江红·城市驿站”为快递行业人员提供精细服务。推进“两新”党建工作，召开龙湾区快递行业工会联合会第一届代表大会，打造圆通党建示范点，培养入党积极分子3人，快递党员先锋队10人。

2022年6月7日，龙湾区快递行业工会联合会第一届会员代表大会召开

（区邮政管理局供图）

【邮政安全生产督查】 2022年，龙湾邮政管理局加强邮政快递行业安全监管。开展邮政安全生产大检查、场所大安全风险隐患排查整治、五大专项整治百日攻坚行动、塑料治理、韵达品牌疫情专项检查工作。全年出动检查人员2334次，检查企业778家次，发现问题185个，约谈和列入整改企业55家，停业整顿16家。处理案件7个；解决劳动纠纷和信访投诉问题82个。

【邮政便捷服务】 2022年，龙湾邮政管理局助力用邮便捷性。全区52个建制村均实现村邮合作，建有村级服务站22家，村级寄递物流综合服务站10家，打造通邮示范村（点）3个，邮政普遍服务营业场所12处，邮政报刊亭2个，村邮站20个。有从业人员70人，邮运机动车18辆，电动车24辆，普邮投递道段37条。

（刘东来　朱玲娟）

通　信

【概况】 2022年，温州市龙湾区加快通信基础设施建设。推进电信网络建设，建成电信网络5G基站80个，4G基站52个，皮站201个，实现区域、乡镇、产业园区重点应用场景5G网络全覆盖。推进移动网络建设，打造4/5G双优网络，建成基站1558个，物理基站5333个；启动700兆建设，建成5G精品网络，5G基站1703个，5G汇聚机房93个，实现5G移动网络全覆盖。推进联通网络建设，新建5G基站82个，新增开通L900基站17个，新建和改建升级5G室分建设小区97个。

【中国电信龙湾分公司】 2022年，中国电信龙湾分公司全年实现运营收入2.78亿元，比2021年增长9.7%。全程参与温州经济技术开发区健康驿站（保障性租赁住房）项目智能化、星海街道办事处防疫扫码设备集成、永中街道办事处智能门磁防疫集成、空港新区永兴北园安心公寓二期JC-01A-51地块项目智能门磁等防疫项目建设。联合区公安分局，助力亚运安保硬件建设，联合区人民法院开展数字执行指挥中心建设和数字化合议及审委会系统建设。推进千兆光纤网络能力扩容和技术改造，加快万兆光网建设，投资79.80万元，新建完成XGPON端口（即无源光纤网络）3840个，累计XGPON端口4640个。全年完成城域网同路由电路改造21条；完成永兴、天河、滨海、海城新型城域网布署，累计新增带宽400G；提升云宽带能力，新增、扩容、替换OLT设备（指用于连接光纤干线的一种终端设备，是光线路终端的简称）总计30台。

（何善勇）

【中国移动龙湾分公司】 2022年，中国移动龙湾分公司实现通服收入8.70亿元，比2021年增长5.0%。推进有线宽带技术升级和双千兆网络接入建设，OLT设备176台，宽带资源点77263个，专线接入业务12990条，家宽用户28.40多万户，千兆宽带可接入率98.8%，千兆宽带安装4多万条，视频监控与和慧眼数量6468个。牵头龙湾区一体化公共数据平台运维项目、龙湾区数字社会门户项目、龙湾区委政法委员会移动信息采集平台服务项目、龙湾区一键呼叫组件及地图绘制组件开发项目、龙湾区人民检察院公开听证室建设项目。联合区内、业内科技型企业共同推进大数据、人工智能、5G应用工作，打造一批创新型项目，如瓯江实验室生物医学大数据超算中心一期项目、瑞浦兰钧能源数字孪生平台、温州城市大学智慧空间迭代升级项目、温州烟草配送中心异型烟技改项目、温州市第八高级中学校园智慧展厅建设、温州龙湾区力冠5G云诊疗项目，助力龙湾区“数字经济”再上新台阶。持续推进反诈“五进”宣传，消除涉诈隐患，全年开展各类反诈公益宣传活动100多场，服务3000多人次；联合温州公安局龙湾分局反诈中心开展“5•17”联合反诈直播活动，观看1万人次；配合打掉1个新型GOIP（指网络通信的一种硬件设备，能将传统电话信号转化为网络信号，一台设备可供上百张手机卡同时运作）团伙并抓获4名嫌疑人；配合温州公安局龙湾分局反诈中心，不定期对龙湾区移动用户开展短信提醒，全年触发20多次，共发送短信500多万条，实现龙湾区移动用户反诈宣传全覆盖。年内，中国移动龙湾分公司获评中国移动集团先进基层党组织。

（叶海韵）

【中国联通龙湾分公司】 2022年，中国联通龙湾分公司实现运营业务收入1.14亿元，比2021年增加0.24亿元。推进公司数字化转型和高质量发展，完善PE-OTN政企精品网架构。发挥5G赋能工业应用技术优势，助力打造“5G+数字工厂”，在5G+MEC［MEC（Mobile Edge Computing）边缘计算就是将计算能力部署在网络边缘，能够快速的为用户提供算力，并响应用户需求，提供开放服务的一种技术］、5G+AR［AR（Augmented Reality）即增强现实，是一种将虚拟信息与真实世界巧妙融合的技术，利用计算机视觉、人机交互等技术来实现对现实场景的感知，并对这些感知信息进行处理和应用］、立体仓库等领域，实现数字产业新发展、智能智造新突破。以承接集团“1+9+3”（“1”是指1个战略规划纲要，“9”是指9个行动计划，“3”是指3个指导意见）战略规划要旨，推进浙江联通“五个一流”建设和“1572”战略举措，实现全业务高质量发展，签约多个百万级项目，签约部门涵盖区政法委、公安分局、纪委、民政局、大数据中心、生态环保局、交通局、市场监督局、卫健委等23个部门。先后中标温州市龙湾区2022年“智慧安防小区”基础服务建设及运维服务项目、蒲州街道2022年乡村公共配套项目。

（苏雨雨）

金融业

龙湾区永宁西路（龙康路至龙江路段）街景　　　　（王丹摄于 2022 年 6 月）

金融业

综　述
银行业
保险业
证券业

钟秀园一景　　（黄利摄于2022年4月）

综 述

【概况】 2022年，温州市龙湾区有银行业金融机构28家，包含嘉兴银行和泰隆银行2家市分行。保险分支机构16家，其中支公司8家（财险5家、寿险3家），营销服务部8家。证券公司3家。新增上市公司2家，完成股改企业12家，省股交中心挂牌企业9家。年内，龙湾区本外币存贷规模分别为1504.46亿元、1377.24亿元，不良贷款率为0.4%。

【非银行金融机构】 2022年，温州市龙湾区共有小额贷款公司5家，融资担保公司3家，典当行2家，融资租赁公司1家，民间资本管理公司1家，地方交易场所1家。年内，小额贷款公司贷款余额为5.62亿元，融担公司在保余额7.80亿元，典当行典当余额481万元。

【金融服务实体经济】 2022年，龙湾区金融工作服务中心结合龙湾实际细化金融支持措施，完善《龙湾区助力个体工商户纾困发展32条政策措施》。深化政银企三方联动，牵线4家小微园与银行业金融机构签订战略合作协议，以小微园"整园授信"金融服务模式开展精准服务。建优建强金融产品目录库，建成47个抵质押类产品清单、66个信用担保类产品清单。出台企业融资担保补助政策，降低企业融资成本。支持区域融担公司做大做强，龙晟融担公司在保余额4.20亿元，全年新增超2亿元。

【数字人民币试点】 2022年，龙湾区金融工作服务中心推进数字人民币试点工作。举办数币体验日活动3场，开通机关食堂、工会组织、农贸市场、专业市场、商业综合体、停车场、连锁商超、休闲文化旅游区等数字场景。全年龙湾区对公钱包开通数0.92万个，个人钱包开通数23.95万个，交易笔数30.95万笔，交易金额8.91亿元。

【上市企业优化服务】 2022年，龙湾区金融工作服务中心完善工作机制，强化政策保障。加强跨部门协作服务，为企业提供培育、股改、辅导报会、挂牌上市的全流程"直通车"服务，帮助5家重点拟上市企业协调解决问题19个，召开区级专题会议3次解决问题4个，协调开具各类合规证明35份。优化调整企业挂牌上市奖励政策，境内上市奖励增加到1000万元，减轻企业的上市成本。建立与财通证券战略合作，开展多次对接会，部署"一本账"合作项目，发挥财通证券引导、指导、督导企业上市的作用。

（管文昕）

银行业

中国银行温州龙湾支行

【概况】 2022年中国银行温州龙湾支行下辖2家二级支行，共有员工58人。本外币时点和日均存款余额分别为80.87亿元和87.05亿元，比2021年新增8.79亿元和29.96亿元；本外币贷款余额72.85亿元，新增9.79亿元，其中支行普惠贷款余额14.91亿元，新增4.30亿元。民营企业贷款余额39.32亿元，新增12.17亿元；制造业贷款余额25亿元，新增4.50亿元；绿色信贷余额3.16亿元，新增2.92亿元。

【重大项目建设扶持】 2022年，中国银行温州龙湾支行新增投放豪中豪订单融资2000万元，成功落地中国眼谷1.15亿元项目贷；新增投放臻龙集团、高新投建、臻鑫投资等区级政府平台项目合计10.52亿元；成功争揽并投放上市公司伟明股份旗下环保设备有限公司8000万科技金融授信，帝仕科技5000万科技金融授信，成功争揽拟上市企业麦田能源有限公司账户并开展业务合作，新增争揽伟明盛青温州锂电池新材料项目、广东瑞浦、温州瑞浦三个新能源重点项目，合计批复金额15亿元，助力民营企业智能化技术改造升级、关键核心技术攻关。

【金融业务拓展】 2022年，中国银行温州龙湾支行以国际结算业务、跨境金融服务为特色优势业务，深入服务当地企业"开放"发展。累计为区内民营企业办理国际结算业务16.76亿美元，跨境人民币收付款业务34.81亿元、新型付款汇利达业务18928万美元、一级福费廷业务5800万元、融易达产品6000万元等。成功落地浙江首个政务园区数币支付场景，与区金融工作服务中心、区机关事务管理中心联合开展数币体验日活动，助力数字人民币推广。

（丁苗苗）

中国农业银行温州龙湾支行

【概况】 2022年，中国农业银行温州龙湾支行各项存款总量234.39亿元，比年初增加29.21亿元；各项贷款余额205.11亿元，比年初增加23.88亿元；全年存贷款增量超50亿元。累计完成不良贷款清收处置4083万元。

【服务经济发展】 2022年，中国农业银行温州龙湾支行推进农行支持温州经济高质量发展的"15条举措"，推广普惠金融扩面，服务实体经济发展，提高金融政策的"直达性""精准性"。支持区域安置房、未来社区及城市有机更新提升等重大民生项目建设，助力打造高能级产业平台。年末，项目贷款累计投放超26.23亿元。

【推广普惠金融】 2022年，中国农业银行温州龙湾支行持续加大制造业、科技创新、绿色金融等关键新兴领域金融支持，推广普惠产品和优惠政策，拓宽金融服务覆盖面。2022年新发放普惠金融贷款 8.43 亿元，新发放制造业贷款 9.19 亿元，新发放民营企业贷款 4.64 亿元。支持壮大村集体经济。

（郑琰琰）

中国工商银行温州龙湾支行

【概况】 2022 年，中国工商银行温州龙湾支行在职员工 131 人，辖内网点 9 个，内设部室 5 个，离行式自助银行 4 个。本外币各项存款余额 110.68 亿元，比年初增加 13.64 亿元，增幅 14.0%。本外币各项贷款余额 152.04 亿元，比年初增加 29.27 亿元，增幅 23.0%，储蓄存款、各项贷款在工商银行、农业银行、中国银行、建设银行四家银行的增量占比、系统内增量占比较年初存量占比均有提升。

【金融产品助企纾困】 2022 年，中国工商银行温州龙湾支行开展产品创新，助企纾困。支持扩大知识产权质押融资，办理知识产权质押融资共 1.58 亿元。加大对行业龙头企业、“隐形冠军”“专精特新”等科创型企业的支持力度。推动科技金融创新服务中心建设，推出“积分贷”“园区贷”精准支持企业。对绿色先进企业实行碳中和、碳排放融资优惠政策。紧跟乡村振兴发展战略，推出“兴农贷”产品。与各级专业合作社合作推进“三位一体”，创新金融服务模式。丰富在线融资产品，推出 e 抵快贷、网贷通、经营快贷等，全年累计办理企业线上融资 12.80 亿元，发放网贷通 522 笔合计 10.60 亿元。

【服务重点项目建设】 2022 年，中国工商银行温州龙湾支行参与区域金融改革，促进政银企沟通。推进城市有机更新，为龙湾区状元街道、蒲州街道城中村改造、市中心棚户区改造等城建重点项目建设新增 8.2 亿元信贷资金支持。助力特色经济发展，落地温州首个房地产涉稳项目资金监管专用账户，成功开出龙湾区第一张房票，票面金额 109.95 万元；联动投促中心落地龙湾区重大招引项目账户，增创发展新优势。

（张　丽）

中国建设银行温州龙湾支行

【概况】 2022 年，中国建设银行龙湾支行核心口径一般性存款时点余额 69.21 亿元，比 2021 年新增 6.19 亿元；个人存款时点余额 33.71 亿元，比年初新增 5.11 亿元。各项贷款余额 94.05 亿元，新增 16.30 亿元，增幅 20.9%；个人贷款余额 29.86 亿元，比年初新增 3.66 亿元，增幅 13.9%。普惠金融 8 项余额 14.44 亿元，比年初新增 3.18 亿元。绿色信贷余额 4 亿元，比年初新增 1.42 亿元。

【服务经济发展】 2022 年，中国建设银行温州龙湾支行完成投放龙湾区人才公寓项目住房租赁购买贷款 2.20 亿元，期限 30 年。开展智慧村务综合服务平台合作，上线智慧村务平台 178 户。与龙湾外国语学校等四家教育机构签约建融慧学缴费大厅平台，完成龙湾区越秀学校春季学费收取工作。完成安心养老平台上线 429 户。全流程依托省分行绿色金融数字化管理平台，挖掘绿色信贷客户。

【金融业务拓展】 2022 年，中国建设银行温州龙湾支行借力上级行绿色金融数字化管理平台，发展绿色信贷业务，定期梳理绿色信贷企业、新发放项目，实现人行“清洁生产产业”目录零的突破，全年绿色信贷较 2021 年增长超过 55.0%。加大金融支持中小企业纾困解难力度，多措并举推动普惠业务工作发展。以“客户经理 + 普惠专员”形式，在网点层面落实普惠业务。首创“商户云贷”业务，以个体工商户和小微企业收单金额为基础、大数据手段精准分析小微企业生产经营和信用状况，为广大商户及企业群体提供快捷、低成本的信贷产品。

（郑丽莉）

邮政储蓄银行温州龙湾支行

【概况】 2022 年，邮政储蓄银行温州龙湾支行本外币存款余额 35.93 亿元，贷款余额 40.99 亿元，合计存贷余

2022 年 7 月 20 日，建行龙湾状元党支部到壹心社会工作服务中心开展“十万志愿者文明建设大攻坚行动”主题党日活动　（中国建行龙湾支行供图）

额 76.90 亿元。普惠金融投放余额 2.30 亿元，涉农贷款净增 3.94 亿元，消费贷款 2022 年净增 6855 万元。实现温州臻龙集团授信 6.40 亿元、放款 2.60 亿元。年末，政府项目贷款投放余额 12.21 亿元。

【服务小微企业】 2022 年，邮政储蓄银行温州龙湾支行响应普惠小微金融政策，实现小微企业贷款 1.10 亿元。创新推出“小微易贷”信用贷款产品，“小微易贷”新增授信 3128 万元。极速贷全年累计发放 7.35 亿元。制造业中长期贷款余额 5.60 亿元，净增 6140 万元。加大发展小企业无还本续贷业务，无还本续贷全年累计发放 2.20 亿元。

【服务乡村振兴】 2022 年，邮政储蓄银行温州龙湾支行发挥邮银协同优势，建成信用村 9 个。做好三农金融服务保障，丰富金融产品、简化业务流程，发展“极速贷”产品，提升农村金融数字化服务，“极速贷”线上贷款发放 73700 万元，规模净增 2.60 亿元。

（章新新）

交通银行温州龙湾支行

【概况】 2022 年，交通银行温州龙湾支行各项存款余额 15.14 亿元，比 2021 年净增 6.36 亿元，其中对公存款余额 7.94 亿元，储蓄存款余额 7.20 亿元。支行各项贷款余额 16.54 亿元，净增 0.93 亿元，其中对公贷款余额 10.64 亿元，个人贷款余额 5.90 亿元。不良贷款余额为 196.40 万元，比年初减少 7253.38 万元。

【金融服务经济发展】 2022 年，交通银行温州龙湾支行支持小微企业纾困发展，支行法人普惠贷款余额 1.15 亿元，比 2021 年增长 6150 万元，新增户数 27 户，增幅 114.0%。个人经营贷余额 2.46 亿元，增长 5256 万元，新增户数 56 户。持续推进存贷规模，处置不良贷款清收，新增公司存款 4.58 亿元，公司授信落地 4 户，授信金额合计 11.22 亿元。向龙湾区国有企业贷款投放新增 1.98 亿元。

（陈　晓）

温州银行龙湾支行

【概况】 2022 年，温州银行龙湾支行本外币存款余额 170.58 亿元，比 2021 增加 34.29 亿元，其中企业存款 110.31 亿元，储蓄存款 60.27 亿元；各项贷款余额 63.23 亿元，增加 12.82 亿元，其中公司贷款 42.82 亿元，制造业贷款 6.80 亿元，民营经济贷款 18.04 亿元，“温信贷”余额 7.46 亿元。

【防范非法集资宣传】 2022 年，龙湾支行提高公众非法集资风险意识和风险识别能力，开展非法集资宣传活动。在营业网点 LED 滚动播放宣传标语，网点内摆放宣传折页，张贴宣传海报。工作人员向前来办理业务的客户进行现场宣传，提高客户对非法集资危害性认识，引导广大客户远离高利诱惑，提高警惕、谨防上当受骗。宣传小分队走进下垟河公园开展防范非法集资宣传活动，拉挂“珍惜一生血汗，远离非法集资”宣传标语，向过往老年群众详细解读防范金融风险的相关知识，揭露当前非法集资常见手段，提醒市民自觉远离非法集资活动，远离“高额回报”暴利引诱及“快速致富”投资项目，提高风险意识和识别能力。

（李陈青）

龙湾农商银行

【概况】 2022 年，龙湾农商银行各项存款余额 562.64 亿元，比年初增加 95.15 亿元；日均存款 516.94 亿元，比 2021 年增加 82.07 亿元。各项贷款余额 397.74 亿元，比年初增加 68.06 亿元；日均贷款 360.55 亿元，比 2021 年增加 52.37 亿元。存贷款规模总量突破 960 亿元，存贷款增量超 160 亿元，连续三年存贷增量超百亿，存贷款规模居龙湾区金融机构首位。国际结算量 11.81 美元，增加 0.92 亿美元；跨境人民币结算量 8 亿元，增加 5.20 亿元。实际贷款不良率 0.7%。年内，上榜“2022 温州市综合百强企业（第三十八位）”“2022 温州市服务业三十强企业（第十六位）”。

2022 年 1 月 21 日，红领巾 e 站 1013 阵地少儿财商教育基地开展助力“双减”主题研学活动
（团区委供图）

【金融助企纾困】 2022年，龙湾农商银行出台实施助企纾困稳经济15条举措，开展“百万市场主体专项走访”活动，全年走访市场主体2.80万户，为2.04万户提供信贷支持，贷款余额较年初增加52.51亿元，占全部贷款增量的77.0%。新引入企业账户2662户，普惠小微贷款增量68亿元，累计获支农再贷款37.95亿元，排名市辖区农商行第一。为民企和小微企业减费让利4608万元。推出二产厂房租赁质押贷、企业薪乐贷等产品，办理温州市首笔外贸综合服务企业政府性担保汇率避险业务。财务代理138个经合社、27个社区。选派187名共同富裕专员下沉一线，推动234个小区上线数字服务系统。

【金融惠民服务】 2022年，龙湾农商银行推进“一老一小”金融服务，为全省首个“未来康养基金”提供创始资金，在龙湾区首个养老小区亲和雅园开设丰收驿站。创建永昌堡内少儿财商教育基地，全年举办活动450次，参与儿童8185人次，普及儿童金融知识教育，基地博物馆被列入“温州市第二批乡村博物馆”。

（王　樟）

中信银行温州龙湾支行

【概况】 2022年，中信银行温州龙湾支行本外币各项存款余额16.92亿元，对公各项存款余额10.31亿元，个人各项存款余额6.59亿元；各项贷款余额46.20万元。

【金融业务拓展】 2022年，中信银行温州龙湾支行落地杭州分行辖内首笔保障性租赁住房项目贷款2.80亿元，协同中信证券、中信建投发行企业债10.80亿元；承接地方专项债3笔，共计1.40亿元。累计开立国内信用证2.80亿元，持续对华迪国际、金太阳集团等境外上市公司提供服务。深入服务小微企业，带动永良铜材、森泰不锈钢、集美机械等房抵贷业务成功落地。走访多家国家级、省级“专精特新”企业，落地良工阀门、硕而博、东启汽车等一批优质企业贷款业务。

【金融风险防范】 2022年，中信银行温州龙湾支行坚定执行“保交楼”政策方针，推进金瑶项目风险化解，做好旭辉、凯迪等项目资金监管工作。

（周　胜）

浦发银行温州龙湾支行

【概况】 2022年，浦发银行温州龙湾支行各项存款余额35亿元，各项贷款余额近35亿元，其中龙湾区内企业贷款余额23亿元；本外币一般存款余额35.61亿元，本外币贷款余额35.06亿元；个人金融资产余额8亿元。

【金融服务】 2022年，浦发银行温州龙湾支行关注民营小微企业融资贵、融资难热点问题，审批通过拟上市企业综合授信，投放落地“专精特新”公司。全年为156户小微企业进行银税贷测额，其中获批27户，贷款余额1749万元。与6家企业开展政策性担保公司合作，累计投放金额1172万元；累计与23家省级及以上“专精特新”企业展开合作，提款金额4830万元。

（施跃宇）

广发银行温州龙湾支行

【概况】 2022年，广发银行温州龙湾支行各项存款余额9.49亿元，其中企业存款6.42亿元，居民储蓄存款3.06亿元；各项贷款余额8.23亿元，其中对公贷款5.99亿元，个人贷款2.25亿元。

【金融服务】 2022年，广发银行温州龙湾支行新增企业首笔授信客户14户，合计授信敞口金额1.53亿元。普惠型小微贷款余额2.56亿元，比年初增长3851万元；制造业贷款余额1.60亿元，民营企业信贷余额2.50亿元，战略新兴产业贷款余额7299万元，涉农贷款余额1.89亿元，科技金融信贷余额1.44亿元。

（黄育勤）

平安银行温州龙湾支行

【概况】 2022年12月，平安银行温州龙湾支行本外币存款余额7.71亿元，其中对公存款1.42亿元、储蓄存款6.29亿元。贷款2.98亿元，其中对公贷款0.35亿元，个人贷款2.63亿元。

【整治拒收人民币现金宣传】 2022年8月31日，平安银行龙湾支行为贯彻落实《金融机构整治拒收人民币现金的工作要求》，结合现金网格化管理要求，支行工作人员走进永上小区，开展整治拒收人民币现金宣传。通过发放宣传折页，向周边商户以及民众宣讲人民管理规定以及整治拒收现金方面的政策，引导商户尊重消费者的支付结算习惯，并告知老年人关于被拒收或采取歧视性措施排斥现金行为的维权渠道。活动共对外发放50多份宣传折页，宣导商户共计80多户。

（黄温格）

招商银行温州龙湾支行

【概况】 2022年，招商银行温州龙湾支行存款余额为49.57亿元，比年初增加18.86亿元，其中对公余额29.85亿元，储蓄余额9.82亿元。信贷余额43.89亿元，其中对公贷款余额29.85亿元。

【金融服务】 2022年，招商银行龙湾支行与永强供电公司就电费票方案进行沟通。双方基于服务实体和让利于民的共同愿景，快速达成本场景合作意向。同时还把AI审批招企贷等招行特色金融科技产品纳入服务方案中，为企业提供融资便利性。共建“惠民企，强动力”新金融服务。

（孙慧玲）

兴业银行温州龙湾支行

【概况】 2022年，兴业银行温州龙湾支行各项存款余额30.11亿元，比2021年新增4.72亿元；各项贷款余额64.02亿元，比2021年新增9.40亿元。

【金融服务】 2022年，兴业银行温州龙湾支行为龙湾区人民政府重点项目、民营企业及小微企业增大贷款支持力度，减费让利企业47户。“兴业圆融——温州技术产权1期资产支持专项计划”在上交所成功发行。“温州技术产权证券化”成功实现在上交所、深交所和银行间交易市场三个主流资本市场的全渠道覆盖，累计注册22亿元，累计发行5.90亿元。48家温州中小科技型企业以自身技术产权获得长期限低成本融资，为全国探索中小企业技术产权证券化提供“温州样本”。

（杨　强）

民生银行温州龙湾支行

【概况】 2022年，民生银行温州龙湾支行各项存款余额37.21亿元，比年初增长18.55亿元，各项存款年日均49.58亿元；支行贷款余额98.11亿元，其中公司贷款余额77.86亿元，零售贷款余额20.26亿元。

【金融产品创新】 2022年，民生银行温州龙湾支行推进金融产品创新，推出园信贷、厂房抵押贷、星火信用贷、小微企业无还本续贷等贷款产品，全年投放园信贷1143万元，无还本续贷12.50亿元。

（舒琼苇）

浙商银行温州龙湾支行

【概况】 2022年，浙商银行温州龙湾支行各项存款余额62.49亿元，比2021年增加27.92亿元；各项贷款余额61.09亿元，比2021年增加18.80亿元。

【助企纾困】 2022年，浙商银行温州龙湾支行助力民营企业、小微企业纾困发展，为285户国标小微企业共发放贷款10.94亿元。支持区政府平台项目，为5户平台合作客户授信发放金额合计10.28亿元。

（朱　龙）

光大银行温州龙湾支行

【概况】 2022年，光大银行温州龙湾支行一般性存款日均9.79亿元，比2021年增长0.26亿元，其中对公8.24亿元；储蓄存款1.55亿元。贷款时点余额14.31亿元，比年初增加2.69亿元，其中对公时点贷款11.64亿元，个贷全口径余额2.67亿元。银行承兑汇票余额6.72万元，债券投资余额5.20亿元，居间撮合业务1亿元、可转债监管业务0.45亿元。

【创新金融服务】 2022年，光大银行龙湾支行勇于创新，完成2个首单业务。支行完成投放温州辖内首单E税贷（赛格电子公司的信用贷），温州分行辖内审批的首单贴现业务落地龙湾支行，改变以往需要在杭州放款情况，缩短流程，提高贴现效率。

【服务退役军人】 2022年，光大银行龙湾支行响应上级优扶退役军人、烈士遗属、因公牺牲军人遗属、病故军人遗属等号召，快速行动、全面落实，在龙湾区永兴社区、民乐社区、锦海社区、镇中社区、永康社区等安排驻点，全面展开活动，截至年末共发放840张退役军人优待证。

（陈伟伟）

保险业

人保财险温州龙湾支公司

【概况】 2022年，人保财险温州龙湾支公司实现全险种保费收入1.06亿元，增量保费1613.03万元，比2021年增长26.0%。

【政保合作】 2022年，人保财险温州龙湾支公司加大与政府部门合作力度，推进益康保续保工作，落地住宅全装修质量缺陷保险、预制菜食品安全责任险、PCT国际专利申请费用补偿保险等。探索实践“科创指数”融资新模式。推进车险渠道建设，优化协赔员队伍，落实综修维护人员兼职协赔工作，优化协赔员队伍。

（陈佳佳）

人寿财险温州龙湾支公司

【概况】 2022年，人寿财险温州龙湾支公司实现保费收入4575.16万元，比2021年增长5.2%，占全区财险市场份额10.1%，排名第三。承担风险责任4504件，赔款金额3537.22万元。

【服务经济发展】 2022年，人寿财险温州龙湾支公司支持龙湾农业生产、企业经营和社会民生保障。实现温室大棚保险、水稻种植保险等农险保费收入80万元，赔付金额60万元。全年承保企业928家，保费收入737.72万元，为企业提供车辆使用、雇主责任、财产设备损失、安全生产责任等风险保障，赔付企业68家、赔款金额1572.67万元。

（刘赛男）

证券业

【概况】 2022年，龙湾区内有上海证券有限责任公司温州永中西路证券营业部、财通证券温州奥体城营业部、中国银河证券股份有限公司3家。年末，辖区内证券开户数4.78万户，证券交易额384.03亿元，托管资产25.97万元。

【上海证券有限责任公司温州永中西路证券营业部】 2022年，上海证券有限责任公司温州永中西路证券营业部有员工9人，证券资金开户数35793户，证券交易额274亿元，托管资产20.07亿元，全年累计承揽发行企业债券融资0亿元。上海证券有限责任公司温州永中西路证券营业部成立于2008年01月24日，地址设在龙湾区永中街道万鑫锦园1—6幢116、117室。

【财通证券温州奥体城营业部】 2022年，财通证券温州奥体城营业部有员工8人，证券资金开户数3908户，证券交易额74.03亿元，托管资产2.40亿元。财通证券温州奥体城营业部成立于2017年7月，地址设在龙湾区永中街道高新大道999号熙园3幢112室。

【中国银河证券股份有限公司】 2022年，中国银河证券股份有限公司温州永中西路证券营业部有员工9人，证券资金开户数8084户，证券交易额36亿元，托管资产3.50亿元。中国银河证券股份有限公司温州永中西路证券营业部成立于2017年2月，地址设在龙湾区永中西路万鑫锦园1—6幢125—1室，125—2室。

（马彩凤）

科学技术

2022 年 11 月 11 日，中国眼谷博览中心启动　　（中国眼谷供图）

科学技术

综　述
科技创新
科技交流
科技成果及其转化
瓯江实验室

钟秀园美景（谢建鹏摄于2022年4月）

综　述

【概况】　2022年，龙湾区围绕浙南科创新城建设，实施创新驱动发展战略，推动温州高新区全国综合排名持续提升13个位次，创新指数排名全省第八，连续4年排名全省前十、蝉联全市第一。获得全省科技创新最高荣誉“科技创新鼎”。

【国家自主创新示范区建设】　2022年，龙湾区持续推进国家自主创新示范区建设。智能装备增加值增速、规模以上研发费用增速、高新技术产业增加值、新入孵企业数等5项指标位列全市“一区五园”（“一区”指“温州高新区”，“五园”指“瓯海高教园区”“乐清园”“瑞安园”、浙南产业集聚区、瓯江口园）前列。高能级平台拓面、引育高层次人才、技术合同登记、创投机构对园区企业投资等4项指标提前完成年度任务。八大专项攻坚行动全部超额完成。浙南科技城、中国眼谷获批市级示范区块，文昌创客小镇、空港新区获批市级标准区块。

【温州高新区进等升位】　2022年，龙湾区围绕国家高新区评价指标体系，推进温州高新区进等升位总目标。温州高新区在全国169个国家高新区中列第六十位，比2021年绝对排名再提升一位，相对排名上升十三位（较2021年新增12家国家高新区参与排名），连续六年在全国高新区排名位次前移。评价结果显示，温州高新区在创新能力和创业活跃度、绿色发展和宜居包容性、开发创新和国际竞争力等维度上占有比较优势，特别是社会就业带动、国际标准话语权、经济规模增长、高新技术企业培育等方面表现相对突出。

（王建泉）

科技创新

【概况】　2022年，温州市龙湾区创新指数排名全省第八，连续四年排名全省前十、蝉联全市第一。年内，全区实现规模以上高新技术产业增加值83.85亿元，比2021年增长32.3%，高新技术产业增加值占规模以上工业增加值比重70.0%。全区完成规模以上工业研发费用21.34亿元，增长44.5%，规模以上工业研发费用占营业收入比重3.2%。

【科技企业培育】　2022年，龙湾区聚焦“创新主体培育”，实施科技企业“双倍增”行动。新增新认定高新技术企业49家、省科技型中小企业185家。新增市创新型领军（瞪羚）企业3家，省科技“小巨人”企业1家。

【企业科技研发】　2022年，龙湾区实施全社会研发投入提升专项行动，引导企业加强研发投入和研发机构建设。全年新增省级企业研发中心6家、省级企业研究院2家、省级重点企业研究院1家、市级企业研发中心15家。累计向省科技厅上报新能源、生命健康等领域各类关键技术难题需求52项，推荐省级新产品试制计划项目115项。江南阀门有限公司获省级“尖兵领雁”项目立项。获批市级重大科技创新攻关项目8项，其中瑞浦兰钧能源股份有限公司获市级创新联合体项目立项。

【企业科技孵化】　2022年，龙湾区推动科技企业孵化器和众创空间提质升级。中国眼谷中央孵化园获批温州市示范孵化基地创建单位，温州高新区创服中心连续七年获评A类（优秀）国家级科技企业孵化器。光电子集成产业孵化器新认定市级科技企业孵化器，锐空间、杭州电子科技大学温州研究院、中国眼谷众创空间和温州北大科技园众创空间4家新认定市级众创空间。全区累计拥有市级及以上孵化器8家、众创空间12家。

【企业创新积分试点工作】　2022年，龙湾区制定出台《温州高新区（龙湾区）企业创新积分制工作实施方案》，搭建温州高新区企业创新积分信息管理系统，发布首批企业创新积分榜单，奖补瑞浦兰钧能源股份有限公司等10家高积分企业经费共151.62万元。探索基于企业创新积分的科技企业金融服务新场景，与建设银行、民生银行、光大银行等多家银行开展“企业创新积分贷”合作，探索根据企业积分评价结果开展授信工作。

【高能级科创平台培育】　2022年，龙湾区推动高能级平台提质赋能，国科温州研究院、温州大学激光院等4家新型研发机构绩效评价排名全市前十。其中，光子集成（温州）创新研究院中标工信部“六自由度激光跟踪仪项目”。温州大学新材料与产业技术研究院获评省级新型研发机构、省级工程研究中心。温州大学激光与光电智能制造研究院获评浙江省大众创业万众创新示范基地、浙江省中小企业公共服务示范平台、浙江省产业数字化服务商。北大—温州激光与光电子联合研发中心获评省军民融合科技协同创新示范平台。

（王建泉）

科技交流

【概况】　2022年，温州市龙湾区通过举办创新创业大赛、科技高峰论坛等科技交流活动，搭建科技互助的桥梁，拓展科技人才交流合作空间，促进龙湾与各地在科技创新方面的合作、交流，以科技交流助力创新，持续增强科技的创新性和前瞻性，推动龙湾科技创新飞跃提升。

【创新创业大赛】　2022年，龙湾区成功举办2022龙湾区暨温州高新区（温州经济技术开发区）全球精英创新创业大赛及中国眼谷眼视光创新创业全球挑战赛，择优推荐11个项目参加市级双创大赛总决赛，11个项目全部获奖，其中一等奖1个、二等奖4个、

2022年11月22日，首届温州医工交叉创新发展论坛在龙湾区文昌创客小镇举行
（区融媒体中心供图）

三等级6个，获奖数量再创新高，获奖占比全市第一。推动大赛签约项目落地，以赛引才，吸引项目领衔人包括国家级人才、省“千人计划”特聘专家、上海市海外高层次人才等。

【高层次科技人才引育】 2022年，新增海内外高层次创业创新人才391人，入选省万人计划1人、省海外工程师1人、市级高水平创新团队2支。鼓励企业内部普遍建立首席科技官制度，出台《龙湾区首席科技官评选实施细则》，76家高企设立企业首席科技官。瓯江实验室纳入省人才发展体制机制综合改革试点单位。国科温州研究院获评国家级博士后科研工作站、省级国际科技合作基地、省人才发展体制机制综合改革试点单位。

【首届温州医工交叉创新发展论坛举办】 2022年11月22日，首届温州医工交叉创新发展论坛在龙湾区文昌创客小镇举行。温州医科大学原校长、温州医科大学眼视光医学部主任、中国眼谷理事会理事长瞿佳，以“中国眼谷”为例分享《科创园区生态建设的实践与思考》。北航医学科学与工程学院院长、北京生物医学工程高精尖创新中心主任樊瑜波通过网络会议作《医工交叉创新与产业发展》主题分享。此外，还举办“温州医工交叉创新发展”圆桌对话。中国眼谷与北航投资、天津大学温州应急研究院实行战略合作签约。

（王建泉）

科技成果及其转化

【概况】 年内，2022龙湾区暨温州高新区（温州经济技术开发区）全球精英创新创业大赛共有9项获奖，其中，一等奖2项，二等奖3项，三等项4项。2022中国眼谷创新创业挑战赛中共12项获奖，其中，一等奖2项，二等奖4项，三等奖6项。龙湾区在“来温州创未来”2022全球精英创新创业大赛中共有11项获奖，其中，一等奖1项，二等奖4项，三等奖6项。

【科技成果转化试点工作】 2022年，龙湾区出台《龙湾区以“先投后股方式支持科技成果转化”试点实施方案》，设立总规模为2亿元试点专项资金，组建涵盖行业专家、金融机构、投资机构等146人的专家库。面向高能级平台征集到项目申请书9个。

【全球精英创新创业大赛决赛举办】 2022年11月1日，2022年龙湾区暨温州高新区（温州经济技术开发区）全球精英创新创业大赛决赛在浙南云谷盛大举行。决赛项目覆盖智能制造、数字经济、新能源等多个新兴领域并具有前瞻性、创新性和良好的发展潜力以及市场前景。决赛邀请主评审专家7名，由行业专家、风投专家、大孵化器运营机构负责人等组成，针对参赛项目的创业团队能力评估、项目技术先进性认定、项目可行性评估、

2022年11月1日，2022年龙湾区暨温州高新区（温州经济技术开发区）全球精英创新创业大赛决赛现场
（区融媒体中心供图）

2022 龙湾区暨温州高新区（温州经济技术开发区）全球精英创新创业大赛获奖情况一览表

表 45

序号	项目名称	领衔人	获奖名次
1	精准医疗诊断设备研发与检测服务平台的建立	邹灵龙	一等奖
2	低成本三维尺寸激光测量仪的研发及产业化	魏凯华	一等奖
3	当午——企业级全时空数字孪生平台	徐　强	二等奖
4	基于人工耳蜗技术的皮带机智能听诊系统	刘祥伟	二等奖
5	面向物联网的高导电墨水及柔性电子电路	汪　洋	二等奖
6	基于超快激光加工的新一代光纤传感技术	姜　艺	三等奖
7	慢病毒产品研发及科研服务平台构建	仵季惟	三等奖
8	面向移动机器人集群调度系统及其解决方案	潘　毅	三等奖
9	面向嵌入式数字运算和实时高精度控制的 M-DPU 芯片设计	邓明翥	三等奖

“来温州创未来”2022 全球精英创新创业大赛的龙湾区获奖情况一览表

表 46

序号	项目名称	领衔人	获奖名次
1	精准医疗诊断设备研发与检测服务平台的建立	邹灵龙	一等奖
2	低成本三维尺寸激光测量仪的研发及产业化	魏凯华	二等奖
3	细胞培养和外泌体制备一站式解决方案	张智勇	二等奖
4	免疫相关性眼病新药开发	郭树华	二等奖
5	硅基全黄光发光芯片产业化	赵贺琦	二等奖
6	当午——企业级全时空数字孪生平台	徐　强	三等奖
7	面向物联网的高导电墨水及柔性电子电路	汪　洋	三等奖
8	AI 赋能眼科药物的高效开发—以治疗眼底黄斑病变的两款创新药物为例	杜　涛	三等奖
9	基于人工耳蜗技术的皮带机智能听诊系统	刘祥伟	三等奖
10	基于超快激光加工的新一代光纤传感技术	姜　艺	三等奖
11	莫廷眼科光学生物测量仪	代祥松	三等奖

项目产业化前景评估、落地可行性五个方面进行综合测评。最终，《当午——企业级全时空数字孪生平台》等 11 个项目获奖。大赛 8 月启动，共吸引来自 10 个国家和国内 37 个地区的 67 个项目报名，涉及数字孪生、5G 通信、芯片制造、人工 AI 智能、激光测量、医疗器械、新能源电池等细分领域。9 月 5 日项目初筛，共选出 32 个优秀项目入围复赛。9 月 14 日项目复赛，决出 15 个项目晋级决赛。

（王建泉）

瓯江实验室

【概况】 2021 年 5 月 20 日瓯江实验室正式揭牌成立。瓯江实验室是由浙江省人民政府批准设立、温州市人民政府和浙江省科技厅共同举办的浙江省实验室，主体位于温州环大罗山科创走廊核心区——浙南科技城，总规划用地 600 亩，总建筑面积约 27 万平方米。实验室坚持“聚焦前沿、直面需求、协同创新、赋能产业”的建设原则，重点围绕组织器官再生与重塑、眼疾病与视觉功能康复、脑疾病与认知功能康复、再生医学材料、高端医疗器械（装备）等主攻方向开展研究，努力打造成“国内第一、国际一流”

的再生调控与眼脑健康创新平台。实验室形成由16位院士专家领衔，150人规模的高层次人才队伍，其中2人入选省“鲲鹏计划”，组建成31个科研团队并开展工作。

【“科研阵地”建设】 2022年5月20日，在成立一周年之际，瓯江实验室首个“科研阵地”启航楼正式启用，并发布实验室专属标识。启航楼建筑面积约2万平方米，可容纳40个科研团队开展工作，布局电镜中心、医学精密高效分析大科学设施，建有细胞实验室、动物实验房等科研配套设施，开辟组织再生、眼疾病、脑健康、高端医疗器械等专业科研楼层，为科研人员营造良好的工作学习环境。

【人才培养】 2022年，瓯江实验室开拓探索培养创新型人才新思路新办法，通过承担国家发展改革委办公厅、科技部发布“新型研发机构科教融合培养产业创新人才”揭榜任务，联合温州医科大学成立科教融合学院，成功向省教育厅争取到首批45个研究生指标，专项用于瓯江实验室研究生培养，以加强科学研究和人才培育的紧密联系。组建以实验室主任、加拿大健康科学院院士宋伟宏，国家引才计划专家Moosa Mohammadi等35位PI组成的导师团，负责教学科研工作。此次学生专业分为药学、应用心理和电子信息三大类。9月1日，45位青年学子办理研究生入学手续、入住崭新宿舍，瓯江实验室开启研究生培育新篇章。

2022年11月12日，瓯江实验室　中科院昆明动物研究所战略合作签约仪式举行
（瓯江实验室供图）

【高端论坛举办】 2022年11月12日，第二届脑健康与功能康复国际论坛暨第三届瓯江阿尔茨海默病国际论坛开幕，该论坛由瓯江实验室、浙江省阿尔茨海默病研究重点实验室共同承办。同日，瓯江实验室精神健康与药物研究所、细胞生长因子研究所成立，瓯江实验室科技控股（温州）有限公司同时揭牌。11月13日，论坛侧重脑健康领域的阿尔茨海默病，中国科学院院士王以政做题为“Sonichedgehog andglutamate excitotoxicity in ischemia”的主旨报告。

【瓯江实验室模式动物中心需求论证会召开】 2022年4月18日，瓯江实验室模式动物中心需求论证会顺利召开。组织各位专家对使用需求进行充分论证和讨论。有关单位从瓯江实验室学科发展方向、实验动物使用种类、数量的摸底、功能实验室特殊需求及仪器设备配置等全方位、多维度进行综合分析，并对功能布局提出相应的规划设计构思。瓯江实验室和学术专家也分别从学科发展的重点需求以及模式动物中心的未来前瞻性提出意见和建议。

（陈晶晶）

中国眼谷建设

中国眼谷一角　　（郭双洋摄于 2022 年 6 月）

中国眼谷建设

综　述

科技孵化

平台建设

眼健康产业

河泥荡文化公园　（严艳影摄于2022年8月）

综 述

【概况】 中国眼谷作为龙湾区人民政府与温州医科大学附属眼视光医院联合共建眼健康新型研发机构和产业平台，是目前全国唯一眼视光产业创新综合体。开园以来，依托温州医科大学眼视光医院医疗、科研、教育、人才、转化优势和四大国家级科技创新平台资源，建设国内规模最大的Ⅰ—Ⅳ期眼科GCP临床试验平台，开展眼科中药、器械真实世界研究试点，打通国家级药械注册审评柔性通道，建立国内领先的产学研转化体系，推进眼健康产业全链条发展，全面打造集科技研发、产业孵化、创新人才、学术交流高端医疗产业集聚区。

【眼健康产业政策扶持】 2022年，龙湾区推进“中国眼谷”产业平台建设，出台《龙湾区（高新区）关于支持眼健康产业发展的若干政策》，专门对眼科药械研发、注册认证等六个方面给予直接支持，制订涵盖医疗、药物、耗材、眼镜的全产业链招商方案，累计注册落地企业（项目）175家（数据含浙南科技城、空港新区，下同）。11月28日，龙湾区委召开中国眼谷小镇环境建设研讨会，成立领导小组工作专班，持续加强指导。12月7日，龙湾区委召开专题会议，研究中国眼谷小镇规划建设有关事宜。听取中国眼谷小镇景观方案和二期产业规划谋划情况，并对中国眼谷滨水景观及环境整治提升工程任务清单进行逐一明确落实。

【科创融资规模】 2022年，中国眼谷与九瑞基金、长三角基金等签订战略合作和项目共引孵化协议。签约投资金融机构66家，与华为、华润、京东方、欧康维视等54家企业开展合作、共建研究院32家。引入中信医疗基金、泰越基金等4家引导基金，基金总额达到17亿元。清大视光、优眼科技、暖芯迦、小梁医学、国眼医疗项目融资总额超过6.85亿元。瑞力资本、爱尔眼科、科创引导基金通过会审，中国眼谷科创基金总规模超过20亿元。

【规划建设】 2022年，中国眼谷建设产业用地由3.40平方千米向8平方千米一体化大园区扩展，周边科创文化交通配套建设全面铺开；22.60万平方米科创园A区主体封顶，4万平方米智能产业园投产；2万平方米中国眼谷博览中心正式启用，29家高能级企业设立365天永不落幕药械展，9家高能级科技企业入驻；科创园B区完成土地平台，启动整体规划建设，科技、文化融合特色明显。

【中国眼谷A区块建设】 2022年，眼谷A区块主体结顶。眼谷A区块项目用地面积约128亩，总建筑面积约22.60万平方米，配备生产车间、科研办公、生活配套以及展览展示中心，打造全国首个眼健康产业集群生态城，重点引入以光学仪器、医药制造、医疗器械、照明器具、智能消费设备、光学眼镜等眼健康为主的生命健康产业，构建“产、学、研”一体化的眼视光产业生态链。

【人才招引】 2022年，中国眼谷眼用材料、光电器械专家史新峰、于淼博士两位海外博士入选国家级海外高层次人才；创新中心执行主任徐良德博士入选浙江省万人计划创新领军人才；角膜接触镜材料专家、健康LED专家、人工晶体材料专家、临床大数据专家常圆、欧亦宇、张浩、丁韬四位海外博士入选浙江省青年海外高层次人才；中国眼谷自主引进C类以上高层次人才达到8人。

【“全民眼健康”项目】 2022年，中国眼谷的“全民眼健康”项目作为年内龙湾区十大民生实事项目之一，依托眼全科门诊、视光诊疗中心、干眼专科等为群众提供治疗。全年近10000名群众在中国眼谷超级眼视光医院获免费眼健康检查。

（黄鹏鹏）

科技孵化

【概况】 2022年，中国眼谷科技孵化再创新高，全年新引驻孵化项目55个、注册科技企业总数达到175家。清大视光、谱希基因、中科睿极、暖芯迦、蝶适医疗、朗目医疗、眼小医等11个高水平孵化项目获股权融资总额4.91亿元。

【角膜接触镜技术创新研究院成立】 2022年1月23日，彩瞳行业销量冠

2022年1月23日，角膜接触镜技术创新研究院成立仪式在中国眼谷举行
（温州眼健康产业投资建设有限公司供图）

2022年7月13日，依未科技（中国眼谷）视计算研究院揭牌仪式举行　（温州眼健康产业投资建设有限公司供图）

军moody携手中国眼谷共同成立角膜接触镜技术创新研究院。该研究院将致力于推动知识科普、临床研究、创新科技专项研究，为国内消费者提供更健康、安全、舒适的产品体验，推动行业逐步建立起标准化体系和执行规范。

【科创体系建设】　2022年，中国眼谷与市监局共建温州药品和医疗器械创新研制服务平台完成首个中药制剂“天蝉熄风颗粒”研发，并启动中药真实世界研究注册试点；中国眼谷眼科生物治疗平台完成规划，引入7个国家级人才创业团队共同推进眼科干细胞、基因治疗、外泌体、类器官、生物药等创新技术开发和转化。中国照明学会眼健康照明专业委员会、中国食品药品企业质量安全促进会眼健康专业委员会、中国照明学会眼健康照明专业委员会、中国康复技术转化及发展促进会眼科康复专业委员会获批筹建。

【依未科技（中国眼谷）视计算研究院启动】　2022年7月13日，依未（中国眼谷）视计算研究院正式揭牌建设，并先后启动龙湾区慢性病眼病防治惠民工程、糖尿病视网膜病变眼底图像辅助诊断软件临床试验等项目。依未科技于2021年初入驻中国眼谷，先后获国家药监局第二类医疗器械证书与欧盟CE认证，是中国眼谷首个获批同类认证的企业，并与温州医科大学附属眼视光医院牵头的科技部国家重点研发专项——“百万社区人群队列智能眼健康筛查与大数据平台建设”合作。

（黄鹏鹏）

平台建设

【概况】　2022年，中国眼谷入选首届国家级“科创中国”创新基地，学会、人才、科技、学术、平台对接能级进入国家队；入选浙江省首批“未来产业先导区”（全省仅8家），获省级特色产业发展政策扶持；入选浙江省双创示范基地、浙江省知识产权信息公共服务网点、浙江省版权示范园区，创新创业、知识产业服务支撑全面拓展。

【眼谷眼科超级医院】　2022年，眼谷眼科超级医院发挥特有的体制机制优势，除近视眼防控（角膜塑形镜、低浓度阿托品等）、斜视弱视治疗、医学验光配镜等视光学和白内障、青光眼、干眼症等普通眼病诊治以外，还开展近视眼手术的ICL晶体植入术、医学整形美容、27G微切口玻璃体浑浊切割术、各种难治性青光眼手术等先进技术。医院建立远程门诊，为每一名患者提供高品质、高效率、全方位、全链条式眼健康服务。

【公共技术服务平台】　2022年，公共技术服务平台开展产业化研究、中试开发和小规模生产提供专业的技术服务，比如动物中心、GLP实验室、公共GMP车间等。同时推动企业与实验基地形成技术创新联盟，建立1个企业联合工程中心，引进、共建5家企业联合实验室。

【中国眼谷博览中心启用】 2022年11月11日，中国眼谷博览中心正式启用，中心建筑面积约20000平方米。该中心以眼健康为主题，集上市发布中心、金融支撑中心、价格形成中心、展览展示中心“四心”功能为一体，兼具学术论坛平台、交流会平台、沙龙平台、人才引进平台“四平台”作用，旨在打造线上与线下相结合的国际眼健康药械博览展示中心。同日，中国眼谷博览中心举办的“365天永不落幕”眼健康药械展正式开展，22家眼健康领域头部和知名企业入驻参展。年内，中国眼谷博览中心已入驻企业38家，其中世界500强和跨国公司11家、上市公司8家。

（王建泉 黄鹏鹏）

2022年3月3日，国家药监局眼科疾病医疗器械和药物临床研究与评价重点实验室揭牌仪式在中国眼谷举行

（叶晓东/摄）

眼健康产业

【概况】 2022年，温州眼健康产业投资建设有限公司围绕“龙湾中国眼谷小镇创建”总目标，按时推进各项重大项目建设，做好眼健康产业招大引强、科技孵化、规划建设等工作。全年中国眼谷注册科技型企业55家，注册企业总数达到175家；引入京东方、

2022年11月23日，京东方艺云健康显示生态基地项目签约仪式在中国眼谷举行 （李锐笔/摄）

金域医学、欧康维视、明月镜片、固生堂、珍视明等世界500强、上市公司、眼健康头部企业6家；与华为、华润、强生、蔡司等世界500强、跨国企业签约共建上市企业联合研究院7家。26位国家和省部委领导考察中国眼谷；省委常委、市委书记、市长多次对眼谷工作作出专项批示。

【产业峰会活动】 2022年，中国眼谷全年举办眼谷论道活动34场，产业论坛覆盖科技、投资、知识产权、产品注册和企业发展各层面；成功举办VisionChina2022中国眼谷产业论坛和投资人大会，举办上市企业战略研讨会10场；成功举办2022世界青年科学家峰会国际眼健康创新和产业发展高峰论坛暨中国眼谷眼视光创新创业全球挑战赛，“4+4+4+12”（4场主会、4场学会、4场公益、12场产业论坛）会议架构形成特色、规模。

【“眼谷新十条”发布】 2022年8月1日，龙湾区（高新区）支持眼健康产业发展的“眼谷新十条”正式发布。政策内容分为加强产业创新能力、推动产业能级提升、优化产业发展环境3个方面，共计10条政策，内容包括新药及器械研发、海外推广、平台建设、项目投资、市场开拓等全产业链环节。政策将于2022年8月31日起实施，有效期至2024年12月31日。

2022年中国眼谷创新创业挑战赛获奖情况一览表

表47

序号	项目名称	领衔人	获奖名次
1	细胞培养和外泌体制备一站式解决方案	张智勇	一等奖
2	免疫相关性眼病新作用机制药物开发	郭树华	一等奖
3	莫廷眼科光学生物测量仪	代祥松	二等奖
4	EG-301治疗干性黄斑病变	杜　涛	二等奖
5	硅基金黄光护眼照明产品	赵贺琦	二等奖
6	保罗®青光眼植入物［PAUL®Glaucoma Implant（PGI）］	嵇畅安	二等奖
7	基于生物钛及高分子材料的人工角膜在盲人复明中的临床应用	于　艇	三等奖
8	基于腺相关病毒（AAV）载体的眼科疾病的基因治疗药物开发	才　源	三等奖
9	英国牛津“OXSIGHT智能仿生技术”	陈雪松	三等奖
10	植入式眼部肌肉神经刺激器	付杨勇	三等奖
11	基于眼底血管性疾病精准诊疗的医工结合创新	夏朝阳	三等奖
12	全自动人工智能眼科光学相干断层扫描血管造影（OCTA）	施　雄	三等奖

【华为—中国眼谷健康光显创新中心项目落地】 2022年6月26日，龙湾区人民政府、华为技术有限公司、中国眼谷深化合作项目签约仪式在温州市人民大会堂举行，共同建设华为—中国眼谷健康光显创新中心项目。此项目聚焦健康光显产业，围绕光、显、防、控、康复五大健康光显应用领域，整合全球眼健康和光领域优势资源，推动健康光显产品的研发、临床研究、标准制定和产业认证，设立技术验证和浙南区域产品销售中心，支持中国眼谷孵化一大批科技制造企业和上市公司，建成全国健康光显产业集聚区和全球顶尖的光显产业中心。

【明辉视光进驻】 2022年12月9日，中国眼谷举办明辉视光进驻暨“无限清晰|蝶适有理”临床数据发布会。发布《近视管理白皮书（2022）》，蝶适DISC软性亲水接触镜为期一年的多中心随机双盲临床试验数据结果显示：每天佩戴8小时，近视控制率为59.4%，眼轴控制率为55.1%；9岁以下的儿童近视控制率为71.4%，眼轴控制率为65.5%。

（黄鹏鹏）

教　育

2022 年 9 月 8 日，龙湾区（高新区）庆祝第 38 个教师大会暨“学在龙湾”教育赋能共富推进会举行　（周凌慧 / 摄）

教　育

综　述
教育管理
学前教育
义务教育
中等职业教育
成人教育
民办教育
招生考试
师资队伍建设
教育信息化
学校选介

2022年6月，龙湾区实验中学学生阳光体育大课间活动举行（区教育局供图）

综述

【概况】 2022年，温州市龙湾区有中小学、幼儿园167所，其中职高1所、九年一贯制学校5所（含公办2所，民办3所）、初中17所（含公办14所、民办3所）、小学45所（含公办40所、民办5所）、幼儿园99所（含公办26所，民办63所，集体10所）。全区小学专任教师2516人，中等职业教育专任教师144人，普通中学专任教师1662人。教育系统教育经费投入21.77亿元，其中一般公共预算内教育经费15.71亿元。龙湾区小学学业水平测试成绩居全市前列，中考成绩实现“十五连冠”，高职单独考试成绩超出全省平均水平，全区各学段教育质量均走在全市前列，高考成绩创历史新高。年内通过全国义务教育优质均衡发展区省级评估，获评2022年浙江省规范民办义务教育发展专项工作成绩突出集体，获评2022年首批温州市儿童友好实践基地、“幸福温州”建设成绩突出集体、温州市校外学生实践学校优秀单位。

【全国义务教育优质均衡发展区省级复评】 2022年10月24日，龙湾区全国义务教育优质均衡发展区省级复评见面会在龙湾区行政管理中心举行。省督导评估专家组组长陈纪钢，浙江省教育厅督导处二级调研员高迎春等省督导评估专家组成员参加。主要复评内容为省级督导评估报告及问题清单整改情况、学业校际差异率情况和民办学校学生数比例。10月25日，督导组对复评情况作了反馈，肯定龙湾区创建成效提升明显。年内未公布复评结果。

【义务教育基础设施建设】 2022年，区教育局持续实施“品质教育·学在龙湾”发展战略。建成投用7所中小学、幼儿园，总投资30000万元，总建筑面积24.07万平方米，总班额为102个班，新增学位3000多个。加快“温馨教室”建设，17所中小学教室安装空调1012套、新风系统956套，共投入747万元，完成率126.5%。改造全区公办中小学“温馨教室”数900个，累计投入1594万元。“温馨教室”建设工作经验在温州市教育局工作交流会上作典型发言。“明眸皓齿”工程有序推进，安装7000套可调节课桌椅。

2022年6月1日，龙湾区外国语小学“六一”展演，现场表演舞台剧《花木兰》
（区教育局供图）

【“双减”工作】 2022年，区教育局持续加强“双减”工作力度。实施课堂变革提升、高效作业提质、服务课程扩面、教师资源护航、师生健康护卫、多元评价保障、家校联合共育、校外培训深度治理“八大”行动，推动“双减”政策全面落地，学科类培训机构实现清零，压减率100%，居全市第一位。开启课后托管、暑期托管等“官方带娃”模式，承办全市小学数学、小学英语素养作业现场会，承担浙江省义务教育阶段作业改革温州市实验区试点，“双减”课后服务平台入选教育部试点。实践“三全四课五育”育人模式，创成国家级特色学校14所。

【教育人才引进】 2022年，区教育局推出教育人才引进新政，出台《龙湾区教育人才引进和培育实施办法》，实行“人才清单”式管理，完善“331教育人才培养”体系。累计引育名优教师650多人，教师队伍整体素质位居各县（市、区）前列。持续开展“教师大练兵”活动，全域实施师德师风建设“三大”工程，促进龙湾教育人才队伍高位发展。6月21日，龙湾区公开招聘一批公办中小学教师和公办幼儿园合同制教师，共招聘公办中小学事业编制教师56人，其中职高教师6人，初中教师33人，小学教师17人；公办幼儿园合同制教师90人。

（黄伟炜）

教育管理

【校园德育教育】 2022年，区教育局实施“四品八德”（“四品”就是“自尊、敬人、乐观、执着”，“八德”就是“爱国守法、文明礼让、孝亲尊师、团结友善、勤劳节俭、好学向上、诚实守信、勇于担当”的德行）教育校本化工作，实现“四品八德”教育全覆盖。开展“一校一品”“一校多品”“学雷锋”日、清明节、建队日、六一儿童节、国庆

2022年12月16日，龙湾区外国语小学、龙湾区永兴第二小学集团化办学揭牌仪式在永兴二小举行（区教育局供图）

节、中秋节活动，弘扬传统节日文化及爱国情怀。开展以“我的家乡在‘浙’里”为主题读书教育活动，组织全区中小学生阅读《我的家乡在“浙”里》。组织中小学生参观永昌堡、博物馆爱国主义教育基地，开展红色根脉研学、重大成就参观、数字化成果体验活动。开展网上主题征文、主题演讲比赛、主题漫画创作活动，推荐小学与中学2组学生参加市级中小学演讲比赛，小学组获市一等奖，中学组获市二等奖。

【校园劳动教育】 2022年，区教育局发挥劳动教育课堂主渠道作用，劳动教育成为全区中小学“必修课”。劳动教育思想观念融入教育教学全过程，实施“一校一案”日常生活劳动清单，开展丰富多彩劳动周活动，学生按学年段每年学会1—2项家庭生活技能。开展中小学生“最美劳动人”评选活动与首届劳动实践教育成果评比活动。建成温州市龙湾区研学实践指导中心瑶溪基地。温州市龙湾区研学实践指导中心瑶溪基地、东篱下研学实践教育基地、龙湾·爷爷的稻田3家被认定为首届温州市中小学劳动实践基地。

【校园安全教育】 2022年，区教育局加快“三防”安全校园建设。完善平安校园智慧管控中心，投入资金200多万元，建设“物防、技防”标准化、智能化学校209所，链接入龙湾教育系统应急监控管理中心高清监控8765个。配齐209所学校的法治副校长和安保主任、保安员500多人，开展校园安全保护专题培训。全区完成学生安全教育平台主题教育6万余人次，开展应急演练210多场次，参加演练师生9万余人次。开展交通、消防、应急、人防安全文创活动比赛，12万余人参与文创比赛。发布防溺水、消防安全、森林防火宣传短信、平安三率（指平安建设知晓率、平安建设参率、平安建设安全感）宣传资料29万余条（份）。保障校园及周边安全，与多部门联合执法督查31次，发现校园周边隐患问题95个，整改校园周边隐患问题95个。联合相关干部深入一线校园督查1000多人次，检查校园隐患问题108个，督促校园隐患问题整改108个。推进等级创建机制，全年全区创成5A等级平安校园3所，累计创成5A等级平安校园25所。

【校园法治教育】 2022年，区教育局加强校园法治教育工作。全区所有中小学校都配备法治副校长1人，所有公办学校（幼儿园）个聘或联聘法律顾问，配备率100%。强化法治教育，全区中小学校共计开展法治讲座65余场、召开法治建设主题班会2000余节次。开展法治宣传教育活动，组织开展“6·26”禁毒教育、民法典宣传教育等系列法治宣传活动；开展“宪法卫士”教育活动，举办全区中小学生“我与宪法”微视频比赛，评选作品21个；举办全区中小学生“学宪法讲宪法”演讲比赛，获奖人数35人；举办全区中小学教师“以案释法”微课比赛。

【学生资助】 2022年，区教育局严格执行国家相关资助政策，精准资助。学前教育保育费资助学生1258人次，支付316.30万元，义务教育爱心营养餐资助学生3589人次，支付96.33万元。中职免学费资助学生4481人次，中职国家助学金资助学生66人次，计付6.60万元。联合区红十字会开展第六届龙湾区中小学励志奖学金评选活动，共评出36人，奖励资金支付13.20万元。

【教育科研】 2022年，区教育局加强学校教育科研工作。推进学本教育与课堂变革，评价改革、命题改革、作业改革，加快教学一致性“素养评价”、减负提质“素养作业”建设，温州道尔顿小学龙湾小学、龙湾区第二小学获评第一批“未来教育”窗口校。推进综合评价改革，建设“数据赋能教育教学”先行区。加强中小学思政教育一体化建设，培育“思政课一体化”教研团队，全年开展融合教育教研大组会议暨教研共同体专题研讨活动2次。

【学校体育艺术】 2022年，区教育局持续推进“五育融合”、加强学校体育、美育、艺术知识融合教育工作，开展30分钟体育大课间活动，体育中考成绩列全市第一位。第十七届省运会上区学生运动员共获金牌23.5枚、银牌9.5枚、铜牌13枚。参加温州市各小学女子组别足球比赛中，共获第一名3项，第二名2项，第三名2项，小学女子足球跻身全市第一方阵。2022年浙江省中小学生艺术节，龙湾区报送18个作品参赛全部获奖，其中一等奖6项，二等奖9项，三等奖3项。获奖总数均位列全市前列。

（黄伟炜）

学前教育

【概况】 2022年，温州市龙湾区有幼儿园99所（118个园区），其中公办幼儿园26所（45个园区），集体幼儿园10所，民办幼儿园63所；一级幼儿园20所（22个园区），二级幼儿园32所（46个园区）；普惠性幼儿园91所（110个园区）。全区在园幼儿22736人，公办幼儿园（含集体幼儿园）在园幼儿覆盖面为54.1%，普惠性幼儿园在园幼儿覆盖面为96.8%，等级幼儿园在园幼儿覆盖面为98.6%，一级二级幼儿园在园幼儿覆盖面为71.2%。

【幼儿园扩建升级】 2022年，区教育局持续加大等级幼儿园扩建力度，通过一级评估幼儿园6所，通过二级和预二级评估幼儿园13所。全区新开办龙湾区科技城第二幼儿园、龙湾区国宾府幼儿园、龙湾区汤西幼儿园、龙湾区蒲江路幼儿园、龙湾区天河第二幼儿园、龙湾区沙城第二幼儿园6所公办幼儿园，累计公办幼儿园45所，新增学位2340个。

【学前课程改革】 2022年，区教育局以课改项目为抓手，落实区域本土化品牌课程，提升幼儿园保教质量。4月，组织幼儿园教师专业素养大赛，共有30支公办、民办幼儿园队伍参加。评选出公办、民办各1支队伍参加全市幼儿园教师专业素养大赛，获评团队赛一等奖1个、二等奖1个；个人赛一等奖2个、二等奖3个、三等奖3个。6月，组织课改案例评比，收到案例28篇，评选出优秀案例6篇；推送参加市级评选，4篇获评三等奖。

【幼儿园暑托服务】 2022年，区教育局加强幼儿园暑假托管服务管理。全区幼儿园暑假托管服务公民办幼儿园45所，其中公办幼儿园9所，民办幼儿园36所，参加幼儿园暑假托管服务幼儿5009人。

（黄伟炜）

义务教育

【概况】 2022年，温州市龙湾区小学在校生47187人，初中在校生18114人，义务教育阶段适龄少年儿童入学率、在校生巩固率、毕业率均100%。初中毕业生5040人，初中升高中升学率99.9%。省义务教育标准化学校比例97.0%。温二十中、温二十五中、天河中学、第二外国语小学、瑶溪一小、育英学校、状元三小、沙城二小通过省级现代化学校创建评估。

【规范化办学】 2022年，区教育局严格落实《龙湾区进一步规范义务教育学校办学行为的通知》和“十个严禁”，把规范办学作为学校考核主要指标。落实课程改革促进规范化办学，启动拓展课分类走班教学与初中基础课程分层走班教学。落实进校园活动规范化管理，出台中小学进校园活动规范管理工作清单。义务教育招生实现网上报名、大数据核对、网上审核录取。落实“公民同招”政策，民办学校报名人数超过计划数，通过公开摇号录取，中通国际学校初中部及小学部、龙湾区外国语学校、龙湾区崇文中学均实行摇号录取。规范民办义务教育，3所“公参民”学校转为公办，1所“公参民”学校规范后继续办学；停办新居民子女学校10所，分流3000多名学生到公办学校就读，购买学位5310个，民办义务教育在校生规模占比调控至4.7%左右。

【课后服务】 2022年，区教育局加大学校课后服务工作。开展所有公办学校课后服务，开设课程1477门，参与学生54273人，参与教师3876人，校外人员参与351人，参加校内托管服务学生占学生总数84.3%。启动中小学暑托服务，减轻家长负担。小学按片区设立6个托管点，初中7—8年级托班由学校根据实际情况向教育局申请。

【集团化办学】 2022年，龙湾区持续加大义务教育学校集团化办学，统筹资源共享、优势互补、创新办学模式，打造“校地教育战略合作”龙湾样板，发挥国科温州学校、浙江师范大学附属温州龙湾教育集团、温州外国语学校状元分校辐射带动作用。出台《龙湾区义务教育学校集团化办学评估指南（试行）》，推进集团化办学和联盟式发展，全区学校集团化比例91.1%。创成浙江省现代化学校11所。2022年12月16日，龙湾区外国语小学、永兴第二小学集团化办学揭牌仪式在永兴二小隆重举行。

【新居民子女教育】 2022年，区教育局加大区域企业优秀外来民工子女入学照顾力度，落实《温州市企业外来用工子女入学保障措施25条》，保障企业外来用工子女顺利入学。实现公办学校普遍向随迁子女开放，提高随迁子女在公办学校就读比例。2022年秋季，义务教育阶段学校随迁子女入学率100%、就读公办（含政府购买学位）比例95.0%以上，符合基本条件的进城务工人员随迁子女就读公办（含政府购买学位）100%。全区82所公办中小学、幼儿园共招外来民工子女入学7400多人，其中600多人为引进人才子女。龙湾区部分学校（如瑶溪六小、瑶溪三系、海滨三小、屿田实验小学等）以“合法稳定居住、合法稳定就业”为基本条件，放宽准入条件，降低入学门槛。同时针对企业及新居民子女积聚的永兴与空港片区，采取挖掘学校资源实现扩班容纳，龙湾区罗峰实验学校一年级扩班3个，其他年级扩班4个，永兴一小一年级扩班2个，永兴二小一年级扩班1个，实现起始年级全容纳，妥善安置转学学生200多人。

【特殊教育】 2022年，区教育局落实国家、省、市关于特殊教育实施意见，让特殊儿童享有正常儿童同等教育，实现特殊教育与普通教育同步发展。全区建有资源教室15个，通过省示范性资源教室验收学校2所，通过温州市示范性资源教室验收学校4所。义务教育阶段持证残疾适龄儿童150人、入学134人，其中在普通中小学随班就读77人，在特殊教育学校就读57人，送教上门10人。

【教育结对帮扶】 2022年，区教育局持续加大“互联网＋义务教育”结对帮扶工作力度，扩大优质教育资源辐射面，促进全区义务教育优质均衡发展。开展东西部结对帮扶工作、山海协作、“双龙”合作结对工作，实现合作共赢，协调发展。在与四川仪陇县结对工作中，仪陇全年共派遣60个老师挂职1个学期40个校长挂职1个月，原结对学校继续进行常态化结对工作，实现教学共研，资源共享。与洞头区结对开展跨地区教共体结对工作，参与结对中小学6所，完成师徒结对72人、派遣支教14人、跟岗锻炼13人。

（黄伟炜）

中等职业教育

【概况】 2022年，温州市龙湾区职业教育集团学校在校生2346人，“双师型”教师占比90.0%，中职学生毕业率99.9%，就业率99.5%，专业对口率90.2%，学生双证率100%。职业能力竞赛获奖数在温州市中职学校中始终处于第一梯队，职校参加省级“面向人人”比赛获奖率居温州市第一名，年内龙湾区获评2021年度浙江省职业教育发展考核优秀单位。

【中高职一体化】 2022年，区教育局加强“中高职一体化（3+2）”教育。打通中职学生升学渠道，与温州职业技术学院、浙江安防职业技术学校学院、浙江工贸职业技术学院、浙江东方职业技术学院、浙江长征职业技术学院、浙江丽水职业技术学院、嘉兴南洋职业技术学院、浙江工业职业技术学院8所高职院校融合办学模式，开展“中高职一体化（3+2）”融合教育，每年向高职院校输送500多名毕业生。全年中高职一体化招生占比75.8%，温州市中高职一体化招生名列第一。

【产教融合】 2022年，区教育局加强职业学校产教融合，强化校企协同育人。推动一县一改革、一县一产业学院项目开展，建立“中职＋高职＋产教联盟”综合体，推进产业、行业、企业、职业、专业等“五业”联动发展，破除校企合作壁垒。与温州佳正阀门有限公司共建灵昆生产性实训基地、与温兄机械阀业有限公司共同开设劳模育才班，健全多元化办学体制。推进“活力温台”职教高地改革创新项目为契机，开展产教融合联盟、产教融合实践基地等建设，通过校企联办技能大赛，提升就业技能。开展“创新创业”，指导326名学生进15家企业顶岗实习，通过实习提升学生自身专业本领，创新育人平台模式，为学生毕业技能就业奠定基础。推进校企合作共同体建设和双证融通试点工作，学校每年为企业培养专业技术人员1000余人。

【龙湾区职业技术学校教育集团】 2022年，龙湾区职业技术学校教育集团现有瑶溪校区——文化艺术服务专业类为主、永强校区——理工类专业为主、永中校区——社会培训为主、灵昆校区——专业实训为主四大校区，占地面积8.86万平方米。班级数49个，在校生1985人，教师150人。龙湾区职业技术学校教育集团是浙江省重点中等职业学校，是龙湾区（高新区）唯一一所公办中等职业学校。

（黄伟炜）

2022年5月12日，龙湾区“银龄跨越数字鸿沟”科普专项行动开展

（区老年大学供图）

成人教育

【概况】 2022年，温州市龙湾区社区教育指导中心下设街道社区学校10所、村级社区分校50个、老年学堂35所。全区共有省标准化成人校10所，省级品牌项目6个，实现全区街道、村社成人教育网络覆盖率100%。完成省、市、区民生实事项目，社区教育经费列入政府经常性财政开支，全年投入社区教育经费185万元。“银龄跨越数字鸿沟”老年智能技术科普培训12000人次，职业技能培训10000人次。

【社区教育】 2022年，龙湾区创成省级社区学校文化礼堂终身学习品牌项目1个、市级市民终身学习基地3个，创成市级社区学校9所、市级优质老年大学3所。年内，龙湾区教育局获评2021年度省级学分银行先进单位，龙湾区社区教育获评市级单项优胜奖。

【全民终身教育】 2022年，龙湾区持续开展“推进全民终身学习，服务温州‘两区’建设”全民终身学习周活动，区十大市民终身学习体验基地向市民开放。加入省终身学习学分银行平台，存入省学分银行系统各类成人学校社会培训学习219011人次，占本区常住人口73万人的30.1%，完成全区劳动力年龄人口学历提升数156332人，平均受教育年限同比提高0.35年。

（黄伟炜）

民办教育

【概况】 2022年，龙湾区清理民办义务教育学校“公参民”问题，规范新居民学校办学模式。龙湾区、温州经济技术开发区分别关停新居民学校5所，终止办学补偿奖励。博雅学校等3所新居民学校以政府购买学位方式进行过渡，规范压减民办义务教育学校办学规模。

【民办学校监管】 2022年，龙湾区加强民办学校监管，实施民办学校办学行为规范工程。开展“双随机、一公开”抽查监管工作，通过浙江省行政执法监管平台，联合民政、市场监管、综合执法、消防部门开展跨部门“双随机”抽查监管工作，检查24家民办教育机构；开展民办学校办学许可证年检换证工作，70家民办教育机构年检合格，促进民办教育健康发展。

【民办初中】 2022年，龙湾区共有寄宿制民办初中6所，分别为温州经济技术开发区树兰实验学校、温州经济技术开发区滨海外国语学校、温州上海世界外国语学校、温州市龙湾区外国语学校、温州市中通实验学校、温州市龙湾区崇文中学，有教师586人，93个班级，学生3016人。

（黄伟炜）

招生考试

【概况】 2022年，温州市龙湾区高职单独考试招生报名人数234人，职业技能理论考试报名人数为165人。上半年全国英语等级考试报名人数822人，下半年报名人数187人。职业技能操作考试，报名231人。成人高校招生考试报名人数3254人，其中专升本1793人、高升专1461人。高中招生考试报名人数3285人（包括社会考生5人），比2021年增加65人，其中区内2098人，区外市内497人，市外省内51人，省外628人。学前教育大专班招生报名210人，体检后参加术科155人，录取43人（包含温州经济技术开发区）。全区设中考考点6个，分别为温十五中、温二十中、温二十五中、永中中学、永兴中学、实验中学共试场113个。英语听力口语正式（含模拟）考试3285人，其中2人申请免考，设考点10个。

【职业高中单独考试录取】 2022年，龙湾区持续推进职业高中单独考试录取工作。职业高中单独考试录取率100%，在全市学业水平测试所有学科通过率居温州市第一，高考上本科线37人，本科升学率30.0%，录取率居全市第二，高于浙江省录取率6.3%。

【高中录取】 2022年，龙湾区加强高中升学录取工作，提升全区小学、初中、高中教学质量、升学率。全区初中毕业生升入龙湾中学与永强中学高中学生1292人30个班，其中升入龙湾中学高一560人14个班，升入永强中学高一732人16个班。2022年高考，龙湾中学上特控线415人，上线率98.0%；永强中学上特控线92人，一段上线471人，上线99.9%。

（黄伟炜）

师资队伍建设

【概况】 2022年，龙湾区小学专科及以上学历比例99.9%，初中教师本科及以上学历比例98.0%，中职学校“双师型”教师占专业课和实习指导师比例92.3%。全区市、区级骨干教师1130人，其中市级第一层次人才29人，市级第二层次人才122人，市级第三层次人才249人，区级第一层次人才86人，区级第二层次人才215人，区级第三层次人才429人。

【师德师风建设】 2022年，区教育局加强和改进新时代师德师风建设。8月25—26日，举办区级暑期师德教育专题集中培训会。开展“龙湾农商行教育基金”各类奖项评选活动，寻找“身边师德典型”，评出各类典型人物120人。开展龙湾区中小学在职教师有偿补课行为专项治理工作。加强教师护照和出入境证件管理，将

2022 年 4 月，龙湾区校长赛课活动举行　　（区融媒体中心供图）

原先由学校集中管理调整为由区教育局集中管理。开展全区教职员工准入违法犯罪信息查询工作，上半年排查人员 6497 人，下半年排查新增人员 1678 人。完善公办中小学、幼儿园教师请（销）假制度，出台《龙湾区公办中小学、幼儿园教职工请（销）假管理办法（试行）》。

【名优教师培育】 2022 年，区教育局加强名优教师培育工程，组建区名优教师培育工作室联盟体。组织开展名师主题讲座 72 场和名师工作室联盟体活动 50 多次，名师送教下乡 60 多次。区名师工作室举办公开课、研讨课 105 节。组织开展龙湾区 2021 级中小学新教师班主任管理能力提升专题培训，200 多位新教师参加为期一年培训活动。举办龙湾区中小学骨干班主任综合能力提升专题培训，97 位骨干教师参加培训。做好名优班主任培养，王天泓获评市级名班主任。

【班主任培育】 2022 年，区教育局开展中小学班会优质课评比活动，共有 42 位班主任参加比赛。举办 2022 年龙湾区中小学班主任基本功大赛，53 位班主任参加比赛。

（黄伟炜）

教育信息化

【概况】 2022 年，龙湾区投入教育装备更新和创建补助资金 7700 万元，实现生均教育技术装备投入 1200 元。添置图书 2.60 万册，课桌椅 10250 套，更新多媒体 336 套（含幼儿园）、教师办公电脑 325 台，学生机房 8 个，钢琴 19 台，人工智能教辅套件 1480 套，改造提升 10 所学校广播系统，改造提升 7 所学校 8 个常规功能室，创成省新型教学空间 65 个。

【智慧校园】 2022 年，区教育局列入浙江省教育领域数字化改革第一批创新试点项目《儿童青少年近视防控全流程管控服务》认定性课题顺利结题。启动教育部课后服务托管系统试点。全区域推广钉钉未来校园软件和轻松教育智慧校园软件。举办龙湾区中小学教学教研管理平台应用培训暨 CIO 微团队培训班，通过线上线下结合方式培训教师 4200 多人。举办“希沃杯”在线集体备课大赛，推进智慧校园创建。龙湾区一小、温州育英学校获温州市首批智慧校园 2.0 学校，区五幼、滨海一幼获温州市首批三朵云智慧幼儿园。

【智慧教育典型培育】 2022 年，区教育局加强智慧教育典型培育。在温州市第二届教育领域“移动 5G 杯”数字化改革创新应用大赛决赛中，温州育英学校《新型交互式学习环境构建——以高质量作业系统实现作业减负的实践案例》获一等奖，永昌一小《一体化智慧校园管理系统助推学校蝶变升级》获三等奖。温州育英学校《打造育英智慧学脑》经验在 2022 年教育部“智慧教育示范区”创建项目经验交流会上作典型发言。滨海一幼《借力云端搭好“未来教育”脚手架》在全市智慧幼儿园创建研讨会上作交流发言。

（黄伟炜）

学校选介

【概况】 2022 年，龙湾区 10 所学校通过 2022 年浙江省现代化学校评估认定。分别是龙湾区雍锦幼儿园、龙湾区天河中心幼儿园、龙湾区第二外国语小学、龙湾区瑶溪第一小学、龙湾区状元第三小学、龙湾区沙城第二小学、温州市第二十中学、温州市第二十五中学、温州育英学校、龙湾区天河中学。

【龙湾区雍锦幼儿园】 温州市龙湾区雍锦幼教集团，有雍锦、普西两个园区。雍锦园区创办于 2015 年，是浙江省一级幼儿园，坐落于龙湾中心区雍锦园小区，占地面积 4666.67 平方米；普西园区占地面积 7515 平方米。幼儿园以“锦色教育点亮锦绣童年”为办园理念，开设多元化锦色课程。锦色课程由经彩、纬彩两部分组成。经彩课程打好孩子人生底色，纬彩课程培养儿童个性发展。锦色课程培养灵慧灵动、温雅从容、拥有梦想的完整儿童。幼儿园先后获浙江省现代化幼儿园、浙江省巾帼文明示范岗、温州市 5A 级平安校园、温州市安全生产示范、预二级幼儿园（普西园区）、温州市教育装备优秀园（普西园区）等荣誉称号。2022年有教学班16个，专任教师32人，其中高级教师1人；市、区级各类名师、三坛、骨干9人，学生455人。

【龙湾区天河中心幼儿园】 龙湾区天河中心幼儿园是一所公办全日制省一级幼儿园，创办于2015年9月。幼儿园先后获得浙江省绿色学校、浙江省“安吉游戏”实践园、浙江省先进教研组、温州市教育装备优秀园等20多个荣誉称号，成为区学前教育对外交流的一个窗口。2022年有教学班15个，教师36人，其中高级教师2人。市学科骨干2人，区骨干教师2人，区教坛新苗5人，学生400余人。

【龙湾区第二外国语小学】 龙湾区第二外国语小学始创于2014年，2016年通过浙江省义务教育标准化学校创建验收。总占地面积为3.23万平方米，总建筑面积为1.60万平方米，绿化面积为6468.02平方米。学校获评多项荣誉称号，如北京2022年冬奥会和冬残奥会“共迎未来”姊妹校、全国冰雪运动特色学校（教育部颁发）、浙江省义务教育标准化学校。学校连续获评龙湾区教育质量一等奖及龙湾区学校考核奖优秀单位。2022年有教学班12个，教师27人，其中高级教师5人。市、区级各类名师、三坛、骨干10人，学生457人。

【龙湾区瑶溪第一小学】 龙湾区瑶溪一小（温州城市大学附属小学）始建于1932年。学校构建“融合教育”“足球教育”“劳动教育”多元特色，让轻负高质真正落到实处，先后获评全国青少年校园足球特色学校、省文明校园等70项集体荣誉。2022年有教学班24个，学生900人，教师59人，其中高级教师7人。市、区级各类名师、三坛、骨干16人。1人获市教坛中坚荣誉称号。

【龙湾区状元第三小学】 龙湾区状元三小创建于2002年8月，坐落于状元三期工业区内。占地19889.51平方米。办学20年来，学校先后获评全国青少年足球特色学校、浙江省健康促进金牌学校、省现代化学校、省标准化学校。2022年有教学班30个，学生1222人，教师65人，其中正高级教师1人，高级教师7人。市、区级各类名师、三坛、骨干共15人，其中省特级教师1人，市教坛中坚2人，市学科骨干5人，区级教坛新秀（中坚）3人，区学科骨干4人。获温州市示范性资源教室荣誉称号。

【龙湾区沙城第二小学】 龙湾区沙城街道第二小学创建于1938年，坐落于沙城街道永福村，学校占地面积1.79万平方米，建筑面积6296平方米，绿化面积3000多平方米。沙城第二小学先后获评全国校园足球特色学校、浙江省现代化学校、浙江省健康促进金牌学校、温州市义务教育办学水平一级学校、温州市义务教育示范性学校。2022年有教学班29个，专任教师62人，学生1017人。

【温州市第二十中学】 温州市第二十中学获浙江省心理教育示范基地、温州市文明单位、温州市“教学新常规样板校”、温州市“校本教研示范校”、温州市“无废学校”、龙湾区名校、龙湾区先进集体等荣誉。2022年有教学班29个，专任教师98人，学生1138人。

【温州市第二十五中学】 温州市第二十五中学位于国家4A级风景区瑶溪境内，学校占地面积6.12万平方米，硬件配套居区域前茅。学校先后获教育部“全国青少年校园排球特色学校”、全国消防安全教育示范学校、省标准化学校、省足球特色学校、省心理健康教育示范点等省部级荣誉。2022年有教学班20个，教师76人，其中高级教师21人。市、区级各类名师、三坛、骨干15人，学生656人。

【温州育英学校】 浙江师范大学附属温州育英学校教育集团前身为温州育英学校，创办于1999年7月，由著名台胞何朝育先生和黄美英女士共同捐资兴建的一所九年一贯制公办学校。2018年8月中小学管办分离，挂牌浙师大附属温州育英学校教育集团。学校占地2.93万平方米，2022学年温州市教育技术工作先进集体；2021学年温州市美丽温州建设领导小组无废城市创建办公室；2022年市第四批精准教学实验项目试点学校。2022年有教学班37个，在编教师85人，其中高级教师13人。市、区级各类名师、三坛、骨干31人，学生1500多人。

【龙湾区天河中学】 龙湾区天河中学坐落于天河街道新川村民丰西路15号。学校先后获评浙江省标准化学校、浙江省示范性家长学校、浙江省卫生工作先进单位、温州市文明校园、温州市体育特色学校、温州市第四批价值观教育基地校、温州市引领性清廉学校、温州市5A级平安校园、温州市一级温馨工会、温州市青少年创客基地、温州市美丽温州绿色学校等称号。2022年有教学班18个，学生690人，专任教师48人，其中高级教师12人，骨干教师14人。

（黄伟炜）

2022年龙湾区幼儿园情况一览表

表48

序号	幼儿园名称	地址	占地面积（平方米）	建筑面积（平方米）	教师数（人）	班级数（个）	幼儿数（人）
1	龙湾区第一幼儿园	状元街道中华路119号	4080	3382	65	12	424
	龙湾区第十九幼儿园	蒲州街道益品居住宅区	2961	2115.35		6	205
	龙湾区滨江幼儿园	蒲州街道留香园、江月湾住宅区旁	5535	4204		4	102
	龙湾区桃花岛幼儿园	蒲州街道博悦湾住宅区旁	5545	4238		2	53
2	龙湾区第二幼儿园	永中街道永中东路163号	4383	4404	64	12	375
	龙湾区二幼南洋园区	永中街道南翔锦苑17幢	2700	1974		9	263
	龙湾区尚都幼儿园	永中街道尚都锦园32幢	6010	4042		7	222
3	龙湾区第三幼儿园	瑶溪街道白楼下村阳明路2号	6000	3052	34	7	198
	龙湾区南洋幼儿园	永宁西路鸿玺园住宅区	3310	2656		8	242
4	龙湾区第四幼儿园	海滨街道沙村路151号	2650	2160	16	6	148
5	龙湾区第五幼儿园	永中街道万康住宅区	3319	3125.4	51	10	331
	龙湾区第十一幼儿园	永中街道永达嘉园	3410.7	3120		9	278
	龙湾区龙府幼儿园	永中街道永中西路799号龙府锦园	3254.3	2241.6		6	205
6	龙湾区第七幼儿园	海滨街道江一村	4000	3058	15	6	148
7	龙湾区第八幼儿园	永兴街道乐二村	8054	6135	25	11	327
8	龙湾区第九幼儿园	永中街道东方明珠城住宅区	3133	2524.08	22	9	213
9	龙湾区第十幼儿园	永中街道龙祥路2969号	6652	5063	35	15	501
	龙湾区国宾府幼儿园	龙湾区永中街道建中南街	5200	7511		2	42
10	龙湾区雍锦幼儿园	永华街道繁青路218号	4652	3187	32	9	292
	龙湾区普西幼儿园	永中街道建中街356号	7513	5899.9		7	163
11	龙湾区第十五幼儿园	永中街道龙华村	3333	2677	21	9	259
12	龙湾区第十六幼儿园	瑶溪住宅区一组团	3058	2400	29	6	199
	龙湾区瑶南路幼儿园	瑶溪住宅区四组团	4656.71	2690		6	193
13	龙湾区第十七幼儿园	永中街道教育路	4169	3588	21	9	282
14	龙湾区罗西第一幼儿园	状元街道罗西住宅区五组团	3310	3164	32	9	251
	龙湾区罗西第二幼儿园	状元街道宅西路罗西住宅区十三组团	4600	3200		7	176
15	龙湾区嘉华幼儿园	蒲州街道嘉华景苑住宅区	4655	3188.8	28	7	188
	龙湾区文昌路幼儿园	蒲州街道宸章锦园	6010	4900		7	148

续表 48

序号	幼儿园名称	地址	占地面积（平方米）	建筑面积（平方米）	教师数（人）	班级数（个）	幼儿数（人）
16	龙湾区罗峰第一幼儿园	温州空港新区兴吉路与港强路交叉口	3294.94	3000.37	15	3	68
	龙湾区观澜苑幼儿园	温州空港新区金海大道 913 号观澜苑住宅区	6010	4900		4	115
17	龙湾区国科温州第一幼儿园	永中街道沁璞园 20 幢	6010	4800	16	6	166
18	龙湾区宝龙幼儿园	温州空港新区滨海六路 258 号	6010	4900	8	5	122
19	龙湾区科技城第二幼儿园	龙湾区瑶溪街道瑶川路	6134	7542.51	8	3	92
20	龙湾区汤西幼儿园	龙湾区蒲州街道括苍西路 338—8 号	4210	4365	13	4	85
	龙湾区蒲江路幼儿园	龙湾区蒲州街道蒲江南路 199 号	4900	6010		2	39
21	龙湾区滨海第一幼儿园	温州经济技术开发区滨海四道六路 742 号	7677	6550	53	15	379
	龙湾区金海湖第二幼儿园	温州经济技术开发区金海二道和十四路交叉翡丽云邸小区	5500	7576		15	391
22	龙湾区天河中心幼儿园	温州市龙湾区天河街道西前村	10220	6906	44	15	393
	龙湾区天河第二幼儿园	温州市经济开发区天河街道建海路 68 号	5212	6516		5	87
23	龙湾区第六幼儿园	温州市龙湾区海城街道西一村天灯街 80 号	4268	3240	60	11	3111
	龙湾区海城中心幼儿园	温州市龙湾区海城街道埭头村锦瑞街	10154	7566.3		15	381
24	龙湾区沙城第一幼儿园	温州市龙湾区沙城街道沧宁路 86 号	4295	4495	35	12	290
	龙湾区沙城第二幼儿园	温州市龙湾区沙城街道八甲村北塘河路 5 幢 1 号	4903	4800		2	35
25	龙湾区金海湖幼儿园	温州市龙湾区金海园区 22 路	6395	5456.1	29	12	330
26	龙湾区滨海第二幼儿园	星海街道望海社区（滨海一道十二路交会处附近）	10001	7015	32	15	391
27	龙湾区蒲州蒲兴幼儿园	蒲州街道下埠村蒲兴路 26 号	1872	1679.32	10	5	154
28	龙湾区心桥幼儿园	蒲州街道汤家桥清江路 149 号	2553	2695.14	24	10	271
29	龙湾区名蕾幼儿园	蒲州街道富春江路名人花园 3 幢 1 楼	930	704.55	7	5	90
30	龙湾区蒲州御格幼儿园	蒲州街道上江路 85 号 B 号楼	1689	1580	12	6	88
31	龙湾区状元龙腾幼儿园	状元街道龙腾南路	4332	3374	24	12	340
32	龙湾区状元佳佳幼儿园	状元街道南片安居住宅小区	3200	1977.13	10	5	119
33	龙湾区天鹅湖幼儿园	开发区天鹅湖小区 7—8 幢	1900	1550	12	6	185
34	龙湾区状元旺仔幼儿园	状元镇石坦南路 147 号	660	970	6	3	62
35	龙湾区康艺幼儿园	开发区天鹅湖综合楼 216—221 室	830	830	8	5	108
36	龙湾区状元红太阳幼儿园	状元新村三组团 3 幢 103—104 室	400	230	5	3	26

续表 48

序号	单位名称	地址	占地面积（平方米）	建筑面积（平方米）	教师数（人）	班级数（个）	幼儿数（人）
37	龙湾区现代我佳幼儿园	状元街道兴元路68号	4042	1981	14	7	183
38	龙湾区瑶溪佳乐幼儿园	瑶溪街道苏川村	2664	2580	16	8	206
39	龙湾区瑶溪汇佳幼儿园	瑶溪街道永胜村龙永路263—269号	1222	1150	6	4	98
40	龙湾区永中小康爱绿幼儿园	永中街道罗东锦苑内	3060	1556	17	9	225
41	龙湾区七彩阳光幼儿园	永中街道桥北新街87号	9198	8817	14	7	126
42	龙湾区永中苑博幼儿园	永中街道虹桥路16号	2088	1780	6	6	116
43	龙湾区永中现代幼儿园	永中街道永宁路287—293号	2500	2315	12	6	135
44	龙湾区童乐湾幼儿园	永昌城南村菜场路23号	3000	2684	5	5	114
45	龙湾区永中乐乐幼儿园	永中街道寺前街后65号	850	830	5	4	45
46	龙湾区永中实艺幼儿园	永中街道丰台村强丰街6号	520	920	11	7	172
47	龙湾区永昌中心幼儿园	永中街道新城村楼梯桥	1250	1240	4	4	100
48	龙湾区永中晨希幼儿园	永中街道度山村	700	450	6	4	101
49	龙湾区欧顿雍华实验幼儿园	永中街道雍华园小区	4280	3273.3	27	13	396
50	龙湾区永中瑞嘉幼儿园	永中街道曹龙路221号	1984	1377	16	9	292
51	龙湾区永兴教育幼儿园	永兴街道乐二村	2200	1755	18	8	207
52	龙湾区小博士幼儿园	永兴街道康二村富康路安心公寓	2800	2250	11	7	158
53	龙湾区永兴下垟街幼儿园	永兴街道大塘村永堡路38号	600	950	6	4	125
54	龙湾区永兴祠南永华幼儿园	永兴街道祠南村永华大厦	1220	1217	8	7	156
55	龙湾区永兴哈哈幼儿园	永兴街道下垟街543弄20号	820	732	5	5	128
56	龙湾区永兴第一幼儿园	永兴街道纪兴东路88号	6667	3276	18	9	269
57	龙湾区永兴星睿幼儿园	永兴街道沙园村环领路108号	2000	1700	12	7	195
58	龙湾区海滨诗之梦幼儿园	海滨街道二号横街东段6号	1860	2890	14	6	181
59	龙湾区海滨童忆幼儿园	海滨街道宁城西路18号	1980	2000	14	9	313
60	龙湾区沙城中心幼儿园	沙城街道七甲中心街后	3912	3945	30	15	435
61	龙湾区沙城朝阳幼儿园	沙城街道七五村昌文路4号	1868	2052	18	9	234
62	龙湾区沙城童心幼儿园	沙城大街968号	1100	2968	14	7	202
63	龙湾区沙城幸福泉幼儿园	沙城街道永福西路五三公园	2000	2525	18	9	260

续表 48

序号	单位名称	地址	占地面积（平方米）	建筑面积（平方米）	教师数（人）	班级数（个）	幼儿数（人）
64	龙湾区沙城五一幼儿园	沙城街道永寿村天城路五一公园旁	1000	1800	14	7	128
65	龙湾区沙城现代二幼	沙城街道浦河南路 23 号	1800	1188	5	3	68
66	龙湾区沙城小摇篮幼儿园	沙城街道沙城大街 233 号	920	1108	14	7	201
67	龙湾区沙城智慧树幼儿园	沙城街道沙城大街 849 号	940	940	12	6	152
68	龙湾区沙城大拇指幼儿园	沙城街道七甲街 82 弄 1—3 号	980	980	8	4	110
69	龙湾区沙城小太阳幼儿园	沙城街 318 号	1400	3100	15	9	241
70	龙湾区沙城育才幼儿园	沙城街道五一村怡心路 74—84 号	750	1500	8	4	120
71	龙湾区沙城七彩乐幼儿园	沙城街道迎宾街 127—129 号	785	1210	6	4	80
72	龙湾区沙城大卫幼儿园	星海街道三道 4987 号	1588	1588	8	4	101
73	龙湾区沙城怡心幼儿园	沙城街道昌文路 34 弄 1 幢 6 号	480	605	9	5	149
74	龙湾区天河小太阳幼儿园	天河街道天凤路 55 号	1710	1475	15	7	201
75	龙湾区天河金翅膀幼儿园	天河街道永强大道 1258 号	2300.55	3030.55	22	11	320
76	龙湾区天河开心幼儿园	永强大道 1222 号	1440	2800	12	6	174
77	龙湾区天河春苗幼儿园	天河街道天河新街 139 号	660	619	6	3	88
78	龙湾区天河镇天乐幼儿园	天河街道筑城村环川南路 1 号	1500	675	8	4	115
79	龙湾区天河童心乐幼儿园	天河街道司南中心路 5 号	1822	820	6	3	83
80	龙湾区童心乐二幼	天河街道三甲街 150—160 号	1785	1780	12	6	151
81	龙湾区天河宝宝乐幼儿园	天河街道新河村滨阳路 40—48 号	680	1010	6	3	96
82	龙湾区天河小状元幼儿园	天河街道中和菜场二楼	980	980	15	5	129
83	龙湾区海城第一幼儿园	海城街道广场路 111 号	3858	5243	31	15	396
84	龙湾区海城世纪星幼儿园	海城街道上涂村工贸南路 49 号	800	1960	14	7	200
85	龙湾区海城大风车幼儿园	海城街道广场路 299 号	620	1890	14	7	185
86	龙湾区海城启蒙幼儿园	海城街道东门海宁路 150 号	1305	1606	20	10	290
87	龙湾区海城艺乐幼儿园	海城街道中星街 167—175 号	900	1660	18	9	270

续表 48

序号	单位名称	地址	占地面积（平方米）	建筑面积（平方米）	教师数（人）	班级数（个）	幼儿数（人）
88	龙湾区海城喜洋洋幼儿园	海城街道埭头村埭川东街 21—25 号	940	940	8	6	150
89	龙湾区海城长虹花园幼儿园	海城街道邱宅村海滨路 111 号	1000	2020	14	7	195
90	龙湾区海城华艺幼儿园	海城街道城河东路 65 号	650	783	14	7	192
91	龙湾区海的幼儿园	滨海二道 1248 号	4190	1586	20	10	270
92	龙湾区金海早培幼儿园有限公司	金海二道 497 号	3774	3549	12	6	97
93	龙湾区星海丁香幼儿园	龙湾区丁香路 258 号	1850	2350	16	8	235
94	龙湾区行知教育幼儿园	滨海园区南龙小区望海公寓 22 栋	1230	750	12	6	158
95	龙湾区星海小博士幼儿园	星海街道滨海 6 路瑞丰锦园 19 幢 3 楼	1400	1400	8	4	104
96	龙湾区星海明珠幼儿园	滨海十二路 589 号	1254	1413	10	5	130
97	龙湾区星海科通幼儿园	滨海六路旭日小区 23 栋一楼	1325	980	6	3	80
98	龙湾区星海启睿幼儿园	滨海六路 2469 号永丰家园 2—5 幢 203 室	1420	1420	8	3	84
99	龙湾区海创艺幼儿园	滨海十五道 5 路 468 号	1676	2505	18	9	235

2022 年龙湾区小学情况一览表

表 49

序号	学校名称	校　址	占地面积（平方米）	建筑面积（平方米）	教师数（人）	班级数（个）	学生数（人）
1	温州市龙湾区实验小学	龙湾区状元街道状元桥村	36898	15420	87	40	1463
2	温州市龙湾区状元第三小学	龙湾区状元街道石坦村	19890	10972	70	35	1227
3	温州市龙湾区横街学校	龙湾区状元街道横街村	31930	6684	61	29	1047
4	温州市龙湾区状元第二小学	龙湾区状元街道罗西社区	24103	21417	37	17	587
5	温州市龙湾区瑶溪第一小学	龙湾区瑶溪街道雄心村	26747	9215	59	26	900
6	温州市龙湾区瑶溪第三小学	龙湾区瑶溪街道滨江社区	12292	7293	18	6	174
7	温州市龙湾区瑶溪第六小学	龙湾区瑶溪街道滨江社区	16892	10002	20	10	261
8	温州市龙湾区沙城镇第一小学	龙湾区沙城街道七五村	14464	10606	80	34	1256
9	温州市龙湾区沙城镇第二小学	龙湾区沙城街道沧宁村	14140	6510	62	29	1017
10	温州市龙湾区沙城镇第三小学	龙湾区沙城街道烟台村	20436	5827.03	49	27	958
11	温州市龙湾区天河镇第一小学	龙湾区天河街道庄泉村	30716	12880.84	91	42	1506
12	温州市龙湾区天河镇第二小学	龙湾区天河街道中和村	12006	3943	35	20	658

续表 49

序号	学校名称	校 址	占地面积（平方米）	建筑面积（平方米）	教师数（人）	班级数（个）	学生数（人）
13	温州市龙湾区永中第一小学	龙湾区永中街道镇中社区	26617	15756	123	53	1988
14	温州市龙湾区永中第二小学	龙湾区永中街道沧河村	17430	6423	64	33	1166
15	温州市龙湾区永昌第一小学	龙湾区永中街道新城村	21137	6199.39	46	23	755
16	温州市龙湾区永昌第五小学	龙湾区永中街道刘宅村	12000	6288	26	12	445
17	温州市龙湾区龙水第一小学	龙湾区永中街道龙水社区	23677	7622	62	27	928
18	温州市龙湾区第二小学	龙湾区永中街道新城村	12979	11567	70	32	1223
19	温州市龙湾区上江小学	龙湾区蒲州街道上江村	8800	4036	37	16	527
20	温州市龙湾区屿田实验小学	龙湾区蒲州街道屿田村	8076	5076.13	40	17	620
21	温州市龙湾区上庄小学	龙湾区蒲州街道上庄村	7993	3126	30	14	442
22	温州市龙湾区海滨第一小学	龙湾区海滨街道沙中村	23675	6418.52	73	33	1089
23	温州市龙湾区海滨第二小学	龙湾区海滨街道宁村村	19057	9485	57	31	1051
24	温州市龙湾区永兴第一小学	龙湾区永兴街道萼芳村	31721	21889.59	94	46	1744
25	温州市龙湾区永兴第二小学	龙湾区永兴街道民乐社区	19128	7627	71	34	1242
26	温州市龙湾区海城第一小学	龙湾区海城街道上涂村	42391	24194.68	155	75	2878
27	温州市龙湾区海城第二小学	龙湾区海城街道中星村	15177	5234	74	28	1006
28	温州市龙湾区第一小学	龙湾区永中街道桥北村	23864	19091	75	36	1293
29	温州市龙湾区第二外国语小学	龙湾区瑶溪街道雄心村	32309	16003	27	13	457
30	温州道尔顿小学	龙湾区蒲州街道雁湖社区	14315	32000	184	38	955
31	温州市龙湾区第三小学	龙湾区永中街道永昌社区	23200	12147	25	15	480
32	温州育英学校	龙湾区蒲州街道汤家桥村	29298	17264	90	42	1511
33	温州市龙湾区第二实验小学	龙湾区瑶溪街道南洋社区	22675	12043.18	44	20	738
34	龙湾区永中新居民子女学校	龙湾区永中街道城南村	11008	11300.86	60	26	919
35	龙湾区沙城忠山学校	龙湾区沙城街道烟台村	8059	5016.52	33	15	492
36	龙湾区智升学校	龙湾区沙城街道永阜村	7251	3251	30	12	516
37	龙湾区金海湖小学	龙湾区星海街道金海社区	18231	22359	74	26	895
38	温州市龙湾区龙江实验小学	龙湾区永中街道龙水社区	28721	35266.78	68	45	1595
39	温州市龙湾区星海小学	龙湾区星海街道旭日社区	16791	10349.61	46	28	951
40	温州市龙湾区温州湾实验小学	龙湾区星海街道金海社区	32277	15927.1	75	37	1143
41	温州市龙湾区外国语小学	龙湾区永中街道永上居委会	15960	14358	86	42	1562
42	龙湾区海城新发学校	龙湾区海城街道东门村委会	7502	3172	33	14	553
43	温州市龙湾区少年艺术学校	龙湾区瑶溪街道雄心村	32309	11479.05	74	21	552

2022 年龙湾区初中情况一览表

表 50

序号	学校名称	校　址	占地面积（平方米）	建筑面积（平方米）	教师数（人）	班级数（个）	学生数（人）
1	温州市第二十中学	状元街道横街村新街龙飞路 180 号	24513	11854.6	98	29	1138
2	温州市第二十五中学	瑶溪街道苏川村河头龙西路 116 号	63839	21520	77	20	656
3	温州市龙湾区永中中学	永中街道沧河村下路 54 号	16099	7364	98	26	1063
4	温州市龙湾区第二实验中学	永中街道城南村永中街道天中路	14700	5422	50	15	637
5	温州市龙湾区永兴中学	永兴街道祠南村委会 8888 号	24105	11230	100	26	1131
6	温州市龙湾区海滨中学	海滨街道沙中村委会富海路 2 号	54254	15385.29	71	22	803
7	温州市龙湾区沙城镇中学	龙湾区沙城街道七一村	27974	10313	75	24	911
8	温州市龙湾区天河镇中学	龙湾区天河街道新川村	18175	8643	52	18	645
9	温州市龙湾区海城中学	龙湾区海城街道上涂村	36578	20168.85	128	38	1654
10	温州市龙湾区实验中学（学文校区）	永中街道万顺社区学文路 117 号）	35259	26333	140	45	1969
11	温州市第十五中学	蒲州街道汤家桥村楠溪江路 218 号	30143	33774.25	94	27	973
12	龙湾区树兰实验学校	龙湾区海城街道东溪村	20920	13832	44	6	235
13	温州经济技术开发区滨海外国语学校	龙湾区星海街道金海社区	40363	37265	71	20	699
14	温州市龙湾区罗峰实验学校	永兴街道南园社区	34501	30841	72	10	313
15	温州上海世界外国语学校	永中街道龙水社区金石路 555 号	65111	48981.43	54	8	229
16	温州市龙湾区状元中学	状元街道罗西社区	42287	40599	61	14	494
17	温州市龙湾区龙江实验中学	龙湾区永中街道龙水社区	36045	28833	58	24	998
18	温州市龙湾区温州湾实验中学	龙湾区星海街道旭日社区	28000	30615	104	18	744
19	温州市龙湾区外国语学校	龙湾区永中街道万顺社区	30348	15357.69	74	20	780
20	温州滨海学校	龙湾区星海街道旭日社区	40741	40155.36	141	14	569
21	温州市中通实验学校	龙湾区蒲州街道蒲江社区	28879	29696	264	21	812
22	温州市龙湾区崇文中学	龙湾区瑶溪街道苏川村	15780	12824	79	18	661

2022 年龙湾区职业高中情况一览表

表 51

序号	学校名称	校　址	占地面积（平方米）	建筑面积（平方米）	教师数（人）	班级数（个）	学生数（人）
1	龙湾区职业技术学校	瑶溪街道阳明路（瑶溪校区）、永中街道太师路（永强校区）	48024	29840	142	60	2346

文 化

2022年11月18—21日，2022温州国际时尚文化产业博览会龙湾馆以“山海古堡　未来之城”为主题，龙湾分会场“南洋市集”在瑶溪街道南洋公园举办　（区委宣传部供图）

文　化

综　述
公共文化
群众文化
文艺创作与活动
文物保护和文化遗产传承
新闻出版
文化产业
档案工作
地方志工作
社科研究

河泥荡文化公园　　（梁建飞摄于 2022 年 8 月）

综 述

【概况】 2022年，温州市龙湾区累计建有文化站10个、文化馆1个、公共图书馆2个、城市书房18家、街道分馆5家、百姓书屋5家、文化驿站17家。建有文化礼堂107家（含温州经济技术开发区）。公共图书馆藏书970.23千册。有国家重点文保单位2家，省文保单位3家，市、区文保单位30家。有国家级非物质文化遗产1个，省级非物质文化遗产7个，市级非物质文化遗产62个，区级非物质文化遗产116个；国家级非遗代表性传承人1人，省级非遗代表性传承人8人，市级非遗代表性传承人36人，区级传承人46人。建成市级非物质文化遗产传承基地12个，市级非遗体验基地4个，省级非遗旅游景区（民俗文化村）1个。张璁纪念馆、叶萌春艺术馆、姜立纲书法艺术馆顺利开馆。

【公共文化服务体系示范区巩固】 2022年，龙湾区巩固提升示范区创建成果，持续提升城市书房、文化驿站等公共文化服务品牌。开展公共文化新空间建设和未来社区文化空间建设，组织星级评定与管理。推动公共图书馆、文化馆、街道综合文化站、村（社）文化礼堂（文化活动中心）拓展阵地服务功能，开展各类公共阅读和艺术普及等活动，丰富基层文化活动，满足群众文化需求。夯实文化阵地基础建设工作，新建55个文化惠民工程，文化驿站开展活动100多场。

【文化市场管理】 2022年，区文广旅体局做好文化、广电、旅游、文物、体育等领域执法监管工作。围绕文化市场新冠肺炎疫情防控、安全生产和消防安全、"扫黄打非"、养老反诈、未成年人保护等工作深化综合治理，全年累计开展线上线下巡查677次，行政处罚案件立案、办结17件，没收物品47件，罚没21.37万元。

（孔林晓 周超波）

公共文化

【概况】 2022年，温州市龙湾区以高品质文化和旅游供给增强人民群众的体验感、获得感、幸福感。当年新建文化驿站2家、城市书房2家、新增阅读流通点14家。深化常态化文化惠民活动，完成送戏下乡100多场、文化走亲8场、送书下乡13.90万册。

【图书馆读者服务】 2022年，龙湾区图书馆以第七次全国公共图书馆评估定级为契机，从服务效能、业务能力和保障条件等三个角度全面推进图书馆建设。推进公共阅读数字赋能，上线"浙里办"龙湾区图书馆应用系统。新增图书6.10万多册，馆藏总数77.80万册，共接待读者174.80万人次，外借图书61.50万余册次，举办各类活动540场，总受益44.6万余人次。

【公共图书馆服务体系建设】 2022年，龙湾区建立健全以区图书馆为中心，各城市书房、街道分馆为主干，各社区图书室、农家书屋和图书流通站为补充公共图书馆服务体系。新建卓诗尼城市书房、龙北社区城市书房。卓诗尼城市书房获评2022年温州最美公共文化空间。实现通借通还农家书屋12家、阅读流通点28个。

【城市书房星级评比】 2022年，龙湾区在温州市2022年度新建城市书房验收及星级城市书房评定中，根据《温州市城市书房建设和管理办法》，龙湾区上报的龙水城市书房、卓诗尼城市书房通过验收考核，龙湾区图书馆城市书房、状元城市书房、海城城市书房被评定为五星城市书房，榕树下城市书房、彩虹湾城市书房、海滨城市书房、上庄城市书房、龙水城市书房、永康城市书房、爱乐未来城市书房、蒲州城市书房被评定为四星城市书房。铁投集团城市书房、黄石山公园城市书房、天河城市书房、浙南云谷城市书房、金海城市书房被评定为三星城市书房。

【全民阅读推广活动】 2022年，龙湾区图书馆全年以"全民阅读"推广为重点，结合各个年龄段和不同的社会群体，在馆内外以线上线下相结合的方式开展各类阅读推广活动，举办"书香龙湾 阅享共富"全民阅读节、四叶草公益课堂、展览、龙图之声、童书相约三点半等活动507场，其中线上256场，线下251场，总受益

2022年4月23日，"书香龙湾 阅享共富"2022年全民阅读节启动仪式在区图书馆举行（区融媒体中心供图）

44.66万人次。

【古籍与地方文献征集】 2022年，龙湾区图书馆通过专项购买、单位团体或个人捐赠等方式共征集到各类地方文献750余册。

【文化礼堂建用】 2022年，龙湾区加强文化礼堂"建管用育"工作。全年新建文化礼堂3家，提升6家，整改4家。出台《龙湾区文化礼堂星级评定管理办法（修订）》。全区共有五星级文化礼堂15家、四星级文化礼堂29家、三星级文化礼堂30家。挖掘培育龙湾区首批"我们的村礼"项目16个。举办"一村一剧"第六届文化礼堂"民星秀"大赛，打造40个精品节目，推出5期"民星秀"大舞台云展映，累计阅读量200万+，"十大民星节目"线上投票活动访问量246万余次。

【企业文化中心建设】 2022年，龙湾区推进"企业文化中心"建设，指导企业打造思想政治工作的"宣传阵地""灵魂工程""和谐家园"。圣邦集团有限公司入选首批省级"企业文化中心"，浙江伊利康生物技术有限公司入选首批市级"企业文化中心"。

【张璁纪念馆开馆】 2022年10月3日，张璁纪念馆开馆，龙湾籍中国著名哲学家、哲学史家、中国人民大学一级教授、孔子研究院张立文先生题写馆名，并受聘为荣誉馆长。张璁纪念馆位于龙湾区永中街道罗东南街791号，为5层建筑，占地面积约1万平方米，建筑面积4000多平方米，总投资约1500万元，已规划使用3层，布展总面积1969平方米，以"形象序厅""一代名臣　功在社稷""阁老风华　传古至今"三个篇章展现张璁一生。张璁（1475—1539），字秉用，号罗峰，永嘉县华盖乡三都普门（今龙湾区永中街道普门村）人。后因"璁"字与明世宗朱厚熜同音，嘉靖十年（1531）世宗亲为改名孚敬，赐字茂恭。又因官至大学士、内阁首辅，温州人尊称为张阁老。

【和合文化园建成】 2022年12月2日，中国人民大学孔子研究院温州分院（和合文化园）项目通过竣工验收。和合文化园坐落于龙湾区永中街道永定路，共7幢主体建筑，包括和合学展陈馆、和合驿站、名人工作室、文化交流中心，总用地面积17566平方米，建筑面积3724平方米。项目总投资5827万元，院内以"和合文化"为主题，通过和合学继承弘扬、和合学与张立文先生、和合学与温州文化等三个展区，展示和合学起源、发展、现实意义等。

2022年6月18日，温州市和合文化促进会授牌仪式举行　（王策/摄）

【艺术类公益培训】 2022年，区文化馆针对广大居民，以及乡村艺术团等民间社团的实际需求，于春季、夏季（暑期）、秋季三季，开设公益免费培训班74班次，培训学员近2万人次。联合艺术类培训机构开展"公益大联盟牵手乡村艺术团基层龙湾行"培训服务活动，覆盖全区各街道，累计超百名乡村艺术团团员接收辅导。

【文化走亲活动】 2022年，区文化馆赴龙泉、松阳、平阳、苍南、龙港、泰顺、乐清等地开展文化走亲。接待余杭、乐清、泰顺、瓯海、洞头、平阳、永嘉、苍南至龙湾文化走亲，举办"嘉定菊园—龙湾"文化云走亲摄影展，促进区域间文化互动交流。

（陈正中　林郁郁）

群众文化

【概况】 2022年，温州市龙湾区文化馆开展公益艺术类培训，受训学员近2万人次。促进区域间文化互动交流，与各友好兄弟县市开展文化走亲活动。

【"助企稳岗·文心抗疫"全家福拍摄活动】 2022年1月25—26日，龙湾区文化馆以"家人"之名特邀资深摄影师，为报名到此的留温过年的企业员工免费拍摄全家福，并赠送由龙湾区知名书法家创作的春联。

【迎新春视觉艺术展活动】 2022年1月26日至2月25日，龙湾区2022年迎新春视觉艺术展在龙湾文化馆一楼展厅展出，展览由龙湾区迎春美术作品展、温州镌墨楼魏碑书会辛丑书法年展、龙湾区群文摄影社摄影成果汇报展三部分组成，作者均为来自干部、职工、教师、学生、社区群众等业余美术、书法摄影爱好者，展出作品150件。该次展览作品以迎新春过新年形式营造节日氛围。

【“迎新春·送春联”进温州龙湾国际机场活动】 2022年1月28日，龙湾区文广旅体局、龙湾区文化馆联合温州龙湾国际机场开展“墨香暖人心 春联送万家”区书法名家“迎新春·送春联”活动，在龙湾国际机场国内抵达和国内出口处，现场为回温过年和回乡过年的乘客写春联，送上祝福。

【龙湾区美术书法作品展在龙湾机场展出】 2022年11月24日，“欢庆党的二十大·共享文化新时代 龙湾区美术书法作品展”在龙湾机场展出。展厅位于龙湾机场和S1线的进出口两侧。活动精心挑选美术、书法精品62件，展出的作品体现书画家们以饱满的精神状态，用笔墨表达奋进新征程、建功新时代的满怀豪情，展览为期一周。

【龙湾区2022年全民表演类才艺大赛】 2022年11月，龙湾区举办主题为“欢庆党的二十大 共享文化新时代”的全民表演类才艺大赛。大赛共收到声乐类、器乐类、舞蹈类、语言类等专业门类作品500多份。该次活动参赛作品内容丰富、形式新颖，受到广大群众认可。参赛对象涉及龙湾区表演艺术爱好者、文艺社团、文艺协会、乡村艺术团团员以及少儿选手等。初赛通过参赛选手上传视频后，经专家评委初评，121个节目入围决赛。决赛为现场打分和网络投票相结合，评出优秀作品、优秀表演奖、网络人气奖、组织奖等奖项。海滨民乐团、沙城艳阳合唱团获得器乐类金奖；王一铭、夕阳红合唱团、刘圆圆获声乐类金奖；林文雅、向咏婕、林晨获语言类金奖；朱鑫蕾、陈锦玥、章语恬获独舞类金奖；芭比娃艺校、小童星泡泡糖、状元街道街道乡村艺术团获群舞类金奖。

【叶萌春艺术馆开馆】 2022年11月19日，叶萌春艺术馆开馆。该馆由政府引导、社会出资，位于龙湾区瑶溪街道南洋公园。由温州乐清叶氏黄杨木雕第五代代表性传人、中国工艺美术大师叶萌春为负责人。馆内陈列叶氏家族第一代到第八代大师120多件作品，其中第三代叶阜如作品《牧童》曾在1929年杭州西湖博览会上获优等奖。

【姜立纲书法艺术馆开馆】 2022年11月17日，姜立纲书法艺术馆开馆。该馆由政府引导、社会出资，位于龙湾区瑶溪街道钟秀园，展馆面积300多平方米，为弘扬明代龙湾籍知名书法家、“一代书宗”姜立纲书法艺术而建。开馆之日同时举行“一代书宗——姜立纲书法艺术交流活动周”启动仪式，作为“2022东亚文化之都·中国温州活动年”的重要活动之一。姜立纲手抄本《史记》复刻本实物也在现场进行展示。

2022年11月17日，“一代书宗——姜立纲书法艺术交流活动周”启动暨姜立纲书法艺术馆开馆仪式在瑶溪钟秀园举行 （区文广旅体局供图）

【志通艺术馆试开馆】 2022年11月18日，志通艺术馆试开馆。该馆由社会出资，位于龙湾区永中街道龙江路与瓯海大道交叉口。由高级工艺美术师、浙江省工艺美术大师徐志通为负责人。室内面积5000多平方米，200多件瓯塑作品，其中最重要的作品为长15.2米、高1.22米的大型瓯塑《南宋都城临安梦幻图》，作品中有古建筑1000多座、人物5000多个，由徐志通团队20人历时两年共同创作而成。

（黄宝乐）

文艺创作与活动

【概况】 2022年，温州市龙湾区文艺精品创作获佳绩，1首原创歌曲、1支原创舞蹈获2022年浙江省“群星奖”。成立1家艺术培训教育协会，推动龙湾区艺术培训形成规范有序、丰富多彩、充满活力全新格局。

【浙江省诗词之乡创建】 2022年，龙湾区创建“浙江省诗词之乡”。龙湾文联对照“浙江省诗词之乡”创建标准要求，推进诗词文化“六进”建设，让诗词走进学校、走进机关、走进社区、走进企业、走进农村、走进景区。加强龙湾区诗词及名人文化的研究利用，发展壮大诗词人才队伍，培育诗词骨干。举办系列国家级、省级诗词活动，强化全区诗词氛围的营造。推广诗词文化，将诗词与文化惠民工程紧密结合，以诗词丰富群众的精神文化生活。

【文艺精品创作】 2022年，区文化馆在发展群众性文化活动基础上，完善文艺精品创作奖励和扶持机制，文艺精品创作屡获佳绩。原创歌曲《妈妈的酒》、

2022年12月15日，小学生们在时光印记文化驿站体验非遗课（区媒体中心供图）

原创舞蹈《爱到头发像盐白》获2022年浙江省“群星奖”，《妈妈的酒》代表浙江入围全国“群星奖”决赛。书法作品、美术作品共3人次登上“学习强国”浙江平台和温州平台。浙江省书法家协会2022年“年度百家”作品遴选，龙湾区8人入选。2021年“中国书法·年展”全国行书、草书作品展，2人入展；全国第五届草书作品展览，2人入展；省文联主办的“大宋风雅——书法篆刻主题创作展”，温州仅龙湾2位入选（全省仅15位入选）；第六届中国书坛兰亭雅集42人展，1人入选；“吴昌硕奖”第六届浙江省篆刻大展，1人获提名奖、1人入展、1人入选；第二届“卫夫人杯”全国书法篆刻大展3人入展；“潘天寿杯”浙江省首届青年书法篆刻展，1人入展；龙湾区摄影家协会获省级2021年度工作成绩突出集体；区诗词楹联学会获评省先进团体。“龙湾艺起享”数字应用入选浙江省文联特色应用名单。

【文学活动开展】 2022年，龙湾区举办全省“迎接二十大 诗联话共富”诗联征集活动，共征得诗、词、联、曲作品626件，评选出优秀奖以上50件。举办张璁纪念馆全国楹联大赛，共征集1304副作品，评选出入围奖以上作品48副。举办第四届“罗峰奖”全国非虚构散文大赛，共收到全国各地及国外作者来稿1416篇，评选获奖作品36篇。

【文化驿站活动】 2022年，龙湾区新建东篱下文化驿站、卓诗尼文化驿站。区文化馆文化驿站、龙图文化驿站、时光印记文化驿站获评2021年度温州市文化驿站“五星文化驿站”，永中、蒲州、瑶溪、状元、海滨综合文化站文化驿站获评2021年度温州市文化驿站“三星文化驿站”。全年开展文化驿站活动90多场。

【龙湾区艺术培训教育协会成立】 2022年11月14日，温州市龙湾区艺术培训教育协会成立暨第一次会员代表大会在龙湾区图书馆举行。

（黄宝乐）

文物保护和文化遗产传承

【概况】 2022年，龙湾区完善文物保护机制，开展文物安全“大起底大整治大提升”行动。聚焦民办博物馆之城典范之区打造，初步完成“古宅新生”全生命周期管理应用系统建设，提升文物保护智治水平。推动非遗保护传承及开发利用，探索社会力量参与未定级不可移动文物的保护。

【文物保护与管理】 2022年，龙湾区成立龙湾区文物保护委员会，推出龙湾区部门与街道文物保护考绩办法，多部门联动完成239处文保单位和三普文物登录点11项安全指标体检，召开2次龙湾区文物保护联席会议，研究解决74处文物安全隐患和周边环境提升问题。实施文物安全保护工程，投入资金1000多万元，完成国保单位3个建筑单体修缮、1个建筑单体安全监测工程、2处周边环境整治。

【非物质文化遗产保护】 2022年，龙湾区开展非遗体验活动200多场，非遗培训60多场。组织“文化和自然遗产日”系列主题活动，并推出7期非遗代表性项目短视频线上展播。加强阵地建设，建成3家市级“瓯越百家坊”、14家区级非遗工坊。新增传统碑刻技艺等13个项目为第十批区级非遗名录。加强数字化管理，连接省、市非遗数据平台，建成区级非遗数据库。

【民办博物馆建设】 2022年，龙湾区建成省级乡村博物馆3家、市级乡村博物5家，累计建成13家民办博物馆和具有博物馆功能文化场馆。推进钟秀园片区、南洋公园片区、和合文化公园片区、寺前街片区、永昌堡片区等5大文博集聚区打造。

【数字文博展览】 2022年，龙湾区共举办线上及线下展览5场，共推出展品110件，举办研学类和公益类活动115场。探索数字化技术的常态化运用，通过线上数字传播渠道，让观众在家也能“感受博物馆的力量”。在白水民俗博物馆举办“感受乡村博物的力量”活动，利用数字化手段，开展网络直播玩转博物馆。举办“献礼二十大，非遗在校园”师生漆画作品展、“龙湾区文化基因解码暨文化标识建设成果展”等展览。建设红色主题展览馆，征集“红色物件”100多件。

（张益欣）

2022 年龙湾区内各级文物保护单位一览表

表 52

序号	文保单位	地点	级别	年代	类别	公布时间
1	永昌堡	永中街道新城村	国保	明	古建筑	2001 年 6 月 25 日
2	国安寺塔	瑶溪街道皇岙村	国保	宋	古建筑	2013 年 3 月 5 日
3	张璁祖祠	永中街道普门村	省保	明	古建筑	2011 年 1 月 7 日
4	王瓒家庙	永中街道殿前村	省保	明	古建筑	2011 年 1 月 7 日
5	汤和庙	海滨街道宁村村	省保	明	古建筑	2011 年 1 月 7 日
6	龙湾炮台	瑶溪街道龙湾村	市、区保	清	古建筑	2003 年 9 月 12 日
7	龙岗山遗址	瑶溪街道永胜村	市、区保	战国	古遗址	2003 年 9 月 12 日
8	半山摩崖题刻	瑶溪街道永胜村	市、区保	明	石刻	2003 年 9 月 12 日
9	张天麟家庙	永中街道普门村	市、区保	明	古建筑	2003 年 9 月 12 日
10	石胜观摩崖造像	永中街道双岙村	市、区保	宋	石刻	2003 年 9 月 12 日
11	第一山摩崖题刻	永中街道郑宅村	市、区保	明	石刻	2003 年 9 月 12 日
12	峰门山摩崖题刻	永中街道前街村	市、区保	宋	石刻	2003 年 9 月 12 日
13	诸萘桥	永中街道度山村	市、区保	宋	古建筑	2003 年 9 月 12 日
14	东引桥	永中街道城南村	市、区保	明	古建筑	2003 年 9 月 12 日
15	望海桥	永兴街道水潭村	市、区保	清	古建筑	2003 年 9 月 12 日
16	横塘桥	永中街道城北村	市、区保	明	古建筑	2003 年 9 月 12 日
17	王德墓	永中街道上丰台村	市、区保	明	遗址	2003 年 9 月 12 日
18	东海大堤	海滨蓝田—海城	市、区保	明、清	遗址	2003 年 9 月 12 日
19	王诤墓	状元街道山西岙村	市、区保	明	古墓葬	2003 年 9 月 12 日
20	东溪碑群	海城街道东溪村	市、区保	明	石刻	2003 年 9 月 12 日
21	抗倭忠烈塔	瑶溪街道黄石村	市、区保	明	古建筑	2013 年 12 月 26 日
22	河头寮	瑶溪街道苏川村	市、区保	清	古建筑	2013 年 12 月 26 日
23	龙湾陡门（华光庙）	瑶溪街道龙湾村	市、区保	明	古建筑	2013 年 12 月 26 日
24	尖刀岩摩崖题刻	瑶溪街道瑶溪村	市、区保	明	石刻	2013 年 12 月 26 日
25	茅竹岭古道	瑶溪街道白楼下村	市、区保	明	古遗址	2013 年 12 月 26 日
26	王瓒墓（含祖墓）	瑶溪街道皇岙村	市、区保	明	古墓葬	2013 年 12 月 26 日
27	王阖墓神道门	永中街道坦头村	市、区保	明	古墓葬	2013 年 12 月 26 日
28	上岸桥（姜合桥）	永中街道郑宅村	市、区保	北宋	古建筑	2013 年 12 月 26 日
29	镇东桥	瑶溪街道雄心村	市、区保	明	古建筑	2013 年 12 月 26 日
30	榜眼桥	永中街道殿前村	市、区保	明	古建筑	2013 年 12 月 26 日
31	周氏宗祠	龙湾区海滨街道锦海社区	市、区保	明	古建筑	2013 年 12 月 26 日
32	沧河天主堂	永中街道沧河村	市、区保	民国	近现代	2013 年 12 月 26 日
33	黄石粮仓	瑶溪街道黄石村	市、区保	近现代	石构建筑	2013 年 12 月 26 日
34	永中镇政府旧址	永中街道桥北村	市、区保	民国	近现代	2013 年 12 月 26 日
35	玄真观民国厢房	瑶溪街道瑶溪村	市、区保	民国	近现代	2013 年 12 月 26 日

新闻出版

【概况】 2022年，温州市龙湾区融媒中心（以下简称区融媒中心）通过媒体融合改革，形成"阅龙湾"APP、《今日龙湾》报、《龙湾新闻联播》、都市新闻、"阅龙湾"电视端、龙湾发布、龙湾融媒视频号、龙湾融媒抖音号、龙湾新闻周记等平台。全年在市级以上主流媒体推送新闻宣传稿件5041篇，比2021年增长34.0%。其中，央视、央广、浙江卫视和温州新闻联播共计1094条，《浙江日报》头版11篇，《温州日报》头版396篇。稿件《浙江温州龙湾：下足绣花功夫，打造研学阵地》单篇点击量309万次，《不爱红装爱武装》播放量1757万次。

【主题宣传报道】 2022年，区融媒体中心围绕"二十大""疫情防控""亚运会""文明建设"等重点工作，抓好主题宣传报道。全年推出党的二十大相关主题报道1000多篇；播发各类文明建设宣传稿件和短视频新闻、公益广告、广播录音等6500多篇，阅读量3000万篇。刊登亚运主题稿件600多篇。《龙湾•浙十年》"有了系列"内容每篇阅读量均破万，"走读龙湾"系列每篇阅读量均达到30万以上。《我是党员必须冲锋在前，他这样投身"疫"线》，在《浙江日报》客户端阅读量超50万。《清除城市"牛皮癣"龙湾这招治标更治本》等系列新闻作品，单篇阅读量超33万。"拥抱亚运　龙腾未来"外宣主题在《浙江日报》《温州日报》等上级媒体推出相关内容共30多篇。

2022年主要外地媒体报道龙湾选录一览表

表53

媒体平台	刊发时间	报道标题
人民网（客户端）	1月7日	温州龙湾："数"化龙湾，描绘未来城区智慧图景
	1月11日	温州龙湾成功创建"浙江省运动休闲基地"
		温州龙湾：严打严管严防严控 启动冬季大巡防
	1月17日	开辟"红色港湾" 组建党建联盟 温州龙湾区永兴街道探寻党建工作与企业发展"共振点"
	1月24日	大罗山一隅将新增靓丽风景 温州龙湾郑宅岙美丽田园综合体项目开工
	1月27日	温州龙湾区永中街道"爱心营养餐"让老人吃出幸福味
	2月9日	温州龙湾：以全域未来社区建设助力共同富裕
	2月10日	一声跨越29年的感谢，只因在人群中多看了一眼……
	2月22日	温州龙湾全力打造"未来城区"
	2月24日	温州龙湾：锚定"一区五城"　未来可期
		温州龙湾永中街道：结联盟 议共治　谋共富
	2月26日	温州龙湾区瑶溪街道：惠企套餐送上门
	3月1日	抓深做实"幸福共建联盟"　温州龙湾永中街道打造"共享社·幸福里"养老服务新场景
	3月3日	建设"共享社·幸福里"　温州龙湾永中街道探索试行"信托物业"
	3月4日	温州龙湾：企业拒不承认偷倒垃圾　执法人员"零口供"破解
	3月10日	温州龙湾：落实管控措施　提供暖心服务
	3月15日	温州龙湾：党员冲锋在前　投身抗"疫"一线
	3月21日	温州龙湾："90后"专武干部的"抗疫"日记
	3月24日	全时段暖心关爱 温州龙湾为隔离人员送上"抗疫能量包"
	3月30日	温州龙湾：搭乘龙湾号"幸福列车"奔向美好生活
	4月7日	"议"路童行 温州龙湾这场议事会让孩子们当主角

续表 53

媒体平台	刊发时间	报道标题
人民网（客户端）	4 月 12 日	温州龙湾一医 PCR 实验室：24 小时连轴转，与病毒面对面较量
	4 月 14 日	温州龙湾区“残疾人之家”获评浙江省五星级
	4 月 17 日	温州龙湾：“达芬奇”机器人提高精准度为病患服务
	4 月 22 日	取水许可审批从 10 天缩短为 1 天 温州龙湾为施工审批提速增效
	4 月 24 日	温州首家商业秘密保护联盟挂牌成立
	4 月 26 日	温州龙湾出台疫情防控“双十条”
	4 月 27 日	“臻心守护·暖心续航” 温州龙湾永中街道：党建引领 共建“暖心驿站”
	4 月 28 日	跨越 2000 公里的医疗协作“接力” 温州龙湾对口帮扶四川仪陇打通群众就医“最后一公里”
	4 月 29 日	超百亿投资项目落户 温州龙湾按下新能源产业崛起“快进键”
	4 月 29 日	温州龙湾：红色党建引领无物业小区整治
	5 月 3 日	温州龙湾区：三色赋能绘就共同富裕“龙湾美景”
	5 月 6 日	小区党建赋能文明创建 温州龙湾瑶溪街道基层治理按下“快进键”
	5 月 12 日	凝聚流动青年先锋力量 温州龙湾海滨街道成立“文明城市小哥联盟”
	5 月 20 日	对住宅全装修质量不满意？温州龙湾这项试点让群众住上“放心房”
	5 月 23 日	39 个单位上了“红黑榜” 温州龙湾启动“百村（社）千企万店”共建文明城市攻坚行动
	5 月 24 日	温州龙湾消防积极助力文明城市建设
	6 月 1 日	温州首个海外高层次人才创业创新平台成立
	6 月 7 日	温州龙湾区成立“未来康养”基金 4.4 万名老年人享受红利
	6 月 13 日	挑战“密室”场景 进一步淬炼应急技能 温州龙湾应急安全实训基地举行沉浸式安全演练
	6 月 28 日	一次性减免风险担保金 1500 万元 温州龙湾政企合作抢占海外市场
	6 月 29 日	温州龙湾：“3D”无人机立体巡检 迎峰度夏再添保障
	7 月 4 日	以监督之力助“双减”落地 温州龙湾区九届人大常委会举行首场专题询问会
	7 月 5 日	温州：“党建＋直播”助农带货
	7 月 11 日	温籍数学家研究中心成立
		温州龙湾首家新乡贤综合体启用
	7 月 12 日	温州龙湾区获浙江省“科技创新鼎”
	7 月 14 日	温州龙湾荣登“数字经济高质量发展”省级光荣榜
	7 月 15 日	瞄准软件信息产业新赛道 温州国际云软件谷开园
		构建“一核多极”发展新格局 温州国际云软件谷正式开园
	7 月 18 日	温州龙湾永中街道探索试行“业标街管” 建设“共享社·幸福里”
		温州机场边检站“小游戏”模拟口岸查验“大练兵”

续表 53

媒体平台	刊发时间	报道标题
人民网（客户端）	7 月 25 日	温州线上线下招聘 确保高校毕业生“出校门进厂门”
	7 月 27 日	温州龙湾：“未来康养智城”助力共同富裕
	8 月 4 日	从执法为民到教书育人 温州支教民警绘就山村教育新图景
	8 月 5 日	聚焦百姓“急难愁盼” 温州龙湾民生议事堂打通百姓“幸福路”
	8 月 18 日	电瓶车违规充电引发火灾　温州龙湾一男子被行政拘留
	8 月 22 日	全链条“融”解百姓心结 全流程筑起平安屏障 温州龙湾将开展矛盾纠纷排查化解集中行动
	8 月 26 日	“走对路，进错门”，瞿佳带领眼视光行业走向新高度
	9 月 9 日	“先锋骑士”送上暖心提示 打通防疫宣传“最后一公里”
		温州龙湾万顺社区居家养老服务照料中心正式启用
	9 月 27 日	板上发电 板下种粮 温州龙湾农光互补单季稻迎丰收
	10 月 3 日	温州张璁纪念馆正式开馆
	10 月 26 日	温州龙湾·四川仪陇东西部协作结硕果！
	11 月 1 日	温州状元：北精美中提升南融合，特色发展串起千年诗意
		温州海滨：“交通圈”激活“经济圈”，打造城市东客厅
	11 月 2 日	中国眼谷持续推进眼视光全链条产业发展
	11 月 9 日	温州龙湾永中街道发掘“老年能人”为基层治理补能
	11 月 16 日	温州龙湾特殊钢小微园入选浙江省减污降碳协同试点
	11 月 21 日	一直“游”到海水变蓝 温州龙湾区助力企业抢占国际市场
	11 月 23 日	温州龙湾提供精准医疗帮扶 谱写东西部协作美丽篇章
	11 月 25 日	温州龙湾儿童友好公园顺利通过验收
	11 月 27 日	温州龙湾：封控区内 58 名居民就地转为志愿者
	12 月 6 日	温州龙湾：借力科技保卫环境 蓄力产业转型升级
	12 月 7 日	温州龙湾区：小区长廊变身“议事亭” 让群众幸福感在家门口升级
	12 月 8 日	温州龙湾：药品供应充足 药价相对平稳
		温州龙湾区海城街道打造“共富工坊” 开辟“劳养结合”新模式
	12 月 9 日	温州龙湾奏响“科技人才创新”三重奏
		温州龙湾：争分夺秒赶进度 项目建设“加速跑”
	12 月 11 日	浙江温州：花椰菜丰收采摘忙
	12 月 13 日	温州龙湾：推进“老年友好公园”建设　打造桑榆乐享时光
	12 月 17 日	温州龙湾：全区集团化办学再开新篇章
	12 月 20 日	“有药余，可分享！”温州龙湾永中街道建了这样一个药品互助群

续表 53

媒体平台	刊发时间	报道标题
人民网（客户端）	12 月 21 日	原售价 15 元一瓶的布洛芬他卖 283 元 温州龙湾市场监管局：查！
	12 月 22 日	温州龙湾："共享药房"构筑邻里守望互助的避风港
	12 月 26 日	未来三年，温州龙湾这个领域将获 3000 万元省级专项资金扶持
《浙江日报》	1 月 7 日	"数"化龙湾，描绘未来城区智慧图景
	1 月 9 日	优平台强企业，温州探路创新型城市建设 聚焦民营经济主战场 打造创新发展生力军
	1 月 12 日	省纪委通报 6 起党员领导干部酒驾醉驾问题
	1 月 29 日	龙湾 送"福"入企暖人心
		全力保生产 力争"开门红" 龙湾发布留工稳岗十条举措
		街道多措暖心 职工留得安心
		龙湾永中街道 打造文旅新标杆
		内畅外联 瓯江口发展获更大动能
		龙湾海滨街道 翰墨飘香暖人心
	2 月 26 日	龙湾春风行动助企开门引才
		千人结对千企 化解成长烦恼
	2 月 27 日	温州打造区域重要人才中心和创新高地
	3 月 3 日	布局打造 34 个项目 推动公共服务优质共享 龙湾探索全域未来社区
	3 月 17 日	温州 青年志愿者积极投身防疫一线
	3 月 17 日	温州：妙笔生花绘就诗画山水 "八精"工程扮靓温润之州
	3 月 21 日	龙湾餐馆老板免费送餐助力抗疫——"做点力所能及的事情很有意义"
	3 月 28 日	龙湾 新平台落地 赋能"眼健康"
		"海鸥"点亮
		高标准建设 为高层次人才筑"家"
	3 月 30 日	"续写创新史 走好共富路"见行动 搭乘龙湾号"幸福列车"奔向美好生活
	4 月 1 日	温州奥体中心体育场
	4 月 26 日	迎亚运 讲文明 提品质
		龙湾科技成果转化再提速
		高效化解矛盾纠纷
	4 月 26 日	龙湾服务联盟共建儿童友好城市
	4 月 29 日	温州全链打造新能源创新发展高地 总投资 1258 亿元重大项目集中签约
	5 月 12 日	永兴街道 做大"蛋糕" 更要分好"蛋糕"
		状元街道 全力构建社区幸福共同体

续表 53

媒体平台	刊发时间	报道标题
《浙江日报》	5 月 12 日	瑶溪街道 发展新型乡村生态旅游产业
	5 月 18 日	温州持续优化营商环境 让民营企业沐浴“阳光和雨露”
	5 月 22 日	龙湾“腾笼换鸟”重塑产业格局 让每一寸土地都“换”出新活力
	5 月 28 日	龙湾人才房常态化配售显成效
		温州 70 支青年突击队“巡街”促文明
		温州“三结合”推进垃圾分类
		龙湾 185 名劝导员持证上岗
		“凉亭议事”共谋良方
		海滨街道开展“凉亭议事”主题活动
	6 月 2 日	从没有一个科创企业，到两年间 136 家科技企业纷纷落户温州这一园区 中国眼谷为何“吸睛”
	6 月 9 日	黄莉新在温州调研经济稳进提质工作时强调 坚持创新引领 推动经济转型升级回升向好
	7 月 2 日	龙湾 奋力建设活力美丽幸福新龙湾
		“警校联盟”关爱青少年
		温州，把定位变成地位
	7 月 13 日	温州：“浙江第三极” 再续“创新史”
	7 月 13 日	DXC 龙湾国际云软件生态平台签约仪式
	7 月 19 日	打造千亿级软件产业集群 温州国际云软件谷开园
	7 月 29 日	发力数字经济 龙湾加“数”奔跑
	8 月 3 日	温州双管齐下提高招聘效率 线上直播带岗 线下巡回面谈
	8 月 12 日	扛起“全省第三极” 打造温州服务业金名片
	8 月 13 日	海外园区生产建设缺工，龙湾公安助企解燃眉之急 首批 411 本员工护照全部办妥
	8 月 15 日	两万多名助企服务员帮扶企业 3 万多家，记者跟随他们——送服务上门 为企业跑腿
	8 月 28 日	温州高新区做强知识产权引领示范
		智汇龙湾 创享未来
		龙湾全链条“融”解百姓心结
		“红色星期天” 服务在身边
	9 月 7 日	龙湾组建稳增长工作专班结对帮扶企业，企业难事成了服务专员的急事
	9 月 12 日	龙头企业牵头 成果转化加速 温州大孵化集群赋能产业提质
	9 月 24 日	龙湾引导新就业群体参与基层治理
	10 月 4 日	温州市龙湾区永乐村：老宅子变身新书院
	10 月 25 日	龙湾瑶溪街道打造“共享会”平台

续表 53

媒体平台	刊发时间	报道标题
《浙江日报》	10 月 25 日	昔日荒地 今朝花海
		筑巢引凤 龙湾提速建设人才高地
		农光互补单季稻迎丰收
	11 月 4 日	温州 S1 线路安全运行满千日
	11 月 21 日	一直“游”到海水变蓝，龙湾区助力企业抢占国际市场 如何打开出口新天地
	11 月 26 日	龙湾：乘“数”而上 智赢未来
	12 月 11 日	首届全球数贸会分论坛之一 丝路电商合作论坛举办
		老旧工业区迎科创新图景
		提升信用等级助企发展
		优势互补 互利共赢
	12 月 15 日	温州深化“大综合一体化”行政执法改革 创新争先推动改革落地见效
	12 月 24 日	永中街道：共享养老助老 让幸福味更浓
		政府专项债解农建资金难
		龙湾海滨壮大“老年友好”服务圈
新华网（客户端）	1 月 11 日	“同场赛马”赛出“万马奔腾”——温州宣传文化系统连续七年举行集中述政
	1 月 21 日	两会特别访谈 | 周一富：加快取得共同富裕突破性进展，展现活力、美丽、幸福新龙湾“三大图景”
	1 月 22 日	走进龙湾② | 透过科创平台项目 感受科创浓厚氛围
	1 月 27 日	温州市龙湾区外国语小学教育集团的学生们跳起来《一起向未来》
	1 月 27 日	文明温州迎亚运⑤ | 全民动起来 齐心变模样
	2 月 1 日	浙江温州龙湾新春誓师：“虎”力全开再出发
	2 月 7 日	瓯越新春看变化（七）| 铆足“虎”劲 抢抓“开门红”
	2 月 8 日	温暖、够味！外籍教授留温过年 体验龙湾传统“年味”
	2 月 15 日	浙江龙湾：日本农学博士剪窗花“闹”元宵
	2 月 16 日	双线招聘、政策补贴……浙江温州龙湾新春首场公益招聘会这样“出招”！
	2 月 22 日	新晋“网红日” 龙湾婚检掀新潮
	2 月 23 日	2022.2.22“网红日” 龙湾区婚检掀新潮
	2 月 24 日	破旧祖宅“变身记”——看浙江龙湾社会力量激活公共文化服务“一池春水”
	3 月 3 日	温州市龙湾区三色赋能绘就共同富裕“龙湾美景”
	3 月 12 日	数读浙江温州“人才家底”
	3 月 14 日	国家药监局重点实验室落户浙江龙湾
	3 月 16 日	浙江龙湾发行首支乡村振兴政府专项债券

续表 53

媒体平台	刊发时间	报道标题
新华网（客户端）	3 月 16 日	“疫”路同行 听·见龙湾｜防控区里的抗疫日记
	3 月 22 日	四川仪陇挂职干部在浙江温州市龙湾区同心抗疫
	3 月 24 日	浙江温州：全民行动 “罩”顾自己
	3 月 31 日	浙江龙湾：微改妙笔 精绘“能吃的博物馆”
	4 月 9 日	浙江温州：苍南龙湾携手山海协作 奏响共同富裕幸福歌
	4 月 12 日	温州龙湾一医 PCR 实验室：24 小时连轴转，与病毒面对面较量
	4 月 13 日	亚运会倒计时 150 天 听龙湾的祝福
	4 月 17 日	浙南地区首例达芬奇机器人手术在温州龙湾完成
	4 月 25 日	走近中国眼谷①｜眼视光学的首创精神
	4 月 25 日	2022 年温州市龙湾区首场“直播带岗”活动举行
	4 月 27 日	浙江温州龙湾：引绿电、促绿产 “网上电网”助力能源产业升级
	4 月 28 日	温州龙湾对口帮扶四川仪陇打通群众就医“最后一公里”
	5 月 2 日	探寻产业振兴温州路径①眼健康产业，“眼”光“独”到
	5 月 12 日	温州龙湾：着“眼”民生 聚焦“光明”
	5 月 14 日	真管用！温州龙湾机场这个小改变，让“黄牛”“黑车”无空可钻
	5 月 19 日	温州市龙湾区举办高层次青年人才跨界联谊活动
	5 月 24 日	从一支队伍到百万职工 从数据裂变看温州文明城市建设“心”力量
	5 月 31 日	浙江龙湾供电：推进“青廉工程” 指引青春方向
	6 月 1 日	浙江温州：打造“海创城” 招引“凤凰”来
	6 月 1 日	温州龙湾筑牢食品安全防线
	6 月 3 日	揭开温州龙湾“千里马”竞相奔腾的“奥秘”
	6 月 3 日	微改精提 城乡共富｜浙江龙湾：古建筑变身艺术馆 微改造激活新动能
	6 月 8 日	浙江温州龙湾：一只“电子眼” 洞察文明风
	6 月 8 日	文明温州 星火成炬
	6 月 22 日	温州龙湾抢抓“三大窗口”探索助企纾困新道路
	7 月 3 日	浙江温州龙湾：强化政企“有难同当”意识 服务有温度更有速度
	7 月 14 日	浙江龙湾：加“数”前行 风采卓然
	7 月 15 日	浙江温州：锚定“百万千亿”目标 争创中国软件特色名城
	7 月 17 日	浙江龙湾：电力护航 应对高温“烤”验
	7 月 20 日	温州龙湾持续推进有限空间作业安全整治攻坚行动
	7 月 21 日	新华访谈｜瞿佳：推动中国眼谷成为眼健康发展的“国之重器”

续表 53

媒体平台	刊发时间	报道标题
新华网（客户端）	7 月 25 日	中国眼谷“晴”彩纷呈
	8 月 4 日	温州龙湾启动第七届大学生创业大赛
	8 月 8 日	从“诚信群像”看浙江温州“诚信三维”
		浙江龙湾发布“眼谷十条” 助推眼健康产业发展
	8 月 13 日	集中交流 互促共进——浙江温州宣传文化系统“赛”出干劲
	8 月 17 日	快点记“疫”｜疫情下的“孤勇者”
	8 月 18 日	紧急找到并转运上百名密接者 龙湾这个特别机动队专跟病魔抢时间
	9 月 5 日	瓯江实验室：聚八方英才 创科研高地
	9 月 10 日	支持力度再加码！一图读懂中国眼谷“新 10 条”
	9 月 15 日	浙江温州龙湾：十年踔厉奋发 谱写“高新”风华
	11 月 5 日	浙江温州龙湾：农文旅深度融合 打造乡村振兴“新引擎”
	11 月 10 日	“青科”时光｜第二届脑健康与功能康复国际论坛即将举行
	11 月 11 日	“青科”时光 龙湾风采｜登“峰”造“极” 未来可期
		“青科”时光 龙湾风采｜《这就是龙湾》
	11 月 12 日	“青科”时光 龙湾风采｜龙湾，准备好了！
	11 月 13 日	“青科”时光 龙湾风采｜中国眼谷博览中心正式“开园”
	11 月 15 日	“青科”时光 龙湾风采｜“眼谷一路” 全新征程
	11 月 16 日	组图｜温州龙湾：一村一剧 “民星”璀璨
		“青科”时光 龙湾风采｜第三届瓯江阿尔茨海默病国际论坛在浙江温州举行
	11 月 19 日	“青科”时光 龙湾风采｜“数”说这场“智”汇论坛
		“青科”时光 龙湾风采｜登“峰”故事 精彩纷呈
	11 月 26 日	微改精提 城乡共富｜温州龙湾：打造张璁纪念馆 激发文化生命力
		浙江温州龙湾：“党建 +”让电力服务焕发新活力
光明日报客户端	2 月 9 日	温州龙湾：以全域未来社区建设助力共同富裕
	3 月 2 日	共同富裕找准跑道扎实开局
	4 月 27 日	防疫不含糊执法不模糊，温州市龙湾区出台疫情防控“双十条”
	6 月 2 日	浙江温州龙湾区成立“未来康养”基金
	6 月 29 日	浙江温州龙湾帮扶资金助力四川仪陇县改善民生助农增收
	7 月 4 日	浙江温州龙湾：浙南海创城菁英大厦人才公寓迎来首批英才
	7 月 14 日	温州龙湾亮相浙江“数字经济高质量发展”光荣榜！
	7 月 15 日	2022 中国软件业创新发展大会召开，温州国际云软件谷开园

续表 53

媒体平台	刊发时间	报道标题
光明日报客户端	8 月 17 日	依托“红”阵地，凝聚“贤”力量 浙江温州龙湾“红色星期天”好闹猛
	8 月 22 日	温州高新区入选国家级知识产权强国建设示范园区
	8 月 26 日	温州龙湾：公益茯茶点，炎炎夏日的“清凉站”
	9 月 22 日	瞄准新能源人才，温州龙湾多措并举缓解企业用工难
	10 月 13 日	红色诵读会，医企颂党恩
	11 月 9 日	数字化提升用户体验，温州龙湾物流行业整装待发迎“双十一”
	11 月 12 日	“共享社·幸福里”，温州龙湾永中街道打造“以老助老”服务圈
	11 月 14 日	“生命，我猜你不知道！”2022 菠萝科学奖在温州龙湾揭晓
	11 月 19 日	明代书法家姜立纲《史记》手抄本复刻首次回归国内
	11 月 28 日	温州龙湾干部牵线搭桥情暖仪陇特殊儿童
	12 月 8 日	浙江温州龙湾有一批爱帮忙的“老乡警察”
	12 月 13 日	浙江温州龙湾：特巡线路设备　全面助力“迎峰度冬”
	12 月 14 日	浙江温州龙湾区：小区长廊变身“议事亭”提升群众幸福感
	12 月 15 日	浙江温州龙湾区：压实巡视巡察整改责任提升整改成效
	12 月 17 日	温州龙湾：“改、督、效”三路并进 压实巡视巡察整改责任
	12 月 21 日	浙江温州龙湾区：共享互助社群共建开启“幸福密码”
	12 月 25 日	微改精提 城乡共富 | 浙江温州龙湾：改造古老建筑 彰显文化魅力
	12 月 24 日	共享小药房，邻里守望互助的避风港
	12 月 28 日	助力文化产业发展，浙江温州龙湾获 3000 万元省级专项资金扶持
学习强国	1 月 1 日	续写创新史 | 龙湾：搭平台聚人才促转型 为区域产业发展注入新动能
	1 月 2 日	党史理论 | 红色文物故事：两枚纪念章　一位真英雄
	1 月 7 日	文化温州 | 《龙湾年鉴》获得国家级认证
	1 月 8 日	文化温州 | 快来打卡 城市书房市铁投集团分馆正式对外开放
	1 月 9 日	文化温州 | 龙湾举办“浓烟淡墨”藏友书画藏品展
	1 月 10 日	红色印记 | 赵尔春班——中国海军唯一一个以烈士名字命名的班
	1 月 13 日	幸福温州 | 龙湾区状元街道：打造共享空间　共建幸福家园
	1 月 19 日	文化温州 | 我的虎年春节·文艺进万家 留温过大年
	1 月 23 日	党史理论 | “东海第一堤”的沧桑之变
		党史理论 | “一心向党·筑梦前行”书法作品赏析
	1 月 27 日	文化温州 | 乡情十足 龙湾非遗美食又上央视
	2 月 8 日	文化温州 | 龙湾永中街道：“我们的村礼”——糖塑

续表 53

媒体平台	刊发时间	报道标题
学习强国	2 月 8 日	活力温州 | 新春走基层·龙湾：服务企业“不打烊” 力夺新春“开门红”
		温州人 | 龙湾 00 后“小雪花”亮相北京冬奥会开幕式
	2 月 9 日	文化温州 |“我们的村礼”：温州“莲花”
		温州人 | 今天我出镜·范恩姆：“守艺”60 年，他化竹为器“编织”逝去的光阴
	2 月 10 日	续写创新史 | 龙湾：探索全域未来社区 绘就共富美好图景
	2 月 11 日	党史理论 | 党建亮招·龙湾开展“五百行动”助企“开门红”
	2 月 12 日	幸福温州 | 新春走基层·外籍博士“逐梦温州”
	2 月 14 日	文化温州 | 龙湾师生巧手剪纸 献礼北京冬奥会
	2 月 16 日	文化温州 | 非遗瓯塑 为冬奥加油
	2 月 17 日	活力温州 |“塔尖重器”、隐形冠军……亮相这场招聘会的用人单位来头不小
		文化温州 | 浙江非遗传承人多形式制作“冬奥”作品
	2 月 21 日	续写创新史 | 打造“未来城区”，温州龙湾积极探索实现共同富裕的“船”和“桥”
	2 月 24 日	活力温州 |“知产”变“资”产 温州龙湾助企拓展融资渠道
	2 月 25 日	党史理论 | 党建亮招·温州龙湾打造“共富讲坛” 赋能社区治理
		活力温州 | 温州高新区全国综合排名再创历史新高
	3 月 1 日	幸福温州 | 温州龙湾：一年四季都值得收藏！
	3 月 2 日	幸福温州 | 亚运看“浙”里 温州龙湾奥体中心实现新蝶变
		文化温州 | 抗“疫”连环画《众志成城铸就龙湾“防火墙”》
		温州人 | 今天我出镜·黄世海：自掏腰包为“疫”线送快餐
		党建亮招 | 温州永兴派出所：践行三能指示 筑牢忠诚警魂
	3 月 3 日	中国眼谷推出防控近视宣传曲：《光明的未来》
	3 月 4 日	幸福温州 | 温州龙湾：在多样公共空间里享多彩幸福生活
		温州人 | 今天我出镜·检察官王莹：匡扶正义 共筑和谐
	3 月 5 日	幸福温州 | 龙湾钟秀园：寻迹古建筑、尝非遗美食
		县级融媒 |“不爱红装爱武装” 看龙湾公安女警“变身”
	3 月 7 日	温州人 | 今天我出镜·警营每一个“她”，都闪闪发光！
	3 月 8 日	活力温州 | 温州首发 龙湾发布 2 亿元“巾帼共富贷”
	3 月 9 日	今天我出镜 | 林顺来：他用民俗画描绘永嘉场的风土人情
	3 月 10 日	党史理论 | 党建亮招·温州龙湾成立企业社区综合党委 企业办事“不用跑”
	3 月 10 日	文化温州 | 我们的村礼——篾编
	3 月 10 日	党建亮招 | 温州龙湾：让“红色因子”转化为企业发展胜势

续表 53

媒体平台	刊发时间	报道标题
学习强国	3月13日	王莹：守正义 勇担当
	3月14日	微视频｜亚运看“浙”里 探访温州奥体中心场馆
	3月16日	浙里有志｜志说温州龙湾：蟠龙在湾，魅力之城
	3月17日	中国乡愁｜打篾人
	3月18日	文化温州｜文化进万家·原创舞蹈《爱到头发像盐白》
	3月18日	温州人｜今天我出镜·孙克福：身残志坚勤学艺 扶残助残暖人心
	3月21日	迎亚运”——打造龙湾体育新地标
	3月21日	文明实践｜提供“抗疫能量”温州一菜馆老板自掏腰包为“疫”线送餐
	3月22日	幸福温州｜世界水日公益视频：珍惜水资源 爱护地下水
	3月24日	文明温州｜全时段暖心关爱 温州龙湾为隔离人员送上“抗疫能量包”
	3月24日	今天我出镜｜周振林：“菜老大”的致富路
	3月25日	文化温州｜温州这座民间集资建成的城堡中，竟藏有这么多的文化“珍宝”
	3月25日	续写创新史｜温州龙湾高质量打造“亚运精品风景带”
	3月25日	浙江温州龙湾区周振林：走出一条农业致富之路
	3月26日	文化温州｜文化进万家·“省级非遗”玻璃银光刻作品欣赏
	3月27日	续写创新史｜温州龙湾人才工作获评浙江省优秀
	3月28日	活力温州｜温州龙湾大力发展文化产业 “文创森林”为城市文化供“氧”
	3月28日	非遗传承｜温州龙湾：糖塑
	3月29日	活力温州｜温州将再添一条东西向高架快速路
	3月29日	党史理论｜党建亮招·温州龙湾：“七张问题清单”问题管控力指数名列全省前茅
	3月29日	校园直通车｜为儿童友好城市出份力，萌娃绘制彩色斑马线
	3月31日	幸福温州｜搭乘龙湾号“幸福列车”奔向美好生活
	3月31日	幸福温州｜2022年杭州亚运会足球分赛场：温州市奥体中心
	4月1日	温州人｜今天我出境·郑烁敏：奋斗在基层的巾帼红
	4月1日	党史理论｜市民捐赠“红色传家宝”共创龙湾特色展示馆
	4月2日	续写创新史｜温州龙湾“修复工厂”项目入选省级试点名单
	4月5日	县级融媒｜平安清明 防火先行
	4月6日	今天我出镜｜翁莉莉：家庭护理 始终和你在一起
	4月7日	续写创新史｜“经济蓝”“生态绿”“文化金”三色赋能解锁温州龙湾“同心共富”密码
	4月7日	幸福温州｜你好，亚运！温州奥体中心等你来
	4月7日	续写创新史｜浙江省生活垃圾治理十大优秀案例，温州龙湾入选

续表 53

媒体平台	刊发时间	报道标题
学习强国	4 月 8 日	区县新闻 | “经济蓝” “生态绿” “文化金” 三色赋能解锁温州龙湾“同心共富”密码
	4 月 8 日	幸福温州 | “自己的路，自己做主” 温州市首条儿童友好学径正式完工
	4 月 10 日	幸福温州 | 龙湾永昌堡：一方天空 一角飞檐
	4 月 11 日	县级融媒 | 七旬阿婆走路半小时到派出所“送礼”道谢
	4 月 11 日	文化温州 | 传统木刻水印工艺笺纸制作
	4 月 11 日	活力温州 | 温州奥体中心通过赛事功能验收 5 月举办足球测试赛
	4 月 12 日	非遗传承 | “锦书”蕴藏春来意：传统木刻水印工艺笺纸制作
	4 月 13 日	续写创新史 | 苍南龙湾携手“解题”：山海协作，奏响共同富裕幸福歌
	4 月 13 日	文化温州 | 方寸之间——陈国钦篆刻精品展
	4 月 13 日	幸福温州 | 倒计时 150 天，温州龙湾喜迎亚运
	4 月 14 日	县级融媒 | 关于眼睛的这些谣言，你中招了吗？
	4 月 14 日	温州人 | 今天我出镜 · 青弘：把《千里江山图》“搬上”瓯塑 再现青绿之美
	4 月 16 日	县级融媒 | 绿地停车不算违法？“算”！毁绿有“代价”
	4 月 16 日	党史理论 | 红色漫画：五显殿缴械
	4 月 16 日	文化温州 | 我家的“人世间”故事 · 磨汤圆粉
	4 月 17 日	学习时刻 | 学习达人 · 黄日聪：学习工作化、工作学习化
	4 月 17 日	县级融媒 | 警花答疑：孩子的名字成“爆款”，改名来得及吗？
	4 月 18 日	金文剑：钟情法治栏目 工作学习两不误
	4 月 18 日	文化温州 | 我们的村礼 · 圆木制品
	4 月 18 日	文化温州 | 我家的“人世间”故事 · 外婆的柑儿文和柑儿皮
	4 月 18 日	续写创新史 | 浙南首例达芬奇机器人手术成功 温州医学界正式步入“手术机器人时代”
	4 月 18 日	今天我出镜 | 叶方富：选择背后的家国情怀
	4 月 19 日	活力温州 | 温州奥体中心查漏补缺 完成近 3 万平方米提升改造工作
	4 月 2 日	区县新闻 | 温州龙湾：科技赋能共富新赛道
	4 月 21 日	幸福温州 | 春拍大赛 · 不负春光检修忙
	4 月 21 日	县级融媒 | 中国第一条民间集资的东海长堤——永强大堤
	4 月 21 日	幸福温州 | 温州奥体中心体育场：“瓯帆云影”里闪耀智能高科技
	4 月 21 日	影像温州 | 春拍大赛 · 野生映山红 扮靓大罗山
	4 月 21 日	非遗传承 | “非遗”传承人将春天编织在瓯绣、瓯塑、玻璃银光刻里
	4 月 22 日	幸福温州 | 春拍大赛 · 孩子的笑眼里映着春天
	4 月 22 日	影像温州 | 光影变幻　暮光之城

续表 53

媒体平台	刊发时间	报道标题
学习强国	4 月 22 日	县级融媒 | 警花答疑："出生一件事联办"，一次搞定 5 件事
	4 月 22 日	最想去的地方 | 龙湾踏青赏花一日游　不负春光
	4 月 22 日	微视频 | 俄罗斯主播探寻温州张璁的传奇故事
	4 月 22 日	学习时刻 | 学习达人·孙闻浩：学习强国是我学习的"百宝箱"，生活的"调味剂"
	4 月 24 日	活力温州 | 温州龙湾"腾笼换鸟"重塑产业格局
	4 月 24 日	春拍大赛 | 温州龙湾：温州版"大虹桥"加速崛起
	4 月 25 日	幸福温州 | 我家的"人世间"故事·数九寒天晒暖暖
	4 月 25 日	文化温州 | 瓯塑精品·《千里江山　东瓯盛景》
	4 月 26 日	微视频 | 女警带你"get"知识产权那些事
	4 月 26 日	微视频 | 警花答疑："出生一件事联办"，一次搞定 5 件事
	4 月 26 日	文艺精品 | 瓯塑《千里江山　东瓯盛景》只此青绿
	4 月 26 日	幸福温州 | 迎亚运　温州龙湾绿化美化序化促变化
	4 月 27 日	温州人 | 今天我出镜·陈坚：视频侦查专家的战疫"三件套"
	4 月 27 日	温州人 | 今天我出镜·郑银凤：读"一本书"，研"一课题"，引"一群人"
	4 月 27 日	影像温州 | 春拍大赛·春日里的一抹"火焰蓝"，又燃又帅！
	4 月 28 日	县级融媒 | 温州龙湾：为 130 岁古树撑起"保护伞"
	4 月 28 日	文明温州 | 温州龙湾对口帮扶四川仪陇打通就医"最后一公里"
	4 月 28 日	浙江温州："萌新"迎亚运
	4 月 28 日	红色记忆 | 英雄战胜美人瀑
	5 月 5 日	文明温州 | 戴口罩的你真美
	5 月 8 日	县级融媒 | 亚运知识小科普
	5 月 11 日	微宣讲 | 张慧敏：解锁温州上江村的"致富密码"
	5 月 20 日	强强联合 保驾护航 浙江温州龙湾区住宅全装修质量责任保险（试点）签约仪式举行
	5 月 20 日	强国复兴有我·龙湾青年以"青春之我"答"时代之问"
	5 月 20 日	浙江龙湾海滨街道："凉亭议事"优化基层治理
	5 月 21 日	强国复兴有我·王文博：青春"抢"跑 助力共富
	5 月 21 日	强国复兴有我·微宣讲·金义：扎根乡村教育，我的青春算式"5+7+10"
	6 月 8 日	浙里有志 | 永昌堡：一座承载着温州地区丰富人文内涵的抗倭古堡
	6 月 22 日	强国复兴有我 | 基层防疫人的 24 小时
	6 月 24 日	文化温州 | 舞蹈《再唱山歌给党听》
	6 月 30 日	幸福温州 | 我家的"人世间"故事·混河塘——沙村人的捉河鲜盛会

续表 53

媒体平台	刊发时间	报道标题
学习强国	7月8日	幸福温州 | 温州龙湾：探索试行“信托物业”建设“共享社·幸福里”
	7月8日	文化温州 | 旧辰光　老游戏　绘画一辑忆童年②
	7月8日	校园直通车 | 温州龙湾：中华传统武术南拳走进校园
	7月11日	幸福温州 | 温州龙湾：游走龙湾永兴　感受乡野之美
	7月11日	乡村振兴 | 温州龙湾启用首家新乡贤综合体
	7月11日	学习时刻 | 学习达人·林郁郁：“学习强国”是我的宝藏 APP
	7月11日	文化温州 | 舞蹈《玉兰花开》
	7月12日	续写创新史 | 温州唯一！龙湾获浙江省“科技创新鼎”
	7月12日	县级融媒 | 这门暑期安全必修课，让孩子安全一“夏”
	7月13日	幸福温州 | 温州龙湾：“三点发力”助推儿童友好城市创建
	7月13日	文化温州 | 温州龙湾：非遗进社区 传统文化“润”民心
	7月14日	县级融媒 | 温州龙湾一街道试行“业标街管”　这个小区大变样
	7月14日	温州人 | 强国复兴有我·夏建军：“牧心贴吧”背后的育人情怀
	7月17日	续写创新史 | 温州龙湾探索首个“亲清码”　让涉企执法不再“任性”
	7月18日	幸福温州 | 中国乡愁·永强“硬货”斓蝴丁
	7月18日	温州人 | 强国复兴有我·马贵平：在水与火中燃烧青春二十载
	7月19日	瓯越思享 +| 温州龙湾：千人同上云党课　“工匠”胡东方宣讲省党代会精神
	7月19日	县级融媒 | 你知道“巨无霸车”怎么上高速公路吗？
	7月19日	文明温州 | 小广告“流浪记”
	7月19日	文化温州 | 左昌桥：见证历史风雨的古桥
	7月20日	党建亮招 | 温州龙湾：千人同上云党课　“工匠”胡东方宣讲省党代会精神
	7月20日	温州人 | 青春奋斗 强国有我·致敬奋斗者
	7月21日	县级融媒 | 织就儿童外出“安全网”　温州龙湾为 15500 个窨井安装防坠网
	7月21日	续写创新史 | 实干争先，做强做大“全省第三极”——温州各地学习贯彻市委十三届二次全会精神（上）
	7月22日	校园直通车 | 温州龙湾：童画里的“文明交通 从我做起”
	7月23日	文明温州 | 温州龙湾区永中街道：打造共建共治共享的“万顺之路”
	7月24日	文明温州 | 温州龙湾永中：垃圾分类新时尚 居民玩转“嘉年华”
	7月25日	文明实践 | 温州龙湾区永中街道：打造共建共治共享的“万顺之路”
	7月25日	区县新闻 | 织就儿童外出“安全网”　温州龙湾为 15500 个窨井安装防坠网
	7月26日	活力温州 | 看国科温州研究院的融合、破圈和跨界

续表 53

媒体平台	刊发时间	报道标题
学习强国	7 月 27 日	混河塘——捉河鲜盛会
	7 月 27 日	区县新闻 | 温州龙湾探索首个“亲清码”
	7 月 27 日	影像温州 | 龙湾瑶溪景区 夏日避暑好去处
	7 月 27 日	温州人 | 今天我出镜 · 方光佐：盐碱地里种出水稻　在希望的田野上做新农民
	7 月 28 日	县级融媒 | 警官反诈：你想要他的鸡蛋，他想要你的养老钱
	7 月 29 日	幸福温州 | 北策岛：占地 1 平方公里的海上“世外桃源”
	7 月 29 日	温州人 | 强国复兴有我 · 包飞霞：扎根模具领域的女工程师
	7 月 29 日	影像温州 | 用电高峰时，他们在坚守
	7 月 31 日	活力温州 | 借力数字 谋划升级　温州紧固件行业智能仓储基地 8 月底试营业
	8 月 1 日	幸福温州 | 温州龙湾：一米高度看世界　为孩子搭建美好一隅
	8 月 1 日	温州人 | 今天我出镜 · 王建东：宁愿一人脏　换来万家洁
	8 月 2 日	县级融媒 | 省级医院帮扶 温州龙湾蒲州街道社区卫生服务中心新院启用
	8 月 3 日	县级融媒 | 温州永强名点“炸饺子”　口口酥脆都是家乡的味道
	8 月 4 日	青春奋斗 强国有我 | 致敬奋斗者
	8 月 4 日	文化温州 | 永嘉场东引桥：“解锁”古老图案背后的寓意
	8 月 5 日	包飞霞：扎根模具领域的女工程师
	8 月 5 日	文化温州 | 古桥故事 · 龙湾东昌桥背后的历史名人
	8 月 6 日	幸福温州 | 温州龙湾：“未来社区”开启健康养老“未来场景”
	8 月 7 日	温州人 | 燃！特警训练如火如荼
	8 月 7 日	文化温州 | 旧辰光 老游戏 绘画一辑忆童年③
	8 月 8 日	浙江温州龙湾区：“双减”一周年 暑期更精彩
	8 月 8 日	活力温州 | 龙湾发布“眼谷十条” 最高补助 6000 万元
	8 月 8 日	温州人 | 从执法为民到教书育人 陈启豪的安马村支教故事
	8 月 8 日	县级融媒 | 龙湾公安：阿婆，你被偷的冬瓜追回了
	8 月 9 日	今天我出镜 | 从执法为民到教书育人　陈启豪的安马村支教故事
	8 月 10 日	县级融媒 | 扮靓城市东大门 龙湾国际机场入口景观提升工程完工
	8 月 10 日	县级融媒 | “来，跟哥抱一个！”这一抱让轻生男子瞬间破防
	8 月 11 日	区县新闻 | 省级医院帮扶 温州龙湾蒲州街道社区卫生服务中心新院启用
	8 月 11 日	活力温州 | 聚焦原子钟项目 重量级大咖共赴龙湾“量子”盛会
	8 月 11 日	瓯越思享 +| 温州龙湾永兴街道花式宣讲“走新”又“入心”
	8 月 11 日	县级融媒 | 消防知识讲堂：煤气瓶着火是先灭火还是先关阀门？

续表 53

媒体平台	刊发时间	报道标题
学习强国	8 月 12 日	文化遗产｜古桥故事·龙湾东昌桥背后的历史名人
	8 月 12 日	区县新闻｜温州龙湾永兴农业园区绘就“稻田里的共富图”
	8 月 12 日	党建亮招｜温州龙湾：小区党支部红色引领 凝聚小区群众 搭建连心桥
	8 月 15 日	区县新闻｜龙湾国际机场入口景观提升工程完工
	8 月 17 日	基层党建｜温州龙湾永兴街道花式宣讲“走新”又“入心”
	8 月 13 日	温州人｜今天我出镜·王建海：一名残障人士的“文化苦旅”
	8 月 16 日	县级融媒｜温州龙湾举办职业技能大赛总决赛 上百名选手比拼才能
	8 月 16 日	文化温州｜古桥故事· 永昌堡内古老的蛙形桥：联芳桥
	8 月 17 日	校园直通车｜温州龙湾：“小法官”走进模拟法庭
	8 月 17 日	文化温州｜龙湾永昌堡的“非遗百家坊”揭牌了
	8 月 17 日	温州人｜今天我出镜·张仁钊：带领小学男生“组团出道” 舞动青春
	8 月 17 日	温州人｜韩政权：扎根汽修 开拓未来
	8 月 18 日	区县新闻｜温州龙湾举办职业技能大赛总决赛 上百名选手比拼才能
	8 月 18 日	区县新闻｜温州龙湾发出全省首份《行政合规建议书》
	8 月 18 日	文化温州｜温州龙湾：明代古桥珍品——横塘桥
	8 月 19 日	中国乡愁｜在黑白老照片里回望龙湾永强旧时光
	8 月 22 日	微视频｜创新崛起 逐梦龙湾
	8 月 22 日	文艺精品｜旧辰光 老游戏 绘画一辑忆童年
	8 月 22 日	基层人物｜温州龙湾：夏日群像 凡人微光
	8 月 23 日	浙江温州龙湾篾编：在指尖上游走的民俗技艺
	8 月 23 日	观·有闻｜温州龙湾：“小法官”走进模拟法庭
	8 月 23 日	好拍家·暖心拍｜新娘穿婚纱等消防员丈夫出警归来
	8 月 24 日	浙江温州：高温下的道路养护者
	8 月 24 日	今天我出镜｜高温下的道路养护者
	8 月 25 日	文明实践｜文化与慈善联姻 温州首场书法拥军义卖展圆满落幕
	8 月 25 日	便民服务｜聚焦百姓“急难愁盼” 温州龙湾民生议事堂打通百姓“幸福路”
	8 月 26 日	温州人｜今天我出镜·王学聪：年近九旬的最美“河伯”
	8 月 27 日	文化温州｜古桥故事：历经九百多年风雨的龙湾上岸桥
	8 月 27 日	县级融媒｜全链条“融”解百姓心结 龙湾集中排查化解矛盾纠纷
	8 月 27 日	幸福温州｜龙湾美食：味至浓时是故乡
	8 月 29 日	县级融媒｜温州龙湾：架好芳邻互助桥 走好共富同心路

续表 53

媒体平台	刊发时间	报道标题
学习强国	8 月 30 日	文明温州 | 龙湾区永中街道：公益茯茶点，炎炎夏日的“清凉站”
	9 月 1 日	校园直通车 | “智汇龙湾、创享未来”温州龙湾区（高新区）第七届大学生创业大赛启动
	9 月 2 日	文明温州 | 龙湾区“知礼·明德”暑期夏令营圆满收官
	9 月 4 日	校园直通车 | 社会实践助“双减” 田间体验“劳动美”
	9 月 4 日	幸福温州 | 龙湾：非遗进社区 为美好生活添彩
	9 月 4 日	温州人 | 张伟医生：德“医”双馨
	9 月 5 日	文化温州 | 智慧阅读＋暖心服务 龙湾新添一处城市书房
	9 月 5 日	县级融媒 | 龙湾在全省首推涉企处罚“三书同达”
	9 月 5 日	县级融媒 | 消防知识讲堂：高层建筑火灾的逃生常识
	9 月 6 日	校园直通车 | 龙湾区天河中学：满“新”欢喜遇见你
	9 月 6 日	幸福温州 | 健步新去处 龙湾沙城街道横山隧道游步道投用
	9 月 7 日	温州人 | 刘彬：用赤诚之心彰显教师本色
	9 月 7 日	幸福温州 | 温州龙湾沙城街道：让成果人人“共享” 让“幸福”落地生根
	9 月 8 日	影像温州 | 教师节特别策划：和孩子共成长的人
	9 月 8 日	县级融媒 | 龙湾“红色星期天”依托“红”阵地，凝聚“贤”力量
	9 月 8 日	幸福温州 | 温州龙湾：历时近 4 个月“小沟渠”变成景观河
	9 月 9 日	文化温州 | 雕版拓印一盏明灯 非遗献礼教师节和中秋节
	9 月 9 日	党建亮招 | 龙湾“红色星期天”依托“红”阵地，凝聚“贤”力量
	9 月 11 日	文化广场 | 当教师节遇到中秋节 雕版拓印一盏明灯
	9 月 11 日	影像温州 | 永昌堡，一座有浓重江南水乡色彩的抗倭古堡
	9 月 11 日	县级融媒 | 预防宝宝出生缺陷，这些您做到了吗？
	9 月 12 日	校园直通车 | 龙湾公安多方联动 为师生撑起“平安伞”
	9 月 13 日	文明温州 | 温州龙湾举办公益活动 让星星的孩子画出五彩世界
	9 月 14 日	校园直通车 | 温州龙湾区师生漆画展开幕
	9 月 14 日	县级融媒 | 温州龙湾组建稳增长工作专班结对帮扶企业
	9 月 14 日	文明温州 | 老人受伤被困海边险滩，多亏他们多看了一眼
	9 月 14 日	县级融媒 | “老黄牛”民警对战眼镜蛇，完胜！
	9 月 15 日	幸福温州 | 非遗美食：藏在老街的百年馄饨
	9 月 19 日	党建亮招 | 龙湾景秀湾小区：景秀“三和”共建小区“锦绣山河”
	9 月 19 日	幸福温州 | 温州龙湾：下足绣花功夫 打造研学阵地
	9 月 19 日	文化温州 | 承载瓯越记忆的项乔家庙

续表 53

媒体平台	刊发时间	报道标题
学习强国	9 月 19 日	浙里有志 | 永昌堡内古老的蛙形桥：联芳桥
	9 月 21 日	东引桥，是温州市龙湾区一座明代石桥，桥面上繁复的图案仿佛在诉说历史的沧桑！
	9 月 21 日	县级融媒 | 提前 3 个月！龙湾区第一人民医院主体全部结顶
	9 月 21 日	县级融媒 |30 场省外招聘 温州龙湾多措并举缓解企业用工难
	9 月 22 日	幸福温州 | 龙湾环城河—东门浦：滨海新城 灵韵水乡
	9 月 22 日	非遗传承 | 省级非遗保护项目：张阁老传说
	9 月 23 日	文化广场 | 温州古桥东引桥的民俗纹饰
	9 月 23 日	中国乡愁 | 龙湾永兴：绘就幸福宜居新画卷
	9 月 24 日	续写创新史 | 温州至首尔国际全货机航线成功首航
	9 月 24 日	文明温州 | 四女子赶飞机途中遇爆胎 巡逻辅警伸援手
	9 月 25 日	乡村振兴 | 温州龙湾永中街道：盘活 200 亩闲置土地 打造美丽田园
	9 月 26 日	文化遗产 | 全国重点文物保护单位：永昌博物馆
	9 月 27 日	温州人 | 今天我出镜·陈茜茜：求“真”务“实”的语文教育工作者
	9 月 27 日	县级融媒 | 龙湾海滨街道成立“弄潮先锋”年轻干部成长营
	9 月 27 日	县级融媒 | 温州龙湾：“两个健康”e 观察永兴站成功启用
	9 月 27 日	文化温州 | 从永嘉场走出的清代著名学者张振夔
	9 月 27 日	文明温州 | 孕妇临盆遇上早高峰 交警特警联手护航顺利送医
	9 月 27 日	乡村振兴 | 板上发电 板下种粮 温州龙湾农光互补单季稻迎丰收
	9 月 28 日	文化温州 | 杨乡衡故居：龙湾民居的“活化石”
	9 月 29 日	影像温州 | 温州龙湾：一路通一带兴
	9 月 29 日	初心传递、使命接力——民建龙湾基层委开展政治交接主题活动
	9 月 30 日	县级融媒 | 排水防涝又添新“堡垒” 温州龙湾首座小型市政排涝泵站投用
	9 月 30 日	文化温州 | 温州龙湾：张璁纪念馆国庆期间开馆
	9 月 30 日	文化温州 | 龙湾寺前街历史文化街区提升改造工程开工
	9 月 30 日	温州高新投建企业债券利率创温州市同评级历史最低，助力龙湾区全面建设
	9 月 30 日	影像温州 | 今日我在岗！龙湾公安向祖国母亲送祝福
	10 月 3 日	文明温州 | 浙江有礼　德暖龙湾
	10 月 4 日	喜迎二十大·打卡新地标 | 温州市龙湾区永乐村：老宅子变身新书院
		文明温州 |2022 温州市“我们的节日——重阳节”主题活动在龙湾举行
	10 月 7 日	分享红色故事 龙湾法院银龄党员开展信仰对话
	10 月 8 日	农民丰收 | 板上发电 板下种粮 温州龙湾农光互补单季稻迎丰收

续表 53

媒体平台	刊发时间	报道标题
学习强国	10 月 9 日	文化温州 | 龙湾革命教育馆——稻田里的乡村博物馆
	10 月 13 日	县级融媒 | 东西部协作又结硕果　地道川货馆开到温州龙湾
	10 月 23 日	文明温州 | 温州龙湾：提升改造养老驿站 打造幸福食堂
	10 月 25 日	浙江温州龙湾：老人街头晕倒　交警跪地救人
		幸福温州 | 温州龙湾：探索居家养老新模式 托起幸福夕阳红
	10 月 27 日	温州龙湾区海城二小：人工智能科普进校园，点燃学生"科技梦"
	10 月 28 日	续写创新史 | 温州空港两个重点项目签约，并新增一条至罗马定期客运航线
	10 月 23 至 11 月 6 日	续写创新史 | 温州龙湾特殊钢小微园入选浙江省第二批减污降碳协同试点
		文化温州 | 在龙湾下垟街 解读永嘉场文化
		县级融媒 | "半员工"破解就业招工双困境 龙湾—仪陇东西部协作探索灵活就业新模式
		文明温州 | 温州龙湾：平安"红骑兵"亮相街头夜巡
		温州人 | 强国复兴有我·夏芯芯：为孩子们打造"锦色乐园"
		文明温州 | 温州龙湾：提升改造养老驿站 打造幸福食堂
		文明温州 | 快板：浙风十礼 引领龙湾文明新风尚
		城乡教育 | 阳光体育大课间：少年国医武术操
		消防"倒吊"入井营救
		文明实践 | 快板：浙风十礼 引领龙湾文明新风尚
		区县新闻 | "半员工"破解就业招工双困境 龙湾—仪陇东西部协作探索灵活就业新模式
		党建亮招 | 盘活"红色家底" 龙湾法院银龄党员分享红色故事
		便民服务 | "蓝朋友"手把手教你消防设施的使用方法
		区县新闻 | 温州龙湾永中：发掘"老年能人"为基层治理补能
		乡村振兴 | 数字化改革进入田间地头 温州龙湾建设数智农业助推乡村振兴
		县级融媒 | 盘活"红色家底" 龙湾法院银龄党员分享红色故事
	11 月 7—17 日	县级融媒 | 女婴坠入 3 米深井 消防"倒吊"入井营救
		文化温州 | 走读龙湾：明朝首辅"张阁老"的故事
		县级融媒 | 浙江省首家艺术培训教育协会在温州龙湾成立
	11 月 7—17 日	文明温州 | 龙湾：挖掘培育一批"有礼"品牌，让文明细胞流淌全域
		文化温州 | 书香龙湾 书香中的山海
		县级融媒 | "蓝朋友"小课堂：消防设施的使用方法
	11 月 19—25 日	体检查出"肺结节"就是得了肺癌吗？
		一直"游"到海水变蓝，龙湾区助力企业抢占国际市场 如何打开出口新天地

续表 53

媒体平台	刊发时间	报道标题
学习强国	11 月 19—25 日	瓯越思享 +丨廊亭微宣讲 让党的二十大精神“飞入寻常百姓家”
		幸福温州丨温州龙湾：借力科技保卫环境 蓄力产业转型升级
		文化温州丨明代温籍书法家姜立纲艺术馆开馆《史记》手抄本复刻首次回归国内
		温州人丨郑钰蕙：有一分热，发一分光的元气少女
		幸福温州丨安全感满满 温州龙湾今年建成智慧安防小区 187 个
		文化温州丨“艺术当随时代·手艺当领未来”手工艺 50 人论坛在温州启动
		温州人丨今天我出镜·程丽娟：住在星空下睡在田园中的 80 后新农人
	12 月 13 日	温州人丨今天我出镜·叶时钦：消解老百姓心中的“烦”和“难”
	12 月 9—15 日	文化温州丨温州龙湾：老中青少同登台 全民才艺齐亮相
		县级融媒丨温州龙湾奏响“科技人才创新”三重奏
		县级融媒丨龙湾状元：特色发展串起千年诗意
		文化温州丨从“罗山书院”到永兴一小的百年传承
		县级融媒丨新手家长攻略：抓住宝宝智能发展的“黄金期
		幸福温州龙湾区永中街道：在“共享”中感受“幸福”
		县级融媒丨瓯江实验室地下室结构全面封顶
		文明实践丨乡音化乡愁、乡警解民忧，温州龙湾有一批爱帮忙的“老乡警察”
		城乡教育丨温州龙湾：法院开展佑芽课堂，40 多名初中生沉浸式体验法官的“日常”
		基层人物丨赵欢蒸：细心、耐心、用心做好社区工作
		基层党建丨温州龙湾：小区长廊变身“议事亭”群众幸福感在家门口升级
	12 月 16—22 日	区县新闻丨温州龙湾：在“共享”中感受“幸福”
		区县新闻丨温州龙湾：社区学校打造居民“家门口”的幸福圈
		区县新闻丨温州龙湾：推进“老年友好公园”建设 打造“桑榆乐享时光”
		瓯越思享 +丨微宣讲。钱成宣：为社会和谐稳定贡献司法行政力量文化温州丨龙湾永昌堡：私家抗倭第一堡
		幸福温州丨永嘉场传统经典美食：永强八大冻
	12 月 16—22 日	文化温州丨龙湾永昌堡：私家抗倭第一堡
		幸福温州丨龙湾首家标准化慢病管理中心为居民提供“一站式”服务
	12 月 23—29 日	健康知识丨新手家长攻略：宝宝的辅食添加有哪些要点？
		微宣讲丨钱成宣：为社会和谐稳定贡献司法行政力量
		区县新闻丨龙湾“肥药两制”省级试点进入验收阶段
		温州人丨吴让大：潜心追“光”三十年
		文明温州丨温州龙湾：暖“新”更暖心，这个冬至不止有麻粒

续表 53

媒体平台	刊发时间	报道标题
天目新闻客户端	1 月 10 日	送“福”入企！龙湾倡导员工留温过年
	1 月 16 日	龙湾一水果店因防疫不力被停业整顿
	1 月 21 日	给“杀白禽”市场“消消毒” 龙湾开展百日攻坚专项行动
		及时预警临过期食品信息 龙湾超市构建食品安全云网
	1 月 28 日	228 国道洞头灵昆段通车 乐清龙湾洞头三地通勤可缩短 40 分钟
	1 月 30 日	“温州市龙湾区退役军人创业培训”2022 年第一讲顺利开展
	2 月 10 日	龙湾依托智慧城管系统处置 10 万余件管理问题
	2 月 11 日	龙湾水利工程建设中心：创美丽田园 同走致富路
		查验准 速度快 体验新 龙湾国际机场开通“易安检”
	2 月 18 日	提供爱心食品 播放红色电影 开展志愿服务 龙湾状元亭党支部为百姓建起一座“暖心亭”
	2 月 21 日	龙湾“养老外卖”平台 服务“供”过于“求”部分志愿者“被闲置”
	2 月 22 日	打造“未来城区”，温州龙湾有决心也有信心
	2 月 28 日	医疗监管有了“智慧大脑” 健康龙湾插上“云翅膀”
		“知产”变“资”产 龙湾助企拓展融资渠道
	3 月 6 日	滚动｜龙湾发现 1 例密接者！曾去过酒店、影院……
	3 月 6 日	我“盟”心声｜龙湾区永中街道万顺社区郑烁敏：积极探索党建引领未来社区治理新模式
	3 月 15 日	龙湾区关于划定封控区、管控区、防范区范围的通告
		温州龙湾病例毒株基因分型提示为奥密克戎毒株
	3 月 16 日	“物”必警惕！龙湾区市监局查获两起违规进口物品案
	3 月 21 日	龙湾为人才提供安居保障 打造街坊式高品质人才社区
	3 月 22 日	亚运场馆之一的温州奥体中心进入灯光调试阶段
	3 月 29 日	龙湾区解除永中街道龙海景苑“封控区、管控区、防范区”管控
	3 月 30 日	搭乘龙湾号“幸福列车”奔向美好生活
	4 月 1 日	一个半小时如何把龙湾本土无症状感染者排查管控到位？跟他去找答案
	4 月 3 日	龙湾发布关于寻找新冠肺炎病例次密切接触者的通告
	4 月 21 日	中铁建溢价 9% 摘台州东浦未来社区地块 温州龙湾底价成交
	4 月 22 日	龙湾组建专班开展电子归档管理 为弱势群体撑起“防疫伞”
	4 月 24 日	温州龙湾区成立首个儿童友好服务联盟
	4 月 25 日	龙湾出台疫情防控“双十条” 防疫不含糊执法不模糊
	4 月 29 日	超百亿投资项目花落龙湾 按下新能源产业崛起“快进键”
	5 月 4 日	温医大附二院成人急诊将由鹿城院区学院路部撤并至龙湾院区和瓯江口院区

续表53

媒体平台	刊发时间	报道标题
天目新闻客户端	5月6日	经开区、龙湾区文明城市建设如何？督查发现不文明“旧疮”仍未得到根治
	5月11日	龙湾瓯海背街小巷环境如何？
	5月19日	龙湾185名生活垃圾分类劝导员持证上岗
	5月22日	龙湾一医：党员医护志愿者 开展义诊活动 助力老年健康
	5月23日	温州龙湾启动“百村（社）千企万店”共建文明城市攻坚行动39个单位上了“红黑榜”
	5月24日	龙湾市场监管局全员“上线”清扫辖区卫生死角
	5月25日	龙湾绿动公园东区完工
	6月4日	温州市中医院龙湾院区6月6日开诊 超强阵容当天倾情义诊
	6月6日	零跑腿助企自我纠错 龙湾线上信用可修复
	6月12日	龙湾坚决惩治不文明行为 乱倒渣土垃圾 行政拘留5日
	7月10日	温州龙湾海滨街道：昔日垃圾场 今朝花满园
	7月11日	温籍数学家研究中心成立暨温州理工学院和龙湾区永兴第一小学结对共建签约仪式今日隆重举行
	7月26日	聚焦智能制造，赋能产业振兴！第29届温州工博会8月5—7日在龙湾举行
	7月27日	新院大楼启用！省级医院帮扶，龙湾蒲州居民就医更方便了
	8月8日	龙湾发布“眼谷十条” 最高补助6000万元
	8月9日	生三孩每月每孩补贴1000元 温州龙湾区卫健委回应天目新闻：正积极推进
	8月13日	温州龙湾国际机场发现4例新冠肺炎阳性感染者
		龙湾查处3起电动自行车违法案件
	8月18日	近期温州数例涉省外航班关联阳性感染者活动情况公布 涉龙湾鹿城乐清平阳等地
		凯迪控股新添龙湾宅地 销售可用“房票” 伟星再度加仓临海大本营
	8月24日	龙湾：推进新区建设 打造一区五城
	9月1日	龙湾电力进入备战台风状态
	9月2日	关于温州龙湾国际机场发现1例新冠肺炎阳性感染者的通报
	9月23日	龙湾隔离点发现1例新冠肺炎阳性感染者
	9月29日	张璁纪念馆下月开馆！龙湾推进“张璁故里 和合之乡”文化品牌建设
	10月3日	龙湾“日善”重阳节敬老慰问
	10月4日	国庆假期好去处 记者打卡龙湾家门口的“精神乐园”
		温州市龙湾区永乐村：老宅子变身新书院
	10月5日	“欢度国庆 喜迎重阳”龙湾区小塘村居家养老服务照料中心正式启动
	10月7日	提前周知！龙湾区部分路段实施交通限制！
	10月20日	老人跌晕街头 执法交警急救援

续表 53

媒体平台	刊发时间	报道标题
天目新闻客户端	10 月 21 日	实体 VS 虚拟 龙湾首家未来工厂长这样
		龙湾区人才公寓项目获中央资金补助 2000 余万
	10 月 22 日	相约龙湾钓鱼竟救起只怪鸟 长得好像电影《无人区》里的隼
	10 月 23 日	最多可获赔 30 万元 龙湾市监局为辖区食品安全投保责任险
	10 月 24 日	温州龙湾：提升改造养老驿站 打造幸福食堂
	10 月 25 日	从“忧居”到“优居” 龙湾钱杰兴农房置换“换”出幸福生活
	11 月 12 日	科技相融智慧关爱 龙湾公安全面推进“智慧安防小区”建设
	11 月 14 日	龙湾：挖掘培育一批“有礼”品牌 让文明细胞流淌全域
	11 月 15 日	龙湾特殊钢小微园入选省减污降碳协同试点
		龙湾拟对建筑垃圾进行智慧化监管
	11 月 24 日	龙湾—仪陇东西部协作惠民生 把温州金名片“拷贝”到川东北
	11 月 25 日	龙湾首支交警女子执勤队“柔性执法” 打造最“严”交通管控区域
	11 月 28 日	龙湾：乘“数”而上 智赢未来
		丽水云和小徐未来社区底价成交 温州轨交摘龙湾地块
	12 月 5 日	温州龙湾、金华浦江地块底价成交 丽水遂昌溢价 22.4%
	12 月 23 日	龙湾共享小药房——邻里守望互助的避风港
	12 月 26 日	组建 700 余支配送服务队 龙湾想尽办法送上应急医药
中国蓝新闻	1 月 2 日	一把手忙啥 | 政企“联姻”谋双赢 一把手助企“开门红”
	1 月 26 日	浙江温州龙湾区开展垃圾分类节前自查行动
		童心迎亚运 欢乐共成长 龙湾“春泥计划”缤纷冬日主题活动启动
	2 月 7 日	温州龙湾“小雪花”在冬奥开幕式上惊艳绽放!
		虎年开工第一天，在“共富推进大会”上五位发言代表这样讲“共富”
	2 月 9 日	龙湾以全域未来社区建设助力共同富裕
	2 月 10 日	龙湾区（高新区）召开高质量发展建设共同富裕示范区龙湾样板暨建设“一区五城”推进大会
	2 月 12 日	共同富裕探路者 温州龙湾：推动公共服务优质共享 ..
	2 月 14 日	暖心服务 送检上门 助力企业复工复产 龙湾党建引领复工复产 实现开工、防疫“两不误”
	2 月 18 日	龙湾新春首场公益招聘会火热开场 150 余家优质企业推出 5000 余个岗位
		迎亚运展形象 温州龙湾奥体中心实现拆迁新蝶变
	2 月 21 日	我的亚运期待（十三）大众健身跑多地开跑 ..
	2 月 28 日	亚运在“浙”里：温州龙湾奥体中心实现新蝶变
	3 月 5 日	温州龙湾奥体中心实现拆迁新蝶变

续表 53

媒体平台	刊发时间	报道标题
中国蓝新闻	3 月 9 日	温州奥林匹克体育中心主体育场“光韵流转 梦幻飞鸥”
	3 月 16 日	温州龙湾：生活物资快速及时配送到位
		温州龙湾有序开展核酸检测　筑牢全区疫情防线
		温州龙湾核酸检测点侧记：抗“疫”一线 志愿者们在行动
	3 月 17 日	专车接送血透病人 疫情下龙湾开通就医“绿色通道”
		周一富专题调研疫情防控隔离点建设工作 严格规范管理守牢阵地安全
		温州：龙湾奥体中心灯光秀灿若星河
	3 月 22 日	战士出征，千里驰援！
	3 月 31 日	周一富暗访督查疫情防控工作 严格落实防控措施 织密基层防疫“安全网”
	4 月 7 日	周一富暗访督查全区疫情防控工作
	4 月 8 日	身份证自助办理机“走进”校园 学生可在校内自助办理
	4 月 11 日	数字化改革 温州龙湾：分析准确率达 70% 数字化赋能“智”管城市
	4 月 18 日	温州龙湾：浙南地区首例“达芬奇”机器人手术顺利完成
	5 月 6 日	龙湾：跨越 2000 公里 对口帮扶仪陇打通群众就医“最后一公里”
	6 月 10 日	浙江好人“疫”线面孔 王国胜：数字背后的故事
		协作援建 温州龙湾区：跨越 2000 公里的医疗协作“接力”
	6 月 24 日	Longwan：Zhejiang’s 1st pilot district of future communities
	8 月 23 日	温州龙湾蒲州街道互学互查点位宣传
	8 月 24 日	温州龙湾永中三“全”模式 助推垃圾分类宣传再上新台阶
		温州龙湾永中：垃圾细分类 酒店更绿色
	8 月 25 日	温州龙湾瑶溪：全力宣传垃圾分类 推动示范小区创建
		温州龙湾瑶溪：垃圾分类齐步走 共享美好幸福“嘉”
	8 月 25 日	取得佳绩，温州龙湾海滨街道的垃圾分类是这样做的
	8 月 26 日	浙江温州龙湾瑶溪街道积极推进辖区农家乐垃圾分类宣传工作
		浙江温州龙湾瑶溪：快问快答窗口互动 分类知识常温常新
		浙江温州龙湾蒲州街道开展垃圾分类活动
	8 月 29 日	温州龙湾蒲州街道开展“喜迎亚运会 垃圾分类进社区”动员宣讲活动
	8 月 31 日	党建动态 温州龙湾区：行政执法“扫码进企”
	9 月 2 日	“开学第一课”垃圾分类主题教育走进温州龙湾区永中中学
		温州龙湾永中：做好垃圾分类 共创文明新风
	9 月 3 日	奏响“山海”共富幸福歌，苍南龙湾两地供销社签订战略合作协议

续表 53

媒体平台	刊发时间	报道标题
中国蓝新闻	9 月 5 日	【诗画江南活力浙江（大众组）】龙湾麦麦酒　喝出妈妈的味道
		浙江温州龙湾区综合行政执法局开展垃圾中转站隐患再排查，严密防御台风“轩岚诺”
		浙江温州龙湾蒲州街道浙江师范大学附属中小学开学第一课：让理念植根于心，让垃圾分门别类，让雏鹰展翅高飞
		让垃圾分类为文明城市添彩——浙江温州龙湾瑶溪街道温州第二十五中学开学第一课
	9 月 6 日	温州龙湾永兴街道开展“开学第一课”垃圾分类宣讲进社区学校活动
	9 月 7 日	【诗画江南活力浙江（专业组）】佐藤博士在龙湾
		【诗画江南活力浙江（大众组）】温暖、够味！外籍教授留温过年 体验龙湾传统“年味”
		夏日送清凉，宣传为时尚——温州龙湾状元开启特别的“开学第一课”
		温州龙湾海滨开展新生“接地气”的开学第一课
		葛益平主任到龙湾开展督导服务 加码冲刺“三季进” 稳进提质“全年红”
	9 月 12 日	温暖、够味！外籍教授留温过年 体验龙湾传统“年味”
	9 月 13 日	雏凤庆中秋 共迎文明风——温州龙湾蒲州街道开展情暖中秋垃圾分类进校园活动
		绘就环保好习惯 温州龙湾区蒲州街道：垃圾分类趣课堂
	9 月 14 日	“情暖中秋共绘同心圆 垃圾分类创文明”温州龙湾瑶溪开展主题宣传活动
		【基层单元】龙湾区：织“网”成片，为百姓幸福“加码”
		预告｜“温州这十年·龙湾”主题新闻发布会 9 月 15 日举行
	9 月 15 日	五个“坚持”，看龙湾这十年精彩蝶变
	9 月 20 日	温州龙湾瑶溪：垃圾分类新时尚 国企单位来践行
		温州龙湾区生活垃圾劝导员岗前培训班第五期顺利开班
		温州龙湾蒲州：垃圾分类进万家 共建美丽靠大家
		刘小涛在龙湾区调研除险保安工作：全力以赴消除各类风险隐患和潜在风险
	9 月 21 日	9 月 20 日，温州龙湾国际机场发现 1 例新冠肺炎阳性感染者
	9 月 21 日	温州龙湾永中：分类课堂涨知识 垃圾分类我先行
		温州龙湾永中：《条例》宣贯成常态 分类理念进宾馆
	9 月 22 日	你好！婚姻登记大厅，温州龙湾永中街道垃圾分类宣传来“打卡”
		温州龙湾蒲州开展“垃圾分类进酒店，环保理念入人心”宣传活动
	9 月 23 日	走读龙湾·不可错过的清代建筑，明代抗倭城堡
	9 月 26 日	“垃圾分类进校园 演绎文明新风尚”——龙湾永中街道专题讲座走进永中二小
		“叔叔，你看他好像迷路了！”细心的自行车少年向民警报告小孩走失，帮他找到回家的路！
	10 月 9 日	温州龙湾永中：垃圾分类进商场 让新风尚“入脑入心”
		温州龙湾永兴开展“喜迎国庆 共创文明”垃圾分类宣传志愿活动”

续表 53

媒体平台	刊发时间	报道标题
中国蓝新闻	10 月 9 日	温州龙湾海滨开展“大手牵小手 亲子共创卫”爱国卫生运动
		垃圾分类 一路“童”行—— 温州龙湾永中街道垃圾分类走进雍锦幼儿园
	10 月 11 日	葛益平主任到龙湾开展调研 以立法推动工业用地管理科学高效
	10 月 13 日	未履行生活垃圾分类投放管理职责，温州龙湾 2 家物业公司被处罚
		温州龙湾海滨：入户宣传齐行动，垃圾分类入人心
		温州龙湾永中：垃圾分类进企业 法规条例“趣”中学
		以学促行 垃圾分类齐参与——温州龙湾永中进企业开展《条例》宣贯培训会
		垃圾分类助力企业绿色新风尚 ——温州龙湾蒲州街道垃圾分类宣讲进企业
	10 月 14 日	温州龙湾永中街道垃圾分类宣传进学校
	10 月 18 日	垃圾分类进校园 倡导文明新时尚——垃圾分类宣讲走进温州龙湾区瑶溪六小
		温州龙湾蒲州街道开展垃圾分类进小区宣传活动
		温州龙湾瑶溪街道开展垃圾分类入户宣传活动
		温州龙湾永中：“警察蓝”遇上“新时尚” 垃圾分类我先行
		温州龙湾永中：《条例》宣传进机关 垃圾分类共促进
	10 月 19 日	温州龙湾：倡导垃圾分类新时尚，普及垃圾分类新知识
	10 月 20 日	温州龙湾蒲州：垃圾分类不停歇 宣传普及进企业
		温州市龙湾瑶溪开展垃圾分类文明行动进农贸市场
		温州龙湾区永中街道开展《浙江省生活垃圾管理条例》知识竞赛
		温州龙湾永中街道：垃圾分类宣传走进图书馆
	10 月 21 日	温州龙湾永中街道进小区开展垃圾分类宣传活动
		温州龙湾蒲州街道开展垃圾分类环保宣传活动
	10 月 21 日	温州龙湾蒲州：垃圾分类宣传进酒店 进一步落实源头减量
	10 月 24 日	温州龙湾永中开展“我是小小垃圾管理员”主题宣讲活动
		温州龙湾永中街道开展垃圾分类宣讲 引领绿色健康生活
		温州龙湾蒲州街道开展“垃圾分类我知晓、我参与”宣传活动
	10 月 25 日	温州龙湾蒲州街道：问诊把脉“进企业” 助力垃圾分类
	10 月 26 日	温州龙湾蒲州开展“垃圾分类”进厂企主题宣传活动
		温州龙湾瑶溪：农家乐里“垃”家常 小餐桌上大文明

续表 53

媒体平台	刊发时间	报道标题
中国蓝新闻	10 月 27 日	温州龙湾瑶溪：垃圾分类宣讲进村居 引领文明新风尚
		温州龙湾永兴街道垃圾开展垃圾分类进酒店宣传活动
		温州龙湾瑶溪：垃圾分类进商场 四分类里见行动
	10 月 31 日	温州龙湾状元开展“文明先行，垃圾分类齐步走”实践活动
		温州龙湾区开展参加浙江省《生活源（生活垃圾）再生资源回收体系建设》解读云课堂
	11 月 1 日	温州龙湾永兴街道开展“垃圾分类进学校”活动
	11 月 2 日	温州龙湾永兴街道开展“垃圾分类进企业 绿色低碳持续行”宣传活动
		温州龙湾瑶溪街道：垃圾分类宣讲走进龙湾三幼
		温州龙湾区永中街道开展垃圾分类宣讲进校园
		温州龙湾区瑶溪街道开展垃圾分类宣传进窗口活动
		温州龙湾瑶溪街道开展垃圾分类进企业宣传活动
		“拆改破立”促蝶变 藏在温州龙湾奥体中心的“幸福密码”
	11 月 3 日	温州龙湾永中：分类套餐“1+1” “童”心协力助文明
	11 月 4 日	温州龙湾瑶溪多形式垃圾分类宣传走进区十六幼
		温州龙湾瑶溪街道开展垃圾分类宣讲进农贸市场
	11 月 5 日	市人大常委会党组成员梁超赴龙湾调研基层单元建设
	11 月 6 日	打开共富新空间 “拆改破立”促蝶变 藏在温州龙湾奥体中心的“幸福密码”
	11 月 9 日	永嘉龙湾文化走亲 “山水楠溪”书法展在龙湾区文化馆开展
	11 月 10 日	温州龙湾永兴街道开展“做好垃圾分类，关爱环卫工人”宣传活动
		践行垃圾分类 助力绿色“童”行——温州龙湾永兴街道开展垃圾分类志愿服务行动
		温州龙湾瑶溪：垃圾分类进校园 环保意识润童心
		温州龙湾瑶溪垃圾分类宣讲走进瑶溪汇佳幼儿园
		温州龙湾永兴街道开展“垃圾分类进村居，绿色环保入人心”主题宣传活动
	11 月 11 日	温州龙湾蒲州：学垃圾分类“必修课”，做分类时尚“小能手”
	11 月 13 日	2022 世界青科会 有趣而严肃 菠萝科学奖继续“脑洞”大开
	11 月 14 日	温州龙湾公安数字赋能知产保护
	11 月 15 日	苍南、龙湾文旅联合推介活动在丽水举行
		“政策进万企，共富惠万家”——温州龙湾区垃圾分类办开展普法宣传活动

续表 53

媒体平台	刊发时间	报道标题
中国蓝新闻	11 月 15 日	温州龙湾区开展生活垃圾分类工作协接会
		温州龙湾开展“政策进万企，共富惠万家”宣传活动
	11 月 18 日	“瓶盖变变变”快来围观龙湾二幼小朋友的垃圾分类体验记
		“分类有道，绿意童行”——龙湾海滨街道垃圾分类走进幼儿园
		龙湾海滨街道开展垃圾分类管理条例讲座
		龙湾永中：喜迎亚运讲文明 环保手工“乐”分类
	11 月 22 日	温州龙湾永中：参与垃圾分类 共建美丽校园
		温州龙湾永中：垃圾分类宣传套餐进校园 新时尚可以这样学！
	11 月 23 日	龙湾蒲州：紧跟绿色时尚潮流，垃圾分类宣传进酒店
	11 月 24 日	温州龙湾蒲州街道开展垃圾分类活动
		温州龙湾蒲州：垃圾分类进企业 学习践行更精准
	11 月 29 日	特别策划 | 寒潮来袭 浙江多地官宣明日入冬
	11 月 30 日	塘下一隧道将开通！瑞安到龙湾更近了
	12 月 5 日	龙湾海滨开展“垃圾分类，从我做起”主题活动
		龙湾海滨：垃圾分类进家庭，美家美户美环境
		龙湾蒲州：垃圾分类来宣传 蒲江巾帼在行动
	12 月 7 日	温州龙湾举行“浙江有礼·幸福同行”国际志愿者日主题活动
	12 月 8 日	万象更新·顺意大美——温州市龙湾区万顺城市新区风貌样板区
	12 月 12 日	【基层单元】龙湾区人大：“龙 e 督”推动数字赋能与人大履职行权深度融合
央视 CCTV-15	4 月 1 日	亚运场馆谁最靓？你说了算！
中央电视台	6 月 26 日	第 35 个国际禁毒日 各地开展多种活动普及禁毒知识
中央电视台	8 月 31 日	开学季，龙湾公安“护校安园”为学生筑牢安全屏障
中央电视台	12 月 26 日	布洛芬卖出 107 倍“天价”温州龙湾一药店被立案查处！
中央电视台	12 月 28 日	聚焦工业经济 聚焦新能源领域 持续壮大新动能
中央电视台	12 月 30 日	元旦怎么过？跟着味道调查员到温州市龙湾区“逛吃逛吃”！
浙江新闻联播	2 月 12 日	共同富裕探路者 温州龙湾：推动公共服务优质共享 探索全域未来社区新格局
亚运频道	1 月 24 日	打造“亚运会精品风景带”！温州龙湾区 4 条道路整治完工

2022 年 11 月 18 日，“艺术当随当代·手艺当领时尚”手工艺 50 人论坛启动仪式举办
（区委宣传部供图）

【融媒体建设】 2022 年，区融媒体中心突破技术壁垒，做好媒体融合建设。阅龙湾 3.0 版 9 月全新上线，下载注册用户数增加一倍，用户数 5 万余人，最高日均活跃度 37866，比 2021 年上升 300%。搭建龙媒号新闻矩阵，打造“龙媒号联盟”，年内 10 个街道全部开通龙媒号，并成立“融媒站”；22 个部门龙媒号开通，首批 12 个部门成立“融媒工作室”。各融媒站抱团发稿 2000 多篇。打造“早安”龙湾系列图库。举办“阅龙湾”短视频大赛、“一米高度看龙湾”等系列活动。打造“永嘉场”文化品牌栏目，宣扬龙湾“永嘉场”文化。

【出版管理】 2022 年，龙湾区委宣传部完成全区 72 家印刷企业和 66 家出版物发行单位年检。温州澳珀家具有限公司获评“全国版权示范单位”称号，全省仅 2 家。2022 年完成版权登记申报 763 件。

（陈智慧　李晓乐　林郁郁）

文化产业

【概况】 2022 年，温州市龙湾区加快发展文化产业。永昌古镇、寺前街历史文化街区、温州高新文化广场，郑宅岙美丽田园工程 4 个项目列入温州市 2022 年度文化产业重点投资项目。温州文博会主会场首次落户龙湾。获浙江省文化产业发展专项扶持资金 3000 万元。

【数字文化改革】 2022 年，龙湾区推进数字文化改革。“古宅新生”数字应用入选“浙里文物”揭榜挂帅试点应用名单，作为温州市“古系列·云端守卫”数字应用子场景，助力其获得 2022 年度浙江省改革突破奖金奖。“龙湾艺起享”数字应用入选浙江省文联特色应用名单。

【文化企业扶持】 2022 年，龙湾区应对新冠疫情，帮助企业纾困解难，对全区 5 家影院补助经费 95.52 万元，对全区实体书店补助经费 8.66 万元。帮助温州无料文化传媒有限公司、温州人文图书有限公司、温州市教育图书发行有限公司、温州市蓝登图书有限公司、温州文乐图书有限公司 5 家实体书店获得市级扶持资金 90 万元。

【申报浙江省文化产业发展专项扶持资金】 2022 年 9 月底，龙湾区文产中心牵头启动浙江省文化产业发展专项扶持资金申报工作。10 月 9 日，参加市级竞争性路演，获得第一名。11 月 4 日，参加省级路演，顺利入选，获得 3 年共 3000 万元专项扶持资金。该专项扶持资金竞争性申报 3 年 1 轮，每轮仅 20 个县（市、区）入选。

【永昌堡古镇建设】 2022 年，永昌古镇堡外一期（堡东 bn06 地块）游客中心项目完成建设，堡内一期项目完成实施方案、可研报告、投资估算、EPC+O 项目招标，其中 EPC+O 项目中标价为 7.30 亿元。启动永昌堡保护规划修编、控制性详细规划编制。

【温州文博会举办】 2022 年 11 月 18—21 日，2022 温州国际时尚文化产业博览会在温州奥体中心举行，世界手工艺 50 人论坛启动仪式同时举行。龙湾分会场设于南洋公园，在龙湾区文博馆、叶萌春艺术馆、志通艺术馆、澳珀温州大宅、贞义书院、白水民俗博物馆 6 处设立分场馆。

【寺前街历史文化商业街区保护开发】 2022 年 9 月 28 日，寺前街历史文化商业街区保护建设工程举行开工仪式。该项目设计总用地面积 7547.19 平方米，建筑面积 51931.75 平方米，总投资概算 49487.46 万元，位于龙湾区永中街道寺前片区，东至寺前街后巷，西至寺前河—沧河段，南至永强路，北至北头桥，长 384 米、宽 4—6 米，拥有 800 多年历史。计划以寺前街千年传统水乡商贸街格局为重要载体、永嘉场民俗文化为内涵，建成以文化保护展示、商业购物、旅游休闲、居住生活功能为主历史文化街区。

（林郁郁）

档案工作

【概况】 2022 年，温州市龙湾区档案馆（以下简称区档案馆）根据《龙湾区档案事业“十四五”规划》，有

2022 年 6 月 9 日，“6•9”国家档案日宣传活动在区档案馆举行 （区档案局供图）

序开展各项工作。新增公证档案约 12 万卷，地籍档案约 15 万卷等。馆藏民生档案 30 类 31 万多卷、31 万件，占馆藏总量 83.0%。

【档案公共服务】 2022 年，区档案馆推进“最多跑一次”改革，依托“瓯 e 办”等载体，丰富民生档案自主查询出证系统，可查询婚姻、出生医学证明等 9 大类民生档案，全年查询办件量 2072 件。开通“机关查档直通车”，建立全区各单位档案互查协查机制，实现馆室档案资源多跨共享利用。全方位深入全区村（社区）、文化礼堂等 26 个宣传点开展“喜迎二十大•档案颂辉煌走向共同富裕龙湾之路”专题档案宣传活动。

【档案征集编研工作】 2022 年，区档案馆推进“三重一特”建档协作机制，以购买服务的方式聘请专业技术团队，跟进全区“三重一特”档案收集工作，共拍摄记录区四套班子主要领导参加的重大活动、重要会议 88 次，拍摄照片 1 万多张。征集接收各类书籍、报刊、唱片等档案资源共 16 册，179 张，电子文件 9.19GB。编撰出版《时光味道》一书。

【数字档案建设】 2022 年，区档案馆持续实施馆藏档案数字化工程，档案数字化加工项目完成 148 万页。推进行政权力网办事项电子化归档工作。完成电子档案统一管理平台升级改造，实现档案开放审核全流程线上运行，累计完成 4.20 万件档案开放审核。建立数字资源常态化接收机制，完成融媒体中心 2021 年新闻报道视频和《今日龙湾》纸质、数字报历年档案接收进馆工作。

【档案管理】 2022 年，龙湾区档案工作完成率 100%。持续推进电子化归档，实时紧盯业务办理、归档人员，完成 72 家单位 2021 年度各门类档案登记备份工作，全年新增馆内数据 130GB，登记备份完成率 100%。

【档案依法履职】 2022 年，区档案局持续推进新《中华人民共和国档案法》宣传贯彻，做好“互联网 + 档案行政执法”工作，开展跨部门“双随机”联合执法，档案系统双随机执法检查掌上执法开通率 100%、掌上执法激活率 100%、联合执法率 50.0%，执法检查、“双随机”抽查等各 9 次。

（姜晓伟）

地方志工作

【概况】 2022 年，温州市龙湾区地方志研究室（以下简称区地方志研究室）持续做好《龙湾年鉴（2021 年）》《龙湾简志》编纂等地方志工作。年内，《龙湾年鉴（2021 年）》获评浙江省精品年鉴，龙湾区地方志研究室获评 2022 年浙江省地方志工作先进集体，潘伟光、孙建胜获评浙江省地方志 151 人才工程首批省级方志专家。

【方志书籍编纂】 2022 年，区地方志研究室推进村志编修工作，以多种方式指导村志及专业志编纂。指导《青山村志》《温州市不锈钢行业志》《永昌堡志》编纂，承担《国安寺塔》书籍编纂任务。挖掘龙湾历史、地情、永嘉场文化，完成《龙湾简志》编纂工作。

【永昌堡志出版】 2022 年 9 月，《永昌堡志》出版，全书 83.90 万字。《永昌堡志》由永昌堡文化研究会编纂，英桥王氏后裔王身康任编委会主任，王一平、王振成任主编，历时 7 年编纂成书。《永昌堡志》是龙湾区首部堡志书，记述时限为南宋宝祐五年（1257）至 2021 年。

【年鉴编纂】 2022 年，区地方志研究室实施《温州龙湾年鉴》精品创建工程。3 月 4 日，举办《龙湾年鉴（2022）》编纂培训会，邀请《温州市志》《温州年鉴》副主编、原龙湾区史志办副主任陈建敏作业务培训讲座。10 月编纂成稿，召开专家评审会，11 月被省方志办推荐申报“中国精品年鉴”。《温州龙湾年鉴（2022）》由方志出版社出版发行，设类目 31 个，分目 209 个，条目 987 条，表格 66 张，随文图照 221 幅。

【史志宣教】 2022 年，区地方志研究室加强史志宣教工作，开展《地方志工作条例》颁布实施 16 周年纪念活动。加强龙湾地情网信息发布管理。丰富党史方志展示厅陈列，收集全国各地精品史志书籍 2000 多册。

（吴道边）

社科研究

【概况】 2022 年，温州市龙湾社会科学界联合会（以下简称区社科联）推进温州市“续写创新史 走好共富路”理论研究，3 篇理论文章获国家级报刊——中国社科报刊出。启动永嘉场文化综合研究工程、推进和合文化融合提升工程，弘扬地域文化。全区拥有社科基地 27 家，其中省级社科基地 2 家、市级社科基地 13 家、区级社科基地 12 家。

【地域文化研究】 2022 年，区社科联加强地域文化研究，与中国人民大学孔子研究院合作，成立“温州市和合文化促进会”，启动“温州和合书院”微信公众号。推进和合文化园建设。完成永昌堡、宁村村“古城古镇古村落”文化专题节目摄制，分期在浙江电视台新闻频道《文化浙江·大讲堂》栏目播出，在“学习强国”“浙江社科”公众号、温州社科网等媒体平台推送宣传。完成《浙江文史记忆丛书（龙湾卷）》26 万字，完成《永昌堡志》83.90 万字文稿编撰指导工作，完成《国安寺塔》定稿出版，全书 6 万余字。

2022 年 6 月 23 日，2022 年龙湾区社科普及周启动仪式举行 （周凌慧 / 摄）

【社科基地建设】 2022 年，区社科联加快社科基地建设，开展 11 家市级社科基地自检自评复评工作，新申报社科基地 6 家，取消不合格社科基地 4 家。与苍南县合作，建立两地社科社团和科普基地，开展结对交流。完成全区社科基地“云上社科普及平台”资料信息数字采集工作，年内区新时代文明实践活动中心获评市级社科普及基地，眼视光梦工场获评市级优秀社科基地。

【社科普及宣传活动】 2022 年，区社科联举办社科普及周活动，出版发行社科普及宣传读物“温州市历代名人故事”连环画《王瓒》《张振夔》。组织参加温州市“喜迎二十大·讲好温州故事”比赛，获评温州市社科最强声一等奖。

【社科论文征集】 2022 年，区社科联围绕“续写创新史·走好共富路”“千年商港·幸福温州”、高水平推进市域治理现代化、数字文化建设、和合文化研究、永嘉场文化研究、瓯江山水诗路文化带建设等主题，征集社科论文 40 篇，评选优秀论文 12 篇。推荐参加市级社科论文评比活动，6 篇论文获市级奖项。

（郑　栩）

卫生健康

2022年5月19日，龙湾区家庭医生签约颁奖活动举行 （区卫健局供图）

卫生健康

综　述
疾病预防控制
妇幼保健
公共卫生服务
健康促进
卫生监督
医政管理
医院选介

大罗山脚下　　（永中街道供图，摄于2022年8月）

综 述

【概况】 2022年，温州市龙湾区卫生健康局（以下简称区卫健局）共有医疗卫生机构412家，区级医院有龙湾区第一人民医院、区中西医结合医院2家，民营医院10家，卫生院（社区卫生服务中心）11家，门诊部48家，社区卫生服务站38家，村卫生室94家，各类诊所187家，卫生所1家，医务室11家。全区拥有执业（助理）医生1829人，千人医生数2.44人（按常住人口计算）；护士1632人，千人护士数2.19人（按常住人口计算）；实有床位1553张，千人床位数2.07张（按常住人口计算）。全年医院年诊疗1272.67万人次。

【卫生基础设施建设】 2022年，区卫健局加强卫生基础设施建设。推进医疗康养服务项目建设，永兴街道社区卫生服务中心新建项目用地1万平方米，总建筑面积2.13万平方米，完成年度投资3500万元。区第一人民医院（区公共卫生医疗中心）建设工程续建，用地面积3.75万平方米，建筑面积11.70万平方米，完成年度投资1.20亿元。推进社会办医项目建设，龙湾怡宁医疗康养中心（龙湾颐馨医疗康养服务中心）中高端兼顾普惠性医疗康养综合体，完成年度投资7000万元；青山体检与医学研究中心民营高端、精密医疗体检和保健项目完成年度投资1.10亿元；温州王侨骨伤医院项目用地1.29万平方米，总建筑面积2.56万平方米，地下室面积8310平方米，总投资1.56亿元，年内竣工。

【卫生健康数字化改革】 2022年，区卫健局全域构建“健康大脑+”卫生健康数字化体系。推进“数字医院”提档升级，加快推进“浙里护理”“生物安全在线”省级重大应用贯通落地，完成浙里健康e生、浙有善育、浙里急救、浙医互认省级应用，完成市特定人群看病报销一卡刷改革，医疗收费电子票据管理改革，实现医疗收费电子票据全覆盖。以打造全域未来社区省级试点为契机，建设完成智慧健康服务站32个。协同德清县、长兴县、嘉善县、龙游县、文成县、泰顺县等开展2022年省级卫生监督体系建设试点项目——“内窥镜智能监管平台”。推进数字赋能“智慧妇幼”项目建设，打造“出生缺陷三级预防一网通”平台，提供全周期服务，提供线上预约、核销、咨询6384人次。

2018—2022年龙湾区卫生健康事业经费情况一览表

表54　　单位：万元、%

年份	医院经费	卫生院补助费	防治防疫事业费	妇幼保健经费	其他卫生健康事业经费	合计经费
2018	5854.34	5884.99	3680.03	1341.13	2373.90	19134.39
2019	8980.79	7253.98	4198.16	1449.57	3311.97	25194.47
2020	19151.66	12299.03	6596.41	1325.48	2327.00	41699.58
2021	8110.86	8759.85	7355.43	1505.41	3424.43	29155.98
2022	11576.26	23622.30	18954.23	1228.02	7438.54	62819.35

2022年龙湾区卫生机构情况一览表

表55

卫生机构	编制床位（张）	职工数（人）	执业医师（人）	助理医师（人）	门（急）诊（人次）	建筑面积（平方米）	租房面积（平方米）
区第一人民医院	300	628	171	7	601315	26418	0
状元街道社区卫生服务中心（区中西医结合医院）	100	149	58	5	196012	8000	853
永中街道社区卫生服务中心	15	106	32	8	115637	2660	1061
海滨街道社区卫生服务中心	20	61	23	3	107901	0	3346
永兴街道社区卫生服务中心	23	64	21	3	109116	1845	182
蒲州街道社区卫生服务中心	12	60	24	2	115208	1120	544
瑶溪街道社区卫生服务中心	96	68	28	3	94253	4399	600
海城街道社区卫生服务中心	45	81	19	6	210141	4961	1764
沙城街道社区卫生服务中心	50	100	35	6	211705	8533	392
星海街道社区卫生服务中心	0	32	13	1	23350	2948	0
天河街道社区卫生服务中心	38	120	34	6	269940	7136	600

注：不含民办医疗机构

【中医药服务】　2022年，龙湾区持续加大中医药服务力度，巩固提升国家中医药示范区成果。投入中医药服务经费180万元，助推区级医院、街道社区卫生服务中心中医科和中药房建设，实现100%社区卫生服务中心和75.0%以上社区卫生服务站（村卫生室）提供中医药服务，累计开具中医处方（中药饮片和中医非药物疗法）46.87万张。持续保障和开展传统中医师承结对，完成10对师徒结对经费补助。

（单瑶瑶）

疾病预防控制

【概况】　2022年，龙湾区报告法定传染病15种4557例（不包括HIV感染），报告死亡1例。总报告发病率616.96/10万，死亡率0.14/10万。无甲类传染病报告，乙类传染病9种972例，死亡1例，丙类传染病6种3585例。报告发病率居前5位病种依次为流行性感冒（343.75/10万）、手足口病（113.05/10万）、肺结核（40.07/10万）、病毒性肝炎（32.09/10万）、其他感染性腹泻（25.59/10万）。报告传染病报告卡1.21万例（包括附二医），系统报告质量综合率99.9%。

【传染病防控】　2022年，龙湾区加大传染病防控力度，做好公共卫生事件应急处置工作。报告公共卫生突发事件4起，无症状感染者60例，其中诺如病毒胃肠炎聚集性疫情1起。加大结核病、艾滋病、肠道传染病、流感传染病防控力度，全区登记管理结核病人267人，报告可疑肺结核病人1093例，处理学校结核病疫情24起。全区新增HIV/AIDS 58例，累计报告760例，存活428例，在治401例。完成艾滋病自愿咨询检测525人，完成扩大人群HIV抗体检测26.20万人次。全区各肠道门诊监测采样1887例，未发现霍乱弧菌阳性标本。采集检测人感染H7N9禽流感外环境标本15份，未发现阳性标本。采集检测流感标本60份，未发现阳性标本。采集食品标本782份，完成各项监测任务。

【慢性病防治】　2022年，龙湾区加大慢性病防治工作，登记管理高血压患者3.17万人，规范管理2.26万人，规范管理率71.3%，血压控制率66.5%。管理糖尿病患者1.19万人，规范管理8453人，规范管理率70.9%，血糖控制率62.2%。全区在册在管6大类严重精神障碍患者3501人，患者检出率4.8‰，管理率97.9%，规范管理率97.2%，规律服药率86.8%，面访率95.5%。组织开展全民健康生活方式示范创建，创建健康支持性环境5家。开展重点人群结直肠癌筛查及慢阻肺免费筛查项目工作，完成结直肠癌筛查8593人，结肠镜检查416人。完成慢阻肺免费筛查项目问卷筛查1.34万人，肺功能检查3526人。

【疫苗接种】　2022年，龙湾区加强疫苗接种。累计接种国家免疫规划疫苗13.19万剂次，其中基础免疫8.43万剂次，加强免疫4.76万剂次。完成2轮脊灰麻疹疫苗集中查漏补种工作，累计摸底登记4.18万人次，补种脊灰疫苗1385人次，补种率99.3%；补种含麻疹成分疫苗1104人次，补种率98.8%。完成省政府民生实事项目——重点人群免费接种流感疫苗，累计接种7644人。

（单瑶瑶）

妇幼保健

【概况】　2022年，龙湾区连续13年保持孕产妇零死亡。辖区托育机构街道覆盖率100%，建成婴幼儿照护服务机构62家，其中民生实事点24家，提供托位2455个，普惠托位占比97.6%，每千人托位数3.30个。全区孕早期建卡率97.8%，孕产妇系统管理率95.8%，新生儿疾病（遗传代谢病）筛查率100%，完成宫颈癌筛查6242人次，乳腺癌筛查6568人次。

【妇幼保健管理】　2022年，龙湾区孕产妇系统管理率95.8%，0—6岁儿童健康管理率97.8%，高危孕产妇管理率100%，危重孕产妇抢救成功率100%，围产儿死亡率1.6‰，婴儿死亡率0.5‰，5岁以下儿童死亡率1.1‰。叶酸增补3544人，婚检率92.3%，国免检查覆盖率96.1%。计划生育技术服务（免费）覆盖率100%。宫颈癌检查完成率114.1%，乳腺癌检查完成率120.1%。

【妇幼健康特色服务】　2022年，区卫健局出台《龙湾区“促友好　助共富”妇幼健康行动方案（2022—2025年）》，推进妇幼健康事业发展。推出“护孕在线”本土特色孕产保健服务和“妇幼‘童’行，护育未来”婴幼儿养育照护品牌服务。依托全市首创“智护

2018—2022年龙湾区“四苗”接种率情况统计表

表56

年　份	卡介苗（%）	脊灰疫苗（%）	百白破疫苗（%）	麻疹（风）疫苗（%）
2018	99.82	99.06	97.97	98.47
2019	99.78	99.35	98.66	99.21
2020	99.88	99.85	99.76	99.84
2021	99.93	99.83	99.79	99.84
2022	99.95	99.80	99.83	99.87

2022年11月18日，龙湾区新生儿窒息复苏项目培训班举办

（区卫健局供图）

优生”出生缺陷三级预防一网通平台，提供7029个家庭全周期妇幼健康及三级预防线上预约、核销、咨询、宣教服务，粉丝数2.20万人。

（单瑶瑶）

公共卫生服务

【概况】2022年，龙湾区各街道社区卫生服务中心总诊疗139.18万人次，医疗费收入2.16亿元，门急诊费收入2.14亿元，平均每次门诊费用153.88元，药品收入1541万元。

【医疗民生实事】 2022年，龙湾区优化“15分钟就医圈”，完成7家社区卫生服务站改扩建。实施适龄儿童免费窝沟封闭，完成窝沟封闭5670人，完成率112.9%。在全市首推全民眼健康项目，免费检查群众1.04多万人，为2102名学龄儿童青少年提供近视矫治补助。加强居民个人电子健康档案建档工作，建立居民个人电子健康档案47.01万份，建档率80.9%，档案开放率69.0%。加强老年人健康管理工作，开展老人健康体检，体检3.28万人65岁以上老年人，健康管理率66.1%。

【家庭医生签约服务】 2022年，区卫健组建全专融合型家庭医生签约服务团队92支，常住人口规范签约人数189712人，规范签约率32.7%，重点人群规范签约率85.1%。完成残疾人家庭医生签约5949人，签约率88.9%。低收入人群签约2264人，签约率82.7%。

（单瑶瑶）

健康促进

【概况】 2022年，龙湾区持续巩固国家卫生城市创建成果，顺利通过省级综合评估。推进居民健康素养水平提升。年内龙湾区首批省级“除四害”样板村永兴街道下兴村和沙城街道烟台村通过省级验收，健康龙湾实现省级考核“三连优”。

【居民健康素养水平】 2022年，龙湾区推进居民健康素养水平提升，全区居民健康素养水平39.6%，比2021年提高3.19个百分点。“基本知识理念”“健康生活方式与行为”“健康技能”3项指标分别为55.6%、42.5%和43.3%，“科学健康观”“传染病防治”“慢性病防治”“安全与急救”“基本医疗”“健康信息”6项指标分别为69.8%、31.9%、47.6%、72.7%、39.7%和56.9%。

【省级健康细胞工程创建】 2022年，龙湾区卫健局持续巩固全国健康促进创建成果提升，开展全民健康活动全覆盖。推进省级健康细胞工程创建，创成省级健康社区（村）19个、健康单位17家、健康家庭4305户。推进

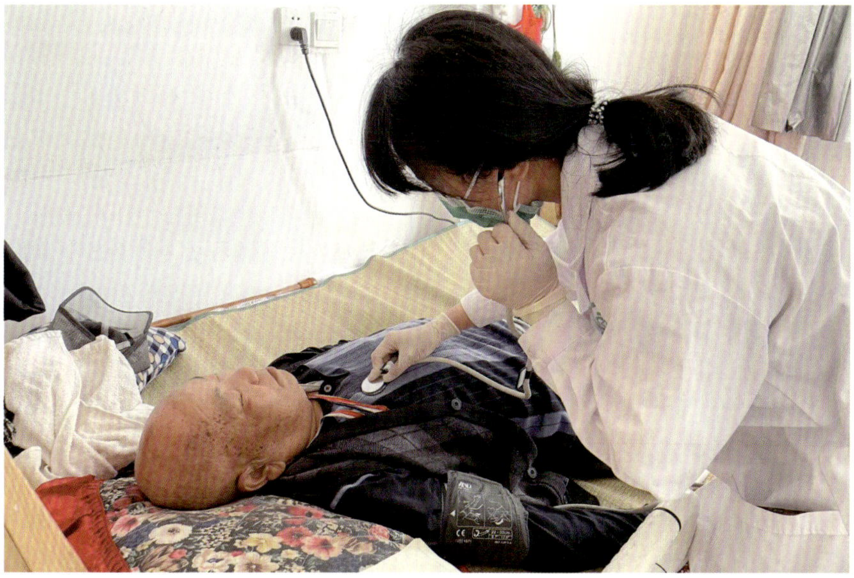

2022年10月，龙湾区卫健局组织医生入户为老年人体检

（区卫健局供图）

2022 年 7 月 28 日，关爱“伊”生健康沙龙活动暨“霞光”健康驿站启动仪式在永中街道万顺社区举行

（区卫健局供图）

健康促进学校创建，创成金牌 2 家、银牌 3 家，累计创成健康促进学校金牌 13 所、银牌 19 所、铜牌 18 所，创建率 98.0%。7 月 28 日，在永中街道万顺社区试点设立“霞光”健康驿站，开展定期驻点服务。

（单瑶瑶）

卫生监督

【概况】 2022 年，龙湾区卫健局加强卫生监督执法力度，作出行政处罚决定 347 件，其中大案要案办结 36 件，申请法院强制执行案件 4 件，罚没款共计 243.19 万元。受理办结投诉举报 70 件，实施“双随机”抽查任务 439 家次，办结医疗机构校验 243 家，医疗机构不良行为记分 108 家次。开展“非法行医”整治，集中打非专项检查 12 次，立案查处非法行医案件 9 件，罚没款 43.49 多万元。

【医疗机构巡查】 2022 年，区卫健局开展“医疗机构依法执业自查”，督促辖区内 397 家医疗机构完成医疗机构年度全面自查，签订依法执业承诺书。全年出动执法人员 1.28 万人次，检查医疗机构 3693 家次，出具监督意见书 83 份，立案查处 78 家次。

【医疗卫生“双随机”抽查】 2022 年，区卫健局结合国卫和文明城市复评工作要求，开展“四小行业”专项整治行动。联合温州市卫生监督所，出动执法人员 3373 人次，检查公共场所 900 家次，出具监督意见书 16 份，立案查处 16 家次。全年开展放射诊疗许可证校验 27 家，处理投诉举报 3 起，共立案查处职业卫生、放射卫生单位 25 家，罚没款 62.90 万元。

【监督执法数字化改革】 2022 年，区卫健局推行“线上 + 线下”监管执法模式，实现行业企业执业全程监管、监测数据精准分析、违规行为高效处置。全年累计监管诊疗行为 44.04 万次，监管卫生台账 1.88 万条，灭菌监测 2.04 万次，预警灭菌不达标 87 次，风险预警转执法平台现场核查 24 次。承接 2022 年省级卫生监督体系建设试点项目“公共卫生（沐浴场所）婴幼儿沐浴场所公用品消毒智能追溯系统”和“卫康码”应用，探索卫生健康数字化改革新领域、新方向，全区已有 5 家婴幼儿沐浴场所接入省平台。

（单瑶瑶）

医政管理

【概况】 2022 年，龙湾区卫健局推进医政管理改革，持续“三医联动”“六医统筹”改革，提质扩容“1+10+N”城市医联体，推进医联体模式下分级诊疗、现代医院制度、人事岗位管理、人员统筹使用集成改革。建设医学共享中心、技能培训中心、联合病房提高医疗服务质量，实现区域医疗服务能力整体提升。全年拓展新项目、新技术23项，比2021年增加15项，增长率187.5%；新项目、新技术诊疗人次1246人，增长55.0%；影像中心共享服务1.15万人次，检验中心共享服务116人次，消毒供应中心共享903趟次。

【城市医联体建设】 2022年，区卫健局加快城市医联体规范化建设。医联体“核心”龙一医顺利通过二甲复评。投入经费420万元，推进医联体运行、共享中心建设。医技中心、医疗质量控制中心有效运行。加大医联体服务融合，基层床位实现从“0床”到开放“64床”的突破。建立健全医联体内部双向转诊制度和流程，实现双向转诊上转14人次，下转10人次。重塑中医特色品牌，特邀市中西医结合医院专家开展新一轮10类45项中医药适宜技术培训。投入经费180万元，力促中医药在医联体成员单位中传承和推广。实施医联体同质化管理，落实院感质控培训800人次，生物安全督导20批次。

【行政审批】 2022年，区卫健局实施“无感式审批”，创新“无感备案”，由中介机构代为申报后，审批人员第一时间审核、办结，全程无须企业动手，即可“秒办”业务，办理无感备案35件。提供保姆式审批服务，方便老年人、残疾人特殊群体办件，全程指导、帮办、送证上门服务27次。完成行政审批许可2370件。

【人才队伍建设】 2022年，区卫健局加强医疗队伍人才建设，累计获得专业技术高级职称48人，其中正高级职称13人、副高级职称35人，市级“医坛新秀”6人，区第七轮专业技术拔尖人才2人，优秀青年专业人才1人。面向社会公开招聘公务员1人、事业工作人员65人。

【卫生应急】 2022年，区卫健局组建整编卫生应急管理队、突发急性传染病防控队、突发中毒事件处置队、核辐射损伤处置队、心理危机救援队、紧急医疗救援队等6支80人卫生应急专家队伍。组织开展精密智控平台应急演练、区最小单元五组实战演练、区防疫实施方案实战演练，累计参演1336人次。24小时关注微警平台值守，与龙湾区第一人民医院、龙湾区中西医结合医院、龙湾区疾控中心保持应急实时在线联动，第一时间报告、第一时间处置，完成“和对讲”模拟应答333次，处置微联动指令46次。

（单瑶瑶）

医院选介

【龙湾区第一人民医院】 2022年，龙湾区第一人民医院是二级甲等综合性公立医院，坐落在温州市龙湾区永中街道（沿海城镇）中央汇路1号，拥有50万人口，经济发达、市场繁荣的龙湾区政治、经济、文化中心——龙湾区人民政府所在地。医院占地面积3万平方米，建筑面积1.50万平方米，院内绿化绿地面积1万平方米，环境优美，景致宜人，2002年度被誉为市“花园式单位”。医院有职工300多人，卫技人员220人，其中中高级职称61人，病床280张，临床医技科室22个。现代化诊疗设备齐全，拥有进口螺旋CT、进口彩色B超、心超、脑部多普勒、电子胃镜、全自动生化分析仪、血气分析仪、血球计数仪、全自动呼吸机、麻醉机、心电监护仪、C型臂X线机、进口CR全自动摄片机，电透机等先进设备，急诊科设有高危病人监护室（ICU病房）。六层病房配备中央空调、中央供氧、中央吸引、急救呼叫系统等现代化设施。医院重视内涵建设，以“科技兴院、质量立院”为办院方针，重视专科建设和人才培养，专科特色有儿科、心血管内科、胸外科、手外科、骨伤科、体外碎石科等等。医院坚持“病人为中心，质量为核心”宗旨，全面开展诚信服务、优质医疗，为创造品牌医院而竭诚为广大病员提供满意服务。

2022年，医院业务总收入2.68亿元，比2021年增长8.8%；开展义诊活动16场，服务近2000人次，送出药

2022年9月20日，龙湾区第一人民医院迁建工程项目完成主体结构结顶

（区卫健局供图）

品总计9000多元；利用微信服务号、订阅号、官方微博、今日头条等8个运行平台进行宣传，微信公众号粉丝量11.50万人，编发推文210篇，累计发布原创视频19条；撰写医疗服务、先进典型、学科特色、健康科普对外宣传稿件143篇，其中国家级媒体13篇，“学习强国”学习平台刊发11篇；王国胜获评“浙江好人”，徐郭获评温州市第四批3·14防控中事迹突出个人，徐郭、江景润、曹小青获评温州市级、医坛新秀，张伟获评温州市德医双星医生。

【龙湾区中西医结合医院】 2022年，龙湾区中西医结合医院是由原龙湾区人民医院转型发展而来，于2019年5月正式更名为“龙湾区中西医结合医院”，制定基层中医药发展规划。2019年12月正式将区人民医院转型建设成为适应群众需求、设施设备齐全、服务功能完善、人员结构合理、中医特色突出、专科（专病）优势明显、综合服务质量优良，具有中医药特色优势中西医结合医院，医院总建筑面积8000平方米。龙湾区中西医结合医院现新门诊综合楼已正式启用医技部、手术部、住院部等配套功能。2020年8月18日，龙湾区中西医结合医院新门诊楼举行揭牌仪式。

龙湾区中西医结合医院　（区卫健局供图，摄于2022年10月）

2022年，医院业务总收入5606.22万元，比2021年增加10.5%；医院开展心超、深静脉B超、胃肠镜检查（无痛胃肠镜）等新检查项目；恢复住院部、手术室的住院及手术服务，就诊患者10多万人次；推动基本公共卫生服务工作，辖区建档人数4.89万人，建档率80.1%，动态使用率83.3%，健康档案向社会开放率65.0%；完成65岁及以上老年人体检2933人，体检率61.9%；完成规范签约17140人，规范签约率28.1%，重点人群签约覆盖率80.5%；管理高血压患者人数2972人，规范管理率70.0%，2型糖尿病患者1198人，规范管理率70.0%；重性精神障碍患者189人，管理率98.5%，患者稳定率100%。

（单瑶瑶）

体　育

温州奥体中心主体育场内场全景　　（朱进兴摄于2022年4月）

体　育

全民健身
竞技体育
青少年体育
体育产业

钟秀园晨练　（项光涨摄于2022年5月）

全民健身

【概况】 2022 年，龙湾区丰富群众体育供给，引领全民健身新风尚。举办全民健身跑线上赛、温州全民足球赛龙湾赛区选拔赛、区第五届围棋“棋王”赛、“国庆杯”全省青少年足球精英挑战赛等 30 多项群众喜闻乐见体育活动，全区各行各业参赛运动员 6000 多人。开展免费体质监测活动，实现城乡居民《国民体质测定标准》合格人数 94.5%。7 月 25 日，温州市龙湾区体育事业发展中心、温州市龙湾区体育总会、温州市龙湾区体育投资发展有限公司成立揭牌仪式在温州国际网球中心举行。

【便民体育设施改善】 2022 年，区体育事业发展中心推进便民体育设施建设。利用桥下空间、老旧房厂零星闲置场地，因地制宜建成篮球公园、滨海外国语学校篮球场、南洋体育公园、百姓健身房、全民健身广场等一批“家门口”体育设施，实现人均体育面积 2.86 平方米。全年新增村级全民健身广场 2 个，体育设施进公园 2 个，社区多功能运动场 2 个，百姓健身房 6 个，标准篮球场 2 个，室外健身苑点 20 个。投资 4930 万元打造龙江路亚运公园，入选“杭州 2022 年第十九届亚运会碳中和林”建设名单。

【第 14 个“全民健身日”健步走活动在温州国际网球中心举行】 2022 年 8 月 14 日，龙湾区第 14 个全民健身日瑶溪街道健步走活动在温州国际网球中心举行，共有 24 支队伍约 200 人参加。活动现场 24 支健步走队伍依次按照预定路线从温州国际网球中心出发，途径瑶溪村铁桥、瑶溪村溪边堤坝、林珑水舍，最终从瑶林阁折返网球中心，全程约 2.60 千米，途中分别设有出发点、补水打卡通关点、冲刺终点等 5 个点位，确保全程物资保障充足，行程安全有序。

（李　菲）

2022 年 8 月 14 日，共享社·幸福里 | 强体魄·助共富”——第 14 个全民健身日瑶溪街道健步走活动在温州国际网球中心举行

（叶晓东 / 摄）

竞技体育

【概况】 2022 年，龙湾区体育事业发展中心利用温州奥体中心加强各条线通力合作、争创省级首批赛事集聚区。利用全市首家龙湾体育投资公司投融资平台，举办 2022 年全国摔跤锦标赛、中国大众网球联赛总决赛、全国空手道青少年锦标赛、2022 龙湾半程马拉松、大型群众体育展演、长三角双球主题对话会等 5 项高规格赛事。7 月 22—30 日，2022 全国国际式摔跤锦标赛在温州奥体中心综合体育馆举行，来自全国各地代表队及特邀单位共 132 支队伍、1500 多名运动员参赛。该次比赛分男子自由式摔跤、女子自由式摔跤和男子古典式摔跤三个竞赛项目，每个跤种按体重各设 10 个级别。11 月 28 日，2022 年全国空手道青少年锦标赛在温州奥体中心体育馆开赛。

【亚运会龙湾赛区筹办工作】 2022 年，龙湾区狠抓运行体系建设、运行团队管

2022 年 3 月 9 日，第 19 届杭州亚运会龙湾赛区工作领导小组会议召开

（区体育发展中心供图）

理、运行保障协调、城市环境品质提升等各项任务落地，特别是亚运延期举办“窗口期”，按照省委、省政府提出“五项工作原则”及“四个阶段”工作任务及要求，在风险隐患排查、服务合同梳理研判、人员优化精简方案、场馆运行计划调整、场馆惠民开放、队伍作用发挥等方面做大量工作。3月9日，第19届亚运会龙湾赛区工作领导小组会议召开，组建区委书记挂帅的“1正6副1秘书长”亚运场馆运行团队组织领导架构，全力保障赛事高效运转。成立临时党总支，以党建引领亚运筹办攻坚。4月27日，区委书记、温州高新区党工委书记周一富主持召开第十九届亚运会龙湾赛区工作领导小组会议。根据杭州亚组委部署，围绕开放办赛要求，在场馆运行计划2.0版基础上，继续优化龙湾赛区任务书、赛事筹办工作进度等，于10月底编制出台场馆运行计划3.0版。完善城市配套设施建设，打造“亚运精品风景带”，推动城市环境品质和文明形象全方位提档升级。

【体教融合工作】 2022年，区体育事业发展中心加快推进“体教融合”工作。激发“体育+”融合新动能，推动33所学校与体育社团紧密结对，校园赛事年均参与人员达6000多人。组队参加21项全市青少年单项比赛，共获金牌35枚、银牌28枚、铜牌39枚，整体成绩稳中有升。省级赛事获金牌13.5枚、银牌7枚、铜牌10枚。国家级以上赛事获金牌2枚、银牌1枚、铜牌4枚。年内，王璐瑶（射击）、孙若箐（女排）2名优秀运动员分别保送四川大学、武汉体育学院就读。

【参加浙江省第十七届省运会】 2022年7月25—28日，浙江省第十七届运动会，龙湾区派出95名运动员代表温州市参加足球、篮球、排球、网球等21个大项比赛。21个大项比赛获奖牌46枚，总分568.25分，其中金牌23.5枚、银牌9.5枚、铜牌13枚，超额完成市政府下达11枚金牌指标任务，创龙湾参赛省运会历史最好成绩。

2022年12月13日，温州育英学校学生参加2022年温州市青少年（儿童）冰球锦标赛
（区融媒体中心供图）

【参加温州市青少年（儿童）冰球锦标赛】 2022年12月9—11日，温州市青少年（儿童）冰球锦标赛在龙湾区吾悦广场举行。全市有鹿城区、龙湾区、瑞安市、永嘉县4支代表队参赛，运动员近100人，设U10、U14–U12两个组比赛。鹿城区代表队、瑞安市代表队、永嘉市代表队分别获U14–U12组冠军、亚军、季军，鹿城区代表队、龙湾区代表队、瑞安市代表队分别获U10组冠军、亚军、季军。温州育英学校代表龙湾区参赛。

（李　菲）

青少年体育

【概况】 2022年，龙湾区体育事业发展中心推动33所学校与体育社团紧密结对，联合区教育局先后举办乒乓球、足球、棋类、跳绳、排球、轮滑、羽毛球、游泳青少年儿童体育赛事14项，参与运动员、教练员、裁判员、工作人员1多万人，参赛人数、规模居温州市同级前列水平。

【少年运动员培养】 2022年，龙湾区共有1049名青少年运动员通过省注册，全区符合省、市运会适龄运动员在省注册库人数累计4720人。采取推荐方式营造良好招生选材环境，全年累计向市体校、市优秀运动队输送11人，省队转正运动员1人，入选国家体育总局登山中心攀岩第一批优秀后备人才名单1人。

【龙湾区青少年乒乓球比赛】 2022年5月24—25日，龙湾区青少年乒乓球比赛在温州市乒乓球协会乒乓球馆举行。全区共有28所中小学校、290余名青少年参赛，比赛共分5个年龄段组别。温州育英学校、龙湾区实验小学获小学甲组男女团体冠军；龙湾区第二小学、龙湾区永中第一小学获小学乙组男女团体冠军；龙湾实验中学获初中男子甲乙组两个组别冠军；温州市中通国际学校获初中女子甲乙组团体冠军。

【龙湾区中小学生足球比赛】 2022年5月19—25日，龙湾区中小学生足球比赛分别在永兴体育中心、温中第二十五中学举行。赛事分小学组和初中组，小学组按照甲乙丙和男女分为6个竞赛组别，初中组分为男、女2个组别，共有28所学校的72支代表队、

2022 年 5 月 19—25 日，2022 年龙湾区中小学生足球比赛举行
（区体育事业发展中心供图）

共 810 名青少年参加比赛。龙湾区第二小学夺得小学男子甲组桂冠；瑶溪一小获男子乙组、女子丙组冠军；龙水三小摘得小学女子甲组、女子乙组桂冠；小学男子丙组冠军为温州道尔顿小学；初中男女组冠军分别为龙湾区实验中学、温第十五中。

【龙湾区青少年棋类比赛】 2022 年 5 月 28—29 日，龙湾区青少年棋类比赛在龙湾区外国语小学举行。比赛设初中、小学甲、乙、丙组别，幼儿男、女组别，竞赛项目为中国象棋、国际象棋、围棋个人赛及男女团体赛。全区 49 所中小学、幼儿园共 604 名青少年参赛，年纪最小的只有 6 岁。永兴中学、永中第一小学、区第一小学、温州市中通国际学校、区第五幼儿园分别荣获国际象棋各组别团体成绩第一名；温州市中通国际学校、区第二小学、区外国语小学、区第二小学、区欧顿雍华实验幼儿园分别获围棋各组别团体第一名；区实验中学、区第一小学、区第二小学、区第二小学、区第二幼儿园（永中园区）分别获中国象棋各组别团体第一名。

【龙湾区中小学生排球比赛】 2022 年 6 月 11—13 日，龙湾区中小学生排球比赛在永兴中学体育馆举行。比赛共有 18 个学校的 34 支代表队、共 350 名中小学生参赛，分为小学、初中男女 4 个组别比赛。状元一小、海滨二小、龙湾一小分获小学男子组前三名，状元一小、龙湾一小、海滨二小分获小学女子组前三名，温二十五中、温二十中、实验中学分获初中男子组前三名，温二十五中、温二十中、永兴中学分获初中女子组前三名。

【龙湾区青少年速度轮滑比赛】 2022 年 6 月 11 日，龙湾区青少年速度轮滑比赛在区第二外国语小学举行。全区共有 34 所小学、幼儿园的 400 余名少年儿童参加，根据年龄性别分小学男女甲乙丙、幼儿甲乙 10 个组别，项目设速度轮滑、单脚速度过桩和轮滑平地回转三个大项。永兴第一小学、区第二小学、温州育英学校获小学组团体总分前三名，区欧顿雍华实验幼儿园、区二幼、区十幼获幼儿组团体总分前三名。

（李　菲）

体育产业

【概况】 2022 年，龙湾区体育事业发展中心线上线下双向发力，盘活民间资

2022 年 6 月 11—13 日，龙湾区中小学生排球比赛在永兴中学体育馆举行
（区体育发展中心供图）

改造提升后的温州国际网球中心全景

（区体育发展中心供图，摄于 2022 年 12 月）

源，鼓励社会力量参与建设区级全民健身中心，天萌、卓诗尼体育综合体，永兴体育中心（二期）体育基建项目。启动冠脉堂智慧体育角项目，构建“线上”参赛场景。招引“信唐智创”电竞项目落户龙湾，丰富群众体育新业态。推进体育社团“三化五有”改革，基本实现辖区“1+8”体育社团全覆盖。全区 1000 多处体育场地、3000 名体育社会指导员、22 个单项体育均录入“浙里办”体育公共服务专区，拓展智慧体育服务。

【发展“双球”运动】 2022 年，龙湾区推进“双球”运动发展，区政府出台《区委大力发展“双球”运动，促进全民健身的实施意见》，投资 1 亿元实施网球中心场馆提升扩建工程。依托奥体中心场馆优势，引进张玉宁足球俱乐部，举办全区业余足球联赛，推动足球运动普及。

【浙江省运动休闲旅游示范基地】 2022 年 10 月 8 日，浙江省体育局与浙江省文化和旅游厅联合发文公布 2022 年度浙江省运动休闲旅游示范基地、精品线路和优秀项目认定名单，龙湾网球项目——温州瑶溪钟秀园公园入选 2022 年度浙江省运动休闲旅游优秀项目。

【发展赛事经济】 2022 年，区体育事业发展中心推进体育赛事举办催生新的经济增长点，实现以体促旅，体旅融合，推动赛事经济发展。在温州奥体中心举办 2022 年全国国际式摔跤锦标赛和全国空手道青年、少年锦标赛 2 项重磅赛事，10 天时间，累计食宿龙湾 3000 多人，消费金额 1200 多万元。

（李　菲）

2022 年龙湾籍运动员参加省级以上赛事成绩一览表

表 57

时间	地点	竞赛活动名称	参赛人	年龄组	小项	名次
3 月 3—8 日	金华	第 42 届“迎春杯”浙江省青少年（儿童）游泳锦标赛	陈　晨	13 岁女子组	自由泳全能	2
					800 米自由泳	3
			黄诗涵	12 岁女子组	蛙泳全能	3
4 月 6—11 日	杭州临安	2022 年全国空手道锦标系列赛（第一站）比赛	项佳豪		男子 60 公斤	1
6 月 23—28 日	台州	2022 浙江省田径锦标赛	汤忠达	15—16 岁男子组	撑杆跳高	1
			韩枝延	13 岁女子组	撑杆跳高	1
			林恩欣	13 岁女子组	跳远	1
					60 米栏	1
			张杰灵	13 岁女子组	跳远	2
			季正豪	17—18 岁男子组	800 米	2
			周梓欣	18 岁女子组	100 米	2

续表 57

时间	地点	竞赛活动名称	参赛人	年龄组	小项	名次
7 月	宁 波	2022 浙江省青少年田径冠军赛	张 衍	15 岁男子组	标枪	1
			张杰灵	13 岁女子组	60 米栏	1
					跳远	2
			林恩欣	13 岁女子组	100 米	2
			全依晨	12 岁女子组	跳高	2
			林恩欣	13 岁女子组	跳远	3
			张栩涵	14 岁男子组	四项全能	3
			郑新柏	15 岁男子组	跳远	3
					三级跳远	3
			邵筠博	15 岁男子组	100 米	3
7 月 5—7 日	台州市体育中心网球中心	2022 年浙江省中小学生网球积分排名赛（第一站）	张 扬	男甲组	单打	2
			涂峻赫	男甲组	双打	3
7 月 10—12 日	浦江县体育中心体育馆	2022 年浙江省青少年空手道锦标赛	张文浩	男甲组	组手 61 公斤	3
7 月 10—12 日	台州市体育中心网球中心	2022 年浙江省中小学生网球积分排名赛（第二站）	涂峻赫	甲混组	双打	1
			张益翔	甲混组	双打	2
			王一开	男甲组	单打	3
			赵黄琦	男丙组	单打	3
7 月 15—19 日	义乌梅湖体育中心体育馆	2022 年浙江省青少年女子排球锦标赛	郑钧倚，徐锦瑞，刘止嫣，季千慧	女子乙组		2
			陈温琦，周淇帆	女子甲组		3
7 月 19—23 日	宁波市奉化中学	2022 浙江省少年儿童田径冠军赛	张 衍	15 岁男子组	标枪	1
		2022 浙江省少年儿童田径冠军赛	张杰灵	13 岁女子组	60 米栏	1
			张杰灵	13 岁女子组	跳远	2
			林恩欣	13 岁女子组	100 米	2
			全依晨	12 岁女子组	跳高	2
			林恩欣	13 岁女子组	跳远	3
			张栩涵	14 岁男子组	四项全能	3
			郑新柏	15 岁男子组	跳远	3
					三级跳远	3
			邵筠博	15 岁男子组	100 米	3

续表 57

时间	地点	竞赛活动名称	参赛人	年龄组	小项	名次
7 月 20—27 日	仙居县职教中心体育馆	2022 年浙江省青少年（儿童）乒乓球锦标赛	孙泽耀、李恩泽、林政男	C 组	男子团体	3
			李羽童	B 组	混合双打	3
7 月 22—28 日	安吉	2022 年浙江省青少年男子排球锦标赛	夏毅、金国富	男子甲组	排球	2
7 月 27 日至 8 月 1 日	金华市体育馆	浙江省第十七届运动会拳击	吴玉飞	男子乙组 46 公斤	拳击	3
8 月 3—9 日	磐安县新城中学体艺馆	浙江省第十七届运动会举重	李　瑞	男子乙组 +81 公斤	举重	1
8 月 3—9 日	浙江省射击射箭自行车运动管理中学	浙江省第十七届运动会射击比赛	姜恩典	男子乙组 10 米气手枪（60 发）团体第二	射击	2
			邵钰添	女子乙组 10 米气手枪（60 发）团体第三	射击	3
8 月 8—10 日	江西全南	2022 第六届全国少年攀岩锦标赛暨 2022 全国青少年 U 系列攀岩联赛（江西全南站）	王子涵	U11	男子攀石	3
8 月 17—22 日	江西九江	2022 年第九届中国中学生网球锦标赛 CTJ–A1600	王子婕		网球	2
9 月 1—4 日	武义县实验中学和武义县茭道镇朱王村	浙江省第十七届运动会短式网球	陈洛珂		女子团体	3
			陈洛冰		女子团体	3
9 月 1—8 日	义乌市梅湖体育中心体育馆	浙江省第十七届运动会羽毛球	王博文	乙组男子团体	羽毛球	2
9 月 15—23 日	金华市体育馆、金华市炜达篮球馆	浙江省第十七届运动会男子甲组篮球比赛	张彬宇	男子甲组	五人制篮球	3
9 月 12—18 日	义乌市梅湖体育中心体育馆	浙江省第十七届运动会男子丙组排球比赛	王馨磊	男子丙组	排球	3
9 月 15—19 日	金华市体育中心体育馆	浙江省第十七届运动会体操比赛	章弈璇	女子丁组	团体	3
9 月 16—18 日	嘉兴	2022 年浙江省中小学生网球积分排名赛（第三站）	涂峻赫	甲混组	双打	1
			张扬	男甲组	单打	3
9 月 17 日	斯洛文尼亚	斯洛文尼亚青年羽毛球挑战赛	沈烜垚		混双	1
9 月 18—22 日	武义县第一中学	浙江省第十七届运动会跆拳道	周锦慧	男子乙组 56 公斤	跆拳道	3
9 月 21—27 日	义乌市梅湖体育中心体育馆	浙江省第十七届运动会女子乙组排球	徐锦瑞	女子乙组	排球	1
			郑钧倚	女子乙组		
			季千惠	女子乙组		
			刘芷嫣	女子乙组		
10 月 26 日至 11 月 2 日	江西庐山	第二十六届全国软式网球冠军赛	杨一涵		单打	3

续表 57

时间	地点	竞赛活动名称	参赛人	年龄组	小项	名次
10 月 26 日至 11 月 2 日	江西庐山	第三十四届全国软式锦标赛	杨一涵		团体	1
10 月 26 日至 11 月 2 日	江西庐山	第三十四届全国软式锦标赛	杨一涵		单打	3
10 月 30 日	日本东京	2022 年世界羽毛球锦标赛	沈烜垚		混双	3
10 月 30—31 日	湖北黄石	2022 全国 U16 田径锦标赛	张　衍	U16	男子标枪	2
			邵錡博	U16	男子跳远	3
11 月 2—3 日	浙江湖州	2022 年长三角田径短跨跳及接力项群赛	韩　涛		男子撑竿跳高	2
11 月 4—6 日	浙江台州	2022 年 U 系列田径联赛（浙江台州站）	许若瑶	U20	跳高	1
11 月 19—24 日	东阳市横店明清宫苑射箭场	浙江省第十七届运动会射箭比赛	邵一轩	男子乙组个人淘汰赛（60 米）	射箭	2
			邵君杰	甲组混合团体淘汰赛（70 米）	射箭	3
			邵一轩	乙组混合团体淘汰赛（60 米）	射箭	3
			甘思婷	女子丙组团体淘汰赛（30 米）	射箭	3
11 月 19—26 日	义乌市梅湖体育馆	浙江省第十七届运动会女子甲组排球比赛	周淇帆	女子甲组	排球	2
			陈温琦	女子甲组	排球	2
11 月 19—26 日	义乌市梅湖体育馆	浙江省第十七届运动会男子甲组排球比赛	卢圣阳	男子甲组	排球	2
11 月 22—27 日	金华市体育中心游泳馆	浙江省第十七届运动会游泳比赛	李芊浔	女子 10 岁组	蛙泳全能	1
					4×100 米自由泳接力	1
					4×50 米混合泳接力	1
				女子 10 岁组	200 米个人混合泳	2
				10 岁组男女混合	4×100 米混合泳接力	2
			李芊浔	女子 10 岁组	4×50 米自由泳接力	2
			李城宇	男子 13 岁组	4×100 米混合泳接力	2
			李芊浔	女子 10 岁组	400 米自由泳	3
			李城宇	男子 13 岁组	4×100 米自由泳接力	3
			李城宇	男子 13 岁组	800 米自由泳	3
			蔡礼丞	男子 12 岁组	4×100 米混合泳接力	3

续表 57

时间	地点	竞赛活动名称	参赛人	年龄组	小项	名次
11 月 23—27 日	金华市体育中心体育场	浙江省第十七届运动会田径比赛	张杰灵	13 岁及以下组	女子 60 米栏（60 米 + 立定跳远）	1
					女子跳远（60 米 + 立定跳远）	1
			韩枝延	13 岁及以下组	女子撑竿跳高（60 米 + 立定跳远）	1
			林恩欣	13 岁及以下女子组	跳远（60 米 + 立定跳远）	2
			孔英杰	17—18 岁男子组	1500 米	3
11 月 28—30 日	浙江温州	2022 年全国空手道青年锦标赛	张文浩	青年	青年男子团体组手	3
		2022 年全国空手道少年锦标赛	黄　婧	少年	女子团体组手	3
				少年	团体型	2
12 月 9—11 日	宁波市鄞州网球中心	2022 年浙江省青少年（儿童）网球锦标赛	涂峻赫	甲混	双打	1
			张　扬	男甲	团体	2
			孙宇航	男乙	团体	2
			王佳楠	男乙	团体	2
			张渤宁	男丙	团体	2
			戴　维	男丙	团体	2
			涂峻赫	男甲	团体	3
			王一开	男甲	团体	3
			姜雨辰	女丙	团体	3
			王凌晨	女丙	团体	3
			张铭远	男丁	团体	3
			陈乐心	女丁	团体	3

社会生活

2022年9月3日，“龙湾区慈善幸福基金”成立捐赠仪式举行　　（区融媒体中心供图）

社会生活

人口家庭
收入消费
劳动就业
社会保险
医疗保障
住房保障
社会救助
基层治理
老龄服务
移民事务
新居民服务
慈善事业
民族宗教事务
精神文明建设

犁头垟公园全景　（严艳影摄于2022年8月）

人口家庭

【人口监测】 2022年，温州市龙湾区户籍总人口344939人，总户数88556户，男女性别比106.4∶100（女性为100），当年出生人口2534人，死亡人口1729人，人口出生率7.4‰，人口死亡率5.02‰，人口自然增长2.34‰。全区户籍当年出生1966人，比2021年减少156人，减幅7.4%，其中一孩出生1117人，一孩率56.8%，上升3.6%；二孩出生758人，二孩率38.6%，下降4.7%，多孩（含三孩及以上）出生88人，多孩率4.5%。二孩率下降幅度比较大，群众生育意愿不足。从近五年数据来看，全面两孩政策调整后两年，一孩率持续下降，二孩率明显升高，孩次结构变动较大，2018年以来，预测二孩出生人口高峰期已过，出生人数特别是二孩人数持续减少，二孩率逐年降低，随着三孩政策实施效应逐步显现，孩次结构将趋于一个新平衡。

2022年11月22日，龙湾区婴幼儿照护“医育结合”签约暨童享龙湾婴幼儿成长驿站启动仪式举行（区卫健局供图）

【婚姻与收养登记】 2022年，区民政局办理结婚登记1813对，离婚登记421对，查档914人次。补领结婚登记388对，补发离婚证57件，婚姻登记全省通办跨区域登记467对，婚姻登记合格率100%。提供离婚适度调解专业服务，共提供婚姻调解服务143对。2022年共收养登记2对。

【家庭发展】 2022年，龙湾区常住家庭户数88556户，家庭平均规模3.89人。家庭人口数以3—4人为主。城镇家庭常住居民人均可支配收入72953元，农村家庭常住居民人均可支配收入47610元。全年全区办理结婚登记1813对，离婚登记421对。

【三孩政策落实】 2022年，龙湾区高度重视人口工作，推动国家三孩政策落地实施，确保《浙江省人口与计划生育条例》中育儿休假制度等配套措施执行到位。强化生育登记信息共享，按规定及时、足额给付女职工生育医疗费用和生育津贴待遇，并配合建立以基本医保为主体、普惠托育、生育保险津贴等多种形式补充多层次家庭生育保障体系，推动生育友好型社会建设。全年女职工生育医疗费用报销人数3013人，报销金额合计3259万元；女职工生育津贴待遇享受人数3013人，发放金额合计4450万元。

【婴幼儿照护服务】 2022年，龙湾区托育机构街道覆盖率100%，建成婴幼儿照护服务机构民生实事点24家，在“浙有善育”平台登记备案61家，提供托位2455个，每千人托位数3.3个。建成5家婴幼儿成长驿站，成立养育照护小组讲师团，累计开展养育照护小组课程50场，父母课堂2期，

2018—2022年龙湾区户籍出生人口情况一览表（全员人口报表）

表58

年　份	当年户籍出生人口（人）	一孩出生人数（人）	一孩率（%）	二孩出生人数（人）	二孩率（%）
2018	3463	1477	42.65	1847	53.33
2019	3099	1412	45.56	1562	50.40
2020	2515	1275	50.70	1126	44.77
2021	2122	1130	53.25	917	43.21
2022	1966	1117	56.82	758	38.56

2018—2022年龙湾区结婚、离婚登记情况一览表

表59

年　份	结婚（对）	离婚（对）
2018	2257	670
2019	2061	626
2020	1895	706
2021	1929	380
2022	1813	421

定制育儿短视频10个，在“学习强国”上播放；龙湾区家庭科学育儿知识普及率85.1%；完成街道社区卫生服务中心和辖区托育机构“医育结合”签约；对全区24家民生实事托育机构，开展卫生保健，疫情防控，消防安全等工作指导60多场，促进机构规范运营；组织开展托育机构从业人员专业知识培训及卫生保健人员婴幼儿照护知识培训共8场，照护服务机构工作人员岗位专业知识实训100%。

【殡葬管理】 2022年，龙湾区民政局推进殡葬改革。加强公墓管理、私坟综合治理，推进青山白化治理工作。实施“浙里逝安”殡葬管理“一件事”全省试点工作。完成私坟生态化改造3400座，拆除各类新建、翻新私坟共计127座。开展殡葬用品市场专项整治，查处销售、储存迷信殡葬用品等个体经营户20多户。实行丧事代办服务，代办户数1090户，共减免丧事代办服务费70.63万元。检查发现违规出殡221例，予以登报公开检讨9例。

（方赛赛）

收入消费

【概况】 2022年，温州市龙湾区城镇常住居民人均可支配收入7.30万元，比2021年增长4.2%;城镇居民人均消费支出4.77万元，增长5.8%。农村常住居民人均可支配收入4.76万元，增长7.2%；农村居民人均消费支出3.15万元，增长9.5%。

【居民收入】 2022年，龙湾区城镇居民人均可支配收入7.30万元，绝对值在全市排第五位，绝对值低于全市平均水平373元，为近五年首次低于全市平均水平，增幅低于全市平均水平1个百分点。从全年看，收入增幅与全市差距逐步扩大，前三季度差距扩大0.4个百分点。人均工资性收入4.13万元，比2021年增长4.0%，占可支配收入的比重为56.7%，减少0.4个百分点，人均经营净收入实现2.06万元，增长4.1%，占可支配收入的比重为28.3%，与2021年持平。人均财产净收入实现8055元，增长4.8%，增幅比2021年提高1.6个百分点，占可支配收入的比重为11.7%。人均转移净收入2930元，增长7.3%，占可支配收入的比重为4.0%，在四项收入中增幅最大。

【居民消费支出】 2022年，龙湾区城镇居民恩格尔系数27.9%，比2021年下降0.3个百分点；居住占消费支出比重增加0.4个百分点。居民外出休闲娱乐活动频次减少，外出饮食减少，居家时间增加，带动居住消费支出占比大幅增加，食品烟酒和教育文化娱乐消费大幅减少。城镇居民人均消费支出4768元，增长5.8%。按季度分，一季度居民生产生活稳定，消费热情高，增长10.8%；二季度受疫情冲击，居民消费增幅下降，比2021年上半年增长7.2%；三季度疫情防控形势趋于稳定，但居民消费仍处低谷，前三季度增长5.4%；四季度呈现回暖态势，比2021年增长5.8%。城镇居民八大类消费支出情况：交通通信消费增长19.5%、居住消费增长12.6%、食品烟酒消费增长5.2%、生活用品及服务消费增长4.2%、其他用品和服务消费增长2.8%、衣着消费增长1.6%、医疗保健增长0.3%、教育文化娱乐消费下降15.3%。在各类消费支出中，培训补课消费、旅游消费、电影消费受疫情影响最为严重。

【市场物价】 2022年，龙湾区重要商品价格涨跌互现，供应充足。从全年变化来看，粮食、食用油价格稳中略涨，肉类价格涨幅明显，水产品价格呈季节性波动，蔬菜价格稳中有降，石油液化气价格持续攀升。

粮食、食用油价格稳中略涨。粮食市场供应充足，粮食价格稳定，列入监测后浪籼米1号、安徽中国红晚籼米、安徽产红满堂长粒香大米、东北产五常昌原长粒香大米、江苏产渔乡苏北大米零售价分别稳定在5.60元/千克、5元/千克、4.58元/千克、5.18元/千克、4.76元/千克，同比持平；黄豆、红小豆、绿豆、玉米粉零售价分别稳定在7元/千克、12元/千克、12元/千克、6元/千克，同比持平。特一等面粉零售价下降为2.28元/斤。金龙鱼特香纯正花生油、金龙鱼第二代调和油零售价分别为109.90元/5升、82.90元/5升，金龙鱼一级大豆油、鲁花牌压榨菜籽油零售价分别65.80元/5升、125.90元/5升，涨跌互现。

猪肉价格全年稳中有降。第四季度，传统腊肉制作消费带动肉类需求增长，猪肉价格小幅上涨，根据永中农贸市场20日监测数据显示，12月适合制作腊肉的精瘦猪肉、肋条猪肉、带皮后腿肉、猪肋排零售价分别48元/千克、50元/千克、44元/千克、60元/千克。牛腱子肉、牛腩零售价分别为110元/千克、84元/千克，全年基本稳定。新鲜带骨羊肉冬季无销售，第三季度偶有销售，零售价96元/千克。白条鸡肉、乌骨鸡肉、鸭肉零售价分别稳定在30元/千克、30元/千克、50元/千克，同比持平；鸡场蛋零售价涨跌互现，12月份价格为13元/千克。

水产品价格季节性波动。一季度春节期间，水产品价格呈节日性上涨，节后回落，二季度禁渔期开始后水产品价格整体上涨，淡水鱼价格随之上涨。三季度从8月开始至9月中旬禁渔期全面结束，水产品价格逐渐回落。四季度，海鲜产品受冷空气等天气因素影响市场供应量不稳定，价格波动上涨，12月，淡水鱼零售价分别稳定在鲫鱼30元/千克、草鱼24元/千克；鲤鱼、鲢鱼基本无销售。列入监测的7种海产品零售价格与上月同期相比呈“3平、4涨”态势，条重500克左右的黄鱼价格稳定在60元/千克，条重500克左右的鮸鱼价格上涨为50元/千克，条重250克左右鲳鱼价格上涨为190元/千克，梭子蟹零售价上涨200元/千克，条重50—100克左右子梅鱼价格上涨为100元/千克，条重250克左右的带鱼价格稳定在

60元/千克，海虾价格稳定在70元/千克。

蔬菜均价整体波动运行。从全年变化来看，蔬菜价格主要受季节性波动规律和天气因素两方面影响，前三季度，受寒潮和节日影响，蔬菜市场供应收紧，价格先涨后跌；四季度蔬菜价格继续上涨，年末蔬菜价格基本回落。

石油液化气价格震荡上行。液化气价格持续高位运行，价格监测数据显示，液化气全年总共经历6次调价，其年平均零售价格139.81元/14.5千克，比2021年上涨21.15%。整体来看，上半年液化气价格小幅上涨，下半年在高位平稳运行。12月份，液化气平均零售价格140元/14.5千克，月环比持平。

建材材料价格稳定。12月，强度42.50散装水泥销售价格稳定在510元/吨；线材（普线6.5，Q235）销售价格稳定在4360元/吨；多孔砖（小仑）、琉璃瓦、砂石料、高压聚乙烯棚膜价格分别稳定在1元/块、3.55元/块、15元/千克、155元/立方米，同比持平。从全年变化来看，1—8月水泥市场价格小幅波动运行，9—12月持续大幅上涨。

（陈苗苗　潘毓锦）

劳动就业

【概况】　2022年，温州市龙湾区开展稳就业惠民生攻坚行动，全区新增城镇就业人员1.17万人。开展新春公益双线招聘等“线上+线下”系列活动，拓展应用“龙湾闪聘”线上平台，发布就业岗位5000多个，促成对接或达成意向1350多人次，就业创业工作获省政府督查激励。

【创业孵化平台建设】　2022年，区人力社保局强化创业平台引领，依托浙南科技城建设，打造科技创业创新孵化平台，发放创业担保贷款2429.80万元，扶持创业258人，带动就业855人。年内，浙南科技城创谷海龟科技园（龙湾）获评省级创业孵化示范基地，中国眼谷中央孵化园等3个园区获评市级创业孵化示范基地。

【高校毕业生就业】　2022年，区人力社保局推进“510+行动计划”。举办双线引才活动64场，开拓高校毕业生招引就业岗位2万个，设立高校人才工作联络站9家，为企业招引急需人才2000多人。结合特色产业需求推出实习岗位，吸引大学生到龙湾实习1069人。

2022年2月14—20日，龙湾区（高新区）新春公益双线招聘会在万达广场举行
（区人力社保局供图）

【困难群体就业】　2022年，区人力社保局牵头起草出台《龙湾区促进低收入群体就业工作实施方案》，推进低收入群体就业。完成失土农民和贫困劳动力职业技能培训5071人次，落实助企纾困政策，累计发放失业保险金、失业补助金、稳岗补贴等就业类补助补贴约9512万元。设立零工驿站，培训家政服务人员1950人次，新增家政服务人员持码1600人。

【职业技能培训】　2022年，区人力社保局完成“浙派工匠”技能人才培训2.20万人次，新增技能人才1.07万人、高技能人才3619人，完成率分别134.1%、214.7%和150.8%。2人入选“浙江工匠”。新增职业技能等级认定试点企业54家，13794人经过试点企业取得认定证书。开展区级职业技能大赛5场，1060人取得技能证书。

【劳动保障监察】　2022年，区人力社保局制定《龙湾区根治欠薪“大排摸、大预警、大化解”专项行动实施方案》，开展清理整顿人力资源市场秩序等专项执法行动，严厉打击拖欠工资、非法用工等违法行为，巡查检查用人单位2400多家，受理劳资纠纷8983件，追讨工资3.80亿元。处理劳动争议案件702起，涉案金额7110.61万元，结案率91.0%。成功化解名匠家具、永兴轩宇制邦、翼通航空公司等群体性欠薪案件。优化工伤认定机制，受理工伤认定3221件，依法办结2912件，完成工伤理赔1.20亿元，办结率90.4%，工伤认定复议诉讼保持“零败诉”。

（王思懿）

社会保险

【概况】　2022年，温州市龙湾区区本级参加职工基本养老保险40.86万人（含退休人员），参加失业保险人数

21.11 万人，参加工伤保险人数 50.77 万人。全区新增被征地农民参保 2217 人，完成被征地农民基本生活保障待遇提标 1.28 万人；落实社保缓缴政策，办理缓缴企业 126 家，金额累计 2.47 亿元。

【养老保险】 2022 年，区人力社保局落实企业职工基本养老保险省级统筹制度，稳步放开灵活就业人员参加企业职工基本养老保险户籍限制，全区户籍法定人员基本养老保险参保率 95.8%。企业职工基本养老保险缴费人数 1.87 万人，净增数全市第一。城乡居民养老保险基础养老金最低标准由每人每月 270 元提高至 315 元。

【工伤保险】 2022 年，区人力社保局参加工伤保险人数 50.77 万人。工伤保险基金支付 1.42 亿元，比 2021 年增长 17.0%。

【失业保险】 2022 年，区人力社保局落实失业保险助企纾困政策。持续实行全国统一失业保险阶段性减税降费政策，失业保险缴费比例 1.0%，其中用人单位缴费比例 0.5%，参保人员缴费比例为 0.5%。落实失业保险稳岗返还政策，全年龙湾区失业保险基金共返还资金 3454 万元，惠及企业 7828 家，稳定岗位超过 8.5 万人次。

【社保服务】 2022 年 3 月，区人力社保局入选省承接人社部社银合作承接人社政务服务”（简称“社银通”）标准化试点地区。全年，在海滨街道、万顺社区、永昌社区、金御湾小区先行打造一批特色主题试点网点，创建省标社银合作网点 41 家，其中 A 类 4 家、B 类 25 家、C 类 12 家，社保、就业类办件量办理件数稳居市内四个区第一。

【社保基金监管】 2022 年，区人力社保局加快社会保险基金管理提升年行动。开展社保基金安全“警示教育月”活动，开展社保基金监督工作，全年处理疑点信息 934 条，追回社保基金 21.19 万元。

（王思懿）

医疗保障

【概况】 2022 年机构改革后，温州市龙湾区成立医保数据迁移工作专班，完成业务数据整体迁移，实现业务数据统筹管理，业务办理口径统一，做到群众无感衔接。全年做好基本医疗保障工作，参保人数 44.79 万人（含温州经济技术开发区）；做好长期护理保险，完成参保人数 14.70 万人（含温州经济技术开发区）；做好商业补充医疗保险，推广“温州益康保”，与基本医保紧密衔接，发挥梯次减负作用；参保人数 22.49 万人（含温州经济技术开发区），参保率 51.0%，排名全市第二；做好医保行业监管，优化医保服务。做好慈善医疗救助，携手温州唯一的世界五百强企业青山控股集团有限公司成立龙湾区慈善医疗救助共富基金，筹资规模 300 万元。

2022 年 11 月，龙湾农商银行窗口正在为市民办理社保业务（区融媒体中心供图）

【医疗保险】 2022 年，龙湾区（含温州经济技术开发区）基本医疗保障参保 44.79 万人，其中城乡居民基本医保参保 23.34 万人，城镇职工基本医保参保 21.45 万人。全年职工医保基金支出 4.55 亿元，城乡医保基金支出 1.38 亿元。

【生育保险】 2022 年，龙湾区（含温州经济技术开发区）生育保险参保人数 21.45 万人，生育保险支出 1315 万元、生育津贴 2619 万元。

【大病保险】 2022 年，龙湾区（含温州经济技术开发区）大病保险参保人数 44.79 万人，大病保险赔付 240 万元。

【长期护理保险】 2022 年，龙湾区（含温州经济技术开发区）做好长期护理保险，完成参保人数 14.70 万人，其中在职参保人数 13.38 万人，退休参保人数 1.32 万人。全年享受长护险待遇 118 人，其中亲情护理 22 人，机构护理 96 人，待遇支付共计 188.06 万元。

【医保重点领域改革】 2022 年，龙湾区医保分局（以下简称区医保分局）推进医保重点领域改革。推进数字化改革，实现“智慧医保”系统上线平稳落地，79 家两定机构入网零差错。推进电子凭证推广应用，电子凭证结算率 40.6%，排名全市第三。推进定点医疗机构异地开通，定点医疗机构异地开通率 100%。推进医保支付方式改革，年度 DRG 清算龙湾为市本级唯一正值区。理顺医疗服务诊疗比关系，取消药品加成实行药品“零差率”管理，同步规范诊疗行为。10月，温州市首家医保定点盲人医疗按摩所落地龙湾，开启盲人推拿治疗纳入医保支付新篇章。

【医保行业监管】 2022年，区医保分局加强医保行业监管。开展两次系统数据采集工作，涵盖医保医师、医保护师、医保药师、定点医疗机构、定点零售药店参保单位和参保人覆盖率100%。联合市监、卫健等部门完成本年度不低于5.0%两定机构“双随机”抽查，涉及违规人数1955人次，违规金额2.80万元。

【医保服务优化】 2022年，区医保分局迭代升级“五险直通车”服务，窗口工作人员通过叫号系统直接推送即可实现一次申报取号、两个部门直通办理。永兴街道便民服务中心打造市级医疗保障基层服务示范点，分别将20项和12项高频业务延伸至街道便民服务中心、村居（社区）服务站点办理，实现基层群众办理高频医保事项“不出村”、疑难医保事项“不出街镇”。推出午间错时、下班延时、电话预约等服务，设置咨询台专人值班制度，通过直接现场解答或引导网办处理部分简易、高频事项，有效分流窗口压力。

【幸福基金·医保纾困基金签约仪式举行】 2022年10月25日，龙湾区幸福基金·医保纾困基金签约仪式在青山总部大楼举行。该基金由区医保分局、区慈善总会和青山控股集团有限公司共同成立，筹资规模300万元，专门用于特困、低保、低边和纳入低保、低边因病致贫对象及其他特殊困难人群的慰问和困难帮扶。

（吴顺雷　周庆力）

住房保障

【概况】 2022年，温州市龙湾区聚焦精准施策，落实“应保尽保”原则，持续深化公共租赁住房保障工作，全区公租房补贴累计在保3339户，实物配租在保284户，累计发放补贴1232.61万元。全年龙湾区人才住房建设全市排名第一，向上争取租赁住房保障和城市建设专项资金共计2915万元。

【人才住房保障】 2022年，龙湾区住建局推进人才住房保障工作，将人才住房货币补贴工作纳入“温州市利民补助一键达系统”，累计发放租购补贴997多万元，惠及1453人。组织开展常态化人才住房配售2次，筹集增补玖誉湾人才配建房房源总建筑面积1.48万平方米，共计141套，全区常态化配售人才房源库累计422套。

【保障性租赁住房建设】 2022年，龙湾区加快发展保障性租赁住房，组织成立区保障性租赁住房领导小组，建立2021—2022年保障性租赁住房建设筹集项目库、温州市龙湾区“十四五”保障性租赁住房培育项目库、龙湾区保障性租赁住房银企合作支持清单，研究出台《龙湾区加快发展保障性租赁住房建设实施细则》，筹建保障性租赁住房项目20个，共计6851套。

【住房补贴发放】 2022年，龙湾区住建局落实“应保尽保”工作原则，做好中低收入困难家庭公租房保障工作。2022年度发放公共租赁住房补贴1409.90万元，惠及5265户次。其中，发放环卫一线职工补贴177.30万元，共计1926户次。

（王依纯）

社会救助

【概况】 2022年，温州市龙湾区民政局推进老年友好城市建设，出台《关于龙湾区高水平建设全域老年友好城市暨“未来康养智城”的实施意见》，永中街道为老年康养智城项目纳入“浙里康养”基本康养公共服务直达试点。推动社会救助集成改革，出台《龙湾区社会救助家庭就业收入认定和就业成本扣减办法》，重点推进低收入家庭综合帮扶集成改革工作，惠及困难家庭200多户。

【救助体系建设】 2022年，龙湾区健全区级现有救助体系，完善《龙湾区社会救助一事一议实施办法》等机制。出台《龙湾区社会救助家庭就业收入认定和就业成本扣减办法》，重点推进低收入家庭综合帮扶集成改革工作。开展低收入家庭第二类对象申请认定以及低收入家庭综合帮扶系列工作，建成区社会救助服务联合体、区未成年人救助保护中心，以及街道级助联体服务站5个，街道级未成年人保护工作站7个、村社级助联体服务点23个，村社示范型儿童之家5个。

【“真爱到家”救助服务】 2022年，区民政局深化“真爱到家”救助服务品牌建设，持续做好“幸福清单”标准化工作，实现“探访关爱率、幸福清单送达率”100%。开工建设区级助联体与“区慈善家园”。5个街道的“真爱到家”助联体服务站挂牌成立，完成村社“真爱到家”助联体服务点调查排摸工作。

【最低生活保障】 2022年，龙湾区在册最低生活保障对象1267户1948人。从2022年10月1日起，城乡居民最低生活保障标准由每人每月886元调整到每人每月1035元。2022年累计发放最低生活保障金1748.82万元。

【人道救助】 2022年，龙湾区持续开展人道救助工作。区红十字会成立60多名精英骨干队员组成红十字救援队。在元旦、春节期间开展“博爱送万家”活动，全年慰问、救助各类困难群众200户，共计20万元。发放第六届龙湾区中小学励志奖学金13.20万元，惠及36名学生，累计发放奖学金80.40万元，惠及210名学生。全年共发放各类慰问、救助资金714.21万元，惠及困难群众、困难大病患者、困难学生、困难帮扶党员等14064人次。

【临时救助】 2022年，龙湾区临时救助人员169人次，全年累计发放临时救助金23.35万元。

【特困人员供养】 2022年，龙湾区在册特困人员37人。从2022年7月1日起，特困人员基本生活保障从每人每月1630元调整到1878元，集中供养的特困人员照料护理费用分完全丧失生活自理能力、中度丧失生活自理能力、轻度丧失生活自理能力、具备生活自理能力四类特困人员，按区月最低工资标准2280元的80.0%、40.0%、20.0%、10.0%确定。分散供养特困人员照料护理费用，按照集中供养的特困人员照料护理费用标准的50.0%执行。2022年累计发放特困供养资金89.21万元。

【流浪乞讨人员救助】 2022年3月，龙湾区成立“区流浪乞讨人员疫情防控工作专班”，办公室设在区民政局，区民政局主要负责人任专班组长，分管领导任副组长。建立流浪乞讨人员信息共享机制，专班充实排查工作力量，扩大巡查范围，提高巡查频次，及时掌握流浪乞讨人员防疫情况。

【孤困儿童】 2022年，龙湾区在册孤儿13人，在册困境儿童184人。从2022年1月1日起，孤困儿童基本生活费保障实行一体化，均调整为每人每月2629元，全年累计发放孤困儿童基本生活费597.30万元。2022年，建成并投用区未成年人救助保护中心，街道级未成年人保护工作站实现100%全覆盖，创成区级村(社区)示范型儿童之家5个。

【残疾人两项补贴】 从2022年1月起，全区残疾人两项补贴发放工作（指重度残疾人生活补贴发放和重度残疾人护理补贴发放）从区残联移交至区民政局。2022年全区困难残疾人生活补贴发放对象1129人、重度残疾人护理补贴发放对象2920人，全年累计发放困难残疾人生活补贴348.96万元，重度残疾人护理补贴742.59万元。

【医疗救助】 2022年，龙湾区困难群众医疗救助支出912万元，救助总人次6万人次。

（方赛赛　吴顺雷　吴国林）

基层治理

【概况】 2022年，龙湾区坚持“社区+社工+社会组织”三社联动，加强社会治理工作。制定《龙湾区关于促进社会组织高质量发展助力共同富裕示范区建设的实施意见》，持续推进社会组织登记及注销一件事办理，探索开展社会组织联合审批工作，试点开展业主服务中心登记工作。全力做好社会组织年检工作。开展社会组织“双随机”抽查20家。配合推进党建引领“共享社·幸福里”建设，实现社会组织党建全覆盖。深入推动街道社工站实体化、规范化、常态化开展工作。组织开展2022社会工作者职业水平考试报名工作，开展社工继续教育培训和社工文化宣传周系列活动。加强“数字地名”建设。

【城乡社区建设】 2022年，龙湾区民政局深化城乡社区分层分类建设，创成省级引领型行政村和市级完善型农村社区各1个，实现全区所有村社民主协商全覆盖，探索开展23个城市社区线上“码上协商”。完成“居民会客厅”试点建设1个。推广“智慧村社通”掌上治理平台，做好动态发布、三务公开、服务场馆、村民代表会议、满意度测评等模块内容更新。设立首只社区发展基金会。

【村社组织建设】 2022年，区民政局完成二批次专职社区工作者招聘转岗工作，共招聘263人。蒲州街道雁湖社区“一肩挑”黄爱光获评全省社区工作领军人物，状元街道罗西社区副主任赵欢慈获评全省最美社区工作者。开展社区服务综合体星级创建工作，状元街道罗西社区服务综合体获评五星级社区服务综合体（状元街道罗西社区），党建引领下的社区治理探索相关经验获评省级基层治理创新优秀案例。常态化做好村社基层减负增效工作，完善部门沟通协商机制，指导村社规范挂牌。

【社工队伍建设】 2022年，龙湾区开展第九届社工周文化节暨社工宣传周系列活动宣传，健全社工人才激励机制，社工人才队伍逐年壮大，全年新增社工资格人员224人，累计社工人才761人，打造社工机构13家。

【社会组织管理】 2022年，龙湾区民政局推进政府职能向社会组织转移，全区承接政府购买社会组织服务共计56个事项，金额1112万元。加强社会组织规范化登记，全区社会组织累计415家，其中民办非企业单位231家，社团组织184家。开展社会组织部门联合审批工作，办结联审办件52件。开展业主服务中心登记工作，完成社会组织年检240家，开展社会组织“双随机”检查28家。完成温州经济技术开发区139家社会组织登记管理职权划转工作。开展“僵尸型”社会组织清理行动，行政撤销社会组织4家、主动注销17家。开展2022年度龙湾区公益创投活动项目和社会组织评估各10个，其中获评3A以上社会组织有5个。

【地名管理】 2022年，区民政局做好地名普查成果转化工作，完成《地名管理条例》修订后职能划转过渡工作。开展国家、省地名数据信息库和温州“地名通”数据核查工作，核准国家地名信息库数据10万多条，省地名信息库地址关联门牌数约11万条，校核温州“地名通”数据约13万条，受理办结地名命名58条。开展界线联合检查工作，推进不规范地名清理整顿工作，妥善处理好边界纠纷隐患。做好亚运会场馆区域周边道路指示牌整治工作，为沿线77条道路新增路牌110个。

（方赛赛）

老龄服务

【概况】　2022年，温州市龙湾区推进老年友好城市建设，出台《关于龙湾区高水平建设全域老年友好城市暨“未来康养智城”的实施意见》，永中街道为老年康养智城项目纳入“浙里康养”基本康养公共服务直达试点。开展老龄健康服务，探索创新多种医养结合模式，区中西医结合医院争创全市首个安宁疗护工作试点病区。加强护理员培训力度，全区每万名老人拥有持证护理人员25人。拥有老年康复护理床位474张，每千名老年人拥有康复护理床位5.50张。全区90岁以上高龄老人、优抚对象、低保、困难家庭老年人，共计2070人参保投保意外伤害险。全区19个村级老年电视大学教学点配备ITV设备和电视机顶盒，实现现代化老年远程教育全覆盖。

【老年友好城市创建】　2022年，龙湾区推进老年友好城市建设，创成永中街道老年友好街道和7个老年友好村社，其中永中街道万顺社区、海滨街道宁村村、永兴街道小塘村、海城街道埭头村、状元街道石坦村等5个村（社区）创成老年友好样板村社。

【居家养老服务体系建设】　2022年，龙湾区民政局加强养老服务体系建设，推进省、市、区民生实事工作落实。投入资金720万元，建成5家村（社区）示范型居家养老服务照料中心、11家老年食堂、2个农村老人活动中心，实现街道级养老服务中心无感服务智能终端配备全覆盖。开展困难老年人家庭适老化改造，提供如厕洗澡安全、室内行走便利、居家环境改善等服务。开展老年人居家安全守护行动，给400户高龄、独居、孤寡老人安装配备“一键通”紧急呼叫设备、烟感设备、水电气监测设备、智能手环等9类智能监测装置。

【老龄服务补贴发放】　2022年，龙湾区开展浙里康养“基本康养公共服务直达”试点工作，年内完成驾驶舱建设。结合养老政策申领条件，自动配置养老补贴发放条件，推进“人找政策”向“政策找人”转变，实现养老服务补贴一键直达，全年发放高龄老年人补贴319.67万元，惠及2.93万人次，发放养老服务补贴15.68万元，惠及2.54万人次。

2022年9月20日，永中街道万顺社区食堂启用仪式暨万顺浓情中秋活动在万顺社区举行　（王策／摄）

【老龄健康服务】　2022年，龙湾区开展老龄健康服务，探索创新多种医养结合模式，区中西医结合医院争创全市首个安宁疗护工作试点病区。老年康复护理床位474张，每千名老年人拥有康复护理床位5.50张。瑶溪街道瑶溪社区作为全省42个老年人心理关爱点之一，为1078位65岁以上常住老年人提供认知与心理健康状况调查和评估、认知异常与心理健康问题分类干预等服务。为全区90岁以上高龄老人、优抚对象、低保、困难家庭老年人等投保意外伤害险，共计2070人。开展老年健康专项行动，为4715位老年人提供口腔健康评估，为4898位老年人提供营养不良风险评估，为4098位老年人提供认知功能评定，为4125位老年人提供情感状态评估，为580位老年糖尿病患者提供眼底筛查服务。开展老年健康与医养结合服务项目，为8750位65岁及以上老年人提供健康评估与健康服务。

【数字化养老项目建设】　2022年，区民政局实施未来良善智城项目，有10家养老服务组织和商家加入系统并承接各种养老服务订单，完成5000多次线上自助点单服务。开展各类养老服务1万多人次，数字化养老项目经验被“学习强国”、温州市委改革办《探路者》等采用刊发。

（单瑶瑶　方赛赛）

移民事务

【概况】　2022年，温州市龙湾区共有珊溪水库、泽雅水库等大中型水库移民6001人，分别安置于14个村（居、点），安排水库移民专项资金项目5个，整合移民资金1227.95万元。全年慰问移民困难家庭123户，发放移民春节慰问金12.70万元；慰问移民老党员、困难党员25人，发放移民党员慰问金2.5万元。补助移民新农合医疗保险参保3685人，发放登记补助金106.79万元。扶持移民创业家庭55户，发放移民创业贷款贴息补助13.32万元。

【移民村扶持】 2022年，龙湾区移民服务中心整合移民资金1227.95万元，不断壮大移民集体经济，惠及移民4401人。其中，完成省水库移民共同富裕示范项目——龙华村股份经济合作社购置商业用房项目，项目总投资880.97万元，惠及移民就业人员2051人。完成水库移民利民补助监督管理试点，实现移民利民补助政策直达快兑，全年累计线上办理8604人次，涉及资金481.29万元。

【移民融合工作】 2022年，区移民服务中心以畅通移民反映问题渠道为重点，做好信访工作。对于移民群众来信来访件均做到件件有回复、件件有着落。全年共收到移民信访件3件、来信件1件。接待来访移民群众5批次10人次。处置历史遗留信访积案1件。

（方赛赛）

新居民服务

【概况】 2022年，温州市龙湾区创新工作举措，提升新居民服务力度。印发《温州市龙湾区人民政府温州高新区管理委员会关于印发温州市龙湾区（高新区）新市民量化积分管理实施细则的通知》，搭建“浙里办”龙湾区新居民积分制管理系统，推进积分入学相关工作。紧扣新居民特点和需求，开展新居民关爱服务。推进“新二代”系列服务活动及新居民普法宣传。

2022年11月17日，龙湾区民生实事“新二代”公益课堂活动在区新时代文明实践中心举行（区新居民服务中心供图）

【新居民积分制管理】 2022年8月，龙湾区推进新市民量化积分改革。“浙里新市民”龙湾应用专区成功上线“浙里办”APP，延续原先已有的积分入学、积分体检、积分赠书等子场景应用，同时拓展开发积分职业技能培训、积分课堂、积分夏令营等新子场景项目。落实企业“留员工、稳生产、开门红”奖励政策，推出“留龙过年”积分加分奖励举措。开展新居民积分申报，落实新居民随行子女积分全员入学240人。推行“积分赠书”子场景应用，面向参加积分入学的新居民发放电子书券。

【新居民关爱服务】 2022年，龙湾区开展“冬送温暖·真诚帮扶”关爱新居民活动，惠及全区学生、外卖员、环卫工人等困难新居民代表80人。开展“护眼春蕾·爱心相伴”关爱新居民暨近视防控宣教月活动，惠及龙湾区博雅学校困难学生30人。开展“清凉夏日·关爱新居民”活动，慰问高温辛苦作业一线新居民代表近千人。开展“金秋送学·伴你成长”关爱活动，实现20名“新二代”微心愿；落实民生实事公益课堂项目，惠及新居民学生3000多人次。开展关爱“新二代”心理健康工作，筹建完成龙湾区新居民心理咨询活动站（海滨中学站）。

【新居民普法宣教】 2022年，龙湾区开展春节“留工稳岗”宣传活动，走访全区各企业、各街道村居社区，向新居民群体宣讲留龙过年政策和疫情防控政策，鼓励新居民群体留龙过年，发放宣传资料和宣传用品5000多份。开展普法宣传活动，在滨海乡情警务室实行新居民普法知识宣传活动，宣讲防诈骗等普法知识。

（曾松柳）

慈善事业

【概况】 2022年，温州市龙湾区参加慈善捐赠活动共涉及742家机关、企事业单位，20个村级集体经济组织，6176位机关、事业单位干部职工和社会各界爱心人士，募得善款3940.81万元，救助支出善款3391.56万元，全区受益困难人员1.58万人。

【开展慈善“一日捐”】 2022年，龙湾区“一日捐”活动得到全区党政机关、企事业单位、社会团体和广大人民群众响应参与，全年共募得“一日捐”善款868.93万元。

2018—2022 年龙湾区慈善捐赠情况一览表

表 60

年　份	单位（家）	人数（人）	金额（万元）
2018	573	3656	1551.75
2019	451	4191	4751.22
2020	1100	5610	3311.92
2021	625	7547	3042.43
2022	762	6176	3940.81
合计	3511	27180	16598.13

2018—2022 年龙湾区慈善救助人数和金额情况一览表

表 61

年　份	人数（人）	金额（万元）
2018	3360	1515.29
2019	19353	2612.11
2020	6444	3626.38
2021	10526	2650.7
2022	15759	3391.56
合计	55442	13796.04

【公益慈善募捐渠道拓展】 2022 年，区慈善总会凝聚多方力量，筹建“龙湾区慈善幸福基金”，包含全省首个百万“幸福基金·未来康养基金”、东西部协作帮扶基金、医保纾困基金、企业困难员工帮扶基金、永中街道新乡贤爱心帮扶基金等五个子基金，全年到账善款 953.01 万元。慈善力量助力教育事业。温州龙禧房地产开发有限公司捐赠 300 万元、中港混凝土有限公司捐赠 100 万元用于改造提升龙湾薄弱学校；浙江卓诗尼鞋业有限公司捐赠用于温州肯恩大学建筑与设计学院 100 万元；新增“龙湾区融裕文明实践公益基金 100 万元”，助力龙湾文明公益事业。举办“不忘初心·军魂永驻”拥军助困义卖展，活动募得善款 30.70 万元。全年各类“定向捐”累计募得 1096.83 万元，“基金捐”累计共募得 1957.95 万元。

【慈善救助】 2022 年，龙湾区出台《龙湾区关于促进慈善事业高质量发展的实施意见》，新认定一家慈善组织——龙湾区温暖里社会服务中心。建成投用区慈善总会慈善家园项目。区慈善总会实施精准救助。开展爱心人士结对困难在读大学学生活动，共救助学生 92 人，支出善款 46 万元。开展“爱心龙湾·慈善助困”，救助低保、特困家庭等，共救助 941 人次，支出善款 649.22 万元。开展“爱心龙湾·慈善助医”活动，帮助因病致贫家庭，共救助 379 人次，支出善款 205.45 万元。联合龙湾区第一人民医院针对困难尿毒症患者开展“爱心龙湾·慈善护肾”救助项目，为困难患者提供一站式服务，共救助 102 人次，支出善款 33.39 万元。

【慈善爱心慰问】 2022 年，区慈善总会围绕节庆开展爱心慰问。春节开展“爱心龙湾·冬日送温暖·慈善嘉年华”活动，“六一”举办“国际儿童节·圆梦微心愿”龙湾专场活动，重阳节举办“喜迎二十大金秋庆重阳”共富关爱行动。疫情期间，配合政府物资调度，向区残疾人托养中心、养老机构送医送药，发挥慈善应急力量。

【慈善义工活动】 2022 年，区慈善总会累计开展义工活动 337 场，参加义工 2362 人次，累计服务 1.13 万小时，新增悦里悦外母婴健康义工队、善水公益舞团两支直属义工组织，定制开展覆盖人生孕婴幼儿期、学龄期、成

2022 年 2 月 7 日，龙湾区（高新区）“慈善一日捐”启动仪式在龙湾区行政中心大楼举行（区慈善总会供图）

2022年6月6日，龙湾区慈善总会日行一善义工队到永中街道驿达残疾人之家开展端午节日慰问活动 （倪锦雨／摄）

年期、老年期等各年龄段的专属服务，打造“龙湾慈善生命全周期关爱义工服务体系”。筹建龙湾区慈善总会慈善驿站——龙北社区爱心食堂及居家养老照料中心，为困难群众提供免费“爱心早餐”，为社区居家老人开展“惠老助餐”服务。支持龙湾民间公益组织发展壮大。

【慈善宣传】 2022年，区慈善总会先后在海滨街道蓝田村、状元街道龙跃社区、瑶溪街道老人公寓等为广大群众免费做健康体检和宣传日常保健知识，并给60周岁以上老人免费赠药。开展“5·13龙湾慈善日”宣传服务活动，在永定家园为周边居民开展慈善咨询、公益理发、送爱心餐等各类义工服务；在龙湾区行政管理中心食堂门口开展“慈善文化进机关”活动。精心承办2022温州市暨龙湾区纪念《中华人民共和国慈善法》实施六周年和第七个“中华慈善日”慈善嘉年华活动。省、市、区领导莅临现场，来自全市各县、市、区的48支义工队伍400多位爱心义工参与活动摊位，开展义演、理发、义诊、义卖等丰富多彩的公益活动。

（朱　敏）

民族宗教事务

【概况】 2022年，温州市龙湾区下辖10个街道，全区少数民族常住人口约5.39万人，主要有苗族、土家族、布依族、侗族、彝族、仡佬族及壮族等45个少数民族。有全区性宗教团体4个，依法登记备案的教职人员226人，信教群众约10万多人。有依法登记开放宗教活动场所223处，其中佛教82处、道教84处、天主教11处、基督教46处。另有已取得民间信仰活动场所登记证和在册民间信仰场所164处。

【民族团结进步促进】 2022年，龙湾区委统战部（区民宗局）深入开展“六进”工作，扎实推进“浙里石榴红”品牌创建，打造石榴红家园、石榴红工作室、石榴红志愿者服务队，创成永兴小微园石榴籽家园省级民族团结创建示范单位。赴文成县黄坦镇石竹寮民族村开展第四届“民族团结一家亲”帮扶慰问服务活动，完成拨付结对帮扶资金15万元。

【宗教场所布局优化】 2022年，区民宗局推进宗教场所布局优化工作。整合新建新联基督教堂、仁济观和上江基督教堂完成土建工程，后郑天主教堂、菩提寺完成主体工程。蒲州街道嘉福寺投入使用，状元街道五圣观已竣工。瑶溪街道群仙观完成立项、规划许可，启动漏征土地补征前期工作。8月5日，龙湾区举办全市宗教活动场所优化整合现场会。

2022年8月5日，温州市宗教活动场所优化整合工作现场会在龙湾区举行 （区民宗局供图）

【宗教事务依法管理】 2022年，区民宗局强化主体责任落实。开展佛道教商业化治理和基督教私设聚会点专项整治。全年查办行政违法案件5起，制止非法宗教活动5起，取缔非法活动点3处。推进宗教场所危旧房排查整改。制定宗教领域消防安全系列文件，指导宗教场所开展消防安全标准化管理建设，组织宗教团体及信众开展消防演练等活动。

【政策法规宣教】 2022年，区民宗局围绕开展宗教中国化系列活动，组织各宗教团体开展"红色之旅""五教同行"、沙龙等宣传教育活动，推进"一场所一景观一故事"建设，指导各宗教团体开展宗教中国化场所建设，永中街道沧河天主教堂被确定为省级"宗教中国化场所"。指导区民间信仰研究会出版第三辑《龙湾宫观》书籍。开展宗教政策法规宣传月活动，组建民宗普法宣讲团，以案说法，开展普法活动。打造省级普法基地4个，全年开展普法讲座91场次。

（陈　雅）

精神文明建设

【概况】 2022年，温州市龙湾区紧紧围绕全国文明城市整改提升要求，锚定城区"干净整洁有序、宜居宜业宜游"目标，创建文明城市，助力温州市顺利通过中央文明办整改复查。依托新时代文明实践活动中心和公民思想道德建设两大载体，推进温州城市环境和公民道德双提升，年内，获评"浙江好人""温州好人""最美诚信温州人"共14人，其中获评"浙江好人"2人、"温州好人"10人、"最美诚信温州人"2人。

【新时代文明实践中心建设】 2022年，龙湾区实现新时代文明实践中心、所、站阵地全覆盖，延伸打造特色新时代文明实践点。区新时代文明实践中心、蒲州街道新时代文明实践所等8个基地获评2022年温州市新时代文明实践示范基地。依托新时代文明实践中心，为基层所（站）、企业园区完成"6+1点单"派课1220课时，开展"一周一课"文化惠民工程，全年共推出"大师公开课""大家小讲"精品课，"讲好龙湾故事"微视频课，"雷锋号"民俗传承课程各26期及"智慧父母"精品课37期，举办春季公益班107个，暑期公益班11个，主题夏令营4个，秋季公益班157个，冬令军事、科技主题实践活动营4个，惠及人数逾百万人，真正发挥新时代文明实践中心"培育品牌、助力共富、服务群众"功能作用。

【群众性精神文明创建】 2022年，区文明中心聚焦群众性精神文明建设，推进基层文明创建，激活文明细胞。根据《文明单位、文明村测评体系》，按照"强化指导、动态管理、严格考核、打造品牌"思路，强化工作力度，基层文明创建工作水平显著提高，涌现龙湾区法院、龙湾区移动分公司等一批在全省、全市具有影响力的创建工作品牌。加强文明单位动态管理，定期不定期发布创建重点工作提示、网络文明传播工作提示等，第一时间解决各单位创建中遇到的问题。全年共举办2期文明单位、文明村业务知识培训，安排示范单位现场观摩交流活动。完成区第十八批文明单位、第十一批文明村评选，形成以评选促规范、以示范带全盘良好氛围。

【未成年人思想道德教育】 2022年，龙湾区开展"扣好人生第一粒扣子"主题教育和"新时代好少年"学习宣传，打造"春泥计划"龙湾模式。承办温州市"春泥计划"缤纷夏日主题活动启动仪式和温州市"春泥计划"缤纷夏日"劳动美"社会实践活动。组织实施2022年春泥计划"缤纷冬日"主题活动、"喜迎二十大向国旗敬礼"主题教育活动等系列主题活动3200多场。开展"童享阳光·筑梦六一"结对帮扶困境儿童行动暨儿童心理团辅活动，选树龙湾区新时代好少年42人，获评温州市新时代好少年5人。推进文兰书院、海滨街道锦海社区未成年活动中心等7家市级德育优秀阵地创建、状元街道罗西社区春泥阵地等7家市级"春泥计划"示范点创建，推进龙湾区一小、龙湾二小市级文明校园创建。加强乡村（城市）学校少年宫建设，打造瑶溪一小"足球特色"

2022年1月23日，"童心迎亚运·欢乐共成长"龙湾区2022年"春泥计划"缤纷冬日主题活动启动仪式在龙湾区图书馆举行　（叶晓东/摄）

2022年12月5日，“浙江有礼　幸福同行”龙湾区2022年“12•5国际志愿者日”文明实践主题活动开展
（区文明中心供图）

少年宫、永兴二小“墨香特色”少年宫等特色品牌项目。

【志愿服务活动】　2022年，区文明中心组建“总队—分队—小队”三级志愿服务网络，设区级总队1支、分队99支、小队122支，现入驻“志愿浙江”平台志愿服务队474支，注册志愿者12.85万人，实现文明实践志愿服务队全覆盖，全年共开展活动2.72万场次，签到16.14万人次。组建理论宣讲、扶贫帮困、应急救援、法律普及等“8+N”常备和特色志愿服务队，培育叶时钦调解普法志愿服务队、巨木公益团队等优秀队伍50多支。深化“学雷锋”志愿服务品牌，培育“罗小西”儿童友好志愿服务、“向阳花”帮扶女性就业志愿服务、青喵喵小铺炼成计划等品牌项目13个，其中“爱心龙湾・绘画助力梦想”“雨花敬老送餐到家”项目分别获市新时代文明实践志愿服务展示交流活动暨项目大赛银奖和铜奖。举办“浙江有礼・幸福同行”“12・5”国际志愿者日文明实践主题活动。成立龙湾区志愿者学院，制定出台《龙湾区志愿服务管理办法》《龙湾区志愿者礼遇办法》，设立100万元“融裕”文明实践基金。

【文明行为养成主题实践活动】　2022年，区文明中心开展培育践行主流价值活动，挖掘元宵、清明、端午等节日文化内涵，打响“我们的节日”品牌，承办“庆元宵迎亚运促安全助共富”“重阳节暨共富路上亲有礼重阳佳节话佳风”等市级活动。以“诚信”“友善”“爱国”“敬业”四大关键词为主题，运用升国旗仪式、成人仪式、入党入团仪式传播主流价值。举行区第六届“好家风”褒奖礼活动，表彰慰问56户“好家风”家庭。推进文明行为养成主题实践活动，打响“浙江有礼德暖龙湾”品牌，持续面向全社会开展“文明有礼・龙湾人”系列活动，开展“8・8诚信日”主题宣传“信有礼”、文明交通，从我做起“行有礼”、文明用餐“餐有礼”等活动，组织2600多名志愿者开展迎亚运、助防疫、献爱心等“帮有礼”活动。

【好人评选活动】　2022年，区文明中心开展身边好人、道德模范等先进典型评选表彰，王国胜、张夏燕获评浙江好人，季志昌、王光林、潘镇孩、蔡光年、石学仁、王国胜、马贵平、张崇年、陈林、王建海获评温州好人，孙克福、王学聪获评第一届“最美诚信温州人”。承办“喜迎二十大争做好少年”温州市道德模范、身边好人巡讲龙湾场活动。好人事迹展览展示进市民广场、进社区、进文化场所等宣传活动，在“学习强国”“看温州”APP、阅龙湾等平台刊登《“浙江好人”王国胜背后的数字》《孙克福：身残志坚勤学艺福残助残暖人心》等宣传稿件10多篇。开展“道德先进助力十大文明行动”系列志愿服务10多场，叶时钦、张国春等道德模范牵头带动身边群众，参与文明实践。推进赵建大主题公园提质升级，打造成龙湾区首个好人公园。

（侯墨晨　王梦婷　张微　林逸伦）

应急管理

2022年1月14日，龙湾区“护航亚运会，喜迎二十大”暨环卫消防宣传队伍成立启动仪式举行　　（区消防救援大队供图）

应急管理

综　述
安全生产监督管理
危险化学品安全监管
防灾减灾救灾
应急救援
消防救援

金海湖公园　　（王靖华摄于2022年7月）

综 述

【概况】 2022年，温州市龙湾区应急管理局（以下简称区应急管理局）持续加快数字化改革、应急管理体系建设，落实各项安全生产举措。全年全区生产安全事故起数、死亡人数与前3年平均数相比分别下降26.2%和28.8%；完成防台风抗台风2次，防汛抗强降雨1次。

【监察执法】 2022年，区应急管理局持续加强应急监察执法工作。严格执行行政执法人员持证上岗、亮证执法制度，执法岗位人员考试通过率100%，执法岗位人员持证率100%。全年安全生产行政处罚立案处罚215起，罚没款300万元，申请听证0起，行政复议0起，行政诉讼0宗；受理安全生产举报21起，处置完毕21起，举报处置率100%；备案26起，整改35处。

【宣传教育培训】 2022年，区应急管理局加快应急知识宣传教育培训工作。推进创新安全体验模式和警示教育模式，建成12家应急安全体验馆。打造浙南首家占地500多平方米“密室逃脱”安全主题实训基地，获浙江新闻客户端和人民网报道点赞。金丽温高速东延线工程产学基地获评浙江省应急（安全）宣传教育I类馆单位。借助龙湾应急抖音号、E龙安平台宣传《一定要给工友看》安全生产警示系列短片360期，累计参加人员440多万人，“龙湾应急”抖音号“粉丝”39.60多万人，抖音号获浙江省应急系统政务抖音影响力指数排名第一，获评温州市“越抖越安全”短视频比赛优秀组织单位。联合举办龙湾区第三届“童心绘安全”绘画比赛，举办“10•13”国际减灾日主题活动，推出主题“广场舞秀”“VR体验”等活动。推出安全互动游戏，累计参与群众3.50万人次。

【安全责任落实】 2022年，区应急管理局加强应急安全责任落实。全年开展全覆盖安全生产责任体系建设，落实安全生产各方责任，排查整治各类风险隐患2.05万条，整治2.0万条，完成整治率97.5%。增强应急救援力量，引进浙江公羊会公益救援促进会设立龙湾区公羊救援队，开展参与未成年人防溺水巡逻和森林防灭火实战工作，全年累计救援20多人。

（陈灵丽）

安全生产监督管理

【概况】 2022年，龙湾区应急管理局加强安全生产监督管理力度。推进全覆盖安全生产监督管理体系建设，构建区、街、村一贯到底责任体系。运用“七张问题清单”机制，建立区级重大安全生产问题主动报送机制，创新安全生产考核奖励机制，实行“一月一通报”“一季一排名”。全年落实国家安全生产监

2022年10月13日，国际减灾日主题“知识打榜赛+主题广场舞+VR体验”应急宣传活动在龙湾区市民广场开展

（邵如一/摄）

2022年3月3日，龙湾区召开全区重点时段安全生产会商调度会议　（邵如一／摄）

督管理措施15条、省安全生产监督管理措施25条、市安全生产监督管理措施30条，龙湾区结合实际出台安全生产监督管理措施35条。

【监督管理平台建设】　2022年，区应急管理局持续加强安全生产监督管理平台建设，承接浙江省应急管理厅“一地创新，全省应用”试点工作。开展“安全评级机构执业行为全过程监管”应用建设，完成系统建设。全年完成有限空间作业安全“智慧物联”平台建设，通过物联网技术设置电子围栏、气体浓度监测、全景监控措施，实时监测涉有限空间作业区域安全情况，首批接入有限空间作业企业12家。平台已向企业发送AI告警信息228条，有效防控有限空间作业区域安全风险。

【行政审批】　2022年，区应急管理局严格执行行政审批工作力度。推进行政审批“一件事”改革，实行“一站受理、一表申请、一次提交、一网通办”，全年累计办理行政审批许可事项129项。

【安全隐患整改】　2022年9月25日至10月25日，区应急管理局排查“厂中厂”企业114家，发现隐患602处；排查生产加工制造企业3777家，发现隐患1.28万处；排查居住出租房1.27万家，发现隐患5204处；排查合用场所6328家，发现隐患3116处；排查高层建筑243栋，发现隐患277处，拆除违法建筑45.97万平方米，所有安全隐患均已整改到位。全年完成省除险保安暗查暗访406个问题隐患闭环整改，完成督查交办市级“3030”隐患问题清单隐患整改817个，累计滚动交办整改区级问题209个；“除险保安”评价指数全省90个县、市区中排名第十九，重点领域专项整治全市排名第四。

【水利安全生产监管】　2022年，区农业农村局完善质量监督机构，强化实体质量意识，加大质量监督检查力度，所监督工程项目未发生较大质量和安全生产事故。全年开展大检查活动7次，开展质监活动27次，开展飞检活动4次，组织安全生产专项检查4次，完成水利施工企业安全生产标准化自评，下发安全（质量）监督检查意见19份，约谈3家企业共计3人次。

（陈灵丽）

危险化学品安全监管

【概况】　2022年，龙湾区应急管理局持续加强危化品领域安全监管，以危化品安全生产“记销分”制管理为抓手，持续推进危险化学品许可告知承诺制，夯实危化品领域安全基础和许可服务，筑牢危化品领域安全“防护堤”。全年查获安全码黄色、蓝色31家。其中安全码黄色6家、蓝色25家，督促6家黄色企业整改到位；在全市危化品领域过程性考核中名列前茅。

2022年1月5日，区应急管理局对辖区危化生产企业开展生产安全监督检查

（区应急管理局供稿）

【危险化学品安全“记销分”制管理】 2022年，区应急管理局持续加强危险化品安全“记销分”制管理力度，出台危险化品安全“记销分”制管理71条。全年推进危险化学品安全风险集中治理行动，发现各类安全事故隐患444处，企业上报自查安全隐患506处，完成安全隐患整改到位；推进“七张问题清单”有限空间作业安全整治攻坚行动，依托省工业企业安全在线平台，对辖区内8184家企业开展有限空间作业排查，经排查涉及有限空间作业企业196家，摸清辖区内涉及有限空间作业企业底数；推进涉爆粉尘、有限空间作业和喷涂作业安全整治，检查各类企业140家，责令整改69家，发现隐患460条（其中重大隐患36条），完成整改61家、隐患359条（其中重大隐患36条），立案处罚11家。

【危险化学品行政审批】 2022年，区应急管理局推行许可告知承诺制，危化品经营（批发无仓储经营）许可期限从原先法定20个工作日到承诺期限5个工作日，再到告知承诺制半个小时内。通过现场办证、快递送达实现事项“马上办”“零跑腿”，群众满意度达100%。全年共办理危险化学品行政许可事项48起，其中采用告知承诺方式办理危险化学品经营许可证25起，占52.1%。

【危险化学品生产监管】 2022年，区应急管理局对重点企业采取“专家服务＋重点监管”模式，提升企业安全水平，确保重点时段危化品领域安全。全区检查危化品生产和化工企业21家，发现安全隐患418处，其中重大隐患5处，责令限期整改20家，其中责令暂时停产停业整改3家，立案处罚3家，完成隐患整改并通过复查9家，完成隐患整改203处，其中重大隐患4处。针对辖区内企业管理能力不足，通过邀请专家到企业开展指导服务，助推企业规范化管理，创建三级安全生产标准化，全区通过三级安全生产标准化评审的危化品企业达18家。

【危险化学品运输监管】 2022年，龙湾区有化学品运输企业12家，运输化学品车辆377辆，企业经营范围包含经营性危险货物运输第3类、4.1项、4.2项、4.3项、5.1项、5.2项、6.1项、6.2项、第8类、第9类、2.1项、2.2项、第3类等。危险废物、剧毒化学品、国家特别管控危险化学品除外。

【危险化学品储存监管】 2022年，区应急管理局组织辖区内危化品生产、使用（许可）、储存经营企业开展安全风险智能化管控平台建设。推进危化品储存数字赋能监管，完善E龙安系统平台架构，提升平台使用效率，将危化品企业内部日常“属地管理＋清单管控”履职情况实时呈现。将企业日常安全管理融入全生命周期系统，实现整改进度数字化、隐患闭环实时化管理。全年全区录入省危化品全生命周期系统危险化学品储存监管452处。开展危险化学品储存监管平台应用业务培训，组织平台应用推广业务培训3次，参与业务培训人员56人次。

（陈灵丽）

防灾减灾救灾

【概况】 2022年，龙湾区应急管理局加大防灾减灾救灾工作步伐，完成10个街道55项内容“六张网”建设任务。加强防台风防汛抗旱知识宣传培训力度，全年组织防灾减灾救灾知识培训16场，参加培训人员4375人次；组织实战化演练29场，参演人员1175人次。

【防台风防汛抗旱】 2022年，区应急管理局加强防台风防汛抗旱抢险救灾工作。全区共有防汛防台风应急救援队伍155支，合计2664人。加强隐患排查，全年组织隐患排查385人次，120处次；做好抗旱保供水，加强水资源调度管理，9月启用茅竹岭抽水泵站，每日由温瑞塘河向永强片送水量达36万立方米；完成防汛抗强降雨1次，防台风抗台风2次，其中11号台风“轩岚诺”、12号台风“梅花”攻坚任务。

【灾害救助物资保障】 2022年，区应急管理局加强灾害救助物资保障。配备“三大件”包括卫星电话、应急发电机、排水泵共计492台；“四小件”包括头盔、电筒、防雨护具、救生衣共计12464件（套）。储备客车10辆、冲锋舟33艘、大功率水泵车4辆、照明设备3861台、高涉水抢险救援车2辆、水下机器人8辆、生命探测仪6台、抛投器10只、挖掘机4台。

【应急避难场所和避灾点建设管理】 2022年，区应急管理局加强应急避难场所和避灾点建设管理。完善避灾场所体系，完成融合后10个街道60处避灾场所中42处规范化提升建设，对现有避灾场所开展逆周期检查，确保灾时即开即用。牵头协调10个街道签订物资互助保障协议，通过“浙政钉”内跑程序在合理范围内让储备物资“动起来”。下拨避灾场所管理经费40.50万元，用以保障各避灾场所管理和日用物资补充经费，避灾安置场所按照区级120份应急包、毛巾毯、街道级备60份应急包、毛巾毯，村级30份应急包、毛巾毯标准储备相应物资，配备基本生活设施，应急发电照明设备，必要安全和消防设施。其中11号台风“轩岚诺”期间，启动防台风二级响应，全区共启用避灾安置场所41个，集中安置转移人员4481人，提供安置转移人员食品、生活等物资，折合人民币22多万元。全区新增罗峰实验学校接收安置东片空港新区转移人员。

【自然灾害隐患排查】 2022年，区应急管理局加强自然灾害隐患排查工作。开展多次风险隐患大排查、森林火灾隐患排查整治和查处违规用火行为等专项活动，全年风险隐患排查、森林火灾隐患排查专项活动2484人次，排查薄弱环节和重点部位810处，发现各类隐患63处，排查整治火灾台账4份，隐患整改率100%。

【森林防灭火】 2022年，区应急管理局加强森林防灭火工作。制定《温州市龙湾区森林火灾现场指挥操作手册》《龙湾区森林火灾现场快速处置操作手册》，成立龙湾区山火应急处置指挥中心。通过竞争性磋商方式公开招投标森林防灭火社会化服务队伍，选定永嘉雄鹰扑火队作为区级专业服务队。组织全区120多名护林员开展森林防灭火知识培训，开展重点时段森林防灭火督查工作和森林防灭火应急演练。联合区自然资源和规划分局、区公安分局、区民政局、区农业农村局等部门组织开展森林火灾隐患排查整治和查处违规用火行为专项行动，出动人员230人次、排查整治火灾隐患8处、建立火灾隐患排查整治台账4份。全力以赴打赢龙湾区大罗山“9•14”“9•18”“10•10”3次森林火灾。

（陈灵丽）

应急救援

【概况】 2022年，温州市龙湾区应急管理局（以下简称区应急管理局）健全应急救援体系建设。先后组织救援队伍参加森林防灭火、应急救援技能、红十字会应急救护员等技能培训，开展森林防灭火、防汛防台等综合演练。指导各部门、街道建立应急救援队伍26支。储备冲锋舟、橡皮艇18艘、挖掘机53台、无人机7台、生命探测仪1台等各类应急救援设施设备。全区应急救援、抢险能力基本满足应对本区和重点领域突发事件的需要。

【应急指挥】 2022年，区应急管理局区通过社会应急联动平台，向各联动单位下达应急处置指令。共计5754条，接收率100%，反馈率100%。制定年度全区应急联动模拟演练计划，有效提升应急联动处置能力，每月不定期开展全区性应急联动模拟演练，相继在蒲州街道、龙湾中学、黄石山公园、青山村、吾悦广场等地开展春运突发事件、森林火灾扑救、突发公共卫生事件等应急联动模拟演练12次。对区本级12个应急预案和村级综合操作手册编制、更新，并指导全区4个部门更新5个区级专项应急预案。

【应急值守】 2022年，区应急管理局按照《关于调整龙湾区本级应急联动成员单位分级模式和工作要求的通知》明确全区各应急联动单位职责任务，社会应急联动一级成员单位严格落实24小时值班备勤制度，并保持应急联动平台时刻在线登录状态，值班人员熟练操作应急联动平台，各成员单位分管领导及联络人经常性检查应急联动平台开启情况。接到警情指令后及时签收，处置结果及时在平台反馈。对应急值守情况加大检查督查力度，实行每月一检查一通报。

【应急保供】 2022年，区应急管理局加强应急保供工作。协调辖区10个街道签订物资互助保障协议，应对突发灾情时个别街道不能及时供应救灾物资情况，与相关运输单位签订合同，最大限度提高应急物资库在后期调用效率。与相关餐饮公司和超市签订临时用餐协议和食品代储协议，保障避灾人员基本饮食需求。全区共配备卫星电话23台、应急发电机204台、排水泵265台、防护雨具3013件、头盔3206顶、手电筒3561只、救生衣2684件，保供规模救灾物资满足2万人次。

【应急救援救护】 2022年，区红十字会聚焦重点行业，实施“救在身边”专项行动。加强AED投放配置和管理力度，投放10台AED，全区累计达到78台。采用线上监测和线下巡检维护，确保设备正常使用。完成接警救援、龙舟安全保障、河道防溺水巡逻活动600多人次。联合各街道、企业组织开展优秀队员参与温州红十字会举办各类专业培训活动，应急救援培训44场次，培训合格持证人员2290人，完成率229.0%。定期开展山地、水上应急救援训练。参加市应急救护师资技能大赛，团体二等奖1个、个人三等奖2个。

【应急救护知识宣教】 2022年，区红十字会充分利用新时代文明实践中

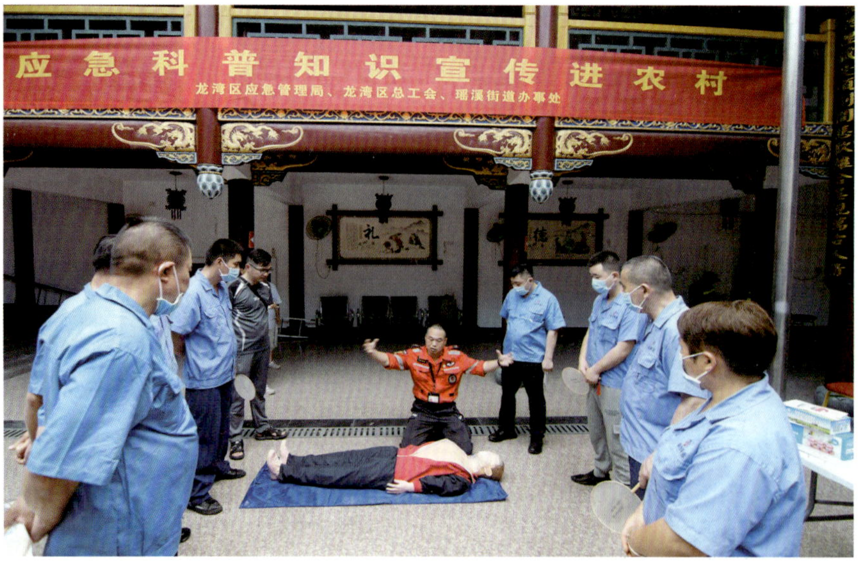

2022年6月29日，龙湾区开展应急科普知识宣传活动 （区总工会供图）

心、生命体验馆、博爱家园等载体开展经常性应急救护培训或普及讲座，把应急救护知识送到群众手中。利用“5·8红十字日”“5·12防灾减灾日”和世界急救日等，组织协同多部门开展应急救护知识宣传、演练和普法宣传。9月下旬，组织红十字纵横救援在永兴街道河滨公园开展“红十字应急救援综合演练”，全年开展“六进”应急救护知识普及和普法宣传共71场次。

【应急队伍建设】 2022年，区应急管理局加强应急队伍建设，引进一支全国闻名社会救援队伍浙江公羊会成立龙湾区公羊救援队。全区10个街道均成立以专职消防队和民兵为主，警务人员、医务人员、企业应急人员为辅街道综合性应急救援队伍，并根据要求10个街道之间共同签订救援队伍互助协议，提升区应急处置能力，增强对各部门、街道、应急救援队伍统筹调度和协同作战能力。全区各部门各单位建成包括教育、交通、科技、卫健、住建、供电、应急、通信、供排水等各领域专业救援队伍16支；建成社会应急救援队伍5支，其中市级1支；建成村（社）级应急突击队伍120支。

（吴国林　陈灵丽）

消防救援

【概况】 2022年，龙湾区10个街道发生火灾552起，其中受伤1人，比2021年火灾起数上升8.7%。按街道统计，发生火灾较多的前三个街道，分别是永中街道88起，占15.9%；永兴街道67起，占12.1%；星海街道64起，占11.6%。按场所统计，居住场所157起，占28.4%；露天框架、垃圾废弃物111起，占20.1%；室外电表火灾86起，占15.6%；厂房82起，占14.9%。区消防救援大队共接警出动1020次，出动车辆3379辆次、出动警力21142人次，疏散营救被困人员45人，抢救财产价值8亿元。成功处置“6•23”天柱寺水库水域救援、“9•30”浙江一益医疗器材有限公司火灾救援，开展南片四街道隐患排查清理，参与处置大罗山山火。在全市消防安全目标管理责任制考核中，龙湾区排名第二。

【消防安全主体责任落实】 2022年，龙湾区加强消防安全薄弱环节，定位综合监管，将消防安全纳入考核考评考绩工作。区委、区政府出台《龙湾区安全生产、消防安全“十个一律”追责办法》，推进街道和各部门依法履行职责，对火灾高发、重点工作滞后永中、蒲州、海滨、永兴、瑶溪街道开展约谈。每季度对街道部门开展考评，区政府划拨专项经费对季度考评前4名街道分别予以30万元、20万元、10万元、10万元经费奖励。巩固消安委办实体化办公机制，迭代动态考核督查模式，每月对各街道火灾和消防安全重点领域开展“双预警”督

2018—2022年龙湾区消防救援大队监督执法数据情况一览表

表62

年　份	检查单位（家、次）	发现火灾隐患或违法行为（处）	督促整改火灾隐患或违法行为（处）	下发责令改正通知书（份）	下发行政处罚决定书（份）	下发临时查封决定书（份）	下发行政强制决定书（份）	责令“三停”单位（家）	拘留（人）
2018	11899	5508	5320	3509	1317	204	13	109	159
2019	7405	3102	3061	1772	1134	157	8	69	171
2020	736	265	264	104	43	6	1	5	25
2021	2028	914	853	835	306	10	6	35	12
2022	2765	1609	1602	1153	371	32	3	32	9

2018—2022年龙湾区消防部门接警出动数据情况一览表

表63

年　份	出警次数（次）	出动车辆（辆）	出动警力（人）	抢救被困人员（人）	抢救财产价值（万元）
2018	736	1516	9413	196	7727.20
2019	640	1269	7622	77	8830.00
2020	613	1177	7241	100	8006.20
2021	846	1334	8168	80	27000.00
2022	1020	3379	21142	45	8015.84

查通报排名，累计制发通报 11 期，督办单 484 份，督改问题 5562 处。

【消防安全整治】 2022 年，区消防救援大队强化市级整治标准落实，加强消防安全整治力度。召开消防安全“问题村居”整治验收现场会，消防安全整治样板经验在全市消防安全工作会议上作经验交流。落实重大火灾隐患政府挂牌机制，挂牌区域 13 处、单位 76 家，实施“清单化”整治推进，逐一照单销号。引入第三方消防技术服务机构专业力量，发动各街道联合消防服务机构开展高层建筑消防安全大起底，对全区 129 家（818 幢）高层建筑全部检查一遍，排查隐患 5700 多处，部门街道同频推进隐患整改 4000 多处，突出问题立案查处 24 个。以老街、巷弄、出租房集中点为核心，整改建设取水码头 25 个、取水口 90 个、室外消火栓 26 个、调整电动车充电点 434 个、社区（村居）微型消防站 32 个，配置微型消防车 15 辆。

【消防基础设施建设】 2022 年，区消防救援大队加强消防基础设施建设，落实政府专项资金 8000 多万元，用于电动车充电点建设、“三无”高层小区消防设施改造、取水码头建设、出租房电动车禁入系统建设、乡村配套消防站建设，其中蒲州、永兴、瑶溪、海城街道落实资金 2000 万元，建设 248 个集中式充电桩、500 个独立式充电口、2751 个分散充电点，安装 5800 家出租房电动车管控禁入系统，提升 20 个无物业维修资金住宅小区消防设施。完成市级民生实事 200 户独居老人残障人士居所消防安全改造提升，融入“康养智城”智管民生实事项目，为全区 1000 户 70 岁以上老弱病残群体增设烟雾智能报警装置。

【消防监督执法】 2022 年，区消防救援大队加强对消防违法行为的高压打击态势。紧盯党的二十大、全国“两会”重点节日，检查社会单位 2575 家，发现隐患 1479 处，督促整改隐患 1463 处，下发责令整改通知书 363 份，责令“三停”29 家。全年完成办理委托执法案件 5078 起，比 2021 年增长 174.0%；整治两类场所 2.54 万家，拆除违章 5548 平方米，查处电动车违法 1389 起。

【救援能力建设】 2022 年，区消防救援大队加强自身救援能力建设。推动永中消防救援站新站投入使用，完成高新区消防救援站项目用地选址调整优化、状元消防救援站修缮、消防救援大队搬迁项目控规调整修编。以安全管控、火灾扑救、抢险救援和疫情防控四大类 34 个作战训练资料为重点，制修订预案 188 份、“一厂一册”3 家、“一图一表”90 家。坚持每周和每月典型灾害实地见学，开展重点单位、化工企业及其他不放心区域和重大火灾隐患单位熟悉 334 家、演练 228 家。

【消防安全宣传】 2022 年，区消防救援大队加强消防安全教育，提升消防安全知晓率。统筹推进“五进”试点，建立 33 个“五进”试点单位，开放 9 个街道体验室、15 个农村体验点、6 座城管驿站和 70 个社区微站，整合全区宣传屏媒 728 处、“村村通”喇叭 189 处、流动宣传车 10 辆，把消防宣传触角延伸到最末端。各街道成立 1300 多人的雨花敬老义工队、退役军人志愿巡防队和环卫工宣传队特色志愿宣传队。结合“119”宣传月、“百千万”工程，培训街道、部门领导干部、消防工作人员 500 多人。联合龙湾发布、《今日龙湾》、龙湾新闻网主流媒体，集中开展消防宣传、隐患曝光活动，有效提升知晓率。

（陈洁炀）

2022 年 7 月 12 日，龙湾区开展小学生消防安全教育暑期社会实践活动
（区消防救援大队供图）

街 道

龙湾城市中心区秋色　　　　（管新民摄于202211月）

街 道

综 述
永中街道
蒲州街道
海滨街道
永兴街道
海城街道
状元街道
瑶溪街道
沙城街道
天河街道
星海街道

2022年8月28日，永兴街道农业园区里农民把稻谷传送到运输车上 （张崇禹/摄）

综　述

2022年，温州市龙湾区下辖永中、蒲州、海滨、永兴、海城、状元、瑶溪、沙城、天河、星海10个街道办事处。全年全区实现生产总值868.58亿元，比2021年增长4.5%，其中区本级实现生产总值557.16亿元，增长5.7%；全区实现规模以上工业增加值268.53亿元，增长12.8%，其中区本级实现规模以上工业增加值119.74亿元，增长22.5%；全区实现农林牧渔业总产值4.89亿元，增长3.4%；全区城镇常住居民人均可支配收入7.30万元，增长4.2%，城镇居民人均消费支出4.77万元，增长5.8%；农村常住居民人均可支配收入4.76万元，增长7.2%，农村居民人均消费支出3.15万元，增长9.5%。

【防汛防台风】 2022年9月，龙湾区各街道加强领导值班值守和应急处置，做好防御11号台风“轩岚诺”工作。各街道组织工作人员检查辖区高温熔融金属作业企业和危化企业汛期安全生产工作落实情况。对辖区内60个避灾安置场所全面排查。落实新冠肺炎疫情防控措施，提前做好避灾安置场所防疫消杀、重点人员排查等前期准备工作。对转移安置人员实行扫码登记，做到“应扫尽扫”确保不遗漏登记。各街道共转移各类危险区域人员1429人。

【比看活动】 2022年，龙湾区组织各街道开展“龙湾擂台·三赛六比”活动，作为推进重点工作的重要抓手，列入全年街道考绩重要内容。11月16日，举办现场会。通过指标亮晒专题片，集中比看2022年以来各街道的重点工作进展、工作短板问题和年内攻坚举措等情况。十个街道“一把手”相继登上擂台，在现场汇报中找差距、谈对策、话落实，晾晒短板、强化措施。与会人员对各街道工作情况现场测评。

【推进“千村示范、万村整治”工作】 2022年，龙湾区各街道开展“迎亚运·创文明”农村人居环境综合整治提升行动。龙湾区状元街道，获评2022年度浙江省美丽乡村示范乡镇。龙湾区永中街道郑宅村、永兴街道五溪村，获评2022年度浙江省美丽乡村特色精品村。

永中街道

【概况】 2022年，温州市龙湾区永中街道（以下简称永中街道）位于温州市区东部瓯江口南岸永强平原中心位置，是龙湾区人民政府所在地。辖区面积44.30平方千米，下辖14个行政村、1个居委会和7个城市社区（含20个经合社），户籍人口7.75万人。全年实现规模以上工业产值75.60亿元，比2021年增长20.9%；限上批零住餐销售总额2375.60亿元，增长22.8%；限上消费品零售总额6.30亿元，增长42.8%。

【区域经济发展】 2022年，永中街道加快区域经济发展。街道经济呈现“承压前行、持续恢复、逆势增长”良好态势，制造业投资、内外资等多个指标全区第一，规模以上工业产值增速、限上批零住餐指标分别排名全市第二和第三，工业经济考绩考核全区第二，全年工业经济实现“开门红”、全年红，实现5年来最好成绩；开展“亩均论英雄”行动，整治高耗低效企业26家，整治用地面积8.38万平方米，完成“净升规”企业16家。

【城区品质提升】 2022年，永中街道加强城区建设。推进未来社区、未来乡村建设，永中未来乡村建设项目（一期）启动，万顺（万康、万民）社区获评全省首批共同富裕现代化基本单元、全省第二批城乡风貌样板区、全省第二批浙江省未来社区。全年完成寺前街、永宁东路打卡口等拆迁攻坚，青山整村清零工作取得成效；完成政策处理土地面积30万平方米，护航金丽温高速公路东延、东片防洪

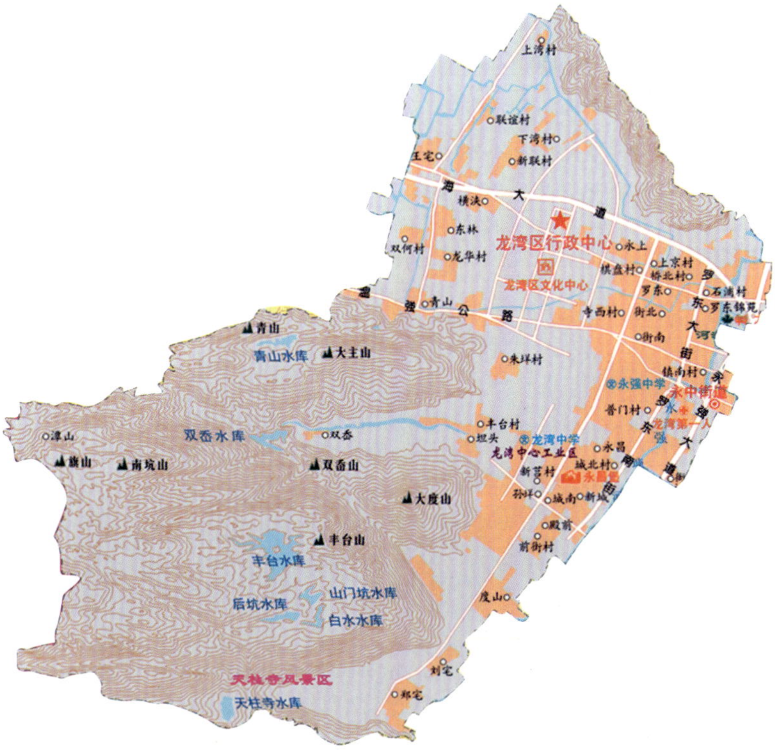

永中街道区域图

等一批重点项目有序推进；首届“青山论坛”、第三届青科会等重大活动在永中举办；全员上阵打赢文明城市建设攻坚战，测评点位数量占全区41.0%，永中主战场高分通过，街道连续在市级测评中获评红旗；万达广场街区获评浙江省高品质示范街区；永定路获评浙江省街容示范街。

【民生保障】 2022年，永中街道加快民生工程建设。街道统筹推进空间盘活、低效提升，争取重大工程落地。全街道34个村股份经济合作社总收入2.70亿元，经营性总收入1.50亿元。全年大罗山景区东入口落户永中，张璁纪念馆建成开馆，永昌古镇“EPC+O”项目完成招标，东篱下生态农庄等12个项目入选省旅游业“微改造、精提升”示范点；推进村集体经济工程建设，开竣工工程4个，完成龙北片、镇北2400多套安置房摸文认购，改造榕、柳组团，镇南锦苑等老旧小区超8万平方米；推进全龄友好城区创建，建成万顺、龙水、龙北、永昌4个社区居家养老服务照料中心，儿童友好城市试点单元顺利通过验收；推进文化惠民工程，完成文化礼堂新建2家，改造提升4家，建成“十五分钟文化生活品质圈”16个；街道级亿元工业项目度山二产标准厂房开工建设，寺前街片区改造、科技城企业总部园二期2个新建项目工程。

2022年1月24日，永中街道党工委、“两新”工委、总工会联合温州龙湾万达广场、顺丰速递开展“留龙过年·把爱‘递’回家”主题活动启动仪式（永中街道供图）

【社会综合治理】 2022年，永中街道加强社会综合治理举措落实。迭代升级“141”全科网格，完善基层社会治理“一张网”工作，强化矛盾前端化解排查调处，实行“2+6”“一巡一查”“一三五”备勤值守机制，成立全市首个新乡贤综合体，助力“乡贤+乡情”积案化解模式，实现赴省人数比2021年下降56.0%。

【基层党建统领】 2022年，永中街道加强基层党建统领工作。落实从严治党主体责任和意识形态工作责任制，规范村社健康运行指数，建立党建联建项目6个，完成“问题村居”整治3个。构建党建统领网格智治体系，做好131个网格党组织和“1+3+N”网格团队力量建设，打造“共享社·幸福里”试点19个。首创党建统领未来社区整体智治“万顺”方案，获《浙江信息》刊登推广。

2022年1月23日，龙湾区永中街道乡贤文化广场揭牌仪式和永中聚贤馆开馆仪式举行（永中街道供图）

【龙湾区首个“乡贤馆”开馆】 2022年1月23日，龙湾区永中街道举行乡贤文化广场揭牌仪式和龙湾区首个“乡贤馆”开馆仪式。区委统战部部长邹锦雷、副部长陈佳，新乡贤会长王身康等人参加。永中乡贤文化广场位于永中街道普门村瑞福家园东边，周围环境优美。会馆是一座清朝旧居，体现永强古文化特点，前有广场后有绿化公园，内设有乡贤文化长廊、议事厅、乡贤展厅等场馆，集会务、展陈、议政、文化、教育、学术研究为一体的龙湾区首个“乡贤馆”。

【“留龙过年·把爱‘递’回家”启动仪式】 2022年1月24日，永中街道党工委、“两新”工委、总工会联合温州龙湾万达广场、顺丰速运开展“留龙过年·把爱‘递’回家”主题活动启动仪式。活动现场，永中街道党工委委员、“两新”工委副书记陈弋对广大留龙职工致辞，并与万达广场、顺丰速运相关领导共同按下活动启动按钮，新奥燃气工会主席宣读“留龙过年”倡议书，助力共同富裕示范区龙湾样板建设。

【万顺（万康、万民）社区入选省级第二批未来社区名单】 2022年12月，省风貌办公布浙江省第二批未来社区名单，全省共新建成未来社区80个，其中龙湾万顺（万民、万康）未来社区榜上有名。龙湾万顺（万民、万康）未来社区实施单元面积160.86公顷，常住人口约1.90万人，是省级第四批、第五批未来社区创建项目。

【郑宅村入选浙江省美丽乡村特色精品村】 2022年12月，郑宅村入选浙江省美丽乡村特色精品村。郑宅村坐落于市级风景名胜区——天柱寺景区山脚下，地理位置优越，以大罗山自然风光为依托，山水秀丽，风景宜人，人文历史厚重，是龙湾区“后花园”。郑宅村民俗文化也非常活跃，“非遗”文化丰富多彩。郑宅村将创建以现代化农旅融合为特色未来乡村，植入文创功能，打造文艺休闲龙湾都市桃花源。

（朱春晖）

蒲州街道

【概况】 2022年，温州市龙湾区蒲州街道（以下简称蒲州街道）位于温州市主城区东部交会点，西接温州行政中心区，南靠温州生态园，北临瓯江、温州滨江商务区。街道辖区面积7.86平方千米，下辖蒲江、天鹅湖、雁湖、创客小镇4个社区，屿田、上庄、上江、汤家桥4个村，户籍人口2.55万人，流动人口5.90万人。党组织199个，党员1699人。全年街道实现规模以上工业总产值63.95亿元，比2021年增长2.0%；累计完成固定资产投资18.40亿元，实现限上批零住餐销售总额314.40亿元，增长2.4%；限上消费品零售总额104亿元，增长18.4%；92家规模以上服务业企业累计营业额74.30亿元，增长7.3%。

【区域经济发展】 2022年，蒲州街道加快区域经济发展。推进“小升规”重点企业、“专精特新”企业、省级科技型中小企业培育，企业研发费用投入占营业收入比重及全员劳动生产率均排名全区第一，建立“小升规”培育库10家。推进“亩均论英雄”改革，完成93家规模以上企业、1273家规模以下企业亩均综合评价平台填报、审核等工作。完成低效空置厂房盘活4.80万平方米。突出招引数字经济产业项目，提速赛浤科技项目、全球温商新零售服务中心等重点数字产业项目招商落地，建设DXC龙湾国际云软件生态平台项目。发挥街道区位优势，加快富春社区“未来社区”建设，推进未来智慧城市产业园等重点项目建设，促进数字经济等新业态集聚发展。

蒲州街道经济总量引领全区，综合竞争力位列浙江前列。街道富春社区入选全省首批“未来社区”，文昌创客小镇创成省级特色小镇；辖区内集聚84家国家级高新技术企业428家省科技型中小企业；辖区内有温州紧固件市场，广纳五金市场，文化用品市场和装饰建材市场等4大专业市场。2022年完成固定资产投资18.40亿元、规模以上企业工业总产值63.95亿元。累计完成2宗地块10.20万平方米土地做地、1宗5.71万平方米土地出让，创收超12.68亿元。

完成汤家桥新世纪商务大厦物业出租、江岸锦园物业出租等2个村集体经济开工项目，总投资额超过3500万元，全年村集体经济总收入1.30亿元。

【城区品质提升】 2022年，蒲州街道加快城区建设。激活土地要素，根据市、区“六重”清单攻坚工作推进要求，对照航拍图分析每一宗批而未供土地政策处理、项目落实、处置方式，制定一宗一策，累计完成批而未供土地清理16.83万平方米。全年完成新型数字贸易港（TOD创新综合体）做地工作，出让开发区西单元C-05a-1

蒲州街道区域图

地块 5.84 万平方米；完成市重点项目沿江快速路 28 家企业签约征收任务。完成高新区 ZP-03-H（区块 1）地块全部企业签约，完成屿田村 B-03 地块主体结顶，B-06 地块进入主体施工；完成上江村 3180 套、汤家桥村 1157 套、江前村 1362 套的安置房摸文认购。完成全国文明城市建设整改提升工程，累计整治主次干道 32 条、背街小巷 68 条，处理“僵尸车辆”1215 辆，整治空中缆线 3 多万米，拆改清理停车场 7 个。

【社会综合治理】 2022 年，蒲州街道推进信访积案化解“一肩挑”，开展信访积案化解“清零”攻坚，化解第一、二批信访积案 53 件，其中国家、省级 17 件，市级积案、征拆类积案 36 件，化解率 100%。推动政务公开常态化，落实全过程人民民主。推进行政机关负责人出庭应诉工作，实现行政负责人出庭应诉率 100%。切实从源头降低行政诉讼被告率，一审被告案件从 2021 年的 121 件降至 27 件。

【民生事项提升】 2022 年，蒲州街道加强民生事项提升。街道改造提升街道级养老服务中心老年食堂，接收新建小区养老用房 8 个，蒲江路幼儿园和龙湾区汤西幼儿园开园招生。宗祠集中安置点蒲州民俗文化中心、仁济观、上江基督教堂等已结顶。省级民族团结进步示范点瓯斯达公司挂牌成立红，馨港湾工作室，光电大厦、顺富大厦和红连文创园三大楼宇（园区）串联打造“楼宇统战联盟”共同体。开展农村困难家庭危房无房问题情况排查，落实 43 个贫困对象干部结对帮扶，累计走访困难家庭 500 多次，做好低保对象兜底保障工作。

【平安街区建设】 2022 年，蒲州街道推进综合治理一体化，强化平安建设。排查城镇危旧房消防安全 8 个，排查各类场所隐患 1552 多处，危旧房消防安全整治 8 个，各类场所隐患整治 1552 处，整治完成率 100%。推进辖区 452 家工业企业风险管控体系建设，完成率 100%。推进数字赋能安全管控，完善人脸识别叉车智控系统、电梯智控系统和出租屋禁入智控系统、电瓶车充电桩数据平台建设，打造全域平安智治格局。推进区乡村振兴债券资金管理，完成上庄村及无物业小区智慧消防工程建设，更新消防设施，铺设智控消防柜 1000 多个。成功通过“四星级”街道食安办验收，全力推进“五星级”创建，守护“舌尖安全”。推进“大综合一体化”行政执法机制建设，实现统一平台、一体运转、分工指挥、协同配合，激活基层执法“神经末梢”。

【基层党建】 2022 年，蒲州街道组织“二十大”精神大学习大宣传大实践活动，营造比学赶超氛围，大力选树先进模范典型。贯彻中央八项规定精神，落实“七张问题清单”整改、省委巡视“回头看”。开展重点领域专项督查、节假日及日常作风效能督查等专项督查检查 100 多次，立案 12 起，处置 12 人。深入基层微腐败治理，政治生态进一步优化。

【汤家桥村（汤西）完成安置房摸文认购】 2022 年 6 月 8—10 日，汤家桥村（汤西）城中村改造安置房摸文认购大会在溢香厅国际宴会中心召开，共计摸文认购 208 户 649 套。安置房 8 月 20 日交付使用。

【上江村完成安置房摸文认购】 2022 年 12 月 5—9 日，上江村城中村改造安置房摸文认购大会在溢香厅国际宴会中心召开，历时五天完成 960 户 3180 套安置房摸文认购。

【汤家桥村（双车头）完成安置房摸文认购】 2022 年 9 月 21—23 日，汤家桥村（双车头）城中村改造安置房摸文认购大会在溢香厅国际宴会中心召开，共计摸文认购 185 户 508 套。安置房 12 月 14 日交付使用。

【温州市“共享社·幸福里”现场会】 2022 年 6 月 17 日，温州市“共享社·幸福里”现场会在蒲州街道雁湖社区景秀湾花园召开，40 多位市、县（市、区）领导参加。该小区以“共享社·幸福里”建设为契机创建“景秀三和”品牌，获评温州市首批“五星级示范点”。

2022 年 12 月 5—9 日，蒲州街道上江村城中村改造安置房摸文认购大会在溢香厅国际中心举行
（蒲州街道供图）

【开发区西单元 C-05a-1 地块出让】 2022 年 8 月 18 日，温州市核心片区开发区西单元 C-05a-1 地块出让，温州隆晖企业管理有限公司（凯迪）中标，成交价 12.68 亿元。该地块出让面积 5.84 万平方米，位于龙湾区蒲州街道机场大道和上江路交会处，新世纪商务大厦北侧、机场大道南侧。

【温州首个紧固件智能仓储基地】 温州首个淘钉钉紧固件智能仓储基地位于蒲州街道上江村原紧固件生产基地拉丝园区，占地 6 万平方米。基地于 2022 年 3 月启动，于 8 月底建成投用，已有 180 多家来自温州和周边区域紧固件企业签约入驻基地。

（吴诗蓓）

海滨街道

【概况】 2022 年，温州市龙湾区海滨街道（以下简称海滨街道）位于瓯江入海口南岸，东望东海，南连永兴街道，西接永中街道，北临瓯江，是龙湾国际机场所在地，享有温州城市东大门和东客厅美誉。街道总面积 48.22 平方千米，下设 1 个社区、10 个行政村，户籍人口 3.24 万人，流动人口 3.57 万人。全年街道实现规模以上工业产值 42.90 亿元；规模以下工业样本企业产值 0.39 亿元，折合权重后增速为 24.1%；限上批发零售业销售总额 80 亿元，比 2021 年增长 34.0%，其中限上社会消费品零售 5 亿元，增加 15.2%。

【区域经济发展】 2022 年，海滨街道加快区域经济综合发展。持续助企纾困优化营商环境，帮扶企业“小升规”“下转上”，累计企业“下转上”6 家。锚定构建优质制造业产业链目标，借力青钢城、机电城平台，推动传统不锈钢、五金机电零配件产业向上下游延伸，累计新增不锈钢集散市场主体 100 多家。助力打造眼健康“科创中国”样板，推动中国眼谷博览中心顺利开园。

【城区品质提升】 2022 年，海滨街道加快城区建设。以大干交通为抓手，快速完成小陡整村 288 户拆迁工作，为省重点工程机场大道东延项目推进提供保障。加快清零工作，全年完成蓝田姚家汇区块遗留 17 户签约和 50 户民房拆除清零、机场大道沙北区块遗留 6 户 7 间签约清零工作。推进安居工程，沙北安置房一期工程结算交钥，教新一期Ⅱ标竣工。全域开展文明城市创建工作，组建公安机场分局警地党建联盟，建立文明曝光台，祛疤摘花补植复绿 1.10 万平方米，拆除违章建筑 3.45 万平方米。全年完成江一村人居环境综合整治工程、沙角滩头河、城底河生态拦截等工程。抓实垃圾分类“关键小事”，入选市级生活垃圾分类示范片区，获市财政奖补经费 400 万元。

【乡村振兴】 2022 年，海滨街道加强乡村振兴发展工作。以“三位一体”综合合作改革项目为牵引，打造海滨围垦 600 平方米农事服务中心，依托市农科院开展专业培训、推广优质种苗、提供技术指导，助推农产品增产提质、农民增收。完成辖区耕地“非农化”“非粮化”整治任务，获评全省农村土地承包经营权确权登记颁证成绩突出集体。实现农业精准服务，为辖区种粮农户争取补贴资金 270 多万元，争创区级优秀种粮大户 2 人。

【民生保障】 2022 年，海滨街道强化民生保障。承接流量大、风险高、责任重的温州机场重点防疫任务，与机场专班协同作战，获评省级新冠疫情防控执行力指数评价优秀乡镇。建成街道“15 分钟采样圈”，社会面常态化采样超 100 万次。拓展“一老一小”服务平台，依托百姓爱心食堂打造宁村养老驿站，成立街道首届儿童议事会。开展两类场所消防安全整治攻坚行动，发现安全生产隐患 4118 起，处置整改 100%，断电 1230 家，处罚电瓶车飞线充电 800 多起，企业立案处罚 15 家，出租房 8 处。

海滨街道区域图

2022年5月29日，海滨街道首个妇女儿童综合服务驿站（蓝田村站）暨首批“儿童议事会”成立 （叶张静/摄）

【基层社会治理】 2022年，海滨街道加强社会综合治理。加快法治政府建设，优化法律服务供给，把握基层治理主线，用好“东方红”金牌调解工作室，探索龙湾调解模式，妥善化解纠纷575件，涉及金额4775万元。全年完成国家、省、市级交办积案14件，全部调解清零，完成率100%，积案调解清零案例获评温州市信访优秀案例。化解教新经合社29户56套6年未安置问题。三产指标化解案例获评“七张问题清单”市级示范案例。打造民主议事多方渠道，依托街道“凉亭议事”、人大“选民说事”、政协“民生议事堂”等平台持续听声，“凉亭议事”做法获评温州网络新闻一等奖。年内城东村获评2022年浙江省民主法治村。

【基层党建】 2022年，海滨街道坚持以政治建设为统领，强化理论武装，组织理论中心组学习10次，完成“七张问题清单”整改任务。制定完善《村社监察工作联络站工作规程》，工作履职清单化、成效考评可量化。以“幸福邻里节”“居民生活共同体”为载体，发动“红色楼栋长”“生活合伙人”助力“共享社·幸福里”建设。打造宁城社区龙宁锦苑示范型小区和锦海社区“市门锦时”党群服务中心。谋划宁村村“五度”升级方案，实施“清廉工程”持续纠“四风”“三不腐”一体推进。年内宁村村获评温州市“引领型”清廉建设单位、浙江省清廉村居示范单位。

【打造龙湾区首个政协综合体】 2022年，海滨街道政协综合体按照“阵地共用、功能集成、多元合一”建设思路，探索“1+N”模式，提升“民生议事堂”、委员工作室、社情民意信息联系点，配置政协文化走廊、委员会客厅、委员驿站、政协书屋，建设活动掠影+委员风采展示墙，打造党委政府和人民群众“连心桥”、委员履职的“新平台”。

（郑一洋）

永兴街道

【概况】 2022年，温州市龙湾区永兴街道（以下简称永兴街道）位于龙湾区最东面，东至东海，南接浙南产业聚集区，西临永中街道，北接海滨街道，与龙湾国际机场相邻。辖区总面积60.38平方千米，下辖14个村居、2个城市社区和3个企业社区。户籍人口4.02万人，在册流动人口69207人。全年街道实现规模以上工业产值399.45亿元，比2021年增长58.2%；新产品产值279.44亿元，增长85.8%；智能装备产业产值153.54亿元，增长215.8%；规模以上工业研发费12.34亿元，增长68.0%；限上批零住餐销售额77.85亿元，增长679.0%。

永兴街道区域图

【区域经济发展】 2022年，永兴街道加快区域经济发展。街道完成46.67万平方米新能源科技产业园政策处理，推动阀门企业用地出让2.67万平方米，招引落地全区首个街道亿元产业项目小伦制药。企业上市辅导报会3家、高层次人才申报6人，人才码认定位居全区第一，瑞浦兰钧创成龙湾首家省级“未来工厂”。开展“无疫工厂”创建行动，完成164家规模以上企业“无疫工厂”建设。推进小微园智慧化工程建设，打造具备大数据分析、园区物联网、应急响应等功能的园区服务平台，推动企业生产制造智能化、数字化，全年永兴南园小微园收取租金5579万元；14个村集体经济总收入11076万元，经营性收入7918.10万元，村均集体收入超500万元，增速领跑全区；获评国家级创业创新示范基地，认定浙江省科技型中小企业64家。

【农业园区建设】 2022年，永兴街道加快农业园区建设。推进“美丽田园+”发展模式，加快“一园、两区、五中心”省级现代农业园区（市级都市农业公园）建设。全年整治完成15个“两非”地块，完成五溪等村49.33亩高标农田建设，实现粮食播种面积945.33公顷，粮食产量4900吨，保障全区三分之二粮食保供任务。

【民生保障】 2022年，永兴街道加快民生工程力度。推进“安心工程”建设，完成666户五溪整村搬迁转安置工程，完成超百亩安置地块A38实现清零出让。推进安源花园老旧小区提升改造工程和乡村公共配套提升工程，提升建成沙园、小塘等2个村居养老服务照料中心和4个老年食堂度。改造提升荡园路等7条道路，实施16条村居道路及支路白改黑工程，修复破损路面9000平方米，新增、改造机动车停车位520多个、非机动车停车位1.20多万个，缓解开车难、停车难等难题。投入资金3820万元，改善人居环境，完成拆违8万平方米，实施围垦路永兴段沿线整治提升工程、迎亚运村居环境提升项目以及美丽城镇提升工程等项目，完成改造萼芳等3个小游园，提升群众生活舒适度、宜居度。

【社会综合治理】 2022年，永兴街道加强基层社会综合治理。推出5.0版《安全生产、消防安全整治工作方案》，完善“一园区、一机构”“一网格、一机构”两类安全监管模式，建成全市首个“消安云”智管平台，打造浙南首家以安全为主题“密室逃脱”应急安全实训基地，实现两类事故总量双下降。调整优化全科网格布局，开展平安永兴“大起底大整治大提升”行动，成功打赢全国、省、市两会、冬残奥会、省党代会、省委巡视龙湾安保、党的二十大等系列维稳安保硬仗，创成省级“枫桥式司法所”和省级“枫桥式公安派出所”。纠纷调处化解率100%，综合成效全区第一。

【基层党建统领】 2022年，永兴街道加强基层党建统领工作。落实从严治党主体责任，学习贯彻党的二十大精神，累计开展理论宣讲190多场。与圣邦企业文化中心、企业社区党建综合体融合，构成科教研学一体“红色飘带”党建宣传阵地。全年推进“共享社·幸福里”建设，完成五溪等4个问题村居整改，整固提升7个后进党组织；构建党建统领网格智治体系，做好71个网格党组织和“1+3+N”网格队伍建设；创成圣邦市级“两新”党建“双强”示范点及北园社区区级党建优秀品牌，“两新”党建工作走在全区前列，并作为全区唯一一个街道在全市作交流发言。年内，龙湾革命教育馆获评2022年浙江省乡村博物馆。

【永兴派出所获评浙江省第二批“枫桥式公安派出所”】 2022年3月31日，中共浙江省委办公厅、省人民政府办公厅下发《关于表扬全省第二批“枫桥式公安派出所”的通报》，温州市公安局龙湾区分局永兴派出所获评2022年浙江省第二批“枫桥式公安派出所”。永兴派出所是全国一级公安派出所，先后荣立集体三等功3次，获评浙江省公安厅“最美浙警”最美警队、全市优秀公安基层单位、全市执法规范化建设优秀单位。

【入选浙江省第二批乡村博物馆】 2022年8月26日，省文物局公布浙江省第二批389家乡村博物馆名单，温州40家入选，其中龙湾革命教育馆获评浙江省第二批乡村博物馆。龙湾革命教育馆位于永兴街道，于2021年6月25日揭牌开放，展馆面积700多平方米，馆内陈列200多幅龙湾区革命

2022年7月3日，永兴街道与温州曙光医院举行党建联盟签约仪式
（永兴街道供图）

历史图片和一批革命文物，采用浮雕及多媒体景箱等现代化手段，再现当年的抗日场景。

【永兴街道新乡贤联谊会成立】 2022年9月11日，龙湾区永兴街道新乡贤联谊会成立大会召开，来自全国各地回乡参会新乡贤200多人，旨在汇聚乡贤智慧和力量，推动乡贤们赤子情怀、良谋善策、项目技术，携手家乡共谋发展。年内永兴商会获评2022年全国四好商会。

【龙湾区省级现代农业园区核心区】 2022年11月3日，浙江省温州市龙湾区举行新闻发布会，介绍龙湾区省级现代农业园区核心区暨永兴数智都市农业公园项目建设情况。该项目规划面积2万余平方千米，总投资5000多万元，谋划形成“一园、两区、五中心”创建格局，坚持“研学文旅体验＋数字农业示范”，将成为农文旅融合发展，其中“一园”即龙湾数智都市农业公园，“两区”即研学教育实践区和数字农业示范区，“五中心”即研学教育中心、数字农业展示中心、为农服务中心、农事培训中心、休闲服务中心。

（路　遥）

2022年9月1日，龙湾区永兴街道新乡贤联谊会成立预备会议召开
（永兴街道供图）

海城街道

【概况】 2022年，温州市龙湾区海城街道（以下简称海城街道）位于龙湾区南部，东邻高新区（温州经济技术开发区）金海园区，西、南傍瑞安塘下，北靠大罗山，凭环山东路与龙湾中心区域贯通，是龙湾区南大门。街道辖区总面积14.86平方千米，耕地面积500.53公顷，下辖10个行政村，常住人口7.83万人，其中户籍人口3.48万人，外来人口4.35万人。基层党组织（含党总支）104个，党员1660人。全年街道实现规模以上工业产值71.76亿元，比2021年增长5.0%；规模以上工业增加值15.44亿元，增长2.6%；完成固定资产投资4.63亿元，其中工业投资0.90亿元，增长17.6%。

【区域经济发展】 2022年，海城街道加快区域经济综合发展步伐。推进企业集群发展，以汽车标准件、五金卫浴两大主导产业，以“工改工”、定向招引强链延链补链，实施“三创”行动，引导大学生等群体投身“电商换市”热潮，街道电商数增至500多家，年销售总额超25亿元。以行业龙头为引领示范，携手四川攀枝花、温州理工等学院高校搭建产学研平台，推进科研创新。全年新增国家高新企业12家，省级科技型企业25家；规模以上工业企业研发费用投入2.58亿元，增速8.6%，研发新产品产值14.57亿元，增长17.3%；科技活动覆盖率76.4%，高新技术产业增加值13.23亿元，“孵化效应”显著放大。

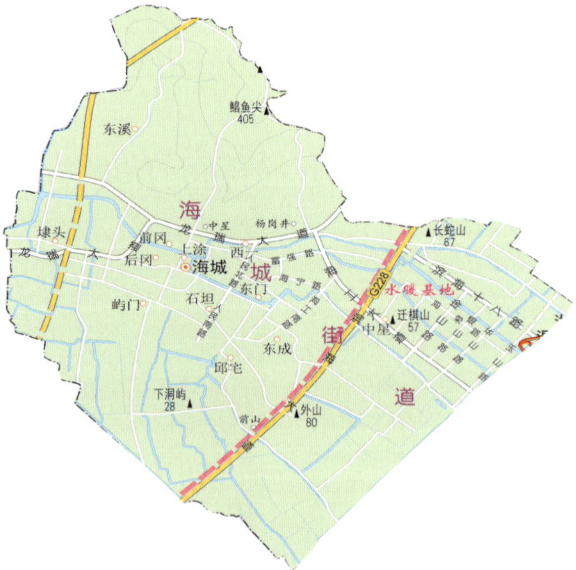

海城街道区域图

【城区品质提升】 2022年，海城街道加快城区建设步伐。拓展城市发展空间，提升城市形象品位。紧盯历史违建处置收尾工作，铺开剩余9栋高层消防整治及其他违建处置，完成共处置违建56万平方米。全年推进“三纵三横”交通建设，加快滨海二十一路重点项目建设进度，整治提升锦瑞街、海工南路，完成道路标线施划2万米，新增停车位3000个，织密“内畅外快”交通网。完善基础设施建设，竣工验收“污水零直排”治理建设工程，打通城市管网“脉络”。建设完成小香山公墓7000对。推进K-11地块一期安置房，先行建成东溪村、埭头村两大安置房置换房源610套。推进全国文明城市创建，罗梅大道山边公园、废弃矿山生态修复治理、梅岗锦园外立面修复等工程通过验收，“非农化”整治完成90.0%以上。塑造城市亮点景观，完成环山东路“赤膊墙”外立面墙绘及埭头停车场建设工程。打造市级未来乡村“海城样板”。

【“两低”整治】 2022年，海城街道推进高耗低效企业和低效土地整治。加快低效土地整治，引入滨海集团以租代建，以中星村老旧厂房面积7.20万平方米，探索国企化拆改运营新模式。利用拆后空地建设西一村龙南社项目增收115万元。重新招租上涂村标准厂房。全年推进“能耗双控”“两低”整治，完成高耗低效企业整治19家，“低散乱”企业整治25家。

【民生保障】 2022年，海城街道推进民生事业发展。全年实现医疗参保率100%，累计发放养老、社会救助、慈善等补助和慰问金共605万元。推进农村居家养老新模式，打造市级老年友好型村居，创建埭头村四星级居家养老照料中心和三星级街道养老服务中心。投资2.33亿元，推进十大民生实事项目，完成海城一小（埭头校区）综合楼扩建工程，实施“品质教育”战略，落实“双减”政策，购买优质民办教育服务，支持普惠性民办幼儿园发展。推进乡村文化振兴，线上线下开展村居民俗文化活动8场。

【平安建设】 2022年，海城街道加强安全隐患处置工作。落实生产安全“政府监管+社会化服务”模式，开展“8+3”重点领域、“三类园区”“三类企业”整治。全年执法检查企业73家，发现隐患点1051处，并全部整改到位。开展“大起底、大整治、大提升”消防整治专项行动，共排查隐患1.58万处，完成整改。推进街、村两级防汛标准体系建设，强化森林防火安全应急措施，加强食品药品和地产农产品安全监管。推进重点人员“化、疏、控、打”专项行动，靶向化解信访梗阻问题，实现上级交办信访件化解率100%，信访积案全面“清零”。打击电信网络诈骗、食药环等领域违法犯罪，开展涉诈重点人劝返工作，共处理涉诈信息1.38万条，劝返缅北、阿联酋等重点人员14人。

【基层党建】 2022年，海城街道加强基层党建统领。推进“共享社·幸福里”农村模式，建成埭头村市级引领型五星级样板，建成中星村、梅岗锦园两家达标型五星级样板。实现万名老人集中居家养老，乡村艺术团村村覆盖。实施村企党建统领，做成屿门水暖市场、东门五金洁具配套生产基地等村企联建共富项目19个，村均集体经济总收入超760万元。创新“党建+产业+电商”发展模式，五金卫浴产品占全国电商市场80.0%，相继被温州新闻网、浙江新闻、新华网、央视网站转载报道。

【人民武装工作】 2022年，海城街道人民武装部获评2022年温州军分区先进基层武装部。海城街道人民武装部以正规化建设为根本，推进机制完善、民兵整组、民兵训练、征兵宣传、双拥工作等，助力海城武装工作步入规范化轨道。2022年两季征兵，共向部队输送合格兵员，其中大学毕业生比例50.0%，位列全区第一。

【埭头村获评首届浙江省数字乡村“金翼奖”】 2022年，海城街道埭头村获2022年浙江数字乡村“金翼奖”百优村称号。埭头村以数字赋能基层社会治理为主抓手，通过创新数字审批、全程服务、智慧治理新模式，打造集乡村治理、公共服务、生产管理、视听娱乐为一体“数字乡村云平台2.0”，实现以科技赋能带动乡村巨变，数字改革牵引“三农”腾飞。埭头村获评浙江省健康村、温州市数字化场

2022年7月15日，海城街道埭头村居家养老服务照料中心投用

（海城街道供图）

景先行村、温州市“共享社·幸福里”五星级农村样板、温州市老年友好样板村。

【轮船河生态廊道公园开园】 2022年1月1日，海城街道轮船河生态廊道公园举办开园庆典仪式。轮船河生态廊道公园作为海城重大民生项目，全长2.17千米，平均宽度20—25米，建有美丽滨河景观带，涵盖儿童游乐场所、健身步道、休闲公园、文化长廊等设施，是海城“绿轴”，丰富海城人民休闲娱乐生活。

【省级卫生村创建】 2022年11月，海城街道东门村、石坦村、西一村、中星村获评省级卫生村。东门村、石坦村、西一村、中星村以新农村建设为依托，垃圾分类为抓手，大力开展环境卫生整洁行动和卫生创建工作，完善设施配置，健全卫生管理长效机制，打造整洁、有序、优美生态村庄环境。

（邱一帆）

状元街道

【概况】 2022年，温州市龙湾区状元街道（以下简称状元街道）位于龙湾区西部，瓯江下游南岸，南靠大罗山东麓，北濒瓯江，为温州城市东大门——甬台温高速温州东进口所在地，拥有1700米港口岸线。街道总面积18.00平方千米，下辖6个行政村和3个社区，常住人口6.49万人，户籍人口2.93万人，党组织72个，党员1032人。全年规模以上工业总产值累计9.44亿元，比2021年增长8.9%；新产品产值增长14.9%，规模以上工业企业技术研发经费（R&D）增长19.3%，生命健康产业总产值增长13.2%。

【区域经济发展】 2022年，状元街道加强区域经济发展措施。街道开展助企“三服务”“两万行动”，推进惠企政策落地，为企业排忧解难。全年招商引资初见成效，为经济发展注入新动力，金帝集团摘牌D02地块，计划总投资3亿元；以云端形式举办第四届龙湾状元王鱼杨梅节，带动杨梅销售2000多吨，助推状元文旅、农副产业协同发展；街道助企服务员共走访企业67次，协调解决企业问题9件，协调解决率100%。

【城区品质提升】 2022年，状元街道加快城区建设。街道推进御史桥、山西岙相关地块政策处理，推动山西岙汽车产业园项目落地。解决三郎桥相关历史问题，推进生态园A26地块安置房、垃圾中转站等工程项目，保障三郎桥片区重大项目建设。快速处理瓯江南北联网保供水应急工程政策处理工作，确保市级重点工程项目顺利施工。完成兴元路改造提升和龙飞路、瓯江路改造等项目，提升城区品位。推进安置提速，全市首创地块意向报名、房源分割、房款缴纳、摸文认购等整套安置摸文认购思路，完成横街片区、三郎桥、龙泽等5442套安置房摸文认购。30天完成19处特殊场所合并安置和30多座神像临时安置再搬迁，扫清横街村A15地块安置房建设施工“障碍”，成为全市现场会示范观摩点。推进“无违建”创建，铁拳整治5条主要道路违建，强制拆除违章面积4万余平方米。

【社会综合治理】 2022年，状元街道加强社会综合治理。街道推进危旧房治理，加快老旧小区改造工程，完成状元楼、状元新村四组团、龙湾大厦改造，完成5336户城乡房屋隐患“地毯式”大排查，第一时间封堵加固16间C/D级危房。推进“未来城区”“全域美丽”十大整治专项行动，完成创文督办181件8000多处及创卫督办28件1137处整改。全年开展消防安全隐患治理联合执法126次，立案处罚企业21家，督改各类隐患场所3000多家；开展矛盾纠纷大排查大起底行动，调处各类纠纷386起，调处各类纠纷率100%；开展垃圾分类，40个小区和13个村社“撤桶并点”实现全覆盖，创成8个省级高标准生活垃圾分类示范小区；西台矿山治理工程进度，倒排工程计划，完成交工验收。

状元街道区域图

【民生保障】2022年，状元街道加强民生事项完成。街道完成罗西综合门诊部、S1线桥下空间整治等10多项民生项目，提高居民生活幸福感；完成“5分钟基层政务服务圈”，设置11个办事窗口，实现“统一收件、统一办理、统一出件”。提升政务服务2.0规范化管理水平，全年共办结各类审批事项3.67万件，限时办结率100%；健全“四平台”流转机制，收到信息数量7885件，办结率100%；开展社会救助、优抚活动，发放救助资金186.50万元，残疾人补贴76.10万元；受理劳动争议案件124件，涉及金额380多万元。

【基层党建统领】 2022年，状元街道加强基层党建统领工作。开展“问题村居”专项整治行动，打出重点整治、齐抓共管、共建共治“组合拳”，完成“问题村居”整治和验收工作。全年核查“三资”问题，发现各类“三资”管理问题31个，立即整改20个，追回村社“三资”涉案财物58.80万元；探索“幸福带头人”品牌模式，打造“1+4+N”服务阵容，完成1000平方米共享空间，状元桥、新周家园、华锦园、外滩一号“共享社•幸福里”示范创建通过验收；发挥老干部作用，退休支部开展街道环境整治、文明创建、新冠疫情防控等各类主题活动20多场，林小兰获评温州10佳最美“银耀瓯越”老干部志愿者；壮大村集体经济新路径，引导4个集体经济薄弱村入股区强村公司，开工建设“社员持股”模式三郎桥综合大楼，促进农民农村共同富裕。

【第四届状元王鱼杨梅节】 2022年6月，状元街道以云端形式举办第四届状元王鱼杨梅节，通过线上搭台打造王鱼杨梅全产业链，开展线上打卡、云上探店以及促销优惠等活动，将龙湾农产品、美食与旅游“联姻”，推动文旅、农旅消费升级，激活经济、振兴幸福产业。

【环山北路全线通车】 2022年7月1日，环山北路全线通车。环山北路全长约1.20千米，宽度50米，生态园段市政道路工程。该路段正式通车，加强中心城区与“城市绿心”三垟湿地片区、大罗山片区联系；提升生态园三郎桥片区交通功能，与瓯海大道形成“一主一辅”东南片路网格局；改善龙湾区通往瓯海区茶山、附一医、丽岙—仙岩片区沿线交通出行，缓解市区东南部路网交通压力，为群众出行提供便捷。

【状元街道第三次妇女代表大会召开】 2022年4月16日，状元街道第三次妇女代表大会召开，完成街道妇联换届选举工作。区妇联主席王余余、状元街道党工委书记孔德亮、党工委副书记孙晓武、党工委委员余双以及各界妇女代表等出席会议。

【状元街道三郎桥综合办公楼开工】 2022年7月17日，状元街道隆重举行三郎桥A02–a地块综合办公楼开工仪式。为摆脱三郎桥拆后村“零收入”困境，重启闲置近10年三产留地，提出全区首例“社员持股”集资模式，破解资金筹集难题。经过十多次会议研讨审查、百多次入户解释，全村3525名社员全部成为“股东”。建成投用后，每年可增加租金收入600多万元，真正实现“资金入股、年终分红、利益共享、风险共担”，为拆后村集体共同富裕提供可推广可复制“三郎桥经验”。

【状元街道罗西社区卫生服务站正式投用】 2022年10月20日，状元街道罗西社区卫生服务站正式对外营业。罗西社区卫生服务站位于状元街道罗西社区二组团9幢西裙楼，总建筑面积300多平方米，设置全科、内科、外科、妇科、中医骨伤科、健康咨询等科室，承担着保障附近居民社区预防、医疗、保健、健康教育、慢病管理等医疗卫生服务。

【状元街道完成横街片4321套安置房摸文】 2022年，状元街道完成横街片2293户4321套安置房摸文工作。状元街道创新思路，全市首创地块意向报名、房源分割、房款缴纳、摸文认购等整套安置摸文认购思路，仅用11天完成横街片4321套安置摸文，实现不同村社、不同签约批次、不同缴款需求2293户拆迁户同步安置。针对安置期间各类异议、历史遗留问题和前期各类自媒体舆论发酵，状元街道正面回应群众关心关切问题10多个，组织代表开展座谈20多次，并以安置紧迫感倒逼签约意愿感，促成7户未签约户签约。

（李环环）

2022年7月17日，状元街道三郎桥综合办公楼开工仪式举行 （状元街道供图）

瑶溪街道

【概况】 2022年，温州市龙湾区瑶溪街道（以下简称瑶溪街道）位于龙湾区中部，南倚大罗山，北临瓯江，东与永中街道、海滨街道接壤，西邻状元街道、瑶溪北片是浙南科技城重要组成部分。街道总面积34.10平方千米，有户籍人口约3.45万人，新居民约3.70万人，下辖3个社区、4个行政村。全年街道规模以上工业产值61.17亿元，比2021年增长16.9%，智能装备产业产值8.28亿元，增长464.9%，数字经济产业产值8.75亿元，增长210.0%。

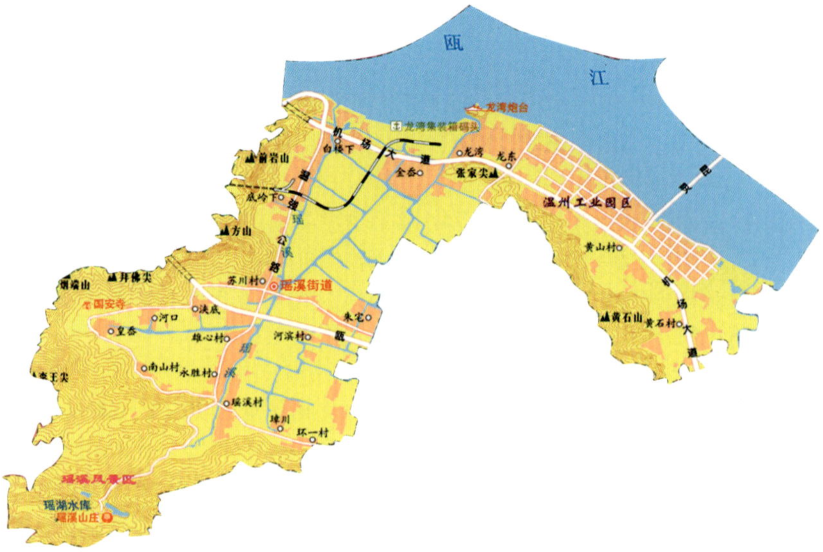

瑶溪街道区域图

【区域经济发展】 2022年，瑶溪街道加快区域企业经济发展。推进“三服务”“两万”专项行动，建立“小事包办、要事领办、大事联办”问题处置机制，实行企业诉求动态销号管理，构建精准、高效助企服务体系，累计助力1000多家小微企业和个体工商户办理贷款10多亿元。推进“腾笼换鸟”攻坚行动，腾挪土地7.20公顷，培育国家专精特新“小巨人”企业1家，国家高新技术企业8家，省“专精特新”中小企业1家，省高新技术企业研究开发中心1家，入选2022年省级工程研究中心名单1家。推进“街道出租、村居管理、合作运营”共富模式，释放15.26公顷已征未用土地价值，开发公共设施、仓储物流等项目，村集体经营性收入增至2336万元，完成指标24.0%。

【推进政策处理】 2022年，瑶溪街道加快区域土地处置工作。开展拆征土地项目大清零工作，对接雄心、永胜2个村866户签约，助力市城发集团投资23亿元茅永片片区综合开发项目落地，完成省重点工程机场大道东延政策处理，清零历时5年瑶南E17南山安置地块，保障土地用地供给。开展“存量盘活”土地，推进闲置土地资源处置，完成7宗土地面积20万平方米经营性用地，居全区第一，其中南洋未来社区5宗地块出让，为财政创收22亿元。

【文旅融合发展】 2022年，瑶溪街道加快文旅融合工作，打造乡村振兴连片发展新模式。投资1100万元启动西片三村联创“古朴岙里”建设，整治提升国安寺塔周边、圆河线道路，增设游客驿站、景观小品等设施，改造面积16多万平方米，组团打造资源互用、文化互融、经济互动发展乡村集群。打造“钟秀瑶溪”省级未来乡村，完成11栋古建筑迁移，邀请温州建设集团、浙大设计院，联动钟秀园、贞义书院、国际网球中心等元素集成打造瑶溪“艺术社区”，完成第三方运营商招商工作，形成“政府主导、市场运作、村民参与”格局。打造生态特色产业，浃底油茶基地进入播种阶段，大罗山杨梅精品园核心区入口完成设计，探索“种植生产、观光采摘、加工体验、展销一体”全产业链融合发展模式。启动水库、山塘物业化管理，推动生态大跃迁，街道获市美丽乡村建设成绩突出集体、市“水美乡镇”。

【防汛防台风】 2022年，瑶溪街道加强防汛防台风工作。落实防汛防台风各项措施，通过基层防汛防台风体系标准化建设验收。创新“4+1”联合督查模式，刚性执行班子领导带队日督查制，企业风险管控体系建设覆盖率100%。全年建成应急取水点5处，辐射消防取水困难村4个；做好二十大期间防火防灾，古寺古庙防火工作获市委书记刘小涛批示。

【民生保障】 2022年，瑶溪街道加强民生保障工作。全年完成国安寺塔圆河线道路整治、龙岗寺亮化工程提升；建成投用姜立纲书法展示馆、叶萌春艺术馆等文化新地标，创新实施“全域共享社、全民幸福里”建设行动，街道社会组织服务平台入选全区唯一省级优秀案例；开展社会救助、优抚活动，发放救助资金186.80万元，残疾人补贴175.60万元；推进矛调中心建设，化解纠纷632件，涉及金额320多万元。

【社会综合治理】 2022年，瑶溪街道加强社会综合治理工作。落实班子领导包案等制度，出台《瑶溪街道信访积案化解清零行动实施方案》，全年信访积案清零50件。

【基层党建统领】 2022年，瑶溪街道加强基层党建统领工作。落实意识形态责任制，全年组织集中学习10次、研讨3次；聚焦“一老一少一特”联动龙湾农商银行、龙一医等20多家单位设立“共享会”平台，完成7个示范点打造，提供30多项点单派送式志愿服务，获《浙江日报》报道；推进“云纪实”“廉政谈心”工作，落实上级巡察整改任务，完成“四张清单”“三全行动”；推进执纪监督，共立案审查10件，党纪处分5人，下发监察建议书5份；瑶溪村清廉建设获省委办公厅表彰。

【获省“五水共治”工作考核优秀乡镇】 2022年3月1日，瑶溪街道获评浙江省“五水共治”工作考核优秀乡镇。街道落实“河长制”，推进“五水共治”，整治污水管网、最后一米纳管5000多米，疏浚河道45条，拆违8.78万平方米，整治入海排放口52个。河（湖）断面水质检测均达Ⅳ—Ⅲ类标准，新建绿地（滨水）公园18个近36万平方米。

【国安寺塔圆河线提升工程完成】 2022年12月14日，投资1100多万元国安寺塔圆河线道路整治提升工程完工，圆河线全长2.20千米。道路始于浃底隧道止于国安寺，途经浃底村、河口村、皇岙村，总改造用地面积16.62万平方米。道路地形村落地貌格局为背景，通过沿路围墙改造、绿化提升、建筑立面翻新等方式，融合“村路、自然、文化”地方特色，打造形成以“全域未来，幸福瑶溪”为主题乡间美丽绿道。

【温州首个TOD商业综合体“印象汇”开业】 2022年11月26日，温州首个TOD商业综合体“印象汇”在瑶溪开业。“印象汇”与轨道交通S1线科技城站相连，建筑面积7万余平方米，分“享·生活”“悦·风尚”“趣·童真”“寻·真味”“臻·自在”五层，引入休闲娱乐、特色零售、儿童亲子、生活配套等多元业态，可辐射周边3千米内57个居民区、5个科技众创园，覆盖“三甲”医院及全学龄学校。

（缪章伦）

沙城街道

【概况】 2022年，温州市龙湾区沙城街道（以下简称沙城街道）位于龙湾区东南部，背靠大罗山，东临滨海大道，西接永中街道，南、北分别与天河街道、永兴街道接壤，地处永强冲积平原中部。辖区总面积6.60平方千米，下辖15个村居，户籍人口约4.07万人，流动人口9多万人。全年实现规模以上工业产值33.87亿元，比2021年增长15.6%；规模以上销售产值33.82亿元，增长16.2%；企业出口产品交货值3.03亿元，增长22.9%；全社会完成固定资产投资1.50亿元。

【区域经济发展】 2022年，沙城街道加快区域经济发展。搭建区域经济共享平台，引导要素资源在“大中小微”企业自由流动、共享互惠，实现街道四大主导产业食品机械制造、阀门及旋塞制造、金属压延加工、电器及配件制造总产值33.18亿元，累计增

2022年11月26日，温州首个TOD商业综合体“印象汇”在瑶溪开业

（瑶溪街道供图）

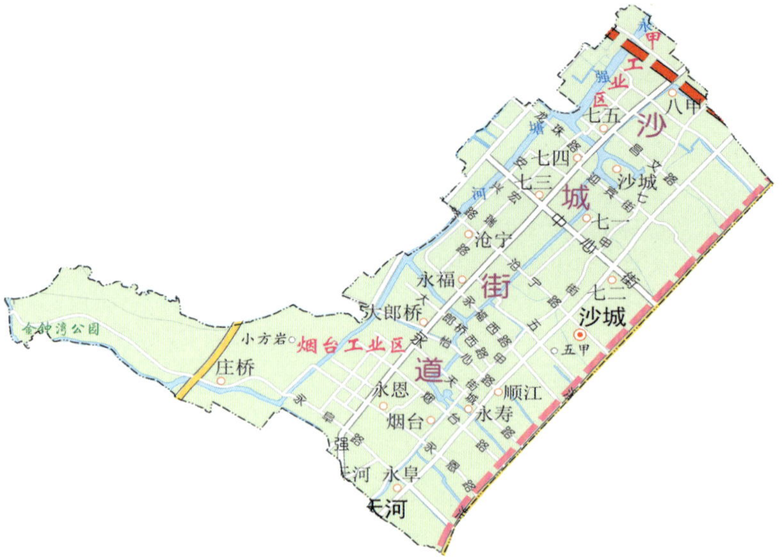

沙城街道区域图

长16.4%。产业项目持续升级，规模以上研发经费0.79亿元，增长23.9%，在街道62家规模以上企业中完成科技覆盖49家，培育国家高新技术企业4家，省科技型企业31家，实现“净升规”9家。持续“亩均论英雄”改革，依法淘汰高耗低效企业16家，整治提升“低散乱”企业21家，共计腾出用地28亩，引进优质企业3家。紧抓企业精细服务，街道干部结对62家企业，共下企300多次，主动帮助企业明思路、排难题、破瓶颈，打造“法治化、国际化、便利化”营商环境。

【城区品质提升】 2022年，沙城街道加快城区建设步伐。街道推城镇内质提升，以外联内畅交通路网优化城镇发展框架，推进S2线、金丽温高速东延线工程、通海大道沙城段工程，改造提升五甲街、烟台街、永阜西路、大郎桥路等9条道路，修缮加固8座危桥；推进城镇内涵建设，完成沙城第二幼儿园拆建工程，拆除金丽温高速东延线沙城范围涉及房屋，组织拆违5.03万平方米，施划交通标线30多千米，新增机动车停车位3045个，非机动停车位370处。推进城镇“靓化”工程，完成庄桥村整村提升及4个公园改造，基本完成工业区及公共单位“污水零直排”建设。有序加快安置建设，沧宁村安置房交付使用，七一村、七二村联建三产安置房竣工验收，永阜村、永福村、永寿村三产安置房加快建设中。

【民生保障】 2022年，沙城街道做好民生福祉工作。街道15个村集体资产总量27.35亿元，经济总收入2.02亿元，增长15.5%。推进“一老一小”问题解决，养老保险及益康保在保人数3万多人，办理老年人优待证523人；同步做好困境儿童、留守儿童跟踪关怀，完成沙城二幼项目建设，用好“伟明环保教育基金”助学善款。聚焦弱势群体，将120户低保低边、748名残疾人纳入返贫预警监测和长效帮扶体系，多元化技能培训300多人，发放各类补助近300万元，募集社会捐款60万元。塑造城镇品格气质，为沙城图书馆新增6000册书籍，完成沙城综合文化站和“1+1+15”党建书苑体系建设。

【社会综合治理】 2022年，沙城街道加强基层社会综合治理工作。推进集成改革，党建统领、经济生态、平安法治、公共服务四条跑道完成整合，执法、环保、市监、应急等多领域实现“一支队伍管执法”。全年完成全域消防救援基础设施提升攻坚行动，把15辆微型消防车、27个消防应急取水点、15处微型消防站、237个新增消火栓设置在街角巷弄、房前院落；推进“除险保安”系列行动，执法检查企业1000多家次，整治提升两类场所1万多家次，累计火警下降23.0%；完成自建房排查1.30万多户，完成C、D级危房解危33户；化解系列信访积案和历史问题，排查调处各类风险隐患、矛盾纠纷576条。

【基层党建引领】 2022年，沙城街道加强基层党建引领工作。开展党的二十大精神宣传，开展专题党课4期，完成党员轮训4期。持续筑牢红色堡垒，完成永福村、大郎桥村和八甲村党群服务中心提升改造，开展3轮村集中比看活动，启动村级“届中体检”抓实“两新”党建，及时推进联合工业支部动态调整，辖区登记注册“四上一农”企业72家，已建立党组织61家，选派党建指导员40人。发挥党建引领探索基层工作新路，坚持以红色专员助企，协调化解企业发展问题28个；坚持以党建联建推动乡村振兴，与温州医科大学公共卫生管理学院、龙湾农商银行实现党建联建，全年完成3个“共享社·幸福里”试点工作，推进11个“共富工坊”落成。

【消防救援圈覆盖沙城全域】 2022年9月，沙城街道全域启动消防救援基础设施提升攻坚行动，在老街、巷弄、出租房集中点等关键区域嵌入一批“固定消防救援车”，该行动共计投入100多万元，建设消防应急取水点24个、微型消防站15处，由北到南构成一条横贯沙城“消防中轴带”，完全覆盖沙城老旧城区全域范围。

【沙城街道综合文化站（沙城图书馆）正式开馆】 2022年12月16日，沙城街道综合文化站（沙城图书馆）举

2022 年 12 月 16 日，沙城街道综合文化站（图书馆）开馆仪式举行

（沙城街道供图）

行开站仪式。该文化站位于七一村虹河路 8 号，总面积 15 00 平方米，一楼设图书馆、非遗陈列馆，二楼设社工工作联络站，三楼为三团三社活动室及活动大厅，打造集看书学习、非遗陈列、文化活动为一体的大型综合体。

【沧宁安置房——铂悦佳园正式交付】 2022 年 5 月 7 日，沙城街道沧宁村安置房——铂悦佳园正式交付，集中交付房源 334 套，满足沧宁村广大村民对改善性住房和刚需性住房需求。铂悦佳园坐落于龙湾区滨海六路，总建筑面积为 6.24 万平方米，为 14+1 层小高楼，共 10 幢，地理位置优越，周边学校、医院、商业综合大楼等公共配套齐全。

（李倍响）

天河街道

【概况】 2022 年，温州市龙湾区天河街道（以下简称天河街道）位于龙湾区南部，东濒东海，西靠大罗山，北与沙城街道接壤，南邻海城街道。辖区总面积 16.08 平方千米，下辖 17 个村居（天津、高轩、三星、筑成、西前、天凤、二甲、郑岙、庄泉、建丰、司南、新河、中和、新川、金益、蒲门、泰河），户籍人口 2.82 万人。全年辖区实现规模以上工业产值 36.24 亿元，比 2021 年增长 4.5%；规模以上工业出口交货值 13.13 亿元，增长 9.2%；固定投资 6.23 亿元，增长 17.9%。

【区域经济发展】 2022 年，天河街道加快区域产业发展。街道投用占地面积 7.75 万平方米庄泉电器创业园，庄泉电器市场进入室外附属工程建设阶段，助推捷诺等 11 个技改项目竣工投产。实施优质企业梯次培育，加大政策扶持，认定高新企业 7 家，省科技型中小企业 20 家，新增“小升规”企业 9 家，规模以上企业累计 87 家。开展低散乱、高耗低效企业整治，整治提升 33 家，关停淘汰 3 家，腾挪发展用地面积 7.20 万平方米。

【城区品质提升】 2022 年，天河街道加快城区建设步伐。推进基础设施提质升级，新建、改造金梅路等道路 3 条，完成三级及三级以下排水管网（二期）、零星绿地修复、千亩农田提升、十座桥梁改造等项目建设，社区卫生服务中心改扩建完成地下部分施工，第二所公办幼儿园提前投用；新河农聚房实现主体验收，郑岙安置房基本竣工，蒲门东辰里地块开展绿化等附属施工，2 个城中村改造项目完成 222 户 399 套房源摸文定位工作。建丰司南片人居环境美丽片区、河银美丽乡村、岙底沙河水岸同治加紧实施，瓯江引水工程、滨海水厂等省、市重点工程项目有序推进。推进文明城市建设，整治乱点 3.20 万平方米，拆除违章 1.70 万平方米，清理小广告 1 万多

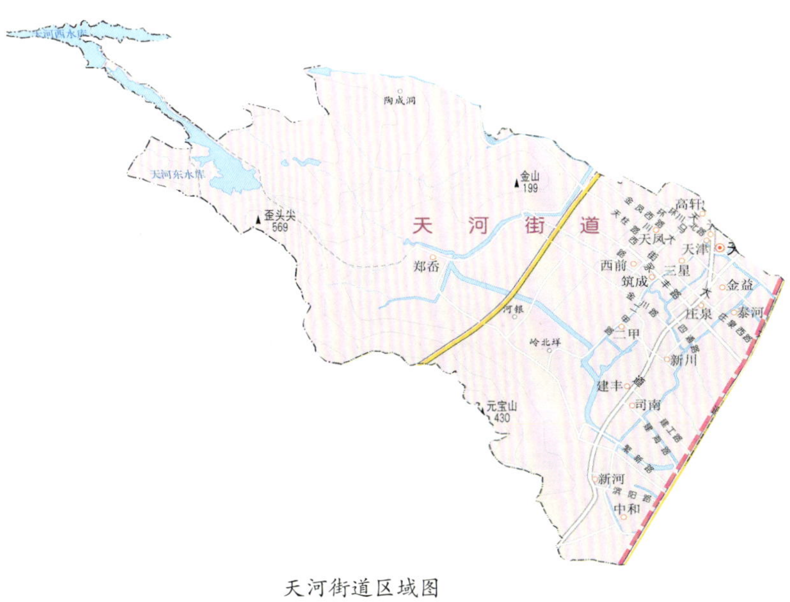

天河街道区域图

处，祛疤栽花30多处，修复道路2万平方米，整治线乱拉70多处，处置僵尸车200多辆，新增公益停车场12个，累计停车位6000多个。

【民生保障】 2022年，天河街道加快民生福祉步伐，17个村实现集体总收入1.07亿元、经营性收入8451万元，分别增长25.9%、21.1%。保障民生底线，关怀弱势群体，调解劳资纠纷119件，涉及金额121.48万元，发放各类救助金395万元，惠及1150多人。组织就业创业培训、校地合作，推动人才、资源共享，开展技能培训200多人次，推动800多名务工人员再就业。提升政务服务水平，推进审批事项集成办、网上办、就近办，最大程度便民利民，全年完成审批办件2932件；优化网格61个、微网格422个；激发共治活力，配强配足“1+3+N”治理力量，打通服务“最后一米”，兑现煤气管网改建等59项“关键小事”；活用文化阵地，开展文娱活动758场次，拓宽村社配套设施服务，新建街道级社工服务站、残疾人之家等公益场所，为“一老一小”及残疾人等群体提供公益服务；构建志愿服务多元联动，成立20支志愿服务队，为居民提供法律咨询、送医送教等服务1800多次。

【社会综合治理】 2022年，天河街道加强社会综合治理。街道防控警情持续下降，刑事治安、黄赌、诈骗警情案发分别下降28.5%、25.9%、31.1%；开展自建房地毯式排查，落实危房解危举措，原拆原建13户，拆除保全15户；巩固社会平稳态势，完成二批省、市信访件11件化解清零，排查调处纠纷332件，涉及金额596.68万元。全年推进除险保安防线，开展打非治违61次，取缔关闭非法抛光点71处，整改企业生产隐患3435处，整治“两类场所”2020多家，新建消防取水码头3个，建成微型消防站17个，优化新增电动车集中充电点17处；加强山林火源管理，打赢“9•14”“9•18”山火歼灭战，制止违法用火、违规用火200多人次。

天河街道庄泉电器创业园一角 （天河街道供图，摄于2022年9月）

【基层党建统领】 2022年，天河街道强基固本夯实基层堡垒。完成党建联建项目4个，组建小区党组织1个，高质量完成筑成村落后涣散村整转工作，基本完成司南村问题村居整治，开展天凤等3个村“红色根脉”强基示范村创建。落实每季“三比三看”擂台赛，建立红黑榜制度，村社健康指数位居全区第二。严格排查整顿农村发展党员违规违纪问题，处置问题党员20人。党建领航激发自治活力。以“共享社•幸福里”为抓手，落实党建统领网格智治，优化调整61个网格、422个微网格，指导配强配足“1+3+N”网格治理力量。搭建民情恳谈会、红色议事厅等议事平台，完成59项“民生小事”。集中式打造3处便民阵地，共享空间“关键场景”9处，解决村基础设施老旧、公共场地匮乏等问题。

【天河街道庄泉电器创业园落成】 2022年9月16日，龙湾区天河街道庄泉村庄泉电器创业园落成，占地面积7.75万平方米，投资3.60亿元。天河街道庄泉村创新“村级出地+企业出资”模式，通过市农村产权交易中心招标程序，促成13家企业资金筹措投入建造成庄泉电器创业园，集聚入驻民用电器小微企业74家，增加就业岗位500多个，每年可增长村集体收入270多万元。

（朱海璐）

星海街道

【概况】 2022年，温州市龙湾区星海街道（以下简称星海街道）位于温州湾新区核心区域、龙湾区东面，东临东海，南接瑞安市塘下镇，西接沙城街道、天河街道、海城街道，北接永兴街道。街道辖区面积66.07平方千米，下辖望海、旭日2个社区，委托管理金海湖片区（参照社区管理），拥有工业企业2400多家，出租房1万多户，户籍人口1700人，流动人口128513人。全年街道辖区规模以上工业总产值577.10亿元，税收40多亿元，限上社会消费品零售总额59.30亿元。

【区域经济发展】 2022年，星海街道加快区域经济发展。街道辖区内企业上市过会3家，产值30多亿元企业

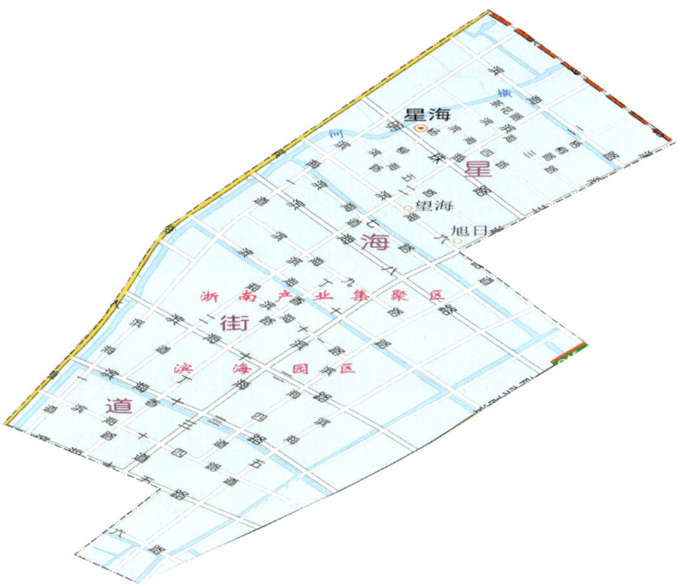

星海街道区域图

3家，20亿—30亿元企业1家，10亿—20亿元企业4家，5亿—10亿元企业8家；创建国家级专精特新“小巨人”7家，国家高新技术企业42家，省科技型企业90家，省级智能工厂（数字化车间）2家；小升规企业72家；开展“三服务”活动，联合区相关部门共计解答、化解企业政策性问题246件，辖区1000多家企业获政策资金兑现2亿元，获税费减免、缓缴10亿元；推进老旧工业区改造，实施高耗低效项目整治，关停淘汰15家，完成整治31家，整治面积709亩；持续深化“亩均论英雄”改革，完成亩均评级规模以上企业386家，规模以下企业1223家。

【城区品质提升】 2022年，星海街道加快城区建设步伐，民生事项落实。推进滨海二路综合提升改造等民生项目，金海湖农贸市场正式投用，总投资1082万元完成碧桂园（一期）、金海嘉苑、金海首府等6个污水零直排工程项目。全年完成滨海十路等公厕提升改造3处、垃圾收集房建设30座；加强“五水共治”“三改一拆”“四边三化”、智慧城管工作，收集处理数字城管案卷6924条，处置完成率100%；彻查违法建筑底数，消除治违隐患，消除隐患点86处，面积6.06万平方米；“双月攻坚”拆除小微企业违法建筑10处，面积0.70万平方米；完成旧厂区改造2处，面积4.50万平方米；年内星海街道获评浙江省2022年美丽城镇建设基本达标城镇。

【社会综合治理】 2022年，星海街道加强社会综合治理。重新划分辖区网格66个和专属网格12个，下设微网格1028个。全年处理各类案件3031件，办结率100%；调处信访件1.08万件，其中国家信访件12件，处置率100%；排查调处各类矛盾纠纷720件，处理劳动维权投诉案件1411件，涉及金额约1203万元，调解率100%；开展平安建设“大起底大整治大提升”行动和重点时段重大隐患“清剿行动”，检查工业企业2217家，村二产地块40个，整治隐患2429处，责令停产6家，取缔涉尘涉爆作业场所5处；线上线下同步开展“百万员工安全大培训”工作，完成重点岗位员工培训3423人；开展消防安全专项整治，排查居住出租房6635家、经营场所1447家、高层建筑198幢和“厂改房”22幢，整治“两类场所”102家，关停重大火灾隐患单位2家、出租房33间，办理电瓶车“两违”案件552起；组织“消防演练入百企”活动20场，开放消防安全体验馆组织活动12场，提升消防宣传阵地10个。

【民生保障】 2022年，星海街道加强民生福祉工作。街道开展“青春健康教育”大讲坛进社区知识讲座6场；完成街道“枫桥式退役军人服务站”创建，为21名退伍军人建档立卡、申领优待证，开展春节慰问退役军人23人；开展宗教反邪教宣传活动57场，宗教场所交心谈心30多人次；开展“周三有约”活动，组织机关干部、邀请人大代表和群众面对面交流；开展抵御台风“轩岚诺”，妥善安置避灾人员440多人；开展食品安全冷链物防“迎春行动”，出动执法人员531人次，检查经营户344家。

【基层党建统领】 2022年，星海街道加强党建基层引领工作。街道开展红色领航、争创六星活动，实施区街“双补助”推动党建示范品牌创建。全年福达合金创成市级“两新”党建“双强”示范点；奔腾激光（浙江）股份有限公司、人本集团、福达合金材料股份有限公司、浙江正康实业股份有限公司、浙江伊利康生物技术有限公司5家企业“两新”党组织创成市六星级；建立校地党建联盟，与温州理工学院签订“共享社·幸福里”党建联建协议，与浙江东方职业技术学院成立党建工作研究所，通过线上“党建云直播课堂”，线下开展业务培训、品牌提升等共建活动，受教育党员4100多人次；推进“共享社·幸福里”建设，建成领誉园、望海公寓、旭日小区、永丰家园4个“共享社·幸福里”小区。建成“天时电器”共富工坊，定向吸纳农业就业9人。

【望海社区入选首批省级公民法治素养观测点】 2022年7月，浙江省普法办公室公布首批164个省级公民法治素养观测点名单，星海街道望海社区名列其中。望海社区通过“共享法庭”案件审理观摩，提高社区调解员、网格员的调解水平，联合“共享法庭”、震瓯律师事务所和“双组双促”结对单位龙湾区检察院的多方力量，做到信息互通、工作联动，将矛盾化解在基层。常态化开展培训、讲座等各类活动，为群众提供“菜单式”普法宣传、法治教育，将普法教育送企入户，提升人民群众法治意识。

【星海小学投入使用】 2022年9月，温州市龙湾区星海小学正式投入使用，接收原星海建文学校和育蕾学校700多名学生，解决辖区民转公学生安置落实。星海小学位于滨海园区滨海二道和滨海十三路交叉口，施教区范围内坐落温州富力城、永乐家园等多个居民小区和庄泉电器产业园、新川工业园等多个工业园区，占地面积1.70万平方米，总建筑面积1.50万平方米，总投资1.06亿元。学校办学规模为24个班级，有专任教师57人。

【重大隐患整治暨消防安全夜间大巡防活动启动】 2022年9月27日，龙湾区（高新区）重大隐患整治清剿行动暨消防安全夜间大巡防活动启动仪式在星海街道置信立体公园隆重举行。全区各分管领导、消防、应急、公安、市监、执法职能部门代表及基层巡防力量、企业和出租房房东代表等100多人参加启动仪式。仪式结束后，高新区党工委委员、管委会副主任陈鸣带队到汇星影院、龙宇物流园、祥润生鲜超市等场所开展消防安全夜查行动。

2022年9月27日晚，龙湾区（高新区）重大隐患整治清剿行动暨消防安全夜间大巡防活动启动仪式在星海街道置信立体公园举行 （星海街道供图）

【情系校园护航青少年健康成长行活动】 2022年12月13日，星海街道联合长生堂药房在辖区中小学开展情系校园护航青少年健康成长行活动，为学校新居民子女赠送8万多只口罩、酒精喷雾剂以及板蓝根、鱼腥草合剂等共价值近10万元防护物资。街道党工委副书记邵赛慧向学校递交防疫宣传手册，倡议广大青少年参与到“全民戴口罩”行动中。社区青年志愿者们分别在辖区利玛广场、崇悦广场、小区及周边步行街走街串巷开展防疫宣传活动，宣传防疫知识，提醒商户群众自觉佩戴口罩，推动形成人人佩戴口罩、全民共同防疫良好氛围。

（朱赫特）

人物荣誉

2022 年 8 月 13 日上午，温州市道德模范、身边好人巡讲活动在龙湾区永中乡贤文化广场举行，2021 年“中国好人”、第八届温州市道德模范孙约肥（左前一）受邀参加活动

（区文明中心供图）

人物荣誉

“浙江工匠”培养项目人员

温州市十大劳动者匠心领军人物

最美人物

“龙湾好人”

优秀退役军人

先进个人

先进集体

河泥荡文化公园（严艳影摄于2022年8月）

“浙江工匠”培养项目人员

【郑红生】 男，1983年12月出生，中共党员，技师，现任浙江乔顿服饰股份有限公司职业装技术部经理。14年来一直从事服装设计与制版工作，先后带领研发团队攻克很多服装工艺与制作难题，具备丰富服装产品设计与制版经验，获得浙江省“金蓝领”、首席技师、温州工匠等荣誉称号，领办温州市郑红生高技能人才创新工作室。郑红生带领研发团队先后开发新产品2000多款，取得实用性发明专利11项，起草制定公司标准2项。在2021年长三角地区纺织服装行业职工职业技能大赛中获得铜牌。

【杨海涛】 男，1982年9月出生，汉族，大专学历，现任温州机场宾馆行政总厨、中国烹饪大师、中式烹调师/一级。1997年从事烹饪工作至今，执着专注瓯菜二十五载，制作的菜品深受客人赞赏。获得温州工匠、温州首席技师等荣誉称号。其厨艺获得中国第六届饭店业职业技能竞赛（浙江赛区）个人金奖、首届浙南瓯菜烹饪大赛个人热菜金奖、中国第八届饭店业职业技能竞赛（浙江赛区）个人金奖、国际烹饪金勺奖等。作为业内资深烹饪大师，杨海涛发挥“传、帮、带”作用，培育青年厨师取得令人瞩目的成果，所带徒弟传艺厨师100多人，他们分别已在各大星级宾馆与各大酒店担任总厨、厨师长。用爱践行公益事业，用心勇担社会责任，当疫情来临，杨海涛利用休息时间，参与社区的防疫公益活动。参与温州市瓯菜文化节“瓯厨行天下”公益行动，将瓯菜烹饪技艺传播世界各地。

温州市十大劳动者匠心领军人物

【赵志标】 男，汉族，1972年10月出生，安徽省黄山市人，中共党员，高级技师，现就职于浙江挺宇流体设备股份有限公司。参加工作29年来，一直扎根在生产一线。通过学习和钻研，他从一名普通工人成长为一名技能领路人。带领团队经常攻克一项又一项难关，获得国家专利6项，为企业创造经济效益3000万元。一次因公司生产量扩大，需要购买90多台数控车床，为节省资金。他提出更改机床电机功率和一人操控两台数控车床的方案。一次性将原本主电机1千瓦更改为7.5千瓦，平均一天就可节约1万多度电，每年节约成本近400万元，节约人力成本400多万元。他把多年工作经验悉心地传授给团队成员，协助公司完成浙江省企业自主评定资格，已有10人获高级技师，22人获技师，100多人获高级工。

最美人物

【孙克福】 男，1964年7月出生，籍贯温州龙湾，是一位残疾人，却身残志坚。2022年4月，孙克福获评“最美温州人·感动温州十大人物”。2022年8月，孙克福入选第一届“最美诚信温州人”。15岁开始跟着老师学做唐装，他传承的传统服饰本装制作技艺被列入温州市非物质文化遗产。他还帮助其他残疾人解决就业问题，2018年，在龙湾区中心区开办温州市首家员工均为残疾人的“驿达汽车服务中心”，帮助多名听力、言语重度残疾人就业。他开设“驿达残疾人之家”，为25名智力障碍和多重障碍残疾人提供轻便手工劳动工作机会。在残疾人之家，孙克福还定期开展各类文体活动、康复训练、技能训练和户外活动，帮助他们提升生活和交际能力，为残疾人政策咨询和业务办理，让他们感受家的温暖。

“龙湾好人”

【季志昌】 男，1955年1月出生，浙江龙湾人，中共党员，龙湾区永兴街道永乐村村民。2022年2月，季志昌入选“助人为乐”类温州好人。1980年退伍后，季志昌在永乐村干了20多年村干部。他敢想敢做，成立村人才奖励基金，带领村民建成首批联建房；兴办集体企业，带领村民走向致富路。2003年，他被查出胃癌，治疗和手术花费不菲，季志昌没有退休工资，家庭经济条件也不优越。但他坚强乐观，省吃俭用，尽自己最大的努力去帮助别人。他牵头成立铁道兵“战友会”，每年慰问铁道建设工人，多次自掏腰包慰问困难退役军人。加入每日一善慈善义工队，坚持参加公益行动。2021年他又牵头成立龙湾区“红色永驻”老兵宣讲团，开展党史教育公益宣讲100多场，获得《光明日报》、中国新闻网、浙江新闻网等中央和省级媒体宣传点赞。

【王光林】 男，1980年11月出生，群众，籍贯温州龙湾，龙湾公安分局蒲州派出所辅警。曾获温州市三等治安荣誉奖章等，2021年获评浙江省最美辅警。2022年3月，王光林入选“敬业奉献”类温州好人。参加公安工作18年以来，王光林始终坚持“把群众的小事当成自己的大事”。仅在2021年一年的时间里，王光林就帮助群众寻回失物80多件，其中包括数部苹果手机、笔记本电脑，总价值约50万元，收到群众送来的感谢锦旗5面，感谢短信36条，得到辖区群众的一致认可和点赞。此外，王光林还创新工作方式，对接辖区环卫单位，成立“环卫帮帮队”，通过发动环卫工人帮群众寻找失物，大大提高失物寻回效率。

【潘镇孩】 男，1944年4月出生，中共党员，籍贯浙江龙湾，龙湾区农民诗社书记、会长。获评全国孝亲敬老之星、浙江省优秀基层宣讲员、温州市优秀党务工作者等。2022年 4—5月，潘镇孩入选“敬业奉献”类温州好人。潘镇孩笔名潘峰，2006年带领“泥腿子”诗人成立龙湾区农民诗社，主编诗刊《广阔天地》，收录诗词 1200多首。他自办“庭院文化礼堂”，把自家客厅、书房、后院等空间改建成活动室、图书馆、讲坛等场所。结合自身所长，开设南拳武术学堂、书画学堂、老人学社等多项课程，周周都安排活动，带动村民放下麻将，学习文化。他是温州市宣讲团成员，带领诗社成员，送宣讲送文艺到乡村、企业、学校，以温州鼓词、三句半、顺口溜等形式，开展红色故事宣讲。2006年以来，潘镇孩已开展宣讲716场，几乎每周一场，累计听众12万余人。

【蔡光年】 男，1950年2月出生，中共党员，籍贯浙江龙湾，龙湾区状元街道石坦村老人协会会长。2022年4—5月，蔡光年入选“助人为乐”类温州好人。蔡光年退休后，把全部时间和精力投入到服务乡亲中，他发动亲朋好友集资300万元，并带头做义工，日夜兼程，仅用8个月建成四星级的石坦村居家养老中心。他帮贫困村民蔡排光以远低于市场价的价格自建三层楼房一间。他组织120多人的义工队伍，轮流为老人们提供购菜、烧菜、送餐、打扫卫生等服务，组建老人“义巡队”，开展义务巡防。

【石学仁】 男，1963年12月出生，群众，籍贯浙江龙湾，龙湾区蒲州街道上庄村村民。2022年4—5月，石学仁入选“孝老爱亲”类温州好人。24年，8700多个日夜，农村汉子石学仁不离不弃地照顾重病妻子。1998年，他的妻子不幸患上胸膜炎，此后病情恶化，又接连患上系统性红斑狼疮、子宫癌、慢性肾脏病3期、糖尿病等病，生活逐渐不能自理。为给妻子治病，原就一贫如洗的家庭欠下很多外债，石学仁坚持“我是你丈夫，永远不会放弃你”。从家里的一切家务到赚钱治病谋生计，他全部一肩挑起；从家徒四壁到把女儿培养成硕士研究生。

【王国胜】 男，1974年4月出生，群众，籍贯安徽岳西，龙湾区第一人民医院检验科主任。2022年5月，王国胜入选温州好人·“疫”线面孔；同月入选浙江好人·“疫”线面孔。2022年3月9日，温州鹿城新冠疫情突发，王国胜连续工作30多天，带领PCR实验室团队24小时奋斗在一线。3月15日凌晨，龙湾出现疑似病例，疫情警报拉响，他以1小时23分钟向指挥部报送阳性结果，以检验人的加速度跑赢病毒传播速度。

【张夏燕】 女，1964年6月出生，籍贯浙江龙湾，群众，永中街道镇中社区村民。2022年第二季度，张夏燕入选“孝老爱亲”类浙江好人。张夏燕15岁时，母亲因产后抑郁症去世，那时最小的妹妹只有3个月。面对母亲早逝，张夏燕一力肩负起养育家中7个年幼妹妹的重担。为减轻父亲的负担，15岁的大姐张夏燕早早进工厂，她一边上班，一边照顾妹妹们，从襁褓婴儿到长大成人，她俨然已是7个妹妹心目中的“妈妈”。八姐妹相继成家，厄运再次当头一棒，2006年父亲因病瘫痪。面对瘫痪在床的父亲，张夏燕带着一身病痛，独自承担照顾父亲的责任，而这一照顾，就是15年。因为长期操劳，张夏燕累出一身病痛，她的高血压、腰椎间盘突出、血管阻塞让家人时刻担忧，但是她说，亲力亲为照顾父亲是她割舍不下的责任。张夏燕用实际行动诠释着为人子女、长姐为大的责任和担当。

【王学聪】 男，1932年11月出生，中共党员，龙湾区永兴街道小塘村村民。2022年8月，王学聪入选第一届“最美诚信温州人”。王学聪是一名老战士、老党员，年近九十仍时刻关心村民村事，他自发组建以老党员、老干部及沿河一带的居民为主的巡河志愿队，开展定期巡查，清理沿河的卫生死角。他十几年如一日，坚持每天清晨顺着河边巡查一遍，并向周边居民宣传治水知识。这一切只为完成一个承诺——让塘河重新清起来！

【马贵平】 男，1985年10月出生，中共党员，籍贯四川仁寿，龙湾区永兴消防救援站站长。2022年6—8月，马贵平入选“敬业奉献”类温州好人。入队20年来，马贵平同志始终坚持以队为家，任劳任怨、勤勤恳恳地工作，把自己的青春年华全部融入到消防事业中。在灭火救援行动中，他不畏艰险、冲锋在前，先后参与并成功处置“1·9”国泰合成革有限公司火灾、强台风“利奇马”灾害救援、“11·2”浙江恒丰拉链厂火灾等急难险重任务，共参与灭火抢险救援3000余次，疏散被困群众500多人，挽救生命65多人，抢救财产1570多万元。

【张崇年】 男，1949年1月，中共党员，籍贯浙江龙湾，龙湾区传统文化促进会会长。2022年6—8月，张崇年入选“助人为乐”类温州好人。退休前，张崇年是永兴一小校长、龙湾沙城高中副校长。退休后，他开起公益“国学班”，传扬国学经典，不计报酬，不辞辛苦，进社区、进企业、进村居、进政府机关，筹办公民道德教育公益论坛、未成年人国学班、弘德夏令营等活动，累计500多场。他坚持数年如一日，以传统道德意识为行动准则，身体力行参加到“随手做志愿”活动，常年组织、参与为新居民、贫困学生、残疾人及生活有困难的人送温暖活动。

【陈　林】 男，1973年9月出生，中共党员，籍贯浙江龙湾，温州市家电协会志愿者服务队副总队长。2022年6—8月，陈林入选“诚实守信”类温州好人。2021获评“最美温州人·最美志愿者”。陈林是家用电子产品维修高级技师，温州市D类人才，曾获浙江省诚信工商户、温州市百佳市民等荣誉。从1993年起为群众义务维修家电，30年从未间断，累计志愿服务超4700小时。成立陈林好人工作室，坚持每周带领志愿者服务队走街巷，入社区，免费为群众维修家电，风雨无阻。年均开展免费维修、家电安全知识宣讲等公益活动100多场，受益群众近万人。2016年，“莫兰蒂”台风重创泰顺，他带领服务队深入灾区，免费抢修家电三天三夜，累计维修家电3000多件。

【王建海】 男，1966年5月出生，群众，籍贯浙江龙湾，“龙湾残疾人农家书屋”负责人。2022年9—10月，王建海入选“助人为乐”类温州好人。身为一名言语三级残疾人，他身残志坚，于2013年创办“龙湾残疾人农家书屋”，“书屋办在自己家里，电费都是自掏腰包，培训班教学器具也是自己购置，就连书法爱好者过来学习书法，笔墨纸砚也是由书屋免费提供。”这些年，王建海投入书屋的经费数十万元，现该书屋已藏书2万多册，每年举办文化活动60多场，组织30多名志愿者进行授课服务，辐射和带动周边2万余名群众学习文化知识、丰富业余生活。王建海曾获浙江省优秀农家书屋管理员、2021年度“书香龙湾·阅享共富”特别贡献奖、2022年市级乡村阅读榜样等荣誉。

优秀退役军人

【陈　佐】男，1973年7月出生，中共党员，籍贯温州龙湾，龙湾区文化和广电旅游体育局副局长兼文联副主席。2022年6月，获温州市“最美拥军人物”荣誉称号。他利用自己的书法特长，服务于社会，开展文化惠民工作。2022年7月27日，举办“陈佐书法拥军义卖展”活动，活动义拍11件作品、义卖65件作品，累计共获善款近30万元，全部捐赠龙湾区慈善总会日行一善义工队，用于帮扶退役军人困难家庭以及社会救急服务。每年春节开展送春联进社区、进机关、进企业活动。为社区、学校、文化馆开展公益书法培训，每年开展4—5期的书法公益培训班，连续开班二十多年，亲自施教。为贫困学员、退役军人子女免费提供笔墨纸砚，经辅导过的学员五万人次以上。

【周兆锋】 男，1973年6月出生，中共党员，籍贯温州龙湾，上海凯豪阀门制造有限公司董事长、温州市关爱退役军人协会常务副会长兼龙湾区工作站站长。1995年他退役后，白手起家创办阀门公司，公司先后获得中国驰名商标、中国阀门百强企业、国家高新技术企业、浙江省“专精特新”培育企业等称号。作为一名成功的退役军人企业家，周兆锋始终将“帮扶退役军人”的使命挂在心头。他的公司为退役军人就业提供岗位，有意愿入职凯豪阀门的退役军人将在招聘时得到优先权和更为良好的待遇。他鼓励退伍军人创业，不仅在资金上进行支持，更是在渠道和技术上提供力所能及的支持，甚至直接与其成为合作伙伴，推动初创公司健康发展，助力退役军人脱贫致富。据统计，周兆锋已帮助退役军人创业和优先招收退役军人就业90多人，其招聘的退役军人中甚至有不少人在掌握技术和经验后也开始创业。面对身处困境的战友，周兆锋也总是竭尽所能帮扶。认捐退役军人关爱基金30万元，筹得资金6万余元帮助罹患重病的退役军人，捐款帮扶一位4级伤残军人家庭，资助一位有志入伍的青年超五万元。逢年过节时，他还会与朋友们带着自发捐款的生活用品和粮油，慰问周边的优抚对象和困难退役军人家庭。截至目前，在帮扶退役军人等各类公益项目上，周兆锋已累计捐赠物资金额80多万元，展现优秀退伍军人的美好形象。

（侯墨晨　刘苏文）

先进个人

2022年龙湾区获国家条线表彰的先进个人一览表（部分）

表64

姓　名	荣誉称号	授予单位	工作单位
陈晓辉	全国优秀人民警察	中华人民共和国公安部	龙湾区公安分局科技信息化大队
陈志登	全国公安机关成绩突出个人	中华人民共和国公安部	蒲州派出所
周艳霞	获“全国民航安全作风建设先进个人”	民航局安委办　中国民航工会	温州机场集团
张健夫	2022年度全警实战大练兵“标兵个人”	国家移民管理局	温州机场出入境边防检查站

2022年龙湾区省级和省条线表彰的先进个人一览表（部分）

表65

姓　名	荣誉称号	授予单位	工作单位
项宗华	浙江省纪委省监委嘉奖	浙江省纪委省监委	区纪委监委
项圣洁	全省社区矫正工作成绩突出个人	浙江省司法厅	区司法局
潘丽君	全省社区矫正工作成绩突出个人	浙江省司法厅	区司法局
赵朱密	2022年度“最美司法行政人”	浙江省司法厅	区司法局
赵朱密	2022年度浙江省司法行政系统数字化改革工作成绩突出个人	浙江省司法厅	区司法局
林敏洁	全省司法行政系统法治建设工作成绩突出个人	浙江省司法厅	区司法局
金文剑	全省司法行政系统法治建设工作成绩突出个人	浙江省司法厅	区司法局
陈凌云	平安护航建党100周年成绩突出个人	浙江省委员会、浙江省人民政府	
王光林	最美辅警	浙江省公安厅	蒲州派出所
林莉（陈双同志家属）	最美警嫂	浙江省公安厅	区公安分局预审大队
王　康	庆祝建党100周年安保工作成绩突出个人（月褒奖第十期）	浙江省公安厅	区公安分局专业侦查一大队
汤裕文	被评为全省第二批“枫桥式公安派出所”	浙江省公安厅	区公安分局刑侦大队
徐海轮	亚运安保备战阶段成绩突出个人	浙江省公安厅	区公安分局治安大队
邱殿聪	2022年浙江省公安机关刑事技术技能大赛——传统勘查项目	浙江省公安厅	区公安分局刑事科学技术室
周朝镐	除险保安百日攻坚、夏季治安打击整治“百日行动”成绩突出个人	浙江省公安厅	区公安分局治安大队
邵登超	全省“除险保安”百日攻坚、夏季治安打击整治“百日行动”成绩突出个人（第二期）	浙江省公安厅	区公安分局专业侦查一大队
王祝泽	全省“除险保安”百日攻坚、夏季治安打击整治“百日行动”成绩突出个人（第三期）	浙江省公安厅	区公安分局治安大队
叶鹤（辅警）	全省公安机关党的二十大安保维稳工作成绩突出个人	浙江省公安厅	蒲州派出所
王祝泽	全省公安机关圆满完成党的二十大安保维稳工作先进个人	浙江省公安厅	区公安分局治安大队
倪慧骏	全省优秀人民警察	中共浙江省委、省人民政府	蒲州派出所
王炯达	个人二等功	浙江省高级人民法院	区法院
李飞飞	2022年度全省法院司法警察信息宣传工作个人	浙江省高级人民法院司法警察总队	区法院
李　君	2022年度浙江省水利建设工程质量监督先进集体和先进个人	浙江省水利水电工程质量与安全管理中心	区农业农村局
邵进军	全省农村土地承包经营权确权登记颁证成绩突出个人	中共浙江省委农村工作领导小组办公室、浙江省农业农村厅	区农业农村局
潘赛丹	浙江省水土保持目标责任制工作中成绩突出集体和先进个人	浙江省水资源管理和水土保持工作委员会	区农业农村局
叶俊榜	全省动物疫病防控工作成绩突出个人	浙江省农业农村厅	区农业农村局
林光兄	全省渔业安全生产工作成绩突出个人	浙江省农业农村厅	区农业农村局
余旭东	2022年浙江省基层理论宣讲成绩突出个人	中共浙江省委宣传部	区总工会

续表 65

姓　名	荣誉称号	授予单位	工作单位
金网网	2022 年度全省科技信息工作成绩突出个人	浙江省科学技术厅	区科技局
叶　静	全省人力资源和社会保障系统先进集体先进工作者	浙江省人力资源和社会保障厅	区人力资源和社会保障局
潘忠玉	浙江省群众体育工作成绩突出个人	浙江省体育局	区体育事业发展中心
温兴伟	全省疫情防控冷链食品物防工作先进个人	浙江省疫情防控冷链食品物防专班	区市场监管局
朱王昌	浙江省知识产权保护工作成绩突出个人	浙江省知识产权强省建设工作联席会议办公室	区市场监管局
张浩杰	2022 年度食品安全工作成绩突出个人	浙江省食品药品安全委员会	区市场监管局
王　芳	浙江省执法人才库	浙江省市场监督管理局	区市场监管局
陈丕侠	省级优秀基层组织负责人	民进浙江省委会	民进龙湾区基层委员会
应颂书	全省优秀人民警察	中共浙江省委员会、浙江省人民政府	市公安局高速交警支队三大队
蓝传清	2022 年度“三能榜样・最美浙警”——三能榜样・最美警察	浙江省公安厅	市公安局高速交警支队三大队
应颂书	个人二等功	浙江省公安厅	市公安局高速交警支队三大队
周传祥	全省疫情防控冷链食品物防工作先进个人	浙江省疫情防控冷链食品物防专班	市公安局高速交警支队三大队
杨　剑	全省公安机关创文明交通治秩序乱象“减量控大”系列行动成绩突出个人	浙江省道路交通安全领导小组办公室	市公安局高速交警支队三大队
任耀凡	全省公安机关创文明交通治秩序乱象“减量控大”系列行动成绩突出个人	浙江省道路交通安全领导小组办公室	市公安局高速交警支队三大队
潘　知	优秀基层干部	浙江省消防救援总队	区消防救援大队
苏　雁	优秀基层干部	浙江省消防救援总队	区消防救援大队
周　川	优秀基层干部	浙江省消防救援总队	区消防救援大队
曾　然	优秀团员	浙江省消防救援总队政治部	区消防救援大队永宁路站
向文彬	个人三等功	浙江省消防救援总队	区消防救援大队状元站
苏　理	优秀共产党员	中共浙江省消防救援总队委员会	区消防救援大队
苏　理	个人嘉奖	浙江省消防救援总队	区消防救援大队
钱　鲁	个人三等功	浙江省消防救援总队	区消防救援大队
陈启豪	总站第二届“最美边检人”	浙江省出入境边防总站	温州机场出入境边防检查站
金善尉	总站安保工作成绩突出个人	浙江省出入境边防总站	温州机场出入境边防检查站
陈沪隆	总站保密工作成绩突出个人	浙江省出入境边防总站	温州机场出入境边防检查站
黄挺挺	总站纪检监督工作成绩突出个人	中共浙江出入境边防检查总站纪律检查委员会	温州机场出入境边防检查站
黄挺挺	总站新闻宣传工作成绩突出个人	浙江出入境边防检查总站政治处	温州机场出入境边防检查站
童　欢	总站全警实战大练兵先进个人	浙江出入境边防检查总站	温州机场出入境边防检查站
吴展翔	总站全警实战大练兵先进个人	浙江出入境边防检查总站	温州机场出入境边防检查站
郑上一	总站法制工作先进个人	浙江出入境边防检查总站	温州机场出入境边防检查站
徐任飞	总站学法标兵	浙江出入境边防检查总站	温州机场出入境边防检查站

续表 65

姓　名	荣誉称号	授予单位	工作单位
章林云瀚	总站定点帮扶工作成绩突出个人	浙江出入境边防检查总站	温州机场出入境边防检查站
沈彩群	2022 年“浙江省成绩突出少先队辅导员”	共青团浙江省委、浙江省教育厅、浙江省少工委	区外国语小学
高一惠	2021—2022 年浙江省“红领巾奖章”个人四星章	浙江省少工委	区外国语小学
曾依蕾	2022 年度浙江省少先队工作论文二等奖	浙江省少工委、浙江省少先队工作学会	区第二实验小学
叶炜鹏	获“忠实践行‘八八战略’奋力打造‘重要窗口’立功竞赛先进个人”称号	浙江省人民政府	温州机场集团
陈　旭	获“浙江省机场集团‘劳动模范’”	浙江省机场集团	温州机场集团
何　平	获“浙江省机场集团‘劳动模范’”	浙江省机场集团	温州机场集团
何　千	获“浙江省机场集团首批工匠名师”	浙江省机场集团有限公司工会委员会	温州机场集团
徐培真	“我是浙电新人”主题征文比赛二等奖	国网浙江省电力有限公司培训中心	龙湾供电分局

2022 年龙湾区获温州市级表彰的先进个人一览表（部分）

表 66

姓　名	荣誉称号	授予单位	工作单位
蔡军令	高水平创新型城市建设先进个人	中共温州市委、温州市人民政府	区委组织部
蔡小燕	高水平创新型城市建设先进个人	中共温州市委、温州市人民政府	区委组织部
潘　虎	科技创新和人才工作成绩突出个人	中共温州市委、温州市人民政府	区委组织部
蔡赛超	科技创新和人才工作成绩突出个人	中共温州市委、温州市人民政府	区委组织部
金欢欢	中心城区能级提升成绩突出个人	中共温州市委、温州市人民政府	区委组织部
张玲燕	中心城区能级提升成绩突出个人	中共温州市委、温州市人民政府	区纪委监委
黄日聪	温州市新冠病毒感染疫情防控工作个人嘉奖	温州市人民政府	区委宣传部
章　玮	2022 年温州市平安护航党的二十大个人嘉奖	温州市人民政府	区委宣传部
杨　海	“幸福温州”建设成绩突出个人	中共温州市委、温州市人民政府	区委政法委
陈力维	重大项目建设成绩突出个人	中共温州市委、温州市人民政府	区委政法委
陈　辉	重大项目建设成绩突出个人	中共温州市委、温州市人民政府	区公安分局
吴崇明	“幸福温州”建设成绩突出个人	中共温州市委、温州市人民政府	区公安分局
朱　海	重大项目建设成绩突出个人	中共温州市委、温州市人民政府	区财政局
章霏霏	重大项目建设成绩突出个人	中共温州市委、温州市人民政府	区经信局
黄家建	重大项目建设成绩突出个人	中共温州市委、温州市人民政府	区经信局
冯微奇	民营经济示范城市创建（民营经济高质量发展）先进个人	中共温州市委、温州市人民政府	区经信局
冯茂静	重大项目建设成绩突出个人	中共温州市委、温州市人民政府	区农业农村局
沈钲夫	温州市美丽乡村建设成绩突出个人	中共温州市委、温州市人民政府	区农业农村局

续表 66

姓　名	荣誉称号	授予单位	工作单位
冯文康	温州市美丽乡村建设成绩突出个人	中共温州市委、温州市人民政府	区农业农村局
王成春	温州市美丽乡村建设成绩突出个人	中共温州市委、温州市人民政府	区农业农村局
张芸芸	重大项目建设成绩突出个人	中共温州市委、温州市人民政府	区发改局
黄继畅	重大项目建设成绩突出个人	中共温州市委、温州市人民政府	区发改局
戴育群	中心城区能级提升成绩突出个人	中共温州市委、温州市人民政府	区发改局
朱德利	中心城区能级提升成绩突出个人	中共温州市委、温州市人民政府	区民政局
冯茂巧	全市疫情防控先进个人	中共温州市委、温州市人民政府	区民政局
曾国海	中心城区能级提升成绩突出个人	中共温州市委、温州市人民政府	市生态环境局龙湾分局
郑彩平	中心城区能级提升成绩突出个人	中共温州市委、温州市人民政府	市生态环境局龙湾分局
郑楚楚	中心城区能级提升成绩突出个人	中共温州市委、温州市人民政府	市生态环境局龙湾分局
周华芬	温州市美丽乡村建设成绩突出个人	中共温州市委、温州市人民政府	区生态环境分局
陈林佐	温州市美丽乡村建设成绩突出个人	中共温州市委、温州市人民政府	区生态环境分局
项洁娜	温州市美丽乡村建设成绩突出个人	中共温州市委、温州市人民政府	区生态环境分局
周　威	科技创新和人才工作成绩突出个人	中共温州市委、温州市人民政府	区科技局
董红梅	高水平创新型城市建设先进个人	中共温州市委、温州市人民政府	区科技局
谷知坚	高水平创新型城市建设先进个人	中共温州市委、温州市人民政府	区科技局
周光豪	科技创新和人才工作成绩突出个人	中共温州市委、温州市人民政府	区科技局
林　尔	深化改革开放成绩突出个人	中共温州市委、温州市人民政府	区科技局
郑　力	温州市新冠病毒感染疫情防控工作作出贡献集体和个人三等功	温州市人民政府	区卫健局
陈卢温	2022年度市级科技创新和人才工作成绩突出个人	中共温州市委、温州市人民政府	区财政局
陈寿迁	科技创新和人才工作成绩突出个人	中共温州市委、温州市人民政府	区人力资源和社会保障局
李新泽	温州市高水平创新型城市建设先进个人	中共温州市委、温州市人民政府	区人力资源和社会保障局
陈　谡	高水平创建新型城市建设先进个人	中共温州市委、温州市人民政府	区住建局
林　森	中心城区能级提升成绩突出个人	中共温州市委、温州市人民政府	区住建局
张爱武	中心城区能级提升成绩突出个人	中共温州市委、温州市人民政府	区住建局
林日伟	中心城区能级提升成绩突出个人	中共温州市委、温州市人民政府	区住建局
姜　翀	中心城区能级提升成绩突出个人	中共温州市委、温州市人民政府	区综合行政执法局
张友斋	中心城区能级提升成绩突出个人	中共温州市委、温州市人民政府	区综合行政执法局
王东升	中心城区能级提升成绩突出个人	中共温州市委、温州市人民政府	区房产管理中心
倪庆芳	中心城区能级提升成绩突出个人	中共温州市委、温州市人民政府	区城市建设中心
赵沛侃	重大项目建设成绩突出个人	中共温州市委、温州市人民政府	区城市建设中心
蔡凯尘	中心城区能级提升成绩突出个人	中共温州市委、温州市人民政府	区园林绿化服务中心

续表 66

姓　名	荣誉称号	授予单位	工作单位
叶英岳	中心城区能级提升成绩突出个人	中共温州市委、温州市人民政府	区土地储备中心
金苏梦	重大项目建设成绩突出个人	中共温州市委、温州市人民政府	龙湾区交通工程建设中心
王小友	中心城区能级提升成绩突出个人	中共温州市委、温州市人民政府	温州臻龙建设投资集团有限公司
毛建忠	重大项目建设成绩突出个人	中共温州市委、温州市人民政府	温州高新技术产业开发区投资建设开发有限公司
周升玮	重大项目建设成绩突出个人	中共温州市委、温州市人民政府	温州臻龙建设投资集团有限公司
徐　芳	温州市美丽乡村建设成绩突出个人	中共温州市委、温州市人民政府	永中街道
章建益	温州市新冠病毒感染疫情防控工作作出贡献个人	温州市人民政府	永中街道
郑烁敏	中心城区能级提升成绩突出个人	中共温州市委、温州市人民政府	永中街道万顺社区
林　远	重大项目建设成绩突出个人	中共温州市委、温州市人民政府	海滨街道
章　翼	全面实施乡村振兴战略突出贡献个人	中共温州市委	海滨街道
张方剑	重大项目建设成绩突出个人	中共温州市委、温州市人民政府	永兴街道
余　双	温州市高水平创新型城市建设先进个人	中共温州市委、温州市人民政府	状元街道
王林森	中心城区能级提升成绩突出个人	中共温州市委、温州市人民政府	温州瑞科表面处理有限公司

先进集体

2022 年龙湾区获国家条线表彰的先进集体一览表（部分）

表 67

获奖单位	荣誉称号	授予单位
区农业农村局	国家级县域节水型社会	中华人民共和国水利部
区农业农村局	2022 全国县域农业农村信息化发展先进县	农业农村部信息中心
龙湾区第二小学	2022 年度全国优秀少先队集体	共青团中央、教育部、全国少工委
温州机场集团党委	获“国务院国资委 2021 年度国有企业品牌建设‘优秀品牌故事’”荣誉称号	国务院国资委
温州机场集团	获“2022 年度中国民用机场优秀服务案例”	中国民用机场协会
温州机场集团航空货站有限公司“致远班组”	获“全国安康杯竞赛优胜班组”称号	民航局
温州机场出入境边防检查站	节约型机关	国家发改委等四部门
温州机场出入境边防检查站执勤一队	全国公安机关爱民模范集体	中共公安部委员会

2022 年龙湾区获省级和省条线表彰的先进集体一览表（部分）

表 68

获奖单位	荣誉称号	授予单位
龙湾区	科技创新鼎	中共浙江省委、浙江省人民政府
龙湾区	省级生态文明建设示范区	浙江省人民政府
龙湾区	三星级全域“无废城市”	浙江省美丽浙江建设领导小组办公室
龙湾区	无偿献血先进县（市、区）	浙江省人民政府
区人民政府	获“浙江省诗词之乡”称号	浙江省诗词与楹联学会
区委宣传部	获浙江省文化产业发展专项资金（2023—2025 年）扶持	中共浙江省委宣传部、省财政厅
区委政法委	平安金鼎	中共浙江省委、浙江省人民政府
区公安分局	平安护航建党 100 周年成绩突出集体	中共浙江省委、浙江省人民政府
区公安分局国保维稳中心党支部	全省公安出入境管理部门“最强党支部”创建活动“孺子牛”式党支部	浙江省出入境管理局
永兴派出所	全省第二批“枫桥式公安派出所”	浙江省委办公厅、浙江省政府办公厅
永兴派出所	最美警队	浙江省公安厅
永兴派出所	成功侦破“5·29”百人特大跨境“杀猪盘”诈骗案	浙江省公安厅
区人民检察院	2022 年 3 月龙湾区人民检察院被确定为省检务督察工作示范院培育试点单位	浙江省人民检察院
区人民检察院第四检察部	2022 年 3 月龙湾区人民检察院第四检察部获 2021 年度全省检察机关法律监督成绩突出的集体	浙江省人民检察院
区人民检察院政治部	2022 年 3 月龙湾区人民检察院政治部获 2021 年度全省检察机关司法行政成绩突出的集体	浙江省人民检察院
区委直属机关工委	《常态化推进“红心汇”服务品牌建设》第十轮全省机关党建工作创新成果	浙江省委直属机关工委
区委直属机关工委	《计划行为理论视域机关党务干部执行力重塑路径初探》论文获全省机关党建优秀课题研究成果三等奖	浙江省委直属机关工委
区教育局	浙江省规范民办义务教育发展专项工作成绩突出集体	中共浙江省委教育工作领导小组
区农业农村局	浙江省第二批水域监管“一件事”试点	浙江省水利厅办公室
区农业农村局	2022 年度“肥药两制”改革综合综合试点县	浙江省农业农村厅
区农业农村局	清廉村居建设示范区	中共浙江省委农村工作领导小组办公室 浙江省农业农村厅
区农业农村局	农业投入品质量安全执法“一件事”	浙江省农业农村厅
区市场监管局	浙江省市场监管重大案件查处记功集体三等功	浙江省市场监督管理局
区市场监管局	优秀等次县（市、区）市场监管局	中共浙江省市场监督管理局委员会
区融媒体中心	2022 年度二季度浙江日报报业集团（温州）融媒共享联盟“优秀作品”	浙江日报报业集团温州分社
区融媒体中心	《龙湾——大舍大得》获 2022 年度浙报集团（温州）融媒共享联盟优秀作品“融合奖”	浙江日报报业集团温州分社
民进龙湾区基层委员会	省级优秀基层组织	民进浙江省委会
龙湾区实验小学	2022 年“浙江省成绩突出少先队集体”	共青团浙江省委、浙江省教育厅、浙江省少工委

续表 68

获奖单位	荣誉称号	授予单位
龙湾区滨海消防救援站党支部	先进基层党支部	中共浙江省消防救援总队委员会
龙湾区消防救援大队	安全工作先进大队	浙江省消防救援总队
市公安局高速交警支队三大队	集体二等功	浙江省公安厅
永中街道龙水社区	浙江省民主法治社区	省司法厅、省民政厅、省普法办公室
永中街道万顺社区	全省第二批城乡风貌样板区	浙江省城乡风貌整治提升工作专班办公室
永中街道万顺（万民、万康）社区	浙江省未来社区	浙江省城乡风貌整治提升工作专班办公室
永中街道万顺（万民、万康）社区	共同富裕现代化基本单元	浙江省城乡风貌整治提升工作专班办公室
永中街道郑宅村	2022 年度浙江省美丽乡村特色精品村	浙江省“千村示范、万村整治”工作协调小组办公室
瑶溪街道瑶溪村	浙江省清廉建设成绩突出单位	中共浙江省委办公厅
瑶溪街道瑶溪村	2022 年度浙江省生态文化基地（第十二批）	浙江省林业局、浙江省文化和旅游厅、浙江省生态文明协会
瑶溪街道瑶溪村	浙江省美丽庭院特色村	浙江省妇联、浙江省农业农村厅
瑶溪街道郑家园妈妈酒文化博物馆	浙江省第一批乡村博物馆	浙江省文物局
状元街道侨联	浙江省“五星级”侨胞之家	浙江省侨联
状元街道	2022 年度浙江省美丽乡村示范乡镇	浙江省“千村示范、万村整治”工作协调小组办公室
星海街道	2022 年度美丽城镇建设基本达标城镇	浙江省城乡环境整治工作领导小组
富力城小区	2022 年度浙江省高标准生活垃圾分类示范小区	浙江省生活垃圾分类工作领导小组办公室
星海街道望海社区	省级公民法治素养观测点	浙江省普法办
温州机场集团	获“2022 年浙江省民用航空导航机务员职业技能竞赛特别贡献奖”	浙江省总工会
温州机场集团工会	获“浙江省机场集团《安全生产法》知识竞赛优秀组织奖”	浙江省机场集团
温州机场集团地勤服务公司“悦翼班组”	获“浙江省机场集团‘五个到班组’模范班组”称号	浙江省机场集团
温州机场集团运行管理部“和协班组”	获“浙江省机场集团‘五个到班组’先进班组”称号	浙江省机场集团
温州机场集团安检护卫部“至臻班组”	获“浙江省机场集团‘五个到班组’先进班组”称号	浙江省机场集团
温州机场集团地勤服务公司“彩虹服务班组”	获“浙江省机场集团‘五个到班组’先进班组”称号	浙江省机场集团
汉莎航空食品有限公司“厨翼班组”	获“浙江省机场集团‘五个到班组’先进班组”称号	浙江省机场集团
温州机场出入境边防检查站	总站保密工作成绩突出单位	浙江省出入境边防检查总站
温州机场出入境边防检查站执勤五队	总站保密工作成绩突出集体	浙江省出入境边防检查总站
龙湾供电分局	省级青年文明号	浙江省“青年文明号、青年岗位能手”活动组委会
龙湾供电分局	《供电服务投诉穿透性分析及奖惩协同监督项目》协同监督项目获省公司二等奖	中共国网浙江省电力有限公司纪委

续表 68

获奖单位	荣誉称号	授予单位
龙湾供电分局	微电影《三生电　瓯江红》获全国品牌故事大赛二等奖	浙江省品牌建设促进会
龙湾供电分局	微电影《超级电工》获全国品牌故事大赛三等奖	浙江省品牌建设促进会
龙湾供电分局	征文作品《耕读传家》获全国品牌故事大赛征文比赛三等奖	浙江省品牌建设促进会

2022 年龙湾区获温州市级表彰的先进集体一览表（部分）

表 69

获奖单位	荣誉称号	授予单位
区委办公室	重大项目建设成绩突出集体	中共温州市委、温州市人民政府
区委组织部	深化改革开放成绩突出集体	中共温州市委、温州市人民政府
区委组织部	高水平创新型城市建设先进集体	中共温州市委、温州市人民政府
区委政法委	深化改革开放成绩突出集体	中共温州市委、温州市人民政府
区人力资源和社会保障局	科技创新和人才工作成绩突出集体	中共温州市委、温州市人民政府
区人力资源和社会保障局	“幸福温州”建设成绩突出集体	中共温州市委、温州市人民政府
区财政局	科技创新和人才工作成绩突出集体	中共温州市委、温州市人民政府
区财政局	重大项目建设成绩突出集体	中共温州市委、温州市人民政府
区财政局	温州市高水平创新型城市建设先进集体	中共温州市委、温州市人民政府
区教育局	“幸福温州”建设成绩突出集体	中共温州市委、温州市人民政府
区科技局	民营经济示范城市创建（民营经济高质量发展）先进集体	中共温州市委、温州市人民政府
区科技局	科技创新和人才工作成绩突出集体	中共温州市委、温州市人民政府
区科技局	高水平创新型城市建设先进集体	中共温州市委、温州市人民政府
区农业农村局	温州市美丽乡村建设成绩突出集体	中共温州市委、温州市人民政府
区卫健局	温州市新冠病毒感染疫情防控工作作出贡献集体和个人三等功	温州市人民政府
区财政局	科技创新和人才工作成绩突出集体	中共温州市委、温州市人民政府
区市场监管局	民营经济示范城市创建（民营经济高质量发展）先进集体	中共温州市委、温州市人民政府
区市场监管局	“幸福温州”建设成绩突出集体	中共温州市委、温州市人民政府
区市场监管局	深化改革开放成绩突出集体	中共温州市委、温州市人民政府
龙湾城市中心区开发建设管委会	重大项目建设成绩突出集体	中共温州市委、温州市人民政府
区发展和改革局	重大项目建设成绩突出集体	中共温州市委、温州市人民政府
区经信局	民营经济示范城市创建（民营经济高质量发展）先进集体	中共温州市委、温州市人民政府
区经信局	科技创新和人才工作成绩突出集体	中共温州市委、温州市人民政府
区住房和城乡建设局	重大项目建设成绩突出集体	中共温州市委、温州市人民政府

续表 69

获奖单位	荣誉称号	授予单位
区住房和城乡建设局	科技创新和人才工作成绩突出集体	中共温州市委、温州市人民政府
区交通运输局	重大项目建设成绩突出集体	中共温州市委、温州市人民政府
区统计局	重大项目建设成绩突出集体	中共温州市委、温州市人民政府
市自然资源和规划局龙湾分局	重大项目建设成绩突出集体	中共温州市委、温州市人民政府
区住建局	中心城区能级提升成绩突出集体	中共温州市委、温州市人民政府
区综合行政执法局	中心城区能级提升成绩突出集体	中共温州市委、温州市人民政府
市生态环境局龙湾分局	中心城区能级提升成绩突出集体	中共温州市委、温州市人民政府
市生态环境局龙湾分局	温州市美丽乡村建设成绩突出集体	中共温州市委、温州市人民政府
区民政执法大队	中心城区能级提升成绩突出集体	中共温州市委、温州市人民政府
区公用事业服务中心	中心城区能级提升成绩突出集体	中共温州市委、温州市人民政府
区投资促进服务中心	重大项目建设成绩突出集体	中共温州市委、温州市人民政府
区水利工程建设中心	重大项目建设成绩突出集体	中共温州市委、温州市人民政府
区土地储备中心	重大项目建设成绩突出集体	中共温州市委、温州市人民政府
温州空港新区管理中心	中心城区能级提升成绩突出集体	中共温州市委、温州市人民政府
温州空港新区管理中心	重大项目建设成绩突出集体	中共温州市委、温州市人民政府
龙湾城市中心区开发建设管委会	中心城区能级提升成绩突出集体	中共温州市委、温州市人民政府
温州臻龙建设投资集团有限公司	重大项目建设成绩突出集体	中共温州市委、温州市人民政府
温州浙南科技城建设投资集团有限公司	中心城区能级提升成绩突出集体	中共温州市委、温州市人民政府
永电控股集团有限公司	中心城区能级提升成绩突出集体	中共温州市委、温州市人民政府
瑶溪街道	重大项目建设成绩突出集体	中共温州市委、温州市人民政府
瑶溪街道	中心城区能级提升成绩突出集体	中共温州市委、温州市人民政府
状元街道	中心城区能级提升成绩突出集体	中共温州市委、温州市人民政府
永中街道	重大项目建设成绩突出集体	中共温州市委、温州市人民政府
永中街道	“幸福温州”建设成绩突出集体	中共温州市委、温州市人民政府
永中街道	温州市美丽乡村建设成绩突出集体	中共温州市委、温州市人民政府
永中街道	科技创新和人才工作成绩突出集体	中共温州市委、温州市人民政府
永中街道万顺社区	中心城区能级提升成绩突出集体	中共温州市委、温州市人民政府
海滨街道	温州市“四好农村路”暨美丽乡村公路示范乡镇(街道)	温州市人民政府
天河街道	高水平创新型城市建设先进集体	中共温州市委、温州市人民政府

统计资料

2022 年 12 月 8 日，龙湾区举行 2022 年浙江省 12.8《统计法》颁布纪念日大型宣传活动　　（区统计局供图）

统计资料

2022年龙湾区国民经济和社会发展统计公报重点指标统计表格

天河水库一景　（区摄影协会供图，摄于2022年8月）

2022 年龙湾区国民经济和社会发展统计公报

2022 年，面对复杂严峻的国内外形势和多重超预期因素冲击，龙湾区上下深入学习宣传贯彻党的二十大精神，认真贯彻落实“疫情要防住、经济要稳住、发展要安全”的重要要求，始终紧扣“一区五城”建设目标，坚持稳字当头、稳中求进，迎难而上，砥砺前行，高效统筹疫情防控和经济社会发展，不折不扣推进一揽子政策见地生效，全力打好稳进提质工作组合拳，全年经济运行总体保持平稳态势，新动能持续成长，民生保障有力，扎实推动共同富裕，高质量发展取得新成效。

一、综合

据初步核算，2022 年全区实现生产总值 868.58 亿元，按不变价格计算，比上年增长 4.5%。其中，第一产业实现增加值 3.26 亿元，比上年增长 4.4%；第二产业增加值 510.01 亿元，比上年增长 6.8%；第三产业增加值 355.31 亿元，比上年增长 1.5%。国民经济三次产业比例调整为 0.4 ∶ 58.7 ∶ 40.9。人均生产总值（按年平均常住人口计算）为 11.80 万元，比上年增长 3.7%。

区本级实现生产总值 557.16 亿元，按不变价格计算，比上年增长 5.7%。其中，第一产业增加值 2.84 亿元，比上年增长 4.9%；第二产业增加值 276.67 亿元，比上年增长 9.8%；第三产业增加值 277.65 亿元，比上年增长 1.9%。国民经济三次产业比例调整为 0.5 ∶ 49.7 ∶ 49.8。

二、农业

据初步统计，2022 年全区实现农林牧渔业总产值 4.89 亿元，按可比价格计算，比上年增长 3.4%。其中农业（种植业）产值 2.82 亿元，比上年下降 2.8%；林业产值为 355 万元，比上年下降 51.7%；牧业产值 1.24 亿元，比上年增长 19.5%；渔业产值 7676 万元，比上年增长 11.8%；农林牧渔专业及辅助性活动 273 万元，比上年增长 8.4%。

全区生猪存栏 3.82 万头，出栏 3.14 万头，猪肉产量 2518 吨；牛存栏 17 头，出栏 17 头，牛肉产量 4 吨；羊存栏 9 头；家禽存栏 19.53 万只，出栏 15.67 万只，禽肉产量 176 吨，禽蛋产量 1434 吨。

三、工业和建筑业

全年全区实现规模以上工业增加值 268.53 亿元，比上年增长 12.8%。其中，区本级实现规模以上工业增加值 119.74 亿元，比上年增长 22.5%。

全年全区实现规模以上高新技术产业增加值 198.07 亿元，比上年增长 14.8%，占规模以上工业增加值的比重为 73.8%。其中，区本级实现规模以上高新技术产业增加值 83.85 亿元，比上年增长 32.3%，占规模以上工业增加值的比重为 70.0%。

全年全区建筑业实现增加值 51.83 亿元，比上年下降 5.6%；区本级建筑业实现增加值 43.60 亿元，比上年下降 2.6%。

全区具有建筑业资质的总承包和专业承包企业 141 家，实现建筑业总产值 238.13 亿元，增长 2.6%，其中省内产值 222.31 亿元，增长 2.6%。在建工程房屋施工面积 1230.15 万平方米，下降 19.9%；房屋竣工面积 322.70 万平方米，下降 19.8%；房屋竣工价值 85.43 亿元，下降 5.1%。

四、固定资产投资和房地产

全年全区限额以上固定资产投资比上年下降 5.5%。交通投资下降 12.4%，高新技术产业投资下降 10.1%，生态环保投资增长 17.2%。民间投资（包含房地产）下降 4.6%，占限额以上投资比重 57.9%，其中民间项目投资下降 16.0%。全年投资项目（包含房地产）721 个，其中新增项目 163 个。

区本级规模以上工业增加值统计表

表 70

指　标	单位数（家）	规上工业增加值	
		实绩（亿元）	比重（%）
总计	521	119.74	100
其中：轻工业	158	48.65	40.6
重工业	363	71.09	59.4
其中：国有企业	1	0.37	0.3
集体企业	2	1.95	1.6
股份合作制	9	0.79	0.7
有限责任公司	10	10.98	9.2
股份制企业	7	24.36	20.3
私营企业	482	78.65	65.7
港澳台投资企业	5	0.38	0.3
外商投资企业	5	2.26	1.9

规模以上工业重点产业增加值统计表

表 71

类别	全区绝对数（亿元）	比上年增长（%）	区本级绝对数（亿元）	比上年增长（%）
高新技术产业	198.07	14.8	83.85	32.3
装备制造业	188.89	19.1	78.91	40.2
战略性新兴产业	88.85	30.7	49.65	66.4
数字经济核心产业制造业	52.68	74.8	31.74	230.9
智能装备制造业	63.14	47.6	39.35	107.1

全年全区房地产开发投资增长7.2%，占全部固定资产投资比重36.5%。房屋施工面积756.97万平方米，其中住宅施工面积502.59万平方米。商品房销售面积56.65万平方米，下降37.6%，商品房销售额99.39亿元，下降42.5%。

五、国内贸易和旅游

全年全区限额以上批发零售、住宿餐饮业销售（营业）额3613.75亿元，比上年下降0.4%。其中区本级限额以上批发零售、住宿餐饮业销售（营业）额3007.06亿元，比上年增长14.0%。

全年全区全社会消费品零售总额433.47亿元，比上年增长1.7%。其中限额以上消费品零售额203.08亿元，比上年增长3.9%。

全年区本级全社会消费品零售总额338.43亿元，与上年持平。其中限额以上消费品零售额141.62亿元，比上年下降2.9%。

全年区本级共接待境内外旅游者135.4万人次，其中接待国内旅游者135.4万人次，接待境外入境旅游者307人次；全年旅游总收入19.6亿元，其中国内旅游收入19.6亿元，国际旅游外汇收入8.6万美元。

六、对外经济

全年全区货物进出口总额689.85亿元，比上年增长32.6%，其中出口额478.90亿元，比上年增长40.1%，进口额210.95亿元，比上年增长18.3%。全年区本级货物进出口总额521.69亿元，比上年增长36.1%，其中出口额312.56亿元，比上年增长50.8%，进口额209.13亿元，比上年增长18.8%。

全年全区合同使用外资10218万美元，实际使用外资3745万美元，高技术使用外资3228万美元；全年区本级合同使用外资8878万美元，实际使用外资3642万美元，高技术使用外资3228万美元。

七、交通和电力

年末全区公路密度75.8公里/百平方公里，公路通达率100%。公路里程269.842公里，其中境内高速公路里程23.005公里，一级公路88.639公里，二级公路19.786公里，三级公路10.284公里，四级公路124.17公里，准四级公路3.96公里。2022年新建和改造农村公路9.841公里。实施国省道干线公路路面大中修和预防性养护7.928公里、县乡道改造提升1公里。

全年全区供电总量74.44亿千瓦时，比上年增长7.2%。其中工业用电48.21亿千瓦时，比上年增长4.2%，居民生活用电11.43亿千瓦时，比上年增长20.1%。

八、财政

全年全区财政总收入86.28亿元，比上年下降24.0%，其中一般公共预算收入49.18亿元，比上年下降23.4%。一般公共预算支出73.71亿元，比上年增长7.7%。

全年区本级财政总收入48.98亿元，比上年下降26.3%，其中一般公共预算收入28.84亿元，同口径下降14.0%。一般公共预算支出48.28亿元，比上年增长7.1%，其中民生支出35.95亿元，占财政支出的比重为74.5%，分项目看：教育支出11.28亿元，比上年增长6.5%；科学技术支出3.87亿元，比上年增长15.3%；社会保障和就业支出3.11亿元，比上年增长12.1%；卫生健康支出5.30亿元，比上年增长25.3%。

九、科学技术和教育

2022年全区专利授权量9233项，比上年增长1.3%，其中发明专利685项，比上年下降6.3%，其中：区本级专利授权量3434项，比上年下降8.7%，其中发明专利347项，比上年下降26.8%。

2022年全区新增高新技术企业117家，累计629家，新增省级科技型中小企业351家，累计2506家；新增科技小巨人企业2家；新增省重点企业研究院1家，累计4家；省级企业研究院4家，累计47家；新增省级研发中心16家，累计103家；新增市级研发中心59家，累计376家；新增市级以上科技企业孵化器1家，累计9家。

深化“品质教育·学在龙湾”发展战略，2022年全区新投用学校1所。年末拥有普通中学学校23所，在校生1.81万人，中等职业教育学校1所，在校生2262人，普通小学学校43所，在校生4.72万人。其中小学毕业生升学率100%、初中毕业生升学率99.92%。教师队伍不断充实，年末拥有小学专任教师2776人、中等职业教育专任教师142人、普通中学专任教师1402人。

十、文化、卫生和体育

年末全区共有文化站10个，文化馆1个，公共图书馆2个，城市书房18家，百姓书屋5家，文化驿站17家。公共图书馆藏书970.23千册，比上年增加110.32千册。开展文化走亲8场，送戏下乡100场、送展览讲座237场、受惠人数达30万人次。年末拥有国家级非物质文化遗产1个，省级非物质文化遗产7个，市级非物质文化遗产62个，区级非物质文化遗产116个；国家级非遗代表性传承人1人，省级非遗代表性传承人8人，市级非遗代表性传承人36人，区级传承人46人。建成市级非物质文化遗产传承基地12个，市级非遗体验基地4个，省级非遗旅游景区（民俗文化村）1个。拥有省级优秀非遗旅游商品2个，市级非遗“瓯越百工坊”3个，开展非遗体验活动200多场。

年末全区共有医疗卫生机构412家，其中医院12家，卫生院（社区卫生服务中心）11家，社区卫生服务站38家，村卫生室94家，各类诊所187家，卫生所1家，医务室11家，门诊部48家。年末医疗卫生机构床位数1553张；卫生技术人员3996人，其中执业（助理）医师1829人，注册护士1632人。全年医院年诊疗1272.665万人次。孕早期建卡率97.84%，孕产妇系统管理率95.76%，新生儿疾病（遗传代谢病）筛查率100%，完成“两癌”宫颈癌筛查6242人次，乳腺癌筛查6568人次。按甲乙丙类传染病统计为616.9639/10万，按甲乙类传染病统计为131.5973/10万，孕产妇死亡率0/10万，5岁以下儿童死亡率0.80‰，婴儿死亡率0.80‰。

年末全区共有公共体育场馆2个，业余体校1所，各类公共健身设施20个。全年我区运动员在全国以上比赛获得奖牌14枚，其中全国冠军2枚。全年发行体育彩票2.02亿元，比上年增长28.8%。

十一、人口、人民生活和社会保障

年末全区户籍总人口344939人，总户数88556户。其中，男女性别比为106.4 ：100（女性为100），当年出生人口2534人，死亡人口1729人。人口出生率为7.36‰，人口死亡率为5.02‰，人口自然增长率为2.34‰。

全年全区城镇常住居民人均可支配收入达72953元，比上年增长4.2%，城镇居民人均消费支出47686元，比上年增长5.8%；农村常住居民人均可支配收入达47610元，比上年增长7.2%,农村居民人均消费支出31532元，比上年增长9.5%。

年末全区参加职工基本养老保险40.86万人（含退休人员），参加城乡居民基本养老保险4.34万人，参加城镇职工基本医疗保险21.45万人，城乡居民基本医疗保险23.34万人，参加失业保险人数21.11万人，参加工伤保险人数50.77万人（含建筑工人），参加生育保险人数19.67万人。

年末全区在册低保对象1948人，其中城镇177人，农村1771人，低保资金支出1821.4万元。城市养老服务机构登记单位数5个，养老机构床位数1139张，建成街镇级养老服务中心11个。全年全区办理结婚登记1813对，离婚登记421对。

十二、环境保护和其他社会事业

据市环境监测中心站监测，全年全区AQI（Air Quality Index，空气质量指数）优良率为95.7%，较2021年同期下降2.6个百分点。城市环境空气$PM_{2.5}$年均浓度为21微克/立方米，较2021年同期下降2微克/立方米。

全年区本级规模以上工业单位增加值能耗下降6.4%。

全年全区共发生各类生产安全事故16起、死亡14人，与前三年平均数相比分别下降26.2%和28.8%，无发生较大以上生产安全事故。其中，道路运输发生事故8起、死亡8人，工矿商贸发生事故8起、死亡6人。

注：

(1)本报告所列部分数据为年度初步统计数据，部分数据因四舍五入的原因，存在着与分项合计不等的情况。

(2)报告中全区、区本级生产总值和各产业增加值绝对数按现行价格计算，增长速度按不变价格计算，三次产业划分执行国家统计局2017年制定的《三次产业划分规定》。

(3)货物进出口等数据来自温州海关。

(4)实际使用外资采用商务部统计口径。

(5)报告中全区是指龙湾区行政区划范围，包括永中街道、瑶溪街道、海滨街道、蒲州街道、永兴街道、状元街道、沙城街道、天河街道、星海街道、海城街道等10个街道。

(6)报告中区本级是指永中街道、瑶溪街道、海滨街道、蒲州街道、永兴街道、状元街道等6个街道。

重点指标统计表格

龙湾区历年主要经济指标统计表

表 72

年 份	生产总值（万元）	农业总产值（万元）	财政总收入（万元）	农村居民人均可支配收入（元）	城镇居民人均可支配收入（元）	社会消费品零售总额（万元）	年末户籍总人口（人）
1984	2351	2382	191			499	75482
1985	4153	3678	371			766	76224
1986	6070	5260	688	549		1704	77332
1987	8008	5574	965	661		2555	77840
1988	11678	7622	1474	822		4152	78597
1989	15210	8042	1900	1011		5973	79200
1990	18475	9142	2140	1052		6537	80325
1991	23650	9800	2552	1206		7055	80717
1992	31762	14706	3344	1568		10837	81391
1993	65269	9350	4825	2050		14487	82589
1994	124092	10283	5474	2790		26980	83936
1995	189185	11605	6504	3828		20379	85343
1996	252326	12310	7644	4678		27407	86426
1997	289018	13368	8223	5528		35043	86754
1998	328220	15687	9799	6181		42511	88220
1999	368533	12087	12233	6554		52965	88593
2000	427693	10665	20139	6912		66209	89277
2001	943152	38238	69390	7206		253550	303452
2002	1117457	39988	88589	7818	14800	305378	303895

续表 72

年　份	生产总值（万元）	农业总产值（万元）	财政总收入（万元）	农村居民人均可支配收入（元）	城镇居民人均可支配收入（元）	社会消费品零售总额（万元）	年末户籍总人口（人）
2003	1344093	40913	111583	8505	16218	352265	306304
2004	1603677	45179	117892	9359	17032	432336	310408
2005	1840279	42863	169408	10008	17858	525977	315508
2006	2235521	449074	200285	10827	19600	634012	320911
2007	2645052	49001	243034	11729	21463	782230	324859
2008	2995936	49430	275888	12815	23273	1170135	330970
2009	3135920	49716	251341	13661	24537	1341130	334140
2010	3571932	55859	266945	15294	27225	1622834	337549
2011	4077381	61976	301036	17215	30555	2111689	341939
2012	4357652	55645	3032240	18868	33256	2630042	348690
2013	4881300	59656	376232	20717	36282	2936967	350066
2014	5267437	58413	388817	24525	40855	3305159	351791
2015	5367361	45980	380492	26800	44359	3707269	328341
2016	5799936	48809	394738	28855	48217	4209110	331145
2017	5950523	46154	425905	31361	52210	3787563	335229
2018	6481273	43239	478870	34279	56366	3913325	337671
2019	7010829	45186	540182	37642	61248	4182959	340465
2020	7147131	46129	550211	40281	63938	3902071	342348
2021	7938430	45998	664592	44430	69984	4261242	343770
2022	8685752	48892	862831	47610	72953	4434729	344939

注：本表财政收入 2021 年前不包括温州经济技术开发区，2022 年起为大龙湾数据（包括温州湾新区）；2014 年起城镇和农村常住居民人均可支配收入数据采用城乡一体化住户调查新口径。

龙湾区历年生产总值统计表

表 73

年　份	生产总值（万元）	其　中				全区人均生产总值（元）
		第一产业	第二产业	#工　业	第三产业	
1984	2351	1100	801	606	50	490
1985	4153	1810	1643	1400	700	605
1986	6070	2520	2680	2465	870	710
1987	8008	3095	3864	3700	1049	859
1988	11678	3434	6791	6478	1453	1067
1989	15210	3821	9763	8591	1626	1110
1990	18475	4208	11874	10926	2393	1174
1991	23650	4772	15840	14538	3038	1387
1992	31762	5897	20881	18917	4984	3919
1993	65269	5871	47206	43225	12193	7961
1994	124092	5293	102374	91567	16425	14904
1995	189185	5923	155488	118183	27773	22352
1996	252326	6505	213591	170068	32229	29380
1997	289018	7192	235208	208184	46619	33378
1998	328220	8404	265840	243916	53976	37516
1999	368533	6801	301036	276343	60696	41686
2000	427693	5898	350603	329931	71192	48090
2001	943152	23945	690512	647869	228695	48031
2002	1117457	23464	840360	781424	253634	36798
2003	1344093	23341	1020112	954216	300640	44054
2004	1603677	25071	1223090	1149125	355516	52007
2005	1840279	24625	1387658	1313956	427996	58803
2006	2235521	25083	1670420	1576608	540018	70253
2007	2645052	28204	1943088	1830930	673760	81919
2008	2995936	29570	2110637	1977694	855729	91363
2009	3135920	37152	2171982	2024706	926786	94298

续表 73

年 份	生产总值（万元）	其 中				全区人均生产总值（元）
		第一产业	第二产业	#工 业	第三产业	
2010	3571932	45603	2495390	2338497	1030939	106357
2011	4077381	53099	2752459	2513463	1271823	120013
2012	4357652	46482	2901226	2563339	1409943	126194
2013	4881300	36957	3235186	2824261	1609157	139714
2014	5267437	43216	3432841	2956042	1791380	150100
2015	5367361	28003	3390734	2971194	1948624	163228
2016	5799936	29011	3540057	3122410	2230868	80482
2017	5950523	29170	3330475	2958264	2590878	82155
2018	6481273	27605	3564354	3167890	2889314	89372
2019	7010829	29020	3838950	3395534	3142859	96468
2020	7147131	29675	3895881	3414350	3221576	98323
2021	8262210	30733	4732823	4193814	3498654	113181
2022	8685752	32564	5100089	4583346	3553099	118013

注：本表 1984—2000 年为老龙湾区数据，2015 年及以前人均生产总值为户籍口径，2016 年开始按常住人口计算。

2022 年龙湾区户籍人口情况统计表

表 74

街 道	总户数（户）	总人口（人）	其 中		0—17 岁	60 岁及以上	出生人数（人）	死亡人数（人）
			女 性	乡村人口				
合 计	88556	344939	167113	9885	65997	69358	2534	1729
永中街道	20702	77497	37452	3909	15393	15967	586	367
蒲州街道	8284	25540	13071		5115	4477	225	108
海滨街道	850	32410	15527	1076	6023	6900	216	176
永兴街道	8668	40224	19367	3686	7846	8072	277	217
状元街道	8843	29335	11456		5357	6028	189	128
瑶溪街道	9508	34510	16535	125	6007	7591	247	195
星海街道	707	1700	936		658	23	38	
沙城街道	9128	40742	19478		7740	7758	288	208
天河街道	6727	28208	13367	1089	5137	5497	199	180
海城街道	7409	34773	16924		6721	7045	269	150

龙湾区历年户籍人口自然变动情况统计表

表 75　　单位：人，‰

年份	出生		死亡		自然增长	
	人数	出生率	人数	死亡率	人数	自然增长率
1984						
1985	1043	13.75	306	4.03	737	9.72
1986	973	12.67	252	3.28	721	9.39
1987	1082	13.95	306	3.94	776	10.00
1988	1040	13.30	328	4.19	712	9.10
1989	1036	13.13	387	4.90	649	8.23
1990	916	11.48	316	3.96	600	7.52
1991	1004	12.47	307	3.81	697	8.66
1992	1282	15.82	365	4.50	917	11.31
1993	1733	21.14	369	4.50	1364	16.64
1994	1243	14.93	408	4.90	835	10.03
1995	1015	11.99	346	4.09	669	7.90
1996	1194	13.90	349	4.06	845	9.84
1997	893	10.31	387	4.47	506	5.84
1998	1174	13.42	443	5.06	731	8.36
1999	1161	13.13	416	4.70	745	8.43
2000	18274	20.54	698	7.85	1129	12.69
2001	3813	12.66	1408	4.67	2405	7.99
2002	2991	9.85	1494	4.92	1497	4.93
2003	3598	11.79	1523	4.99	2075	6.80
2004	5678	18.41	1765	5.72	3913	12.69
2005	5024	16.05	1623	5.19	3401	10.86
2006	5264	16.54	1533	4.82	3731	11.72
2007	4227	13.09	1570	4.86	2657	8.23
2008	5877	17.92	1433	4.37	4444	13.55
2009	4572	13.75	1697	5.10	2875	8.65
2010	6271	18.67	1915	5.70	4356	12.97
2011	5602	16.49	1676	4.93	3926	11.56
2012	5636	16.90	2015	5.84	3821	11.07
2013	4143	11.86	1661	4.75	2482	7.10
2014	4289	12.22	1644	4.68	2645	7.54
2015	3546	10.78	1383	4.21	2163	6.58
2016	4111	12.47	1385	4.20	2726	8.27
2017	5248	15.75	2072	6.22	3176	9.53
2018	4157	12.36	1753	5.21	2404	7.15
2019	4123	12.16	1418	4.18	2705	7.98
2020	3304	9.68	1638	4.80	1666	4.88
2021	2713	7.91	1598	4.66	1115	3.25
2022	2534	7.36	1729	5.02	805	2.34

龙湾区历年财政收支情况统计表

表 76

单位：万元

年 份	区本级财政收入	其 中		区本级财政支出	温州经济技术开发区财政收入
		上划中央	地方收入		
1984	191				
1985	371			233	
1986	688			474	
1987	965			618	
1988	1474			883	
1989	1900			1801	
1990	2140			1435	
1991	2552			1938	
1992	3344			1744	
1993	4825	1980	2845	2572	
1994	5474	2336	3138	3551	
1995	6504	2927	3577	3129	5887
1996	7644	3420	4224	4396	9480
1997	8223	3835	4388	4023	12486
1998	9799	4421	5378	5781	16163
1999	12318	5656	6662	6813	22809
2000	20139	10026	10113	8661	42156
2001	69390	30571	38819	17823	50160
2002	88589	48278	40311	28829	80140
2003	111583	64626	46957	49488	92021
2004	117892	64785	53107	45005	108200
2005	169408	98524	70884	55172	110252
2006	200285	118835	81450	64380	128466
2007	243034	142522	100512	78543	155249
2008	275888	161393	114495	96551	168131
2009	251341	143468	107873	130612	178341
2010	266945	151965	114980	150280	206347
2011	301036	167331	133705	156136	234739
2012	303240	157641	145599	166102	234831
2013	376232	184770	191462	188164	181891
2014	388817	181486	207331	209488	201522
2015	380492	154211	226281	244485	185248
2016	394738	144073	250665	250905	204643
2017	425905	167621	258293	325858	236778
2018	478870	194786	284084	333573	287769
2019	540182	218550	321632	399982	338875
2020	550211	220216	329996	467527	387423
2021	664592	281334	38258	450929	471271
2022	862831	0	0	737135	0

2018—2022 年龙湾区旅游业、对外经济情况统计表

表 77

指标名称	单位	2022 年	2021 年	2020 年	2019 年	2018 年
一、旅游情况						
旅游总人数	万人次	135.40	178.60	520.62	539.63	456.51
其中：国内旅游者	万人次	135.40	178.50	520.56	539.32	456.07
境外入境旅游者	万人次	0.03	0.04	0.06	0.32	0.44
旅游总收入	亿元	19.60	25.90	57.43	55.73	46.66
二、区本级对外经济情况						
当年合同利用外资金额	万美元	8878	18380	6331	24059	7708
当年实际利用外资金额	万美元	3642	4640	1567	21154	7175
进口总额（海关数）	万美元		272331	229301	175774	151505
出口总额（海关数）	万美元		321159	307765	272181	228183
三、经济技术开发区对外经济情况						
当年合同利用外资金额	万美元		25481	3113	3278	8808
当年实际利用外资金额	万美元		2690	2346	9287	4332
进口总额（海关数）	万美元		3456	1563	2022	3570
出口总额（海关数）	万美元		208530	205787	139560	127990

注：本表旅游情况中数据 2018—2021 年为区本级数据，2022 年为大龙湾数据。

附　录

黄石山公园　（项绍雄摄于2022年9月）

附　录

组织机构及其负责人名录
重要文献
重要文件目录
简称和全称对照目录

天河水库一景　　（区摄影协会供图，摄于2022年8月）

组织机构及其负责人名录

区级领导机构及负责人

中共温州市龙湾区委员会

书　记　周一富
副书记　林小露（女，11月免）
　　夏禹桨
　　王高博（11月任）
常　委　周一富
　　林小露（女，11月免）
　　夏禹桨
　　王高博（11月任）
　　吴呈钱（兼，1月免）
　　伊柏峰（11月免）
　　蔡爱东
　　贾黎春（11月免）
　　吴昌亮（3月任，12月免）
　　王晓春（1月任，11月免）
　　李　丹（女，1月任）
　　黄挺义（1月免）
　　陈林彬（1月免）
　　叶庆权（12月免）
　　蔡军令（女）
　　朱赞宇（11月免）
　　邵建寨（12月任）
　　缪克排（11月任）
　　李明达（11月任）
　　陈永霖（11月任）
　　吴中武（11月任）
　　邹锦雷（12月任）

中共温州高新技术产业开发区委员会

书　记　周一富
副书记　夏禹桨
　　吴呈钱（1月免）
　　贾黎春（3月任，11月免）
委　员　黄少燕（女）
　　郑　凯
　　季湘荣（11月免）
　　周　钧　汪振坚

温州市龙湾区人民代表大会常务委员会

主任、党组书记　周　赞
副主任、党组副书记　张光羽
副主任　陈文斌
　　林春霞（女）
　　薛克凤（1月免）　姜法宏
　　陈林彬（2月任）　王旭辉
常　委　曾焕强
　　吴建芳（女）
　　吴伟鸿
　　朱学东
　　沈爱巧
　　王　霞（2月任）
　　陈　立
　　高皓达（2月任）
　　郭洪聪
　　张崇微（女）
　　张雪梅（2月任）
　　许　峰（12月免）
　　张恩东（12月免）

温州市龙湾区人民政府

区长、党组书记　夏禹桨
常务副区长、党组副书记
　　贾黎春（11月免）
　　吴昌亮（3月任，12月免）
　　李　丹（12月任）
副区长、党组成员　王晓春（1月免）
　　陈军苹（女，5月免）
　　赵均宙（1月任）
　　余安江（11月免）
　　潘乐仲
　　彭　锋（4月任）
　　杨　振（挂职，6月免）
　　董建树（12月任）
副区长　吕庆雷（11月免）

温州高新技术产业开发区（浙南科技城）管理委员会

主　任　夏禹桨（2月任）
　　吴呈钱（2月免）
常务副主任　贾黎春（3月任，11月免）
副主任　黄少燕（女）
　　郑　凯
　　季湘荣（11月免）
　　李　丹（兼，1月任，11月免）
　　余安江（兼，11月免）
　　潘乐仲（兼）

温州市政协龙湾区委员会

主席、党组书记　张纯芳
副主席、党组副书记　黄秀清
副主席　胡郑梅（女，1月免）
　　林海珊（女）　戴文虎
　　庄小将　沈应琴
　　张崇林（1月任）
秘书长、党组成员　包双二（12月免）
　　胡中海（12月任）
常　委　李辉星（2月任）
　　包双二（2月任）
　　王海霞（女）
　　项铣招（女，2月任）
　　姜祥林（2月任）
　　陈思崇
　　林新林（2月任）
　　张韩杰
　　李昌鹤（2月任）
　　潘　伦
　　娄长崇（2月任）
　　黄剑峰
　　方宏辉（2月任）
　　陈德明（2月任）
　　方　华（女，2月免）
　　南君晓（2月免）
　　林光新（2月免）

区纪委监委工作机构及负责人

中共温州市龙湾区纪律检查委员会

书　记　蔡爱东
常务副书记　吴海滨
副书记　吴昌游
常　委　邓李梅（女，11月免）
　　张　烈
　　郑祥潇
　　叶志斌

区监察委员会

主　任　蔡爱东
副主任　吴海滨
　　吴昌游
委　员　张　烈（11月免）
　　郑祥潇
　　陈荆州
　　朱风雷

办公室主任　项宗华
干部室主任
陈　赐（女）
宣传教育室主任　张洁敏（女）
党风政风监督室主任　郑　俞（女）
信访室（申诉复查室）主任
案件监督管理室（信息技术保障室）
主　任　陈垂梯
第一纪检监察室主任　孙　政
第二纪检监察室主任　张　伟
第四纪检监察室主任
冯　伟（11 月免）
案件审理室主任　蒋雪信

区委巡察办

主　任　邓李梅（女，11 月免）
张　烈（11 月任）
副主任　孙勤义（11 月免）

区委巡察组

区委第一巡察组
组　长　倪瑞瑾（女）
副组长　蔡　政
副科长级巡察专员　温　江

区委第二巡察组
组　长　王胜耀
副组长　潘成春
副科长级巡察专员　朱建武（11 月免）
季剑波（11 月任）

区委第三巡察组
组　长　姜祥凯（9 月免）
王　朝（9 月任）
副组长　厉接孝
副科长级巡察专员　潘崇华

区委第四巡察组
组　长　胡丕剑
副组长　章新华
副科长级巡察专员　叶　挺

区纪委区监委派驻纪检监察组

区纪委区监委驻区委办公室
纪检监察组
组　长　程海彬（9 月免）
孙宝武（9 月任）
副组长　李新木（11 月免）
潘敦雄
徐　伟（女，11 月任）

区纪委区监委驻区政府办公室纪检监察组

组　长　张加福
副组长　孙文元
林铁强

区纪委区监委驻区委组织部纪检监察组

组　长　戴普芳（11 月免）
项炳勋（11 月任）
副组长　陈恩贤
陈春妹（女，11 月免）
陈　达（11 月任）

区纪委区监委驻区委宣传部纪检监察组

组　长　何品豪（4 月免）
程海彬（9 月任）
副组长　王　武

区纪委区监委驻区委统战部纪检监察组

组　长　项炳勋（11 月免）
吴天峰（11 月任）
副组长　陈向爱

区纪委区监委驻区委政法委纪检监察组

组　长　周兆弟（11 月免）
戴普芳（11 月任）
副组长　章魁杰（11 月免）
徐斌峰（11 月任）

区纪委区监委驻浙南科技城各局（室）纪检监察组

组　长　王　朝（9 月免）
副组长　徐斌峰（11 月免）

区委直属机关纪检监察工委

书　记　吴志豪

区纪委区监委驻区人大机关

纪检监察组
副组长　陈李军（11 月任）

区纪委区监委驻区人民法院纪检监察组

组　长　孟德华（女）

区纪委区监委驻区人民检察院纪检监察组

组　长　张凌哲（女）

区纪委区监委驻区公安分局纪检监察组

组　长　朱寿昌

区人武部、法院、检察院及负责人

区人民武装部

部　长　张志军
政　委　吴中武
副部长　白俊军

区人民法院

院长、党组书记　章禾舟
常务副院长、党组副书记
项振升（8 月任）
副院长、党组成员　王星火（1 月任）
李以后
刘　然（女）
林　华
党组成员、纪检组组长　孟德华（女）
党组成员、政治部主任　程　建
审委会专职委员　方宏斌
执行局局长　李晓忠

区人民检察院

检察长、党组书记　陈学志
常务副检察长、党组副书记
项振升（8 月免）
张　敏（8 月任）
副检察长、党组成员　吴金飞（5 月免）
林一鸣（1 月免）
王美蓉（女，1 月任）
王星火（1 月免）
谢雁湖（1 月任）
冯显清
王　卉（7 月任）

党组成员、派驻纪检监察组长
张凌哲（女）
党组成员 黄小闽
党组成员、政治处主任
王 卉（女，7月免）
李啸肖（女，7月任）
党组成员、检察事物管理中心主任
潘晓乐
检委会专职委员 张苗立
徐 凡
经开区检察室主任 曹大波

区委工作部门、直属单位及负责人

区委办公室（台办、区委政研室、机要局、保密局）

主任、台办主任 邹锦雷（4月免）
项华琛（4月任）
政研室主任、区档案局局长
邹锦雷（4月免）
项华琛（4月任）
室务会议成员 程海彬（9月免）
孙宝武（9月任）
黄友祺（9月免）
陈 伟 黄庆华(11月任）
张 豪
副主任 王显峰（兼，12月免）
周清泉（兼，12月任）
陈启兴（4月免）
陈显尧（11月任）
王 颖（女，4月免）
区委财经委员会办公室专职副主任
陈启兴（兼，4月免）
陈显尧（11月任）
副主任、区委保密委员会专职副主任（兼）、区委保密委员会办公室（区国家保密局）主任（局长）
孙宝武（9月免）
姜祥凯（9月任）
副主任 廖 翔(11月任）
郑国隆
韩 晓（4月免）
邹 耀（4月任）
室务会议成员、台办副主任 张振维
机要局（密码管理局）局长
陈 伟（4月任）

区档案馆

馆 长 黄友祺（9月免）
黄庆华（11月任）
副馆长 李胜春
朱晓芬（女，11月免）
朱建武（11月任）

区接待服务中心

主 任 陈贤娜（女）

区委组织部

部 长 蔡军令
常务副部长 孙士岳（4月免）
季克霖（4月任）
部务会议成员 戴普芳（11月免）
项炳勋（11月任）
副部长 何海云（兼，4月任）
潘文汉（兼）
季克霖（4月免）
姜祥林（兼，4月免）
冯 丹（女，兼）
张小柳（女）
邱黎杰（12月任）
区公务员局局长 季克霖（4月免）
张小柳（女，4月任）
副部长、老干部局局长 潘 虎
部务会议成员 朱德旭
邵治荣（9月免）
邱黎杰
陈海和（女）
张赛超（12月任）
陈夏敏（12月任）
部务会议成员、区委人才办专职副主任
蔡秦淮
区关工委办主任 陈光宇

区委“两新”工委

书 记 季克霖（4月免）
张小柳（女，4月任）
副书记 邱黎杰（12月免）
陈海和（女，12月任）
委 员 张 烈（兼，11月免）
王 亚（女，兼）
刘锦浦（兼）
蔡爱霞（女，兼，9月免）
金学宙（兼）
陈兆军（兼，11月免）
林 洁（女，兼）
孙元忠（兼，9月免）
张作尧（兼）
张艳华（女，兼）
张崇强（兼）
林立新（兼）
施寒毅（兼）
林森（兼）
郑二节（女，兼）
王仁光（兼，12月免）
章方森（兼）
姜春媚（女，兼）
姚黎群（女，兼，11月免）
周 龙（兼，11月任）

区委党史研究室

主 任 朱德旭
副主任 郑雁鸿

区委宣传部

部 长 王晓春（11月免）
陈永霖（11月任）
常务副部长 陈 健
副部长 孔德亮（4月免）
章湘慧（女，9月任）
部务会议成员 程海彬（9月任）
何品豪（4月免）
张明春
兰小春
陈宗杰
陈学显
曾松国
陈 铌（12月任）

副部长、区新闻出版局局长 朱进华
副部长、区政府新闻办公室主任、区互联网信息办公室主任 王 亚（女）
区政府新闻办公室副主任、区互联网信息办公室副主任 曾松国

区精神文明建设指导中心

主 任 陈学显
副主任 高乐耕（11月免）
赵晓欢
陈兆军（11月任）

王真福
陈建平（女，11月任）

区融媒体中心

主　任　兰小春
副主任　丁欣华（4月免）
夏　静（女，4月任）
孙默静（女）
王　鹭（女）
副科长级督查专员　项兴平（9月任）

区委统战部

部　长　邹锦雷
常务副部长　方宏辉（4月免）
林　华（4月任，12月免）
翁立军（12月任）
副部长　刘锦浦（兼）
张　建
部务会议成员　项炳勋（11月免）
吴天峰（11月任）
王向阳　李博铭
唐建国
吴纯青（女，12月任）
副部长、区政府侨务办公室主任
陈　佳
副部长、民族宗教事务局局长
卢金华
部务会议成员、副科长级督查专员
郭海雄（9月任）

区民族宗教事务服务中心主任（根据温龙机编〔2022〕70号文件，2022年10月将区民族宗教事务服务中心主任机构规格调整为副科级，设主任1名、副主任2名）
主　任　林发坚（11月任）

区委政法委员会

书　记　林小露（12月免）
王高博（12月任）
副书记　贾黎春（兼，3月免）
吴昌亮（3月任，12月免）
李　丹（兼，12月任）
黄挺义（兼，1月免）
赵均宙（兼，1月任）
张光羽（兼）
常务副书记、委务会议成员　姜宝银
副书记、委务会议成员
陈凌云
陈征帆
余赛虎（9月任）
林　统（11月任）
委　员　梅山群（兼，12月免）
陈学志（兼，12月任）
李　敏（兼，12月免）
章禾舟（兼，12月任）
吴长理
委　员、委务会议成员
周兆弟（11月免）
戴普芳（11月任）
委员　孙晓武（4月任）
委员、委务会议成员、政治处主任
副书记、委务会议成员
杨　海（11月免）
专职委员、委务会议成员
委员、委务会议成员、政治处主任
徐苏晨（11月免）
李新木（11月任）
委务会议成员　朱建伦

区社会矛盾调处化解中心（根据温龙机编〔2022〕36号文件，2022年8月温州市龙湾区社会矛盾纠纷调处化解中心更名为温州市龙湾区社会治理中心）
党组第一书记　项华琛（兼，12月任）
主任、党组书记　周德兴（9月任）
党组副书记、副主任
阮旭聪（9月任）
副主任　南　翀（9月任）
陈征帆（兼，12月任）
周东朝（兼，12月任）
王　钦（兼，12月任）
林元洪（兼，12月任）
孙　成（兼，12月任）
金娉娉（女）
党组成员、督查专员
杨　旸（女，9月任）
副主任、党组成员　施荣捷（9月任）
副科长级督查专员　周清平（9月任）

区委改革办

常务副主任　林克钦（11月免）
邓李梅（女，11月任）
室务会议成员　金洁琼（女）

区委编办

主　任　潘文汉（4月免）
何海云（4月任）
副主任　李剑儒　李慧峰

区委直属机关工委

书　记　蔡军令（兼，女）
常务副书记　冯　丹（女）
副书记　金学宙
闫长贤
委员、副科长级督查专员
潘丽荣（9月任）
委　员　吴志豪　金军华

区委区政府信访局

局　长　王显峰（12月免）
周清泉（12月任）
副局长　周东朝
刘　辉
局务会议成员、信访督查专员
王　勇
局务会议成员　包善军
宋天晓（6月免）
陈　文（9月任）

区人大专门委员会及负责人

监察和法制司法委员会

主任委员　叶庆权
副主任委员　许　峰（2月任）
朱景所

财政经济委员会

主任委员　王旭辉
副主任委员　曾焕强
陈晓宝

社会建设委员会
主任委员　孙士岳
副主任委员　张恩东　孙秋根

区人大常委会机关及负责人

机关党组

党组书记　陈　立（12 月免）
　　　　　林　华（12 月任）
党组成员　曾焕强
　　　　　朱学东　　吴建芳（女）
办公室主任　陈　立（12 月免）
　　　　　林　华（12 月任）
副主任　　夏理森　　陈　浩

监察和法制司法工作委员会

主　任　　许　峰（12 月免）
　　　　　王显峰（12 月任）
副主任　林能杰

财经工作委员会

主　任　　曾焕强
副主任　　王　斌

教科文卫民侨工作委员会

主　任　　吴建芳（女）
副主任　　马辉

城乡建设与环境保护工作委员会

主　任　　吴伟鸿
副主任　　张维丰（4 月任）

代表工作委员会

主　任　　朱学东
副主任　　高良铸

农村与资源保护工作委员会

主　任　　沈爱巧
副主任　　徐　浦

研究室

主　任　　王　霞（女）

社会建设工作委员会

主　任　　张恩东（12 月免）
　　　　　陈　立（12 月任）
副主任　　陈　亮

区政府工作部门、直属单位及负责人

区公安分局

副区长、分局党委书记、局长、督察长
　　　　　叶　辉（2 月任）
　　　　　赵均宙（2 月免）
党委副书记、政委　　杨晓东
党委副书记、常务副局长
　　　　　卢初本（5 月任）
　　　　　陆朝焕（5 月免）
党委委员、副局长
　　　　　郑裕军（正科长级，5 月任）
　　　　　陈建武
　　　　　李祖款（10 月任）
　　　　　胡跃新
　　　　　吕　杰（5 月免）
　　　　　王　钦
　　　　　庄志丹
　　　　　陆晓斌（10 月任）
党委委员　秦　浪（10 月任）
　　　　　方剑青
党委委员、驻局纪检监察组组长
　　　　　朱寿昌
党委委员、科信大队大队长
　　　　　陈佩锋（5 月任）
党委委员、治安大队大队长
　　　　　朱良柱（5 月任）

区政府办公室

（土储中心、大数据管理中心）
主任、党组书记、区政府外事办公室主任、区大数据发展管理局局长
　　　　　朱智猛
党组副书记、副主任　吴天峰（11 月免）
　　　　　王　洲（9 月任）
　　　　　姜　翰（12 月任）
党组成员　张加福
　　　　　左冠怀
副主任、党组成员　　娄克华（12 月免）
　　　　　吴良文
　　　　　冯小华（11 月任）
　　　　　郭艳颖（女）
　　　　　郑存华
　　　　　许孝兴
党组成员、区土地储备中心主任
　　　　　叶英岳

区大数据管理中心

主　任　　左冠怀
副主任　　项朝锋
　　　　　张晓洁（女）

区发展和改革局

党组书记　陈志楠（4 月免）
　　　　　潘建潮（4 月任）
局　长　　廖海容（女）
党组副书记、副局长
　　　　　翁　骥（9 月任）
党组副书记　　党组成员　王　洲
副局长、党组成员　　　　王良波
　　　　　周建林
党组成员　张维芬
党组成员、副科长级督查专员
　　　　　王林华（9 月任）
党组成员、区委社建委专职副主任
　　　　　戴育群（11 月任）

区经济和信息化局

局长、党委书记、区民营经济健康发展促进局局长　孙方忠（12 月免）
　　　　　林滢峰（12 月任）
党组成员、副科长级督查专员
　　　　　黄家建（9 月任）
党组副书记　　孙　剑（4 月免）
　　　　　孙元忠（9 月免）
　　　　　娄克华（4 月任）
副局长、党组成员、区民营经济健康发展促进局副局长　　孙元忠(9 月免)
党组成员、总工程师　鲁苏琼（女）
副局长、党组成员　　冯微奇
　　　　　邵治荣（9 月任）

区教育局

局长、党委书记　　郑祥迪
党委副书记、副局长　张纯恩
　　　　　吴　杰（9 月任）
副局长、党委委员　　张作尧
　　　　　蔡朝晖（11 月免）
党委委员、专职副总督学　陈　洁
党委委员　陈　良
　　　　　徐海莲（女）
　　　　　王成其（9 月任）

区政府教育督导室

主　任　　彭　锋

区科技局

党组书记　周　威

局长　董红梅（女）
副局长、党组副书记　张艳华（女）
副局长、党组成员　冯小华(11月免)
高永军（11月任）
党组成员　陈　梅（女）

区民政局

局长、党组书记　朱德利
党组副书记、副局长　张崇强
副局长、党组成员　周旭晨（4月免）
姚海平　丁传荣
党组成员、副科长级督查专员
冯茂巧（9月任）
党组成员　李中旺　项光荣

区移民服务中心

主　任　李中旺

区司法局

局长、党组书记、区行政复议局局长
孙晓武（4月任）
党组副书记、副局长　缪克鸠
副局长、党组成员　林立新
高　强
区行政复议局副局长　高　强
副局长　叶丽蓉（女）
党组成员、政治处主任　林元洪
党组成员　刘　征

区财政局

局长、党组书记、区国资办主任
吴尊林
副局长　鲁传义
副局长、党组成员　施寒毅
陈银晔（女）
党组成员、总会计师　朱爱忠
党组成员、预算编制局局长
李晓青（女）
党组成员　冯小燕（4月任）

区人力资源和社会保障局

局长、党组书记
姜祥林（4月免）
潘文汉（4月任）
党组副书记、副局长
王宋余（9月任）
苏鹭平
副局长、党组成员
孙晓峰（女，11月免）
徐　芳（女，11月任）
金　鑫
党组成员　陈　豪（2月免）
章吉春

区住房和城乡建设局

局长、党委书记、区人防办（区民防局）
主任（局长）　宋培鸽
党委副书记　项黎明
党委副书记、副局长　金建锋（9月任）
林　森
党委委员、副科长级督查专员
林建祥（9月任）
副局长、党委委员　张爱武
冯宪尧
总工程师　孔令益（11月任）
党委委员　林日伟
包长斌（11月任）

区房产管理中心

主　任　项黎明
副主任　王东升
李春莲（女）
廖　翔（11月免）
沈钲夫（11月任）

区交通运输局

局长、党组书记　胡中海
党组副书记、总工程师林　强
副局长、党组成员　陈晓毅（12月任）
陈晓亮（12月免）
潘步孝
党组成员　周　森　罗扬扬

区公路管理中心

主　任　周　森

区农业农村局

局长、党组书记　吴海滨（4月免）
王　颖（女，4月任）
党组副书记、副局长　吴伊峰
党组成员、总工程师　谢恩赐
副局长、党组成员　林小勇
林福廷
党组成员　林光兄
徐少波
区畜牧管理中心主任　王笑林（女）

区商务局

党组书记　李　谊（6月免）
陈　升（6月任）
局　长　王　振
党组副书记　徐　波（11月免）
副局长、党组成员　郑德仕
郑二节（女）
党组成员　王　琼（女）

区服务业发展中心

主　任　张　韬

区文化和广电旅游体育局

局长、党组书记、区文物局局长
邱朝瀚
党组副书记　潘忠玉
副局长、党组成员　陈　佐
陈强炜
张　成
区文物局副局长　陈强炜
党组成员、副科长级督查专员
杨　帆（9月任）
党组成员　张鲜艳（女）

区卫生健康局

局长、党委书记　林　华（4月免）
陈启兴（4月任）
党委副书记、副局长　叶子乐（9月任）
副局长、党委委员　王仁光(12月免)
汪月强
周利俊
党委委员　徐　伟（女，11月免）
孙勤义（11月任）
郑　力
戴　静（11月任）
党委委员、创卫办（爱卫办）专职副主任　项金武

区退役军人事务局

局长、党组书记　何海云（4月免）
何品豪（4月任）

副局长、党组成员　王勤锷
钱永辉
党组成员　张　博

区应急管理局

局长、党委书记　冯宪芙
副局长、党委委员　王晟盛（11月免）
林为界
王继超
姜春芽
党委委员、总工程师　邓仁美（女）
党委委员　董　义
朱世材

区审计局

局长、党组书记　包双一
党组副书记、副局长　袁建军
副局长、党组成员　季昌岳（11月免）
总审计师　陈景双（女，11月免）
时　洁（女，11月任）
党组成员、区经济责任审计工作联席会议办公室主任　王素珍（女，11月任）
党组成员　马文星

区市场监督管理局

党委书记　上官光架（6月任）
陈　升（6月免）
局　长　陈丕侠（4月免）
陈　升（4月任，6月免）
上官光架（6月任）
区知识产权局局长　陈丕侠（4月免）
陈　升（4月任，6月免）
上官光架（6月任）
党委副书记、副局长　章方森
副局长、党委委员　郑文伟（11月免）
姚黎群（女，11月任）
居述东　董夫钗
区知识产权局副局长　居述东
党委委员、总工程师
孙良东（11月任）
党委委员　单　武
张崇士（11月免）

区统计局

局长、党组书记　范定绍
副局长　朱晓芬（女，11月任）
副局长、党组成员　陈显尧（11月免）
林海尧
党组成员、总统计师　陈　达（11月免）

区综合行政执法局

局长、党委书记　项华琛（4月免）
林建兴（4月任，9月免）
郑晓如（9月任）
党委副书记、副局长
林　丽（女，9月免）
黄新宇（9月任）
副局长、党委委员　陈　军
孙　成
吴家强
副科长级督查专员　周加云（9月任）
党委委员、总工程师　郑恩想
党委委员　林向阳

温州浙南科技城管理委员会各局室（因温州湾新区体制调整，浙南科技城内设局（室）科级领导干部、机关党委专职副书记、龙湾区纪委区监委驻浙南科技城各局（室）纪检监察组组长、浙南科技城创业服务中心科级领导干部、浙南科技城人才服务中心科级领导干部的职务、职级以及退出领导岗位干部职级一并免去）

温州浙南科技城建设投资集团有限公司（因温州湾新区体制调整，该单位转隶到温州湾新区，不再由龙湾任免）

空港新区管理中心（因温州湾新区体制调整，撤销空港新区管理中心党委、纪委，原任的空港新区管理中心党委委员、纪委书记、副主任、总工程师、内设处（室）相关科级领导干部职务一并免去）

温州东部交通枢纽建设管理中心

（根据温龙机编〔2022〕74号文件，2022年11月设立“温州东部交通枢纽建设管理中心”）
党委书记、主任　王小友（12月任）
副主任、党委委员　应　舒（12月任）
冯茂峰（12月任）
王靖禹（12月任）
林　敏（12月任）
党委委员、督查专员　周　峰（12月任）
唐爱华（女，12月任）
唐　峰（12月任）
张彬彬（女，12月任）
督查专员　邵　博（12月任）
党委委员、纪委书记　程建海（12月任）
总工程师　黄国梁（12月任）

龙湾城市中心区管委会

主任、党组书记　章　文
副主任、党组副书记　魏国敏
党组副书记、副主任　涂克军
党组副书记、总工程师
黄宗煜（11月任）
副主任、党组成员　项显宇
吴忠南
党组成员、总工程师　张维丰（4月免）
党组成员　苏如东

区机关事务管理中心

主任、党组书记　王海省
副主任、党组成员　王甫爱
谌晓明
徐忠良
党组成员　陈贤娜（女）
王素珍（女，11月免）
上官福快（12月任）

区旅游和体育事业发展中心（根据温龙机编〔2022〕3号文件，2022年2月“温州市龙湾区旅游和体育事业发展中心”更名为“温州市龙湾区体育事业发展中心”）

区体育事业发展中心

（根据温龙机编〔2022〕3号文件，2022年2月“温州市龙湾区旅游和体育事业发展中心”更名为“温州市龙湾区体育事业发展中心”）
主任、党组书记　潘忠玉（4月任）
党组成员、副科长级督查专员
唐春生（9月任）
副主任、党组成员

沈　跃（4 月任，11 月免）
许善东（4 月任）
林建达（11 月任）
朱　持（4 月任）
党组成员　陈晓明（4 月任）
黄琦立（女，4 月任）
李成立（9 月任）

区体育投资发展有限公司

（根据温龙政办发〔2022〕16 号文件，2022 年 3 月组建温州市龙湾区体育投资发展有限公司）
董事长兼总经理　陈晓明（4 月任）

区供销合作社联合社
主　任、党组书记　朱东敏
副主任、党组成员　吴开明
谢时平　陈　锋
郑智锋

区投资促进服务中心

主　任、党组书记　徐　波（11 月免）
党组成员、副科长级督查专员
王建敏（9 月任）
邵雪梅（女，9 月任）
陈　明（9 月任）
副主任、党组成员　姜春媚（女）
金上钟（12 月免）
邱忠贞
副主任　宋天晓（12 月任）
党组成员　宋天晓（6 月任）

区政务服务中心

主　任、党组书记　孙晓武（4 月免）
林克钦（4 月任，11 月免）
副主任、党组成员　林炳平
李显国
陈晓亮（12 月任）
党组成员、区公共资源交易中心主任
陆振山
副主任　林发坚（11 月免）
副主任、党组成员　王素林（女）

区金融工作服务中心

主　任、党组书记　孙　剑（4 月免）
娄克华（4 月任）

副主任　张晨晨（女）
林何芸（女）
党组成员　林何芸（女，11 月任）
副主任、党组成员
姚黎群（女，11 月免）
张崇士（11 月任）

区温瑞塘河工程建设管理中心（根据温龙机编〔2022〕79 号文件，2022 年 12 月将温州市龙湾区温瑞塘河工程建设中心和温州市龙湾区水利工程建设中心整合设立为温州市龙湾区水利工程建设中心，挂温州市龙湾区温瑞塘河工程建设中心牌子）

区水利工程建设中心

主　任、党组书记　王益元
副书记、副主任（保留正科长级）
木鑫泽（12 月任）
吴夏维（4 月任）
党组成员、总工程师　周成铃
副主任　方培达（12 月任）
副主任、党组成员
娄小龙（4 月免）
邵震环
章达夫
丁聪玲（4 月免）
党组成员　万晓敏（女）
督查专员　万晓敏（女，12 月任）
纪检组长　万晓敏（女，12 月免）
党组成员、督查专员
张纯权（12 月任）
邵朝臣（12 月任）
张建立（12 月任）

区交通工程建设中心

主任、党组书记
木鑫泽（12 月免）
陈财力（12 月任）
党组成员、纪检组组长　董建烽
副主任、党组成员　娄大纲
许志坤
徐伟杰
副主任　张渊博
党组成员、总工程师　金苏梦（女）
党组成员　胡牡娜（女）

区城市建设中心

主任、党组书记倪庆芳
副主任、党组成员　王长耀
陈祥标　赵沛侃
娄　枫（4 月任）
总工程师、党组成员　曹茜茜（女）
党组成员　郑祥彬（4 月任）

温州臻龙建设投资集团有限公司

董事长、党委书记　吴祖岭
总经理、党委副书记
王小友（12 月免）
副总经理、党委副书记
金上钟（12 月任）
副总经理、党委委员
杨剑光（12 月免）
朱国品
监事会主席、党委委员、纪委书记
郑元华（12 月免）
监事会主席、党委委员
杨　峰（12 月任）
党委委员、总经济师
陈自惜（女，11 月免）
副总经理　周升玮

区招商服务有限公司董事长兼总经理（根据温龙政办发〔2022〕14 号文件，2022年3月组建温州市龙湾区(高新区)招商服务有限公司）
董事长兼总经理　陈自惜(女，11 月任)

温州高新技术产业开发区投资建设开发有限公司

董事长、总经理　黄玉增
副总经理　王飞武
毛建忠
项银洁（女，12 月免）
周　勇（12 月任）
监事会主席　黄海华
总经济师　项银洁（女，12 月任）

温州高新区国有控股集团有限公司

董事长　姜　翰（12 月免）
总经理　戴　静（11 月免）
王文博（12 月任）
副总经理　王文博（12 月免）

杨剑光（12 月任）
监事会主席 项建伟

区大数据发展有限公司

董事长兼总经理 顾海俊（11 月任）

区国有资本投资运营有限公司

董事长兼总经理 陈卢温

温州民科产业基地开发有限公司

董事长 庄海斌
总经理 庄海斌（12 月免）
潘修程（12 月任）
副董事长、副总经理 陈 连（12 月免）
监事会主席 杨 峰（12 月免）
郑元华（12 月任）
副总经理 王 亮（女）
张建国

温州眼健康产业投资建设服务有限公司

董事长 王 洲（9 月免）
总经理 潘修程（12 月免）
陈 连（12 月任）
副总经理 郑建立 叶因易
监事会主席 章吉康

龙湾城市运营有限公司

（根据温龙政办发〔2022〕67 号文件，2022 年 12 月组建龙湾城市运营有限公司）
董事长兼总经理 苏如东（12 月任）

温州眼视光国际创新中心

党组书记、专职副主任 戴 静

永中文旅投资建设开发有限公司

董事长兼总经理 何容容（女）

温州市公安消防局龙湾区分局

政 委 张建星
局 长
副局长 房敏卿

区政协机关及负责人

机关党组

机关党组书记 包双二（12 月免）
胡中海（12 月任）
机关党组副书记 潘 伦

办公室

主 任 李辉星
副主任 陈剑秋

提案委员会

主 任 王海霞（女）

委员工委

主任 项铣招（女）

经济教科卫体委员会

主 任
副主任

经济科技委员会

主 任 姜祥林
副主任 贾德任

农业和农村工作委员会

主 任 陈思崇

城乡建设和资源环境委员会

主 任 林新林（4 月任）
副主任 王晓春（7 月任）

文教卫体文史和学习委员会

主 任 张韩杰（1 月任）
副主任 陈德明（1 月任）

港澳台侨和外事委员会

主 任 李昌鹤

社会和法制委员会

主 任 潘 伦

民族和宗教委员会

主 任 娄长崇

人民团体、群众团体及负责人

区总工会

主 席 王旭辉
常务副主席、党组书记
叶铭克（4 月免）
潘建华（4 月任）
副主席、党组成员 陈兆军（11 月免）
周 龙（11 月任）
陈钰刚
经费审查委员会主任 陈钰刚（兼）
党组成员 朱培瑞（女）

共青团龙湾区委员会

书 记 邵赛慧（女，11 月免）
韩 晓（12 月任）
副书记 韩 晓（4 月任）（12 月免）
马嫣檬（女）

区妇女联合会

主席、党组书记 王余余（女）
副主席、党组成员 林 洁（女）
殷影霞（女）
党组成员 王爱素（女）

区科学技术协会

主席、党组书记 张 祥（11 月免）
李军伟（11 月任）
副主席、党组成员 高永军（11 月免）
高乐耕（11 月任）
应良亮（12 月任）
副主席 李 汝（女，11 月免）
冯小华 孙元忠
徐海莲（女）
蔡 政
党组成员 章学逢

区归国华侨联合会

主 席 胡玲玲（女，6 月任）
专职副主席 潘林海
副主席 王 毅（6 月任）
王香梅（女）
石金国（6 月任）
冯仁锡（6 月任）
李建武（6 月任）
朱晓芬（女，6 月任）
周建国（6 月任）
涂志金（6 月任）

龙湾区工商联（总商会）

主席（会长） 沈应琴

常务副主席（常务副会长）、党组书记
刘锦浦
副主席（副会长）、党组成员
章雅丽（女）
王　勇
党组成员　刘加立

区文学艺术界联合会

主　席　张明春
副主席　黄庆华（11月免）
余海敏（11月任）
陈　佐（兼）

区残疾人联合会

主席团主席　李明达（11月任）
党组书记、执行理事会副理事长
潘建平
主席团副主席　张霞鸿（女）
郑存华（兼，11月任）
孔林焰（兼，11月任）
执行理事会理事长
张霞鸿（女，1月任）
执行理事会副理事长、党组成员
林时察
执行理事会挂职副理事长　陈　雷
陈厚胜
党组成员　朱晓宏

区红十字会

会　长　彭　锋
常务副会长、党组书记　王国建
副监事长、党组成员　潘崇银
副会长、党组成员　周　龙（11月免）
徐苏晨（11月任）

区计划生育协会

会　长　彭　锋
常务副会长　林　华（4月免）
副会长　徐　伟（女，11月免）
王余余（女，兼）
孙勤义（11月任）
季克霖（兼）

区社会科学界联合会

主　席　陈宗杰
副主席　张志霄
叶　锋
张小龙（兼）
王　颖（兼）

温州市龙湾区邮政管理局

局长、党组书记　项东军
局副局长、党组成员　孙作材

民主党派及负责人

中国国民党革命委员会温州市龙湾区基层委员会

主　委　项铣招（女）
副主委　吴桦槐（女）
张鹏飞
孙默静（女）

中国民主同盟温州市龙湾区基层委员会

主　委　张霞鸿（女）
副主委　李辉星
孔令益
林　培（女）

中国民主建国温州市龙湾区基层委员会

主　委　罗　彬（女）
副主委　柯巴嫩（女）
彭向东

中国民主促进会会温州市龙湾区基层委员会

主　委　陈丕侠
副主委　王成福　王　振

中国农工民主党温州市龙湾区基层委员会

主　委　金叶道
副主委　陈　音（女）
余海敏

中国致公党温州市龙湾区基层委员会

主　委　黄子龙
副主委　朱晓芬（女）
黄根云

九三学社温州市龙湾区基层委员会

主　委　李国斌
副主委　陈　宏（女）
石素丹（女）
张渊博

金融系统与垂直管理单位及负责人

温州市自然资源和规划局龙湾分局

党委书记　陈　康
局　长　钱向光
副局长　赵钦升　王洪彬
石素丹　金立臣
尚　旭
党委委员　陈　炽

温州市生态环境局龙湾分局

党组书记、局长　曾国海
党组成员、副局长　张银忠
金善明（11月任）
章　广（11月任）
副局长　曹雄伟
党组成员、总工程师　周华芬
党组成员、执法大队大队长
彭朝阳（12月任党组）
党组成员　林宇祥
章松来（12月免）
周晓雄（1月任）
林　洁（1月任）

龙湾区税务局

党委书记、局长　周　建
党委委员、副局长　姜福进
谢利疆
副局长　黄芒芒
党委委员、纪检组组长　罗　军
党委委员、副局长兼状元税务分局局长
叶益豪

温州市医疗保障龙湾分局

党组书记、局长　潘建华（4月免）
叶铭克（4月任）
党组成员、副局长　王靖海
杨向荣（4月免）
陈　豪（4月任）

温州市住房公积金管理中心龙湾管理部

主　任　洪文泳
副主任　杨洁晓

温州市不动产龙湾办证处

主　任　　姜宝义
副主任　　徐晓敏

龙湾区供电分局

局　长、党委副书记　刘日彪（2月任）
局　长、党委委员　吴晓初（2月免）
党委书记、副局长　　王强宏
纪委书记、工会主席、党委委员
　　周启东
党委委员　陈晓剑
副局长、党委委员　　苏云波（2月任）
　　林　珑
　　田　烨

温州市公安局交通警察支队三支队

大队长　　胡志坚
教导员　　林海勇
副大队长　陈　煜
　　戴一凡
　　蒋之翔

中国电信龙湾分局

分局长　　黄文皓
副分局长　朱宝进　　徐　昉
　　黄建峰

中国移动龙湾分公司

总经理　　潘小洁
副总经理　陈鸿弋
　　郑钦敏
　　周潇潇

中国联通龙湾分公司

总经理　　康伟伟
　　蔡　超（女）
副总经理　金雯雯（女）

中国银行龙湾支行

行　长　　王　樟
副行长　　王秀丽　　李晓映
　　李　帆

中国农业银行龙湾支行

行　长　　余列东
副行长　　钱战锋
　　朱邦达
　　池长杰

中国建设银行龙湾支行

行　长　　诸　昕
副行长　　蔡叶波
张　露（女）

中国工商银行龙湾支行

行　长　　林　超（5月免）
　　徐晨昱（女，5月任）
副行长　　应震国
　　陆玲玲（女）
　　郑大博

温州银行龙湾支行

行　长　　叶　丰
副行长　　朱　培
　　赵乐霜（9月任）

龙湾农村商业银行

董事长　　朱朋远（6月免）
　　林天景（6月任）
副行长　　王和乐（主持工作）
　　杨　俊　　陈　林
　　王烨烨

街道机构及负责人

永中街道

党工委书记　　林建兴（4月免）
　　姜扬瓯（4月任）
党工委副书记　项　波
　　蔡一爽（11月任）
　　朱剑锋
纪工委书记、区监委派出永中街道监察办主任　孙福静
党工委委员　　姜蓉曼（女）
　　徐　芳（女，11月免）
　　朱邦正
　　夏　静（女，4月免）
　　陈　弋　　孙福静
　　陈松发　　胡　剑
　　陈晓东（女，4月任）
　　金杨龙（11月任）
人大工委主任　娄晓杰
人大工委副主任　张崇海
　　徐华东（4月免）
办事处主任　　项　波
办事处副主任　　朱邦正
　　项小敏
徐华东（4月任）
　　柯声凯
　　陈　娉（女）

蒲州街道

党工委书记　　上官光架（6月免）
党工委副书记　张小龙
　　王小聪
纪工委书记、区监委派出蒲州街道监察办主任　邵中镐
党工委委员　　邵中镐
　　张建达
　　周　慧
　　郑祥聪
　　林素谦（11月免）
　　周　千
　　周　建
　　朱显源（11月任）
　　陈志登（12月免）
　　朱永丽（女）
人大工委主任　　潘国武
人大工委副主任　严国芳（4月免）
　　朱建聪
办事处主任　　张小龙
办事处副主任　　张建达
　　朱显源（11月免）
　　杜成友
　　王凯诚
　　陈　雕（女，4月任）
　　张　彰（11月任）

海滨街道

党工委书记　　刘伟策
党工委副书记　孔海军（12月任）
　　季华飞
　　林　远（12月免）
纪工委书记、区监委派出海滨街道监察办主任　　孙俊巧（女）
党工委委员　　章　翼（12月免）
　　孙俊巧（女）
孙晓瑜（女，11月免）

杨选荣
王　典
王炳建
王良波
陈芝银（4月免）
王增泽（11月任）
人大工委主任　章　炜
人大工委副主任
余海敏（11月免）
张哲军（4月免）
孙晓瑜（女，11月任）
办事处主任　孔海军（12月任）
林　远（12月免）
办事处副主任　章　翼（12月免）
王振鹤
张哲军（4月任）
郑瑶瑶（女）
王忠来（11月任）

永兴街道

党工委书记　张　文
党工委副书记　郑锦宇
项　敏
纪工委书记、区监委派出永兴街道监察办主任　陈李军（11月免）
冯　伟（11月任）
党工委委员　余赛勇
陈凌纯
冯显跃
陈李军（11月免）
朱良柱（12月免）
夏晓明
许晓光（11月免）
章魁杰（11月任）
冯　伟（11月任）
张聪波（12月任）
人大工委主任　陈　祥
人大工委副主任　周胜耀
吴克俊（4月免）
办事处主任　郑锦宇
办事处副主任
陈凌纯（12月任）
吴克俊（4月任）
吴夏维（4月免）
张方剑　喻　皓
黄伊帆（女）

海城街道

党工委书记　梅显春（8月任）
党工委副书记　孔繁义（8月任）
孔海军（8月任，12月免）
许哲晰（女，12月任）
纪工委书记
陈绍柒（8月任，9月免）
许晓光（11月任）
区监委派出海城街道监察办主任
陈绍柒（9月免）
许晓光（11月任）
党工委委员　沈永波（8月任，12月免）
陈绍柒（8月任，9月免）
王　鑫（8月任）
张宪沐（8月任）
林素谦（11月任）
叶乐策（8月任）
郑亮（8月任）
应蒙蒙（女，12月任）
许晓光（11月任）
王玉祥（8月任，11月免）
人大工委主任　姜　戟
人大工委副主任　邱忠善（12月免）
张崇凯
办事处主任　孔繁义（8月任）
办事处副主任　张宪沐（8月任）
陈聪明（8月任）
徐荣国（8月任）
应蒙蒙(女，8月任，12月免）
邱忠善（12月任）
张策耶（女，12月任）

状元街道

党工委书记　潘建潮（4月免）
孔德亮（4月任）
党工委副书记　王　奔
纪工委书记、区监委派出状元街道监察办主任　胡小林
党工委委员　张福尧
沈永波（12月任）
陈晓毅（12月免）
杨张成　程敬康
余　双（女）
曾焕泽　朱建伟
胡小林
人大工委主任　张安畴

人大工委副主任　石崇侠
诸海疆（女，4月免）
办事处主任　王　奔
办事处副主任　陈晓毅（12月免）
孔令益（11月免）
沈永波（12月任）
诸海疆（女，4月任）
王洁琼（女）
朱金发
夏巧民（11月任）

瑶溪街道

党工委书记　姜扬瓯（4月免）
林文辉（4月任）
党工委副书记　林文辉（4月免）
孙　剑（4月任）
周清泉（12月免）
张蓓蕾（女，1月任）
陈　森（女，11月任）
纪工委书记、区监委派出瑶溪街道监察办主任　涂晓梅（女）
党工委委员　刘　健（12月免）
徐宗帅
胡显东
潘忠森
卢雷雷
涂晓梅（女）
郑　重
周云恩（12月任）
人大工委主任　管小鹏
人大工委副主任　张单娇（女）
王炳武（4月免）
办事处主任　林文辉（4月免）
孙　剑（4月任）
办事处副主任　徐宗帅
林建达（11月免）
王炳武（4月任）
王松青　董铜章
王　星（11月任）

沙城街道

党工委书记　季克泽（8月任）
党工委副书记
翁立军（8月任，12月免）
章　翼（12月任）
杨　海（11月任）

纪工委书记　　赵昱高（8月任）
区监委派出沙城街道监察办主任
　　赵昱高
党工委委员　　刘　健（12月任）
　　方建莲（女，8月任）
　　王　凡（8月任）
　　赵昱高（8月任）
　　林日多（8月任）
　　王　洁（8月任）
　　项秉恩（8月任）
　　张聪波（8月任，12月免）
　　王　征（11月任）
人大工委主任　　夏彩和（女，9月免）
　　林　丽（女，9月任）
人大工委副主任　项飞云
办事处主任
　　翁立军（8月任，12月免）
　　章　翼（12月任）
办事处副主任　　潘崇钢（8月任）
　　孙建宝（8月任）
　　季克建（8月任）
　　魏夏黎（女，11月任）

天河街道

党工委书记　　林丐孟（8月任）
党工委副书记　　陈再荣（8月任）
　　周坚强（8月任）
纪工委书记　　张安乐（8月任）
区监委派出天河街道监察办主任
　　张安乐
党工委委员
　　王　强（8月任）
　　项明东（8月任）
　　林　擎（8月任）
　　张安乐（8月任）
　　李春微（女，12月任）
　　朱朝华（8月任）
　　潘隆芳（11月任）
人大工委主任　　邵建国
人大工委副主任
　　李春微（女，12月免）
　　朱晓春
办事处主任　　陈再荣（8月任）
办事处副主任
　　王　强（8月任）
　　薛道帆（9月任）
　　王胜坚（8月任）
　　陈旭红（8月任）
　　陈久礼（8月任，12月免）
　　杨舒莹（女，12月任）

星海街道

党工委书记　林滢峰（8月任，12月免）
　　林　远（12月任）
党工委副书记
　　林爱春（女，8月任）
　　邵赛慧（女，11月任）
　　黄宗煜（11月免）
纪工委书记　　林　密（女，8月任）
区监委派出星海街道监察办主任
　　林　密（女）
党工委委员
　　林　密（女，8月任）
　　项友忠（8月任）
　　张承前（8月任）
　　戚成铁（8月任）
　　汪德其（8月任）
　　季文鑫（9月任）
人大工委主任　　张崇堂（9月免）
　　孙元忠（9月任）
人大工委副主任　陈骏韬
办事处主任　　林爱春（女，8月任）
办事处副主任　　项友忠（8月任）
　　曹隆宇（8月任）
　　吴明光（8月任）
　　蔡其方（女，11月任）

重要文献

温州市龙湾区人大常委会工作报告

在温州市龙湾区第九届人民代表大会第二次会议上
（2023年2月15日）

龙湾区人大常委会主任　张纯芳

各位代表：

我受龙湾区人大常委会的委托，向大会报告工作，请予审议，并请列席会议的同志提出意见。

2022年的主要工作

2022年是党的二十大召开之年，是龙湾抢抓机遇、乘势发展的关键一年，也是区九届人大常委会依法履职的开局之年。常委会在区委的坚强领导下，高举习近平新时代中国特色社会主义思想伟大旗帜，认真学习贯彻党的二十大和省市区党代会精神，坚持党的领导、人民当家作主、依法治国有机统一，围绕中心、依法监督、为民履职，不断发展和完善全过程人民民主，扎实推动人大工作与时俱进、创新发展。全年共召开常委会会议6次、主任会议14次，听取和审议“一府一委两院”专项工作报告46项，提出审议意见15件，作出决议决定18个，开展执法检查、视察调研81次，任免国家机关工作人员124人次，顺利完成区九届人大一次会议确定的目标任务，为谱写“两个先行”龙湾篇章作出了积极贡献。

一、强化政治引领，在对党绝对忠诚上坚定自觉，切实把牢人大工作政治方向

常委会始终把讲政治、顾大局放在首位，把深入学习贯彻党的创新理论作为思想武装，在加强党的全面领导中体现人大担当。

自觉强化党的理论武装。常委会始终坚持学习习近平新时代中国特色社会主义思想，认真落实“第一议题”制度，持续开展“大学习、大调研、大谋划、大落实”专项活动，党组理论学习中心组集中学习20次、专题研讨7次、形成调研课题8个。把学习宣传贯彻党的二十大精神作为首要政治任务，及时制定方案，组织开展了“集中学、线上谈、代表议”等多形式学习活动，迅速掀起学习宣传贯彻热潮，以理论清醒保持政治坚定，深刻领悟“两个确立”的决定

性意义，增强“四个意识”、坚定“四个自信”，旗帜鲜明讲政治，把“两个维护”落实到各方面全过程。

坚决贯彻区委决策部署。区委重视和支持人大工作，多次听取人大工作汇报、研究解决重大问题，区委书记周一富出席人大常委会会议，带头走进人大代表联络站与人大代表“面对面”，并宣讲党的二十大精神。常委会始终把区委重大决策部署作为人大工作的政治依据和行动方向，严守政治纪律和政治规矩，严格执行请示报告制度，共向区委请示报告重大问题和重要事项8件，向区委常委会、区委专题会议汇报5次，确保人大工作始终在党的领导下进行。坚决贯彻党的主张和意图，把省市区委确定的方针政策措施贯彻落实到具体监督工作中，切实与区委同行同向、同频共振。坚持党管干部与依法任免相统一，切实做好人事任免工作，进一步加强干部任后监督，对19名区政府组成部门主要负责人履职情况进行测评。

积极协力区委中心工作。在抗击新冠疫情中，常委会班子成员带头参与疫情防控专班工作，深入一线督导疫情防控工作。人大代表、机关全体干部闻令而动，主动投身抗疫一线，积极参与奥体中心中转分流和高速口、动车站、隔离点等疫情防控工作。主动作为推动龙湾“永嘉场”文化研究工程，领衔寺前街历史文化街区改造提升工程，发动民间力量推动张璁纪念馆、和合文化园建设。全力配合亚运会筹办，积极做好温州奥体中心场馆群运行团队日常工作。助力督查高水平全国文明城市建设工作，率全市之先开展“三进”行动，各级代表和人大干部进部门、进企业、进社区，全面助力全国文明城市通过复评。按照区委统一部署，常委会领导积极参与“双组双促”、河长制督查、产业链帮扶、信访积案化解等活动。

二、紧紧围绕中心，在服务大局上主动担当，奋力助推谱写两个先行龙湾篇章

常委会始终坚持围绕中心、服务大局，创新运用法定监督方式，精准聚焦重点领域和重要部门，实行依法监督、正确监督、有效监督，寓支持于监督之中，以监督刚性和实效保障了区委重大决策部署落实落地。

聚焦经济高质量发展。助力民营经济发展，深入贯彻实施《温州市“两个健康”先行区建设促进条例》，率全市之先上线“两个健康”e观察永兴站，畅通渠道，促进企业关注的重点难点问题高效解决。助推“谋大招强”新突破，加强政府重大投资建设项目情况审查监督，作出关于“大招商、招大商”攻坚行动推进情况的决议。跟踪监督创新首位战略实施，紧盯科技创新审议意见落实，助力龙湾科创建设迈上新台阶。密切关注宏观经济运行，听取审议经济社会发展、计划执行情况等报告，有针对性提出意见建议23条。创新国有资产管理监督模式，在听取和审议各项国有资产报告的基础上，结合预算决算审查、审计工作监督、专项工作评议、预算联网监督等，提升人大国有资产管理监督水平。严肃部门预算刚性，加大对财政预算调整、重点部门预算、审计查出问题整改等审查监督，充分发挥人大监督评价、跟踪督办、督促整改的工作机制作用，防范化解重大风险隐患。

聚焦城市能级提升。推动综合交通大发展，开展“东部枢纽新城”建设专题调研，制定出台《关于开展综合交通建设情况“项目化清单式”专项监督的实施方案》，有力助推金丽温高速东延线、环山北路、市域铁路S2线等工程建设。推动城市空间转型发展，强化监督检查，加快推进特殊建筑拆迁安置和拆后土地综合利用工作，督促区政府出台拆后地块整治实施方案，厘清了全区57宗已征闲置土地基本情况。推动城市现代化建设，关注未来社区建设，通过实地调研、座谈交流、听取报告等方式，助力我区率先探索“未来城区”集成改革打造共同富裕现代化基本单元省级试点。调研瓯江新城规划建设情况，针对瓯江新城龙湾片区、沿岸码头规划建设情况及发展思路提出意见建议，助力塑造城市新地标。

聚焦美丽龙湾建设。加强生态环境保护监督，在区街两个层面推行生态环境状况报告制度，听取和审议相关专项工作报告，开展《中华人民共和国环境保护法》执法检查，助推全区环境质量稳中有升。开展节约能源法“一法一办法”执法检查，督促区政府强化节能工作组织领导，落实节能管理制度和产业政策，有效推动“一法一办法”在我区的贯彻执行。开展乡村振兴促进“一法一条例”执行情况的检查，跟踪监督农村人居环境提升暨未来乡村建设审议意见落实情况，进一步提升农村宜居宜业水平，促进城乡协调发展。加强水利安全监督，助推海塘安澜、东片排涝等重大水利工程建设，督促推动幸福河湖建设，夯实美丽龙湾坚实基础。

聚焦民生福祉改善。听取和审议区政府关于贯彻实施《浙江省粮食安全保障条例》审议意见落实情况的报告，切实守牢基本民生底线。开展就业促进执法检查，重点对健全就业促进机制、积极扩大就业容量、优化人才政企社联动服务、强化人才“招用留”政策扶持等方面落实情况进行检查，推动实现更加充分更高质量就业。专题调研我区消防工作情况，针对跨区域跨部门协调体系不够健全、应急管理薄弱环节较多等问题提出意见建议12条。听取和审议区政府关于医养结合工作情况的报告，就服务质量不高、队伍建设滞后等问题加大推进解决力度。专题调研常态化疫情防控和公共卫生服务体系建设，全力保护群众生命安全和身体健康。跟踪物业管理条例审议意见落实情况，切实提升我区物业服务水平。听取和审议区政府关于有效减轻过重作业负担和校外培训负担工作报告，围绕“双减”主题开展专题询问，监督推动教育“双

减”落地见效，我区“双减”课后服务平台入选教育部试点。专题调研儿童友好城市建设，对儿童友好城市建设思路和实现路径提出意见建议11条，助推全龄友好社会建设。听取和审议区政府关于文旅融合发展情况的报告，开展“文旅融合大家谈”主题活动，助力打造龙湾特色文旅品牌。专项审议《温州市文明行为促进条例》实施情况，组织开展“我为创建文明城市献计策”活动，督促法规落地落实。听取和审议区政府关于贯彻实施《浙江省全民健身条例》和《浙江省实施〈中华人民共和国体育法〉办法》情况，提出关于全民健身、民生体育、体育产业、亚运筹办等意见建议，推动全民健身公共服务体系建设。

三、树立法治思维，在良法善治上展现作为，积极推动高水平区域治理现代化

常委会坚持以习近平法治思想为指引，在推进法治建设、强化司法监督、服务地方立法等方面积极作为，扎实推进法治龙湾建设，维护社会公平正义。

强化依法行政监督。助推法治政府建设任务落实，将听取和审议法治政府建设情况报告列为常委会常态化监督议题，并持续跟踪监督行政诉讼应诉、行政诉讼“双高”整改落实等依法行政重点工作情况，督促区政府加大行政诉讼“双下降”考核、追责力度，推动行政争议实质性化解。协同推动监察工作法治化规范化发展，常委会首次听取和审议区监委专项工作报告，针对区监委整治群众身边不正之风和腐败问题工作存在的不足，提出意见建议，实现人大对“一府一委两院”工作监督全覆盖，有力推动正风反腐纵深发展，基层政治生态向善向好。持续关注“大综合一体化”改革，以三级人大联动的方式开展《浙江省综合行政执法条例》执法检查工作，推进改革目标落地见效。

强化司法公正监督。加强人大对检察机关法律监督支持力度，作出《关于进一步加强新时代检察机关法律监督工作的决定》，有效提升人大监督与检察机关法律监督融合度，全力支撑新时代检察机关法律监督工作高质量发展。助推以审判为中心刑事诉讼制度改革，督促区公检法司机关巩固已有改革成果，推进改革举措释放更强动力。专项监督整治电信网络诈骗，织密反诈防诈网，推动案件高发态势得到初步遏制。通过实地走访调研、查阅卷宗资料、观看庭审录像等方式对全区家事审判工作情况进行调研，助力家事审判工作提质增效。深入调研《中华人民共和国社区矫正法》贯彻执行情况，详细了解基层执法情况，全面助推社区矫正工作规范化发展。

强化服务地方立法。组建新一届区人大立法咨询专家组，引入温大法政学院第三方专家论证服务，建立“法律专家+专（工）委+代表+实务工作者”多方协同联动工作模式，为参与地方立法工作提供智力支撑。搭建基层群众参与立法桥梁，推进基层单元与基层立法联系点、立法信息采集点相融相促，建立“共享法庭”，组织代表群众线上参与立法、监督4780多人次，区人大代表联络站共享法庭被列为温州市首批示范共享法庭。充分发挥基层立法联系点“直通车”作用，全力协助上级人大开展立法调研，对省市15部法规草案展开调研，梳理撰写建议书11份，提供意见建议175条。扎实开展备案审查工作，对38件“一府两院”规范性文件进行备案审查，相关工作经验在全省人大备案审查工作培训会上作典型交流发言，为我省备案审查工作贡献龙湾经验。

四、深化变革重塑，在数字人大上探索发力，全力打造践行全过程人民民主基层实践样板

常委会深入践行全过程人民民主重大理念，以数字化为引领，聚焦基层单元建设，加强制度和实践探索，积极打造全过程人民民主最佳基层实践地。

提档升级基层单元。深化拓展基层单元“联”“商”“督”“促”“智”五大功能，全力构建龙湾数字人大“龙e督”智汇系统。建强“1+10”数字矩阵，以区人大联络总站为示范，带动10个街道联络站布局优化、作用发挥，打造人大践行全过程人民民主“e单元”架构。推进省人大“1512”体系贯通，主动攻坚市人大“1261e”体系应用落地，推进人大养老监督、财经监督、环保监督等特色监督“e场景”应用，建成市级e系列示范站2个、特色站3个，省级首批试点海滨街道人大代表联络站顺利通过验收。加快推进“一舱一图四应用八功能”为总纲的“e大脑”系统建设，形成龙湾人大“一舱统领、一键通达”的数字化指挥系统。全面推动数字技术与人大履职行权深度融合，打造代表有约线上“e履职”模块。基层单元建设工作得到省人大常委会党组书记、副主任陈金彪，市人大常委会主任葛益平等领导的批示肯定，并承办全市人大数字化改革工作暨基层单元建设现场会，多次在省市人大重要会议上作典型发言，相关经验做法在《人民代表报》上刊发。“龙e督”智汇系统项目获温州人大工作与时俱进特别奖，“选民说事”应用场景、养老监督应用场景获优秀奖。

加强制度体系建设。创新“周三代表有约”活动载体，完善联络站年度活动计划，区人大常委会组成人员、区人大委室及街道人大工委编组入站固定周三活动600余次，健全“谁来约”“约什么”“怎么约”常态化运行机制，打造“我来宣”“我来说”“我来督”“我来评”等应用模块，持续放大代表履职功效。聚焦人大主业，按照区级主导、街道承办模式，采取项目化、清单化方式，持续推动人大立法调研、监督、主题活动等45项核心业务下沉基层。扎实推进国家机关工作人员进站协商370余次，区委、区人大常委会、区政府主要领导带头进站，推动一批人民群众“急难愁盼”问题得到解决。出台基层单元建设总体实施方案，配套制定“六机制两清单”

工作指引等10个制度文件，将基层单元建设纳入“党领导人大工作”绩效考核，开展星级人大代表联络站创建评定，建立定期亮晒通报机制，全面保障基层单元建设走深走实。基层单元相关制度机制建设4次获区委书记周一富批示肯定。

扩大群众有序参政。贯通民情民意应用与督政议事场景，打通与基层治理四平台通道，建立群众说事、代表问事、多方议事、部门办事、代表督事“五步法”工作机制，实现民意反映、办理、反馈、评价的全过程数字监督和全链条闭环运行，扫码收集民情民意688条。公开征集年度监督议题、民生实事项目、专题询问会问题，健全筛选、评估等机制，拓宽公民参与人大工作的途径。2022年度区民生实事项目十大类22个项目均超进度完成。

五、坚持依靠代表，在密切联系群众中践行宗旨，更好发挥人大代表主体作用

常委会把发挥代表主体作用作为重要基础，不断加强和改进代表工作，畅通民意渠道，拓宽民主载体，优化代表工作机制和平台，支持保障代表依法履职。

优化代表服务保障。强化代表学习培训，系统化开展初任培训、履职培训4批次700多人次，专题学习会47场700多人次，常态化开展常委会“会前学法”，针对浙江省综合行政执法条例、文物保护法、审计法、新环境保护法等内容开展4场学习，有效提升代表履职能力。做细服务保障，研究出台《完善区人大常委会组成人员联系区人大代表机制的意见》，组织代表参会列席、调研座谈、督政评议、旁听庭审等450多人次，支持代表全过程参与人大工作。健全制度建设，出台《人大代表履职管理及量化评价办法》，建立完善代表小组活动、联系走访选民等22项制度，做到“一人一档”全程留痕。全年各级代表履职登记累计4820余条，52名市区人大代表进行述职。

创新代表活动载体。推行“代表进网格”机制，全区218名代表下沉联系362个网格，推行“代表亮身份”行动，建立“四张履职清单”，9月份以来，代表进网格1660多人次，接访群众280余批次，收到良好社会效果，得到群众充分认可。开展“代表在行动”主题活动，紧扣共同富裕目标，谋划组织“六访六促”“助力八大攻坚行动”“常态化助力文明城市建设”“就业促进”等10多个主题活动，参与代表3600多人次，收集意见建议1350余条，解决问题228个。组建11支代表志愿服务队，积极投身“六个一”活动，参与疫情防控、助力亚运、平安建设、信访维稳等工作，彰显代表服务大局的担当作为。

高质量办理代表建议。坚持内容高质量、办理高质量要求，组织代表学习培训、会前视察、走访选民，围绕社会热点和民情焦点提出高质量议案建议。完善主任会议重点督办、分管领导领衔督办、相关委室对口督办、人大代表参与督办、上下联合督办等“五个督办”机制，区长夏禹桨带头领办重点建议件，促成247件代表建议办结率、面商率两个“100%”，解决率和满意率双提升，有力推动了实体经济发展、交通设施建设、环境综合治理、教育卫生服务、基层社会治理等一批事关经济社会发展和人民群众切身利益问题的落实。

六、加强自身建设，在守正创新中找准定位，不断提升人大履职质效

常委会立足“四个机关”的定位要求，加强自身建设，努力以坚定的政治担当、昂扬的精神状态、过硬的能力本领、良好的作风形象，保证龙湾人大工作持续发展、不断前进。

加强党建引领作用。全面贯彻落实新时代党的建设总要求，加强常委会党组、机关党组建设，强化机关党建工作，履行全面从严治党主体责任。坚持“一周一学”制度，创设代表驿站、青年学习会等学习平台，扎实开展各类主题活动，打造区人大机关文化长廊，促进机关党建与人大业务的有机融合。严格落实机关党风廉政建设和意识形态工作责任制。严肃认真抓好区委巡察问题整改落实，支持和保障区纪委区监委驻区人大机关纪检监察组的工作。

加强开发区和街道人大工作。结合温州湾新区建设，做好开发区人大工作的改革探索，推动工作整体协调发展。听取审议街道人大工作报告并作出决议，交办三张清单共41项任务，上下联动、一体化推进工作。制定街道人大工作考核方案，优化“党领导人大工作”考核细则，开展比看交流，促进街道人大履职尽责。深入挖掘街道人大亮点特色，指导推动“选民说事”“说说‘兴’事”“E企说”等“一街一品”打造。完成街道议政会成员换届工作，高质量开好一年两会，建立议政小组，有计划地开展闭会期间活动，扩大基层民主管理、民主监督效应。

加强理论宣传优势。深入开展理论研究，定期举办区人大常委会理论研究工作沙龙，常委会班子成员牵头开展重点课题调研，并向市人大报送17个理论研究成果，其中1篇获一等奖、2篇获二等奖、1篇获三等奖。加强对外宣传交流，构建人大宣传工作新格局，迭代升级“一网一刊一号”三大平台，开辟专版、策划专题、设立专栏，推出“防控疫情，龙湾区人大代表在行动”等专题48期，开展“人大好故事”宣传月活动，全方位多层次宣传人民代表大会制度、代表履职故事。全年近500篇重点工作、典型经验、履职事迹在《人民代表报》、人民网、中国新闻网、浙江在线、温州网等中央、省市区级主流媒体和省市人大刊发。

各位代表，区人大常委会一年来工作所取得的成绩，是区委坚强领导的结果，是常委会组成人员和全体代表共同努力的结果，是区人民政府、区监察委员会、区人民法院、区人民

检察院积极配合的结果，也离不开全区人民以及社会各界的大力支持。在此，我谨代表区人大常委会，表示衷心的感谢！

面对新形势新任务，我们也清醒地认识到，工作还有不少差距，主要表现在围绕中心、依法监督的精准度还要进一步提高，人大数字化改革、基层单元建设等工作的实效性还要进一步强化，发挥代表作用的机制、服务保障代表履职的举措还要进一步优化。我们将虚心听取各方意见，在今后工作中认真加以改进。

2023年的主要任务

2023年是贯彻党的二十大精神的开局之年，也是"十四五"承上启下之年。区人大常委会工作的总体要求是：坚持以习近平新时代中国特色社会主义思想为指导，深入学习贯彻习近平法治思想、习近平总书记关于坚持和完善人民代表大会制度的重要思想和全过程人民民主重大理念，深入贯彻党的二十大和中央人大工作会议精神，以中国式现代化为引领，以推动高质量发展为主题，按照区委九届三次全会决策部署，紧贴人民群众对美好生活的期盼，紧扣推进国家治理体系和治理能力现代化的需求，认真履行宪法法律赋予的职责，丰富和发展全过程人民民主的龙湾实践，为忠实践行"八八战略"、奋力打造"重要窗口"龙湾样板，高水平建设温州湾新区，加快打造"一区五城"，建设活力、美丽、幸福新龙湾，谱写中国式现代化龙湾新篇章贡献人大智慧和力量。

一、坚持党的全面领导贯穿始终，以政治建设统领新时代人大各项工作。始终坚持党的全面领导这一人大工作最高政治原则，自觉领悟"两个确立"的伟大意义，增强"四个意识"、坚定"四个自信"、做到"两个维护"。始终坚持习近平新时代中国特色社会主义思想为指导，以学习、宣传、贯彻党的二十大精神为主题主线，持续强化理论武装，以理论清醒保证政治坚定、引领行动自觉。始终坚持在区委领导下开展工作，充分发挥常委会党组把方向、管大局、保落实的领导作用，严格落实重大事项请示报告制度，按照"党委重视、群众关注、人大认定、政府可为"要求，切实将人大制度优势转化为治理效能，在服务大局中彰显人大作为。

二、坚持服务大局贯穿始终，以人大监督实效助推龙湾现代化。紧扣现代化龙湾建设目标任务，在"两个先行"龙湾实践中找准着力点，突出监督重点，打好监督"组合拳"，全力服务发展大局。围绕维护经济稳进提质，开展"十四五"规划中期评估、国民经济和社会发展计划、重大项目建设、政府债务化解、国有资产管理、招商引资等专项监督，加大预算执行监督力度，跟踪监督"大招商、招大商""两个健康""东部枢纽新城""文旅融合"等决议、审议意见落实，以经济高质量发展助力民生改善。围绕共同富裕建设，开展社会大保障体系构建、青年发展、侨务资源、宗教事务、农业基础设施建设、渔业生产等工作调研，跟踪监督就业促进法、乡村振兴促进"一法一条例"执法检查审议意见落实，开展和美乡村、粮食和重要农产品供给安全、基层医疗卫生服务能力建设监督，兜牢织密民生保障网。围绕城区品质提升，落实环境状况报告制度，开展湿地保护执法检查，持续跟踪节约能源法"一法一办法"，视察调研"未来城区"建设、奥体中心亚运场馆群运营等工作，开展土地利用、资源保护、水利重点工程建设、拆后土地综合利用情况监督，擦亮民生底色。围绕民生关切，加大代表建议办理力度，健全为民办实事长效机制，不断提高人民的幸福感、获得感和安全感。

三、坚持依法行权贯穿始终，以坚定的法治根基托举改革发展事业。持续推进常委会会前学法制度，深入实施推动"八五"普法规划，严格落实宪法宣誓制度，推动全社会崇法用法护法。深化法治监督，推进法治政府、检察建议、"枫桥经验"龙湾实践、中小微企业司法保障等专项监督，跟踪督查监委专项报告、检察机关法律监督工作、综合行政执法条例等审议意见落实，开展"两官"履职评议，深化规备审查工作，促进社会公平正义。服务地方立法，建立健全基层立法联系点指导、运行、意见征求工作制度，主动配合上级人大开展立法调研论证、法规草案征求意见等工作，有序拓宽群众参与地方立法途径。

四、坚持数字赋能贯穿始终，以实战实效推进全过程人民民主人大实践。深化拓展"龙e督"数字建设，完善"e单元""e场景""e大脑""e履职"智治体系，进一步发挥龙湾人大数字成果实战实效。强化代表履职保障，加快场景推广应用，坚持常委会组成人员联系代表、代表联系群众的"双联系"制度，深化代表"三亮"行动、履职"四张"清单和"代表进网格"工作机制，丰富"周三代表有约"工作载体，提升国家机关工作人员进站工作成效。深化数字融合，加快推进基层单元场景的承接、贯通、使用，积极推动与政府相关平台系统互联互通，扩大代表和社会公众的协同参与，确保人大及"一府一委两院"在决策、执行、监督落实各个环节都能汇集更多来自人民群众的声音。

五、坚持自身建设贯穿始终，以奋进姿态构建人大工作新格局。以党建为引领，整体推进"四个机关"建设，坚决守好"红色根脉"，不断加强人大机关思想、组织、作风、纪律、制度建设，提升队伍战斗力，树立高效能、重廉洁的人大形象。推崇匠心文化，全面贯彻习近平总书记关于加强和改进新时代人大工作的重要要求，积极把握人大工作的特点和规律，主动探索新时代人大行使职权的方式方法，打造有辨识度、影响力的人大品牌，更好地体现时代性、把握规律性、富有创造性。加强人大制度理论研究与宣传，讲好人大故事，传播人大好声音，推动人大工作与时俱进。

同志们！砥砺奋进正是时代本色、笃行逐梦方显人大担当。让我们更加紧密地团结在以习近平同志为核心的党中央周围，高举习近平新时代中国特色社会主义思想伟大旗帜，在区委的坚强领导下，踔厉奋发、勇毅前行，为奋力谱写中国式现代化龙湾新篇章作出新的更大贡献。

政协温州市龙湾区委员会工作报告

在政协第六届温州市龙湾区委员会
第二次会议上
（2023 年 2 月 13 日）

吴昌亮

各位委员、同志们：

我代表政协第六届温州市龙湾区委员会常务委员会，向大会报告工作，请予审议，并请列席会议的同志提出意见。

2022 年工作回顾

2022 年是中共二十大召开之年，是中共龙湾区委团结带领全区人民务实拼搏、锐意进取，推动“一区五城”建设取得明显成效的一年，也是六届区政协履职精彩起步的一年。一年来，区政协及其常委会在区委的坚强领导下，坚持以习近平新时代中国特色社会主义思想为指导，认真贯彻落实中共十九大、十九届历次全会和中共二十大精神，始终把服务大局和关注民生作为工作重点，把加强思想政治引领和广泛凝聚共识作为中心环节，把发扬团结民主作为永恒主题，充分发挥专门协商机构作用，书写奋进新征程、建功新时代的政协答卷。

（一）固守坚持党的领导这一政治圆心，用忠诚锚定方向

一年来，常委会牢牢把握同心同向同行的政治属性，始终把坚持党的领导作为最高政治原则和根本政治规矩，不断巩固共同思想政治根基，沿着正确方向笃定前行。

政治引领更加坚定自觉。迅速掀起学习宣传贯彻中共二十大精神的热潮，开展“矢志不渝跟党走、同心奋进新征程”大学习大宣传大调研大落实活动，引领各界深刻领悟“两个确立”的决定性意义，增强“四个意识”、坚定“四个自信”、做到“两个维护”。始终把坚持党的领导贯穿政协履职全过程、各方面，充分发挥政协党组把方向、管大局、保落实的重要作用，及时把省市区委重要决策部署转化为政协组织和政协委员的实际行动。认真贯彻区委对政协工作的各项指示要求，严格执行重大事项和重要工作及时向区委请示报告制度，重要协商议题主动征求区委意见，确保在党的领导下步调一致地开展工作。

理论武装更加坚实有效。深入推进“书香政协”建设，印发《关于进一步加强和改进学习工作的实施意见》，健全以区政协党组理论学习中心组为引领，以习近平新时代中国特色社会主义思想学习座谈会制度为核心，党组会议、主席会议、常委会会议、专委会会议、机关“周一学习会”、委员培训等相配套的“1+1+N”学习制度。围绕中共二十大、省市区党代会等重要会议精神，广泛开展理论学习与基层宣讲，组织开展“贯彻二十大，奋进新征程，建功新时代”系列线上读书交流活动，累计发言 15000 余条。共举行区政协党组理论学习中心组学习会 12 次、主席会议 8 次、常委会会议 3 次、机关学习会 31 次。扎实推进政协理论研究工作，5 篇文章获评市政协征文评选优秀论文，区政协获组织奖。

党建基础更加坚如磐石。始终把加强政协党的建设作为基础工程，全力打造“政先锋 • 协同行”党建品牌，建设“党建书吧”文化阵地，完成机关党总支、党支部换届，调整拓展型党支部成员，在召开全体会议时成立临时党支部，建立“党支部 +”工作体系，形成区政协党组负总责、机关党组抓机关、机关党支部作示范、“拓展型”党支部重引领、临时党支部强监督的“五位一体”党建工作新格局。落细落实“双联系”制度，区政协党组成员联系党员委员，党员委员按照界别和领域点对点联系党外委员，持续推动“两个全覆盖”提质增效。

（二）紧扣服务中心发展这一第一要务，用实绩彰显优势

一年来，常委会主动融入、自觉服务全区发展大局，紧紧围绕区委区政府工作重点、经济社会发展难点、人民群众关注热点，深入调查研究，务实建言献策，促进有效施策。共开展协商活动 34 次，形成咨政建言专报 6 篇；专题视察和专题调研活动 18 项，形成视察调研报告 10 篇；履职成果获区委区政府领导批示 11 次。

锚定转型发展咨政建言。围绕创新创业人才和团队引育工作开展常委会专题议政性协商，围绕未来乡村建设、环大罗山现代农业园区创建，邀请区委书记周一富与委员面对面协商，从协调建设、提振品牌、扶持发展三方面提出意见建议 13 条，获区委区政府主要领导批示采纳。围绕新生代企业家培育、扶持中小微企业发展、青科城项目建设、和谐企业（园区）创建、高能级平台与企业协同创新体系建设、对外贸易等推动经济发展和深化改革开放中的重要问题，组织委员广泛开展多层次调研视察和监督协商，为“一区五城”建设中的重要事项和关键环节贡献智慧力量。

着眼品质城区出谋划策。围绕城区扬尘治理、河道零直排污水治理、温瑞平原东片排涝工程等重大水利工程建设、儿童友好型公园建设开展专题视察，把脉问诊、献计献策；围绕瑶溪风情小镇融入文教产业发展、打造龙湾文化地标、寺前街历史文化街区保护建设、民办博物馆建设开展专题调研，助力文化发挥铸魂、塑形、

赋能的强大力量；围绕永强塘河流域水生态系统综合整治、主题公园建设开展专项民主监督，围绕“全面提升生活垃圾分类质量，推进无废城市建设”开展省市区政协三级联动专项集体民主监督，助力打造生态美、环境美、人文美的高品质“美丽龙湾”。

紧扣民生关切献计出力。围绕“共同富裕”大场景中推动卫生健康全流程数字化改革、完善道路网建设开展专题协商，邀请区长夏禹桨与委员共商“加强和规范住宅小区物业管理”的对策。坚持“小切口”做“大文章”，聚焦落实“双减”政策提升课后服务质量、居家养老、老旧小区改造、拆迁安置房建设等群众关心关注的民生问题，通过调研、视察、专报、反映社情民意信息等形式提出意见建议，得到有关部门的采纳吸收和积极落实。持续开展“下基层、听民声、送服务”活动，组织企业界委员向残疾人托养中心赠送食品、药品等物资，赴状元亭开展慈善活动并捐赠善款7万元；组织医药卫生界委员开展“送医下乡”活动，赴海滨街道为环卫工人等基层工作者送去防暑药品330份。

聚焦中心要事主动作为。围绕服务助推“共同富裕”开展助力实体经济共兴、助力区域协同共荣、助力公共服务共享、助力文化文明共促、助力社会和谐共治“五大行动”。紧盯防疫部署要求开展“同心抗疫”活动，区政协副主席常态参与防疫值班，挂点督导联系街道落实防疫措施；发动全区政协委员带头参加防疫工作，主动做好志愿服务、宣传政策等工作，有序安排机关干部下沉联系村，助力打赢疫情防控阻击战。开展“创建文明城 政协在行动”活动，通过“督创城”“献一策”“办实事”等六项专题活动，助力打赢文明城市建设攻坚战。根据区委统一安排，区政协主席、副主席联系推进重大项目建设、重点产业发展、重点企业服务以及信访接待、巡河等工作，完成全区10个市级“问题村居”整治成效复核。

（三）把准专门协商机构这一职能定位，用协商践行民主

一年来，常委会坚持把协商民主贯穿履行职能全过程，商以求同、协以成事，推动专门协商机构建设取得新成效，保障人民当家作主落地落实。

构建“政协协商+基层治理”新体系。完善以全体会议为龙头，常委会会议议政性协商、主席会议专题协商为重点，对口协商、界别协商、基层协商、提案办理协商为常态的“1+2+4”协商议政格局，健全覆盖区、街道、村社三级的基层协商平台，更好推动政协协商向基层延伸。建好用好“请你来协商”平台，加强功能建设和流程设置，开展活动14场，邀请13位次区党政领导参加，提出意见建议161条。推进民生议事堂“三位一体”与“协商驿站”建设，建成“民生议事堂”10个、“协商驿站”12个，围绕校门口拥堵、公园改造等开展基层“小微”协商20场，集中开展“助力共同富裕示范区建设专题协商议事月活动”，解决了一批群众急难愁盼的问题，让群众共享协商红利和成果。

提高“提案办理+协商落实”新水平。推行提案全流程线上运行，加强“提、立、交、办、督”各环节的多层次、全方位协商。共收到以提案形式提交的意见建议227件，经审查立案、并案后共交办184件，均已办理完毕。研究确定9件重点提案，由区委区政府领导领办、区政协领导督办，分类编印并呈送《提案摘报》8期，提高提案督办层次。搭建完善提办双方协商沟通平台，采取电话协商、上门协商、视察协商、调研协商等方式，加强提案办理协商，要求各承办单位主动向委员通报提案办理落实情况，实行跟踪督办和“双向评议”制度，强化办理实效。

焕发“民主监督+协商促进”新实效。把民主监督作为协商民主的重要实现形式，突出问题导向，聚焦推动落实，重点对区投资促进服务中心、区城市建设中心2家单位开展全面监督，对扩面提质城市医联体建设、宗教场所专项规划“一张图”等5项工作开展专项监督，对数字化改革、中小企业惠企政策落实等3项工作开展省市区三级政协联动专项集体民主监督。加强与被监督部门的协商交流，细化实施方案、反馈监督意见、跟踪落实情况，形成7份民主监督建议书，并开展监督整改落实民主评议与“回头看”工作，强化监督成效。选派责任心强、专业匹配度高的政协委员担任监督员，组织60多人次参与司法旁听、座谈讨论、意见征求等督政活动，助力职能部门改进作风、提升效能。

（四）突出大团结大联合这一永恒主题，用共识筑牢同心

一年来，常委会坚持发挥政协统一战线组织的职能和优势，不断健全凝聚共识的机制、路径，认真做好“联”“引”“聚”三篇文章，为龙湾奋进新征程画出更大同心圆、会聚更多同行者。

深化合作“联”结各方。探索加强与各民主党派、工商联、无党派人士，民族宗教界、新社会阶层人士和港澳台侨及其眷属沟通联络的新路径，落实区政协主席会议成员对口联系区各民主党派、工商联、无党派人士制度，主动邀请各党派团体参加政协活动，鼓励他们通过大会发言、提交集体提案等方式展示参政议政成果。配合省市政协做好课题调研和视察考察工作，密切与省内外兄弟单位的沟通交流，接待各类考察调研交流16批次。

夯实阵地“引”领共识。高质量建设17家政协委员工作室、1家省级政协委员会客厅，落实区政协主席、副主席与专委会联系委员工作室制度，开展委员工作室（会客厅）“1+4”规范化建设和星级评定活动，激发“一个委员”影响“一众人群”的乘数效应。发挥街道政协工作联络组作用，引导委员走出政协、走进基层、深入界别群众，灵活开展宣传政策、倾听民声、反映民意、为民办实事等活动，解疑释惑、理顺情绪、化解矛盾、增进共识，

引领各界群众紧密团结在党的周围。

文史信息"聚"心合力。充分发挥文史资料"存史、资政、团结、育人"重要作用，充实壮大文史研究员队伍，大力弘扬龙湾永嘉场地域文化，精心编撰文史书籍《舌尖上乡愁》。建立健全社情民意信息收集、编辑、报送、反馈和激励机制，共收到社情民意信息69篇，向市政协报送52篇，采用21篇，市政协专报采用4篇、省政协采用1篇并报省政府办公厅，获市领导批示4篇。提升宣传工作影响力，建好龙湾政协微信公众号、网站等平台，宣传展示政协工作风采，凝聚向上向善正能量，共在省市区级媒体发布信息76篇次。

（五）对标加强自身建设这一时代要求，用创新激发活力

一年来，常委会坚持顺应新时代新要求，把加强自身建设作为履职"压舱石"，不断锤炼履职新本领、探索履职新模式，在开拓创新、提质增效中激活政协事业发展"一池春水"。

拓新空间，重构履职方式。创新打造"政协综合体"新阵地，以"1+N"模式融合民生议事堂、委员工作室（会客厅）、委员驿站等政协元素，因地制宜植入社区、党派等功能元素，试点先行、有序推广，完成海滨、海城等4个街道阵地创建，该品牌获2022年度市政协"一县一亮点"评比一等奖。大力建设"数字政协"新空间，掌上履职、掌上办公、掌上议政等"三大业务应用"全面上线，"提案系统""协商在线"等自建特色场景应用全面落地，有效提升政协工作整体智治水平。

革新理念，重整政协队伍。选优配强新一届区政协委员，着力加强委员教育培训，开展履职能力提升培训班2期，通过调研视察、"委员活动日"活动等，促进委员知情明政，提升履职水平。坚持"严管""厚爱"并重、服务管理并行，规范委员履职考评，完善履职平台赋分机制，录入履职信息3000余条。探索完善"专委会＋党派＋联络组"工作模式，实施"全员入委"，进一步强化专委会在联系界别、服务委员、协商议政、提质增效等方面的基础作用。

更新制度，重塑作风效能。突出工作规范，严格落实《中国共产党协商工作条例》，修订《政协温州市龙湾区委员会全体会议工作规则》等3项工作规则，改进调查研究、提案、反映社情民意信息等经常性工作，推动协商民主广泛多层制度化发展。树立"一线"意识，深入建设学习型、服务型、创新型、智慧型、清廉型政协机关，严格落实党风廉政和意识形态工作主体责任，大力支持派驻纪检组工作，主动接受监督，教育引导广大政协委员和机关干部严格遵守政治纪律和政治规矩，构建作风建设长效机制，展示作风正、工作实的良好形象。

各位委员，同志们！一年来，中共龙湾区委对区政协工作高度重视，区委常委会6次研究政协工作、听取政协工作汇报，为政协履职提供强大动力、指明工作方向。区委区政府领导领办重点提案，参加政协活动11次，其中区委书记周一富带头参加专题协商活动，6次批示政协履职成果；区委副书记、区长夏禹桨2次出席政协活动，通报全区经济社会发展形势，5次批示政协履职成果。我们深知，过去一年成绩的取得，离不开中共龙湾区委的坚强领导，离不开市政协的有力指导和区人大、区政府、社会各界的鼎力支持，离不开政协各参加单位和广大政协委员的团结奋斗，也离不开历届政协老领导、老同志以及广大群众的关心帮助。在此，我代表区政协常委会表示衷心的感谢！

同时，我们也清醒认识到工作中还存在薄弱环节和不足之处，主要表现在：专门协商机构作用有待进一步强化，凝聚共识的方法手段有待进一步丰富，委员履职能力有待进一步提升等，我们将高度重视、认真研究，在今后的工作中切实加以改进和完善。

2023年工作任务

2023年，是全面贯彻落实中共二十大精神的开局之年，是实施"十四五"规划承上启下的关键之年。区政协工作的总体目标是：以习近平新时代中国特色社会主义思想为指导，全面学习贯彻中共二十大精神，深入学习贯彻习近平总书记关于加强和改进人民政协工作的重要思想，深刻领悟"两个确立"的决定性意义，切实增强"四个意识"、坚定"四个自信"、做到"两个维护"，贯彻落实区第九次党代会、区委九届三次全会部署，坚持党的领导、统一战线、协商民主有机结合，推动发扬民主和增进团结相互贯通、建言资政和凝聚共识双向发力，深入践行全过程人民民主，更好发挥专门协商机构作用，为龙湾加快打造"一区五城"、打造高质量发展建设共同富裕示范区龙湾样板、争创社会主义现代化先行区、高水平建设温州湾新区、奋力谱写中国式现代化龙湾新篇章贡献更多政协智慧力量。

*（一）发挥"三个重要"作用，在学习贯彻中共二十大精神上久久为功。*把深入学习宣传贯彻中共二十大精神作为首要政治任务，坚决扛起"落实下去、凝聚起来"的政治责任。筑牢坚持和加强党对各项工作领导的重要阵地。严格执行重大事项向区委请示报告制度，第一时间贯彻落实中央、省市区委重大决策部署，不断完善坚定捍卫"两个确立"、坚决做到"两个维护"的制度机制，健全党的全面领导体系。巩固用党的创新理论团结教育引导各族各界代表人士的重要平台。在全面学习、全面把握、全面落实中共二十大精神上下更大功夫，高质量建设"书香政协"，完善覆盖全体委员和政协机关干部的经常性学习制度体系，让党的创新理论的真理力量和实践伟力在政协工作中充分彰显。畅通在共同思想政治基础上化解矛盾和凝聚共识的重要渠道。擦亮"政先锋·协同行"党建品牌，健全政协党的组织体系和工作机制，深化更具政协特

色的党建工作实践，推动党建履职深度融合，以高质量党建为引领，凝聚更广泛的共识合力。

（二）坚持“三个聚焦”导向，在服务“龙湾发展之为”上善谋善成。坚持“区委工作部署到哪里，政协工作就落实到哪里；人民群众的需求在哪里，履职活动就跟进到哪里”，紧扣中国式现代化龙湾实践开展履职活动，贡献智慧力量。政治协商向大事要事聚焦。围绕区委九届三次全会提出的创新发展、产业振兴、都市振兴、改革开放、共同富裕、文化振兴等“十场攻坚战”精准选题，开展系列专项课题调研与协商，形成有分量的建言成果，为区委区政府科学决策提供参考。民主监督向难点热点聚焦。围绕区委决策部署实施中的具体问题，从政策落实的“最后一公里”梗阻中寻找议题，探索建立“摸清实际情况、提出监督意见、反馈办理情况、补充了解情况”的工作闭环，助力工作落实。建言献策向民生民愿聚焦。紧扣群众关切的重大民生和“关键小事”，深入开展民生类专题协商、监督调研，引导委员通过提交提案建议、反映社情民意信息等方式积极建言献策，助力更好解决民生问题，共同勾勒“幸福龙湾”新图景。

（三）拓宽“三个平台”空间，在画好团结奋斗同心圆上用情用力。牢牢把握团结奋斗的时代要求，担负起凝心聚力的历史使命，发挥好政协组织的统战功能。夯实团结合作平台。健全完善同民主党派、工商联和无党派人士的沟通联络、合作共事机制，加强与民族宗教界人士、非公经济人士、新社会阶层人士的交流联谊，求同存异、聚同化异。丰富凝聚共识平台。把凝聚共识融入政协会议、视察考察、调查研究、协商监督、提案信息等各项履职活动中，建立健全委员联系界别群众制度，发挥委员工作室（会客厅）、街道政协工作联络组等政协基层阵地作用，健全从党内到党外、委员到界别群众的凝心聚力工作格局。畅通文史信息平台。深入挖掘龙湾传统地域文化与历史名人，发挥文史资料以文化人、以文聚人的作用。优化政协宣传“矩阵”，生动讲好龙湾故事、展示龙湾形象。引导广大委员和特邀信息员将社情民意信息写在服务民生最前沿、高质量发展主战场，完善信息激励机制，发挥社情民意信息“直通车”作用。

（四）紧扣“三个环节”要求，在发展全过程人民民主上笃行不怠。着力在实现全链条、全方位、全覆盖的全过程人民民主中发挥作用、彰显优势。紧扣“全链条”要求，进一步规范协商程序。深入贯彻《中国共产党政治协商工作条例》，从协商议题的提出和确定、活动的安排与进行，协商成果的报送与意见建议的处理反馈，严格遵守协商流程，在实现民主过程中形成环环相扣的完整链条。紧扣“全方位”要求，进一步完善协商体系。推动“请你来协商”平台和“民生议事堂”、委员工作室、社情民意联系点“三位一体”建设提质提效，推进“协商驿站”扩面建设，着力实现政协协商和基层协商有效衔接，发展层多域宽的全方位人民民主。紧扣“全覆盖”要求，进一步拓宽协商渠道。把全过程人民民主落实到政治协商、民主监督、参政议政和凝聚共识各项工作中，丰富在基层开展协商的形式方法，实现社会各界人士与基层群众广泛持续的民主参与。

（五）夯实“三个变革”成果，在提高政协履职质效上守正出新。坚持加强自身建设，提升塑造变革能力，使政协履职适应新形势新要求。能力变革强履职。充分发挥专委会基础性作用和界别特色作用，全面加强政协委员队伍建设，统筹谋划委员学习培训，完善履职量化管理和考评激励机制，进一步搭建好知情明政平台，改进组织方式，不断提升委员履职能力、激发委员履职活力。数字变革求突破。推进“数字政协”建设，承接贯通好统建应用，迭代升级自建特色应用，把更多的履职活动融入数字化平台，放大“协商之治”与“数字之治”的融合叠加优势。作风变革提效能。深化学习型、服务型、创新型、智慧型、清廉型“五型机关”建设，提升政协机关干部队伍的理论素养和业务水平，强化政协机关参谋助手、综合协调、服务保障能力，涵养风清气正的工作氛围，充分展现人民政协的新气象、新风采。

各位委员、同志们，奋进新征程，人民政协大有可为；建功新时代，人民政协责无旁贷。让我们更加紧密地团结在以习近平同志为核心的党中央周围，以习近平新时代中国特色社会主义思想为指导，以中共二十大精神为指引，在中共龙湾区委的坚强领导下，凝心聚力、勇毅前行，为在中国式现代化温州创新史中书写龙湾新篇章作出新的更大贡献！

关于推进龙湾文化高质量跨越式发展的实施意见

温龙委发〔2022〕1号

为深入贯彻党的十九大和十九届历次全会精神，认真落实习近平总书记关于文化建设重要论述精神，贯彻落实省市委有关文件精神，现就加快推进龙湾文化高质量跨越式发展提出如下意见。

一、深刻认识加快推进龙湾文化高质量跨越式发展的重大战略意义

文化是一个区域发展的软实力。习近平总书记在浙江工作期间，曾4次亲临龙湾就龙湾民营企业创新发展、走向国际化和农村文化建设作出重要指示，是龙湾推动区域文化高质量跨越式发展的根本指南。今后，龙湾要以坚定的文化自信和强烈的文化担当，把文化建设作为争创发展新优势的关键之举，全面提升文化软实力，不断塑造城市特质品格，打响“新中心大未来”城市品牌，在共同富裕中实现精神富有，在现代化先行中实现文化

先行，让文化成为“一区五城”建设中最具辨识度的标识。

二、推进龙湾文化高质量跨越式发展的指导思想和总体目标

1. 指导思想。以习近平新时代中国特色社会主义思想为指导，围绕举旗帜、聚民心、育新人、兴文化、展形象的职责使命，根据党中央建设文化强国，省委建设新时代文化浙江工程和市委高水平推进文化温州建设的决策部署，以“一区五城”和“三大新图景”建设为战略牵引，守正创新、破立并举、奋发勇为，全面打响“新中心大未来”城市品牌、高质量发展建设共同富裕示范区，提供强大思想保证、舆论支持、精神动力和文化条件。

2. 总体目标。到2025年，文化软实力显著提升，社会文明新风尚更加鲜明，人文凝聚力显著增强，努力成为新时代社会主义文化强省战略的县域样板。在精神认同方面，新时代温州人精神的认同感、凝聚力进一步增强。在文化挖掘方面，永嘉场文化成为“温州学研究”的重要分支之一。在城市品牌塑造方面，“新中心大未来”城区品牌进一步确立。在文化产业方面，文化及相关产业增加值达到52亿元，旅游业增加值占GDP比重达8%以上；在文化事业发展方面，居民综合阅读率达93.5%，新时代文明实践所、站实现全覆盖。到2035年，物质富裕和精神富有达到新高度，软硬实力“双核”驱动，文化发展的主要指标走在全市前列。

三、大力推进“三带一馆群”建设

（一）打造塘河宋韵明风文化传承带。重点推进永昌文旅小镇、张璁故里、寺前街历史街区、和合文化园、宁村中华姓氏第一村等开发建设，提升赵建大主题公园、王瓒书院，挖掘上岸桥、御史桥、左昌桥等桥梁文化，让更多历史文化记忆得到有效挖掘和传承。深入开展地域文化研究，永嘉场文化成为“温州学”研究的重要分支，龙湾作为明代温州文化中心的地位更加巩固。

（二）打造环大罗山生态休闲文化示范带。加快环大罗山龙湾段环境综合整治，生态环境持续得到改善，建成瑶溪旅游风情小镇、东篱下—美人瀑文旅融合项目，双岙夜宿理想村、郑宅民俗村、瑶溪民宿精品村等成为文化旅游目的地，白水水电站等工农业遗址有效开发，农文旅体融合发展的产业集群初步形成。

（三）打造沿瓯江时尚创新文化建设带。全力打造温州东部时尚中心，文昌路创意街区、状蒲时尚街区等相继建成，开工建设欢乐谷文娱项目。数字文化产业做大做强，数字贸易港集聚效应显现，中国眼谷、瓯江实验室等沿瓯江科技创新平台作用充分发挥，文化经济深度融合，文化创意引领风尚，科技文化特色凸显，擦亮“时尚之都、科创高地”等城区标识。

（四）打造百工艺术馆群。大力挖掘百工艺术资源，积极培育和引进百工人才，建成叶萌春工艺美术馆、志通瓯塑艺术馆，建设温州工艺美术“百工苑”和百工产业园，探索建设百工艺术品交易集市，改造澳珀瓯窑体验馆，引进落地曾成钢雕塑艺术馆，大力扶持创办民间百工艺术博物馆，打造百工产业转化中心。

四、深入实施“八大行动”

（一）实施文化铸魂行动，牢牢把握思想政治方向

1. 持续加强新时代理论武装工作。全面加强习近平新时代中国特色社会主义思想学习教育，完善区委常委会会前学习制度和三级固定理论学习日制度，深化理论学习校地合作机制，建立健全理论中心组学习计划报备制度和巡听旁听机制。深入开展党的创新理论阐释和宣讲，打响“龙青新语”理论宣讲品牌。

2. 培育践行社会主义核心价值观。深化中小学“四品八德”育人模式，优化社会主义核心价值观精品旅游线，扣好人生第一粒扣子。深入开展“我们的节日”等传统节庆活动，弘扬中华优秀传统文化。全面推进“文化企航”行动，做好非公人士、新乡贤等群体思政工作。精心打造一批好人公园、主题场馆等阵地，让社会主义核心价值观引领社会思潮。

（二）实施文脉传承行动，弘扬中华优秀传统文化

3. 加强龙湾地域文化挖掘研究利用。实施历史文化研究工程，系统开展永昌堡、宁城所城等明代文化的研究传承，建设明代文化展示中心。提升贞义书院、王瓒书院，建成张璁纪念馆，创新打造地域文化记忆最佳载体。深化和合学文化研究，建成龙湾和合文化园，办好中国人民大学孔子研究院龙湾分院，举办和合文化高峰论坛。

4. 推动历史名人文化传承研究。深化历史文化名人研究，加强历史名人著作修撰出版，深度挖掘内在基因、思想文化资源。编辑出版文史记忆丛书和温州历代名人连环画，大力弘扬先贤文化。推进陈宜中、赵建大等纪念场所建设和提升工作。以永昌堡建堡470周年、张璁550周年诞辰等时间节点为契机，开展系列文化活动，扩大龙湾历史文化影响力。

（三）实施文化塑韵行动，提升城市建设文化品位

5. 强化城乡文化美学引领。以全域未来社区建设为抓手，优化城市空间格局、城市建筑等规划管理，预留文化发展空间，持续优化城乡风貌。推进古建筑、古民居等保护利用，丰富城乡建筑美学。提升城市规划设计水平，提炼彰显永嘉场文化的经典元素，突出公共空间的文化景观，塑造体现高颜值、地域味的“城市表情”，打造“山海古堡”的美学意境。

6. 加快城市文化新地标建设。建设提升一批公共文体设施。投用龙湾高新文化广场、龙江路亚运主题公园等支撑性项目。创新引入“博物馆+”等城市开发模式，提升黄石山雕塑公园、龙湾书画院，建成姜立纲书法艺术馆，引进曾成钢雕塑艺术馆等地标项目。深化博物馆“民办公助”模式，

建成叶萌春工艺美术馆、志通瓯塑艺术馆等一批博物馆，打造温州“百工之乡”最佳研学地。

（四）实施文化惠民行动，增强群众文化生活获得感

7. 推动文化阵地均衡布置。持续深入推进国家公共文化示范区建设，用优质公共文化服务吸引人才、满足群众。加快实现街道文化中心全覆盖，推动“文化礼堂”“城市书房”等文化阵地拓面提质，优化城市影院和文化阅读空间布局，整合跨部门、行业资源，组建公益培训机构联盟，构建高水平“15 分钟品质文化生活圈”。

8. 积极开展群众性文化活动。深化全民技艺普及，深入开展“一季一节”活动，高水平办好各类艺术节，让文化融入市民生活。推进文艺精品创优工作，加大对文艺精品的支持力度，推动文艺精品创作跨越式发展。建立文艺精品“微云推送展演机制”，深入实施“一村一剧”“一周一课”等活动，扩大文化惠民覆盖面。拍摄《永昌堡之王家军》《张璁传奇》《铁御史王诤》等本土影视作品。做强“罗峰奖”全国非虚构散文大赛。

（五）实施文旅融合行动，绘就瓯越美丽山水画卷

9. 加快打造文化商业地标。深化国家文化和旅游消费试点城市建设，实施“文化商圈”计划，推进特色美食集聚性发展，建设龙湾特色美食一条街。推动吾悦广场、万达金街、永中罗东街等商业街区植入高品质文化业态，形成特色商业街区，打造区域知名的文化商业地标。

10. 加快推进全域旅游开发。积极融入瓯江山水诗之路文化带建设，推进永昌文旅古镇建设和寺前街历史街区保护与开发，打造历史文化街区，实施文保单位活化利用，传承城市文脉。积极储备、实施一批重大文旅融合项目，实施瑶溪旅游风情带提优工程，加快打造东篱下—美人瀑、瑶溪村“微改造、精提升”项目，实现文旅融合发展。

（六）实施文化产业升级行动，提升文化产业竞争力

11. 推进文化产业融合发展。依托数字经济优势，发展网络视听、数字创意等新兴文化业态，推动文化商贸融合发展，重点打造文昌创客小镇、红连文创园等平台，提升文化竞争力。推进非遗传承发展，推动优秀传统文化创新性发展。建设百工产业园，出台工艺美术大师扶持政策，推动传统工艺振兴。

12. 培育壮大文化市场主体。实施“文化 +”发展战略，完善文化产业政策体系，设立文化产业扶持奖励基金。加大文化产业招引力度，吸引知名文化企业到龙湾设立分支机构。培育一批会展、文化创意等优质文化企业，储备落地一批示范性强的文化产业项目。积极引导中小文化企业向“专精特新”方向发展，鼓励乡土文化人才创办经营实体。力争到 2025 年，实施重点文化产业项目 10 个，培育重点文化企业 20 家。

（七）实施文明新风行动，提升全民文明行为素养

13. 全力推进全域文明建设。深入实施全域文明“八大行动”，创建更高水平的文明城市。夯实群众基础，深化文明单位创建，促进文明行为养成。出台最美龙湾人礼遇办法，扩大“状元亭”的示范效应，发挥民间道德奖、“融裕”基金的激励作用，推动“最美现象”从“风景”变“风尚”。健全守信激励和失信惩戒联动机制，深化信用社会建设。

14. 打造龙湾文明实践样板。深化文明实践体系建设，推进三级文明实践阵地全覆盖，构建“15 分钟文明实践服务圈”。广泛开展“讲文明树新风”活动。推动志愿服务体系改革，出台龙湾区志愿者礼遇办法，探索实行文明积分制，打造特色志愿服务体系。发挥公益广告引领主流价值、传播文明风尚的作用，普及现代文明礼仪规范。开展文明乡风涵育行动，大力弘扬新乡贤文化。

（八）实施文化传播行动，擦亮“新中心大未来”城市品牌

15. 做强城市文化品牌。发挥龙湾文化多样性优势，打响文化金名片的品牌体系，扩大龙湾文化影响力。建成龙湾诗词馆，争创“中华诗词之乡”。举办龙湾书画艺术节，建设书法公园和书法作品陈列馆。开展“走读龙湾”“百名记者看龙湾”等城市品牌推介活动。举办黄石山雕塑大赛，组织书法、摄影等视觉艺术展（赛），举办温州时尚文化节。充分利用温州奥体中心、温州网球中心等场所，承办国家级体育赛事。

16. 多层次推动对外文化交流。积极拓展对外宣传交流渠道和合作领域。推进媒体深度融合发展，建立全媒体指挥调度机制和全媒体人才培育机制，打造主流舆论智媒传播平台，形成全媒体传播链条。积极承办“东亚文化之都”系列活动，组织开展“洋主播打卡龙湾”系列活动，推动龙湾文化走出浙江，走向世界。

五、加强组织保障

（一）强化党的领导。各级党组织要贯彻落实党对文化工作的全面领导，把文化建设纳入经济社会发展总体规划，切实履行领导责任和政治责任。把文化改革发展成效纳入年度考核体系，纳入“一区五城”建设考核体系，纳入意识形态工作责任制巡察专项检查，并将结果作为评价领导班子和领导干部的主要依据之一。

（二）强化资金投入。财政部门要加大公共财政对文化建设的投入力度，建立财政投入增长机制。积极探索多元化、多渠道、多层次的社会资金投入机制。设立文化、文旅产业专项资金，建立文化金融创新服务激励机制。扩大区级文化强区专项资金规模，加强绩效评估结果应用。提高非遗传承、公益演出等政府购买服务、活动补贴、专项补助标准，实现文化投入与经济发展水平相适应。

（三）强化政策支撑。梳理集成国家和省市支持文化事业、文化产业发展

政策，抓好已有文化改革发展政策的执行落地，完善配套措施。加大对文化建设用地的支持，研究制定文化建设用地专项政策，对重点文化产业项目在土地予以优先支持。设立“瓯江潮”文化奖，出台促进非国有博物馆（艺术馆）发展意见和文艺精品扶持奖励实施细则。

（四）强化人才培育。将文化人才扶持纳入区委人才政策体系，统筹做好文化人才整体规划。完善和落实文化人才待遇保障等方面的政策措施，不断强化人才培育的基础保障。探索出台文化人才礼遇办法，建立文化人才的激励机制，在各级党代表、人大代表、政协委员等各类先进典型评选中，增加文化工作者名额。

（五）强化数字赋能。深入实施数字化改革，加强宣传系统智融工程建设，实现文化领域体系重塑、功能优化、高效协同、闭环管理，承接具有温州辨识度的数字化改革应用场景。推动文化领域数据共享、业务协同、互联互通、数智集成的多跨协同体系建设。延伸数字文化服务场景，拓展基层数字化服务阵地，建设数字化文化场馆矩阵。

关于深入推进乡村振兴　加快推动共同富裕的实施意见

温龙委发〔2022〕25号

（2022年11月8日）

为贯彻落实《中共中央国务院关于做好2022年全面推进乡村振兴重点工作的意见》（中发〔2022〕1号）、《中共浙江省委浙江省人民政府关于2022年高质量推进乡村全面振兴的实施意见》（浙委发〔2022〕1号）、《中共温州市委温州市人民政府关于2022年实施乡村振兴战略促进农民农村共同富裕的意见》（温委发〔2022〕1号）等文件精神，深入实施乡村振兴战略，加快推动农民农村同步迈向共同富裕，结合龙湾实际，提出如下意见。

一、总体要求

以习近平新时代中国特色社会主义思想为指导，深入贯彻党的二十大精神、中央农村工作会议、省第十五次党代会、省委农村工作会议和市第十三次党代会、市委农村工作会议等精神，坚持党对“三农”工作的全面领导，坚持稳中求进工作总基调，坚持城乡统筹方略，聚焦农业高质高效、乡村宜居宜业、农民富裕富足，实施乡村振兴六大行动，扎实推进“扩中”“提低”，加快建设“一区五城”，奋力打造高质量发展建设共同富裕示范区龙湾样板。2022年，全区农林牧渔业增加值增长2%以上，农村居民人均可支配收入增长8.5%以上，低收入农户人均可支配收入增长15%以上，城乡居民收入比缩小至1.57。

二、主要任务

（一）实施“农业双强”行动，全力抓好粮食和重要农产品供给

1. 严格落实粮食安全党政同责。实行粮食生产党政同责刚性考核，严格落实粮食任务指标，确保完成粮食播种面积2.44万亩以上、总产量9100吨以上，完成2000吨粮食储备任务。全面增强粮食应急加工能力，力争2022年底基本建成日加工100吨的粮食加工厂，2023年上半年建成投产。

2. 落实“长牙齿”的耕地保护硬措施。严格落实耕地保护党政同责，全面推行“田长制”，构建上下贯通、条抓块统、专班联动的耕地保护责任体系和工作机制。将永久基本农田保护目标任务足额带位置逐级分解下达，作为刚性指标实行严格考核、一票否决、终身追责。对耕地、永久基本农田、高标准农田、粮食生产功能区建立台账、上图入库、动态管理。坚决遏制耕地“非农化”、防止耕地“非粮化”，加快推进“非粮化”整治力度，2022年6月底前，全面完成永久基本农田抛荒复耕复种；9月底前，全面完成粮食功能区“非粮化”整治任务。制定耕地恢复补充方案，实现耕地、永久基本农田、高标准农田、粮食生产功能区动态管控、进出平衡。加大高标准农田建设力度，新（补）建0.141万亩。

3. 保障重要农产品供给。建立最低储备基地和应急保障机制，加强以叶菜生产为重点的保障性蔬菜基地建设，蔬菜面积稳定在0.5万亩以上，产量达到0.9万吨。推进生猪产业“增产保供”，稳定生猪生产、保障猪肉供应，开展生猪价格指数保险试点，从“保生产”过渡到“保价格”“保收入”，切实保障养殖户收益，确保生猪产业可持续发展，全区能繁母猪保有量达到0.3万头。纵深推进“浙南渔仓”修复振兴，严格实施海洋伏季休渔制度。健全农产品全产业链监测预警体系，探索建立统一的农产品供需信息发布制度。

4. 实施种业振兴工程。积极发展现代农业种业，大力推进种业科技创新、体制机制改革和政策创制，突出具有龙湾特色的花椰菜、西甜瓜、杨梅等优势品种，加快构建政府引导、企业主体、产学研融、育繁推一体化的现代种业体系。依托浙江省海洋水产养殖研究所永兴基地，围绕鱼虾贝等海水经济物种开展全人工繁育，建立高效完善的水产种质创新技术体系，重点开展南美白对虾、文蛤、泥蚶等主要品种的选育，2022年底实现繁育优质南美白对虾苗5亿尾，构建家系300个，培育种虾2万对；繁育优质滩涂贝类苗种100亿粒。

5. 提升农机装备应用水平和农业科技创新能力。推进机械强农，以补齐农机化发展短板为重点，以主导产业和特色产业为主要对象，提高农作物和主导产业机械化水平，建立健全农机“1+X”社会化服务体系，建立农事服务中心1个、农艺农机融合示范基地1个、宜机化改造项目1个。加大农机补贴力度，把特色主导产业和带动农民增收能力强的特色农机采购纳入补贴范围。提高农业科学技术创新水平，建设符合“瓯越鲜风”“一品一导则、一场一标准”的生产基地，实现生产管控和农产品基础信息全程可追溯管理，切实做大做强农业龙头企业、专业合作社及家庭农场。强化

农业科技人才培育，以农业新技术、网络直播带货、短视频制作实操、直播能力提升等内容为重点，有针对性地开展农业信息化、数字化培训，切实培育出一批高素质农民。

6. 提升农产品产供销能力。培育龙湾农产品区域公用品牌，将龙湾优质农产品纳入政府采购目录。大力扶持农产品标准化基地建设、农海产品精深加工和预制菜产业发展，培育“龙湾伴手礼”，健全现代农业产业体系、生产体系、经营体系。创新发展农商直供、预制菜肴、冷链配送等业态，积极鼓励加工企业开展农产品加工技术、健康食品研发和保鲜物流等能力的提升，从物流端入手提高农产品流通效率，畅通产品销售“最后一公里”。

（二）实施“五年倍增”行动，建设新型帮扶共同体

7. 加大“四增一减”政策支持。建立健全低收入农户精准识别、返贫监测红、黄、绿三色实时预警机制，实现“两不愁三保障”突出问题即时清零。建立完善最低生活保障标准动态调整机制，低边标准由低保标准的1.5倍提高到2倍。对在公益性岗位、幸福岗位就业取得的岗位补贴低于低边标准的部分收入不计入低保低边家庭收入。低收入农户居民医保参保个人缴费部分由政府全额补助，免收低收入农民建房配套设施费，健全低收入农户高额医疗费用化解机制。推行“益康保＋政策性补充保险”组合，通过财政资金投入和市场化运作，基本建立惠及所有低收入农户健康保险服务政策体系。引导乡贤能人设立慈善基金、爱心基金、教育基金等，广泛开展帮扶慰问活动。

8. 深化结对帮扶行动。实施低收入农户“安居圆梦”工程，加大对低收入农户建房、购房的补助力度。全力推动龙湾—苍南山海协作，建设新型帮扶共同体，建立结对帮扶个性化需求清单，助力苍南县、仪陇县2个乡村振兴示范点建设。做好百个单位扶百村、百个企业结百村、百个侨团（企）帮百村专项行动。派强用好第一书记、农村工作指导员和驻村工作组，压实“一户一策一干部”结对责任。扩面和提升“共富大篷车”服务。

9. 着力提高农民就业创业能力。深化农民素质提升工程，创新农村实用人才、农村劳动力、高素质农民等培养机制，持续实施“农创客”培育计划，鼓励农民参加各类职业培训、职称培训和学历教育，组织实施失土农民和贫困劳动力职业技能培训等5000人，对通过职业技能鉴定并取得资格证书的，按规定享受职业培训补贴和职业技能鉴定补贴。制定农民创业项目用地、用电、用水等优惠政策，农村土地综合整治节余的建设用地指标优先用于农民创业项目建设。依托乡村产业大脑，建立区街一体的农民创业项目库和就近就业的岗位信息库，将创业就业信息网络覆盖到城乡社区服务中心。鼓励创建劳务合作社，培育农民就业职业经理人。实施“零就业家庭”消除计划，探索设置困难就业人员“幸福岗位”，扩大政府购买公共就业创业服务项目范围，促进多渠道灵活就业，对重点人群就业进行帮扶，确保每户家庭至少有一个劳动力稳定就业。2022年，完成高素质农民培训130名、“农创客”培育100名。

（三）推进“两带两园”行动，全力促进农业产业转型升级

10. 持续推进乡村振兴“两带”建设。深入贯彻“绿水青山就是金山银山”发展理念，高质量推进西部生态休闲产业带建设，2022年谋划建设乡村产业项目6个、完成投资3.2亿元以上。实施乡村振兴示范带提质工程，丰富乡村振兴示范带创建内涵，加快植入产业、文化、旅游等项目，2022年计划提标提质3条乡村振兴示范带，新落地建设30个项目以上。推行乡村振兴示范带党建联盟，鼓励沿线村集体联合参股组建乡村振兴示范带运营公司，全力推动乡村振兴示范带沿线村庄抱团发展。

11. 推进省级现代农业园区建设。2022年底全面完成龙湾区省级现代农业园区创建，加快推进各类要素向平台集聚，并瞄准农业头部企业，招引落地一批重大农业产业项目。农业、投促、发改等部门及街道要积极配合，共享资源信息，共同谋划推进，有针对性地制定出一套切实可行、操作性更强、更优惠的农业产业招商引智政策。培育市级以上农业龙头企业、示范性农民合作社等农业经营组织5家，积极探索富有地域特色的农业高质量发展新路子。积极创建温州市环大罗山省级现代农业园区建设，打造杨梅综合服务中心1个、提升杨梅核心区入口形象2个、建成杨梅精品园7个，全力拓宽杨梅产业市场，进一步打响龙湾杨梅品牌，让杨梅真正成为增加农民收入的“绿色银行”。

12. 加快培育乡村新产业新业态。加快推动民宿产业发展，基于瑶溪未来乡村、郑宅美人瀑等资源，支持利用闲置农房、厂房等闲置建筑，高水平发展民宿业态。实施“农业+”行动，创新“农业＋互联网”“农业＋旅游”“农业＋文创”等发展模式，全力培育乡村民宿产业、休闲观光农业、乡村文化产业、乡村夜经济产业等新产业新业态。将符合要求的乡村休闲旅游项目纳入研学实践基地和中小学生劳动实践基地。

13. 大力推进绿色农业发展。深入推进“肥药两制”改革综合试点项目，实施“肥药两制”改革数字化、农业投入品减量增效、生物质资源循环利用、生产尾水无害化处理、包装废弃物回收处置、产地环境长期性监测等工程，进一步完善农业生产的基础设施配置，实施“肥药双控”、养殖污染治理等农业标准化生产，建立绿色农业的循环体系。持续开展渔业增殖放流，有效恢复和增殖水生生物资源，保护水域生态环境。依托浙江省海洋水产养殖研究所永兴基地，推动现代水产种业科技创新，鼓励传统养殖向智能化循环水养殖模式升级，引领水产养殖绿色发展。全面淘汰清理低效农机和老旧高危渔船，严格落实瓯江流域禁渔制度。

（四）开展“乡村整治”行动，全力提升乡村建设水平

14. 开展城中村综合整治。深入推进乡村振兴战略，系统提升城中村（经合社）风貌品质，补齐社会管理短板，全面促进群众宜居宜业，以村容村貌大整治、危房排查大清理、疫情防控大排查、安全隐患大起底、文明素质大提升为切入点，全面推进城中村（经合社）综合整治行动，按照“整治一批、提升一批、建设一批”的总体要求，合力有序推进城中村（经合社）综合整治提升工作，全力打造宜居宜业新时代美丽乡村。2022 年，实现创建乡村类（一星）标准的城中村（经合社）16 个左右，特色乡村类（二星）标准的城中村（经合社）3 个左右，未来乡村类（三星）标准的城中村（经合社）1 个左右，形成一套行之有效的推进方法和一系列可借鉴应用的典型经验。

15. 开展乡村振兴村貌整治。按照“全域规划、全域设计、全域整治”要求，完善“县域乡村建设规划＋村庄布点规划、村庄规划、村庄设计、农房设计＋农村特色风貌规划”的乡村规划建设体系，编制双岙村、瑶溪村“多规合一”城乡规划。加强乡村建设规划许可管理，建立城乡风貌“正面＋负面”清单管理制度。建立健全高效协同的城乡规划建设和城乡风貌管控体制机制。全力推进农村全域土地综合整治，统筹农房建设、产业发展、公共服务、基础设施等各类建设需要，有序开展农村宅基地、城镇低效用地以及其他闲置低效建设用地整治。提升风貌较差村 7 个。严格落实农房建设“带方案审批”制度，开展村庄微改造精提升，建设有乡土味、瓯派韵、国际范的“浙南民居”。

16. 开展乡村“五美联建”。实施城乡基础设施一体化提升计划，全力推进“水上碧道”和“四好农村路”建设，编制我区村庄公共基础设施管护责任清单，全面提升农村基础设施建设水平。深化新时代美丽乡村“千万工程”建设，以乡村振兴示范带为轴心，联动推进美丽公路、美丽乡村、美丽田园、美丽河道、美丽庭院建设。开展农村“三拆三整三清”行动，依法有序拆除违法农房、违法搭建和违规设施，全面整治农房外立面、赤膊墙和电杆线，持续清理河道沟渠、房前屋后、沿路沿线的垃圾杂物等。加快构建完善城乡一体的风貌管护机制，探索引入市场化运行模式，完成整治提升的村全面纳入生活垃圾“一把扫帚扫到底”、污水处理“一支队伍管到底”、公厕服务“一套标准抓到底”、绿化养护“一把剪刀剪到底”等城乡一体管护长效机制。

17. 推进未来乡村建设。突出基层组织、基础设施、基本公共服务、主导产业、主体风貌、主题文化等“三基三主”建设重点，推动智慧医疗、智慧教育、智慧文化、智慧旅游、智慧救助、智慧养老、智慧托育等多跨应用场景落地。建立与“基层治理四平台”的双向流转机制，坚持“区域联动、共建共享”，联动建设未来社区与未来乡村，积极推进未来乡村组团连片成带，着力打造一批“服务均等化、环境生态化、生活智慧化、文明现代化”的共同富裕现代化基本单元。2022 年，新建“罗山双岙”未来乡村，提升“钟秀瑶溪”“金色埭头”未来乡村，培育“清秀郑宅”“百姓宁村”“寺前古街”未来乡村和永中街道镇域型未来乡村。

（五）实施“四治融合”行动，全力构建乡村治理体系

18. 高质量推进党建引领“共享社·幸福里”建设。聚焦群众关注的热点难点堵点问题，打造一批共建共治共享的共同富裕新场景，创新乡村变革型组织体系，全面构建党建引领下的“共享社·幸福里”基层治理新格局，到 2022 年底全区打造 2 个“共享社·幸福里”样板。按照“事务共办、阵地共用、多元共治、资源共享”要求，落地一批标配项目，建设一批具有温州乡村新辨识度的特色标志。整合村民中心、党群服务中心、文化礼堂等，植入养老中心、儿童乐园、长者娱乐、图书借阅、物品共享、休闲会客、志愿服务、健康诊疗、就业致富、救助帮扶等功能，推进“共享社·幸福里”党群阵地建设，打造“15 分钟生活圈”、医疗圈、健身圈、养老圈，加快构建全龄友好型乡村，形成“处处可见、人人可感”的乡村治理生动局面。

19. 深化乡村“智慧监管”。纵深推进“县乡一体、条抓块统”改革和“大综合一体化”行政执法改革，实现“152”和“141”全面贯通。组建全域党建联盟，完善“五议两公开”制度，推进村规民约法制化、规范化、特色化，鼓励乡贤、律师、调解员、志愿者等参与乡村治理。纵深推进清廉村居建设，实行清廉指数动态管理。建立集体三资“云管理”、党务村务财务“云公开”、村干部“云监督”乡村数字治理新体系。深化民主法治村创建。加强农村公共法律服务点建设，深化“一村一法律顾问”制度。加强新时代农村精神文明建设，实施农村文明素质提升工程，激发农民广泛参与乡村治理。

20. 实施新一轮城乡基本公共服务均等化计划。实施服务设施提标扩面工程，强化综合服务能力，推动教育、医疗卫生等公共服务资源在区域内实现优化配置。实施义务教育薄弱环节改善与能力提升项目，支持建设城乡教育共同体。全域推进健康村镇建设，提升区级疾控机构应对重大疫情及突发公共卫生事件能力，新建双岙卫生室（社区卫生服务站）。健全区街村衔接的三级养老服务网络，发展普惠婴幼儿照护服务体系，打造一批“15 分钟”城乡养老服务示范圈。

21. 建立农业农村安全风险共防机制。开展涉海涉渔领域安全生产系统治理，建立“合作社自查＋专业公司普查＋街道督查＋执法队伍抽查”联动机制，强化线上监管与线下执法联动，推进蓝田渔港精密智控平台建设，形成渔船管理闭环。深入实施海上“千船示范万船整治”工程，大力推进渔业基层合作社规范提升。组织

开展海上“春雷行动”。建立“三无”船舶定期清港机制。重塑渔船指挥体系，建立“街道+基层管理组织+点验中心”等渔船基层管理模式。加强基层动植物疫病防控体系建设，有效防范农业领域生物安全风险，强化农产品质量安全监管。加强农村新冠疫情防控。

（六）深化“集成改革”行动，全力提升农业农村智治能力

22. 深化“三位一体”综合合作改革。实行“三位一体”改革专班化工作机制，深入组织学习“三位一体”改革系统要素，巩固好海滨街道市级“三位一体”示范镇成果，全力开展永兴街道市级“三位一体”示范镇创建。深化供销、农业等涉农部门与农合联的有机融合，加强农合联制度建设、赋权定责和实体化运作，继续发挥农合联组织、渠道、金融赋能的优势，进一步推进“农合联+公司+合作社+农户”合作模式，持续深化合作组织程度，开展空壳合作社清理工作，积极创建市级以上农民示范性合作社，实现农业产业组织化、规模化、市场化发展。

23. 深化农村“三块地”改革。积极稳妥开展农村闲置宅基地和农房激活试点，开展试点村社闲置宅基地农房现状调查，建立调查数据库，探索宅基地异地调剂、有偿退出、入股合作等新型激活方式，推动建立闲置农村宅基地和农房集中收储、平台流转、开发利用等机制，促进宅基地集体所有权、资格权、使用权有效实现形式。规范土地流转合同和备案管理，加快建立健全农村承包地日常管理服务机制，实现土地100亩以上规模经营占比45%以上。积极推进农业标准地改革。

24. 推进强村富民集成改革。全面推进以集体经济为核心的“强村富民”乡村集成改革，推广应用“三权到人（户）、权随人（户）走”改革2.0版，激活农村资源、资产、资金，推动集体产权制度改革，建立健全强村带弱村、先富帮后富机制，让村民共享改革红利。深入实施村级集体经济提质增效扩容增收三年行动计划，鼓励村社以产业链、供应链为纽带创新组建联合体，支持以多村抱团形式通过全资、控股、参股等组建县域型、镇域型强村公司，开展跨街道抱团项目、承接农村小微工程等，探索参与农商银行持股试点，成立区级强村公司。推行“村集体控股+村民入股”模式，以土地承包经营权、农房或宅基地使用权等方式入股村级集体经济项目。加快拆迁村集体安置政策兑现，大力发展村集体经营项目，完善村集体创收激励机制，推动干部报酬与集体经济增长相挂钩。

25. 推进农业农村数字化改革。依托“温州乡村大脑”2.0版，推广“三位一体”智农共富应用。推广“海上斑马线”应用，加快构建一屏管控、智能分析、实时处置的全闭环监管体系。加大“共富帮”“野趣玩”等应用推广。全面承接“浙农富裕”重大应用，重点使用、开发农房盘活、村集体资产经营、农村产权交易体系、机械强农等子场景，优化迭代“促富一件事”。

三、保障措施

（一）加强党对“三农”工作全面领导。定期召开区委农村工作领导小组会议。建立党委和政府负责同志乡村振兴联系点制度。严格落实五级书记抓乡村振兴责任制。严格落实区委、区政府向市委、市政府乡村振兴年度报告制度。区委农办要强化机构设置和人员配置，发挥牵头抓总、综合协调和统筹推进的作用。建立健全街道党政领导班子和领导干部推进乡村振兴战略实绩考核制度，考核结果作为党政领导班子和领导干部综合考核评价、年度目标责任制考核内容。建立完善乡村振兴领导小组成员考核制度。建立乡村振兴表彰激励制度，每年考核通报一批优秀乡村振兴干部人才。

（二）加强乡村振兴各类要素保障。深入推进“两进两回”行动，支持乡贤、青年、工商企业等到乡村投资创业，激励更多社会资本投向乡村振兴。落实新编国土空间规划应安排不少于10%的建设用地指标重点保障乡村产业发展用地政策。落实规范设施农业用地管理促进设施农业健康发展的政策意见。优先保障“三农”资金投入，公共财政更大力度支持乡村振兴，严格落实土地出让收入用于农业农村比例逐步提高机制，2022年土地出让收入用于农业农村比例达到5%。建设“金融惠农直通车”，健全“政银险担基”一体化体制机制。持续推进政策性农业保险扩面增品。用好乡村振兴共同富裕专项债，谋划发行乡村振兴共富专项债三期，加大对农业农村基础设施等重大项目的支持力度。

（三）加强“三农”队伍本领建设。深入学习贯彻习近平关于“三农”工作重要论述，提高对全局性、系统性和前瞻性工作谋划能力。开展农业农村“三新”知识大培训，对街道分管领导进行轮训。切实加强农业农村部门队伍建设，推进内部组织变革，建立专业化、模块化和专班化运行机制，提高“三农”工作的效率，全面提升服务“三农”水平。全面加强“三农”领域作风建设，持续深入开展“三服务”活动，推动干部深入村头田头码头，办实事、解难题，以优良作风保障和推进乡村振兴。

关于印发龙湾区（高新区）制造业高质量发展和数字经济发展“十四五”规划的通知

温龙政发〔2022〕1号

各街道办事处，区政府（管委会）各工作部门，市派驻各工作单位：

《龙湾区（高新区）制造业高质量发展和数字经济发展“十四五”规划》已经区政府研究同意，现印发给你们，请认真贯彻实施。

温州市龙湾区人民政府

温州高新区管理委员会

2022年1月19日

（此件公开发布）

龙湾区（高新区）制造业高质量发展和数字经济发展“十四五”规划

前言

制造业直接体现一个地区的生产力水平，关乎地区的经济发展水平与竞争力。“十三五”以来，龙湾区（高新区）坚持提质增效，加快推进传统产业转型和新兴产业培育，开创了制造业和数字经济发展新局面。面向“十四五”，龙湾区（高新区）顺应数字技术和制造技术深度融合趋势，坚持创新驱动，多措并举加快制造业与数字经济高质量发展。

按照区委、区政府战略部署，根据《中共浙江省委浙江省人民政府关于以新发展理念引领制造业高质量发展的若干意见》《浙江省制造业高质量发展“十四五”规划》《浙江省数字经济发展“十四五”规划》《温州市国民经济和社会发展第十四个五年规划纲要和二〇三五年远景目标纲要》《温州市制造业高质量发展“十四五”规划》《温州市数字经济发展“十四五”规划》《龙湾区（高新区）国民经济和社会发展第十四个五年规划和二〇三五年远景目标纲要》等规划和文件精神，结合龙湾发展实际，特制定《龙湾区（高新区）制造业高质量发展和数字经济发展“十四五”规划》（以下简称《规划》）。

本《规划》是龙湾区（高新区）“十四五”重点专项规划，是指导今后五年（2021—2025年）龙湾区（高新区）制造业和数字经济高质量发展的纲领性文件。

第一章　现状基础

第一节　发展成就

“十三五”时期，龙湾区（高新区）坚持“稳中求进”的工作总基调，主动适应经济发展新常态，以经济转型升级实现赶超发展为主线，强投资、稳增长、优环境，不断推动工业转型升级、提质增效、创新发展，数字经济发展亮点纷呈。

1. 工业经济平稳运行。2020年，实现规上工业总产值374.11亿元，五年平均增速7.0%；规上工业增加值76.07亿元，五年平均增速5.5%。五年累计实施工业投资项目692个，完成工业性投资220.46亿元，平均增速5.2%，其中2020年工业投资同比增长35.6%，列全市第二。“十三五”时期，规模以上工业企业实现利润总额平均增速12.3%，高于全市平均水平5个百分点；2020年，分别实现工业亩均增加值176.75万元、亩均税收34.7万元。

2. 产业质效明显提升。实施五大传统制造业重塑计划和三大战略性新兴产业三年行动计划，工业行业结构优化明显，阀门、不锈钢、鞋服、制笔等传统产业转型加快，数字经济、智能装备、生命健康等战略性新兴产业培育加速。2020年，战略性新兴产业增加值21.41亿元，五年平均增速13.9%，高于全市平均水平4.9个百分点，占规上工业增加值比重由2015年的17.4%提高到2020年的28.2%。规上高新技术产业增加值49.14亿元，五年平均增速9.5%，占规上工业增加值比重由2015年的30.3%提高到2020年的64.6%。规上工业全员劳动生产率由2015年的14.36万元/人提高到2020年的15.47万元/人。

3. 数字经济赋能强化。深入推进数字经济“一号工程”，制定出台《龙湾区数字经济五年倍增实施方案》，构筑数字经济“一城一区一镇多点”的产业发展布局，重点实施了北斗产业基地、天心天思数字经济产业中心等一批数字经济平台、企业和项目。相继获评省级软件和信息服务业创业基地、省级信息经济示范区、省级数字经济创新发展试验区，获得省政府数字经济专项督查激励。“十三五”时期，完成数字经济核心产业增加值约32亿元，约占全区GDP的6.8%，数字经济成为龙湾经济发展的新引擎。两化融合工作深入实施，先后有晨泰科技、瑞浦能源等19家企业通过国家两化融合管理体系贯标认定。加大“企业上云”推进力度，累计上云企业3740家，其中国技互联入选省第一批上云标杆企业。

4. 企业主体不断培育。企业梯队培育机制不断健全，五年累计实现“小升规”企业269家。截至2020年底，全区拥有规上工业企业436家，其中产值超10亿元企业3家、超5亿元企业13家、超亿元企业81家；培育国家工信部专精特新“小巨人”企业2家，省隐形冠军企业1家，省隐形冠军培育企业16家。多措并举引育总部企业，认定青山控股、卓诗尼、乔顿服饰、国技互联等总部经济企业6家，青山控股集团成为全市唯一的世界500强企业。实施“亩均论英雄”改革，形成企业激励倒逼机制，共淘汰落后产能企业130家，完成低散乱企业整治872家、亩均3万元以下企业整治543家，推动低效企业转型提升。出台《进一步深化工业企业“零土地”技改项目审批方式改革的若干意见（试行）》，有效提升企业土地利用率。

5. 平台建设扎实推进。实施工业企业搬迁改造计划，完成浙南科技城二期、三期、海滨高坦、状蒲工业区等24个旧工业区搬迁改造，搬迁企业1326家，腾出土地面积4520亩，改造旧厂区（房）117.65万平方米。文昌创客小镇入选省级特色小镇创建名单，集聚数字经济类企业600多家，实现产值超50亿元；浙南·云谷等数字经济集聚平台不断发展壮大。加速建设小微园，率全市之先出台小微园全周期管理的《龙湾区小微企业园建设管理实施细则》，获得浙江省2019年小微企业园建设提升工作实施主体试点，共实施生产制造类小微园项目11个，占地面积1491.35亩，总建筑面积171.83万平方米。其中，在建小微企业园3个，建成永兴南园、中港、流体、置信、铜加工等8个生产制造类小微创业园，入驻企业达465家。

⑴永兴南园小微园：获评“浙江省十大小微企业集聚发展优秀平台”和省五星级小微园。

⑵流体小微园、置信小微园：获评市三星级小微园。

⑶红连文化创意产业园：创成国家小微型企业双创示范基地。

6. 营商环境持续优化。加大企业激励扶持力度，出台“工业经济高质量发展”等一系列惠企政策，率先将“零”土地租赁补贴范围扩至规上工业企业，累计兑现各类工业奖励资金约 20 亿元，惠及企业 1.2 万多家次。对企业实施精准服务，先后开展“双十百”助企活动、“营商环境提升年”行动工程、“万名干部进万企”行动等，累计解决问题 2000 多个。大力推进企业降本减负，运行区应急转贷资金 668 笔，合计金额超 45.04 亿元，助推“两个健康”民营经济健康发展。打响龙湾区企业家训练营品牌，累计举办企业家训练营 35 期、企业经营管理人才培训班 25 期，参训人数超过 3000 人次。

在取得成绩的同时，也应清醒地认识到龙湾制造业发展存在的一些短板：一方面龙湾传统制造业转型升级步伐有待提速，战略性新兴产业、高新技术产业、装备制造业等新动能产业带动能力还需加强；另一方面全区工业平台仍需进一步整合提升。此外，制造业与数字经济相互促进、相互融合的发展格局尚未完全成型。

第二节 发展机遇

全球面临百年未有之大变局，中国经济仍处于并将长期处于重要战略机遇期，新战略部署、新科技革命、新发展格局、新区域格局等都为龙湾制造业高质量发展和数字经济发展提供了良好的发展机遇。

1. 高质量发展建设共同富裕示范区赋予发展新使命。浙江省在全国率先开启了推进共同富裕的伟大实践，并将把加快建设具有国际竞争力的现代产业体系作为夯实共同富裕物质基础的重要路径。温州打造高质量发展建设共同富裕示范区市域样板。对龙湾而言，提出建设“一区五城”，坚持改造旧动能和培育新动能并举，加快构建产业集群新优势，全力建设先进制造业基地，成为温州东部最具活力的新兴增长极，奋力打造高质量发展建设共同富裕示范区龙湾样板，以区域先行示范为全市、全省探路。

2. 重大战略部署为发展提供了政策指向。党的十九届五中全会提出，要坚持把发展经济着力点放在实体经济上，坚定不移建设制造强国、质量强国、网络强国、数字中国。浙江突出数字化引领、撬动、赋能作用，加快建设全球先进制造业基地。温州实施“制造业发展双轮驱动”战略，加快建设数字强市，全力打造全球有竞争力的先进制造业基地、全国领先的时尚智造基地、长三角南翼制造业创新基地和全省数字经济领跑区。高度关注的顶层设计为龙湾制造业和数字经济发展创造了新环境，也指引了新方位、新目标。

3. 新一轮科技和产业革命提供了新机遇。产业升级和新一轮科技革命正处于重要历史交汇期，信息、材料、能源、生物等领域技术出现群体性突破，互联网、大数据、区块链、人工智能、云计算等与实体经济加速融合，5G、新材料、新能源汽车等新兴产业成为制造业做强增量的潜在重点领域。龙湾作为温州国家自主创新示范区、环大罗山科创走廊的核心区，可发挥创新驱动主引擎优势，以数字化改革为引领，重塑制造业高质量发展的产业和企业竞争力。

4. 双循环新发展格局提供了市场新机遇。新发展格局要求通过发挥内需潜力，利用好国内国际两个市场、两种资源，实现更加强劲可持续的发展。构建完整的国内需求体系，培育新型消费市场为制造业产业链供应链各环节主体带来新的发展活力和创造力；以国内大循环吸引全球资源要素，协调发展内需和外需、进口和出口、引进外资和对外投资，将不断开拓制造出口新市场。龙湾发挥制造业比较优势，借力自贸区联动创新区、跨境电商综试区等载体建设，加速融入国内制造产业链、供应链、价值链，抢占以新型消费、新流通方式为主要特征的国内国际新市场。

5. 长三角区域一体化带来了要素支撑新机遇。长三角区域一体化发展作为国家战略，三省一市共谋实施制造业协同发展规划，重点打造电子信息等若干世界级产业集群和一批战略新兴产业、未来产业，有序推进一般制造业向具备承接能力的中心区以外的城市周边地区和部分沿海地区升级转移。对龙湾而言，作为温州向东面海发展主阵地，迎来承接上海、杭州等大城市高端产业、资源、创新等要素外溢转移的重要发展机遇，为制造业集聚高端资源、构建制造业产业链、高水平开放合作提供了新支撑。

同时，龙湾制造业高质量发展和数字经济发展还面临如下挑战：世界经济发展仍处于动能转换期，新冠疫情影响广泛深远，经济全球化遭遇逆流。主要发达国家纷纷实施“再工业化”战略，吸引高端制造业回流，我国供应链高新技术领域面临激烈竞争，产业链向高端环节攀登难度加大。随着长三角等区域协同战略推进，龙湾与先进地区在项目、技术、资金、人才等生产要素上的竞争将更为激烈，制造业面临产业竞争格局调整的挑战。能源、土地等要素资源日益趋紧，龙

表 1-1：小微园建设成效

1. 永兴南园小微园：获评“浙江省十大小微企业集聚发展优秀平台”和省五星级小微园。
2. 流体小微园、置信小微园：获评市三星级小微园。
3. 红连文化创意产业园：创成国家小微型企业双创示范基地。

湾制造业发展刚性约束持续加强。

第二章　谱写高质量发展新篇章

第一节　指导思想

高举习近平新时代中国特色社会主义思想伟大旗帜，深入贯彻党的十九大和十九届二中、三中、四中、五中全会精神，落实“制造强国”、全省建设全球先进制造业基地、全市“制造业发展双轮驱动”等战略部署，围绕龙湾奋力打造“一区五城”目标，以温州创建新时代“两个健康”先行区为统领，以供给侧结构性改革为主线，培育“541”先进制造业集群，实施制造业八大任务，推进制造业和数字经济高质量发展，打造温州产业新城，建设具有全省影响力的先进制造业基地、数字经济创新发展强区，成为温州东部最具活力的新兴增长极，奋力谱写好全球先进制造业基地建设的龙湾篇章，为温州加快建设“五城五高地”和打造高质量发展建设共同富裕示范区市域样板提供强力支撑。

第二节　主要原则

数字赋能与创新驱动相互融通。围绕省市数字化改革统一部署，实施数字经济“一号工程”2.0 版，夯实创新首要地位，推动新一代信息技术在制造业全要素、全产业链、全价值链的融合应用，统筹推进产业链、创新链、金融链、人才链、服务链、生态链“六链”融合，实现创新迭代式升级。

传统转型与战新发展双轮驱动。深入推进供给侧结构性改革，坚持“调旧、育新、扶强”协同发力的工作思路，实施新一轮制造业“腾笼换鸟、凤凰涅槃”攻坚行动，改造提升传统产业，培育壮大新兴产业，为加快新旧动能转换、优化产业结构注入强大动力。

集群布局与融合发展协同并进。结合温州打造省级高能级战略平台的部署，构建龙湾特色的高水平现代化产业平台体系，推进制造业基地化、集群化、集约化发展，培育优势产业和特色产业集群，促进“两业”融合、产城融合、军民融合，打造产、城、人、文一体的协同发展格局。

市场决定与政府有为相辅相成。充分发挥市场在资源配置中的决定性作用，更加突出企业主体地位，形成市场机制有效、微观主体有活力、网络化协同紧密的集群生态。更好发挥“有为”政府高效引导作用，进一步优化营商环境，构建“热带雨林式”企业生态。

国内循环与国际循环相互促进。牢牢把握扩大内需战略基点，紧盯国内国际两种资源、两个市场，畅通内外循环通道，深度参与跨区域产业合作、价值链分工，高质量融入新发展格局，在全面开放的竞合格局合作中

表 2-1：“十四五”制造业高质量和数字经济发展指标设置

一级指标	二级指标	单位	2020 年	2025 年	年均增速（五年累计）
质量效益	规上工业增加值	亿元	76.07	120	10%
	工业投资累计值	亿元	35.22	70	[270]
	技改投资	亿元	25.24	45	12%
	规上工业增加值率	%	20.65	22.20	[1.6]
	规上工业全员劳动生产率	万元 / 人	15.47	26	11%
	规上工业企业数	家	436	620	[184]
	单项冠军	家	0	1	[1]
	隐形冠军	家	1	4	[3]
	工业产值超 10 亿元企业	家	3	10	[7]
	数字经济核心产业制造业增加值增速	%	20.7	16	—
结构优化	数字经济核心产业增加值占 GDP 比重	%	6.8	9	[2.2]
	战略性新兴产业增加值占规上工业增加值比重	%	28.2	32	[5]
	高新技术产业增加值占规上工业增加值比重	%	64.6	70	[5.4]
	装备制造业增加值占规上工业增加值比重	%	49.3	50	—

续表 2

一级指标	二级指标	单位	2020 年	2025 年	年均增速（五年累计）
创新水平	规上工业新产品产值率	%	48	50	[2]
	规上工业企业研发费用占营业收入比重	%	3.1	3.5	[0.4]
	智能化改造项目数	个	120	—	每年 100 家左右
	重点企业装备数控化率	%	50	60	[10]
	高新技术企业数	家	205	430	[225]
	省科技型中小企业数	家	1119	1719	[600]
绿色发展	单位工业增加值能耗降幅	%	4.7	完成上级下达指标	
	单位工业增加值用水量	立方米 / 万元	12.17	完成上级下达指标	
	单位工业增加值二氧化碳排放降幅	%	—	完成上级下达指标	
	工业固体废物利用处置率	%	—	99	—
	规上工业亩均增加值	万元 / 亩	176.75	260	8%
	规上工业亩均税收	万元 / 亩	34.7	47	7%
营商环境	营商环境便利度指数	—	—	—	[5]
	民营经济健康指数	—	—	—	[2]
	5G 和千兆网络基站乡镇覆盖率	%	70	100	—

重塑产业结构，打造更强创新力、更高附加值的产业形态。

第三节 发展目标

按照温州打造高质量发展建设共同富裕示范区市域样板的部署，围绕龙湾奋力打造“一区五城”目标，推进制造业增速、质量和效益更加协调，数字经济发展动力更为强劲，创新驱动活力全面迸发，高水平建成具有全省影响力的先进制造业基地、数字经济创新发展强区。到 2025 年，实现以下目标。

质量效益大幅提高。推进制造业和数字经济高质量发展，规上工业增加值年均增速 10%，规上工业全员劳动生产率年均增速达到 11%；工业投资年均增速 15%，五年累计完成 270 亿元以上；数字经济核心产业制造业增加值年均增速达到 16%。规上工业企业数达到 620 家，单项冠军争取实现零的突破，隐形冠军达到 4 家。

产业结构显著优化。制造业数字化水平显著提升，高技术制造业快速发展，新兴产业竞争力明显增强，数字经济提档加速发展。到 2025 年，数字经济核心产业增加值占 GDP 比重达到 9%，战略性新兴产业增加值占规上工业增加值比重达到 32%，高新技术产业增加值占规上工业增加值比重达到 70%，装备制造业增加值占规上工业增加值比重达到 50%。

创新水平浙南领先。制造业研究与发展经费投入强度稳步提高，攻克一批制造业关键核心技术，到 2025 年，规上工业新产品产值率达到 50%，规上工业企业研发费用占营业收入比重达到 3.5%，重点企业装备数控化率达到 60%，高新技术企业达到 430 家，科技型中小企业达到 1719 家。

绿色发展特征明显。制造业绿色发展水平进一步提高，绿色制造技术得到普遍应用，工业循环经济发展成效突出，工业用能效率、用水效率和亩均效益全国领先，基本建成绿色制造体系。制造业碳达峰工作取得重大进展，绿色制造走在全省前列。

营商环境持续优化。以数字化改革为统领，结合新时代“两个健康”先行区创建，打造审批事项最少、办事效率最高、投资环境最好、开放水平最佳、企业获得感最强的城区，营商环境便利度指数、民营经济健康指数不断提高。

第三章 围绕“双轮驱动”，培育“541”先进制造业集群

立足龙湾制造业发展基础，深入实施“产业发展双轮驱动”战略，全

面重塑五大传统制造业，大力发展四大战新产业，培育发展一批未来产业，构建龙湾“541”先进制造业集群，蓄积龙湾制造业高质量发展新优势。

第一节　全面重塑五大传统产业

以智能制造为产业升级主攻方向，全面改造提升智能阀门装备、高端特殊钢、时尚鞋业、高端制笔、时尚服装五大传统产业，实现产业链迭代式聚变。

1. 智能阀门装备产业

发展目标。打造国际泵阀产业生产基地、采购基地和研发基地，进一步提高“中国阀门城”品牌影响力。到2025年，实现规上工业总产值达100亿元。

发展方向。以智能化、成套化、制动化、超常化、绿色化为主攻方向，重点发展能源和高新科技领域泵阀产品，加强对重大工程配套的大型、高温、高压阀门等技术研发，集中攻克阀门装备特种材料、智能制造、智能控制、成套装备集成等一批关键技术，推动单一产品向可靠、可控、感知、高参数化方向发展，成套产品由局部小成套向智能化大成套方向发展，培育形成品质标准化、产品智能化的竞争新优势。

主要任务。围绕上游产业基础单薄、本地关键基础零部件配件能力不足、行业创新瓶颈明显等行业个性问题，重点推进：

⑴完善产业相关配套。提升铸造、锻造产品质量，发展大型、耐高低温、耐腐蚀、耐磨损精密铸锻件及配套产业，完善新型/环保的铸造材料、高性能/绿色的铸造工艺和装备，采用3D打印技术的铸件和锻件等关键产业配套，以满足智能泵阀配套需求。加强核心零部件配套能力，提升阀门核心基础零部件，包括密封件、控制器、执行器、阀杆、球体等，打造与“中国阀门城”相匹配的核心基础零部件基地。

⑵提升行业创新发展能力。依托兰州理工大学温州泵阀工程研究院、温州泵阀研究院龙湾院、江南阀门核阀研究院、五洲阀门博士后工作站等本土科研机构及借智借力外来科研平台，积极开展物联网、工业互联网等新一代信息技术工业应用设计，对阀门生产设备和工艺流程等进行数字化、集成化和智能化改造升级，组织实施关键技术攻关。

⑶向军民融合发展。以江南阀门、五洲阀门制造的核电阀门、航天阀门、舰艇阀门等军工阀门为基础，促进阀门产业向军工等特殊市场领域延伸，实现阀门产业链军民融合协同发展。

2. 高端特殊钢产业

发展目标。打造不锈钢名城。到2025年，实现不锈钢产业规上工业总产值达40亿元。

发展方向。以集约、高效、绿色、高端、智能为主攻方向，重点发展高端精品不锈钢、下游精加工产品，支持增加不锈钢日用品、五金、配件类等制品生产，基本形成以中高端不锈钢管、焊管、管件为主，其他不锈钢制品门类更加丰富完善的产业链。

主要任务。围绕行业亟须提升、行业污染整治等行业个性问题，重点推进：

⑴提升工艺装备信息化水平。以龙头企业为试点，支持创建各类技术中心、工程中心、设计中心和实验室，推动企业将数据中心、业务系统、设备等向云上迁移，力争打造有影响力的浙南技术研发平台和公共云服务平台。

⑵推进绿色循环发展。实施不锈钢环保治理提标工程，研究推广不锈钢高效制造、产品升级换代、节能降耗、资源综合利用和环境保护等一批先进技术，大力开展产业“脏乱差”及各类堆场专项整治，实现高效、节能、环保、清洁生产目标。

3. 时尚鞋业

发展目标。巩固提升“中国鞋都女鞋基地”品牌，建成“中国鞋业智造中心（基地）”。到2025年，实现制鞋产业规上工业总产值达35亿元。

发展方向。以品牌化、时尚化、个性化为主攻方向，以精品女鞋、品牌童鞋为主，注重鞋类舒适性技术、鞋楦设计，重点发展皮鞋、休闲鞋及功能鞋等中高端产品，加强高性能水性胶黏剂、无缝针车鞋面等新型鞋用环保材料研发与应用。

主要任务。围绕产品附加值偏低、创意设计不强等行业个性问题，重点推进：

⑴大力培育工业时尚设计。依托中胤时尚鞋服设计有限公司、温州时尚智造设计中心等机构，增强在工艺技术、配色配材、潮流引领等领域优势，提高鞋楦、鞋靴样板、造型、色彩等设计能力，支持开发鞋楦、鞋底、款式的全方位3D建模设计技术，带动产业转型升级。加强设计师、打版师等人才队伍培养，提升整体设计、造型设计、创意设计、样板设计实力。

⑵广泛开展个性化定制。建立柔性供应链体系，发展基于用户脚型大数据的批量定制、个性化定制、高端鞋履定制一站式服务，降低企业库存和时尚定制成本。建立脚型标准化数据库、用户个性化需求信息平台和个性化定制服务平台，实现研发设计、计划排产、柔性制造、物流配送和售后服务的数据采集与分析，满足用户个性化需求的能力。

⑶深入实施差异化发展。重点支持品牌鞋业企业细分市场，稳定女鞋市场，发展童鞋和男鞋市场，深度开发功能型、时尚型鞋类产品，发展运动、休闲鞋类产品，合理引导高、中、低端不同档次产能配置，挖掘潜在消费者，进一步提高市场占有率和行业影响力。

⑷全面实施品牌发展战略。鼓励企业做大做强自主品牌，加快形成一批消费者认可的知名鞋业自主品牌；鼓励龙头企业打造高端品牌，快速抢占国内外主流商圈市场，拓展中高端电商市场、跨境电商市场。

4. 时尚服装产业

发展目标。大力创建“男装品牌服装集聚区”。到2025年，实现服装产业规上工业总产值达25亿元。

发展方向。以时尚化、个性化、精品化为主攻方向，重点发展品牌男装，做精做优职业男装、运动服装、时尚夹克、休闲衬衫等产品，同步发展潮流童装、品牌内衣、国风古装、时尚女装等，积极拓展智能可穿戴服装、功能防护服装、无缝服装等新产品领域，形成以设计、智造、质量、品牌、服饰文化为核心的现代产业链竞争新优势。

主要任务。

⑴发展文化创意和时尚设计。积极推进“文化+”，强化文化植入、创意设计和互联网技术的融合创新，依托温州时尚智造设计中心等设计机构，运用互联网、大数据、3D虚拟试穿等技术，推进服装设计数字化，培育一批色彩设计、品牌设计、面料设计、服装设计等领域的优势企业。

⑵推广个性化定制模式。加快企业由以产品为中心的大规模标准化生产向以消费者为中心的柔性化、个性化定制、高级定制等服务型制造转变。大力推广网络营销模式，鼓励终端品牌企业引导消费需求，提供消费体验及个性化服务，实现个性化定制与批量化生产的有机融合。

5. 高端制笔产业

发展目标。进一步擦亮“中国制笔之都”金名片。到2025年，实现制笔产业规上工业总产值达35亿元。

发展方向。以品牌化、功能化、绿色化为主攻方向，重点发展圆珠笔、记号笔、中性笔、水性笔等优势产品，积极开发健握笔、工艺笔、抗菌笔、可生化分解笔、数据输入笔和涂改笔等新产品。

主要任务。围绕核心竞争力不强、品牌影响力不大、产权保护不好等行业个性问题，重点推进：

⑴提升创新设计能力。深入开展与温州大学制笔班等院校机构以及爱好笔业等知名企业产学研合作，集中攻关墨水、笔头及二者的匹配、通用制笔装配设备等一批“卡脖子”关键技术，推广应用高性能绿色低碳新材料、高端墨水和先进检验检测技术，提升行业整体竞争力。

⑵实施品牌化发展战略。聚焦品牌高端化延伸，引导和支持企业提高产品市场知名度，打造以“爱好”为龙头的品牌笔业集群，努力培育更多具备竞争力的名牌产品。⑶注重知识产权保护。由温州市制笔协会牵头，组织成立制笔知识产权保护联盟，借助温州高新区知识产权中心“一站式”服务平台，提高制笔知识产权保护力度，提升龙湾制笔企业自主核心竞争能力。

第二节　大力发展四大战略新产业

大力发展数字经济产业，以及智能装备、生命健康、新能源等战略性新兴产业，培育龙湾产业发展新动能，构筑龙湾经济发展新优势。

1. 数字经济产业

发展目标。打造浙南闽北数字经济创新发展策源地。到2025年，数字经济核心产业增加值占GDP比重达到9%；数字经济核心产业制造业增加值年均增速16%。

发展方向。抓住龙湾国际云软件生态谷、大唐5G、北斗基地、天心天思等重大项目的建设，将数字产业化作为数字经济发展的先导力量，聚焦核心产业，推动上下游项目集聚。⑴以北斗导航、集成电路、软件与信息技术服务业为重点的基础产业。北斗导航创新发展导航、通信等多模融合芯片和天线，以及导航传感一体化核心部器件等产品，着力提升芯片设计水平和制造工艺，提高芯片集成度，拓展导航、授时、精密测量、测姿定向等行业应用产品。集成电路瞄准集成电路设计、制造、封装和应用等四个方向，发力第三代半导体材料科技攻关，抢占集成电路产业链制高点。软件与信息技术服务业重点发展基础软件开发和应用、信息技术服务、工业软件研发等领域。⑵以5G通信、物联网、新一代数字服务业为重点的新兴产业。5G通信重点发展网络通信、服务器及智能终端等5G泛终端产品和配件制造，加快基站、天线、传输设备、配套设备等产品产业化步伐。物联网重点攻关智能传感器、RFID标签、近距离无线传输技术和物联网通信设备等技术难点，培育新型传感器件、光电器件等产业链高端元器件产业。新一代数字服务业重点发展大数据、区块链等领域。

主要任务。

⑴壮大基础产业。加快北斗产业基地建设，承接一批北斗产业高端项目和前沿技术，推进卫星时空信息服务设施建设，打造以北斗技术及其产业化应用为特色的国家级示范基地。集成电路依托浙南科技城、空港新区科研及产业平台优势，加快集成电路制造业系列产品研发与产业化步伐。

⑵做强新兴产业。重点实施龙湾国际云软件生态谷、天心天思数字经济产业中心、温州浙南科技城互联网服务中心等项目，在云计算、大数据、物联网等领域形成一批创新成果和行业解决方案，培育一批有一定影响力的数字经济产业。

2. 智能装备产业

发展目标。到2025年，实现规上智能装备制造产业总产值100亿元。

发展方向。打造激光与光电、智能关键基础零部件及成套设备为主导的智能装备产业集群。

⑴激光与光电。以激光、光电能源、半导体照明、光通信等领域为主要方向，重点发展激光系统及元器件、激光器等制造产品，依托温州激光与光电产业创新服务综合体等平台，努力突破高功率增益光纤及其万瓦激光器技术、极端条件激光先进制造关键技术、激光增材制造新技术等关键技术难题，为激光与光电中小企业提供创新产品研发服务与科技攻关。

⑵智能关键基础零部件及成套设备制造业。开发节能环保、数字控制、

智能化、自动化等成套设备。依托浙江晨泰科技、浙江小伦制药机械等企业，发展智能电表、工业机器人及机械手、智能集成系统、橡塑机械、制药设备、纺织机械等产品。依托伟明环保等企业，提升产品智能装备匹配与智能监测，做大垃圾及固废处理装备产业。提升食品制药机械，重点发展淀粉洗涤系统、KXP淀粉乳液无菌型离心泵、自动清洗过滤机等产品。

主要任务。

⑴实施关键技术攻坚。紧扣以数字制造为核心的智能装备产业优化升级、新兴产业培育的技术需求，进一步促进基础研究、应用研究与产业化对接融通，突破一批核心技术，开发一批新型产品，推动智能装备产业竞争力整体提升。

⑵实施智能装备产业融合创新。推动物联网、云计算、大数据、人工智能等新一代信息技术在装备产品智能化、运行维护智能化和产品服务智能化的融合应用，同步推进智能装备从单机应用向单元模块、产线级集成应用发展，实现技术、工艺、装备的融合创新。

⑶实施智能技改行动。推动中小企业在机械装备上部署和应用低成本、模块化的智能模组和系统，提升核心装备和关键工序的数字化水平；发挥大企业优势，深入推进“机器换人”，加快智能化技术改造。

3. 生命健康产业

发展目标。打造浙南闽北生命健康产业发展新高地。到2025年，实现规上健康制造业总产值超50亿元。

发展方向。大力发展眼视光、医疗器械等制造领域。

⑴眼视光。利用温州医科大学眼视光学院等优势平台，针对眼部炎症、白内障、青光眼、干眼病、视疲劳等眼科常见疾病，加快推进眼视光行业技术研发、小试、中试及产业化。依托中国眼谷——温州眼视光国际创新综合体等平台，重点发展眼科药物、眼科高端器械及耗材等眼视光制造业。依托国家药监局眼科疾病医疗器械和药品临床研究和评价重点实验室、APEC监管科学卓越中心眼科药械国际临床多中心联合实验室、国家药监局海南真实世界研究重点实验室眼健康研究中心3个高能级产业转化支撑平台，实现眼健康产业发展全要素集聚。结合市委市政府倡导实施的“明眸皓齿”“主动眼健康”为民办实事工程，布局近视防控前沿产品，同时围绕近视预防、控制关键技术，构筑一站式眼健康产业解决方案，推进眼视光全链条产业发展。

⑵医疗器械。立足现有医疗器械企业发展优势，提升发展以一次性无菌注射器、一次性输液器、一次性使用血样采血针等为代表的一次性使用医疗器械，鼓励发展血压计（表）、血糖仪、可穿戴式心电监护系统等家用健康监控仪器设备，支持企业生产家用智能医疗装备产品。依托国家药监局眼科疾病医疗器械和药品临床研究和评价重点实验室、浙江省药监局医疗器械创新和审批柔性工作站在中国眼谷设立的前端平台，提速药械注册审评流程，缩短临床试验和注册审评时间，助力企业抢占市场先机。

主要任务。

⑴强化产业平台支撑。高标准建设“中国眼谷特色小镇”，按照“中国眼谷世界眼光”战略定位，以一流标准打造世界眼健康中心，全力将“中国眼谷特色小镇”建设成为辐射强劲、引领区域平台协同发展的产业和服务核心，打造全省特色小镇2.0版示范样板。

⑵强化科技创新驱动。积极推动瓯江实验室打造全国第一、世界一流的再生调控和眼脑健康创新平台，完成瓯江实验室主体建设并启动二期工程。聚力打造标志性创新平台，推进眼视光学和视觉重点实验室建设。面向应用基础研究、前沿技术研究等产业创新重大需求，引进全球一流大院大所研发创新资源，强化产业协同创新，不断提高自主科技创新能力。

⑶强化对外开放合作，实行“异地孵化＋区域加速”的创新创业模式，以长三角区域一体化发展为契机，推进与上海、南京、苏州等生命健康产业发达地区的链接，支持企业以自建、合资等方式建立异地研发中心、实验室等方式。

4. 新能源产业

发展目标。打造浙南地区具有重要影响力的新能源产业基地。以瑞浦新能源制造基地等项目为龙头，集聚上下游产业，着力培育千亿级产业集群。

发展方向。发展锂电池、节能环保、可再生能源等制造领域。

⑴锂电池及关联产业。依托瑞浦新能源产业基地建设，加速集聚锂电关联产业，大力发展新型动力电池正负极材料、隔膜、电解液、锂电池、锂制品等产品，加速形成电池材料、成品电池、应用产品及其配套产品的完整产业链。

⑵可再生能源装备。聚焦太阳能、风电及储能等可再生能源领域，重点发展光伏组件及逆变器开发生产，发展高效晶硅电池、光电一体化建筑系统等太阳能产品以及水电、潮汐能、洋流能等发电装备产业。

主要任务。

⑴加快建设产业引领性项目。建成瑞浦新能源、麦田新能源等项目，加快建设瑞浦新能源产业基地项目，打造动力与储能锂离子电池系统制造的“牛鼻子”工程，带动发展上下游配套产业，引领培育形成千亿级新能源产业。⑵加快新能源产业集群化发展。围绕新能源汽车产业链关键零部件技术研发，抓住瑞浦新能源等重大项目落地龙湾的机遇，加大电机、电池等相关技术的引进力度，形成对新能源汽车整车供应链的配套供应能力。

⑶加大产业创新研发力度。在发挥企业技术创新主体作用的基础上，积极推动温州大学新材料与产业技术研究院等新型研发机构重点围绕新材料领域开展技术攻关、新产品开发、科技成果转化。

第三节 培育发展一批未来产业

1. 前瞻布局未来产业。围绕省市未来产业发展布局，把握前沿技术发展趋势，发挥龙湾作为自创区、高新区、温州环大罗山科创走廊等重大战略的核心区域优势，前瞻布局战略前沿技术，努力形成一批具有自主知识产权和广泛应用前景的重大原始创新成果，抢占未来发展制高点。充分发挥瓯江实验室以及高能级创新平台创新源头作用，重点聚焦下一代人工智能、生物工程、类脑芯片、柔性电子、前沿新材料、量子信息等新赛道前沿领域，衍生培育若干个原创性新兴产业。积极对接国家、省重大科学计划、重大科技专项，争取国家、省科技项目落户。

2. 紧盯射频前端芯片产业链。把握5G给射频前端产业带来发展空间，全面深化与大唐5G及其母公司战略合作，完成好北斗应用温州试点工程等国家级试点，精准围绕国产电子设计自动化（EDA）软件、芯片器件、芯片模组、国产制造装备、封装测试、半导体原材料等六大领域，以商招商向外辐射招引上下游配套企业，不断延链补链。

3. 争创未来产业先导区。结合温州东部新区高能级平台建设，依托大唐5G、天心天思、北斗产业基地等重大产业项目建设，以未来园区、特色小镇、小微企业园等为载体，争取启动5G新基建、北斗导航等重点细分领域的未来产业先导区试点，积极探索未来产业培育模式和路径，以未来产业先导区建设促进未来产业聚集发展。到2025年，建成1个以上未来产业先导区，未来产业成为新增长点。

第四节 打造现代化产业平台

聚焦高质量发展、竞争力提升、现代化建设，结合温州打造省级高能级战略平台的部署，构建“126X”平台体系，即建设1个空港智造新区、打造2个省级特色小镇、创建6大都市型现代工业园区和布局一批未来园区、小微企业园，形成功能布局合理、主导产业明晰、资源集约高效、产城深度融合、特色错位竞争的高水平现代化产业平台体系。

1. 加快建设空港智造新区。围绕先进装备制造、科技创新、新兴产业等重点领域，主攻区域影响力大、行业带动性强的项目，推进千亿产值瑞浦新能源动力与储能锂离子电池系统制造基地项目、百亿投资多弗通航飞行器集成制造基地项目落地进度。扶持瑞浦能源等领军企业做强做大，加快贝普医疗科技等企业上市步伐，推进麦田能源、亿谷女鞋智能分拣车间、乔顿、康德莱新建厂房等项目规模化投产，鼓励更多企业申报高新技术企业和企业研究院，努力打造龙湾“智造强区”的新平台和主战场。

2. 打造国际软件谷（温州文昌创客小镇）、中国眼谷小镇。提升建设温州文昌创客小镇，拓展新兴众创空间和改造传统产业，提高浙南创谷、北大科技园、红连文创园等载体发展量级，加速创新资源聚集，激活创业创新活力，培育创新产业集群，打造成全国知名、省内领先的海内外青年创业创新高地，“两创”示范省级特色小镇。以文昌创客小镇为本底谋划建设“国际软件谷”，加快集聚国内外数字经济头部企业和高水平数字经济孵化项目，培育温州数字经济新优势，打造全省最具典型意义的创新发展新高地。高标准建设“中国眼谷特色小镇”，按照“中国眼谷世界眼光”战略定位，以一流标准打造世界眼健康中心，加快推进科研、产业、人才、医疗四大高地建设，构建“两核三链六业”眼健康产业体系，科创园A区全面建成，B区建设及小镇内其他项目落地全面推进，公共服务设施和市政基础设施配套全面升级。

3. 创建六大都市型现代工业园区。依托原有主体经济板块，通过产城融合、产业提升、完善配套、优化运营、美化环境，以产品设计、技术开发、加工制造、营销管理和技术服务为重点延伸，发展与“5+3”产业紧密联系的环保、低耗、新型都市型现代工业，打造具有增值快、就业广、配套强、税收高、环保好、形象优等特点的都市型现代工业园区。

4. 建设一批未来园区。以“产业大脑＋未来园区”应用模式推动全要素、全产业链、全价值链全面链接。在空港小微园集聚区、浙南科技城等重点园区区块，结合中国眼谷小镇等特色小镇平台，加快布局产业链、补强创新链、完善要素链、深化服务链，打造“数字生活和数字生产无界链接”的未来园区样板。突出未来工厂、未来安监、未来环保、未来市监、未来警务、未来党建、未来票务、未来教育、未来社保等场景建设，推动产业数据汇聚共享，实现未来园区与精细化管理的高度融合。

5. 提升一批小微企业园。按照“产业化集聚、标准化产出、综合化配套、智慧化管理、物业化运营”要求，落实好小微企业园建设管理实施细则，全面加快小微企业园高质量发展，新培育3个以上三星级以上小微企业园，实现企业集聚、产业集群、要素集约、技术集成、服务集中，为小微企业转型升级提供良好生态和重要载体。

6. 大力拓展可持续用地空间。强化工业用地全周期管控，贯彻落实《温州市人民政府办公室关于进一步加强工业用地高质量利用全周期管理的若干意见》要求。加强工业用地（用海）供应，争取五年累计新增工业用地（用海）供应1500亩以上。实施新一轮制造业“腾笼换鸟、凤凰涅槃”攻坚行动，淘汰落后产能，盘活“用而未尽”“建而未投”“投而未达”等工业用地资源，向上积极争取存量盘活利用挂钩等用地指标。扎实推进工业项目准入改革，深化工业企业“零土地”技改，严格实施亩均评价差别化政策，实行“标准地”工业项目联合达产验收，提升工业用地集约化利用水平。严格工业红线划定和管理，建立工业用地占补平衡机制，确保工业用地只增不减。

表 3-1：六大都市型现代工业园区建设导向

原区块名称	地点	占地面积（亩）	改造后土地功能	目前主要产业类型	计划改造后园区主导产业	改造方式
状南工业区	状元街道	323	M1	鞋服、笔、紧固件、智能装备、数字经济	数字经济制造业、时尚产业、新经济产业、生产性服务业	整治提升
农业经济开发区	蒲州街道	811	M1、M0	鞋服、笔、紧固件、智能装备、数字经济	数字经济制造业、时尚产业、新经济产业、生产性服务业	部分拆除重建
龙湾中心工业区	永中街道	1059	M1	装备制造、时尚产业、不锈钢产业	原产业改造提升	整治提升
龙湾黄石村二产工业点	海滨街道、瑶溪街道	127	M1	装备制造业、鞋业、有色金属压延	眼健康（眼谷）	拆除重建
扶贫开发区	瑶溪街道	70	M0	合成革	数字经济	拆除重建
浙南科技城（原温州工业园区）	瑶溪街道	795	M0	化工、合成革、服装	生命健康、智能制造、数字经济	拆除重建 / 整治提升

表 3-2：“十四五”小微企业园名单

序号	名　称	占地面积（亩）	主导产业
1	空港新区永兴南园小微企业创业园	386.7	装备制造业、健康制造业
2	空港新区中港科技小微园	112	装备制造业
3	空港新区流体装备小微园	160	装备制造业
4	空港新区置信时尚产业小微园	123.1	轻工业
5	空港新区铜加工小微园	60.8	有色金属冶炼和压加业
6	空港新区特殊钢小微园	199.6	黑色金属压延加工业
7	空港新区精铸小微园	168	铸造及其他金属制业
8	眼健康产业园	40	眼健康产业
9	空港新区现代农业科技产业园	62.4	农产品加工业
10	空港新区智造园	51	智能装备
11	眼谷科创园	127	眼健康产业

第四章　围绕数字化改革，打造数字经济创新发展强区

围绕全省数字化改革，以“产业大脑 + 未来工厂”为核心融入数字经济系统建设，以数字经济特色载体为依托推进产业量级提升，以应用场景拓展为方向全面推进经济、社会、政府数字化转型，把龙湾打造成具有全省影响力的数字经济创新发展强区。

第一节　融入数字经济系统建设

1. 推动“产业大脑”推广应用。衔接龙湾“城市大脑”分平台建设，以共享省市公共数据平台资源为基础推进政府侧数据汇集，以工业互联网平台为核心推进企业侧数据汇集，搭建眼健康产业大脑 2.0 版等龙湾特色的“产业大脑”数字化平台，实现产业链智慧化、精准化、科学化管理。实施数据资源开放共享工程，逐步丰富和充实龙湾工业数据仓数据，为建设产业大脑提供政府侧数据仓。紧扣浙江省 SupET“1+N”工业互联网平台体系 2.0 建设要求，实施工业互联网创新发展工程，按照“一集群一平台”建

设要求，推动企业“上云用数赋智”，五年建设省级工业互联网平台5个。加快企业内外网改造，推动构建人机物智慧互联的企业“内链”，打通产业链上下游网络化共享、智慧化协作的“外链”，鼓励信息技术服务企业（国技互联）、工业软件企业（天心天思）等搭建一批工业互联网平台，积极推进工业互联网创新融合试点。到2025年，市级工业互联网平台达6个以上。加强工业互联网平台服务能力，引培成熟平台服务商，推进制造业企业上平台、用平台，开发工业APP1000款以上。

2. 打造一批“未来工厂”。结合“541”先进制造业集群，从“流程型智能制造、离散型智能制造、个性化定制、网络协同、远程维护”五个维度，推动全区企业开展智能化技术改造，打造新智造试点示范。实施千企智能化改造行动，有效提升企业信息化、数字化、智能化、网络化水平，三年实现规上工业企业智能化技术改造全覆盖，形成“智能产线、智能工厂（数字化车间）、未来工厂”多层次新智造企业群体。实施新智造示范专项行动，每年在细分行业筛选行业代表性强、基础条件好的企业，通过“揭榜挂帅”方式，建设一批示范项目，探索创建“未来工厂”温州样本。到2025年，打造“未来工厂”3家以上、智能工厂（数字化车间）10家以上。共建新智造标准体系，在设计、生产、管理、服务等制造环节开展新智造技术标准先行先试，依托第三方服务机构和专家团队为企业开展诊断评估，为全省新智造标准体系建设贡献“龙湾智慧”。健全新智造服务保障体系，建设新智造公共服务平台，培育和引进一批智能制造系统解决方案供应商，开展新智造融通工程。

3. 建设和提升数字经济领域重点应用项目。围绕全区经济数字化需求，建设和提升数字经济综合应用、产业大脑数据中枢、产业链数据中心、“亩均论英雄”大数据平台、企业服务综合应用（企业码）等重点应用项目；围绕制造业高质量发展，建设和提升工业项目全生命周期管理系统（一码管地）、小微企业园建设运营全流程管理、新智造公共服务平台等重点应用项目；围绕产业生态体系构建，建设和提升温州市产业人才大数据平台、市公共资源交易服务应用、网上技术市场3.0应用、温州市金融综合服务平台应用、数字展览应用等重点应用项目。

第二节 打造数字经济特色载体

1. 深化数字经济“两区”建设。深入实施数字经济“一号工程”2.0版和五年倍增计划，深化建设省级数字经济创新发展试验区、省级信息经济示范区。紧扣省级数字经济创新发展试验区的创建要求，重点在新产业、新场景、新治理、新机制四个方面开展探索应用，积极打造软件与信息技术服务产业链、智能终端与通信网络设备产业链等一批标志性成果，成为全省数字经济创新发展的龙湾范本。深化建设省级信息经济示范区，进一步推进信息经济企业、机构、人才的提质扩量，放大示范引领作用。

2. 发展一批数字经济特色平台。发挥龙湾区域特色和集聚效应，提质建设浙南科技城、温州空港新区、温州文昌创客小镇“一城一区一镇”为代表的数字经济产业核心平台。结合产业核心平台总体布局，提升浙南云谷、高新区创业园、蓝江软件园、红连文创园等软件和信息技术服务业基地，推进传统电子信息制造业升级；建成投用大唐5G全球创新长三角中心、天心天思数字经济产业中心、北斗产业基地等新平台，加快培育形成大数据、人工智能、物联网、北斗卫星导航等新兴产业集群。

3. 谋引重大项目。依托全国重点数字企业招商地图和龙湾区数字经济产业分布图，动态更新数字经济重点项目库，组织开展数字经济专题招商活动，实施精准招商、敲门招商、定点招商。加大数字经济和制造业重大项目的招商力度，加快龙湾国际云软件生态平台总部、播思5G数字科技总部基地、埃锐克物联网数字科技总部、赛格电子智能产业港等项目的落地、建设，加强数字安防、5G通信设备、超高清视频生产设备等新一代信息技术制造业的招引。加强产业链招商，以招引符合温州市和龙湾区产业布局特点和发展方向的项目为重点，在更大范围、更宽领域和更高层次上借力，突出规模化和产业引领化，重点抓“来了就能落、落了就能产”的大项目。到2025年，新增招引超亿元数字经济项目15个。

第三节 拓展数字化应用新场景

1. 产业数字化。结合产业升级的痛点、堵点和数字化特征，分类制定数字化转型路线图、案例集和工具集，加强服务商对接，全面激活产业数字化转型需求。将数字化转型作为传统制造业改造提升2.0版的主路径，通过工业产品数字化提升、制造方式数字

表4–1：龙湾工业互联网重点平台

1.Linker+ 汽配产业服务云平台（天心天思集团）
2. 国技互联企业级智慧一体化平台
3. 智慧消防系统管理平台（晨泰科技）
4. 亿德云平台（亿德科技）
5. 空港亿谷女鞋智能分拣云平台（卓诗尼）

表 4-2：产业数字化重点发展导向

——传统制造业数字化发展

工业产品数字化提升。围绕五大传统制造业的发展导向，支持企业自主开发、联合开发数字化融合新产品，加强新型传感器、智能控制、物联网芯片等技术在产品中的集成应用，通过技术赋能实现产品迭代升级。

制造方式数字化提升。大力推进“千企智能化”深度改造，鼓励企业开展自动工段、智能产线、数字车间、智慧工厂的逐级改造提升，推进传统制造业绿色化转型，加快传统制造业重塑步伐。

平台企业数字化提升。深入实施工业互联网创新发展工程，支持平台企业实现研发、设计、制造、管理、商务、仓储、物流、孵化等资源要素的在线化汇聚和平台化共享。依托 5G 网络等新型基础设施，在新设施、新技术、新应用领域形成一批工业应用场景。推进企业高水平上云、深层次用云，提升研发生产、管理运营、业务创新效率和水平。

产业基础数字化提升。加快电镀产业整合提升，实施电镀园区改造升级，引进优质“三废”循环利用企业落户龙湾，打造绿色化电镀园区。加快铸锻造产业优化升级，引入数字化服务供应商，补强传统制造业基础。

——重点服务业数字化发展

数字贸易。探索建设温州（龙湾）新型数字贸易港，聚焦发展新零售、数字电商。推进网上超市、网上餐厅、网上菜场等数字商贸新模式新业态创新发展，鼓励开展直播电商、社交电商、社群电商等智能营销新业态，推进新零售发展。依托温州跨境电商综试区建设，高标打造温州首个新型数字贸易港，推进红连跨贸园、麒麟阁等载体建设，推动数字电商发展。

数字物流。加强与中国交通通信信息中心的战略合作，整合多方资源，建设国家综合物流信息服务平台，打造国家智慧物流综合服务中心。加快温州空港物流园区建设，提升圆通速递、省邮政速递、申通瑞丰、顺衡速运等重点物流项目配套服务，打造浙南区域性现代物流中心。发展智慧物流共享经济，探索发展“无车承运人”模式，推进第三方全民众包物流平台建设。完善城市配送体系，推动城市末端配送体系规范化标准化，鼓励夜间配送、共同配送等新配送模式创新。

数字金融。推动不动产线上抵押登记服务，扩大“浙里贷”等线上贷款覆盖面。推动移动支付接入政府公共支付平台，全面提升全区移动支付业务量。深化金融综合服务平台试点应用，搭建集金融供需对接、信用评价、线上抵押登记等功能于一体的“信贷超市”。积极导入金融资本合作资源，引进专注区块链产业应用的国内创投基金、产业基金落地。探索建设金融监管沙盒，推动区块链技术在数字票据以及跨境结算等领域试点。

化提升、平台企业数字化提升、产业基础数字化提升，以数字化手段整合利用产业领域“物资、人才、订单、资金”等资源，推进五大传统制造行业数字化转型。推进互联网、大数据、云计算、人工智能等数字技术在服务业各领域全面渗透和深度融合应用，重点发展数字贸易、数字物流、数字金融。

2. 社会治理数字化。贯彻落实省市数字社会系统建设的部署要求，衔接市级城市大脑，以满足群众高品质生活需求和实现社会治理现代化为导向，围绕“幼有所育、学有所教、劳有所得、住有所居、文有所化、体有所健、游有所乐、病有所医、老有所养、弱有所扶、行有所畅、事有所便”社会事业 12 大领域，打造一批跨部门多业务协同应用，在未来社区、未来乡村等综合场景中先行试点突破，为社会空间所有人提供全链条、全周期的多样、均等、便捷的社会服务，为社会治理者提供系统、及时、高效的管理支撑。发挥“民生服务 + 社会治理”双功能作用，打造全省领先的“数字生活引领城区”。

3. 建设数字政府。按照“整体智治”的思路，依托全市“1158+X”架构体系，构建以公共数据资源全面、畅通、安全汇聚共享为支撑，以多业务协同和大数据分析场景应用为突破点的“城市大脑”龙湾样板。强化公共数据治理体系建设，推进区级部门业务系统上云，实施政务外网 IPv6 升级改造，推动构建常态化公共数据开放的工作机制。深化“互联网 + 政务服务”应用，优化“网上办事”，打造政务服务 2.0 版；优化“掌上办事”，实现掌上办事“一端通办”；优化“自助办事”，推动户籍、不动产、社保、公积金等高频服务事项就近自助办理。深化“互联网 + 协同办公”应用，推广“浙政钉”应用；推进一体化智慧办公，加快协同办公系统升级；深化机关内部“最多跑一次”改革，力争上线事项实现 100% 网办，推动机关内部“一件事”网上、掌上联办。

第四节　强化数字新基建支撑

1. 全面升级通信网络基础设施。高水平建设 5G 宽带网络，加快布局基于 IPv6 的下一代互联网等新型互联网基础设施和高等级绿色云数据中心，提升 IPv6 用户普及率和网络接入覆盖率。到 2025 年，实现全区 5G 网络 100% 覆盖。布局全域感知物联网基础设施，结合未来城区场景需求，推进高、中、低速物联网基础设施建设，协同部署 5G、LTE-M 和窄带物联网（NB-IoT）等蜂窝物联网。加强物联网、智能传感网等感知神经元在数字城市、社区、乡村基础设施部署，建设数量超百万量级的感知节点，打造“万物互联、无时不有、无处不在”的神经感知网络。

2. 积极部署新技术和算力基础设施。积极部署以人工智能平台、云计算服务平台、区块链为重点的新技术基础设施。积极建设人工智能开放创新平台，培育一批“人工智能 +”优秀服务解决方案，拓展智能工业、智慧医疗、智慧物流、社会治理等应用；结合优势产业，争取在工业、电商、物流、医疗、教育等行业领域建设特色云计算服务平台；围绕信用体系建设、金融风控、数字版权交易、电商物流等领域，推进区块链行业应用服务平台建设。择机布局以绿色数据中心、边缘计算中心、超级计算中心为代表的算力基础设施。

3. 深化布局融合型智能化基础设施。规模部署城市智能感知网络，推进物联网、视觉识别、安全物联网、数字孪生等技术在城市基础设施中的融合应用；围绕街区楼宇、道路桥梁、地下管网、环境卫生、公共治安等城市场景，推进视频、智能传感器、射频识别、电子标签等前端智能感知终端深度覆盖和集成共享，合理部署智慧路灯、智慧井盖、智慧泊车等数字基础设施，构建面向未来的新型城市。

第五章 围绕高质量发展 实施制造业八大工程

以新发展理念引领制造业高质量发展，强化创新驱动引领，推进产业链重塑和融合发展，增强企业和产品竞争力，推行现代化制造方式，提升产业治理效能，全力推动龙湾制造业加速转型蝶变，为龙湾打造制造业高质量发展示范区和建设新时代“两区”提供制造支撑。

第一节 制造业创新造峰工程

1. 锻造高能级科创平台。推动瓯江实验室成为生命健康领域国家实验室重要组成部分，布局建设高校研究院等各类重大科创平台，打造全球先进制造业基地的浙南创新策源地中枢。提升制造业基础创新能力，大力引进培育和提升发展高能级研发平台和新型研发机构，重点推进国科温州研究院、光子集成创新研究院等建设，到 2025 年，累计打造高能级创新平台 12 家以上。提升眼视光、激光与光电、数字经济（物联网应用）等产业创新服务综合体的运营水平，强化综合体对产业创新发展的带动助推、引领示范作用。推进产业协同创新，实施产业技术创新战略联盟发展工程，支持龙头企业牵头组建创新联合体、省实验室、制造业创新中心等载体，探索“链长制”政企协作创新攻坚模式，到 2025 年，力争建成省级制造业创新中心 1—2 家。组织基础研究与关键核心技术研发，重点瞄准生命健康、激光与光电、新能源汽车等制造业产业细分领域，开展前沿技术探索、关键共性技术研发以及工程化转化，力争实现每年实施 5 个以上制造业科技创新攻关项目。

2. 提升企业自主创新能力。强化企业创新主体作用，健全科技型企业“微成长、小升高、高壮大”梯次培育机制，实现规上制造业企业研发活动、研发机构、发明专利全覆盖。实施单项冠军培育行动，加快构建创新型领军企业培育库，五年累计培育创新型领军（瞪羚）企业 13 家以上。建设企业主导的新型研发组织，培育并建设一批国家级、省级、市级的企业技术中心、企业研究院、工程研究中心，形成创新成果“研发转移转化—中介产业化服务—地方产业化示范”体系。发挥上海科创飞地嘉定菊园科创园等平台示范带动效应，提升建设嘉定菊园（龙湾）科技合作基地、离岸科技企业孵化器，打造开放型区域协同创新综合体，主动承接上海、杭州等地高端要素资源溢出和辐射效应。到 2025 年，新培育省级企业技术中心 5 家，规上工业企业研发费用占营业收入比重达到 3.5%。

——已引进的高能级研发机构：中国科学院大学温州研究院、光子集成（温州）创新研究院、中国眼谷、温州大学激光与光电智能制造研究院、温州大学新材料与产业技术研究院、温州大学大数据与信息技术研究院、杭州电子科技大学温州研究院、北大——温州激光与光电子联合研发中心、浙江工业大学温州科学技术研究院。

——拟引进的高能级研发机构：中国信通院、中国科学院自动化研究所温州先进制造研究院等。

3. 完善制造业创新生态。打通基础研究、技术开发、成果转化、产业创新全流程，建立健全以企业为主体、市场为导向，“产学研用金、才政介美云”十联动的制造业创新体系。发挥“互联网 +”新优势，依托温州科技大市场，建立科技成果转化中试基地或联盟，建设基于企业技术需求的科技成果资源数据库，链接全国重点区域网上技术市场，嵌入全国技术交易网络。着力培育一批专业化、服务能力强的技术转移转化机构，完善科技成果转移转化产业化创新服务链。推进科技资源开放共享，建设科技资源共享服务平台，建立健全统一的管理数据库和科技报告制度，加快向企业和社会开放共享。加大对企业新产品、首台套、首批次、首版次产品支持力度，重点推进装备首台（套）、材料首批次、软件首版次推广应用。到 2025 年，新认定省级首台（套）产品 7 项、首版次软件 3 个以上。探索建立研究开发、成果转化容错保护机制。

第二节 制造产业链提升工程

1. 打造区域优势产业链。建立健全“一链一方案”和产业链“链长制”，做深做细龙湾区数字经济、智能制造、生命健康等标志性产业链，支持发展智能阀门装备、高端特色钢等地方特色的细分产业链。围绕产业链条化发展，聚焦进口依赖领域，配合市里滚动更新产业招商地图，建立区级产业链强链补链延链项目库，加强国内外产业合作，重点招引与传统制造业关联度高的产业链高附加值企业、科技

表 5–1：龙湾高能级研发机构

——已引进的高能级研发机构：中国科学院大学温州研究院、光子集成（温州）创新研究院、中国眼谷、温州大学激光与光电智能制造研究院、温州大学新材料与产业技术研究院、温州大学大数据与信息技术研究院、杭州电子科技大学温州研究院、北大—温州激光与光电子联合研发中心、浙江工业大学温州科学技术研究院。 ——拟引进的高能级研发机构：中国信通院、中国科学院自动化研究所温州先进制造研究院等。

型企业和项目。超前布局前沿科技研究及产业化应用，以高能级科创平台为主要依托，在人工智能、生物工程、量子信息等领域培育一批重量级未来产业，建设未来产业先导区。大力发展应急产业，加强应急物资及产能储备，做强应急物资产业链。

2. 推进制造业产业基础再造。实施工业强基2.0版，聚焦智能阀门装备、高端特殊钢、时尚鞋服等基础配套产业链，围绕核心基础零部件（元器件）、先进基础工艺、关键基础材料和产业技术基础，建立“产业链—基础领域—企业—项目”一体化储备机制。围绕重大装备、重点领域整机的配套需求，重点发展一批高性能、高可靠性、高强度、长寿命、智能化的基础零部件。开展关键制造工艺联合攻关，加强数字化、智能化先进基础工艺研发。加快推进科技含量高、市场前景广、带动作用强、保障程度低的关键基础材料产业化。

3. 推进产业链协同创新强链。实施进口替代战略和“卡脖子”技术攻关工程，配合市里滚动编制重点产业关键核心技术清单、“急用先行”优先部署技术清单和前沿技术清单，通过“揭榜挂帅”，组织实施一批供应链安全备份项目，对标开发国产替代产品。支持龙头（头部）企业牵头组建产业链上下游企业共同体和产业创新联盟，依托世界青年科学家峰会等大型活动，加快技术成果产业对接转化，构建全生命周期创新链。加快构建瑞浦能源电池等具有温州特征的标志性产业链，鼓励本地配套企业积极融入产业链协同创新体系。到2025年，五大传统制造业实现标志性产业链和头部（关键技术）企业全覆盖，实施智能阀门装备等传统制造业领域市级及以上重大科技项目及“卡脖子”技术攻关项目10个，实施产业链协同创新项目5项以上。

4. 加快培育共享制造新模式。推进共享制造平台建设，分行业培育发展“平台接单、按工序分解、多工厂协同”的共享制造新模式。鼓励支持有条件的行业龙头企业围绕共享制造环节，集中配置通用性强、购置成本高的生产设备，建设提供分时、计件、按价值计价等灵活服务的共享制造车间（工厂）。完善基础服务体系，围绕研发设计、检验检测、技术成果转化等方面共性需求，依托现有骨干企业、科研院所等资源，打造一批产业技术基础公共服务平台，强化共性技术攻关。创新资源共享机制，鼓励制造业企业开放大型研发仪器设备、专业人才、仓储物流、数据分析等服务，提升产业链协同共享能力，完善共享制造发展生态。

第三节　“两业”深度融合工程

1. 培育服务型制造。大力发展服务型制造新模式新业态，引导制造业企业由提供产品向“产品+服务”转型，分行业推进原材料、消费品、装备工业与服务业融合发展。支持产业链龙头企业与配套服务企业深度融合发展，支持平台型企业、龙头骨干企业等发展专业化服务、提供系统解决方案，建设服务型制造公共服务平台和功能区，分行业分领域探索融合发展路径。提升工业设计“赋值”能力，实施制造业企业设计能力专项行动，建设一批辐射带动效应明显的工业设计基地，推进设计成果转化应用。发展服务衍生制造，鼓励服务企业向制造环节延伸，强化服务型制造研究院建设。到2025年，争取形成省级工业设计中心10家、创建省级服务型制造示范企业（平台）15家。

2. 发展制造服务业。聚焦提升制造业创新能力、供给质量、生产效率、绿色发展、发展活力、供应链创新应用等重点环节和领域，以高质量的服务供给引领制造业升级和品质提升。加快发展研发设计、软件与信息服务、现代物流、检测认证等生产性服务业，补齐专业服务、高端服务短板，推动先进制造业和现代服务业深度融合发展。围绕制造业共享服务需求，引导建设集战略咨询、管理优化、解决方案创新、数字能力建设等功能于一体的综合性服务平台。支持制造服务业集聚发展，构建区域协同发展生态，增强产业布局协同性，形成一体化发展的制造服务业生态圈。“十四五”时期，重点领域制造服务业专业化、数字化、品牌化的发展水平明显提高，形成一批特色鲜明、优势突出的制造服务业集聚区和示范企业。

3. 推进“六链融合”。加快推进产业链、创新链、金融链、人才链、服务链、生态链“六链”有机融合，加速迸发制造业高质量发展的“裂变效应”，激发产业活力。聚焦龙湾“541”先进制造业集群，通过“创新产业化”和“产业创新化”把科学技术导入制造业体系，保障产业链，巩固竞争优势；围绕产业链部署创新链，以链式融合创新提升制造业产品竞争力和创新话语权。围绕创新链配置金融链，支持发展科技金融、小微金融、信贷金融等，激发产业创新活力。健全完善人才链，高水平实施“特支计划”“罗峰领雁”等人才工程，激发制造业创新创业原动力。围绕一流营商环境，打造将科技政策和产业政策整合起来的“服务链”，利用政策杠杆，着力改善制造业企业科创、投融资环境。聚力制造业生态链营造，集聚产业、企业、人才和资源要素。

4. 培育“两业”融合主体。开展“两业”融合区域集聚试点，依托空港智造新区、温州文昌创客小镇的建设和状南工业区、中心工业区等工业区块的整合提升，争取打造若干个“两业”深度融合试点标杆区块。开展“两业”融合示范企业试点，鼓励区域平台型企业通过行业垂直纵深、产业链条整合等路径实现平台业务和运作模式创新，支持龙头企业围绕核心制造环节和服务功能延伸拓展，引导中小微企业以专业化分工、服务外包等方式与大企业建立稳定的协作配套关系。支持试点企业拓展“两业”融合发展路径，形成具备行业示范价值的新模式新业态。

第四节 企业竞争力培育工程

1. 构建"五企"培育体系。实施"小升规""雏鹰行动""放水养鱼""凤凰行动""雄鹰行动"五大行动，培育隐形冠军、专精特新"小巨人"、单项冠军、雄鹰企业、"链主"企业，构建大中小企业融通发展的"五企"培育体系。建立健全"雄鹰行动"重点培育企业库，推进大企业裂变提质"骄子工程"，培育领军型头部企业。实施"凤凰行动"计划，打好企业股改上市和并购重组"组合拳"，建立企业上市跟踪服务机制，支持上市公司通过并购重组加速做强做大。动态建立创新型、科技型、成长型优质中小微企业"雏鹰行动"培育库，引导企业走"专精特新"之路，积极培育"隐形冠军""单项冠军"和独角兽企业，打造"单项冠军之区"。建立健全"放水养鱼"机制，实施个体工商户发展"鱼跃计划"，激发小微企业发展活力。到2025年，力争实现雄鹰企业1家以上，专精特新"小巨人"10家以上，单项冠军1家以上，省"隐形冠军"4家以上，省"隐形冠军"培育企业30家以上，规上工业企业达620家以上，力争5家上市企业。

2. 促进大中小微企业融通发展。依托产业联盟、行业协会等资源，围绕供应链整合、创新协作、数据应用等产业发展关键环节，加强以大带小、整零协同，开展终端产品企业、整机企业与零部件企业间全产业链融通合作，重点培育数字经济、智能装备等行业关联度较高的产业集群，构建大中小微型企业互补、协同发展新格局。充分发挥龙头企业"头雁效应"，加快延伸产业链条，以产业链之间的互补联动效应，带动上下游中小微配套企业融通发展，推进产业集聚协同。引导中小微企业找准龙头企业产业链条自身环节定位，全方位加强与大企业间协作配套对接，为龙头企业高质量供给所需产品及服务，实现挂大靠强集群发展。

3. 提升制造业企业经营水平。打好企业管理创新、企业减负等"组合拳"，持续改善企业经营状况，推动工业企业利润持续向好。实施制造业减负降本行动，全面落实中央、省级关于减税降费政策，围绕降低企业用能、用工融资等生产经营成本，制定政策，降低制造业企业负担。实施企业管理现代化对标提升行动，开展规上制造业企业管理对标评价和诊断，打造1—2家省级管理对标提升标杆企业。引导制造业企业建立健全现代企业制度，引育先进适用的管理理念、方法和模式，促进企业长期稳健经营，推进企业治理现代化，造就一批持续领先的百年制造名企和成长型企业。鼓励企业积极应用大数据技术，聚焦生产工艺、过程控制、供应链管理、精准营销等生产经营重点环节，提升智能决策和控制水平。

第五节 制造业品质革命工程

1. 推动产品质量革命。深入实施"质量强企"战略，推广先进质量管理方法，加强企业全生命周期质量管理，组织企业申报制造业领域的国家、省、市级质量奖，树立一批质量标杆。提升产品供给质量层次，加快研发投产一批有自主知识产权、有较高附加值、有市场竞争力的高质量新产品。实施以质量为主题的助企服务行动，开展质量会诊、修复一条龙服务，推动检验检测认证结果全国互认，完善政府质量奖励制度。完善产品全生命周期质量追溯机制，建立健全缺陷消费品召回制度。加强质量诚信建设，实行质量"黑名单"制度。

2. 提高制造品牌影响力。实施"品牌兴企"战略，推进"品字标"品牌培育提升工程，引导企业加大自主品牌建设力度，打响一批标准领先、品质卓越的"龙湾制造"自主品牌。健全品牌培育服务体系，出台扶持品牌发展专项产业政策，完善企业创品牌奖励制度，引导企业对品牌商誉的持续投入。加快品牌国际化步伐，支持有条件的企业注册国际商标，收购兼并国际品牌。以政府牵头、行业组织、企业参与的方式，加强对区域品牌的保护和宣传，综合运用专利、商标、著作权、质量标志等措施，建立完善的品牌保护体系，打响五大传统产业区域品牌。完善品牌保护体系，加大品牌侵权监督、查处力度。到2025年，培育"品字标"品牌企业20家、浙江制造精品5个。

3. 优化先进标准供给。坚持高标引领，引导企业对标达标所在行业工艺、装备、产品、管理、信息化等先进标杆，开展对标达标提升活动。实施企业标准领跑者制度，鼓励龙头企业主导或参与国际、国家、"浙江制造"标准及行业标准的制定、修订；支持组建一批产业技术标准创新联盟，加快关键核心技术标准研制，力争形成一批"龙湾制造"标准体系，切实增强龙湾制造业标准的引领力和话语权。支持企业积极参与国际标准化合作，带动"龙湾制造"产品、技术和服务"走出去"，提升标准国际化水平。探索标准服务体系建设，提供标准研发、标准实施咨询等服务。发挥温州知识产权大港湾、温州科技大市场等平台作用，建设知识产权运营中心，优化知识产权服务体系。到2025年，新增"浙江制造"标准15项。

第六节 新发展格局融入工程

1. 扩大国内市场网络。深化龙湾制造拓市场行动，支持制造业企业与国内大型流通企业、电商企业合作，持续释放"春雷计划""严选计划""商超计划"的带动作用，推动产销深度融合，提高国内线上线下市场开拓能力。支持垂直电商平台与龙湾制造企业开展深度合作，加大对非消费类工业品网络营销力度，利用消费端数据驱动产业链上游生产制造，推动出口产业链有序向内销产业链切换。积极推进浙江制造"百网万品"拓市场专项行动，开拓"龙湾制造"新市场，释放健康、5G、汽车等消费潜力。借力国家信息消费示范城市建设，抓好信息消费示范项目建设。推动快递业

“两进一出”发展，“融合制造服务‘进厂’”引领龙湾智造。

2. 加强全球资源链接。实施全球精准招商，锚定数字经济、智能装备、生命健康等产业链和创新链，绘制全球重点产业图谱、世界一流企业分布图、全球创新地图三张图谱，引进项目、资金、技术和管理经验。支持企业在“一带一路”沿线国家开展境外投资、跨国并购、境外园区建设，支持企业组团“出海”，有效布局全球产业链。实施品质浙货行销天下工程，支持拓展国际营销网络。加快温州综合试验区全球新型数字贸易园区建设，形成线上线下、进口出口的新零售新跨贸、买全球卖全球协同发展新格局。完善温商回归、龙商回归、侨商回归体制机制，构筑双向开放高地。积极做好制造业企业“走出去”有关外汇兑换、融资服务、信用担保、人才支撑、法律服务、风险预警等服务。加强对外合作交流，积极举办各类国际会议、学术论坛、交流展会等活动。

3. 融入长三角一体化发展。主动对接长三角优势产业，精准嵌入产业链高端环节，构建跨区域产业链配套体系，协同做好数字经济、生命健康等产业链工作，有效承接外溢产业梯度转移。积极参与长三角产业链安全协调机制，共建共享安全可控产业链。参与建设“数字长三角”，共推共建长三角工业互联网一体化发展示范区，争取布局区域互联网数据通道和数据中心，落地实施新型互联网交换中心等项目。加强与上海、杭州、宁波高新区等地“数字飞地”“产业飞地”“科研飞地”“人才飞地”合作，建立健全制造业生产、创新等领域的合作发展机制。依托浙江自由贸易区温州联动创新区创建，做好“数字＋自贸区”大文章。

第七节　绿色制造示范工程

1. 构建绿色制造体系。实施绿色制造工程，坚决落实碳达峰、碳中和要求，开展制造业碳达峰行动，系统谋划产业绿色转型，加快形成一批绿色产品、绿色工艺、绿色工厂、绿色产业链和绿色供应链。创建绿色园区，深化推进省园区循环化改造试点，规划建设浙南绿色循环产业园，推行园区综合能源一体化解决方案。打造绿色工厂，引导企业全流程绿色化发展，优化制造流程、技术装备、生产制造管理等重点环节。落实全市制造业千企节能改造行动，推动高耗低效企业全面出清，提升制造业绿色发展水平。开发绿色设计产品，应用绿色设计新技术，采用绿色环保新材料，组织不锈钢、童装、童鞋等产品开展国家、省级绿色设计产品申报。推进节能环保、新能源装备等产业发展，构建制造业绿色产业链。完善绿色供应链，支持上下游企业建立长效绿色供应链，构建绿色物流体系。到 2025 年，争取新增国家级、省级绿色工厂各 1 家。

2. 实施节能循环行动。实施新一轮制造业“腾笼换鸟、凤凰涅槃”攻坚行动，坚决淘汰整治低效高耗企业，坚决遏制“两高”项目盲目发展，全域整治工业低效用地，腾出土地空间，腾出用能空间，腾出龙湾未来发展空间。实施能源“双控”制度和能效领跑者计划，鼓励重点用能单位采用高效节能设备、先进用能监测控制技术，应用合同能源管理模式。加强固定资产投资新增项目节能评估与用能审查，推进旧厂区改造和生产过程清洁化改造，加快淘汰落后的高耗能产品、设备和生产工艺。加快天然气、光伏发电等绿色能源供给，持续推进工业节约发展。实施新一轮循环经济建设行动，加快重点行业、园区、企业循环化改造，全面推行循环生产方式。积极发展再制造，规范发展废钢、废塑料、废旧轮胎等综合利用企业，探索新能源汽车动力电池、光伏组件等固废循环利用商业模式，谋划构建再生资源回收利用体系。

3. 攻坚制造污染防治。加大工业治水攻坚力度，推进不锈钢、阀门等重点行业清洁化改造，打造工业园区（工业企业）“污水零直排区”。推进工业废气治理攻坚，强力开展清洁排放改造、挥发性有机物综合治理、超低排放改造与关停并转。推动工业土壤污染治理，完善危险废物、污泥、残留污染物处置监管设施配套，深化重金属污染综合防治，完善废旧电池、电子产品等回收利用体系。完善生产安全风险防控和隐患排查治理体系，推进企业安全生产标准化建设，健全安全生产责任和管理制度，运用新一代信息技术提升重点行业本质安全水平。

第八节　营商环境最优工程

1. 创新体制机制。打造优化营商环境“10+N”行动 2.0 版，深入推进“放管服”改革，持续降低企业制度性成本。精准纾困破除发展堵点，紧扣“三服务”2.0 版迭代升级企业码，深化“万名干部进万企”助企服务行动，开展“共性问题”破难攻坚，强化惠企政策“直通车”推广，完善“有求必应”营商专员（代办员）制，实行代办服务、全过程服务、网上申报服务。建立健全区“亩均论英雄”大数据平台，分领域分行业实施“亩均效益”领跑者行动，分类推进低效制造企业改造提升。健全制造业要素优化配置体制机制，推动要素资源向优势产业、优质企业、优势区域集聚。强化工业用地全周期管控，探索产业用地市场化配置机制，实施“标准地＋承诺制＋代办制＋区域评估”改革，建立“供给—监管—退出”全生命周期等管理制度。全面落实市场准入负面清单制度，加强制造业企业信用体系建设。

2. 强化人才支撑。推进“鲲鹏计划”等重大人才工程向制造业倾斜，实施新时代工匠培育工程、“新动能工程师引进计划”和“金蓝领”职业技能提升行动，培育一批高素质劳动者和技术技能人才。加大力度引育海外人才和“万人计划”制造业专家以及领军型人才团队（项目）。开展“百企聚才”专项行动，落实企业职工教育培训经费列支政策，充分激发企业引才主体作用。全面推进高校毕业生招引、在温高校毕业生留龙工作。加快职业教育改革，推行“校中厂”“厂中校”办学模式，实现校企定向培养“现代学徒”。加大人才保障性住房、蓝领公寓供给，完善教育、医疗卫生、文化商业等基础设施配套，打造产城人融合生态圈。到2025年，建成1家人力资源服务产业园。

3. 加大财政金融扶持。统筹产业、科技、人才、招商等区级财政资金，加大对制造业关键领域、重点平台、重大项目以及各类试点示范的扶持力度，确保每年不少于3亿元。优化专项资金使用方式，强化专项资金的“点对点”精准撬动、放大作用，实施绩效评价和动态调整。做好全区政府产业基金的顶层设计，吸引社会资本共同组建“定向投资基金”。支持科技金融发展，统筹各类资本设立“152”工程基金、上市企业股权投资基金、天使投资基金、科技成果转移转化基金等创新创业基金，打造温州科技金融中心一站式全方位服务特色金融港。优化信贷期限结构，创新中长期贷款产品和服务，深化还款方式创新，增加制造业中期流贷、技改贷，进一步推广年审制、无还本续贷、循环贷等方式。鼓励金融机构增设小微企业信贷专营机构，提高对科技型小微企业的风险容忍度。

4. 推动民营企业健康发展。贯彻落实《浙江省民营企业发展促进条例》，全力优化民营经济发展环境，打造高效政策环境、优质服务环境、公平法治环境、优良社会环境。重视弘扬新时代企业家精神，开展企业家素质提升系列活动，创新开展“青蓝导学”“红色接力”等活动，建设龙商家园。实施新时代“青蓝接力”企业家培养工程，培育壮大龙商“领头雁”和新生代“雏鹰”队伍，进一步促进民营企业家健康成长。加强民营企业党组织建设，推进规上非公企业党建全覆盖。深化基层商会改革，探索推进“以商促商、以商引商”新型商会建设。完善民营企业家容错关爱机制，深化落实涉企柔性执法、重大涉企案件报告、企业家紧急事态应对等制度。推动“三服务”和“万名干部进万企”行动制度化、常态化，构建“亲”“清”政商关系，护航民营企业健康发展。

第六章 保障措施

第一节 强化组织协调

加强组织领导。建立健全龙湾区（高新区）制造业高质量发展和数字经济发展领导小组，统筹布局全区制造业和数字经济发展的各项工作任务，协调解决发展过程中的重大问题与共性困难。区政府统一组织本规划实施，制定年度工作计划，分解发展目标、主要任务，明确牵头单位、工作责任。

形成部门合力。各部门、各街道要认真贯彻本规划战略意图和主要任务，在制定规划、计划、政策时强化衔接，完善规划实施衔接机制，细化本规划提出的主要任务，构建“及时发现问题—深入分析面上问题—及时出台政策—快速解决问题”的工作闭环。

第二节 强化监测考评

强化督查考核。把推进制造业高质量发展和数字经济发展作为龙湾各相关部门目标责任制考核的重要内容，建立健全“目标管理、责任捆绑、督查考核”机制，重点任务落实与责任单位年度考绩挂钩，形成推进工作落实的闭环管理。完善产业培育、项目推进、机制改革等定期会办、通报、督查等制度，全程跟踪任务落实和目标完成情况。

做好监测分析。完善制造业高质量发展和数字经济发展的统计监测和统计综合评价指标体系，优化信息交流、定期报告和统计监测调查制度。加强规划实施的监测分析，开展规划实施阶段性评估，根据科技和产业发展的新趋势和新变化，适时组织开展规划调整工作。

第三节 强化落地支撑

完善政策引导。积极争取并用好用足用活中央和省、市级政策，深入探索完善制造业高质量发展和数字经济发展的政策支持体系，充分发挥政策的引导与支持作用。持续强化政策制度创新，开展规划实施创新激励政策，激发制造业与数字经济发展活力。建立和完善政策评估工作机制，及时调整和更新政策，增强政策落实效果。

强化项目支撑。建立健全项目推进机制，加强项目实施管理，做好项目建设服务。建立重大项目协调机制，提高重大建设项目协调水平。强化各部门、各街道的沟通和协调，加强项目规划实施指导，确保重大项目实施完成。坚持以规划确定项目、以项目落实规划，健全重大项目储备库制度，在重点领域谋划一批关系全局和长远发展的重大制造业项目。

第四节 强化推广宣传

加强示范宣传。及时总结、宣传规划实施取得的重大成就、重大成果、重大亮点以及先进企业的典型经验、做法。加强对典型先进制造业企业、园区平台的宣传，搭建合作交流平台和培训实践基地。

加强阵地宣传。发挥新闻媒体的舆论引导和监督作用，充分利用电视、广播、报纸、互联网等多手段，多种形式开展制造业高质量发展和数字经济发展理念推广及产业知识普及活动，营造“十四五”规划实施的良好氛围。

关于全面加快科技创新推动工业经济高质量发展的若干政策意见

温龙政发〔2022〕33号

为贯彻落实新发展理念，深入实施制造业“双轮驱动”战略，加快建设温州产业新城，推进工业经济稳进提质，建设具有全省影响力的先进制造业基地、数字经济创新发展强区，在《温州市人民政府关于全面加快科技创新推动工业经济高质量发展的若干政策意见》（温政发〔2020〕13号）、《温州市人民政府办公室关于修订部分市级产业政策的通知》（温政办〔2021〕83号）等文件的基础上，结合我区实际，进一步制定如下政策意见。

一、激发企业创新活力

1. 鼓励加大研发投入。对国家级科技项目、省重点研发计划项目（省重大科技专项）的牵头单位，给予国家级、省级补助额50%的奖励，最高奖励分别为200万元、100万元。对购买各类技术创新服务的企业，可以使用科技创新券抵扣，单家企业全年使用创新券购买服务在5000元（含）以下，创新券可全额抵扣，5000元（不含）以上部分抵扣50%，全年合计抵扣不超过5万元，其中使用创新券购买服务单笔抵扣金额在1000元（不含）以下的不予兑现。

2. 支持建设创新载体。新认定为国家级、省级、市级企业技术中心的企业，分别给予350万元、50万元、10万元奖励。当年通过市级企业研发中心备案的企业，给予3万元奖励。首次获得国家实验室认可证书的企事业单位，给予20万元奖励。

二、大力培育产业新动能

3. 大力培育高成长型企业。新认定为省科技型中小企业给予3万元奖励。新认定为国家制造业单项冠军示范企业、国家专精特新“小巨人”企业、省级隐形冠军企业、省级专精特新中小企业分别给予150万元、100万元、75万元、10万元奖励。新认定为国家制造业单项冠军产品的企业，给予75万元奖励。首次认定为区级瞪羚企业、区级雏鹰企业，分别给予40万元、20万元奖励。首次入选科技部火炬中心独角兽企业榜单、区级独角兽企业培育名单的企业，分别给予200万元、80万元奖励。运用企业创新积分年度评价结果，统筹放大对高积分企业的有效支持，对成熟期、扩张期、成长期的企业，在本分类中排名前1%的，分别给予30万元、30万元、10万元补助，每类企业最多补助3家；初创期、种子期的企业，在本分类中排名前2%的，给予5万元补助，初创型企业最多补助3家，种子期企业最多补助10家。

4. 着力发展数字经济。新获评市级数字经济产业园，次年起其入驻企业规上数字经济核心产业营业收入同比增速达到20%以上的，给予园区运营企业20万元奖励。新迁入本区的规上数字经济核心产业制造业、互联网、软件和信息技术服务业的企业，次年起营业收入同比增速达到10%以上的，连续两年给予20万元/年奖励，两年内出现退规的，退规当年终止奖励。年新增软件著作权5件（含）以上的企业，给予0.1万元/件奖励。参加经区经信局认定（或组织）境内外数字经济展览会的数字经济企业，给予展位费80%的补助，同一展会最多补助4个标准展位，境外、省外、省内市外、市内区外的每个标准展位费最高补助分别为1.5万元、1.2万元、0.8万元、0.5万元，每家企业每年最高补助15万元。

5. 推进产业数字化改造。工业企业一年内生产性设备与信息化投入100万（含）—200万元的技改项目，给予投资额10%的补助。对当年在软件、网络建设及信息技术开发投入100万元以上的建筑业施工企业，给予投资额15%的补助，最高补助100万元。对入选国家、省、市工业技术软件化示范项目的企业，分别给予75万元、45万元、30万元奖励。购买云服务产品和内容2万元以上的企业，给予实际购买额30%的补助，最高补助50万元。

三、支持企业做大做强

6. 支持企业挂牌上市。上一年度营业收入1000万元以上的企业改制设立股份制有限公司，给予10万元奖励。在浙江股权交易中心成长板成功挂牌的企业，给予30万元奖励。市外“新三板”挂牌企业将注册地和财政收入迁入本区的，给予30万元奖励。企业在国内A股上市的，实施分阶段奖励，其中完成辅导备案的，给予100万元奖励；报会受理的，给予300万元奖励；在北交所成功发行上市的，给予400万元奖励；在主板、创业板、科创板成功发行上市的，给予600万元奖励。企业在美股、港股成功发行上市的，给予600万元奖励。

7. 支持制造业稳定发展。在本区范围内没有工业用地且以租赁厂房生产经营的规上工业企业，经租赁备案后，年亩均营业收入达到600万（含）—800万元、800万（含）—1000万元、1000万（含）—1200万元、1200万元以上的，分别给予每月每平方米2元、3元、4元、5元补助，每家企业每年最高补助50万元；企业已取得土地或厂房合法权证，但因股权重组、投资或其他合作组成新公司而租用该厂房进行生产经营的、承租企业与出租企业当年有股东相同的、因工业有机更新厂房由国有单位收购（或征收）并用于原生产企业生产的不给予补助。

8. 降低企业融资成本。获得龙湾区国有政策性融资担保公司融资担保贷款并缴纳担保费用的企业，给予融资担保费用总额50%的补助，每家企业每年最高补助20万元。

9. 加快制造业绿色转型。首次通过省级、市级清洁生产的企业，分别给予5万元、3万元奖励。首次通过区级水平衡测试验收合格的企业，给予3万元奖励。新创成省级节水型的企业，给予2万元奖励。

10. 扶持建筑业发展壮大。建筑施工总承包企业年产值达到5亿元的，奖励3万元；超过5亿元以上部分，每增加5亿元奖励2万元，最高奖励30万元。建筑施工专业承包企业年产值达到2亿元的，奖励3万元；超过2亿元以上部分，每增加2亿元奖励2万元，最高奖励30万元。本地企业外出承建项目且税收缴在本区的，区外承建项目产生年产值超过1亿元的，按年产值0.4%给予不超过500万元奖励。首次晋升为特级（综合）资质、壹级（甲级）资质的建筑施工总承包企业，分别给予500万元、150万元奖励；首次晋升为壹级（甲级）资质的建筑施工专业承包企业，给予50万元奖励；首次晋升为甲级资质的建筑施工设计企业，给予150万元奖励；首次晋升为甲级资质的建筑施工工程监理、造价咨询、质量检测企业，给予70万元奖励。新引进特级（综合）资质、壹级（甲级）资质的建筑施工总承包企业，并符合"航母企业""龙头企业"标准的，分别给予500万元、150万元奖励；新引进壹级（甲级）资质的建筑施工专业承包企业，给予50万元奖励；新引进双甲级资质、甲级资质的建筑施工设计企业，分别给予200万元、150万元奖励；新引进双甲级资质、甲级资质的建筑施工工程监理、造价咨询、质量检测企业，分别给予100万元、70万元奖励。

四、提升企业质量竞争力

11. 着力提升品牌质量。首次获得区长质量奖、区级质量管理创新奖的企业，分别给予20万元、10万元奖励。新参与制订国际标准、国家标准、行业标准、地方标准的企业（单位），每项分别给予50万元、5万元、3万元、1万元奖励。首次获得住建部、浙江省住建厅荣誉称号的建筑业企业，分别给予20万元、5万元奖励。首次获得国家级、省（部）级工法称号的建筑业企业，分别给予20万元、10万元奖励。首次获得国家级QC成果一类、省级QC成果一类的建筑业企业，每项分别给予10万元、5万元奖励。建筑业企业在区内承建项目，获得"鲁班奖"的，给予100万元奖励；获得"华东杯"或"钱江杯"省优工程或中国建筑工程装饰奖的，给予30万元奖励；获得"瓯江杯"市优工程或浙江省优秀建筑装饰工程奖的，给予8万元奖励；获得"龙湾杯"区优工程的，给予5万元奖励；获得国家级、省级、市级标准化管理优良（示范）工地的，分别给予30万元、15万元、8万元奖励。建筑业企业在区外承建项目，获得省、市、区相应荣誉的，按区内承建项目奖励标准的50%执行。

12. 鼓励运用知识产权。获得授权的发明专利（包括通过PCT及其他途径在境外获得授权的发明专利）且授权地在本区的企业，各级资助总额为其获得该专利权所缴纳的官方规定费用的50%（对同一件发明专利获得多个国家授权的仅资助一个），国内发明专利授权奖励不超过0.5万元，国外发明专利授权奖励不超过2.5万元，不得资助专利年费和专利代理等中介服务费。新获得浙江省专利外观设计金奖、优秀奖的项目，分别给予15万元、3万元奖励。新认定为国家知识产权示范企业、优势企业分别给予30万元、15万元奖励。新认定为省级知识产权示范企业给予10万元奖励。银行机构发放企业专利权质押贷款发生损失的，按当年实际损失额不高于当年企业专利权质押贷款余额增量的5%给予风险补助，最高补助100万元，专项用于对冲风险弥补损失。鼓励本区行业协会、科研实体建设产业专利专题数据中心，经区政府评审通过后，给予实际建设费用20%的补助，最高补助10万元。被列为国家级、省级、市级、区级专利导航试点或专利战略推进工程项目的企业，分别给予30万元、20万元、10万元、5万元补助。

附 则

1. 关于政策适用对象。文中所指企业为申报时注册地和财政收入在龙湾区（不含温州生态园区）范围内具有独立法人资格的企业或合伙企业，台资、外资企业享受同等待遇。除小微园外，房地产、贸易型企业（项目）、建筑业企业产值未纳入本区统计、"亩均论英雄"综合评价C、D类企业、列入严重失信名单的企业均不享受本政策全部条款（产业数字化改造、"零"工业用地租赁补助等政策C类企业可享受），其中申请股改挂牌上市奖补对象可包括房地产、贸易型企业。企业申请奖补须符合并承诺不存在严重性质的违法用地违法建设、不存在未经审批擅自改变功能和当年未发生安全生产、食品安全、环境污染等重大责任事故、未发生较大群体性事件情况。严重失信名单、"亩均论英雄"评价结果名单以奖补公示截止前政府提供的最新名单为审核节点。在奖补公示截止前将企业迁出本区和未在要求时间内在温州市产业政策奖励兑现与监管系统填报相关数据以及不符合奖补资格的，不予奖补。原则上行政单位不作为奖补对象。

2. 关于奖补资金用途、拨付和兑现时间。奖补资金用于支持企业高质量发展。各奖补项目组织申报时间以具体申报通知或指南为准，原则上在温州市产业政策奖励兑现与监管系统限时办理。按年度投入或产出基数奖补的数据核校类项目可安排在次年组织申报，鼓励实行分期或按比例预拨奖补。

3. 关于重复、叠加和进等奖励。5年内同一项目符合本政策两项或两项以上扶持条款的，可执行最高额，但不重复享受。同一企业不同项目符合本政策两项或两项以上扶持条款的，可叠加执行。5年内同一企业以同一名义（项目）在区级（含市级功能区）、市级获得财政奖励后又获得更高等次奖励认定的，各级已奖励部分视作已配套，仅补足奖励差额部分。5年内同一奖项（认定）在低等次已作奖励的，晋升到高等次时，只奖励差额部分。5年内本政策与市区两级其他政策对同一个企业（项目）的同类型奖励出现重合时，就高执行，不重复享受。本政策中与市级产业政策同一名义（项目）的奖励金额均包括市级奖励部分。同一企业（个人）以同一年度的技改投入、营业收入、投资额、购买额、产值作为依据的各奖补项目，奖补金额就高执行，不重复享受；同时符合市区两级政策（含"一事一议"）的，奖补金额就高执行不叠加。注册时间三年以上的企业同一年度所获区级奖补资金总额以其上一年度形成的区级综合贡献度为上限，不包括第一条“1. 鼓励加大研发投入、2. 支持建设创新载体”、第二条“3. 着力发展数字经济（市级数字经济产业园区奖励除外）、4. 推进产业数字化改造”、第三条“5. 支持企业挂牌上市”等条款的奖补资金。本政策除具体条款有明确表述外，原则上均不含企业股权交易、拆迁补偿所形成区级综合贡献度。

4. 关于部分名词的界定。本政策凡涉及“省级”指浙江省级。“市级”指温州市级。“区级”与“本区”均指龙湾区（不含温州生态园区）级。“以上”均包含本数。“年度”指自然年度，指同一年度1月1日到这一年度12月31日的这段时间。本政策涉及营业收入、投资额、购买额，均不含税，营业收入以企业向税务部门申报增值税口径数据为准，其中申报主体为规上、限上企业的，数据以统计部门审核认定后作为计算依据。建筑施工企业年产值以统计部门核定的数据作为计算依据。“迁入（或迁出）本区”指企业注册地、财政收入迁入（或迁出）龙湾区（不含温州生态园区）。航母企业指建筑业施工总承包年产值50亿元以上、专业承包年产值10亿元以上的企业；龙头企业指建筑业施工总承包年产值20亿元以上、专业承包年产值5亿元以上的企业。国际标准是指国际标准化组织（ISO）、国际电工委员会（IEC）和国际电信联盟（ITU）发布的标准。区级雏鹰企业、区级瞪羚企业、区级独角兽企业均以龙湾区人民政府认定名单为准。国际性展会标准展位按1个展位9平方米计算。

5. 本政策自2022年10月10日起施行，有效期至2024年12月31日，相关实施细则另行制定。本政策由龙湾区人民政府负责解释。本政策施行前，已按相关程序确定支持（包括有连续年限、符合条件但未兑现完毕），按原政策执行。2021年12月31日前发生而未申请的奖补项目，原政策符合上级规定的，按原政策执行；原政策不符合上级规定的，按本政策执行。2022年1月1日起至本政策施行前发生但未申请的奖补项目，符合本政策规定条件的，可以适用本政策执行。除上述情况外本政策施行后发生的奖补项目，按本政策执行。本政策发布后，其他本区已发布的各相关区级产业政策与本政策不一致的，以本政策为准。《温州高新区管理委员会　温州市龙湾区人民政府关于印发温州市高新区（龙湾区）新经济企业认定及培育办法的通知》（温龙政办发〔2019〕21号）、《温州高新区管理委员会关于印发打造高端人才引领型特色载体推动中小企业创新创业升级专项资金管理办法的通知》（温高新管发〔2019〕1号）等政策同时废止。本政策施行过程中如遇上级有法律法规和重大政策变化，本政策也作相应调整。如果行政管辖区域调整，按照上级政府批复的行政管辖区域执行。

关于进一步加快现代服务业高质量发展的若干政策意见

温龙政发〔2022〕33号

为贯彻落实新发展理念，促进生产性服务业向专业化和价值链高端提升、生活性服务业向便利化精细化品质化提升，进一步加快我区现代服务业高质量发展，促进经济提质增效、转型升级，在《进一步加快现代服务业高质量发展的若干政策意见》（温政发〔2020〕2号）、《温州市人民政府办公室关于修订部分市级产业政策的通知》（温政办〔2021〕83号）等文件的基础上，结合我区实际，进一步制定如下政策意见。

一、加快服务业企业提升发展

1. 大力引进服务业企业。区外新迁入的规上营利性服务业企业，首年营业收入首次达到2000万元、5000万元、1亿元、5亿元的，分别给予10万元、20万元、30万元、50万元的奖励。

2. 加大龙头企业培育力度。首次评为国家、省、市服务业重点企业，分别给予30万元、10万元、5万元奖励。

3. 鼓励零售行业集聚。区外新迁入的大型零售商业企业（含电商平台企业），在本区设立独立法人的，首年零售额超过2亿元以上部分，给予零售额0.1%的奖励，最高奖励200万元。

4. 推动企业可持续发展。规上营利性服务业企业年营业收入达到5000万元，且增速达到全市规上营利性服务业营业收入平均增速的，给予5万元奖励；营业收入超过5000万元以上部分每增加1000万元再奖励1万元，最高奖励20万元；对限上零售企业年零售额达到1亿元，且增速达到全市限上消费品零售额平均增速的，给予5万元奖励，零售额超过1亿元以上部分每增加1亿元再奖励3万元，最高奖励20万元；对限上住餐企业年销售额（营业额）达到2000万元，且增速达到全市限上住餐年销售额（营业额）平均增速的，给予5万元奖励，销售额（营业额）超过2000万元以上部分每增加2000万元再奖励5万元，最高奖励20万元。

5. 促进企业上规上限。当年新增的规上营利性服务业企业、限上零售企业、限上住餐企业、限上个体工商户，分别给予10万元、8万元、4万元、2万元的奖励，分两年兑现。次年下规下限的，取消后续部分奖励。

二、壮大首发首秀首店经济

6. 支持品牌首发。国际知名品牌、国内知名品牌（含中华老字号）在本区开展首发首秀活动，给予品牌企业活动场租、展场搭建总费用50%的补助，最高补助100万元。

7. 支持招引首店。在本区签订3年以上入驻协议或拥有自持物业的国际知名品牌企业，在本区设立独立法人性质且经市级认定的中国（内地）首店、浙江首店，分别给予220万元、110万元奖励，其中引进国际一线知名品牌的奖励额度上浮50%；在本区签订3年以上入驻协议后或自持物业的国内知名品牌（含中华老字号）企业，在本区设立独立法人性质且经市级认定的中国（内地）首店、浙江首店，分别给予120万元、40万元奖励；在本区签订3年以上入驻协议后或自持物业的国际一线知名品牌企业，在本区设立独立法人性质且经市级认定的温州首店，给予60万元奖励。

8.支持首店培育。在本区签订3年以上入驻协议后或自持物业的国际知名品牌、国内知名品牌（含中华老字号）企业，在本区设立独立法人性质且经市级认定的中国（内地）首店、浙江首店（含非法人企业转法人企业）、国际一线知名品牌温州首店，给予核定装修成本40%的补助，最高补助120万元；前述品牌首店企业达到限上商贸企业标准的，从上限当年开始给予品牌企业连续3年实际支付场租50%的补助，每年租金补助最高250万元，如达不到限上标准的则终止补助资格。

9.支持工贸分离。鼓励制造业企业将个性化定制部门、营销部门等进行分离，在区内设立独立法人的商贸业企业。对新设商贸企业签订3年以上入驻协议后或自持物业在本区新设立且经市级认定的温州首店，并达到限上商贸企业标准的，从上限当年开始给予连续3年每年20万元的补助，如达不到限上标准的则终止补助资格。

三、推动商贸行业数字化发展

10.鼓励直播机构发展。支持内容制造、视频技术、直播场景等“一站式”直播基础设施建设，面积在500平方米、1000平方米、2000平方米以上，且年销售额在1万元/平方米以上的直播基地、MCN机构，经商务主管部门认定后，分别给予5万元、10万元、20万元的奖励。

11.鼓励引进电商龙头企业。新引进的国内电商企业首年零售额达到2000万元，给予5万元奖励；首年零售额达到5000万元，给予10万元奖励；首年零售额达到1亿元以上，给予20万元奖励。

四、做强人力资源服务业

12.推动人力资源服务机构引进。每新引进或培育1家符合全球人力资源服务机构100强、大中华区人力资源服务机构100强、省级人力资源服务机构综合100强，并正常经营一年以上的，分别给予园区运营商30万元、20万元、10万元奖励。

13.推进人力资源服务产业园进等升位。区属人力资源产业园被认定为市级人力资源产业园的，给予30万元奖励；被认定为省级专业园的，给予60万元奖励；被认定为省级综合园的，给予100万元奖励；被认定为国家级专业性园的，给予150万元奖励；被认定为国家级综合园的，给予200万元奖励。

14.鼓励人力资源服务机构发展。对新迁入产业园的人力资源服务机构，次年起连续五年按其当年主营业务收入2%给予补助。

五、加快法律服务业发展

15.推动律师事务所做大做强做优。律师事务所当年营业收入达到500万元的，给予10万元奖励；当年营业收入超过500万元以上部分，每增加100万元再奖励5万元。首次认定为“全国优秀律师事务所”“浙江省优秀律师事务所（包括浙江省著名律师事务所）”“温州市优秀律师事务所”（包括“温州市十强律师事务所”），分别给予60万元、40万元、10万元奖励。

16.鼓励新设律师事务所。在本区新设律师事务所（包括分所）律师人数达到10人、20人的，经年度考核合格，分别给予10万元、20万元奖励；区外“全国优秀律师事务所”“省级优秀律师事务所（包括省级著名律师事务所）”在本区新设分所律师人数达到30人的，经年度考核合格，分别给予50万元、30万元奖励。区外“全国优秀律师事务所”“省级优秀律师事务所（包括省级著名律师事务所）”“温州市优秀律师事务所”（包括“温州市十强律师事务所”）将总所迁入本区，经年度考核合格的，分别给予120万元、100万元、30万元奖励。

17.强化律师人才引进和培养。律师事务所从区外每引进一名一级、二级（或博士、全日制硕士学位）的执业律师，分别给予5万元、3万元奖励；每引进一名国家级、省级优秀律师，分别给予2万元、1万元奖励。年龄在35周岁（含）以下且在本区实习获得执业证的律师，给予1.2万元奖励（申报人年龄计算时间以实习证发证日期为限）；执业律师获评国家级、省级优秀律师荣誉称号，分别给予2万元、1万元奖励；执业律师晋升为一级律师、二级律师，分别给予5万元、3万元奖励（已享受过该奖励的二级律师晋升为一级律师，仅享受差额部分补助）。申请取得公职律师证的工作人员，由所在单位给予奖励0.3万元。

六、推进市场规范化建设

18.加快市场规范化建设。首次评为省五、四星级文明规范市场，分别给予市场举办方50万元、20万元奖励。首次评为省级五化市场、省级放心农贸市场，给予市场举办方10万元奖励。

七、加大文化和旅游产业扶持力度

19.扶持壮大文化企业。新认定为国家级、省级、市级重点文化企业，分别给予50万元、20万元、5万元奖励；新认定为国家级、省级、市级成长型文化企业，分别给予20万元、10万元、3万元奖励；新认定为国家级、省级、市级重点（或示范）文化产业园（含产业基地、创意产业街区等），分别给予80万元、50万元、20万元奖励。

20.支持文化企业对外交流。参加区委宣传部认定境内外文化产业博览会的参展企业，给予展位费80%的补助，同一展会最多补助4个标准展位，境外、省外、省内市外、市内区外的每个标准展位费最高补助分别为1.5万元、1.2万元、0.8万元、0.5万元，每家企业每年最高补助15万元。企业展位或展品获省级以上文化产业博览会最高奖项的，每个奖项给予1万元奖励。

企业举办对提升本区文化影响力等方面有较大贡献的时尚产业品牌展会或文化活动，经区委宣传部认定，按国家级、省级、市级分别给予30万元、20万元、10万元奖励。企业参加各类创意设计大赛，经区委宣传部认定，按国际知名、国家级、省级、市级（不包括各协会）创意设计大赛金奖分别给予10万元、5万元、2万元、1万元奖励。

21. 鼓励新型旅游产品创建。根据国家、省、市文旅部门开展的旅游创建产品名目进行创建，经发文认定，分别给予50万元、30万元、10万元奖励。首次被评定为“诗画江南 百县千碗”省级美食小镇、美食街区、旗舰店、体验（示范）店的，分别给予50万元、20万元、10万元、5万元奖励。

22. 鼓励旅行社行业壮大发展。新评定为五星级、四星级、三星级旅行社，分别给予100万元、60万元、30万元的奖励；新迁入本区的五星级品质等级旅行社，首年营业收入达到5000万元、1亿元以上的，分别给予60万元、100万元奖励，分5年兑现，每年按奖励总额的20%给予兑现。

23. 促进景区品牌提升。新创成国家级旅游度假区的，在市级奖励的基础上，再给予100万元奖励；新创成省级旅游度假区、省级旅游风情小镇的，在市级奖励的基础上，再给予50万元奖励；新创成国家3A级旅游景区的，给予20万元奖励。

24. 促进旅游住宿发展。新评定为五星级、四星级、三星级旅游饭店，分别给予100万元、80万元、10万元奖励。新评定为金鼎级、银鼎级特色文化主题饭店，分别给予10万元、5万元奖励。新评定为国家金树叶级、银树叶级绿色旅游饭店，分别给予20万元、10万元奖励。新评定为浙江省金桂级、银桂级品质饭店，分别给予20万元、10万元奖励。新评定为浙江省白金级、金宿级、银宿级民宿，分别给予20万元、10万元、5万元奖励。

八、大力扶持发展体育产业

25. 鼓励举办体育赛事活动。在本区注册的体育企业（协会），作为高水平体育赛事的承办或执行单位，且赛事期间运动员、裁判员及工作人员入住本区星级酒店，经区体育事业发展中心认定，按各级赛事实际投入的30%给予补助，国际级、国家级、省级、市级赛事的最高补助分别为100万元、50万元、20万元、3万元；在本区举办国家级的体育产业节庆、展会、论坛等活动，经区体育事业发展中心认定，按实际投入20%给予补助，最高补助20万元。

26. 加强体育服务企业培育。对首年营业额达到500万元、1000万元、2000万元以上的服务类体育企业（体育制造业、器材销售业除外），分别给予10万元、30万元、50万元奖励。

九、发展社会养老机构发展

27. 加快社会养老机构发展。各类投资主体投资创办营利性养老企业或医养结合型养老机构（医院），年营业收入200万元以上不满500万元的，给予5万元奖励；年营业收入500万元以上不满1000万元的，给予10万元奖励；年营业收入1000万元以上的，给予15万元奖励。奖励累计不超过5年。

十、加快再生资源回收体系建设

28. 鼓励企业进行低价值可利用物兜底回收。承担本区再生资源回收体系建设的再生资源回收企业，需开展低价值可利用物兜底回收业务，经主管部门认定后，可享受以下补助或奖励：新建再生资源分拣中心的，按项目总投资额的30%给予补助，最高补助100万元；新建回收网点的，按实际投资额50%给予奖励，每个网点最高奖励2万元；对添置和更新废旧商品回收车辆的，按实际购置额的30%给予奖励，每辆最高奖励2万元。通过政府采购方式承包政府部门委托外包项目的企业，不享受上述补助或奖励。

十一、加快发展现代金融服务业

29. 鼓励新设或引进金融机构。新设立或从市外新迁入本区的银行、保险、证券等金融机构总部、分支机构，给予“一事一议”奖励。

附　则

1. 关于政策适用对象。文中所指企业、社会组织、机构为申报时注册地和财政收入在龙湾区（不含温州生态园区）范围内具有独立法人资格的企业或合伙企业、社会组织和机构、人力资源机构（含分支机构），台资、外资企业享受同等待遇。房地产企业（项目）、“亩均论英雄”综合评价C、D类企业、列入严重失信名单的企业均不享受本政策全部条款。企业申请奖补须符合并承诺不存在严重性质的违法用地违法建设、不存在未经审批擅自改变功能和当年未发生安全生产、食品安全、环境污染等重大责任事故、未发生较大群体性事件情况。严重失信名单、“亩均论英雄”评价结果名单以奖补公示截止前政府提供的最新名单为审核节点。在奖补公示截止前将企业迁出本区和未在要求时间内在温州市产业政策奖励兑现监管系统填报相关数据以及不符合奖补资格的，不予奖补。原则上行政单位不作为奖补对象。

2. 关于奖补资金用途、拨付和兑现时间。奖补资金用于支持企业高质量发展。各奖补项目组织申报时间以具体申报通知或指南为准，原则上在温州市产业政策奖励兑现与监管系统限时办理。按年度投入或产出基数奖补的数据核校类项目可安排在次年组织申报，鼓励实行分期或按比例预拨奖补。

3. 关于重复、叠加和进等奖励。5年内同一项目符合本政策两项或两项以上扶持条款的，可执行最高额，但不重复享受（不包括企业上规上限）。同一企业（社会组织、机构）不同项目符合本政策两项或两项以上扶持条款的，可叠加执行。5年内同一企业以同一名义

（项目）在区级（含市级功能区）、市级获得财政奖励后又获得更高等次奖励认定的，各级已奖励部分视作已配套，仅补足奖励差额部分。5年内同一奖项（认定）在低等次已作奖励的，晋升到高等次时，只奖励差额部分。5年内本政策与市区两级其他政策对同一个企业（项目）的同类型奖励出现重合时，就高执行，不重复享受。本政策中与市级产业政策同一名义（项目）的奖励金额均包括市级奖励部分。同一企业（个人）以同一年度的主营业务收入、营业收入、零售额、销售额、营业额、投资额作为依据的各奖补项目，奖补金额就高执行，不重复享受；同时符合市区两级政策（含“一事一议”）的，奖补金额就高执行不叠加。注册时间三年以上的企业同一年度所获区级奖补资金总额以其上一年度形成的区级综合贡献度为上限，不包括第一条“5.促进企业上规上限”条款的奖补资金。第四条“14.鼓励人力资源服务机构发展”条款的补助以企业当年所形成区级综合贡献度的80%为上限。本政策除具体条款有明确表述外，原则上均不含企业股权交易、拆迁补偿所形成区级综合贡献度。

4.关于部分名词的界定。“省级”指浙江省级。“市级”指温州市级。“区级”与“本区”均指龙湾区（不含温州生态园区）级。“以上”均包含本数。“年度”指自然年度，指同一年度1月1日到这一年度12月31日的这段时间。本政策涉及主营业务收入、营业收入、零售额、销售额、营业额，均不含税，以企业向税务部门申报增值税口径数据为准，其中申报主体为规上、限上企业的，数据以统计部门审核认定后作为计算依据。“迁入（或迁出）本区”指企业注册地、财政收入迁入（或迁出）龙湾区（不含温州生态园区）。年中新迁入企业相关数据以迁入本区后产生数据为准，不含迁入前数据。文化企业为国家统计局《文化及相关产业分类（2018）》行业统计分类代码相对应领域。国际知名品牌、国内知名品牌的分类和评价标准、首发首店经济分类和评价标准、首发首店认定等参照市级标准执行，以市级认定为准。人力资源服务机构100强排名依据三年内HROOT年度排行榜或浙江省人力资源服务业白皮书中的排行榜确定。国际性展会标准展位按1个展位9平方米计算。

5.本政策自2022年10月10日起施行，有效期至2024年12月31日，相关实施细则另行制定。本政策由龙湾区人民政府负责解释。本政策施行前，已按相关程序确定支持（包括有连续年限、符合条件但未兑现完毕），按原政策执行。2021年12月31日前发生而未申请的奖补项目，原政策符合上级规定的，按原政策执行；原政策不符合上级规定的，按本政策执行。2022年1月1日起至本政策施行前发生但未申请的奖补项目，符合本政策规定条件的，可以适用本政策执行。除上述情况外本政策施行后发生的奖补项目，按本政策执行。本政策发布后，其他本区已发布的各相关区级产业政策与本政策不一致的，以本政策为准。《温州市龙湾区人民政府办公室关于支持温州（龙湾）新型数字贸易港发展的实施意见（试行）》（温龙政办发〔2021〕1号）、《温州市龙湾区人民政府关于扶持龙湾区律师行业发展的实施意见》（温龙政发〔2019〕4号）等政策同时废止。本政策施行过程中如遇上级有法律法规和重大政策变化，本政策也作相应调整。如果行政管辖区域调整，按照上级政府批复的行政管辖区域执行。

关于进一步扩大内外开放经济发展的若干政策意见

温龙政发〔2022〕33号

为深入贯彻党中央、国务院稳外资工作决策部署，构建全面开放新格局，增强招商引资竞争力，助推龙湾区内外开放经济高质量发展，在《关于进一步加快开放型经济发展的若干政策意见》（温政发〔2020〕14号）、《温州市人民政府办公室关于温州市支持总部企业高质量发展的指导意见》（温政办〔2022〕56号）等文件基础上，结合我区实际，进一步制定如下政策意见。

一、加大外资项目支持

1.支持重点外资项目。对符合本区产业发展导向的服务业项目（房地产业、金融业及类金融业项目除外）、制造业项目、跨国公司总部或地区总部项目以及世界500强投资的产业项目，按实际到资规模给予重点支持。企业当年实际使用外资200万（含）—1000万美元的服务业项目，按当年实际使用外资每100万美元给予10万元奖励。企业当年实际使用外资100万（含）—500万美元的制造业项目、跨国公司总部或地区总部项目、世界500强投资的产业项目，按当年实际使用外资每100万美元给予20万元奖励。

二、加快培育外贸竞争新优势

2.促进国际市场开拓。参加区政府支持的境内外国际性自办展的企业，给予展位费全额补助，每家企业同一展会最多补助4个标准展位；参加境外展会的企业，给予参展人员费用包干补助，展会举办地为亚洲地区的，每家企业每次给予补助0.8万元；亚洲地区以外的，每家企业每次给予补助1.5万元。

3.鼓励参与展博活动。对参加区商务部门组织采购对接会、贸易洽谈会、展（博）览会等活动的企业人员，由个人申请给予差旅费包干补助，市外省内每人每次给予补助1000元，省外每人每次给予补助2000元，每家企业每次最多补助2人。

4.支持商务运行监测。支持商务运行调查监测工作，每年对获得省商务厅上年度考核优秀的县级商务运行调查监测点给予10万元奖励。

三、加大总部项目支持

5.新招引总部企业经营贡献奖励。（1）2022年1月1日之后在龙湾区新设立或新迁入的企业，设立或迁入不超过3年；企业认定年度（申报年度的上一年度，下同）在龙湾区域外设有持股比例最大的子公司或分支机构；企业认定年度年销售额达到一定标准，其中零售类企业年销售额不低于1亿元，批发类企业年销售额不低于4亿元，建筑业企业年销售额（剔除与本地经济主体发生部分）不低于0.5亿元，其他企业年销售额不低于0.5亿元。（2）龙湾区域外的世界500强、中国企业500强、中国制造业企业500强、中国服务业企业500强、中国民营企业500强、大型央（国）企、浙江企业100强、浙江制造业企业100强、浙江省民营企业100强、独角兽企业、制造业单项冠军、上市企业在龙湾区新设立的区域总部（全资子公司、分公司）在工商登记次年直接认定为总部企业。经认定满足以上（1）或（2）条件的新招引总部企业，自认定年度起五年内，当年销售额不低于认定标准的，按其当年销售额的一定比例给予经营贡献奖励，其中零售类、批发类、建筑业企业和其他总部企业分别按0.6%、0.15%、1%和1%执行。

6.本土培育总部企业经营贡献奖励。2022年1月1日之前在龙湾区设立或迁入的企业；企业认定年度在龙湾区域外设有持股比例最大的子公司或分支机构；企业认定年度年销售额达到一定标准，且同比增长不低于10%，其中零售类企业年销售额不低于1亿元，批发类企业年销售额不低于4亿元，建筑业企业年销售额（剔除与本地经济主体发生部分）不低于0.5亿元，其他企业年销售额不低于0.5亿元。经认定同时满足以上条件的本土培育总部企业，自认定年度次年起五年内，上一年度销售额不低于认定标准的，按其当年销售额同比增长10%以上部分的一定比例给予经营贡献奖励，其中零售类、批发类、建筑业企业和其他总部企业分别按0.6%、0.15%、1%和1%执行。

四、鼓励开展中介招商

7.项目中介奖励。经项目投资方书面确认在项目对接洽谈过程中起到主要推动作用的项目中介，且被引荐项目在龙湾区新设法人进行投产或运营的（不含增资项目、房地产项目和股权投资类项目），给予项目中介奖励。（1）单体制造业项目《招商引资项目投资协议》约定固定资产投资额2亿元以上的，按照项目固定资产实际投资额的3‰给予奖励。其中项目土地摘牌后，按《工业用地项目投资合同》中约定的固定资产总投资额的0.3‰给予首期奖励；项目开工后，按照每年固定资产实际投资额的3‰给予奖励，奖励金额需核减首期奖励。（2）外资项目实到外资1000万美元以上，按当年实到外资的5‰给予奖励。（3）项目公司被认定为龙湾区总部企业的，按照项目公司首个认定年度经营贡献奖励的12.5%给予奖励。同一项目同时符合以上项目中介奖励的，择其一给予奖励，最高奖励300万元。属于世界500强的外资项目，另外给予一次性50万元奖励。

附　则

1.关于政策适用对象。文中所指企业为申报时注册地和财政收入在龙湾区（不含温州生态园区）范围内具有独立法人资格的企业（本政策条款有明确规定或中介类注册地不在龙湾区的除外），台资、外资企业享受同等待遇。房地产企业（项目）、“亩均论英雄”综合评价C、D类企业、列入严重失信名单的企业均不享受本政策全部条款。企业申请奖补须符合并承诺不存在严重性质的违法用地违法建设、不存在未经审批擅自改变功能和当年未发生安全生产、食品安全、环境污染等重大责任事故、未发生较大群体性事件情况。严重失信名单、“亩均论英雄”评价结果名单以奖补公示截止前政府提供的最新名单为审核节点。在奖补公示截止前将企业迁出本区和未在要求时间内在温州市产业政策奖励兑现与监管系统填报相关数据以及不符合奖补资格的，不予奖补。原则上行政单位不作为奖补对象。

2.关于奖补资金用途、拨付和兑付时间。奖补资金用于支持企业高质量发展。各奖补项目组织申报时间以具体申报通知或指南为准，原则上在温州市产业政策奖励兑现与监管系统限时办理。按年度投入或产出基数奖补的数据核校类项目可安排在次年组织申报，鼓励实行分期或按比例预拨奖补。

3.关于重复、叠加和进等奖励。5年内同一项目符合本政策两项或两项以上扶持条款的，可执行最高额，但不重复享受。同一企业不同项目符合本政策两项或两项以上扶持条款的，可叠加执行。5年内同一企业以同一名义（项目）在区级（含市级功能区）、市级获得财政奖励后又获得更高等次奖励认定的，各级已奖励部分视作已配套，仅补足奖励差额部分。5年内同一奖项（认定）在低等次已作奖励的，晋升到高等次时，只奖励差额部分。5年内本政策与市区两级其他政策对同一个企业（项目）的同类型奖励出现重合时，就高执行，不重复享受。本政策中与市级产业政策同一名义（项目）的奖励金额均包括市级奖励部分。同一企业以同一年度的实际使用外资、销售额、投资额、实到外资作为依据的各奖补项目，奖补金额就高执行，不重复享受；同时符合市区两级政策（含“一事一议”）的，奖补金额就高执行不叠加。注册时间三年以上的企业同一年度所获区级奖补资金总额以其上一年度形成的区级综合贡献度为上限，不包括项目中介奖励。新招引总部企业经营贡献奖励以其当年度产生的区级综合贡献度的80%为上限。本土培育总部企业，自认定年度起六年内，第2年经营贡献奖励以其当年区级综合贡献度同比增长10%以上部分的80%为上限；第3—6年以认定年度以来年区级综合贡献度最高值为基数，以其当年区级综合贡献度增长10%以上部分的80%为上限。建筑业总部企业区级综合贡献度统计口径需剔除与本地经济主体发生部分。本政策除具体条款有明确表述外，原则上均不含企业股权交易、拆迁补偿所形成区级综合贡献度。

4. 关于部分名词的界定。本政策凡涉及"500强"排名表述的，均以上一年度排名为准。世界500强，以《财富》排行榜为准；中国企业500强、中国制造业企业500强和中国服务业企业500强，以中国企业联合会、中国企业家协会发布为准；中国民营企业500强，以全国工商联发布为准；大型央（国）企，以国资委发布央企名录、国有重点企业名单为准；浙江企业100强、浙江制造业企业100强，以浙江省企业联合会、浙江省企业家协会、浙江省工业经济联合会发布的"浙江省百强企业"榜单为准；浙江省民营企业100强，以浙江省市场监督管理局、浙江省工商联共同公布"浙江省民营企业100强"榜单为准；独角兽企业，以胡润《全球独角兽榜》发布为准；制造业单项冠军，以国家工信部、工业经济联合会两部门联合发布"制造业单项冠军企业名单"为准；上市企业，以沪深A股、港交所、北交所等上市为准。"省级"指浙江省级。"市级"指温州市级。"区级"与"本区"均指龙湾区（不含温州生态园区）级。"以上"均包含本数。"年度"指自然年度，指同一年度1月1日到这一年度12月31日的这段时间。本政策涉及销售额、投资额，均不含税，销售额以企业向税务部门申报增值税口径数据为准，其中申报主体为规上、限上企业的，数据以统计部门审核认定后作为计算依据。实际使用外资、实到外资数额，以商务部统计口径公布的数据为准。固定资产实际投资额以审计报告为准。所有金额如无特别注明，均以人民币为计价单位。"迁入（或迁出）本区"指企业注册地、财政收入迁入（或迁出）龙湾区（不含温州生态园区）。国际性展会标准展位按1个展位9平方米计算。项目中介是指为龙湾区提供项目信息，经项目投资方书面确认在项目对接洽谈过程中起到主要推动作用，并促成项目落户龙湾区的自然人、法人或其他组织，不包括行政机关、事业单位及其工作人员、国有企业工作人员、项目投资方和合资方及其工作人员。

5. 总部企业认定程序。（1）申报。区投资促进服务中心每年第一季度组织企业申报，每个企业只能申报一次，申报时提供《龙湾区总部企业认定申请表》、企业营业执照、法定代表人身份证、增值税纳税申报表、企业所得税纳税申报表、企业授权书、龙湾区域外子公司或分支机构营业执照、公司章程等资料。（2）审核。区投资促进服务中心对企业申报材料的完整性进行审核，必要时可委托第三方机构对企业进行财务审计；审核通过后，拟定《总部企业认定候选名单》，报区招商联席会议审议。（3）总部企业涉嫌申报材料弄虚作假或犯罪的，一经查实，将追回本办法全部政策扶持资金。

6. 总部企业经营贡献奖励金额上限调整。新招引总部企业与本土培育总部企业自认定年度起6年内，每年度在龙湾区形成的区级综合贡献度不低于50万元，当年度达不到的，当年度奖励金额上限调整为零。在认定年度，新招引总部企业实际控制人及其配偶、子女在龙湾区有生产、经营相同产品或从事相同业务的存量企业，须对存量企业进行考核。自总部企业认定年度起五年内，以总部企业认定年度的上一年度的存量企业合计区级综合贡献度为基数，存量企业须确保每个完整年度合计区级综合贡献度逐年递增10%。存量企业当年考核未达标，总部企业当年奖励金额上限须减去存量企业当年区级综合贡献度实际完成数与约定考核达标数之间的差额部分。

7. 项目中介奖励程序。（1）备案。项目中介填写《龙湾区项目中介备案登记表》报区投资促进服务中心备案，未备案的，不予奖励。备案时提供项目投资方委托项目中介开展投资项目引荐事务的委托书或证明、项目投资方营业执照复印件、项目中介营业执照（自然人提供身份证）复印件。（2）申报。区投资促进服务中心每年一季度组织项目中介申报奖励，项目中介申报时填写《龙湾区项目中介奖励申请表》。同一个项目只认定1个项目中介，若出现2个或以上项目中介的，须自行商定后书面委托其中1个项目中介进行申请。项目投资方不能委托他人对其自身投资的项目申请招商引税项目中介奖励。（3）审核。区投资促进服务中心负责对申报材料进行审核，拟定《项目中介奖励候选名单》，报区招商引税暨支持龙商创业创新工作联席会议审议。

8. 本政策自2022年10月10日起施行，有效期至2024年12月31日，相关实施细则另行制定。本政策由龙湾区人民政府负责解释。本政策施行前，已按相关程序确定支持（包括有连续年限、符合条件但未兑现完毕），按原政策执行。2021年12月31日前发生而未申请的奖补项目，原政策符合上级规定的，按原政策执行；原政策不符合上级规定的，按本政策执行。2022年1月1日起至本政策施行前发生但未申请的奖补项目，符合本政策规定条件的，可以适用本政策执行。除上述情况外本政策施行后发生的奖补项目，按本政策执行。本政策发布后，其他本区已发布的各相关区级产业政策与本政策不一致的，以本政策为准。本政策施行过程中如遇上级有法律法规和重大政策变化，本政策也作相应调整。如果行政管辖区域调整，按照上级政府批复的行政管辖区域执行。

重要文件目录

2022 年中共龙湾区委主要文件目录

表 78

发布文号	文件标题
温龙委〔2022〕1 号	关于选举产生龙湾区出席中国共产党温州市第十三次代表大会代表的情况报告
温龙委〔2022〕2 号	关于全面从严治党主体责任落实情况的报告
温龙委〔2022〕3 号	关于 2021 年度粮食安全责任制落实情况总结报告
温龙委〔2022〕4 号	关于报送学习贯彻市委十二届十四次全会精神情况的报告
温龙委〔2022〕5 号	关于召开区委常委会（高新区党工委）党史学习教育专题民主生活会的报告
温龙委〔2022〕6 号	关于落地锂电池新材料产业园项目有关情况的报告
温龙委〔2022〕7 号	关于建议林一鸣同志作为县（市、区）法检“两院”党组副书记、常务副职人选考察对象的报告
温龙委〔2022〕8 号	关于中共温州市龙湾区委常委、高新区党工委委员分工调整的备案报告
温龙委〔2022〕9 号	关于温州市龙湾区人大常委会、政府、政协等县级领导班子换届人事安排问题的请示
温龙委〔2022〕10 号	关于 2021 年度龙湾区委常委会（高新区党工委）党史学习教育专题民主生活会情况总结的报告
温龙委〔2022〕11 号	关于龙湾区出席温州市第十四届人民代表大会代表候选人初步人选建议名单的情况报告
温龙委〔2022〕12 号	关于龙湾区第九届人民代表大会第一次会议及政协第六届温州市龙湾区委员会第一次会议选举结果的报告
温龙委〔2022〕13 号	关于 2021 年度龙湾区法治政府建设工作情况的报告
温龙委〔2022〕14 号	关于第十二届温州市政协委员初步人选的综合报告
温龙委〔2022〕15 号	关于贯彻落实市第十三次党代会精神情况的报告
温龙委〔2022〕16 号	关于《中共温州市龙湾区委关于省委巡视整改阶段性进展情况》的报告
温龙委〔2022〕17 号	关于中国眼谷一季度工作进展及与中科院深圳先进技术研究院有关项目对接情况的报告
温龙委〔2022〕19 号	关于建议陈文斌同志作为领导干部职级晋升人选考察对象的报告
温龙委〔2022〕20 号	关于同意调整龙湾区疫情防控特别机动队和临时党委成员的批复 .
温龙委〔2022〕21 号	关于同意召开温州市龙湾区（高新区）第七次妇女代表大会的批复
温龙委〔2022〕22 号	关于国际云软件谷核心区近期招商落地进展情况的报告
温龙委〔2022〕23 号	关于建议朱启荣同志作为领导干部职级晋升人选考察对象的报告
温龙委〔2022〕24 号	关于召开中共温州市龙湾区委巡视整改专题民主生活会的报告
温龙委〔2022〕27 号	关于落实省委第二巡视组反馈意见的整改方案
温龙委〔2022〕28 号	关于省文物局第一次集中专项检查交办事项落实情况的报告
温龙委〔2022〕29 号	关于巡视“回头看”整改专题民主生活会情况总结报告
温龙委〔2022〕30 号	关于《中共温州市龙湾区委关于省委巡视整改进展情况》的报告
温龙委〔2022〕31 号	关于学习宣传贯彻省第十五次党代会精神的报告
温龙委〔2022〕32 号	关于 2022 年上半年工作总结和下半年工作思路的报告
温龙委〔2022〕33 号	关于 2022 年度上半年全面从严治党主体责任落实情况的报告
温龙委〔2022〕34 号	关于学习宣传贯彻市委十三届二次全会精神的报告

续表 78

发布文号	文件标题
温龙委〔2022〕36 号	关于建议蔡爱东同志作为市直单位正县级领导职务人选考察对象的报告
温龙委〔2022〕37 号	关于建议林建兴同志作为市直单位副县级领导职务人选考察对象的报告.
温龙委〔2022〕38 号	关于建议李啸肖同志作为县（市、区）法检“两院”党组成员、政治部主任人选考察对象的报告
温龙委〔2022〕40 号	关于区委九届二次全体（扩大）会议有关情况的报告
温龙委〔2022〕41 号	关于建议张光羽同志作为领导干部职级晋升人选考察对象的报告
温龙委〔2022〕43 号	关于龙湾区、高新区圆满完成温州湾新区体制调整机构人事工作的报告
温龙委〔2022〕44 号	关于建议邵建寨同志作为领导干部职级晋升人选考察对象的报告
温龙委〔2022〕45 号	关于首届“青山论坛”筹备情况的报告
温龙委〔2022〕46 号	关于同意召开温州市龙湾区残疾人联合会第八次代表大会的批复
温龙委〔2022〕47 号	关于提请 2022 年省委巡视“回头看”反馈“区纪委监委督促整改督履责不够深入”“全域未来社区试点项目推进缓慢”问题销号的报告
温龙委〔2022〕48 号	关于学习贯彻党的二十大精神情况的报告
温龙委〔2022〕49 号	关于学习贯彻党的二十大精神情况的报告
温龙委〔2022〕50 号	关于龙湾区出席十四届全国人大代表、省人大代表候选人初步人选推荐建议名单的报告
温龙委〔2022〕51 号	关于提请 2022 年省委巡视“回头看”反馈“文化队伍力量不足，文化阵地作用发挥不够”问题销号的报告
温龙委〔2022〕52 号	关于提请 2022 年省委巡视“回头看”反馈“安置房建设缓慢”问题整改时限延期的报告
温龙委〔2022〕53 号	关于建议王素珍同志作为近期可提拔担任县（市、区）审计局副科级领导职务人选考察对象及党风廉政方面情况的报告
温龙委〔2022〕54 号	关于建议时浩作为近期可提拔担任县（市、区）审计局副科级领导职务人选考察对象及党风廉政方面情况的报告
温龙委〔2022〕55 号	关于龙湾区 2022 年工作总结和 2023 年工作思路的报告
温龙委〔2022〕56 号	关于县（市区）委书记工作交流会重点事项专项审计调查发现问题整改情况的报告
温龙委〔2022〕57 号	关于 2022 年度落实全面从严治党主体责任情况的报告
温龙委〔2022〕58 号	关于 2022 年度落实意识形态工作责任制情况的报告
温龙委〔2022〕59 号	关于同意召开温州市龙湾区法学会第二次会员代表大会的批复
温龙委〔2022〕60 号	关于给予王仁光党纪政务处分的批复
温龙委〔2022〕61 号	关于市亚运筹办工作专项巡察反馈问题整改情况的报告
温龙委〔2022〕62 号	关于学习贯彻市委十三届三次全会精神的报告
温龙委〔2022〕63 号	关于 2022 年度龙湾区食品药品安全工作情况的报告
温龙委〔2022〕64 号	关于同意增设龙湾区人民代表大会教育科学文化卫生民族华侨委员会、城乡建设与环境保护委员会的批复
温龙委发〔2022〕1 号	印发《关于推进龙湾文化高质量跨越式发展的实施意见》的通知
温龙委发〔2022〕2 号	关于给予区公安分局集体奖励的决定
温龙委发〔2022〕3 号	关于区委常委、高新区党工委委员分工的通知
温龙委发〔2022〕4 号	关于 2021 年度考绩结果的通报
温龙委发〔2022〕5 号	关于公布 2021 年度龙湾区（高新区）“担当奖”“担当作为好干部”评选结果的通报
温龙委发〔2022〕6 号	关于建立区“两会”临时党委的通知

续表 78

发布文号	文件标题
温龙委发〔2022〕7 号	关于成立区委落实省委巡视“回头看”工作领导小组的通知
温龙委发〔2022〕8 号	关于省委第二巡视组进驻我区开展巡视工作的通报
温龙委发〔2022〕9 号	关于成立龙湾区疫情防控特别机动队和临时党委的通知
温龙委发〔2022〕11 号	关于印发《中共温州市龙湾九届区委巡察工作规划（2022—2026 年）》的通知
温龙委发〔2022〕14 号	关于建立温州高新区与瓯江实验室联席会议制度的通知
温龙委发〔2022〕15 号	关于认真学习宣传贯彻省第十五次党代会精神的通知
温龙委发〔2022〕16 号	中国共产党温州市龙湾区委员会工作规则
温龙委发〔2022〕17 号	关于公布 2022 年度龙湾区（高新区）第二季度及专项及时奖励评选结果的通报
温龙委发〔2022〕19 号	关于温州湾新区体制调整、机构变更及干部任免的的通知
温龙委发〔2022〕20 号	关于十四届省委第十四轮巡视整改进展情况的通报
温龙委发〔2022〕21 号	关于印发《龙湾区党建统领网格智治工作实施方案》的通知
温龙委发〔2022〕22 号	关于加强新时代廉洁文化建设的实施意见
温龙委发〔2022〕23 号	关于认真学习宣传贯彻党的二十大精神的通知
温龙委发〔2022〕24 号	关于印发《2022 年度龙湾区街道、部门考绩办法》的通知
温龙委发〔2022〕25 号	关于深入推进乡村振兴加快推动共同富裕的实施意见
温龙委发〔2022〕26 号	关于建立龙湾区融媒体中心室务会议制度的通知
温龙委发〔2022〕27 号	关于表彰 2021 年度龙湾区建设“一区五城”推进共同富裕示范区工作先进集体和个人的通报
温龙委发〔2022〕29 号	关于建设高质量森林龙湾打造林业现代化先行区的实施意见

2022 年龙湾区委人大常委会主要文件目录

表 79

发布文号	文件标题
温龙人大常〔2022〕1 号	关于公布龙湾区第九届人大代表分组名单的通知
温龙人大常〔2022〕2 号	关于召开温州市龙湾区第九届人民代表大会第一次会议的决定
温龙人大常〔2022〕3 号	关于印发温州市龙湾区第九届人民代表大会第一次会议公告的通知
温龙人大常〔2022〕4 号	关于提请陈立等职务任命的议案
温龙人大常〔2022〕5 号	关于提请朱景所等职务任命的议案
温龙人大常〔2022〕6 号	关于决定阿力木江·巴吐尔等职务任命的通知
温龙人大常〔2022〕7 号	关于决定朱智猛等职务任命的通知
温龙人大常〔2022〕8 号	关于陈立等职务任命的通知
温龙人大常〔2022〕9 号	关于吴海滨等职务任免的通知
温龙人大常〔2022〕10 号	关于王星火等职务任免的通知
温龙人大常〔2022〕11 号	关于王美蓉等职务任免的通知
温龙人大常〔2022〕12 号	关于朱景所等职务任命的通知
温龙人大常〔2022〕13 号	温州市龙湾区人大常委会关于街道人大工委工作报告的决议
温龙人大常〔2022〕14 号	关于“大招商、招大商”攻坚行动推进情况的决议
温龙人大常〔2022〕15 号	关于提请温州市龙湾区监察委员会副主任谢庆全代理主任职务的议案

续表 79

发布文号	文件标题
温龙人大常〔2022〕16 号	关于接受蔡爱东请求辞去温州市龙湾区监察委员会主任职务的决定
温龙人大常〔2022〕17 号	关于谢庆全职务任命的通知
温龙人大常〔2022〕18 号	关于温州市龙湾区监察委员会副主任谢庆全代理主任职务的决定
温龙人大常〔2022〕19 号	关于决定上官光架等职务任免的通知
温龙人大常〔2022〕20 号	关于项振升等职务任免的通知
温龙人大常〔2022〕21 号	关于张敏等职务任免的通知
温龙人大常〔2022〕22 号	关于批准龙湾区 2021 年度区本级财政决算的决议
温龙人大常〔2022〕23 号	关于进一步加强新时代检察机关法律监督工作的决定
温龙人大常〔2022〕24 号	关于提请林丽等职务任免的议案
温龙人大常〔2022〕25 号	关于决定郑晓如等职务任免的通知
温龙人大常〔2022〕26 号	关于林丽等职务任免的通知
温龙人大常〔2022〕27 号	关于郭尔超职务任命的通知
温龙人大常〔2022〕28 号	关于补选张加波为市十四届人民代表大会代表的议案
温龙人大常〔2022〕29 号	关于接受林晓峰请求辞去代表职务的决定
温龙人大常〔2022〕30 号	关于接受林晓峰请求辞去温州市第十四届人民代表大会代表职务的报告
温龙人大常〔2022〕31 号	关于补选张加波为温州市第十四届人民代表大会代表的报告
温龙人大常〔2022〕32 号	关于提请林华等职务任免的议案
温龙人大常〔2022〕33 号	关于批准调整 2022 年地区生产总值年度计划及 2022 年重大建设前期项目计划的决议
温龙人大常〔2022〕34 号	关于批准 2022 年龙湾区本级财政预算调整的决议
温龙人大常〔2022〕35 号	关于接受许峰等辞去温州市龙湾区第九届人民代表大会代表职务的决定
温龙人大常〔2022〕36 号	关于建立温州市龙湾区第九届人民代表大会常务委员会代表资格审查委员会的决定
温龙人大常〔2022〕37 号	关于印发区九届人大代表补选工作实施方案的通知
温龙人大常〔2022〕38 号	关于决定张少博等职务任免的通知
温龙人大常〔2022〕39 号	关于林华等职务任免的通知
温龙人大常〔2022〕40 号	关于黄苏琼等职务任免的通知
温龙人大常〔2022〕41 号	关于曹大波等职务任命的通知

表 80

2022 年龙湾区人民政府主要文件目录

发布文号	文件标题
温龙政发〔2022〕1 号	温州市龙湾区人民政府 温州高新区管理委员会关于印发龙湾区（高新区）制造业高质量发展和数字经济发展“十四五”规划的通知
温龙政发〔2022〕2 号	温州市龙湾区人民政府关于公布 2021 年龙湾区区长质量奖及质量管理创新奖名单的通知
温龙政发〔2022〕3 号	温州市龙湾区人民政府关于龙湾区龙永路沿线工程（永中段）国有土地上房屋实施征收的决定
温龙政发〔2022〕4 号	温州市龙湾区人民政府关于区政府领导分工的通知

续表 80

发布文号	文件标题
温龙政发〔2022〕5 号	温州市龙湾区人民政府关于龙湾区高新区 ZP-03-H05、H06、H01（区块）、H11（区块）地块建设项目国有土地上房屋实施征收的决定
温龙政发〔2022〕6 号	温州市龙湾区人民政府 温州高新区管理委员会关于印发温州市龙湾区化学工业“十四五”发展规划的通知
温龙政发〔2022〕7 号	温州市龙湾区人民政府关于印发政府工作报告的通知
温龙政发〔2022〕8 号	温州市龙湾区人民政府 温州高新区管理委员会关于下达 2022 年度重点建设项目计划、政府投资计划和重大建设前期项目计划的通知
温龙政发〔2022〕10 号	温州市龙湾区人民政府关于区政府领导分工的通知
温龙政发〔2022〕11 号	温州市龙湾区人民政府 温州高新区管理委员会关于印发龙湾区（高新区）创新创业投资引导基金管理办法的通知
温龙政发〔2022〕12 号	温州市龙湾区人民政府 温州高新区管理委员会关于印发温州高新区（龙湾区）企业创新积分制工作实施方案的通知
温龙政发〔2022〕13 号	温州市龙湾区人民政府关于印发龙湾区社会救助家庭就业收入认定和就业成本扣减办法的通知
温龙政发〔2022〕14 号	温州市龙湾区人民政府关于进一步规范财政预算追加（调整）审批工作的通知
温龙政发〔2022〕15 号	温州市龙湾区人民政府 温州高新区管理委员会关于印发 2022 年温州国际云软件谷核心建设工作方案的通知
温龙政发〔2022〕16 号	温州市龙湾区人民政府 温州高新区管理委员会关于印发龙湾区加快“未来园区”建设实施方案的通知
温龙政发〔2022〕17 号	温州市龙湾区人民政府关于印发龙湾区丧事集中办理实施方案的通知
温龙政发〔2022〕20 号	温州市龙湾区人民政府关于聘任特邀行政执法监督员的通知
温龙政发〔2022〕21 号	温州市龙湾区人民政府 温州高新区管理委员会关于印发龙湾区（高新区）工业企业搬迁改造三年行动实施方案（2022—2024 年）的通知
温龙政发〔2022〕22 号	温州市龙湾区人民政府 温州高新区管理委员会关于印发温州市龙湾区（高新区）加快发展保障性租赁住房实施细则的通知
温龙政发〔2022〕23 号	温州市龙湾区人民政府关于印发温州市龙湾区人民政府工作规则的通知
温龙政发〔2022〕24 号	温州市龙湾区人民政府关于将部分龙湾区部门行政处罚权交由状元街道行使的通告
温龙政发〔2022〕25 号	温州市龙湾区人民政府 温州高新区管理委员会关于印发龙湾区（高新区）安置房源统筹使用和管理实施办法的通知
温龙政发〔2022〕26 号	温州市龙湾区人民政府关于区政府领导分工的通知
温龙政发〔2022〕27 号	温州市龙湾区人民政府关于温州市永强北片区永中单元（0577-WZ-YB-08）B-34 地块、E-04 地块寺前片区改造及基础设施配套工程项目国有土地上房屋实施征收的决定
温龙政发〔2022〕28 号	温州市龙湾区人民政府关于聘请区政府教育顾问的通知
温龙政发〔2022〕29 号	温州市龙湾区人民政府关于印发龙湾区高标准农田建设“十四五”规划（2021—2025）的通知
温龙政发〔2022〕30 号	温州市龙湾区人民政府 温州高新区管理委员会关于印发温州市龙湾区（高新区）新市民量化积分管理实施细则的通知
温龙政发〔2022〕31 号	温州市龙湾区人民政府关于印发龙湾区政府产业基金管理办法的通知
温龙政发〔2022〕32 号	温州市龙湾区人民政府关于进一步加强地质灾害防治工作的意见
温龙政发〔2022〕33 号	温州市龙湾区人民政府关于印发《全面加快科技创新 推动工业经济高质量发展的若干政策意见》《进一步加快现代服务业高质量发展的若干政策意见》的通知
温龙政发〔2022〕34 号	温州市龙湾区人民政府关于公布 2021 年度“亩均论英雄”工业企业综合评价结果的通知

续表 80

发布文号	文件标题
温龙政发〔2022〕35 号	温州市龙湾区人民政府关于温州市永强北片区永中单元（0577-WZ-YB-08）B-34 地块、E-04 地块寺前片区改造及基础设施配套工程项目（第二批）国有土地上房屋实施征收的决定
温龙政发〔2022〕36 号	温州市龙湾区人民政府关于沿江快速路学院路至温州东及文昌路段工程（文昌路段）国有土地上房屋实施征收的决定
温龙政发〔2022〕37 号	温州市龙湾区人民政府关于公布龙湾区第十批非物质文化遗产名录的通知
温龙政发〔2022〕38 号	温州市龙湾区人民政府关于公布 2021 年度企业创新积分榜的通知
温龙政发〔2022〕39 号	温州市龙湾区人民政府关于将部分龙湾区部门行政处罚权交由永中街道等 9 个街道办事处行使及新增状元街道办事处行政执法事项的通告
温龙政发〔2022〕40 号	温州市龙湾区人民政府关于区政府领导分工的通知
温龙政发〔2022〕41 号	温州市龙湾区人民政府关于给予胡国民记嘉奖的决定
温龙政发〔2022〕42 号	温州市龙湾区人民政府关于印发龙湾区捕捞渔船减船转产实施方案的通知
温龙政发〔2022〕43 号	温州市龙湾区人民政府关于规范龙湾区征收改造范围内未经登记建筑调查认定处理工作的实施意见（试行）
温龙政发〔2022〕44 号	温州市龙湾区人民政府关于印发龙湾区水域保护规划的通知

2022 年政协龙湾区委员会主要文件目录

表 81

发布文号	文件标题
温龙政协〔2022〕1 号	关于公布政协第六届温州市龙湾区委员会第一次会议选举结果的通知
温龙政协〔2022〕2 号	关于政协第六届温州市龙湾区委员会领导班子成员分工的通知
温龙政协〔2022〕3 号	关于印发《政协第六届温州市龙湾区委员会专门委员会主任、副主任和委员名单》的通知
温龙政协〔2022〕4 号	政协第六届温州市龙湾区委员会关于李辉星等同志任职的决定
温龙政协〔2022〕5 号	关于印发《政协温州市龙湾区委员会 2022 年民主监督实施方案》的通知
温龙政协〔2022〕6 号	关于印发《政协温州市龙湾区委员会 2022 年工作要点》的通知
温龙政协〔2022〕7 号	关于印发《政协温州市龙湾区委员会全体会议工作规则》等制度修订稿的通知
温龙政协〔2022〕8 号	关于印发《政协温州市龙湾区委员会关于服务助推打造高质量发展建设共同富裕示范区龙湾样板的意见》的通知
温龙政协〔2022〕9 号	关于印发《龙湾区政协关于进一步加强和改进学习工作的实施意见》的通知
温龙政协〔2022〕10 号	关于印发《做好省政协学习近平新时代中国特色社会主义思想、争当政协履职排头兵主题读书群委员专题读书活动的实施方案》的通知
温龙政协〔2022〕11 号	关于印发《政协温州市龙湾区委员会建立完善习近平新时代中国特色社会主义思想学习座谈会制度实施方案》的通知
温龙政协〔2022〕12 号	关于调整《政协第六届温州市龙湾区委员会专门委员会主任、副主任和委员名单》的通知
温龙政协〔2022〕13 号	关于印发《龙湾区政协“民生议事堂”平台建设实施方案》的通知

简称和全称对照目录

龙湾区部分机构简称和全称对照一览表

表 82

简　称	全　称
区委	中共温州市龙湾区委员会
区人大	温州市龙湾区人民代表大会
区政府	温州市龙湾区人民政府
区政协	中国人民政治协商会议温州市龙湾区委员会
区委办	中共温州市龙湾区委员会办公室
区人大办	温州市龙湾区人大常务委员会办公室
区府办	温州市龙湾区人民政府办公室
区政协办	政协温州市龙湾区委员会办公室
区人防办	温州市龙湾区人民防空办公室
区人武部	中国人民解放军浙江省温州市龙湾区人民武装部
区纪委（监委）	中共温州市龙湾区纪律检查委员会（温州市龙湾区监察委员会）
区法院	温州市龙湾区人民法院
区检察院	温州市龙湾区人民检察院
区委组织部	中共温州市龙湾区委员会组织部
区委宣传部	中共温州市龙湾区委员会宣传部
区委统战部	中共温州市龙湾区委员会统战部
区侨办	温州市龙湾区人民政府侨务办公室
区台办	温州市龙湾区人民政府台湾事务办公室
区委政法委	中共温州市龙湾区委政法委员会
区委直属机关工委	中共温州市龙湾区委直属机关工作委员会
区委编办	中共温州市龙湾区委机构编制委员会办公室
区委党史研究室	中共温州市龙湾区委党史研究室
区文明中心	温州市龙湾区精神文明建设指导中心
区发改局	温州市龙湾区发展和改革局
区经信局	温州市龙湾区经济和信息化局
区人力社保局	温州市龙湾区人力资源和社会保障局
区住建局	温州市龙湾区住房和城乡建设局
区文广旅体局	温州市龙湾区文化和广电旅游体育局
区卫健局	温州市龙湾区卫生健康局

续表 82

简　称	全　称
区交通局	温州市龙湾区交通运输局
区市场监管局	温州市龙湾区市场监督管理局
区机关事务管理中心	温州市龙湾区机关事务管理中心
区旅体中心	温州市龙湾区旅游和体育事业发展中心
区新居民服务中心	温州市龙湾区新居民服务中心
区政务服务中心	温州市龙湾区政务服务中心
区移民服务中心	温州市龙湾区移民服务中心
区服务业发展中心	温州市龙湾区服务业发展中心
区投促中心	温州市龙湾区投资促进服务中心
区城建中心	温州市龙湾区城市建设中心
区供销联社	温州市龙湾区供销合作社联合社
区金融工作服务中心	温州市龙湾区金融工作服务中心
区水利工程建设中心	温州市龙湾区水利工程建设中心
区塘河建设中心	温州市龙湾区温瑞塘河工程建设中心
区交建中心	温州市龙湾区交通工程建设中心
温州经开区	温州经济技术开发区
温州高新区	温州高新技术产业开发区
浙南科技城	温州浙南科技城
区公安分局	温州市公安局龙湾分局
区税务局	温州市龙湾区税务局
区资规分局	温州市龙湾区自然资源和规划分局
区供电分局	温州电力局龙湾供电分局
区生态环保分局	温州市生态环境局龙湾分局
区医保分局	温州市医疗保障局龙湾分局
浙江高速交警温州支队	浙江省公安厅高速公路交通警察总队温州支队
市交管局三大队	温州市公安局交通管理局三大队
区消防救援大队	温州市龙湾区消防救援大队
市公积金龙湾管理部	温州市住房公积金管理中心龙湾管理部
团区委	共青团龙湾区委员会
区妇联	温州市龙湾区妇女联合会
区科协	温州市龙湾区科学技术协会
区侨联	温州市龙湾区归国华侨联合会

续表 82

简　称	全　称
区社科联	温州市龙湾区社会科学界联合会
区残联	温州市龙湾区残疾人联合会
区工商联	温州市龙湾区工商业联合会
区文联	温州市龙湾区文学艺术界联合会
民革龙湾基层委	中国国民党革命委员会温州市龙湾区基层委员会
民盟龙湾基层委	中国民主同盟温州市龙湾区基层委员会
民建龙湾基层委	中国民主建国会温州市龙湾区基层委员会
民进龙湾基层委	中国民主促进会温州市龙湾区基层委员会
农工党龙湾基层委	中国农工民主党温州市龙湾区基层委员会
致公党龙湾基层委	中国致公党温州市龙湾区基层委员会
九三学社龙湾基层委	九三学社温州市龙湾区基层委员会
人保龙湾支公司	中国人民财产保险股份有限公司龙湾支公司
人寿龙湾支公司	中国人寿保险股份有限公司龙湾支公司

名词解释一览表

表 83

简　称	注　解
一区五城	指龙湾区加快打造未来城区和浙南科创新城、温州产业新城、东部枢纽新城、国际开放新城、滨海幸福新城。
五快循环	指快检测、快流调、快编组、快转运、快隔离。
省鲲鹏人才	指面向世界科技和产业发展前沿，招引具有全球影响力的顶尖人才，包括诺贝尔奖等重大科学技术奖项获得者。
“1612”数字化改革体系	指一体融合的数字化改革工作大格局，第一个“1”即一体化智能化公共数据平台（平台＋大脑），“6”即党建统领整体智治、数字政府、数字经济、数字社会、数字文化、数字法治等六大系统，第二个“1”即基层治理系统，“2”即理论体系和制度规范体系。
“县乡一体、条抓块统”改革	指以党建为统领，以基层治理现代化为目标，以赋权赋能乡镇（街道）提升乡镇（街道）统筹能力为核心内容，以重塑县乡管理体制和基层治理体系为发力点的重大集成改革。
“三带一馆群一街一古堡”文化工程	指塘河宋韵明风文化传承带、环大罗山生态休闲文化示范带、沿瓯江时尚创新文化建设带，百工艺术馆群，寺前街，永昌古堡
三大差距	指实现共同富裕要着力缩小地区差距、城乡差距、收入差距。
中央“五大政策”	指中央出台的财政、货币、产业、科技、社会政策。
“8+4”政策体系	指扩大有效投资、科技创新、“415X”先进制造业集群培育、现代服务业高质量发展、世界一流强港和交通强省建设、扩大内需和对外开放、乡村振兴和城乡一体化发展、保障和改善民生等八个重点领域政策包，财政金融、自然资源、能源、人才等四张要素保障清单。
扩大有效投资“百项千亿”工程	指市政府提出在有效投资方面，每年滚动推进 400 个左右重大项目、完成投资 1000 亿元以上。
“共富工坊”	指依托党建联建机制，以党组织为纽带牵引政府部门、村社、企业和农户等各方力量资源互补、联动共建，发挥村企共建优势效应，盘活农村闲置房屋土地等资源，打造各式工坊，推动农民增收、企业增效、集体增富。

续表 83

简称	注解
科技创新“八大抓手”	指抓科技战略平台建设、高水平大学建设、企业技术改造、科技企业森林培育、孵化育成体系构建、新型研发机构建设、创新型人才引育、科技金融发展等八项工作。
罗峰领雁	指定期评选一批区级杰出人才、科技创新领军人才、科技创业领军人才、科技创新青年拔尖人才、新时代青年企业家，为温州市重大人才工程申报储备力量。
温州湾新区“两区两高地”	指将温州湾新区打造成全国民营经济高质量发展示范区、长三角先进制造集聚高地、浙江东南沿海科技创新高地和温州都市区产城融合新城区。
“双百双千”发展新格局	指温州湾新区形成“百家省级研发机构、百亿链主项目、千亿产业集群、千家规上企业”的民营经济高质量发展新格局。
榕树计划	指通过起步期辅导、成长期服务和成熟期引导的“三步走”，对企业上市的各个阶段精准滴灌施策。
凤凰行动	指通过股份制改造和培育上市后备企业，推动更多本地优质企业登陆境内外资本市场。
“5321”高铁时空圈	指从温州乘坐高铁到京津冀5小时，到珠三角3小时，到长三角核心区2小时，到杭州1小时。
绿波带	指通过对各个路口的红绿灯信号进行协调，使车辆在通过时能连续获得一路绿灯的技术。
助联体	指社会救助服务联合体
“1+10+N”医联体	指由龙湾区第一人民医院牵头，联合10个街道卫生服务中心以及N个基层卫生医疗站所，组建区域医疗联合体。
“1+3+N”网格力量	指网格管理和服务队伍，“1”指1名网格长，一般由村（社区）干部担任；“3”指1名专职网格员、1名兼职网格员、1名包联干部担任的网格指导员；“N”指网格内的其他包联干部、专业执法力量、基层党员干部、在职党员、志愿者等
枫桥经验	指20世纪60年代初，浙江省绍兴市诸暨县（现诸暨市）枫桥镇干部群众创造了“发动和依靠群众，坚持矛盾不上交，就地解决，实现捕人少，治安好”的基层工作经验。
“3030”排查机制	指由区领导联系，30天内排查整治30个问题的循环整改闭环机制。
“8+4”领域专项整治	指在道路交通、消防安全、危化品、建设施工、工矿、涉海涉渔、旅游、城市安全等八个重点领域和城乡危旧房、特种设备、地质灾害、森林防火等四个方面，开展遏制重大安全生产事故治理。
DXC	龙湾国际云软件生态
双激活	闲置宅基地和闲置农房激活利用
“六学六进六争先”	指围绕过去5年的重大成就和新时代10年伟大变革的里程碑意义、习近平新时代中国特色社会主义思想实现的发展新跨越、引领新时代新征程的中心任务和宏伟目标、全面建设社会主义现代化国家的系统部署、坚持党的全面领导和全面从严治党的新形势新要求、“五个必由之路”规律性认识和抓关键补短板防风险的战略考量等六个方面不断学习、进步和争先。
“两个先行”	即省第十五次党代会报告提出的在高质量发展中奋力推进中国特色社会主义共同富裕先行和省域现代化先行。
“八个高地”	即省第十五次党代会报告提出的打造新时代党建和清廉建设、高质量发展、数字变革、全过程人民民主实践、新时代文化、社会全面进步、生态文明、促进全体人民全面发展等八个高地。
经济稳进提质八大攻坚行动	即常态化疫情防控与经济社会发展双赢攻坚行动、强化政策集成落地攻坚行动、稳企业强主体攻坚行动、畅循环稳工业攻坚行动、扩投资优结构攻坚行动、稳外贸稳外资促消费攻坚行动、优化要素保障攻坚行动、稳就业惠民生攻坚行动。
产业链链长制“十个一”机制	即为每个产业链配置“一位领导担任链长，一个由相关负责人和企业服务职能部门共同组成的‘链办’，一批链主链群企业，一个产业链图谱和发展规划，一套产业链支持政策，一批重点项目，一批产业发展空间，一系列公共服务平台，一个招商专班，一个行业协会商会”的工作机制。
“三区三线”	即根据城镇空间、农业空间、生态空间三种类型的空间，分别对应划定的城镇开发边界、永久基本农田保护红线、生态保护红线三条控制线。
“八大文化行动”	即文化铸魂行动、文脉传承行动、文化塑韵行动、文化惠民行动、文旅融合行动、文化产业升级行动、文明新风行动、文化传播行动。
“六防六促”	即防婚恋家庭纠纷，促人际和悦；防邻里物业纠纷，促小区和美；防经济债务纠纷、促经营和顺；防涉群体性纠纷、促街镇和睦；防涉疫涉灾纠纷、促群众安全和康。

续表 83

简 称	注 解
“141”基层治理体系	第一个“1”指县级社会治理中心；“4”指乡镇（街道）基层治理“四个平台”，即形成以监管执法、应急管理、综治工作、公共服务为主要内容的乡镇治理主体框架；第二个“1”指村社网格。
“七大机制”	即将“五快”包含在内，指的是预防和早发现机制、精密智控指挥决策机制、“三责联动”快响激活机制、“三区”最小单元管控机制、“五快”循环机制、分阶段清零机制、“三情”联动机制。
八大专项攻坚行动	高能级科创平台提能造峰、培育创新型领军（瞪羚）企业、招引落地创新型重大项目、引育高水平创新创业人才团队、攻坚“卡脖子”核心技术、突破性改革举措、区域开放合作共享、两大主导产业规上工业增加值增速
“两防一保两促进”	“两防”是防重症，尽量防止初期就转为重症；防死亡，尽最大可能减少死亡。“一保”是保健康，坚持人民至上、生命至上、健康至上。“两促进”是促进经济社会发展，促进民生改善。
畜牧“两化”建设	指兽药减量化、饲料环保化。
“扩中提低”八大行动	即通过实施就业优先促进、全民创业创新、收入分配优化、城乡统筹提升、公共服务惠民、社会保障托底、重点人群激励、困难人群帮扶等八大行动，扩大中等收入群体规模和提高低收入群体收入。
农业“双强”	即科技强农、机械强农。
“七张问题清单”	即重大巡视问题、重大督查问题、重大审计问题、重大生态环保督察问题、重大安全生产问题、重大网络舆情问题、重大信访问题等 7 个方面问题清单。
党建统领网格智治“1+6”制度体系	即《关于党建统领网格智治的实施方案（试行）》（温龙委发〔2022〕21 号），6 即《龙湾区网格党组织建设工作指引》《龙湾区网格日常管理办法》《龙湾区专职网格员队伍管理办法》《龙湾区“1+3+N”网格队伍捆绑考核办法》《龙湾区网格工作督导考核及责任追究办法》《龙湾区网格管理数字平台管理办法》。
“青廉工程”	通过实施该工程，系统性抓好年轻干部的教育管理，进一步提升年轻干部廉洁自律能力，引导他们时时处处自警、自省、自律，营造风清气正、干事创业的良好氛围。
“一区一廊一会一室一集群”	即温州国家自主创新示范区、环大罗山科创走廊、世界青年科学家峰会、瓯江实验室和大孵化集群。
“一轴一带一区”	指温州城市发展战略格局，即沿江发展轴、沿海产业带、生态发展区。
“红色根脉强基工程”	浙江省 2021 年启动实施的一项工程，当前和今后一个时期浙江抓基层党建的总载体、总抓手。
环大罗山科创走廊“五提升”	即基础研究、新型研发机构赋能、孵化平台引育、成果转化和人才集聚五大能力提升。
“两区两高地”	即全国民营经济高质量发展示范区、长三角先进制造集聚高地、浙江东南沿海科技创新高地、温州都市区产城融合新城区。
“五大工程”	即政治文化引领工程、基层基础提升工程、民宗领域强基提质工程、非公经济领域亲清护航工程、瓯越同心工程。
“1+2+10”救治体系	即在转段阶段，设置一个亚（准）定点医院，2 个发热门诊，10 个发热诊室，以进一步提高疫情救治能力。
“3030”隐患闭环管控机制	即由区领导联系，30 天内排查整治 30 个问题，按照交办、整改、督查、验收、问责、考核等程序，形成 30 日循环整改闭环管理机制。
“三新赋能”	由温州市级层面提出，面向各级领导干部开展“新理念、新技术、新知识”大培训。按照“市里抓通用培训，部门抓专题培训，县里抓精准培训”三个层级，实施向内挖潜、向外拓展、依网发力、向下延伸、学行结合“五学”举措，促进领导干部能力新跃升，推动经济社会新发展。
“菁英接力”	即“菁英接力”年轻干部培养计划。重点围绕区委区政府中心工作、热门话题等内容，主要运用专家专题授课、主题活动等形式，进一步拓宽年轻干部培养锻炼平台，加快优秀年轻干部成长成才，打造高素质专业化优秀年轻干部队伍。
“年轻干部选育管用‘五航’行动”	年轻干部“政治领航”“开源启航”“培育促航”“严管护航”“青廉助航”等五大行动。
“幸福基金”	由“共享社·幸福里”建设共建联合会会员单位牵头成立的，专门用于补助符合基金会宗旨、业务范围的共建单位以及创建单元阵地建设、社群活动、志愿活动的公益类基金。
“共富驿站”	以党群服务中心为主要阵地，推动政策、资源、服务等“共富”要素多维度耦合、端到端优选适配的一站式服务中心。

索　引

温州奥体中心主体育馆　　（江国荣摄于2022年9月）

索　引

数字索引
主题索引

霞映瓯海大道　　（严艳影摄于2022年4月）

说明

一、本索引分数字索引、主题索引二部分。

二、数字索引按首位数字大小顺序排列，主题索引按汉语拼音顺序排列，同音字按声调排列，同音同调字按一下字的音译排列，表格索引按表格顺序排列。

三、索引词的阿拉伯数字表示内容所在的页码。

四、同一主题的在文中多处出现的，在其索引词后用不同的页码标明。

数字索引

110 接处警　120
12345 热线　58
15 分钟托育服务圈　9
19 届亚运会龙湾赛区　300
2 型糖尿病　296
37° 青年创客公寓　190
3A 级景区村庄　13、195
4A 级风景区　243
5G 精品网络　214
5G 通信网络覆盖率　213
5 岁以下儿童死亡率　292、367
“15 分钟采样圈”　335
“15 分钟就医圈”　293
“15 分钟品质文化生活圈”　9、18、399
“15 条举措”　217
“30 条举措”　3、12、43、119
“331 教育人才培养”　237
“365 天永不落幕”眼健康药械展　233
“510+ 行动计划”　311
“510 引才行动计划”　79
“8+4”经济政策体系　15
330 国道　205、206

主题索引

A
爱国主义教育基地　179、238
爱心驿站　188
爱心营养餐　238、258
安宁疗护工作试点病区　315
安置房摸文认购　332、334、340
按时办结率　66、76、89
案件类警情　120
“安全生产月”　208
ACDM 系统　209
AI 审批招企贷　220

B
白垩世火山沉积岩　32
白水民俗博物馆　195、256、286
百姓健身房　299
百姓书屋　40、253、366
版权示范园区　232
保障项目支出　139
保障性租赁住房　72、214、220、313、432
北策岛　32、272
北策门航道　32
北大科创园　190
北斗产业　21、404、409、411、413
北航大厦　164
北航医学科学与工程学院　226
被征地农民参保　79、312
本科升学率　241
本外币存贷　217
本外币存贷规模　217
毕业率　239、240
便民服务站　16、77
标准篮球场　299
滨海大道　8、21、205、2036、344
滨海平原　32
滨海幸福新城　7、183、436
丙类传染病　292、367
病毒性肝炎　292
玻璃银光刻　37、268、270
不定向捐款物　113
不定向资金　114
不规范金额　142
不良贷款率　217
“八八战略”　6、7、10、14、15、43、47、51、58、393
“八大行动”　48、398、399
“八大文化行动”　4、7、43、53、437
“八大抓手”　3、15、71、437
“百千万”工程　328
“百强企业”　161
“百日攻坚”　46、72、117、155、207
“百项千亿”工程　15、436
“帮企云”　13
“不动产智治”　189
“不见面开评标”　139

C
财政总收入　39、71、138、139、366、368、369
残疾人两项补贴　314
残疾人微心愿　99
产业飞地补充框架协议　135
常住人口　6、35、39、168、195、241、291、294、318、333、338、340、365
场所隐患整治　334
成人教育网络覆盖率　241
城管驿站　188、328
城市经济　8、14
城市书房　18、40、253、266、274、366、39
城乡居民基本养老保险　40、367
城乡居民人均可支配收入　3、12、71、193
城乡居民最低生活保障　313
城乡危旧房　18、437
城镇低效用地　137、402
城镇居民恩格尔系数　310
城镇开发边界　183、437
城镇职工基本医疗保险　40、367
持证残疾人　112、113
持证残疾适龄儿童　240
出口额　4、15、173、174、366
初中升高中升学率　239
储蓄存款　218、219、220、221
处置完成率　347
创谷海龟基地　107
创梦未来产业园　164
创业担保贷款　311
村村通巴士　205
村规民约　119、125、402
村级服务站　214
村级集体经济总收入　196
村级社区分校　241
村居三级管网　187
村居养老服务照料中心　337
村均集体收入　336
村卫生室　74、75、291、292、367
村邮站　142、213、214
长三角 5G 创新中心　21
长三角基金　231
C 类以上高层次人才　231
“残疾人之家”　112、113、259
“诚信示范企业”　161
“乘数效应”　8、395
“出口 20 强单位”　161
“出生缺陷三级预防一网通平台”　293
“处长面对面”　150
“春泥计划”　280、319
“慈善倍增”　17

D
大罗山　7、8、9、17、32、35、36、37、86、87、90、202、205、227、255、400
大唐 5G　164、185、409、410、411、413
大舞台云展映　74、76、254
大悦观邸　40、187、202
单轨运输机　156
单身青年交友　106
淡水养殖　155
氮氧化物　199、202
党建统领网格智治　4、10、43、47、52、332、337、346、430、438
党史方志展示厅　288
党支部　51、52、57、85、96、102、130、132、218、273、359、360、394
党总支　51、57、85、96、300、338、394
稻谷烘干率　156
德乡仪品体验馆　135
等级幼儿园　239
低保边缘户　195
低保残疾人　99
低保资金支出　40、367
低收入农户人均可支配收入　9、49、400
低收入人群　139、293
低效空置厂房盘活　333
低效用地再开发　137、168
抵质押类产品清单　217
地籍档案　287
地块出让起始价　190
地区生产总值　3、6、7、12、15、27、39、62、64、71、72、167、431
第二产业增加值　39、365
第六届文化礼堂“民星秀”　54、254
第三产业增加值　39、365
第四纪沉积层　32
第一产业实现增加值　39、365
电费回收率　163
电信网络 5G 基站　214
电压合格率　163
电子监控设备　208
定向捐款物　113

定向资金 113
定性监测 113
东部枢纽新城 4、7、17、62、63、68、183、205、206、390、393、436
东篱下文化驿站 256
东篱下研学实践教育基地 238
动物实验房 228
动物重大疫病免疫率 155
独立式充电口 328
对公存款 219、220
多元化非现场执法 188
“大建大美” 13、183
“大起底大整治大提升” 4、43、45、58、117、122、256、337、347
“大综合一体化” 4、9、16、50、263、334、391、402
“担当奖” 44、52、429
“党建书吧” 85、394
“党建云直播课堂” 347
“党外宣讲团” 54
“低散乱”企业 339、344
“地瓜经济” 15
“第三财富”公司 140
“动态清零” 124
“督促监护令” 123
“督考联动” 50
“断卡”行动 120
“多评合一” 77、167、193

E

儿童友好城市 64、68、73、86、90、262、268、271、332、391
儿童友好实践基地 237
二类施工 207
“二类企业” 187
e 抵快贷 218
E 类以上高层次人才 8、15
“e 法先锋” 55

F

法律体检 119、125
房屋竣工面积 187、365
放心街区（商圈） 172
放心农贸市场 18、144、423
非法活动点 55、319
非公企业团组织 106、107
非税收入 140
非物质文化遗产 36、37、39、40、194、253、256、351、367、433
分散充电点 328
风险主机 78
扶贫资金 100、193
负面刚性清单 14、40、139
妇儿综合服务驿站 108
复工复产 81、281
“法护家安” 8、108、118、119、124
“非法行医”整治 294
“非粮化” 4、9、142、153、335、400
“非农化” 9、137、142、335、339、400
“肥药两制” 153、278、359、401
“枫桥式”司法所 14、125
“枫桥式公安派出所” 40、118、121、337、338、354、359
“凤凰行动” 16、417
“肤生工程” 100、101
“孵化效应” 338
“服务进社区” 188

G

“公安大脑” 10、14、121、207
“公参民”学校 239
“公民同招” 239
“公物仓” 138
“巩固深化年” 45、94
“共富工坊” 10、52、260、345、436
“共富讲堂” 55
“共享法庭” 63、118、124、348、391
“共享社·幸福里” 258、260、266、271、314
“共享助调” 51、121
“固定消防救援车” 344
“国际开放新城” 7、171
“国家引才计划” 167
GDP 比重 171、398、406、407、409
GLP 实验室 223
GM2D 项目企业 143
GOIP 120、214

H

海滨街道 31、35、65、66、80、82、85、90、94、96、126、129、143、162、189、194、211、244、246、249、250、257、259、261、262、270、275、279、282、285
海城街道 291、315、328、338、339、340、345、347、

367、371、388
海内外高层次创业创新人才　226
海塘安澜工程　13、17、28、156
海外工程师　226
行政复议案件调撤率　14、40
行政诉讼“双下降”　63、391
行政诉讼案件　18、49、118、119、123、125、201
行政诉讼收案数　10
航空物流园　13、15、205
航空物流综合体　205
航空性业务收入　209
豪中豪订单融资　217
合同使用外资　336
和合文化园　14、40、168、254、288、390、398
和合学展陈馆　254
和合驿站　254
红黑榜制度　346
红火蚁　153
红连文创园　55、334、399、411、413
红色根脉研学　238
红色议事厅　346
互联互通率　140
户籍总人口　35、309、367、368、369
户外劳动者服务站点　106
化学需氧量　199、202
环大罗山科创走廊　7、202、227、405、410、438
环大罗山省级现代农业园　139、154、401
黄石山公园　1、28、253、326、375
黄叶早　38
挥发性有机物　199、202、418
惠企资金　3、13、15、160
婚检率　292
婚姻登记合格率　309
馄饨　38、275
货物进出口总额　39、366
货物吞吐量　25、207、209
货邮吞吐量　15、207、208
“海外华侨故乡行”　82、110
“海外引才”　8、53
“旱改水”　137
“红匠工作室”　57
“红领巾讲解员”　107
“红色根脉强基工程”　7、8、45、438
“红色接力”　54、88、419
“红色楼栋长”　336
“红色之旅”　319
“互联网＋监管”　8、76、142
“护苗成长”　108
“护网 2022”　78
“花 young・青春直播间”　106
“花园式单位”　295
HIV/AIDS　292

I

IRS 综合指数　78

J

机场大道东延　4、8、13、17、87、167、335、342
积案化解数　201
基本医疗保险参保率　40
基层“小微”协商　86、395
基层党组织　51、52、57、214、338
基层团工委　106
激光与光电产业综合体　164
激光智能装备技术产业创新中心　12
集体幼儿园　239
集中式充电桩　328
计划生育公益金　114
技术合同登记　225
家禽存栏　154、365
家庭医生签约　195、289、293
监测指令书　144
检察开放日　123
建筑工业化　187
建筑业总产值　39、183、187、365
健康促进学校　294
健康管理率　292、293
健康光显产业集聚区　234
健康社区　293
健康驿站　167、214、294
姜立纲书法艺术馆　4、40、48、253、255、343、398
僵尸车　208、334、346
交通干线噪声平均值　40、199
胶冻　38、172
教师专业素养大赛　239
教育经费投入　237
教育支出　138、139、366
揭榜挂帅　50、53、121、286、412、415
街道区学校　241
街道综合文化站　253、344
结案率　80、146、150、188、311
金丽温高速公路　4、8、205、331

金睿家托育中心　114
进出口总额增长　3、13
进口额　171、174、366
近视控制率　234
经营性出让用地　168
经营性房产　138
经营性收入　9、17、52、194、196、336、342、346
精密医疗体检和保健　291
警示教育基地　26、91、95
纠纷调处化解率　337
九年一贯制　237、243
就业率　240
居家养老服务照料中心　17、74、75、260、280、315、332、339
居民人均可支配收入　7、12、27、39、49、71、193、309、310、367、368
居民生活用电　159、163、366
局规问责　121
“机关查档直通车”　287
“机器换人”　156、410
“极速贷”　219
“尖兵领雁”　225
“健康大脑 +”　135、291
“健康龙湾”　14
“僵尸企业”　124
“僵尸型”社会组织　314
“匠心工程基金”　102
“教师大练兵”　237
“教学新常规样板校”　243
“巾帼创”　108
“金海匠谷”　9、17
“金色埭头”　194、402
“金审工程”　142
“精建精美”　3、16、105、167
“精实助学”　107
“精文减会”　49
“警示教育月”　79、312
“救命神器”AED　114
“居民生活共同体”　336
“局长沙龙”　54、88、102
“骏马奖”　155、156

K
科创基金　12、231
科创走廊精品示范片区　187
科技城企业总部园　332
科技活动覆盖率　339
科技金融信贷　220
科技企业“双倍增”　12、15、225
科技型中小企业　8、12、16、21、40、167、225、333、336、346、366、406、407、419
科普画廊　109
科学技术支出　138
可转债监管业务　221、366
课后托管　66、73、195、237
空港新区　16、62、136、162、167、173、184、205、208、214、235、237、245、325
空气优良率　9、17、199
快递业务量　213
困境儿童　108、139、314、319、344
“康乐贷”　80
“科创龙湾童心慧眼”　108
“科创指数”　221
“科创中国”　3、13、27、43、109、167、232、335
“科技创新鼎”　3、7、12、15、26、71、225、259、271
“科研阵地”启航楼　228
“鲲鹏行动”　8、53
“鲲鹏人才”　3

L
垃圾分类　17、81、194、202、262、272、279、280、281、282、283、284、285、335、340、341、395
蓝领公寓　8、16、419
篮球公园　299
老年康复护理床位　315
老年康养智城　313、315
老年食堂　17、315、334、337
老年学堂　241
老年友好街道　9、17、49、315
离行式自助银行　218
联盟场库　188
粮食播种面积　12、153、336、400
“两新”党建“双强”示范点　337、347
“两新”妇联　107
亮灯率　187
林业产值　153、365
留抵退税　3、13、135、139、140、160
流动摊贩预警　188
流量经济　8
龙岗山新石器文化遗址　36
龙湾残疾人托养中心　100

龙湾东篱下休闲农庄　180
龙湾革命教育馆　177、276、337、338
龙湾炮台山　36
龙湾状元王鱼杨梅节　340
漏捕漏诉　122
录取率　241
轮船河　32、340
轮船河生态廊道公园　340
律师配备率　125
绿色防控覆盖率　153
绿色工厂　7、160、202、418
绿色家庭　108
绿色建筑　187
绿色信贷　217、218
“廉政谈心”　343
“凉亭议事”　262、270、336
“两癌”宫颈癌筛查　367
“两大变量”　3
“两防一保两促进”　3、438
“两非”地块　336
“两个健康”　4、8、11、15、50、54、62、63、68、119、275、390、393、405、407
“两个结合”　5
“两个确立”　3、5、6、7、18、43、48、390、393、394、396
“两个十条”问责　117
“两个维护”　3、5、6、7、18、43、47、48、390、393、394、396
“两个先行”　3、6、15、43、46、47、48、389、393、437
“两个责任”　94
“两个中心”　4、43
“两化”融合示范试点企业　164
“两客一危”　207
“两类场所”　346、347
“两路两侧”　206
“两万”专项行动　342
“亮绩比绩”　52
“领航企业”　13
“留工稳岗”　316
“六大友好”　108
“六防六促”　4、43、437
“六复六查”　207
“六个零发生”　117
“六星争创”　52
“六学六进六争先”　4、10、18、43、47、53、437
“六医统筹”　294
“龙城骑士”　52
“龙媒号联盟”　286
“龙青新语”　106、398
“龙湾杯”　187、421
“龙湾发布”　77
“龙湾海外侨领之家”　110
“龙湾擂台·三赛六比”　50、331
“龙湾亲清码”　93、94
“龙湾青年说清廉”　95
“龙湾闪聘”线上平台　311
“龙湾特钢小微企业园”　161
“龙湾幸福码”　10、18、76、78
“楼宇统战联盟”　54、55、334
“罗峰青年教育人才先锋营”　17
“罗山双香”　194、402
“罗小西”儿童友好志愿服务　320
“律所调解”　124
“绿书签行动”　54
“满意度”　199
L900 基站　214
LED 显示屏　50、129、141

M
麦田能源　52、68、160、164、217、411
麦芽糖　39
每千人托位数　292、309
美丽河湖　13、191、202
美丽乡村　4、89、193、194、195、331、333、342、346、357、358、360、361、362、402
民办博物馆　88、256、394
民办幼儿园　239、339
民法典主题公园　119、125
民情大巡查　188
民情接待日　188
民情恳谈会　188、346
民生支出　138、139、366
民营企业贷款　217、218
名人工作室　254
名优教师培育工作室联盟体　242
谋大招强　3、13、15、63、78、136、390
牧业产值　153、365
“美丽田园＋”　336
“民生议事堂”　10、86、89、90、336、397、433
“明眸皓齿”工程　237
“墨香温州”　100

"亩均论英雄"　72、73、160、331、333、334、347、404、418、421、424
M0 新型产业用地　190

N
纳睿婴幼儿自然成长社　114
男女性别比　35、309、367
南口大桥南接线　205
南洋体育公园　299
年均浓度　40、367
牛存栏　154、365
牛肉产量　154、365
牛羊口蹄疫　155
农产品安全追溯管理体系　153
农产品定量监测　153
农村"三资"管理　192、193、196
农村常住居民人均可支配收入　39、310、331、367、369
农村老人活动中心　315
农村体验点　328
农村宅基地　194、402、403
农房激活试点　194、403
农耕文化博物馆　195
农林牧渔业总产值　39、153、365、331
农林牧渔专业及辅助性活动　153、365
农事培训中心　338
农田基本建设机械　156
农业"双强"行动　4、9
农业龙头企业　17、156、400、401
农用航空器　156
农作物病虫害　156
"能效经理进企业"　163
"娜警官"网络普法工作室　56
"南洋市集"　4、177、178、179、251
"内窥镜智能监管平台"　88、291
"能耗双控"　66、339
"诺奖数字双碳研究中心"　27、164、190

O
瓯海大道　17、21、26、31、74、75、164、168、178、208、255、341、440
瓯江阿尔茨海默病国际论坛　228、265
瓯江实验室　8、12、15、21、68、214、226、227、228、265、277、398、410、414、430、438
瓯江引水工程　155、156、345
欧美同学会　4、10、54、55、82
"瓯江杯"　187、421
"瓯江红"机关党群服务中心　125
"瓯越百工坊"　40、367
"瓯越工匠"　79
"瓯越鲜风"　156、400
"瓯越英才"　8、15、53
OLT 设备　214

P
派遣支教　240
盘活面积　194
棚户区改造　218
批而未供土地　137、168、333
拼字龙灯舞　37
平安三率　117、171、238
平安校园智慧管控中心　238
平均输配电价　164
普服乙类网点　213
普惠金融贷款　218
普惠托位　17、292
普惠型小微贷款　220
普惠性医疗康养综合体　291
普惠性幼儿园　239
"判实未执"　122
"品字标"企业　13、16、144
"平安金鼎"　12、40、43
"平安民航"　209
PCT 国际专利　221
PM10 平均浓度　199
PPN　139、168

Q
企业"下转上"　335
企业环保自律巡逻　199
企业家之家　124
企业联合实验室　233
企业亩均综合评价　333
企业特色亮点项目　76
企业研发费用　333、339、406、407、415
千人床位数　291
千人护士数　291
千人医生数　291
千兆光纤网络　214
禽蛋产量　154、155、365
禽肉产量　154、365
青喵喵小铺　320
青年创客公寓　190

青年创业沙龙　107
青年海外高层次人才　231
青年精英人才研修班　53
青年学习会　61、392
青山白化治理　310
青山儿童福利院　183
青山体检与医学研究中心　171、291
清廉村居示范区　14、40
区域本土化品牌课程　239
区域性为农服务中心　193、194
祛疤栽花　40、187、194、202、346
全民健身广场　299
全民阅读节　253
全球精英创新创业大赛　12、28、43、225、226、227
全社会消费品零售总额　39、171、172、366
全自动生化分析仪　296
全社会消费品零售总额　39、171、172、366
群体性讨薪　119、126
群众信访总量　58
桥头跳车　75、187、206
亲警驿站　120
“七大机制”　3、12、43、438
“七张问题清单”　4、9、10、43、45、49、50、58、72、201、268、323、324、334、336、438
“企业河长”　199
“千人计划”　266
“千人双评议”　48、94
“牵引效应”　9、187、421
“钱江杯”　16
“强翼行动”　110
“侨胞之家”　110
“亲青筹”　106
“亲清码监督”　119
“青创伙伴计划”　107
“青创先锋导师团”　107
“青蓝新学”　88
“青联希望小屋”　107
“青廉大讨论”　106
“青廉工程”　5、11、43、106、264、438
“青年大学习”　106
“清廉工程”　336
“清廉机关”　57
“清廉龙湾”　4、7、26、43、95
“清廉招标”　141
“全民眼健康”　17、26、231
“全省一张网”　141
“全域数字法院”　124

R

人才公寓　53、185、186、190、218、266、280
人才主题公园　53
人才住房配售　313
人才资源总量　6
人大监督评价　63、390
人均财产净收入　310
人均生产总值　39、365、370、371
人均体育面积　18、299
人口出生率　35、309、367
人口死亡率　35、309、367
人口自然增长率　35、367
人力资源产业园　79、164、423
人民监督员　123
人文化爱心驿站　188
认罪认罚从宽制度　123
任务完成率　137、171、173、187
日均存款余额　217
日均活跃度　286
日均发件量　213
入住率　190
锐空间　225
瑞浦兰均未来工厂　50
瑞浦兰钧新能源制造基地　12、16、159、167
“认知度”　199
“容错免责”　142
“榕树计划”　16
RCEP 高水平开放合作示范区核心区　9、15

S

赛泷科创湾　28、78、136、137、164、190
三级等保　78
三级管网　187
三书同达　15、50、73、119、274
扫黑除恶　10、18、118
沙城街道　22、31、32、35、65、66、90、126、129、162、194、243、245、246、247
商标权质押登记　150
商事登记制度　119、143
上横河　32
上网行为审计　56、76
少儿财商教育基地　219、220
设施完好率　187
社保费收入　140

社保缓缴政策 312
社工周文化节 314
社会保障和就业支出 138、366
社会消费品零售总额 3、15、167、347、368、369
社会用电量 162、163
社科基地 288
社情民意联系点 10、397
社情民意信息联系点 336
社区居家养老服务照料中心 75、260、332
社区卫生服务站 14、75、291、292、293、342、367、402
社区助残暖心服务驿站 113
涉农贷款 219、220
涉疫航班 209
涉渔“三无”船舶 155
生命体验馆 327
生态保护红线 183、437
生态环保投资增长 39、183、365
生态廊道 137、154、199、202、340
生态文明示范区 2、13
生态园区 77、421、424、425、426、427
生育保险 40、309、312、367
生育保险津贴 309
生猪存栏 153、154、365
省标准化成人校 241
省股交中心挂牌企业 217
失业保险 40、311、312、367
师生漆画作品展 258
十大民生实事 18、231、339
石榴红工作室 318
石榴红志愿者服务队 318
石胜观 36、257
实际使用外资 79、366、367、425、426、427
实物配租在保 313
实习指导师 241
示范型儿童之家 108、313、314
示范性家庭农场 17、156
示范性农民合作社 17、401
世界青年科学家峰会 3、7、12、15、28、71、109、121、162、163、234、415、438
市域铁路 S2 线 8、13、16、17、205、390
适龄儿童免费窝沟封闭 293
适龄少年儿童入学率 239
室外健身苑点 299
首届“青山论坛” 332、429
首席科技官 226
授信敞口金额 220
蔬菜播种面积 153
数据编目质量合格率 78
数据库告警 78
数字产业“一号工程” 164
数字场景 118、217
数字服务综合区 190
数字经济产业产值 342
数字经济产值 190
数字贸易港 173、190、334、398、414、425
数字农业展示中心 338
数字人民币 80、217
数字制造试点示范区 190
双创示范基地 13、27、232、405
双千兆网络 214
双线引才 79、311
水稻耕种收综合机械化率 156
水稻机耕率 156
水稻机械植保率 156
水稻直播机 156
水稻种植保险 221
水电气监测设备 315
水生花卉基地 195
税收收入 138、140
顺富大厦 55、334
私坟生态化改造 310
四新领域妇联组织 107
寺前街历史文化街区 4、9、14、15、27、40、48、90、135、275、286、390、394
松材线虫病 154
送戏下乡 40、253、367
酸性火山碎屑岩 32
随迁子女入学率 239
“三不腐” 4、10、43、93、336
“三非”外国人 120
“三服务” 81、110、340、342、347、403、418
“三改一拆” 13、16、188、347
“三类企业” 339
“三类园区” 339
“三联三助” 188
“三强一制造” 144
“三清单一承诺书” 145
“三区两市” 174
“三区三线” 4、8、183、437
“三全行动” 343
“三全四课五育” 237
“三色预警” 142

“三大挑战”　71
“三位一体”　10、86、118、173、194、218、335、395、397、403
“三无”高层小区　328
“三医联动”　294
“三重红利”　71
“三重压力”　3、71
“三重一特”档案　287
“三资”管理　52、192、193、196、341、447
“扫黄打非”　47、54、253
“商户云贷”　218
“社区交警”　208
“生态文化月”　199
“失信黑名单”　124
“十个一律”　45、58、187、327
“十四五”规划　7、14、72、153、167、286、393、396、403、404、419、431、432
“十条禁令”　4、13、94、119、160
“十五分钟文化生活品质圈”　332
“十五连冠”　4、14、237
“首接责任制”　58
“数字化改革”　52
“数字经济”　214
“双百双千”　8、16、437
“双倍增”　9、12、15、167、225
“双减”工作　237
“双减”课后服务平台　4、6、63、237、391
“双建争先”　57
“双迈进”　15
“双强”示范工程　156
“双强红领”　52
“双清零一创建”　137
“双师型”教师　240、241
“双随机、一公开”　119、143、145、241
“双一流”　52
“双预警”　327
“双月攻坚”　347
“双组双促”　348、390
“四边三化”　347
“四个关键”　121
“四个机关”　61、392、393
“四好”商会　102
“四好农村路”　17、362、402
“四类工程”　187
“四品八德”　237、398
“四平台”流转机制　341
“四色”分类管理　126
“四上一农”非公企业　51
“四项监督”　11
“四小行业”专项整治　294
“四张履职清单”　68、392
“四治融合”　76、402

T

泰越基金　231
汤和信俗　36
淘钉钉紧固件智能仓储基地　27、335
特控线　241
特困户　195
特色家庭　108
特色精品村　4、13、194、195、331、333、360
特色示范点项目　76
特殊教育　240
特邀行政执法监督员　119、432
特约监察员　94、95
特种设备赋码率　143
天柱寺风景区　179、180
调撤率　14、40、118、119
调解成功率　14、40、80、124、126
调解结案　118、119
调解员人才库　124
停车联盟错时泊位　74、75
停车联盟云平台　188
通海大道西段　4、8、13、17、205、206
通借通还农家书屋　253
通用航空产业园　183、205
通邮示范村　213、214
投递服务质量达标率　213
土地“清零”　13、183、184
土地出让金　136、137、140
土壤“修复工厂”　9、199、200
托管资产　222
“天平调解工作室”　124
“田长制”　137、400
“听证员库”　123
“同心共建”　102
“同心圆·润心共富”　99
“土地出让添前置”　187
“鸵鸟奖”　94
T1 航站　209
TOD 商业综合体　15、172、343

V

V 类水质 199

W

万人计划 226、231、418
万人有效发明专利拥有量 150、167
万顺未来社区 135、168
万兆光网 214
王氏家庙 36
网贷通 218
网红经济 8
网络安全等级保护定级备案率 78
网络安全攻防演练 55、78
网络法治宣传周 56
网上信访 44、58
网上信访参评率 58
网格长 437
危化品安全生产“记销分”制 324
微型消防车 328、344
为农服务中心 193、194、338
伟明盛青新材料研究院 3、7、12、43
委员工作室 10、85、89、336、395、396、397
卫生健康支出 138、139、336
未成年人保护工作站 313、314
未来良善智城 315
未来社区 4、6、8、13、17、43、50、62、71、73、88、89、107、135、137、138、168、183、186、217、253、258、261、267、278、331、333、342、360、398、413、429
未来智慧城 164、333
温瑞平原 13、17、25、32、90、156、394
温瑞塘河 32、35、198、200、325、384、435
温室大棚保险 221
温州产业新城 6、133、183、406、420、436
温州港龙湾港区 208
温州港万吨级码头 31
温州高新文化广场 185、286
温州锂电池新材料 3、8、26、28、45、78、136、217
温州龙湾国际机场 17、25、31、179、205、209、210、255、279、282
温州龙湾青科城 88
温州绿色循环经济产业园 3
温州南拳 37
温州赛泷科创湾 28、78、136、164、190
温州湾新能源产业园 183
温州湾新区 3、4、6、7、8、10、11、12、13、14、15、16、21、22、26、43、45、46、50、51、56、71、80、94、101、138、140、167、183、347、369、383、392、393、396、429、430、437
温州知识产权大港湾 150、417
温州状元亭 99
文昌创客小镇 68、135、164、183、190、225、226、333、399、404、411、413、416
文昌数字产业园 164
文化惠民工程 9、74、76、253、254、287、332、352、399、402
文化交流中心 254
文化礼堂 54、109、141、242、253、254、287、332、352、399、402
文化驿站 40、253、256、367、443
文化走亲 40、253、254、284、367
污染土无害化 199
无废城市 4、9、13、17、26、40、199、200、243、359、395
无害化处理 155、401
无甲类传染病 292
无人机巡防 121
无障碍公共服务场所 112
无症状感染 261、279、292
吾悦广场 28、107、120、162、171、172、292、300、326、399
五星级母婴室 114
物理基站 214
“万名干部进万企” 81、167、405、418、419
“万名工匠培育工程” 53
“万亩千亿” 8
“网格智治” 52
“网约未来” 56
“未来产业先导区” 232
“未来康养” 4、14、259、265
“未来康养智城” 4、9、28、43、47、48、49、50、72、260、313、315
“温馨教室” 17、237
“温信贷” 219
“温州百晓在线” 156
“温州东大门” 3、12
“温州防疫码” 339
“温州医工交叉创新发展” 28、226
“温州益康保” 312
“问题村居” 4、10、43、45、90、328、332、341、395
“蜗牛奖” 44、94

“污水零直排区” 200、418
“无废细胞” 171
“无废学校” 243
“无感式审批” 295
“无疫小区” 183
“五城五高地” 171、406
“五个一批” 160
“五教同行” 319
“五快循环” 12、43
“五强五统” 142
“五水共治” 40、200、343、347
“五险直通车” 141、313
“五项工作原则” 300
“五业”联动 240
“五育融合” 238

X
系统报告质量综合率 292
细胞实验室 228
下沉街道率 48、188
闲置宅基地 193、194、403、437
限额以上消费品零售额 172、366
限时办结率 341
线上点击率 54
线上线下一网通办率 77
线上自助点单 315
线损率 163
乡村博物馆 37、220、256、276、337、338、360
乡村配套消防站 328
乡村振兴点协议 135
乡情警务室 316
香港温州龙湾同乡会 110
消防安全夜间大巡防 348
小巨人企业 40、366
小微产废企业 200
协议土地出让 136
心理健康教育示范点 243
新春公益双线招聘 79、311
新风系统 74、75、237
新阶层代表人士 85
新培育注册商标 150
新入孵企业 225
新社会组织 51、107
新时代文明实践中心 25、26、55、56、319
新闻发言人 54
新型 GOIP 214
新业态劳动者 106
信访积案化解 44、52、58、334、343、390
信用担保类产品清单 217
星海街道 22、31、32、35、65、66、96、126、129、162、165、214、245、247、248、249、250、291、327、347、348、360、367、371、289
休闲服务中心 338
休闲文化旅游区 217
虚拟货币 140
宣讲直通车 54、102、105
玄真观 36、179、257
学生双证率 240
学术论坛平台 233
学校集团化 9、239
血糖控制率 292
血压控制率 292
夏日送清凉 282
雪亮项目 214
“线上公物仓” 138
“乡村公益课堂” 107
“乡贤驿站” 54、55、82
“向日葵亲子小屋” 114
“消薄飞地” 102
“消防中轴带” 344
“小升规”培育库 333
“小升规”企业 13、16、160、345、404
“小升规”重点企业 333
“小微易贷” 219
“校本教研示范校” 243
“校地合作” 54
“校地教育战略合作” 239
“校园食堂” 145
“协商驿站” 86、395、397
“新乡贤综合体” 54、55
“信托制物业” 51
“信用积分制” 51
“兴农贷” 218
“修复工厂” 9、17、199、200、268
“学习强国” 57、81、202、256、271、288、296、310、315、320
“巡审结合” 142
XGPON 端口 214

Y
研学教育中心 338
眼视光产业创新综合体 27、231

眼轴控制率 234
燕山晚期钾长花岗岩 32
羊存栏 154、365
杨梅 33、38、153、154、156、171、173、177、178、193、340、341、342、400、401
杨梅精品园 154、156、342、401
养老服务中心 40、87、315、334、339、367
养老机构床位数 40、367
养育照护小组讲师团 309
瑶溪风景名胜区 179
叶萌春艺术馆 4、14、40、48、177、253、255、286、342
叶时钦调解普法志愿队 99
一般程序案件 187、188
一般公共预算收入 7、15、39、71、138、167、366
一般公共预算支出 39、138、139、366
一级福费廷业务 217
"一肩挑"女干部 108
一键呼叫组件 214
一类施工 207
一线法官人均结案 123
依申请公开 77
依未视计算研究院 232
义务教育标准化 239、243
意识形态闭环管控智治平台 54
意识形态工作责任制 4、9、43、47、54、61、332、392、399、429
因公出国（境） 81
引才计划 3、12、15、25、53、167、228
隐形冠军 3、160、218、267、404、406、407、417、420
婴幼儿成长驿站 309
婴幼儿照护服务机构 293、309
营商环境 8、9、13、15、43、88、94、102、119、120、135、143、160、167、335、344、405、406、407、416、418
营销服务部 217
影像中心共享服务 295
应对指导率 150
永昌堡 36、37、38、81、82、130、177、178、179、220、238、256、257、269、271、273、274、275、277、278、286、287、288、398
永嘉场民俗文化 286
永嘉场撞歌 37
永久基本农田 122、153、183、400、437
永强"八盘八" 39、177
永兴街道 31、32、35、54、65、74、89、99、105、114、126、129、132、137、143、162、192、194、195、202、244、246
永中普宇残疾人之家 99
永中乡贤文化广场 332、349
永中驿达残疾人之家 99
优生两免服务 114
优秀后备人才名单 300
邮快件处理中心 213
邮政报刊亭 213、214
邮政服务站 213
友好村社 9、315
幼儿园暑托服务 239
渔民生活补助资金 155
渔业产值 153、365
渔业资源增殖 155
预制菜食品安全责任险 221
园林式居住区 40、187
院士科普站 109
院士专家工作站 109
约谈诚信扣分单 187
月光经济 8、87
阅读流通点 253
阅龙湾 189、258、286、320
云上智城 171、177
云视网络平台 109
孕产妇系统管理率 293、367
孕早期建卡率 293、367
"眼谷新十条" 27、234
"眼管家" 135
"阳光e网" 141
"阳光厨房" 18
"阳光验收" 145
"业标街管" 51、260、271
"业财代理" 51
"一窗通办" 18
"一村一剧" 54、74、76、254、399
"一带一路" 7、9、13、161、418
"一栋一码" 78
"一法一条例" 62、64、68、390、393
"一府一委两院" 40、61、63、86、389、391、393
"一岗双责" 44、58
"一号发展工程" 16
"一号改革工程" 15
"一核多极" 190、259
"一户一码" 78
"一季一通报" 53
"一码监督" 15、93、94

"一秒预警"　74
"一票否优"　58
"一评多用"　77、193
"一企一策"　160、164、200、202
"一区五城"　3、5、6、11、12、15、18、25、43、54、55、136、171、183、205、258、281、365、393、394、396、397
"一区五园"　225
"一事一议"　73、421、424、425、426
"一所一码"　78
"一网通办"　14、18、77、78、88、119
"一网统管"　78
"一校一品"　237
"一园一品一亮点"　187
"一站一警"　207
"一张清单"　200
"一证通办"　189
"一周一课"　54、74、76、109、319、399
"一轴一带一区"　6、21、438
"医坛新秀"　295
"乙类乙管"　10、17、292
"以案释法"　238
"以保促调"　124
"驿达残疾人之家"　113、351
"驿家亲"　52
"益康保"参保率　195
"银龄跨越数字鸿沟"　109、240、241
"银耀瓯越"　341
"永嘉场腔"　37
"优选计划"　52
"佑芽课堂"　124
"预查废证明"　124
"园区贷"　218
"悦读工程"　100
"云谷论剑"　56
"云纪实"　343
"云上社科普及平台"　288

Z
再生医学材料　227
在保金额　139
在册低保对象　40、367
在贷抵押物　190
在建工程转固　138
在校生巩固率　239
在园幼儿覆盖面　239
债券资金　50、139、334
战略新兴产业贷款余额　220
张璁纪念馆　4、14、27、40、48、90、177、253、254、256、260、265、275、280、332、390、398
张璁文化遗址　36
浙南科技城　26、46、71、107、135、185、205、225、311、342、362、383、404、413、435
浙政钉　50、55、78、325、413
贞义书院　36、194、286、342、398
臻龙集团　67、72、138、217、219
整改到位率　144
整改通知书　55、173、187、328
整合移民资金　316
整体出租率　190
整治完成率　334
证券交易额　222
证券资金开户数　222
郑家园麦麦酒　37、194、195
郑家园麦麦酒酿造技艺　37
政策性金融工具　135
政务服务 2.0　77、341、414
政务外网实名制认证率　56、78
政务云上线　55
政银企三方联动　217
知行派空间　107
知识产权案件　119、120、150
知识产权质押融资　218
执法岗位人员持证率　323
直接纠错率　118、119
职工基本养老保险　40、79、311、312、367
职工廉租房　189
职工疗休养　106
职业能力竞赛　240
志通艺术馆　255、286
制造业贷款　217、218、219、220
智慧村务综合服务平台　218
智慧健康站　14、17、74
智慧园林　188
智控消防柜　334
智能工厂　12、16、159、164、202、347、413
智能门磁防疫集成　214
智能装备产业产值　336、342
智能装备制造业　159、366
中国·温州民营经济人力资源产业园　79
中国眼谷　13、16、17、21、25、26、27、28、43、69、73、77、79、109、110、150、159

中国绅装文化节 162、172
中国眼谷博览中心 3、13、159、167、223、231、233、265、335
中横河 13、191、202
中生界侏罗世 32
中小科技型企业 221
中小学励志奖学金 114、238、313
中信医疗基金 231
中亚热带海洋季风气候 32
中央八项规定 11、14、18、40、47、94、334
中央孵化园 225、311
中职学校 240、241
众创空间 7、107、225、411
重性精神障碍 296
猪口蹄疫 155
猪肉产量 154、365
助企开门红 54
住房消费额 189
注册商标 150、167
注册志愿者 106、114、320
专精特新 3、8、13、16、88、160、167、218、220、333、342、347、353、399、404、416、420
专利示范企业 150
专利授权 150、167、366、421
专利质押融资授信 150
专项扶持资金 286
专项债 8、13、50、71、135、139、167、193、220、263、264、403
专项债额度 15
专项债发行资金 135
专业对口率 240
专职团干部 106
庄泉电器创业园 345、346
卓诗尼城市书房 253
自助签注机 120
综合产业总产值 163
综合化解率 167
综合文化站 253、256、344、345
总部经济 8、404
足球特色学校 243
最美家庭 108、109
最美社区工作者 314
“在线赋强公证” 124、125、126
“展翼反家暴” 121
“掌上复议” 118、119
“招商引智” 156
“浙江工匠” 12、79、311、351
“浙江青年工匠” 79、107
“浙江省诗词之乡” 255、359
“浙里康养” 49、313、315
“浙派工匠” 79、311
“整园授信” 217
“证照分离” 143
“政务服务驿站” 77
“政务公开” 77
“政银合作” 77
“政协综合体” 10、85、99、396
“知名商号” 161
“知识一点通” 78
“直通车” 63、217、391、397、418
“质量强区” 144
“治慵提效” 94
“智安校园” 74、76
“智慧安防” 74、76
“智慧法院” 124
“智慧父母” 74、76、109、319
“智慧医保” 312
“中高职一体化（3+2）” 240
“中国精品年鉴” 287
“中华慈善日” 318
“中华诗词之乡” 9、48、399
“助残共富基金” 113
“助企纾困” 77、86、87、89、118
“注销工作室” 140
“著名商标” 161
“专利产品展示推介馆” 150
“专品标” 150
“专品标赋能云平台” 150
“最多封一次” 207
“最多跑一次” 18、143、172、188、201、287、414
“最多评一次” 77
“最后一公里” 259、260、264、270、281、397、401
“最美劳动人” 238
“最美田园” 153、194